U0858405

嘉兴市哲学社会科学发展规划立项课题研究成果
本书接受嘉兴学院学术专著出版基金资助

嘉兴藏书史

陈心蓉 著

国家图书馆出版社

图书在版编目(CIP)数据

嘉兴藏书史 / 陈心蓉著. —北京:国家图书馆出版社,2010.5
ISBN 978 -7 -5013 -4360 -7

Ⅰ. 嘉… Ⅱ. 陈… Ⅲ. 藏书—图书史—嘉兴市 Ⅳ. G259.29

中国版本图书馆 CIP 数据核字(2010)第 054851 号

书名 嘉兴藏书史
著者 陈心蓉 著

出版 国家图书馆出版社 (100034 北京市西城区文津街 7 号)
(原北京图书馆出版社)
发行 010 -66139745 66175620 66126153
66174391(传真) 66126156(门市部)
E-mail btsfxb@ nlc. gov. cn(邮购)
Website www. nlcpress. com→投稿
经销 新华书店
印刷 北京汉玉印刷有限公司

开本 787 ×1092 毫米 1/16
印张 23.75
版次 2010 年 5 月第 1 版 2010 年 5 月第 1 次印刷
字数 460(千字)

书号 ISBN 978 -7 -5013 -4360 -7
定价 69.00 元

序

陈心蓉老师所著的《嘉兴藏书史》即将出版了。这不仅是地区藏书研究的新收获,而且也是嘉兴地方史志研究的补充和发展,相信一定会得到读者的关注。

世纪之交的十多年来,中国古代藏书研究一改过去相当冷落的局面,逐步在学术之林引起了广泛的重视。由文化热引起的一阵阵的读书热、藏书热,也可能会引起研究者对古代藏书楼和藏书家的兴趣。但是,根本原因在于古代藏书活动的多层次、多角度涉及古典文献工作深厚的内容。所以,古代藏书研究的热潮必然会由恢复古典传统、发扬民族精神的提倡而兴起。至今,藏书研究仍然不断引起学者的关注和社会人士的关心。有关研究成果是相当丰富和影响深远的,其中,浙江学界对古代藏书研究的成果又是特别引人注目的。

我们探索了一下浙江学界对于藏书研究的逐步升温是非常有意义的。此前,有些学者对这个问题的研究还不是群体行动。1996年,宁波天一阁举办“天一阁与古代藏书文化研讨会”,促成了集体编写《中国藏书通史》的举动。1997年,杭州大学历史系举办“中国古代藏书楼国际研讨会”,其成果是由中华书局出版的《中国古代藏书楼研究》。此后,引发了对浙江藏书楼研究的系列行动,如探讨古越藏书楼、皕宋楼等的演变和消亡,又如纪念浙江图书馆建馆一百年等学术活动,以及出刊《天一阁文丛》,都可以看成是浙江藏书研究的发展步伐。浙江学人对古代藏书的研究,可以应了那句“天时、地利、人和”的古语。所谓“天时”,是由于改革开放以后文化教育的迅速发展,学术上的开放和繁荣,在发扬传统文明、继承优秀文化遗产的社会发展中,读书和藏书成为人们共同关心的问题。因此,作为社会生活的基本内容和优秀文明行为的读书和藏书就引起人们的反思和探讨。从历史的角度探讨人们读书和藏书的行为、思想、观念的演变,也是人们十分感兴趣的问题。所谓“地利”,浙江是文化之邦,人文荟萃之地,宋朝以后近千年间,浙江成为中国文化的重要载体,也是文明的传承根据地。明清以来,浙东史学的发扬与继承、浙西词派文风余韵,都是人们熟识的话题。文澜阁、天一阁东西相映，嘉业堂、玉海楼享誉学林。浙江学者推动古代藏书研究自然是责无旁贷的。至于说到“人和”，自然是浙江深厚的人文底蕴和博大的包容精神，浙江的学者和文人建造了历史上影响巨大的藏书名楼，保存了绵延史册的鸿篇巨制，更重要的是，浙江一代一代的藏书家，他们关于造纸、印刷、藏书、读书的观念、思想、技术和管理方式，这些都是中华文明的重要组成部分。深厚的藏书余风和人文学养，促使浙江出版了藏书研究的专著和其他研究成果，如近年来出版的《浙江省图书馆志》、《浙江藏书史》、《嘉业堂志》、《天一阁藏书史志》，以及记载天一阁研究成果的文集《天一阁文丛》。这些成果都给我们提供了了解和研究浙江藏书历史的重要材料。这些著作给我们鲜明的印象是：作者执著的探讨精神，深厚的文史功底和严谨的研究态度。他们以事实说话，用材料解读，所以这些著述具有较大的影响。我所认识的骆兆平、李性忠、顾志兴、方建新和我们的同学黄建国等诸位先生，年纪较轻的袁逸、虞浩旭等同志都是活跃在藏书研究上辛勤耕耘者，他们所付出的劳动是十分难能可贵的。

要在历史研究中做出一些成绩，不经过刻苦努力确实是不容易的。梁启超在论及作史方法时曾指出：“善为史者之驭事实也，横的方面最注意于其背景与其交光，然后甲事实与乙事实之关系明，而整个的不至变为碎件。纵的方面最注意于其来因与其去果，然后前事实与后事实之关系明，而成套的不至变为断幅。”（《中国历史研究法》第三章《史之改造》）梁启超的说法实际上是要我们在研究具体历史事件时，既要看到它的历史背景，也要看到当时发生的事件的来龙去脉，并注意分析其前因后果。这些话对我们进行中国藏书研究应该是有一定参考意义的。中国古代藏书制度，经历了如此漫长的历史时代，更因为是发生在不同的地区或者是不同统治政策影响下，所以，既会出现有不同的藏书类型，又会有不同藏书目的和工作内容，不同的管理制度和工作方法，由于他们的工作不同，肯定会产生不同的社会作用。藏书的内容影响着不同的读者，不同内容的书籍通过各种传播途径会发生各种思想和影响。所以，我们就可以看到一个时代有一个时代的藏书特色和藏书类型，这样就出现了按一个朝代或一个时期编写的断代藏书史，也可以按一个地区或一个类型来写的地区藏书史或专门藏书史。

前面是从时间上来说的研究内容，另一方面，从空间上来说藏书史的研究内容。那么，和藏书有关的直接的或间接的事件、人物，以至和这个事件或人物相关的内容都可以是我们考察的对象。譬如说，一本书籍产生和流传的过程，首先是作者进行写作或编辑，然后书商或出版人进行书籍的编辑和出版，并将其推广到社会。作为一个藏书家选择到某种出版物，或是通过买卖、交换、抄写、补配等等，最终进入到他的藏书内。这只是完成了第一步。此后，藏书家经常要对自己的藏书进行整理，诸如考察版本、校勘文字、编目分类、撰写提要等工作。而为了要提高藏书质量，还不时要对书籍进行形式上的加工和装潢。这些工作实际上就是整个古典文献研究的内容。所以说，藏书史研究也是书籍流传史的研究、文化发展史的研究。当然，要求作者对一个地区、一个时代藏书史的研究做到这么全面和深入，那也是比较困难的，但是，这些研究内容恰恰说明藏书史的研究是如此丰富和有趣。

作为最早读到《嘉兴藏书史》的读者，我在阅读之余，感到这项研究可以为浙江藏书研究增添新的内容。因为从现在出版的浙江藏书研究成果来看，有概括全省古今藏书的全省藏书史，也有叙述一个藏书楼的发展史。但是，像古今藏书活动非常兴盛的地区，如杭州、宁波、嘉兴等却缺乏一个比较详尽的地方藏书史。而《嘉兴藏书史》恰恰补充了这方面的缺失。以下我试从几个方面探讨这部著作的特点：

第一，全景式地描述了千年嘉兴地区藏书的活动。作者在著作中分析明清五六百年来嘉兴地区经济文化发展对官府藏书和私人藏书的影响，并指出学术文化发展是直接推动该地区藏书发展的重要因素。而官府藏书和私人藏书的发展对于当地的社会文化和学术又有非常重要的影响。作者在论述该问题时直接追溯到宋元官府和私人藏书，因为这是明清时发展的基础。同时，作者还把藏书研究的视角延伸至20世纪初年，我国近代图书馆兴起以后嘉兴地区图书馆的发展。特别指出，这些图书馆在保存历史上遗留的文化典籍方面是起着非常重要的作用的。这种叙述方法既突出了重点，展现了嘉兴地区藏书事业最繁荣的面貌，又没有割断历史，给人一个完整的历史面貌。我认为这种做法是应该肯定的。

第二，重点地记述了嘉兴藏书史的名楼与大家。嘉兴藏书史上出现过数量众多的著名藏书楼，这些藏书楼有些是世代相传的藏书家建设起来的，有些即使是一个人建立起来的，但是它是惠及乡里的。这些藏书楼实际上起到了一种教育、传播和文化积累的重要作用。作者在叙述藏书名家时，着重分析了他们的精善本收藏，说明他们在校勘和刻印典籍方面的贡献，同时也记述了藏书家之间的相互交往、友好的借阅和传抄书籍，互相研究和讨论学术问题，甚至互赠书籍，共享收藏和阅读的乐趣。作者在书中还设立专章，列举了清代修《四库全书》时嘉兴藏书名家的献书和收入《四库全书》的情况，这是非常有意义的重要事件。此外，作者还列出了某些藏书家的藏书目录，以及他们所撰写的书籍题跋。所有这些工作，为读者具体地了解藏书家的生活、认识藏书家的历史功绩提供了丰富的感性材料。像这些努力都是值得称道的。

第三，作者广泛地利用嘉兴地方文献的记录，吸收学术界的研究成果，从而使研究内容相当丰富和充实。全书结尾部分，集中分析嘉兴藏书家对纸本文化传承的杰出贡献。这对于读者理性地理解藏书家的历史贡献也是很有帮助的。

以上是笔者阅读《嘉兴藏书史》的几点粗浅体会，如有不当，敬请批评指正。

谢灼华

2010 年 2 月 26 日

前言

嘉兴，江南水乡的历史文化名城。早在7000年前，她的先民们就创造了灿烂的马家浜文化。先秦时期吴越在此争雄，爆发了著名的“槜李大战”。两汉至三国时期，这里已成“嘉禾之区”，“一岁或稔”可以“数郡忘饥”。唐五代，大运河流经境内200余里，商贸远通外洋，为“江东一大都会”。自宋都南迁，其经济实力、政治地位和文化事业迅速发展，史称“畿辅之区”、“龙兴之地”、“文化之邦”。文风鼎盛，形成了“慕文儒，不忧冻馁”，“好读书，虽三家之村必储经籍”的良好民风。

今嘉兴市，宋代称秀州郡、嘉禾郡、秀州府、嘉兴府，元代称嘉兴路，明清复称嘉兴府。

有据可考的嘉兴官府、佛寺藏书活动可追溯到宋代，儒学藏书活动始于元代，书院藏书活动则始于清代。由嘉兴楞严寺集中经版印刷流通的《嘉兴藏》，是明末清初禅宗史的一大汇集，是海内外学者公认的中国佛教史料宝库。

嘉兴私家藏书亦发轫于宋代，自宋代至民国时期私家藏书代有相承，名家名楼享誉华夏。北宋有赵衮之赵公园，南宋有岳飞之孙岳珂之金陀坊，元代有马宣教之看山楼。明代项元汴之天籁阁堪与宁波范钦之天一阁媲美，被藏书家同称为“巨擘”，其藏书数量与天一阁不分伯仲，而品质更精，收藏的历代书画物品之精、之富则独步天下。及至藏书鼎盛期的清代，“大抵收藏书籍之家，惟吴中苏郡、虞山、昆山，浙中嘉（即嘉兴）、湖、杭、宁、绍最多”①。《中国藏书家考略》一书中所收录的历代480余名藏书家中，仅清一代，嘉兴藏书家就有62人。清初有朱彝尊之曝书亭；清中叶有鲍廷博之知不足斋、吴骞之拜经楼、陈鳣之向山阁、张宗松昆仲之涉园；清末，蒋光煦之别下斋、蒋光焴之衍芬草堂和西涧草堂均蜚声四方。清末民初藏书家张宗祥主持“癸亥补抄”，使文澜阁《四库全书》得以恢复全貌，在我国藏书史上树立了一座丰碑。清末及民国时期，在全国私家藏书总体趋于衰落的背景下，嘉兴仍然保持和发展了一批卓有影响的藏书楼，如蒋氏衍芬草堂、沈曾植之海日楼、祝廷锡之知非楼、葛氏传朴堂、朱希祖之郦亭、张元济之涵芬楼。抗日战争时期不少藏书楼毁于日寇炮火和劫掠，而嘉兴藏书家千方百计藏书、护书，蒋光焴之衍芬草堂、朱希祖之郦亭、祝廷锡之知非楼、孙振麟之映雪庐、张天方之奎公楼等私家藏书终获保存，并先后由其本人或子嗣捐献给新中国

① （清）孙从添：《藏书纪要》，上海扫叶山房，民国3年（1914）。

各大图书馆。

嘉兴藏书史，尤其是私家藏书史，在我国藏书史上具有独特的地位。而且，早在1904年，嘉兴地区就出现了我国最早的近代公共图书馆——嘉郡图书馆、海宁州图书馆，率先实现了我国古代藏书楼到近代图书馆的过渡，成为我国近代公共图书馆最重要的发祥地之一。

本书以时代为主线，上溯两宋，下迄新中国成立，对今嘉兴市境内的藏书进行了较为全面的探讨和研究。嘉兴文化源远流长，两宋以前当不乏藏书活动，然纵观《嘉兴市志》、史学家吴晗《江浙藏书家史略》、顾志兴《浙江藏书史》等著作，尚未发现今嘉兴市境内宋代以前藏书活动史料，故本书将研究的起点定为嘉兴藏书发轫的宋代。嘉兴私家藏书较其他形式藏书更为发达，成就更为卓著，留存更为丰富。朝代的更迭使得官府、佛寺和书院藏书成为新朝代清查异己言论的牺牲品，晚清时期的嘉兴又是太平天国活动的中心区域，致使这些形式的藏书几近毁灭，日军入侵的炮火和掠夺，导致藏书进一步丧失。而战乱中的嘉兴私家藏书则因散落民间藏书家之手，得以部分传承，以至全国各大图书馆至今仍保存有大量历代嘉兴私家藏书。因此，本书主要研究私家藏书，兼及官府、佛寺和书院藏书。在私家藏书的研究中，着重藏书名家名楼，对藏书家族的家世系谱、藏书来源、藏书特点、藏书源流、刻藏著互动、藏书成就及其影响等进行了全方位的考述。

本书在时代主线下，采取先私家藏书，后其他形式藏书的研究次序。论及的地域范围以现嘉兴市辖区为主，兼及市境变迁前的辖区。宋、元两代嘉兴藏书家较少，故未区分其所属辖区；对于其后各时代藏书家则分辖区研究，其辖区排序则以藏书家活动的活跃程度为参照。明、清两代藏书家众多，故将各辖区藏书家分为名家名楼、进士藏书家、其他藏书家三类。民国时期各辖区藏书家则分为名家名楼、其他藏书家两类。对每类藏书家按照出生年代排序，生卒年未详者则按姓名的汉语拼音排序。论及的藏书家包括本籍者，兼及居住嘉兴的客籍藏书家，以期更为全面。

展现嘉兴历代藏书史实，对嘉兴藏书史研究产生抛砖引玉之效，引起人们对于地域性藏书史研究的重视，是笔者不避浅陋、努力笔耕的由衷期待。

作 者

2009年8月于嘉兴

目　录

第一章　宋元兴起的嘉兴藏书

第一节　两宋发轫的嘉兴藏书

一、两宋嘉兴藏书发轫的社会环境

（一）宋都南迁致成京畿之地

早在7000年前，今嘉兴市境内已有先民居住繁衍，形成马家浜文化。公元前2000年是良渚文化时代一个中心聚居区。先秦时是吴越重地，吴越两国在此争雄角逐，以槜李、语儿、无原、由拳等名称载于典籍。两汉、三国、六朝时盛产盐粮，名扬四方。随着隋朝大运河的开通，嘉兴经济开始兴盛起来，交通发达，城市繁荣，加之唐、五代嘉兴境内大规模开发水土，港口逐渐兴起，商贸远通外洋。924年，后唐于嘉兴设开元府，辖华亭（今上海）、海盐两县。元至元《嘉禾志》称天福五年（940）置秀州，下辖嘉兴、海盐、华亭、崇德（桐乡）四县。《宋史·地理志》载：宋徽宗政和七年（1117）“赐郡名曰嘉禾”，嘉禾郡为君主赐名，成为秀州之别称。

随着宋代迁都临安，政治中心南移，致使嘉兴成为京畿之地。南宋孝宗出生于嘉兴，嘉兴被称为“龙兴之地”。宋宁宗即位后，于庆元元年（1195）升秀州为府，管辖嘉兴、华亭、崇德、海盐四县。嘉定元年（1208），嘉兴府军额升为嘉兴军节度。知府职衔为知嘉兴军府事，节制澉浦金山水军。体制的升格，对嘉兴的发展起了有利的作用。

京畿嘉兴本是富庶之区，容纳的南渡人口更多，一时成为官宦云集之所，人才荟萃之地。其中不乏官宦之家和世家大族。相氏，原籍洛阳，南宋初“随驾南渡”，居嘉兴，其八世孙明代为兵部尚书；黄氏，先人为河北元氏，南宋初迁嘉，明代世为官宦；屠氏，原为河南陈留人，南宋迁海盐，明代屠勋任尚书，后嗣至今繁衍；包氏，先世居汴京，南宋时迁居“嘉兴，双溪里”；徐氏，“先世大梁人”，从宋高宗南下，“徙嘉永丰乡”，明代徐必达任高官，现代南门仍有其故居徐家埭；孙氏，先世南宋初自河南“扈跸南来”，成为嘉兴望族；俞氏，宋代为汴京人，“扈跸南渡”，后代为嘉兴仕官；杰出诗人朱敦儒，自河南洛阳迁嘉兴城内放鹤洲；著名学者王明清自河南汝阴徙嘉兴，著《挥麈录》流传至今；濮凤南渡至嘉兴城厢梧桐乡发展蚕桑，子孙兴商立市建濮院镇，更为世所称。赵孟坚、岳珂，均随之迁居嘉兴。

南迁至京畿嘉兴的百官士人中不乏饱学之士，且不乏如宋宗室赵孟坚、岳飞子岳珂等藏书名家，迁入的百官士人及世家大族对于藏书的需求空前增长。

宋朝廷吸取五代武将专权的教训，推行以文官治天下的策略。开国之君赵匡胤通过其丰富的政治实践，深刻认识到读书的重要，他热爱读书，同时一再鼓励其文武臣僚读书。“皇帝听断之暇，宣诏名儒讲习经史，以辅其德”。提出了“作宰相当须用儒者”的治国理念，时宰相赵普寡学无术，太祖劝其读书，遂至老手不释卷①。宋太宗更是以复兴文道为已任，因五代之旧，创建三馆以储书籍，聘饱学之士，编修四大类书。太宗重文的同时大兴文官政治，扩大科举考试的规模，通过科举选拔官吏，曰：“朕欲博求俊彦于科场之中，非敢望拔十得五，止得一二，亦可为致治之具矣。”②宋真宗亲自作《劝学文》以激励人们通过读书博取功名，所谓“富家不用买良田，书中自有千钟粟。安居不用架高楼，书中自有黄金屋。娶妻莫恨无良媒，书中自有颜如玉。出门莫恨无人随，书中车马多如簇。男儿欲遂平生志，六经勤向窗前读”③。《苏辙集》有诗云：“朱栏碧瓦照山限，竹筒牙签次第开。读破文章随意得，学成富贵逼身来。诗书教子真田宅，金玉传家定粪灰。”“苏门四学士”之一的黄庭坚也说：“藏书万卷可教子，遗金满籯常作灾。”④正是在藏书贵于聚财的共识下，士人以藏书为急务，轻财重书的观念大大推动了人们的藏书活动。

嘉兴宋代取进士多达463人，其中南宋381人，如果将应举和准备应举的读书人都统计在内，人数近万人⑤，受科举影响而读书的人则更多，需书量无法计数。

对这一时期的嘉兴而言，直接迁入的百官士人及其家族对藏书的大量需求，以及随之兴起的科举热潮对于藏书日趋增长的渴求，均大大激发其藏书的发轫。

（二）区域经济长足进步

自夏商周三代至三国时期，浙江地区的经济发展程度“不足与中原相抗”，隋唐五代时期有所发展，时至宋代，浙江地区的经济落后状况开始得到了根本性的改变，获得了前所未有的跨越性发展，北宋元丰时有居民1778953户，居全国第一，人口众多；元丰五年时有田地36344198亩，居全国第五；熙宁时的纳税、上贡

① 彭百川：《太平治迹统类》，商务印书馆、国家图书馆，2005年影印文渊阁《四库全书》本。
② （宋）李焘：《续资治通鉴长编》，中华书局，2004年。
③ （明）沈鲤：《亦玉堂稿》，影印文渊阁《四库全书》，台湾商务印书馆，1983年。
④ （宋）黄庭坚：《黄庭坚全集》，四川大学出版社，2001年。
⑤ 浙江省教育志编纂委员会：《浙江省教育志》，浙江大学出版社，2004年。

粮食、布帛等均居全国第一位。

京畿嘉兴是浙江经济最发达、全国人口密度最高的城市之一，据《宋史·地理志》载，北宋晚期崇宁（1102—1106）时，秀州户籍122813户、228676口，另有明弘治《嘉兴府志》、正德《崇德县志》载有北宋末南宋初秀州辖县人户数：嘉兴县64824户、122742口；海盐13064户、25866口；崇德县28920户、29621口，合计为106808户、178229口。从分县看，嘉兴一县南宋末已有120722户、183272口，超过南宋初嘉兴、海盐、崇德三县的总和。人口的增长是社会安定，经济日益繁荣的具体表现。由于人口的增长，唐代已是中国东南部的重要粮食产地的嘉兴，两宋仍然保持其全国农业基地的地位，故宋徽宗赐秀州郡名为嘉禾①。

宋代的农业、手工业、商业与前代相比都有了长足的进步，为文化的繁荣提供了物质基础。浙江名城嘉兴留下“嘉禾一穰，江淮为之康；嘉禾一歉，江淮为之俭”的美誉。北方人口的大量南迁，为嘉兴地区的进一步开发补充了宝贵的劳动力资源，带来了北方长期传承和积累的先进生产技术、生产工具及其制造方法。技艺高超的匠人以及农作经验丰富的农民带动了嘉兴地区经济的迅速发展。南宋时嘉兴经济发展超过以往任何一代，手工业异常发达，除丝织业外，还有酿酒业、造船业等在浙江占有重要地位。

宋祝穆《方舆胜览》称：嘉兴的“百工众技与苏杭等”，手工业“辐辏成市”。嘉兴有相当规模官私丝织作坊。“秀州绫”成为贡品，嘉兴产锦，有诗曰：“宋锦由来出秀州。”嘉兴酿酒业发达，岁收酒税11万余贯，属两浙各路之首。嘉兴的月波酒、清若空等名酒，名闻四方。农业、手工业的发展又刺激了商业和城市经济的发展。这时嘉兴城市十分繁荣，人口稠密，灯火万家，已是一个布局有序的美丽水城，城中大市上官街（集街），市肆荟萃，为贸易闹市。

嘉兴府又是南宋造船业中心，当时嘉兴的造船业已经有相当规模，宋孝宗淳熙元年（1174）二月，诏令保管好嘉兴（秀州）造船的钱物。秀州青龙镇（今嘉兴）是现代上海发祥地，是宋代海外贸易的港口之一。为发展海外贸易，建炎四年（1130），秀州市舶务驻青龙镇。绍兴二年（1132）两浙市舶司自杭州移至华亭，设分司于青龙镇。淳祐六年（1246），在澉浦设市舶官。十年，置澉浦市舶场。当时，各港口船舶云集，海内外商贾聚集，使得青龙镇的经济与市镇建设迅速发展。嘉兴的青龙港与沿海各口岸及日本、新罗、阿拉伯地区通商，贸易兴盛，商舶云集。高丽使臣赴汴京，秀州乃是必经之地。传说北门外的“丽桥”即是高丽使臣出资建造。时人陈林于神宗元丰五年（1082）所撰的《隆平寺经藏记》称其为“岛夷闽粤之途所自出”之地②。

迁都临安使得基础条件良好的京畿嘉兴进一步成为豪强士族和富商的聚居

① 嘉兴市志编纂委员会：《嘉兴市志》，中国书籍出版社，1997年。
② 杨潜：《绍熙云间志》卷下，中华书局，1990年，《宋元方志丛刊》本。

地，成为新兴的经济中心。如淳熙（1174—1189）末年两浙的岁入达到2000万缗，占当时南宋政府全部岁入的四分之一，其中杭嘉湖是两浙最富庶之地。

梁启超先生说："无论甚么时代，没有几分的经济的独立，就无从讲起教育。孔子若是要凿井而饮，耕田而食，哪里还有工夫去敦诗说礼。到了后世，教育的中心，在重要的书院，书院里的发达，又是靠地方上担负的能力。地方上越富庶，教育越振兴，人物自然也越多。江苏、浙江两省在南宋以后，变成中国文化中心，与两省的经济史，总有关系。"①随着宋都南迁，京畿嘉兴地区一跃成为全国经济东移南迁的重点分布地区之一。高素质人口南迁，带来了中原与齐鲁地区曾经沉淀了数千年之久的深厚而浓郁的中国文化的教育理念和文化底蕴，加速了传统农业文明合理的利用，促进和推动了嘉兴社会经济的持续发展，为嘉兴的文化教育与藏书的发展等奠定了雄厚的物质基础。

（三）硕儒汇聚文教兴起

嘉兴素称"文化之邦"，是古代吴越文化的发源地之一。北宋太平兴国二年（977），知州安德裕在孔庙右侧建立州学；宋崇宁元年（1102），朝廷颁布学制，知州钱遹将州学改建；神宗熙宁四年（1071）令诸州设置学官，州给田十顷为学粮；嘉兴海盐县学于太平兴国年间（976—984）建县学，址在县南，嘉祐八年（1063），令褚埕改建于县治东南；嘉兴石门县学于北宋元丰八年（1085），令吴伯举建学，址在万岁桥东；海宁北宋原有州学，后废，南宋绍兴五年（1135）令刁雍重建，址在县治东南；绍兴十二年（1142），知州方滋在通越门内新建殿堂斋舍73间为孔庙与州学用房，州学主建筑有明伦堂、思乐堂；淳熙四年（1177），秀州知州吕正己建御书阁，作为秀州州学藏书之地，宋庆元元年（1195）改州学为府学。

南宋迁都浙江临安，名师硕儒南移浙江，数千年中原文化精华亦聚集于此，嘉兴成为京畿重地，全国文化教育中心，人文荟萃之地。无论是文人数量、文化素质、文化品位，还是文化活动、文化设施、文化教育等，都成为宋金时期的标志。正如宋人洪迈《容斋四笔》卷五《饶州风俗》所说："古者江南不能与中土等。宋受天命，然后七闽、二浙与江之东西，冠带诗书，翕然大肆，人才之盛，遂甲于天下。"

南宋时，浙江教育事业一大特点是书院得到了进一步发展，成绩很大，影响超过官学，成为当时教育的主流。浙江境内书院进入了大发展时期。在此大环境下，嘉兴书院开始兴起，秀州的宣公书院、傅贻书院、白社书院等开始发展起来。在这些书院中，不仅有著名的鸿学硕儒主持教学，收徒授业，而且书院规模大，学舍多，求学者众，许多籍贯属北方的人也到江南求学，嘉兴书院的兴起为嘉兴地区培养了众多人才。

南宋时期嘉兴地区除书院教育外，学校既有"公办"的州县学校，又有"民办"

---

① 梁启超：《饮冰室文集》卷三十九，中华书局，1936年。

书院或私塾学校，重学之风相当兴盛。嘉兴地区重教兴学的良好民风，极大地促进了文化教育事业的发展。一时学者众多，大家辈出，为世所范。崇德（今桐乡）辅广，乃宋著名学者，先后师事吕祖谦、朱熹，与黄干（勉斋）同门，时称“黄辅”，创办并主持授徒傅贻书院，著书育人，为时人尊重，称“傅贻先生”，著有《诗童子问》十卷、《朱子读书法》四卷、《六经解集》、《尚书注》、《周易注释》、《春秋注》、《礼记解》、《四书考订》、《四书纂疏》、《诗经协韵考异》一卷、《日新录》、《师训编》、《五经注释》、《论语答问》、《孟子答问》、《通鉴集义》等。宋学者崇德人卫富益，从金履祥深探《易》旨，复受业于金华许谦，深为业师器重，创办并主持授徒白社书院，著有《四书考订》、《性理集义》、《周易集说》、《读史纂要》、《耕读怡情录》等著作。由于文化事业的兴旺发达，不仅平民百姓的文化素质普遍有较大提高，而且各类人才数量、质量明显高于其他地区。据明清方志和1947年《嘉区文献》元旦特刊记载，有宋一代嘉兴就有状元莫俦（嘉兴县）、沈晦（崇德县）、卫泾（嘉兴县）3人。此外，据《嘉禾志》载，嘉兴在宋代有榜眼45人，探花4人[①]。如岳飞之孙岳珂曾知嘉兴府，著《金陀粹编》，为岳飞辩冤，同时又是著名藏书家；宗室大画家赵孟頫的从兄赵孟坚（子固）画格、人格高尚，为著名的画家及藏书家；朱淑贞是有名的女词人；常棠隐居澉浦，纂《澉浦志》，为镇志之滥觞。嘉兴成为当时我国文明昌盛之地之一，文化发达之区，教育兴旺之所，人才荟萃之乡，“东南财赋地，浙江人文薮”是其真实写照。

书院以及其他各类学校的兴起促进了藏书需求，诸多办学者本身就是藏书家，极大地推动了藏书的发展。

（四）雕版印刷业精进

《中国雕版源流考》中指出：“书籍之有雕版，肇自隋时，行于唐世，扩于五代，精于宋人。”宋代是我国雕版印刷业的黄金时代。庆历年间毕昇发明的活字印刷术具有划时代的意义。宋代雕版印刷业也因社会广泛需要而空前地兴盛起来。宋代确立的我国雕版印刷史上的官刻、私刻、坊刻三大刻书系统，一直垄断了其后近900年封建社会的图书刊行。当时杭州已成为雕版印刷中心之一，后人珍视的宋版书多在江浙的杭州、湖州、嘉兴、明州（宁波）等地刻印。

宋时嘉兴版刻盛行，激发藏书的兴起，嘉兴密迩杭州，号称“三辅”，刻书也甚发达。据《嘉兴市志》及《浙江省出版志》记载的嘉兴版刻诸如：

北宋末刻于海宁的《通典》二百卷，唐杜佑撰，南宋初临安府盐官县刊本，15行26至28字，部分书页上有“盐官县雕”字样。

北宋崇宁三年（1104）所刊《金刚般若波罗蜜经》，早年自海盐一宝塔中发现，现藏于上海图书馆。

《节孝先生集》三十卷，南宋时刊于嘉兴，许及之乾道五年（1169）在《节孝语

① 嘉兴市教育志编委会：《嘉兴市教育志》，浙江大学出版社，2001年。

录》跋中称："嘉禾已刊先生文集。"据此，其刊刻时间当在乾道五年以前。

《白石道人歌曲》四卷，《别集》一卷，嘉泰二年（1202）钱希武刻于云间。云间即华亭县，宋时属嘉兴府，故王国维将其纳入嘉兴府刻本。此书原刻本清代曾为嘉兴沈曾植所得，曾影印若干本传世。

《澉水志》八卷，宋罗叔韶修，宋绍定三年（1230）海盐常棠纂，宝祐四年（1256）刊本，为中国乡镇志之嚆矢。《四库全书总目》称其"叙述简核，纲目该备"，国家图书馆、北京大学图书馆藏。

《押韵释疑》五卷、《拾遗》一卷，南宋嘉熙三年（1239）四明余天任嘉禾郡斋刻刊本。

《兰亭续考》二卷，此书为南宋淳祐四年（1244）刊刻，刻工为曹冠英，其人曾刻《愧郯录》、《重校添注柳文》。

《论语答问》，南宋时华亭丞袁友仁刊于家塾，亦刻于华亭。

《班马字类》补编，南宋刻于嘉兴。

《通鉴纪事本末》四十二卷，宋宝祐五年（1257）大字本刻于嘉兴。

嘉兴府嘉禾学宫重刊袁枢《通鉴纪事本末》四十二卷。此书现存于世，藏书家赞之为"煌煌巨编"，"庄严闳整，豁目悦心"，十分精美。

《重校添注音辨唐柳先生文集》四十五卷，《外集》二卷，南宋时姑苏郑定刊于嘉兴。此书刻本近代山东海源阁曾收藏。另一残本，藏书家傅增湘曾见于北京厂甸书肆。

《韵补》五卷，南宋初吴棫撰。是书王国维、傅增湘及盛昱均谓南宋时刊于嘉兴。

还有《妙法莲华经》七卷，有秀州（嘉兴）惠云院刊本，经折装，12 行 25 字。宋淳熙间李可久道士于嘉兴刊有《元始说先天道德经注解》等。

嘉兴府及私家刻书风尚盛行时，藏书家也加入刻书行列。古人藏书多为手抄笔录，故藏书数千卷已称甚多。藏书家以刊刻先人及自己著作，或刊刻当地文献以增加自己的藏书。如岳珂所刻诸书尤著名，叶昌炽在《藏书纪事诗》中介绍岳珂的出版业绩，其诗云：

监蜀何能比相台，九经三传例堪推。

决科机要编成未，笑到承平好秀才。

学者将其列为南宋七家著名私家刻书家之首。所刻《九经》、《三传》享有盛名，清代藏书名家嘉兴钱泰吉在《曝书札记》中认为其书"详审精核，不可不家置一编也"。

宋人尚名誉，名流的子弟及门下必记其行事，私相撰述，刊刻流布。崇儒尚文的基本国策对私家修书采取的宽容态度，在一定程度上诱发、刺激了士人重名传世的观念，促使宋代士子重视著书立说、典籍刊刻与收藏。如：宋华亭袁枏撰《论语答问》，其子袁友仁刊于家塾，亦刻于华亭（宋属嘉兴）。嘉兴府、私家及藏书家刻书的盛行,大大增加了藏书的范围、数量,为同时代的藏书家提供了书源,也带动了嘉兴藏书的发展。

宋代的印刷技术精到,雕版印刷已经普及,活字印刷作为新的技术被广泛应用,刻书作坊遍布各地,图书成倍增加,为书籍的收藏提供了方便。苏轼说:“余犹及见老儒先生,自言其少时欲求《史记》《汉书》而不可得;幸而得之,皆手自书,日夜诵读,唯恐不及。近岁市人,转相摹刻诸子百家之书,日传万纸,学者之于书多且易致如此。”①可见,刻印技术从根本上改变了图书收藏活动的面貌,大规模藏书的时代已经到来。印刷业的发达及书商的活跃极大地方便了书籍的流通与收藏,从而极大地推动了浙江藏书的发展。在如此大环境下,嘉兴藏书事业蓬勃发展起来。

二、两宋嘉兴藏书家及其藏书

北宋时杭嘉湖地区是全国最富庶的地区,经济的发达,无疑是嘉兴藏书发展的基础。杭嘉湖自北宋以来大量刊印书籍,书籍已成为一种商品在市场流通,此时嘉兴涌现出不少藏书家。嘉兴人藏书家赵衮,藏书万卷;海盐人藏书家卫公佑,藏书数千卷;嘉兴华亭人藏书家卫公佐,藏书甚富。随着宋代迁都临安,政治中心南移,数以万计的官僚士绅随都迁移,作为京畿之地的嘉兴一时成为官宦云集之所,人才荟萃之地。南迁至嘉兴的百官士人中不乏饱学之士,且不乏宋宗室赵孟坚、岳飞子岳珂等藏书名家。

1. 赵衮赵公园藏书

赵衮(北宋熙宁、元丰年间),字希甫,嘉兴人。北宋官员,藏书家。以殿中丞致仕,隐居嘉兴三塔景德寺后,藏书万卷。宋张尧同《嘉禾百咏》记云:

> 藏书几万卷,归此老林泉。
> 不为寻莼鲋,于公亦有贤。

陈舜俞题其所居曰:“赵公园,衮读书游息其中。”

2. 延师捐地办学的卫公佑藏书

卫公佑(1068—1077),海盐人。藏书数千卷,并延师捐地办学,以教子弟。

3. 侍奉继母以孝闻名的卫公佐藏书

卫公佐,字辅之,嘉兴华亭人。北宋藏书家,侍奉继母以孝闻。性慷慨,族中有缺资不能婚嫁者,悉资助。礼贤下士。藏书甚富,邑中有人求书阅,面无难色。时邑中未设学堂,又捐地为学舍,与弟公亮、公望行义相助。神宗时(1068 年以后),官至扬州助教卒。

4. 学者刘俟雪斋藏书

① (宋)吕祖谦:《宋文鉴》,中华书局,1992 年。

刘俣(1152—1215),又名次皋,字允叔,号雪堂,晚年又号阆风居士,人称阆风先生,海宁香山礼村人。南宋学者,藏书家。及长入太学,其间得陆九渊、朱熹等著名学者器重和指点,学业益进。嘉定元年(1208)中郎官,官授黄陂主簿。

藏书万卷,藏书处为雪斋。日夕其中读书、作诗。耕读以终。后因世乱隐居香冠山北,创阆风吟室,著有《黄陂集》。

5. 出版家岳珂金陀坊藏书

岳珂(1183—1234),字肃之,号亦斋、倦翁、棠湖、东几,祖籍河南汤阴。居住嘉兴金陀坊(今嘉兴安乐路南段杨柳湾一带)。在此立相台书塾,藏书及著书。

岳珂乃抗金名将岳飞之孙,岳霖次子,南宋官员,曾任管内劝农使、嘉兴知府。

关于岳珂藏书,从岳珂刊刻"九经"等典籍可知一二。据清代藏书名家嘉兴人钱泰吉《曝书杂记》称:"宋岳倦翁刊《九经》《三传》,以家塾所藏诸刻,并兴国于氏,建安余仁仲本、凡二十本。又以越中旧本注疏、建本有音释注释、蜀注疏合二十三本。专属本经名士,反复参订,始命良工入梓。其所撰《相台书塾刊正九经三传沿革例》,于书本、字画、注文、音释、句读、脱简,考异皆罗列条目,详审精确,不可不家置一编也。"岳珂家所藏之本,仅"九经"就有建本、江西本、越本、蜀本等各种不同版本。

岳珂撰有《宝真斋法书赞》二十卷,《四库全书总目》对此书评价颇高,以为"其间遗闻佚事,可订史传之是非;短什长篇,可补文集之讹阙。如朱子《储议》一帖,辨论几及万言;许浑《乌阑》百篇,文异殆逾千字,于考证颇为有功。且所载诸帖,石刻流传者十仅二三,墨迹仅存者百尠一二,皆因珂之汇集以传"①。此书汇集自晋迄南宋的历代名人石刻、手迹,岳珂编成此书,得力于家藏大量的历代名人墨迹法书。岳珂著作《金陀粹编》一书搜集前人著述、文献档案甚富,主要利用家藏编撰。

岳珂除喜藏书外,著述甚富,主要有《金陀粹编》二十八卷《续编》三十卷(《四库全书》著录)《桯史》十五卷,《棠湖诗稿》一卷(《四库全书》存目),《玉楮集》八卷,《三命指迷赋补注》一卷(《永乐大典》、《四库全书》著录),《宝真斋法书赞》二十八卷(收入《永乐大典》),《愧郯录》十五卷,《小戴记集解》(稿佚),以及《宋少保岳鄂王行实编年》、《刊正九经三传沿革例》等。

一些书籍岳珂自刻于嘉兴,另有《东陲事略》、《读史备亡捷览》未见行世。嘉定七年(1214)在嘉兴主修《嘉禾志》五卷,未成书,已佚。

岳珂工书法,法唐人,摩王方庆《万岁通天帖》数卷。

① (清)永瑢、纪昀等编纂:《四库全书总目》卷一一二,中华书局,1965年。

岳珂不仅是藏书家，而且又是著名的出版家，在浙江藏书史及出版史上有着重要地位。

岳珂相台书塾刻书所刻诸书尤著名。清版本学者叶德辉言："宋时家塾刻本，其名姓亦甚繁多。今所最著如岳珂之相台书塾刻九经，三传，廖莹中之世彩堂刻五经和韩、柳集，皆至今为人传诵。"①

明万历年间，岳珂后裔岳元声等重建岳王祠（祠址在今城区三塔路血印寺旁边），祭祀岳飞，内供有岳珂亲制的铜爵，上镌"精忠报国"四字，为岳珂书。清道光时尚存祠中，抗战前（1936）曾送杭州展出，抗战后散失。20 世纪 70 年代初坍废的岳王祠被拆除造嘉北医院，尚存明代司宪牌坊，上有岳氏 19 世孙岳元声、岳和声、岳骏声的题刻。

岳珂在嘉兴的遗物还有"洗鹤石池"，今与"松化石"一起放置在南湖烟雨楼宝梅亭西侧。岳氏后裔散居在今嘉兴郊区建设乡旧岳村及桐乡县濮院镇。

6. 进士闻人滋南湖草堂藏书

闻人滋（生卒年未详），字茂德，以字行，人称沙随先生，秀水闻湖（今嘉兴王江泾）人。南宋藏书家，隆兴初进士。少时在敕局为删定官，曾任德兴丞，终进贤县令。与陆游曾同在勅局为书籍、文书删定官。精于小学，人称"老儒"。曾建草堂于嘉兴南湖居之，作《南湖草堂记》。

平生多藏书，喜借人，陆游在《老学庵笔记》卷一中云：嘉兴人"闻人茂德名滋，老儒也。喜留客食，然不过蔬豆而已。郡人求馆客者多就谋之。又多蓄书，喜借人。自言作门客牙，充书籍行，开豆腐羹店。予少时与之同在敕局，为删定官。读经义衮衮不倦，发明极多，尤邃于小学云。"

施晋锡《鸳鸯湖棹歌》："草堂湖上草萋菲，屐齿斑斑客款扉。几载令丞从事者，贮书满屋蠹鱼肥。"自注："闻人茂德名滋，喜留客，又多蓄书。作德兴丞，终进贤令。曾为《南湖草堂记》。"

叶昌炽《藏书纪事诗》卷一咏闻人滋藏书云：

门客牙兼书籍行，客来豆腐作羹汤。
如翁好事我何虑，日日南湖叩草堂。

7. 诗人许棐梅屋藏书

许棐（？—1249），字忱父，号梅屋，嘉兴海盐新友村人。宋诗人，藏书家。约于南宋理宗嘉熙间（1237—1240）隐居海盐秦溪。《嘉兴府志·隐逸传》云："海盐许棐，号梅屋，隐居秦溪。筑小庄于溪北，储书数千卷，丹黄不休。室中悬白、苏二（白居易，苏东坡）象事之，植梅屋之四檐。"贫而嗜书，在宋末浙江藏书家中与吴兴周密并称于世。叶昌炽有诗云：

绕屋梅花映水红，秦溪如在画图中。

① 嘉兴市志编纂委员会：《嘉兴市志》，中国书籍出版社，1997 年。

屋中图史谁同享，不是香山定长公。

许氏储书纵览，爱书乐贫，清操自守，藏书读书精神对后代影响深远，后人名其里为梅园，沿用至今（今属通元镇）。清代嘉兴藏书家钱泰吉亦深为敬佩，在《曝书杂记》记云："余先世居海盐之秦溪，宋嘉熙中，许梅屋先生种梅结屋之所也。余尝有旧村读书之志，欲仿梅屋融春室故事，悬乐天、东坡二先生像，而以梅屋为配，读先人遗书于其中，致足乐也。"

作为藏书家，许棐著述甚富，著有《梅屋集》五卷（《梅屋诗稿》一卷、《融春小缀》一卷、《梅屋第三稿》一卷、《梅屋第四稿》一卷、《梅屋诗余》一卷合称），《樵渔录》、《樵谈》一卷，《献丑集》一卷等，所著之书，《四库全书》皆著录。

许棐是宋代著名江湖派诗人，他在师法姚合、贾岛以外，也师法其他一些晚唐作家，今人民文学出版社《宋诗选注》收其诗《乐府》、《秋斋即事》、《泥孩儿》三首。

8. 宋祖后裔赵孟坚彝斋藏书

赵孟坚（1199—1295），字子固，号彝斋，宋太祖十一世孙。宋宝庆二年（1226）进士，授集贤殿修编。历官湖州掾，入转运司幕，诸暨县令，知严州府。后为言官所劾，遂退隐，以诗画藏书自娱。时有杨嗣翁善琴、赵仲文善棋、张温父（名即之）善书，世人遂以孟坚之画，合称四绝艺。景定初迁翰林学士承旨，旧传宋亡不仕，隐居海盐广陈镇〔明宣德五年（1430）划属平湖县，今平湖广陈镇北〕。县令往访，孟坚飞舟逸去，县令叹息说："名可闻，身不可见。"从弟赵孟頫宋亡仕元，自苕川来访，闭门不纳。《芦川竹枝词》中《子固见弟诗》云："南渡王孙此隐居，踵门贵客枉停车。当年介弟犹坚拒，座上那堪受浊污。"

赵孟坚富藏书，经常坐一小船载书籍琴弦和饮食餐具，迎日出，挥毫作画。看夕阳，日下吟诗，与陶菊隐、殷澄并称"秀州三义"。孟坚儒雅博识，工诗文，善书法，多藏三代以来金石书画真迹珍本。宋开庆元年（1259），曾得王羲之《兰亭帖》，夜间泛舟归霅溪牟山时，遇风覆舟，孟坚持帖立水中，高呼："兰亭在，无忧也！"后并题"生命可轻，至宝是保"于《兰亭帖》卷首。《兰亭帖》卷首另有赵孟坚的两枚藏书印"子固"和"彝斋"。

赵孟坚不仅藏书，书画作品和著述亦丰。孟坚是南宋有名书画家，善画水墨梅花、水仙、兰花、山石，尤精白描梅花，清而不凡，秀而淡雅，世皆珍之，有《梅谱》传世。传世书画有《墨兰图》卷（故宫博物院藏）、《春兰图》卷（故宫博物院藏）、《墨水仙图》卷（天津艺术博物馆藏）、《岁寒三友图》纨扇面（上海博物馆藏）、《岁寒三友图》册页（故宫博物院藏、图录于《故宫名画三百种》）、《白描水仙卷》等，《中国美术史口诀》有"水仙秀雅赵孟坚，墨兰忠国郑思肖"之句。赵孟坚亦善写墨兰，《松斋梅谱》谓其成就在梅花、水仙之上，时有"兰出郑（思肖）赵（子固）"之誉。《春兰图》卷是我国目前保存最早的兰花画卷，《岁寒三友图》页则是中国较早将松竹梅融于一体的作品之一。周密在《癸辛杂识前集》中称其"晚作梅自成一家，尝作《梅谱》二诗，颇能尽其原委"。

孟坚的书法气度萧爽，有六朝风致，时人比之米南宫（米芾）。传世书法作品不多，大部分是以行书写成，有多件《自书诗卷》流传，分别收藏于北京故宫博物院、台北故宫博物院、上海博物馆，《致严坚中太丞》尺牍册藏于台北故宫博物院，是其草书代表作品，秀媚与骨力兼具，体现了深厚的书法造诣。北京故宫博物院所藏诗卷录自作《题大年小景图》、《西塘道》、《题天文地理图》等诗作 8 首，行书，该卷书于开元元年（1259）；上海博物馆所藏录《送上马娇图与贾秋壑》、《鼠叹》、《墙头花》等诗作 5 首，行书。有《论书》（或作《书论》）一文传世，极力主张恢复晋、唐楷书法，对二王（王羲之、王献之）法帖着力甚多，奠定了元代书法复古运动的理论基础。

孟坚亦善诗文，有诗文集《彝斋文编》四卷传世（《四库全书》著录），附《补遗》、《彝斋诗余》一卷，《四库全书总目》称其诗文"清远绝俗，类其为人，剩璧灵珪，风流未泯"。

元贞元年（1295）97 岁时，写诗有"百年处世欠三秋，事业都归海上鸥"句，长笑而逝。卒谥文简，墓在广陈镇北辇字圩，俗称"王坟"。1960 年 5 月立为平湖县级重点文物保护单位。

9. 宝谟阁学士卫湜栎斋藏书

卫湜（生卒年未详），字正叔，嘉兴人。南宋学者、藏书家。南宋庆元进士，调太常寺丞，迁将作少监，皆未赴任，南宋宝庆二年（1226）为武进县令。著有《文章奏议》五十卷、《礼记集说》。

雍正《浙江通志》一百七十五卷《人物五》云："卫湜，万历《嘉兴府志》，字正叔，泾弟，好古博学，集《礼记》诸家传注为集说，凡一百六十卷，上之朝。官至宝谟阁学士，知袁州。学者称栎斋先生。"酷嗜典籍，独以藏书为乐趣。于石浦建藏书处栎斋，其居豪华，有园林之胜。与叶适有密交。叶适作有《栎斋藏书志》记其藏书甚详。

三、两宋秀州（嘉兴）官府及佛寺藏书

（一）秀州（嘉兴）官府藏书

宋秀州（嘉兴府）署藏书可考的有秀州（嘉兴府）衙署，岳珂守嘉兴时藏《愧郯录》，嘉熙年间（1237—1240）余天任藏《礼部韵略释疑》。藏书处为御书阁。

（二）秀州（嘉兴）佛寺藏书

宋代嘉兴境内佛寺亦富藏经，如天宁禅寺、海会院、隆平寺、金粟寺等皆藏经。海盐县金粟寺在北宋治平元年（1064）后，自行造纸，专供抄写佛经，称"金粟寺藏经纸"，名闻古今。

1. 金粟寺藏书

金粟寺为江南最早的佛寺之一,始建于三国吴赤乌四年(241)。海盐县西南金粟山下茶院村尚存金粟亭,亭中石碑正面上方镌刻着“重建金粟广慧禅寺记”。金粟寺之有藏经,始于北宋之初。自《开宝藏》以来,我国佛经逐渐由书写改为木雕,《金粟山大藏经》的书写,正处在书写与木雕并行的交替时期。

据清嘉兴藏书家张燕昌《金粟笺说》称,董谷《续澉水志》:“大悲阁内贮《大藏经》两函,万余卷也,其字卷卷相同,殆类一手所书。其纸幅幅有小红印曰‘金粟山藏经纸’,间有元丰年号,五百年物矣。其纸内外皆蜡,无纹理,与倭纸相类。其造法今已不传,想即古所谓‘白麻’者也。……今无矣。”又云:“《金粟寺志》:藏经茧纸硬黄,笔法精妙,墨光黝黑,如髹漆可鉴。纸背每幅有小红印曰‘金粟寺藏经纸’,计六百函,宋熙宁十年丁巳写造《大藏》,赐紫思恭志。今仅存百余轴。”

金粟山藏经纸是金粟寺享誉藏书界的一个重要原因。北宋治平元年(1064)以后,金粟寺自行造纸,专供抄写佛经,名曰金粟笺、金粟山藏经纸。北宋时代,开始在金粟寺内书写《大藏经》,一时书写了数万卷,用纸数量非常庞大,还有未用过的空白经纸很多。经过千余年来的战乱变化,目前能看到当年已书写佛经的藏经纸,已经非常稀少。完整的《金粟寺大藏经》,难得留存于世,仅有极少数保存在各大图书馆与博物馆中。据近期展出及报刊所载可知:国家图书馆藏有北宋《海盐金粟山大藏巨字卷大般若波罗蜜多经卷第五百五》、《海盐金粟山大藏盖字卷持世经第一》、《海盐金粟山转轮大藏漆字卷佛顶尊胜陀罗尼念诵仪规》等;上海图书馆藏有写于宋熙宁元年(1068)的《金粟山大藏背字卷解脱道论卷第一》(卷末有叶恭绰等人题跋)、《金粟山大藏习字卷转法轮经论优波提舍无量寿经论》(二经同参,卷末有李恩庆等题记及书名)、《金粟山大藏敢字卷佛说弥勒下生成佛经弥勒来时经》(二经同参)及《金粟山大藏傍字卷经律异相卷第二十七》等四卷;安徽省博物馆藏有写于宋绍兴三年(1133)的《金粟山大藏同字卷阿毗达摩法蕴足论卷第一》;南京图书馆藏有北宋写金粟山大藏经本《温室洗浴众僧经》一卷;另据今人杨仁恺《国宝沉浮录》称:北京故宫博物院藏有宋人书《金粟山大藏毗婆沙论》一卷、宋人书《金粟山大藏阿含经七法品第五百五十卷》;又天津艺术博物馆藏有宋人书《金粟山大藏放光摩诃般若波罗蜜经第三十四卷》一卷;又吉林省博物馆藏有宋人书《金粟山大藏经大般若波罗蜜多经第三百八十卷》一卷;又辽宁省博物馆藏有宋人书《金粟山大藏经佛说无极宝三昧经》一卷。已知收藏的《金粟山大藏经》仅此若干卷而已。有些经卷流落到了海外,有些经卷更未知散落何处,无法查考。其中上海图书馆传藏四种:

背字卷:宋熙宁元年(1068)手写。14纸,纵24.8厘米,横840厘米。卷心纵23.9厘米。每纸30行,每行17字,朱丝栏。上海图书馆藏。

习字卷:北宋手写。15纸,纵32厘米,横913厘米。卷心纵24厘米,纸幅67厘米。每纸30行,每行17字,朱丝栏。后有李恩庆记并多人题名。上海图书馆藏。

敢字卷:北宋手写。6纸半,纵24.5厘米,横379厘米。卷心纵23.7厘米,纸幅6102厘米。每纸30行,每行17字(偈20字),朱丝栏。后有李恩庆等题跋,上海图书馆藏。

傍字卷:北宋手写,14纸。纵28.5厘米,横769厘米。卷心纵20厘米,纸幅60厘米。每纸30行,每行17字,朱丝栏。上海图书馆藏。

金粟山藏经纸移作别用也不在少数。明代的几位著名书法家如祝允明、文徵明、王宠、董其昌等人,就把抄写《金粟山大藏经》多余的纸,用来书写。由于纸质优良,用作书法之用,一时风行遐迩。如日本藏小楷《琴操十首册》,又《书宋之问诗卷》,在卷中都能清晰地看到藏经笺上的小红印"金粟山藏经纸"六字章。上海朵云轩藏王宠《草书李白诗卷》、北京故宫博物院藏王宠《行书千字文册》中也能见到。

2. 天宁禅寺藏书

在原府治里许。原为汉严助宅,初名施水庵,宋崇宁四年(1105)敕赐"天宁永祚禅寺",简称"天宁禅寺",宋熙宁元年(1068)赐名寿圣院,绍兴间(1131—1162)先改广孝院,后称报恩光孝禅院。宋时曾藏宋徽宗赵佶御书等。

3. 海会院藏书

在秀州(今嘉兴),已废。据宋陈舜瑜《云间志》卷下《海会院藏经记》云寺藏抄本《大藏经》八百函,五千零四十八卷①。

4. 隆平寺藏书

隆平寺在秀州(今嘉兴)青龙镇。当时该镇另有二寺,皆有《大藏经》庋藏,独隆平寺未备。宋治平四年(1067)邑人陈守通出资购全藏五千零四十八卷藏于寺。

第二节　元代延续发展的嘉兴藏书

一、元代嘉兴藏书延续发展的社会环境

(一)尊儒重教的文教政策

元朝是以蒙古族为主体建立的政权。元朝立国之初,统治者不重视教育,儒者地位低下,故有"九儒十丐"之说。1279年元灭掉南宋统一全国以后,认识到"善制器者必用良工,善守成者必用儒臣",为稳定社会秩序和巩固国家政权,开

① 顾志兴:《浙江藏书史》,杭州出版社,2006年。

始在文化教育领域大力推行“尊孔崇儒，重教兴学”的文教政策，促进学校教育的恢复与发展，以利统治者笼络广大汉族士儒，缓和社会民族矛盾和培养统治人才。仁宗诏曰：“比岁设立科举，以取人材，尚虑高尚之士，晦迹丘园，无从可致。各处其有隐居仁义、才德高迈、深明治道、不求闻达者，所在官司具姓名，牒报本道廉访司，覆奏察闻，以备录用。”①

在元代的学校教育中，官学是主要的形式，分为中央官学与地方官学两种。地方官学以儒学为其主体。浙江境内有杭州路、湖州路、嘉兴路等共11路，各路分别设置路学。元贞元年(1295)浙江有12县升为州，其中海宁、长兴、海盐、崇德(桐乡)4州为中州。嘉兴路有嘉兴路儒学、嘉兴县儒学、海盐州儒学和崇德州路学。

元代书院是宋代书院的延续和发展，得力于元统治者接受汉族士人的建议，实行“推经崇儒”的政策，由武攻转向文治。元政府在重视官学的同时，对书院建设也很重视，较前代有较大的发展。书院是南宋以来士人最集中的场所，所以元政府开始对书院采取保护政策。在各书院均有藏书，在院内建有书库、书楼、藏书阁等以保证书院的正常教学与研究的需要。允许不同学派共同讲学，重视学术交流和辩论，是一个地区的教育和学术活动的中心。元代嘉兴书院有了长足的发展，嘉兴路有宣公书院，嘉兴县有江南书院，海盐州有靖献书院和南村书院，崇德州有傅贻书院、白社书院，海宁州有黄冈书院，平湖县有靖献书院。元代的私学无论在实施方式上还是在教学内容上，较之辽、金等其他少数民族政权的私学而言，都显得更加丰富和完备，取得了长足的发展。自南宋开始，以至终元一代，浙江可谓是文教中心，学者从事私家教育颇多。如著名学者崇德人(今桐乡)卫富益，宋亡后，在嘉兴私学曾授徒不辍。

由于嘉兴在元代教育继续发展，嘉兴仍为元代文人荟萃之地，有元代“四大画家”之一的吴镇，诗人、书画家张雨等。文化学术的兴盛对图书产生更多的需求，极大地推动了嘉兴藏书的继续发展。

(二)优越的经济地理环境

嘉兴路是元时浙江的工农业发达地区。《至元嘉禾志》卷六记载，元初嘉兴路每岁实征粮食60余万石，农业经济较宋时取得了一定的发展，在整个浙江经济中仍保持着重要地位。元朝时浙江行省嘉兴路的人口密度居行省之首(当然也是全国之首)，反映了嘉兴路是江浙经济重点地区之一。据《元史》卷六十二《地理五》元世祖至元二十七年(1290)的统计数字，当时杭州、嘉兴、婺州、台州等四路人口数就均已超过100万，而嘉兴路达到2245742人，位居全国首位。

嘉兴路是元朝时浙江行省海运粮的三大主要源地之一，为方便税粮北运，元初海运万户府下设11个千户所，而浙江就有杭州、嘉兴、温台等三所。武宗至大

① (明)宋濂:《元史》卷八一《选举志》，中华书局，1976年。

四年,朝廷决定用"嘉兴、松江秋粮并江淮、江浙财赋府岁办粮充运"①,"嘉兴,浙省大府,而松江在元初为华亭府,乃嘉兴属邑而升为府者,是海漕之利,惟浙中之粟独多。观顺帝至正时海漕不至,征粟于张士诚、方国珍更可见矣。则元时海运,其为浙江之漕运无疑"②。以元人的说法,"国朝岁漕东南米数百万,由海道达京师,米之所出多仰吴郡"③。反映了嘉兴经济在元代有一定影响。

元代京杭大运河和海运的全线打通使得一批城镇在贸易港口和运河沿岸纷纷崛起。从海外贸易港口看,元代曾先后在浙江的庆元、澉浦(属嘉兴路海盐)、温州、杭州等地设立过市舶司。嘉兴、湖州等浙西地区不仅交通运输发达,且农业、手工业空前发达,形成了很多典型的江南市镇。离杭州不远的澉浦,是当时的又一个重要港口,澉浦杨氏世代从事航海事业,掌握着大批海船,经营海外贸易,声势显赫。嘉兴青龙镇、平湖的乍浦镇等也都缘于海外贸易而形成集镇。嘉兴王店镇,因工部尚书王逵"构屋于梅溪,聚货贸易",此后"日见殷庶,遂成巨镇"④。

嘉兴富庶的经济为藏书提供了物质保证,河网稠密,交通便利,不管在区域内部,还是与周边藏书发达地区之间,交通的便利为借阅抄录、搜存珍本、参互校雠、补阙订讹等私家藏书所必需的活动提供了得天独厚的条件,促进了藏书业的兴旺发达。

(三)刻书业繁荣

刻书业繁荣,是元代浙江印刷术发展的标志之一。元代浙江是全国五大刻书中心之一,著书、藏书之风也盛行,且各种"书种"不断,形成了以杭州为中心的嘉兴、湖州、庆元、婺州、绍兴等路刻书网络。其刻书历史悠久,刻工技术精良,并且纸好墨佳,所以元代很多官刻书都是奉诏下杭州刻板,传世元杭州刻本也较多。杭嘉湖地区还是当时的图书销售中心之一。

元代印刷业在宋代基础上继续发展,刻书质量较好,版本学家素有"宋元本"之称。由宋代兴盛起来的官府刻书、私家刻书和书坊刻书三大出版系统得到持续发展。据清代钱大昕《补元史艺文志》的统计,元代刻印流通的图书,经部为804种,史部为477种,子部为763种,集部为1098种,共3142种。历时不到百年的元朝,这样的刻书成就十分可观。

作为杭州外围重镇的嘉兴路,元代涌现出众多的刻书名家,极大地促进了嘉兴路刻书的兴盛。元至正年间嘉兴人沈成,参加过《普宁藏·十诵律》、《大戴礼记注》、《汲冢周书》、《碛沙藏》中《大智度论》、《十地经论》、《增壹阿含经》刻字;

---

① 《元史》卷九三《食货志·海运》,中华书局,1976年。

② 雍正《浙江通志》卷八〇《漕运上》,中华书局,2001年。

③ (元)陈高:《不系舟渔集》卷一一《送顾仲华督潜入京序》,影印文渊阁《四库全书》,台湾商务印书馆,1983年。

④ (元)姚桐寿:《乐郊私语》。

桐乡乌镇人严仁，参加刻过《普宁藏·阿毗达磨顺正理论》；元至正年间嘉兴人周继宗，刻过的《资治通鉴》（兴文署本）；沈崇因刻过《普宁藏》中《大般涅槃经》、《十诵律》；沈崇妙刻过《普宁藏·贤愚因缘经》；沈崇果刻过《普宁藏》中《大乘庄严经论》、《无所有菩萨经》、《阿毗达磨大毗婆沙论》等；曹德新刻过《金史》、补版《尚书正义》、《论语注疏解经》、《魏书》、《周书》；同时期的海宁人赵月卿刻赵访《春秋属辞》十五卷、《春秋师说》三卷、《附录》二卷、《春秋左氏补注》十卷；元延祐间嘉兴人陈义刻过《四书集义精要》、《文献通考》、《碛沙藏》中《大般若波罗蜜多经》、《大宝积经》、《佛说大安般守意经》、补版《周书》，元贞元年（1295）与子陈忠刻过徐世隆《后唐明宗庙记》；同时期同乡的周东山刻过《文献通考》、至正十四年（1354）刻过《大戴礼记注》、明洪武三年（1370）刻过《元史》，并刻过补版《春秋经传集解》；崇德人朱天锡元大德十年（1306）刻过宋裴松之《三国志注》六十五卷；据《中国版刻图录》载，元至顺二年（1331）嘉兴路顾应祥刻有《妙法莲花经》一部七卷，此经为经折本，字大如鸡蛋，卷首佛画精致，甚为罕见。

嘉兴路因拥有大量刻书名家，书籍的印刷质量和数量并不逊于前宋时期。嘉兴路官府、官学刻书甚丰。《至元嘉禾志》，单庆修，徐硕纂，元至元二十五年（1288）嘉兴刻本，全志分四十三门，共三十二卷，《中国地方志联合目录》定此志为全国现存十部元代志书之一。《陆宣公集》二十二卷，唐陆贽撰，元至大四年（1311）嘉兴路儒学重刊本，10 行 17 字。《秋涧集》或《秋涧先生大全文集》一百卷，元王恽著，至治二年（1322）嘉兴路儒学奉朝廷之命刊，12 行 20 字，此书开刻于是年三月，毕工于次年正月，几百万字刊刻用时仅十个月。《易裨传》二卷，至正四年（1344）嘉兴路儒学刻本。《河防通议》二卷，元沙克什撰，后至元四年（1338）嘉兴路儒学刻本。《静修先生文集》三十卷，元刘因著，至正九年（1349）刊刻。《大戴礼记》或《大戴礼记注》十三卷，汉戴德撰，北周卢辩注，元至正十四年（1354）嘉兴路儒学刘贞刊本，10 行 20 字，国家图书馆、上海图书馆有藏本，据《中国版刻图录》著录，为本书传世最早之本。《汲冢周书》或《汲冢周书注》十卷，晋孔晁注，元至正十四年（1354）嘉兴路儒学刘贞刊本，10 行 20 字，国家图书馆藏有藏本。据《中国版刻图录》著录，为此书传世最早之本。《文心雕龙》十卷，南朝梁刘勰著，元至正十五年（1355）嘉兴路儒学重刊本，传世甚稀，上海图书馆藏两册。《韩诗外传》十卷，汉韩婴撰，元至正十五年（1355），嘉兴路儒学刊本，10 行 20 字，此书国家图书馆有藏本，为本书传世最早之本。至元年间，嘉兴路儒学刊刻之书较多，所刊刻书还有：《吕氏春秋》或《吕氏春秋训解》二十六卷，秦吕不韦辑，汉高诱注，元至正间嘉兴路儒学刘贞刊本，10 行 20 字，国家图书馆、南京图书馆藏，浙江图书馆藏二十一卷。刘贞任嘉兴路总管不过数年，时距元亡已不远，数年之中连续刊刻多部儒家典籍。而《王秋涧文集》有一百卷之多，隔年而刻成，可见当时嘉兴路雕版印刷水平之高与力量之雄厚。上述元刻书中留传至今的已被列为珍贵文物，成为国宝。

上述元刻书，均属有书目可据及流传未毁者，仅为实际所刻书的点滴，窥此一斑已可看出元代出版业的发达。元代嘉兴刻书印刷业发达，使得书籍易求易得，不仅满足了本地各类人群的需求，还行销外地。形成读书人有书可读，藏书家有书可藏、可刻的局面，推动了嘉兴藏书业的持续发展。

二、元代嘉兴藏书家及其藏书

元起朔漠，以铁甲战马而得天下，且元初战乱频仍，元末社会动荡，人心不稳，藏书业也受到很大影响，但尚能延续。据范凤书先生统计，元代藏书家有170余家，主要集中于江南，尤其是江浙与京城大都一带。其中江、浙二省的藏书家近半数，说明南宋以后，经济、文化重心的进一步南移，作为文化学术事业发展重要标志的私家藏书，也随着南移并集中于江浙一带。在元代藏书家中，嘉兴藏书家五人，曾居嘉兴的藏书家二人。

1. 富商马端看山楼藏书

马端(1252—1318)，字信卿，号宗启，藏书家。因读书补宣教郎，遂以"马宣教"名之。祖籍开封，宋靖康年间(1126—1127)祖扈从南迁，定居盐官(今海宁)黄湾。以盐业起家，富豪一方。

建藏书楼曰看山楼，又曰复起楼，聚书万卷。《雍正浙江通志》记载其"与黄冈马氏兄弟并以赀甲一郡，复起楼聚书万卷，延徐一夔、贝琼诸名儒，教其子弟，并同贾氏义塾云"。以聚书万卷而享誉江南。

马氏藏书处位于今海宁黄湾乡藤墙里，是有文献可考的海宁历史上第一座藏书楼，元末楼被兵毁，惜藏书荡然无存。玄孙马絅著《看山楼集》、马秩著《归田集》，兄弟同登进士。其十九世孙马思赞、马翼赞等均富藏书，而以马思赞为最。

2. 道士张雨黄篾楼藏书

张雨(1277—1348)，早年名泽之，一名天雨，字伯雨，号句曲外史，张久成后裔，海宁人。元代著名道士，道号贞居子，道名嗣真、嗣显等。少从其师王寿衍入大都，以诗见赏于当代诸名流，名噪于时，是一位博学多才之人，诗文书画皆精通，与赵孟頫友好，效其书体，成就突出，曾隐居杭州。著有《出世集》三卷、《碧岩玄会录》三卷、《寻山志》十五卷、《贞居集》七卷、《贞居词》、《句曲外史集》、《元品录》五卷，辑《茅山志》等。其中《四库全书》存目有《元品录》五卷，著录有诗文集《句曲外史集》三卷、《补遗》三卷、《集外诗》一卷。

晚年隐居三茅观，修《玄史》，历记道家高士。自序曰："老子玄足者也，是集不与焉，尊之也。作黄篾楼储古图史。又作水轩于浴鹄湾，营墓于灵石坞，售系腰作梁，名玉钩桥。桥南数十步作藏书石室，自勒铭，而吴睿隶古。"

藏书印有"幻仙"、"贞居"、"张雨私印"、"句曲"、"句曲外史"、"左廉察祭酒"、"张雨印章"、"宗同世家"等。

元末红巾军入杭时，诸书散失。杨维桢悼之诗云：

黄篾楼头仙一去，明年黄篾扫狼烽。
不知天上修玄史，只讶山中伴赤松。
石室秘书愁摄电，星池遗剑已成龙。
思君不见夜开户，月在金钟玉几峰。

作为书画家的张雨，书法的悟性极高，明书画家李日华《六研斋笔记·三笔》卷一言："张伯雨书性极高，人言其请益赵魏公，公授以李泰和《云麾碑》，书顿进，日益雄迈。余以为魏公平日学泰和，得其舒放雍容，而伯雨独得其神骏，所以不同。"赵琦美在《赵氏铁网珊瑚》卷六说："倪瓒称贞居真人诗文字画皆为当朝道品第一。高启谓贞居早学于赵文敏，后得《茅山碑》，其体遂变，故字画清遒，有唐人风格。"书法初学赵孟頫，后追李北海、欧阳询、怀素等，以行、草书擅长。主要作品有《广莫子周君碣》、《台仙阁记》、《题张彦辅士图诗》、《宋王贤二开士像诗》、《听泉亭诗》、《玄度自说跋》等。

3. 顾德辉玉山佳处藏书

顾德辉（生卒年未详），江苏昆山人，自号金粟道人，隐居嘉兴。德辉家史世素封，轻财结客，年三十，始折节读书，筑别墅玉山佳处，藏古书、名画、鼎彝、秘玩。浙江东阳蒋玄，家饶于资产，聚书万卷，致力其中，学有所成。

4. 贾执中义塾藏书

贾执中（生卒年未详），字希贤，海宁人。据雍正《浙江通志》记载：他"承父志建义塾于家，奉先贤圣像，配列诸贤，后立讲堂，从祀主、备礼器，仓庾庖逼所，储经史百家言，割田八百亩，聘名师莅之，教其邑之子弟。邻郡之士闻风而来，相与讲义洽闻，咸取具于此，至正十八年，事闻，授执中山长"。可见贾执中的藏书相当于义塾的图书馆，得到充分的利用。

5. 张纮南村书屋藏书

张纮（生卒年未详），号南村，平湖人。藏书家。家世业儒，故多书，元至正年间，在城南百步处筑舍为诵读藏书之所，藏书处名为南村书堆，又称南村书屋，现为平湖"东湖八景"之一。藏书甚富，达万卷。

6. 陈世隆藏书

陈世隆（生卒年未详），字彦高，元末杭州人。著有《北轩笔记》，编有《宋诗补遗》。

《浙江省图书馆志》称"嘉兴藏书以陈世隆所藏秘本为最"。清钱大昕为《艺圃搜奇》所作跋语称："陈世隆彦高、天台徐一夔大章，避兵槜李（今嘉兴），相善。彦高箧中携秘书数十种，检有副本，悉以赠大章。大章汇而编之，世无刊本。"据《四库全书总目》卷一百二十二载："陈世隆元顺帝至正中，馆嘉兴陶氏，没于兵。所著诗文皆不传。惟《宋诗补遗》八卷与此书（《北轩笔记》）存于陶氏家。今《宋诗补遗》亦无传本，惟此一卷《北轩笔记》仅存。"

7. 钱重鼎构水邨藏书

钱重鼎(生卒年未详),字德钧,通川籍,徙居嘉兴分湖之涯(今嘉善)。元藏书家,构水邨藏书其中。赵子昂为作《水邨图》,一时名士俱有诗题之。

三、元代嘉兴儒学藏书

在元明更替时,嘉兴路儒学藏书在兵火中散失殆尽,所以元代嘉兴路儒学藏书资料可考者并不多。嘉兴路儒学除刻书增加藏书外,其时嘉兴路儒学及各县县学记载资料甚少,现知有元后至元六年(1340)陈绍在、徐硕等改御书阁为尊经阁以藏书。

元嘉兴路以儒学藏书较多,少数传至后代者,历为藏书家所珍。有文献所载有《易碑传》二卷、《韩诗外传》十卷、《大戴礼记》十三卷,《汲冢周书》十卷、《吕氏春秋》或《吕氏春秋训解》二十六卷、《河防通议》二卷、《陆宣公集》二十二卷、《秋涧先生大全文集》一百卷、《静修先生文集》三十卷、《文心雕龙》十卷等。

第二章 明代兴盛的嘉兴藏书

第一节 明代嘉兴藏书兴盛的社会环境

一、朝廷教化为先的治国理念

明朝立国之初,太祖朱元璋就提出“重教兴学”,强调“治国以教化为先,教化以学校为本”①,认为科举与学校是关系到士风吏治、国家安危的大事,反复告诫子孙牢记致治在于得人,人才源于学校的道理。明太祖十分重视学校的兴办,登极第二年便颁诏:“今京师虽有太学,而天下学校未兴。宜令郡县皆立学,礼延师儒,教授生徒。”②由于朝廷采取了一系列鼓励读书的政策,故而明代求学、读书风气颇盛。

嘉兴地处江南,明代的文化教育在宋元基础上又有长足的发展。是时,嘉兴社学办得相当红火。据明嘉靖《浙江通志·建置志》记载,明代嘉兴府所属各县办学稳定的社学有六所,其中秀水二所,均在府城内;嘉善县二所,一在西塘镇,一在枫泾镇;平湖一所;海宁县一所。成化年间(1465—1487),杨继宗为嘉兴知府时,曾规定:“民间子弟八岁不就学者,罚其父兄。”③

明代嘉兴书院亦相当发达。书院是中国古代私立的高等学校,随着官学的衰败而兴盛起来,到嘉靖、万历年间书院极盛。浙江籍的大学者王阳明对书院复兴和风靡具有深远影响。在王明阳等思想家的倡导下,浙江与全国各地一样,从明代中叶起涌现出一大批书院。嘉兴府著名的书院有宣公书院、仁文书院;嘉善县有思贤书院、鹤湖书院、陆氏义塾;崇德县有傅贻书院、白社书院;平湖县有崇文书院、介庵书院、天心书院;桐乡县有正心书院;海宁县有黄冈书院。宣公书院始建于元至正年间(1341—1368),进入明代后经过多次重修。书院的正中建筑

① 《明太宗实录》卷四十六,台北“中央研究院”历史语言研究所,1966 年 ,第 924 页。

② (明)黄佐:《南雍志》卷一,台北伟文图书出版社有限公司,1976 年, 第 39 页。

③ 《明史》卷一五九《杨继宗传》,第 4350 页。

为先圣庙、两庑、仪门、东西礼亭、棂星之门,其西为宣公祠,祠西为室,东向祀郡之贤,其外为三门,庙东为讲堂,有匾"仁义之堂",内藏陆贽的奏议。书院有荡地若干亩,并建有斋舍、厨房等生活设施,以备教师和弟子日常生活之需。

嘉兴是明代全国科举最发达的地区之一。明代浙江考中进士的人数为3454人,位居全国各省榜首。据《浙江省教育志》记载,其中嘉兴进士人数500人,位居浙江前三名。嘉兴书籍需要量大增,城乡"书香门第"、"诗书传家"、"耕读世家"成为嘉兴一种社会现象,藏书成为嘉兴一种社会风尚。

二、优越的区域经济

明初,以朱元璋为代表的几位帝王励精图治,实行与民休息的政策,并采取了一系列恢复和发展生产、提高生产者积极性的措施,诸如减轻赋税、鼓励垦荒、实行屯田、大力提倡农业经济作物的种植、兴修水利。同时推行有利于工商业的措施,减轻税收、鼓励民间开采矿业,并给手工业工人"自由趁作"的时间,推动了农业和工商业经济的发展。宋元以后杭州、苏州、松江、嘉兴、湖州地区均为全国商业经济最发达的地区,丝织业、棉布业、冶铁业、珠宝业等相当兴盛,商品琳琅满目,商贾云集,与全国各地乃至海外都有商业往来。明代大学士顾鼎臣曰:苏松常镇杭嘉湖七府供输甲于天下①。此时的嘉兴已成为浙江乃至全国举足轻重的经济重镇和经济作物重要产地。杭嘉湖地区工商业市镇渐兴,最终形成巨大的市镇网络,杭州府43镇,嘉兴府达41镇,湖州府达22镇。体现出巨大的经济活力,构成杭嘉湖经济区的骨架。

是时,嘉兴经营蚕丝的市镇乌青镇、石门镇,生产丝绸的市镇濮院镇、王江泾镇,生产棉纱的市镇魏塘镇等,都是江南一带著名的工商业市镇。这些乡村市镇人口众多,商业繁华。嘉兴境内的濮院镇、新城镇人口均有三、四万;王江泾、青镇、石门镇的人口也均在二万以上。加之长江、太湖、运河三大水系的自然条件,市镇之间河汊纵横,舟楫可达,市镇间距平均在9—30里之间,交通便利,促成了藏书业的兴旺发达。

明中叶以后,商业经济发展兴盛,对外贸易发达,使得嘉兴的市民阶层人数剧增,财富积累加快,相关阶层拥有足够的钱财和余暇来搜罗图书。众多藏书家及藏书楼应运而生,包括名震海内的藏书大家项元汴及其天籁阁、项笃寿及其万卷楼。嘉靖以后,嘉兴社会经济的繁荣奠定了藏书繁荣的基础。万历以后嘉兴的社会财富增长很快,在短短数十年中,嘉兴藏书业随之达到历史上的全盛时期,涌现出近百名藏书家,包括胡震亨、高承埏等藏书数万卷的藏书家。世代递传的藏书越发丰富,藏书成为嘉兴当时的重要文化现象。

① 《嘉靖实录》嘉靖十八年六月己未。

嘉兴地区经济的繁荣和发展为书籍的撰作、生产和流通提供了有利的条件和广阔的市场，商业的盈余又使这一带的士绅较为富有，具备购书的财力，为藏书的兴盛提供了物质保障。

三、发达的出版印刷业

明代出版印刷业的发展和繁荣为藏书带来更为直接的推动作用。明代是我国印刷术相对普及和发展的时期，造纸技术和印刷技术的提高，导致了造纸业和印刷业的发达。除雕版印刷、活字印刷外，套版、版画印刷也得到了进一步的发展和应用。明代刻书地区遍及全国，而以江浙为最，套印技术、饾版和拱花技术、铜活字印刷术，都是当时的伟大创造或改进，刻书内容广泛，数量众多。收录存世的近万种经史子集、通俗小说戏曲、各种丛书、类书、佛藏、道藏屡有刊刻，明代木活字本可考的约百种以上。刻书、购书相对方便，抄写退而成为藏书来源的次要手段。胡应麟说，当时购书比较便利，携金入市可立至数万卷。浙江经济发达的杭嘉湖地区是书肆林立，书贾业务频繁。

这一时期嘉兴出现了一大批由官府、书商、文人和民间藏书家经营的刻书作坊，形成了官刻、坊刻和私刻三足鼎立的刻书业。嘉兴官府刊刻本有：《汲冢周书》十卷，明嘉兴府据元版重刊本。《王秋涧文集》一百卷，明弘治年间嘉兴府据元版重刊本。《愧郯录》，万历间嘉兴岳元声刊本，明嘉兴府据宋版重刊本。还有《陆宣公集》、《三元参赞》、《舒庵集》、《勤有诗集》、《文心雕龙》、《陆贾新语》、《大戴礼记》、《韩诗外传》、《礼经会元》、《咏史诗》、《陆贾新语》等20种有文献可考。据《古今书刻》及崇祯《嘉兴县志》记载，其中半数书名与宋元版刻相同。崇祯《嘉兴县志》谓："诸刻俱在嘉兴府"，当系宋元板片，明代继续印行。另据康熙《嘉兴府志》载："明嘉靖间，郡守赵瀛刻《小学史断》，刘懿刻《医经大旨》等二十种。"[1]其中《陆宣公集》、《王秋涧文集》是嘉兴本地乡贤和文人官绅的诗文集子。另刻有浓厚地方特色的文献《越绝书》。

嘉兴坊刻出自于民间书坊，是民间人士自行集资、筹划、创办的书籍编辑、印刷、出版、发行机构，其发展迅速，分布面广，刻书量较大。所谓坊刻，主要是以赢利为目的，书坊则完全取决于市场需求，他们刻书求快求新。所刻书大都是四部经典的名家名著本、科举程式用书、医书，以及各类名家名著的选本、通俗文学读物，等等。嘉兴有文献可考的民间书坊有：万卷堂、宛委堂、稽古堂和荆山书林。如秀水藏书家周履靖之荆山书坊，在万历二十五年（1597）时刻有《夷门广牍》一百零六种一百六十二卷。

嘉兴私刻在明代的刻书中技术最高，比重最大，刻书质量最优，因而贡献最

① 嘉兴市志编纂委员会编：《嘉兴市志》，中国书籍出版社，1997年。

突出。私刻,主要目的有几种,有的深惧文献消沉,为古人续命而刻书;有的为发表学术成果,促进学术和文化的交流而刻书;有的为读书而刻书;有的为藏书而刻书;有的为名而刻书。宋代是我国雕版印刷史上的黄金时代,其刻书保存了许多唐、五代旧本的风貌。宋本写刻精良,纸墨俱佳,乃善中之善,为世人所珍贵。明代正德以后特别是嘉靖一朝,无论是官刻还是私雕,不仅把宋元旧本的内容照样翻印,而且在版式行款、字体刀法上全面仿宋,嘉靖时期所刻的书,绝大多数都是横轻竖重、方方正正的仿宋体,而且纸白墨黑,行格疏朗,白口,左右双边,颇有宋版遗风。这一时期,嘉兴产生了高承埏、胡震亨、项笃寿父子、沈德先等一批著名的藏书家兼刻书家。他们利用家藏图书加以刻梓以增益书籍,相互交流。所刻印的古籍大多校勘精审,刻印精良,被后人视为精品。其中万卷堂、宛委堂、稽古堂所刊诸书,向为世人所重,并被近代版本学家叶德辉等人称为"明人刻书之精品"。

明代嘉兴出版印刷业的一件令人瞩目之事是朱廷策刻意大利人利玛窦著的《友论》。朱廷策是天启崇祯间嘉兴县北天字圩人,曾在崇祯二年(1629)应明朝廷积分(数学)特试获捷,赐恩贡生,任候选州知同。他为利玛窦刻《友论》时,距徐光启、李之藻等在沪杭开始传播天主教仅一二十年[①]。刊布是书足证对西方文化持积极态度。明末嘉兴还有署项氏的刻本《朝鲜士女集》,刊布朝鲜人诗文,也是对外友好交流的一段佳话。

明代嘉兴发达的出版印刷业,借助雕版印刷、活字印刷等技术实现了宋椠元刻的再版,保存并丰富了传统藏书精品;借助上述技术及套版、版画印刷技术,实现了当代硕学鸿儒著述、名家书画等大批书籍的印刷制作,极大地丰富了明代嘉兴藏书。丰富的藏书也为出版印刷业提供了大量稿源,二者相辅相成。

四、宋元藏书遗风的影响

嘉兴号称文献渊薮,特别是宋元私家藏书的遗风,直接影响明代嘉兴藏书的发展。元代官府藏书虽然并未在宋代基础上显著增加,但功在保存旧藏。两宋、元代私藏经递相收藏,一部分还是保存下来,正如胡应麟《少室山房笔丛》卷四云:"吴会、金陵,擅名文献,刻本至多,巨帙类书,咸荟萃焉。自本方所梓外,他省至者绝寡。"而且"书多精整,率其地梓"。

嘉兴在明代出现了众多的藏书家。清人孙从添《藏书纪要》云:"大抵收藏书籍之家,惟吴中苏郡、虞山(常熟)、昆山,浙中嘉、湖、杭、宁、绍最多。"藏书家通过财力与辛劳,广收散布在全国各地的宋椠元刻,刊刻印行。这些家刻本书籍刊印之后,藏书家除了自己收藏与赠送亲友之外,也成为本地书商或外地书商购买的

① 嘉兴市志编纂委员会编:《嘉兴市志》,中国书籍出版社,1997 年。

对象,成为刻印图书的范本及藏本的来源地。而嘉兴历来是人杰地灵、人文荟萃之地,处在富裕的杭嘉湖地区的士人能够接受良好的教育,爱读书也识书。以至明代嘉兴藏书家继承宋元藏书家的遗风,且愈演愈烈。加之他们广开收书之路,集收、购、抄、刻于一体,迎来了嘉兴藏书的兴旺和大发展,使嘉兴成为当时国内的藏书兴盛之地。

第二节　明代嘉兴藏书家及其藏书

明代嘉兴藏书较之宋元有了长足的发展,名家名楼甚多。据吴晗《两浙藏书家史略》、叶昌炽《藏书纪事诗》、《嘉兴市志》及嘉兴地区各市县志及地方史料统计,嘉兴区各县的藏书家,在明代以嘉兴、海盐为多,平湖、海宁次之。明代共118人,嘉兴(秀水)58人、海盐27人、平湖13人、海宁10人、嘉善6人、桐乡4人。其中嘉兴项元汴的天籁阁、项笃寿的万卷楼、海盐胡震亨的好古堂及明末高承埏的稽古堂在中国的藏书史上享有盛名。明代嘉兴出现了众多的进士藏书家,有据可考者就有37人,其中嘉兴(秀水)21人、海盐9人、海宁3人、平湖3人、嘉善1人。还出现了进士家族藏书家,如藏书大家项笃寿祖孙三代五进士藏书、郑晓父子进士藏书、高承埏父子进士藏书,名震海内,在中国藏书史上留下浓墨重彩的一笔。

一、嘉兴(秀水)藏书家及其藏书

(一)嘉兴(秀水)藏书名家名楼

1. 项元淇众山响斋藏书

项元淇(1500—1572),字子瞻,号少岳,明学者、书画家。南太学生,谒选上林录事,后任光禄寺署丞。元淇在三兄弟中排行第一,笃寿第二、元汴最小,三兄弟以项氏藏书三昆仑称名于世。元淇喜藏书,著有《少岳集》四卷(《四库全书》存目,明万历天籁阁刊本)。

藏书处为众山响斋。

藏书印有“众山响斋”等。

元淇对其弟元汴十分友善,据《嘉兴府志》记载,元淇“让财于季”,一时传为美谈。项元淇将自己所得财产让给项元汴,使得项元汴在收藏书画名迹上拥有更雄厚的资金。

元淇工草书,与其侄德纯齐名。又工诗及古文辞,于画无所不窥,精鉴赏。元淇在诗词书画方面颇有成就,万历《嘉兴府志》卷二十一载:“项元淇字子瞻,秀水人，生有至性，狷介寡俦，不治家人生产，居恒博学嗜古，于书无所不窥，工诗词，尤好临摹古法，善草圣。每游戏翰墨，尺幅数行人竟宝之。”

元淇的书法片语只字，流落人间遂为人所宝。项元淇有三封信札被卞永誉作为书法作品收入《式古堂书画汇考》，并分别编目为《少岳山人与二上人札（行书，纸本）》、《项子瞻惠泉札（行书、纸本）》、《项少岳与定湖札（行书、纸本）》。

2. 项笃寿万卷楼藏书

项笃寿（1521—1586），元淇弟。藏书处为万卷楼，是楼在明代名满天下。本节“嘉兴（秀水）进士藏书家”一目中另有论述。

3. 项元汴父子天籁阁藏书

项元汴（1525—1590），元淇、笃寿弟。初名笃周，字子京，号墨林山人，又号香岩居士、退密斋主人、惠泉山樵、古槜李狂儒等，别署桃花源里人家，自号大乘弟子。明代藏书大家。元汴少即英敏，博雅好古，绝意仕进。明万历年间神宗朱翊钧闻其名，特赐墨书征他为官，不赴。工诗善画，精于鉴赏，好收藏金石遗文、法书名画，筑天籁阁藏名家书画、遗文，所藏皆精妙绝伦，胜迹颇多。著有《墨林山堂诗集》、《蕉窗九录》等。项元汴的天籁阁堪与宁波范钦天一阁相匹，被后代藏书家同称为“巨擘”。

（1）项元汴藏书

项氏少时即醉心于图籍及书画收藏，藏书重各朝代旧本、精本。收藏唐代写本中著名者包括故宫博物院收藏的唐吴彩鸾写本《刊谬补缺切韵》、台北故宫藏唐吴彩鸾写本《唐韵》册等。故宫本《刊谬补缺切韵》，《清河书画舫》载：“项氏宝藏，吴彩鸾正书《唐韵》全部，原系鲜于伯几故物……名迹也。”台北故宫本《唐韵》册，《故宫书画录》载：“共三十八幅，每幅都有项元汴印。在后副页有项元汴跋。”另现不知所藏的吴彩鸾写本《楷书四声韵》中，还有记载项元汴标明价格的项氏题识。

其宋元旧本收藏之富且精独步天下，《天禄琳琅书目》及续编记载的200多种明以前的旷世珍籍中，钤有项氏鉴藏印的图书达37种，其中宋版图书22种，元版图书6种，明版图书9种。胡应麟《少室山房笔丛·经籍会通》称，其时文坛巨匠、藏书家王世贞，其小酉馆藏书三万，尔雅楼藏宋版书闻名天下，但与项元汴相比，时人尚以为“不及墨林远矣”。国家图书馆所藏宋宁宗庆元六年（1200年）华亭县学刻《陆士龙文集》，卷首钤有“赵氏子昂”、“项元汴印”、“天籁阁”等藏书印；宋陈起陈解元书籍铺所刻的《唐女郎鱼玄机诗》，宋咸淳廖氏世彩堂刻本《昌黎先生集》、《河东先生集》等，都曾为项氏珍藏。上海图书馆的镇馆之宝孤本宋版《东观余论》，宋浙刻本《丁卯集》、《重雕足本鉴诫录》等皆出自项氏所藏。

其明代图籍的精品收藏，现存有天津图书馆镇馆之宝、被四库馆臣目为神品的《斗南老人诗集》，明胡奎撰，姚绶手抄本；台北傅斯年图书馆藏《玉堂类稿》，宋周必大撰、明书法家王宠抄本；国家图书馆藏、明孝宗敕命太医院判刘文泰等人纂修的明代唯一的官定本草——《本草品汇精要》彩绘本等。若按收藏源流来考证，第一收藏人即是项元汴。钱曾《读书敏求记》卷四著录刘勰《文心雕龙》十卷云：“墨林项氏，每遇宋刻即邀文氏二承鉴别之，故藏书皆精妙绝伦。虚心咨决，此又今人之师也，今人奈何不师之？”①可见项元汴藏书之精。“文氏二承”为著名画家文徵明之子，同为吴中藏书名家，富藏书。“二承”知名当世，皆精古籍鉴定，而文嘉尤精鉴别宋本。项氏藏书得“二承”鉴定，无怪钱曾称其藏书皆“精妙绝伦”。又据姜绍书《项墨林收藏》称“三吴珍秘，归之如流”。叶昌炽《藏书纪事诗》卷三称：天籁阁所藏“海内珍异十九多归之”。天籁阁收藏的图书数量与范钦天一阁不分伯仲，而在品质上更精；收藏的历代书画及其他物品之精、之富则独步天下，无人能望其项背。

元汴亦重稿本收藏，曾收藏而流传至今的最著名的稿本有今国家图书馆收藏的宋司马光《资治通鉴》残稿，辽宁省博物馆收藏的明祝允明的《成化间苏材小纂》稿，安徽省博物馆收藏和明吴宽《吴匏翁手书诗稿》等。

此外，对藏品注重保护与装裱。从其藏品的题识中常能看到“装池”、“重装”等字样。如后经黄丕烈、翁同龢等递藏的宋刻巾箱本蝴蝶装《重雕足本鉴诫录》，项氏收藏时即在卷尾题：“时明万历元年秋七月既望，重装于天籁阁。共计二册，原价陆□。”现藏于上海图书馆。旅顺博物馆藏《文彭致项元汴信札二十通》第二札云：“汤淮之艺犹有乃父遗风，中等生活可发与装潢，幸勿孤其远来之望也。”汤淮是明代著名的装裱工匠，文彭将他介绍到项元汴家，足见项氏对图籍装池工作的重视。如台湾“中央研究院”历史语言研究所傅斯年图书馆收藏的“项子京旧藏”明刻《六子全书》。

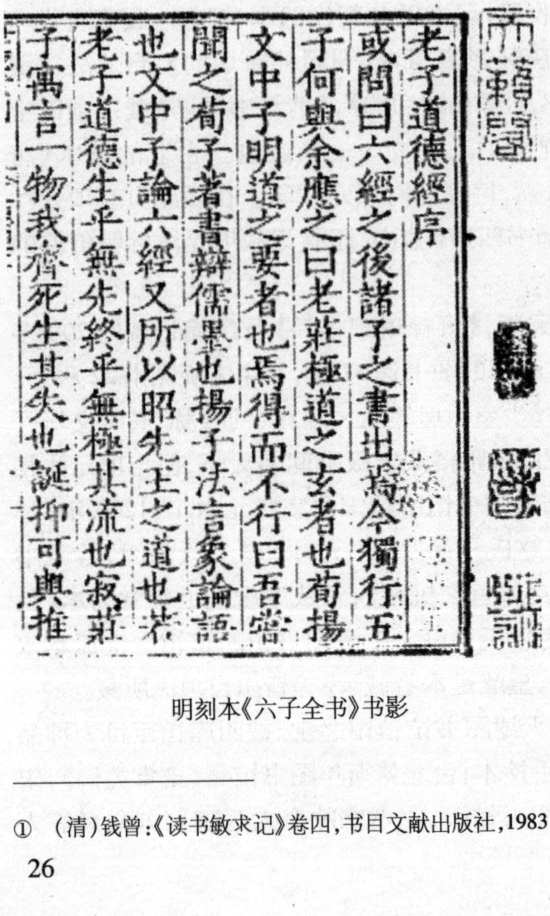

明刻本《六子全书》书影

元汴藏书处除天籁阁外，还有退密斋、白雪堂、净因庵、若水轩、墨林堂、世济堂、虚朗斋、幻浮斋、诚思斋、博雅斋、华雪斋、七者寮、樱宁庵、楞严精舍、世美堂等。

藏书印有“项元汴印”、“自京父”、“项氏子京”、“子京珍秘”、“子京父印”、“子京”、“项子京家珍藏”、“子京所藏”、“项子京精玩

① （清）钱曾：《读书敏求记》卷四，书目文献出版社，1983年。

印"、"墨林父"、"墨林"、"墨林山人"、"项墨林印"、"项墨林父秘笈之印"、"墨林项季子章"、"墨林秘玩"、"项墨林鉴赏章"、"项氏家藏"、"古檇李狂儒林山房史籍印"、"漆园傲吏"、"檇李项氏家宝玩"、"天籁阁"、"檇李"、"桃李"、"子孙永保"、"子孙世昌"、"寄敖"、"退密"、"神游心賞"、"平生真赏"、"净因庵主"、"净因庵"、"会心处"、"沮溺之俦"、"西畴耕耦"、"鸳鸯湖长"、"墨林项氏秘籍图书"、"世济美堂项氏图籍"、"世济美堂"、"世美堂"、"古狂"、"天籁阁项墨林印记"、"传家永宝"等40余方。

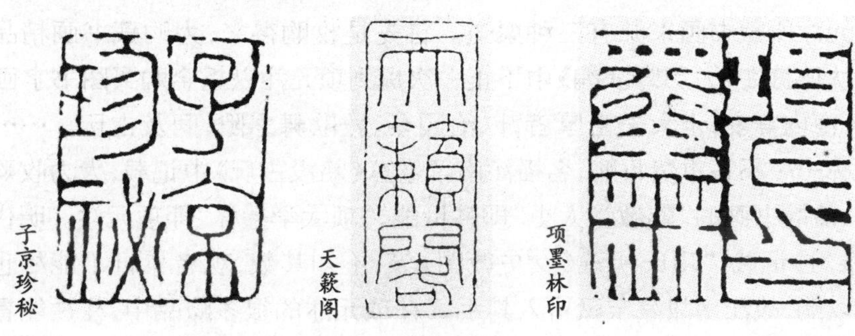

项元汴藏书印

现傅斯年图书馆收藏钤有项子京收藏印记的《六子全书》,明顾春编。嘉庆九至二十年,吴郡顾氏世德堂刊本,版框19.3×14.2厘米,8行,行17字。夹注双行字数同。双栏,版心白口,单鱼尾,上方记"世德堂刊"。六子者:老子、庄子、列子、荀子、法言、文中子。是书收藏印记有:天籁阁、墨林子、子孙世昌、檇李、宫宝世家、项子京家珍藏、项墨林鉴赏章、子孙永保、项元汴印、子京父印、项墨林父秘笈之印、墨林山人、项叔子、子京等。确为项氏天籁阁旧藏①。

天禄琳琅藏明刻《春秋经传集解》、《六臣文选》皆有世美堂、古狂二印,为元汴旧藏。今国家图书馆藏明抄本《增修复古编》二卷,卷内有世济美堂项氏图籍等印,亦是项氏旧物。

项元汴除藏书,还是一位刻书家,刊有《天籁阁帖》、《项氏名瓷图谱》。项元淇所撰之《少岳诗集》,国家图书馆藏,刊书处称墨林山房。张照在《天瓶斋书画题跋·跋项子京刻兰亭帖》记载:"项子京刻唐摹兰亭,袁伯应家藏,笔意超绝,在宋本中未能多让,固知不论时代也。此本与元人所刻褚摹伯仲也。"项氏摹刻法帖的数量已不得而知,从上面这些记载来看,其刻帖水平非常高,与真迹无二,据传有《项墨林帖》。

(2)项元汴书画鉴藏

项元汴既是藏书大家又是书画鉴赏家、收藏家,其家天籁阁除富藏书外,所藏书法、名画以及鼎彝玉石甲于海内,自己懂得绘画原理,精于鉴赏、辨别真赝,析及毫发,当时无人可比,为明清以来海内八大鉴赏家之首。所藏金石碑拓、尺

① 李宗焜:《傅图收藏的"项子京旧藏"古籍》,《古今论衡》第10期,2003年。

牍墨砚、书画等，开创一代风气。项氏遴选能工巧匠制作的各种器具，凡几榻架柜奁盒等，镌以铭识，都极精巧，如同秦汉之物。项氏曾收藏的名画包括东晋顾恺之《女史箴图》；唐韩滉的《五牛图》、韩幹的《照夜白图卷》；宋扬无咎的《四梅图》、马和之的《唐风图》、宋徽宗的《瑞鹤图》；元赵孟頫的《鹊华秋色图》、王蒙的《稚川移居图》、钱选的《浮玉山居图》及张渥的《竹西草常图》等等。仅台北故宫博物院收藏的项元汴旧藏名画就有近200幅。根据台北翁同文先生的推测，仅项元汴旧藏书画概数约2900件。

项元汴所藏书画来源有三种渠道。首先是收购得来，为购藏书画精品不惜重金。沈德符在《万历野获编》中不止一次提到项元汴以重金购买图书字画："嘉靖末年，海内宴安，士大夫富厚者，以治园亭、教歌舞之隙，间及古玩。……吾项太学墨林……不吝重赀收购，名播江南。"卷八《籍没古玩》中记载，大力收购严氏等籍没、流散书画的"韩敬堂太史"即韩世能，"项太学墨林"即项元汴。明代谢肇淛《五杂俎》记载："项氏所藏《女史箴图》等，不知其数，观者累日不能尽也。不惜重赀以购，故江南故家宝藏皆入其手。"在项元汴的很多藏品中，往往能看到他记录的购置金额。

其次，书画精品还源于交友。查看《天禄琳琅书目》及续编中和有项氏藏书印的历代典籍，有不少同时钤有文徵明父子的藏书印，在项元汴的记语中还提到他的藏品来自无锡安氏、鄞中范氏。现存的天一阁藏书中亦有钤项氏藏书印的图书。如嘉靖三十六年(1557)丁巳，六月既望，文徵明应项元汴之请，小楷书《古诗十九首》与陶潜《田园诗》四首合册。也就在这年，文彭时年60岁，赴嘉兴就秀水训导职，项家时常邀请文彭去他家作客，其时也留下不少佳作。项元汴34岁的时候，文彭在项元汴之退密斋书《草书傲园杂兴诗》，该作品为项元汴收藏并加以千文编号。次年，文彭腊月过项家作《草书雅琴篇卷》，为项元汴书《采莲曲》。项元汴39岁生日，丰坊为之作《临右军二帖扇面》(藏故宫博物院)；文彭去世后，文嘉和项元汴的友谊继续延传下去，项元汴53岁生日，文嘉为表庆贺，画《山水图》相赠。当时著名画家谢时臣将自己的画作送给项少溪，认为他"赏识名家，此笔得所归"，也是出于高山流水之情谊，慷慨相赠①。

再次是通过"坐质典库"获取。据文献记载，项氏所藏定武本《兰亭序》属此例："元章题本定武《兰亭序》，旧藏云间顾汝修处……汝修上铨部以此质项元汴家。"汪砢玉《珊瑚网》载："宋高宗手书〈龙王敕〉，向在龙渊寺，寺僧信源质于京处。"

元汴自身工书画，书出智永、赵孟頫，画山水学黄公望、倪瓒，尤醉心于倪瓒，得其胜趣，兼善古松竹梅兰，天真雅淡，俱入妙品。董其昌称其画"巧思闲情，独多宋意"。李日华在《味水轩日记》卷四中对项元汴的绘画成就给予极高的评价：

① (明)郁逢庆:《书画题跋记》卷十，清抄本。

"万历四十年壬子岁,五月五日。谭孟恂以项子京扇册寄示。大略皆蕙兰竹石,甚有逸韵。"董其昌对项元汴的绘画有过感慨:"写生至宣和殿画院诸名手,始具众妙,亦由徽庙自工此种画法,能品题甲乙耳。元时惟钱舜举一家犹传古法,吴中虽有国能,多成逸品。墨林子酝酿甚富,兼以巧思闲情,独饶宋意,此诸册如入山阴道,应接不暇也。"①

李日华《味水轩日记》卷四中云:"万历四十年壬子岁,五月五日。谭孟恂以项子京扇册寄示……一面行书似李北海,而古雅逸宕过之。""万历四十年壬子岁,十月朔日……项画酷似黄鹤,后有细楷郭山人传,亦得诸法。"评价墨林行书似李邕,甚至在古雅逸宕方面超过李北海,其推重可窥一斑。李日华对项元汴书法用笔都有记载,如:"项子京令钱生仿古作散卓笔,以漆液固其头,每管用三兔之毫,时一兔价三分,加以缚工,……入手真行草隶挥运无不如意,用年余而不渝,余得一枚若利剑在箧,动与之俱,而当时不甚以为难得,今日想之真如帝所钧天乐部中物,岂容复见也。"②

元汴每绘一画,必自题跋,传世作品《双树楼阁图》、《桂枝香园图》、《梵林图》、《墨兰图》、《兰竹图》等,分别为《故宫周刊》及当代出版的《中国美术全集》、《中国文物精华大辞典》、《山水百家》、《写竹百家》、《写兰百家》、《花鸟百家》等多种书籍收录。

(3)项元汴书画藏品存录

项元汴凭借其卓越的眼光、雄厚的财力,使得项氏藏品的丰富程度和巨大价值在中国收藏史上空前绝后。《嘉兴市志》第五篇《杂记丛谈·天籁阁原藏书画之一斑》有载:明代著名书画家、鉴赏家项元汴的天籁阁收藏丰富,闪耀古今,无与伦比,是中国文物史上的璀璨明珠。

项元汴生前没有留下天籁阁的藏品目录,身后文物星散,无人能说出其全部珍藏的名目、数量与价值,对天籁阁的辉煌,只能是管中窥豹。清人吴聚泉有诗云:"城中天籁已灭阁,海内犹存项墨林。"天籁阁虽在清初乙酉兵事中惨遭抢掠,但不少珍品后又聚人清廷内府和著名藏家,得以保存,未致湮灭。其中的名画、法书,项氏都钤有印记,有的还有题跋,踪迹尚在,可资查证。

据目前已查阅的资料,现存的天籁阁旧藏书画,主要在北京和台北故宫博物院收藏,有一些在辽宁博物馆和上海等省、市博物馆,也有一些流散到日本、美国、英国的收藏机构和私人,其总数甚为可观。仅《国宝》、《国宝大观》、《故宫藏宝录》、台北《故宫藏画精选》、《简明中国文物辞典》、《中国名画鉴赏辞典》等六书收录的天籁阁旧藏古书画总数达数十种;而文物鉴定专家徐邦达著《古书画经眼要录》(晋至宋代书法分册)载,天籁阁旧藏品则有74家129种,其中绝大部分

---

① 董玄宰题项子京花草册,见(明)郁逢庆:《书画题跋记》卷十,清抄本。

② (明)李日华:《紫桃轩杂作缀》卷二,见《槜李遗书》,孙福清稼亭校刊,望云仙馆本。

尚存于世。项氏家藏的部分绘画、书法珍品如表 1 至表 2 所示。

表 1　项氏家藏绘画珍品选录①

时　代	作　者	品　名	现藏地点
东　晋	顾恺之	女史箴图卷(唐摹)	英国伦敦大英博物馆
唐	王　维	山阴图卷	台北
	韩　幹	牧马图轴	台北
	韩　幹	照夜白图卷	美国纽约大都会博物馆
	韩　滉	五牛图卷	/
	卢棱伽	六尊者像册页	/
五代后梁	赵　喦	调马图卷	上海博物馆
北　宋	惠　崇	秋浦双鸳图册页	台北
	燕　肃	寒岩积雪图轴	台北
	苏　轼	墨竹卷	/
	苏　轼	偃松图卷	/
	苏　轼	古木疏篁	/
南　宋	李　唐	清溪渔隐图卷	台北
	扬补之(无咎)	四梅花图卷	/
	扬补之	独坐弹琴轴	台北
	马和之	唐风又一卷	辽宁博物馆
	马和之	周颂闵予小子之什	辽宁博物馆
	马和之	古木流泉册页	台北
		唐风	辽宁博物馆
金	武元直	赤壁夜游图卷	台北
元	李　衎	双钩竹图轴(四竹图)	/
	李　衎	四清图(筀竹、慈竹二丛)	后半段在美国堪萨斯市
	赵孟頫	鹊华秋色图卷	台北
	赵孟頫	二羊图卷	美国弗里尔美术馆
	朱德润	秀野轩图卷	/
	柯九思	清秘阁墨竹图轴	/
	钱　选	浮玉山居图卷	上海博物馆
	倪　瓒	溪山深秀轴	上海博物馆
	倪　瓒	水竹居图	中国历史博物馆

① 嘉兴市志编委会:《嘉兴市志》,中国书籍出版社,1997 年,第 2391—2393 页。

（续表）

时　代	作　者	品　名	现藏地点
明	王　蒙	葛稚川移居图轴	／
	王　蒙	花溪渔隐图轴	台北
	王　蒙	青卞隐居图卷	上海博物馆
	赵　原	陆羽烹茶图轴	台北
	夏　昺	修筠卷石图轴	台北

表2　项氏家藏法书珍品选录

时　代	作　者	品　名	现藏地点
晋	王羲之	兰亭序（神龙本）	／
	王羲之	远宦帖（唐摹）	台北
	王羲之	平安、如何、奉橘三帖（唐摹）	台北
唐	李　白	上阳台帖	／
	杜　牧	张好好诗	／
	颜真卿	刘中使帖（即瀛洲帖）	台北
	欧阳询	仲尼梦奠帖	辽宁博物馆
	欧阳询	千字文（古临本）	辽宁博物馆
	怀　素	苦笋帖	上海博物馆
	张　旭	古诗四帖	辽宁博物馆
五　代	扬凝式	神仙起居法	／
	扬凝式	夏热帖	／
北宋	李建中	土母帖	台北
	李建中	同年帖（金部札、披风帖）	／
	李建中	贵宅帖	／
	蔡　襄	虚堂诗帖	／
	蔡　襄	虹县帖（安乐札、郎中帖）	台北
	蔡　襄	脚气帖	台北
	蔡　襄	澄心堂纸帖	台北
	蔡　襄	暑热帖	／
	苏　轼	前赤壁赋	台北
	苏　轼	新岁展庆、人来得书二帖	／
	苏　轼	渡海帖（即尺牍）	台北
	苏　轼	洞庭春色、中山松醪	吉林博物馆
	黄庭坚	松风阁诗	台北
	黄庭坚	戎州帖	中国历史博物馆
	黄庭坚	廉颇蔺相如传	美国大都会艺术博物馆
	米　芾	蜀素帖（即诸体诗、拟古诗、诗卷）	台北
	米　芾	向太后挽词	／
	司马光	通鉴稿附手札稿	北京博物馆

（续表）

时　代	作　者	品　名	现藏地点
南宋	康与之	宫使帖	台北
	朱敦儒	尘劳帖（即别后帖）	台北
	张　浚	彬父帖（即早上封示帖）	/
	虞允文	草圣帖（即病久气羸帖）	台北
	范成大	垂海帖	台北
	张孝祥	临存帖	/
	朱　熹	赐书帖	台北
	辛弃疾	去国帖	/
	张即之	从者来归帖（即殿元札）	台北
	张即之	书楼钥撰汪氏报本庵记	辽宁博物馆
	赵孟坚	自书诗（开庆元九廿二日）	/
	文天祥	宏斋帖（即瑞阳帖、文信国劄子）	/
元	柯九思	上京宫词卷	美国普林斯顿大学

据叶梅博士《晚明嘉兴项氏法书鉴藏研究》，项元汴所收藏王羲之法书在数量上远远超过王世贞、文徵明、韩世能等其他藏家。其家藏的王羲之法书墨迹如表3所示，收藏法书如表4所示。

表3　项氏家藏王羲之法书墨迹鉴赏统计

序号	法书名称	明人题跋内容、时间及出处	备注
1	平安、何如、奉橘三帖		项元汴有“才”字编号
2	远宦帖卷		
3	七月、都下二帖卷	宋濂洪武十九年四月望日有题跋，见《石续》重华宫著录一卷。	项元汴有“给”字编号
4	瞻近帖卷	天启元年在张觐宸处董其昌发现有题跋，并认为是真迹，见《石渠宝笈续编》重华宫著录一卷。	项元汴有“良”字编号，后归张觐宸
5	临钟繇古千字文卷	著录参见《为讹考辩》（上）第十页	项元汴有“苟”（或“荷”?）字编号
6	此事帖（每思帖）	《珊瑚网》卷一	项元汴有“饫”字编号，先藏王鏊，后项以五十金得于无锡安氏
7	官奴帖		
8	行穰帖	董其昌有跋，极度推重之，见《容台别集》卷二，《石续》第五十二册，宁寿宫藏；詹东图认为是唐摹，见《詹东图玄览编》卷三。	后归董其昌
9	千字文卷		
10	万岁通天帖	《曝书亭集》卷五十三	其中有王羲之部分作品，项元汴后转让其兄项笃寿

表4 项氏收藏法书统计

唐以前	唐代	五代	元代			宋代						明代	项氏收藏法书统计
						宋四家							
			赵孟頫	孟頫之外	合计	苏轼	黄庭坚	米芾	蔡襄	宋四家之外	合计		
15	35	3	67	102	169	27	27	15	11	119	199	42	463（不含墨拓）

（4）项元汴书画鉴赏对其子孙的影响

项氏一族自元汴起为嘉郡望族，万历至崇祯年间，元汴一门四代藏书，为藏书画世家，尤为善画，载入史册的有八人。元汴有子德纯、德新，孙徽谟、嘉谟、圣谟，玄孙项奎等，都以画名，享誉画坛，皆载入中国画史，有“嘉兴派”之称。《中国美术全集》、《中国文物精华大辞典》等收录有项元汴、德新、圣谟祖孙三人的作品。

项穆（生卒年未详），元汴长子，初名德枝，易为纯，最后更名穆，字德纯，号元贞，又号兰台无称子，明万历年间书法家、书法理论家，诗人、藏书家。其好诗工书，其书与伯父元淇齐名。有《双美帖》行世。著有《书法雅言》一卷，诗集有《贞元子诗草》。其《书法雅言》，体系完整，论旨一贯，从儒家思想出发，抓住了书法社会性的特质，对书法艺术规律如规矩与天然，天资与学识，人书关系有其深刻的理解，体现了项穆的传统书法思想与作为书法家和书法评论者深厚的艺术修养。王百穀《无称子传》云：“其父曰项子京先生，善博古，所藏古器物图甲于江南，客至相与评隲鉴定，穷日忘倦，无称子（项穆）从傍睨视，徐出片言甲乙之，父与客莫能难。”“（项穆）秀水项元汴之子也。元汴鉴藏书画甲于一时，至今论真迹者尚以墨林印记别真伪，穆承其家学，耳濡目染，故于书法特工，因抒其心得，作为是书。”①

项德新（生卒年未详），元汴三子，字复初，一字又新，号松斋，又号读易居士，自署岳西道人。工山水，与李日华为书画友，惜画作流传甚少，海内得其片纸，珍如拱璧。擅山水、墨竹、墨梅、墨荷，画山水得荆关法，尤善写生，奕奕有致。其绘画高于其父，所写墨竹及竹石扇，见《故宫周刊》《绝壑秋林图》等作品四幅，为《中国美术全集》图录，其中《乔岳丹霞图》又为《中国文物精华大辞典》图录，《墨竹图》、《墨竹扇》见于《写竹百家》。德新书室名香雪斋、读易堂。著有《历代名家书画题跋》。

项奎（1623—1694后），元汴孙，字天武，号子聚，又号东井，自署墙东居士、水

① 项穆：《书法雅言》，商务印书馆、国家图书馆，2005年影印文渊阁《四库全书》本。

墨处士，明末清初画家。工诗，擅山水，好用秃笔，水墨颇得元人枯淡之趣，兼长兰竹，笔墨秀雅，称名于明末清初。与叶燮友善。书室名晚盥堂。著有《晚盥堂集》。

余者尚有项元汴之长孙项聪、侄德裕、从孙项玉筍。在项氏绘画世家中，成就最高的当数项圣谟。

项圣谟（1597—1658），元汴孙，德新子。字孔彰，号易庵、胥山樵。幼承家学，工画善诗，尤醉心于精研古代书画作品。初学文徵明，后法宋元，尤得力于家藏唐庐鸿所画的《草堂十志图》。同时天籁阁所藏千余幅名迹为其学习绘画艺术提供了优越的条件，是晚明画坛重要人物之一，当代中国画评论家称项圣谟是明末自成一派的山水人物画名家。

圣谟在学习继承传统技法上，能博采众长，不受文人画之局限。其作品具有鲜明风格，在明清之际画坛上独树一帜。其画贴近现实，造型准确，用笔周密，严肃不苟，意境秀逸，气韵高雅，具有很高的品格。所绘山水、人物、花鸟均被称为"毕臻其妙"。晚明书画大家董其昌跋项圣谟《画圣册》云："项孔彰此册，乃众美毕臻，树石屋宇，皆与宋人血战，就中山水，又兼元人气韵，虽其天骨自合，要亦工力至深，所谓士气、作家俱备。项子京有此文孙，不负好古鉴赏百年食报之胜事矣。"[①]他的作品现能看到的有600多件，代表作有《九十九辩相图》、《长江万里图》等巨作，都受到后世赞誉。

明天启年灾荒，圣谟先后作《甲子夏水图》、《乙丑秋旱图》，陈继儒作跋，称此二图，使人欲涕，还称项圣谟为"画谏"。徐树铭评项圣谟之《山水诗画册》为"画史之董狐"、"诗史之董狐"。明时，因项圣谟尤善画松，故有"项松"之誉，且名满东南[②]。

圣谟著有《项孔彰梅花册》一册、《朗云堂集》、《清河草堂集》、《墨君题语》二卷（《四库全书》存目）。绘画代表作为世所称的有《三招隐图》、《且听寒响图》、《大树风号图》、《鹤洲秋泛图》、《松斋读易图》、《剪越江秋图》、《闵游图》、《蒲蝶图》等，传世或见于文献记载总数多达六百余幅。当代重要绘画典籍如《中国美术全集》、《中国绘画史图录》、《国宝》、《中国文物精华大辞典》、《中国名画鉴赏辞典》、《故宫文物大典》等都图录其作品。

项圣谟十分博学，尤长于诗，以诗题画，相得益彰。后人评论他的诗画作品构成的完整境界，认为可媲美于"画中有诗，诗中有画"的王维。

项圣谟之妻伯，著名书画鉴赏家李日华赞其画"英思神悟，超然独得"，是"崛起之豪"。

4. 学者周履靖藏书

---

① （民国）项乃斌纂修：《嘉禾项氏清芬录》六卷卷首一卷，稿本。毛装，国家图书馆藏。

② 朱家纬：《项圣谟传世作品辑录初编》，见《嘉禾春秋》④，嘉兴日报印刷厂，2001年内部发行。

周履靖(1542—1632),字逸之,初号螺冠子,自号梅颠道人、梅墟山人等,嘉兴人,居鸳湖滨白苧村。明诗人、戏曲作家、文学家、藏书家。好金石文字,工各体书法,兼擅绘画,专力古文诗词,能戏曲,万历时在家乡以吟咏为事,隐居不仕,尝于居处辟园池植梅竹,读书其中。

周履靖学识宏博,著述甚富,书室曰闻云馆、梅墟、缩壳蜗等。所著《梅颠稿选》二十卷,为《四库全书》存目。还著有《夷门广牍》一百六十二卷、附散曲《鹤月瑶笙》三卷、《螺冠子咏物诗》二十八卷、《汉隶正宗》四卷、《景竹录》、《寻芳咏》、《艺苑》一百卷(辑)、《周氏绘林》十六卷、《梅坞贻琼》、《闲云馆画薮》九卷(辑)、《书法通释》二卷、《汉隶钩元》二卷、《书苑瑶华》二卷、《墨池白璧》三卷、《字学释疑》三卷、《字学要语》二卷、《九畹遗容》一卷、《嘤翔春谷》一卷、《淇园肖影》二卷、《罗浮幻质》一卷、《画评会海》二卷、《绿绮新声》五卷、《元赏编》一卷、《茹草编》四卷、《菊普》一卷、《汤品》一卷、《唐宋卫生歌》、《续易牙遗意》一卷、《螺冠子》十卷、《炼形内旨》一卷、《八段锦图》一卷、《益龄单》一卷、《赤凤髓》三卷、《海外三珠》四卷、《玉函秘典》一卷、《金笥元言》一卷、《天形道貌》一卷、《九歌》八卷、《梅墟杂稿》、《古今歌纪》二十卷、《群英赤帻》十二卷、《宋明名公和陶诗》、《晋宋明十三家(归去来辞)》一卷、《毛公培倡和》一卷、《古今宫闺诗》十六卷(辑)、《骚坛秘语》三卷、《闲云馆诗余》、《投壶仪制》一卷、《怪疴单》一卷等。另有传奇《锦笺记》二卷。

周履靖荆山书坊刻有《夷门广牍》一百零六种一百六十二卷、《十六名姬诗》、《梅坞贻琼》、《梅颠稿选》等。周履靖曾在南京开设荆山书林以售自辑、自刻之《夷门广牍》等,为明代南京著名书肆之一。

周履靖不但著述、刻书,且喜藏书,不惜千金庋藏古今典籍,其以丰富的藏书和典藏珍稀古版书籍而著称。藏书目未详。

5. 高承埏稽古堂藏书

高承埏(1602—1648),明末藏书名大家、刻书家、学者。藏书处为稽古堂。本节"嘉兴(秀水)进士藏书家"一目中另有论述。

(二)嘉兴(秀水)进士藏书家

1. 项笃寿祖孙三代五进士万卷楼藏书

项笃寿(1521—1586),字子长,又字子昌、子嘉,号少溪,又号兰石主人,别署桃花村里人家。元淇弟,元汴兄,郑晓婿,嘉靖四十一年壬戌(1562)进士。明代藏书大家。曾授主事,因母年迈,改任南京考功郎中。母丧后,调职赴京,屡与张居正相左,由兵部郎中贬为广东参议,遂称病辞官归里。著有《今献备遗》四十二卷(《四库全书》著录)、《全史论赞》八十卷、《小司马奏草》六卷(均《四库全书》存目)、《圣朝略论记》十二卷、《路记》八卷、《考定舆地图》十卷、《列卿年表》等。

笃寿性喜藏书,每见秘籍即雇请抄手过录,藏书八万余卷。其藏书多从其弟元汴处购得,清代藏书大家朱彝尊在《书万岁通天帖旧事》中有详尽的记载:"子长性好藏书，见秘册，辄令小胥传抄，储之舍北万卷楼。其季弟子京，以善治生产富，能鉴别古人书画。所居天籁阁，坐质库估价。海内珍异，十九多归之。顾啬于财，交易既退，予价或浮，辄悔，至忧形于色，罢饭不啖。子长侦诸小童，小童告以实。子长过而问曰：'弟近收书画，有铭心绝品，可以霁心悦目者乎？'子京出其价浮者。子长赏击不已，如子京所与值偿焉，取以归，其友爱若是。"叶昌炽在《藏书纪事诗》卷三咏：

仰屋微闻嚄唶声，千金享帚太痴生。

铭心绝品原无价，出纳何妨让阿兄。

此外，元汴部分藏品乃笃寿花重金购买所赠，如项元汴《虞雍公诛蚊赋刻石疏》："此帖今藏余家，往在无锡荡口得于华氏中甫处，少溪家兄重购见贻之物。"①

藏书处为万卷楼，是楼在明代名满天下。

藏书印有"项笃寿印"、"子长"、"万卷楼书"、"圣师"、"师孔"、"浙西世家"、"兰石主人"、"檇李"、"桃花村里人家"、"杏花春雨江南"、"万卷堂藏书记"、"紫玉玄居宝刻"、"项氏万卷楼图籍"、"项笃寿印"、"少溪主人"、"万卷堂印"、"项氏万卷堂图籍印"、"浙右项笃寿子长藏书"等20余方。

项笃寿印

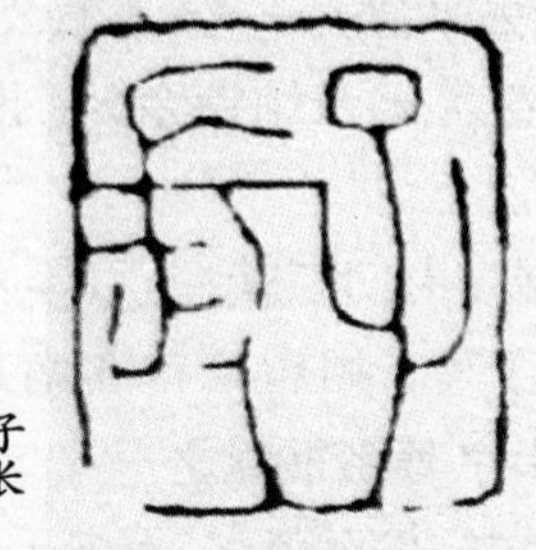
子长

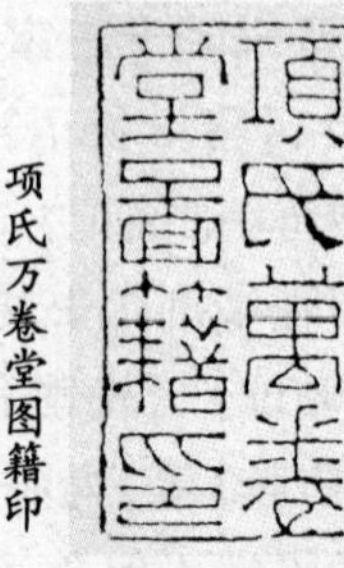
项氏万卷堂图籍印

项笃寿藏书印

笃寿藏书声名虽不如其弟元汴，但所刻之书却远远超过其弟，是明代著名的出版家。笃寿万卷堂与其子项德棻（梦原）宛委堂刻书在明代都享有盛名。万卷堂所刻之书数量多，质量高，多为精品。如项笃寿辑《全史论赞》八十卷，上海图书馆、南京图书馆、北京师范大学图书馆藏。《今言》四卷，浙江图书馆、国家图书馆藏。《郑端简公奏议》十四卷，北京大学图书馆、南京图书馆藏。项笃寿撰《今献备遗》四十二卷，国家图书馆、北京大学图书馆、浙江图书馆藏。《国朝列卿年表》一百三十九卷，北京大学图书馆藏。项笃寿辑《隋书论赞》二卷，浙江图书馆藏有残卷。《东观余论》三卷，国家图书馆、北京大学图书馆、上海图书馆、浙江图书馆藏。《木石居精校八朝偶隽》七卷，国家图书馆、重庆图书馆、浙江大学图书馆藏。《郑端简公全集》八种一百二十七卷，上海图书馆藏。现存项笃寿所刻图书有20多种，世称佳本。

① （明）项元汴：《续书画题跋记》卷八，清抄本。

其中最著名者《郑端简公奏议》、《东观余论》等，清人叶德辉列为明人刻书之精品。“子长覆刻宋嘉定本《东观余论》极精，因其校刻极精，清代著名藏书家季沧苇竟然误认为是宋本”①。清丁丙《善本书室藏书志》卷十八著录此书云：“明万历项氏刊本。……此本前题秀水项笃寿重校并万历甲申笃寿重刊行，卷尾有嘉禾项氏万卷堂梓长圆方式木印。字画精工，流传极少。内府天禄琳琅亦珍藏之。”“文革”前县人倪禹功藏的项氏初刻本古籍数种，均未著录过，皆精美绝伦。

右東觀餘論不載今附于後
建安漕司刻梓
嘉禾項氏萬卷堂梓
東觀餘論下

项笃寿刻《东观余论》书影

项笃寿故居旧址在今中山路北侧。1986 年，建楼动土时发现明万历十二年（1584）《火德、市曹二庙碑记》，为项笃寿书刻，碑移至揽秀园后遭毁。

项笃寿殁后，其子孙项梦原等继承藏书大业，在原有收藏的基础上又有增益，成为明末藏书名家。

项笃寿有二子三孙，五人中有四人为进士，皆好藏书，一时传为佳话。朱彝尊《书万岁通天帖旧事》云：“子长子德桢，万历丙戌进士；梦原，万历己未进士。德祯子鼎铉，万历辛丑进士；声国，崇祯甲戌进士。乡人以为厚德之报也。”②

项梦原（生卒年未详），笃寿仲子，原名德棻，字元海，更名梦原，字希宪。万历四十七年（1619）进士，官至刑部郎中。著有《读宋史偶识》三卷、《石门避暑录》、《项氏经笺》、《云烟过眼录》、《冬宫纪事》等五种。

喜藏书，藏书处为宛委堂。

梦原又是嘉靖间著名的刻书家，其宛委堂刻书与其父万卷堂刻书在明代齐名。刻有：宋叶梦得《石林避暑录话》四卷，湖南图书馆藏。《研北杂志》三卷，南京图书馆藏。《古今印册》十一卷、《印旨》一卷钤印本，国家图书馆、上海图书馆藏。《读宋史偶识》三卷，上海图书馆藏。等等。

① 杨立诚、金步瀛合编，俞运之校補：《藏书家考略》，上海古籍出版社，1987 年，第 254 页。
② （清）朱彝尊：《曝书亭集》卷五十三，清康熙五十三年朱彝尊刻本。

项德桢(生卒年未详),笃寿长子,字庭坚,明学者,万历丙戌(1586)进士,亦喜藏书。编有《项襄毅公年谱》五卷、《纪实》四卷、《名臣宁攘要编》十四种十四卷、《皇明弼直录》、《续名臣记》、《大政志》、《易州新志》。

项鼎铉(生卒年未详),德桢子,字梦璜,万历辛丑(1601)进士,著有《实录纪异》、《呼桓日记》十二卷、《魏斋佚稿》九卷、《学易堂笔记》、《名臣宁攘编》三十卷等。

藏书处为易学堂。

项声国(生卒年未详),德祯子,鼎铉弟,字仲展,崇祯甲戌(1634)进士,亦喜藏书。

项禹揆,项笃寿从孙,字子毗,县学生。擅鉴藏,天启、崇祯间藏书家。藏书甚富,家藏有宋本《陶集》,后归士礼居。

藏书处为海野堂。

藏书印有"海野堂图书记"、"项子毗真赏章"、"项禹揆印"、"子毗父"、"子毗所藏"、"项子毗珍赏章"、"吴中秀水中人"等。

2. 沈启源三代三进士存石草堂藏书

沈启源(1526—1591),又名启原,字道初,一字道初,又字道卿,号霓川,秀水长溪(今嘉兴南汇)人。明官员、学者。嘉靖三十八年(1559)进士,仕至陕西、山东按察副使。万历《秀水县志》云:"饶于赀,慷慨好施,家居不入城市。先生生而奇伟,暇则经史诸家,大肆观览。博通诸学,医药卜筮之书,于书无不览,人称博物君子。"著有《鹦园草》、《巢云馆诗纪》、《星卦论》、《斑马异同》,辑有《谢康乐集》四卷、《沈隐侯集》四卷等。

平生所笃好唯图籍,上自金匮石室之藏,以至古今文集,悉购无遗。或少缺略,借之储书家,务缮写完好乃已。旧有万书楼三楹,为其父云石公藏书处。至其所积兹多,复为楼储之,名曰芳润。净几明窗,每日手执一编,或诵、或校、或抄,至夜不休。后复构存石草堂为藏书处。

自编有《存石草堂书目》十卷,今已佚。

沈谧(1501—1553),启源父,字靖夫,号云石,一号石山,秀水长溪(今嘉兴南汇)人。嘉靖已丑(1529)进士,官至江西按察佥事。所作皆发明道学之旨,人称"石湖先生"。喜藏书,曾建藏书处万书楼,著《石云家藏集》。

沈自邠(1554—1589),启源子。万历五年(1577)进士,授检讨,改庶吉士,修撰《大明会典》,著有《尚书衷引》、《诗文集》、《归省述征》等。

承父业,喜藏书,所藏之书在万历十五年(1587),同乡遭大火殃及沈家,古籍书画毁于一旦。

藏书印有"长溪沈氏图书之章"。

3. 包柽芳祖孙四代三进士藏书

包柽芳(1534—1596),字子柳,号端溪,秀水人。明官员、藏书家。嘉靖三十五年(1556)进士。历任礼部主事、刑部主事、贵州提学使、吏部郎中等职。著有《古辨》、《古述》、《今述》。

《玉剑尊闻》云:包柽芳"喜书,闻有异本,印僻巷环堵,必徒步相访。得之,则分命左右传写,手自摘录,垂丙夜不休。客至,散帙纵横,几案间几无所布席,而了不为异"①。

包柽芳不仅藏书,而且刻书,在浙江的刻书史上有一定的地位。刻《苑诗类选》三十卷,国家图书馆、南京图书馆、四川图书馆藏。《径山藏》中部分佛经及宋释祖咏《大慧普觉禅师年谱》一卷、元释文才《肇论疏游刃》三卷。

包汴,字元京,包柽芳父,嘉靖已未(1559)进士。授南刑部主事,历江西司员外、云南司郎中、湖广佥事等,多藏书。

包鸿逵,柽芳孙,字振瑞,号仪甫。万历三十八年(1610)进士,官湖南湘潭知县。有祖父之风,喜藏书,著有《湘潭志》、《治潭纪事录》等。

4. 黄洪宪三代四进士藏书

黄洪宪(1541—1600),字懋中,号葵阳,别署碧山居士,秀水人。明官员、学者。隆庆五年(1571)进士,改庶吉士,官至少詹事,掌翰林院事,兼侍读学士,曾奉使朝鲜。归时行装唯有图书数卷,朝鲜为其立却金亭。洪宪以文受知张居正,居正败,共诬以逆,归故里。归里后,以读书、藏书、著书为乐,富藏书。

藏书处为硕宽堂。

所编所藏《稗统》一书正编约1000种,续编约500种,后皆散佚。

著有《朝鲜国记》一卷、《玉堂日钞》三卷(编)(《四库全书》存目)、《碧山学士集》二十一卷、《别集》四卷、《周易集说》四卷、《学诗多识》、《读礼日钞》、《性理要删》六卷、《春秋左传释附》二十七卷、《资治历朝征政纲目》七十四卷、《銮坡制草》五卷、《蒙庄独契》、《輶轩录》四卷、《箕子实纪》一卷、《老子解》、《离骚解》等。纂修万历《嘉兴府志遗稿》(续纂),今佚;纂修《秀水县志》十卷。

黄錝(生卒年未详),洪宪父,字崇文,号遂泉,秀水人。嘉靖丙辰(1556)年进士,初主兵部事、兵部员外郎、直隶安庆府知府、湖广副使,改贵州。乞归,以读书藏书自娱,节俭闻名。

黄承玄(1564—1614),洪宪长子,一名承之,字履常。明官员、学者。万历十四年(1586)进士,官至副都御史,巡抚福建。承其父志,喜藏书。著有《河漕通考》二卷、《两台奏草》、《平安镇志》十一卷。黄承玄在万历四十二年(1614)与冯珣同刊有冯惟讷《诗征》一百三十卷。

黄承昊(1576—约1645),洪宪次子,字履素,号闇斋,自号乐白道士。明官员、医学家、诗人。万历四十四年(1614)进士,曾官福建按察使,调广东按察使。承其父业,亦藏书。著有《闇斋吟稿》、《白乐道人集》、《律例析微》、《折肱漫录》

① (清)叶昌炽:《藏书纪事诗》卷三(附《补正》,王欣夫、徐鹏补正),上海古籍出版社,1989年。

九卷、《医学摄精》等,评辑《薛立斋内科》十卷。

5. 冯梦祯快雪堂藏书

冯梦祯(1548—1595),字开之,号具区,又号景纯,别署真实居士,秀水人,居春波里。明学者、收藏家。万历丁丑(1577)进士第一,授翰林院编修,万历二十一年(1593)补广德守判,官至南京国子祭酒。冯氏与沈懋学、屠隆以文章气节相尚。著有《快雪堂集》六十四卷、《快雪堂漫录》一卷、《尚书大意》、《历代贡举志》一卷等。所撰《窦生传》,叙窦绳祖与李爱姑悲欢离合的传奇故事,在明代文学中有一定影响。

致仕后筑室于杭州孤山之麓,以收藏图籍。梦祯好藏书,搜罗宏富,精品甚多,尤以名画、书帖较多,但书籍不加校勘。尝得右军《快雪堂时晴帖》真迹,因筑快雪堂为藏书之所,还有真实斋、绵眇阁为藏书处。

藏书印有“冯氏开之”、“冯氏图书”、“冯氏快雪堂藏书记”、“孤山草堂”等。所藏最著名者为宋赵明诚《金石录》(残本)十卷,钤有藏书印“金石录十卷人家”。

冯梦祯喜刻书,刻书处名为绵眇阁。他主刻南监本(南京国子监刻印的书),在收藏界颇为知名。万历间自刻自撰本《快雪堂集》六十四卷等,《大唐新语》或《大唐世说新语》十三卷,《妙法莲花经合论》七卷,北京大学图书馆藏。《由拳集》二十三卷,国家图书馆、浙江图书馆、上海图书馆、南京图书馆藏;又有冯梦祯刊世锦堂重修本,北京大学图书馆、上海图书馆、南京图书馆藏。《先秦诸子合编》十六种三十五卷,国家图书馆、北京大学图书馆藏。

冯权奇(生卒年未详),梦祯子,字首川。承家学,富藏书。

冯文昌(生卒年未详),梦祯孙,一作砚祥,一字文元,寓于杭。诸生,明末清初藏书家,著有《吴越野民集》。有祖风,储书甚富。藏有宋刊赵明诚《金石录》残本十卷,极宝爱之,手跋其后,又为之刻一印曰“金石录十卷人家”。《读书敏求记》卷一《金石录》跋云:“吾友冯砚祥有不全宋椠本,刻一图记曰‘金石录十卷人家’。长笺短札,帖尾书头,每每用之,亦艺林中一美谈也。”是书后相继递藏于江立、鲍廷博、阮元、汪諴、赵魏、韩泰华、潘祖荫等人,先后一辙,均钤以“金石录十卷人家”一印,诚书林佳话。

藏书流散后,先后归江立、鲍廷博、阮元、韩泰华、汪諴、赵魏、甘福、潘祖荫等人收藏。这些人多刻有“金石录十卷人家”印。此书从潘祖荫家逸出后,曾流入北京琉璃厂书肆,现由上海图书馆收藏。1951年夏,藏书家赵世暹在南京购得一部《金石录》,疑为宋刻,遂送到上海,据张元济考证,潘祖荫滂喜斋藏本仅为重刻,甘氏津逮楼本才是龙舒郡斋初刻。据《古籍整理出版情况简报》报道,新中国成立后发现宋淳熙前后郡贤斋刻本《金石录》三十卷,是为完本,已由国家图书馆收藏。

藏书处为快雪堂、三余堂。

藏书印还有“冯文昌印”、“冯印文昌”、“字研祥冯氏三余堂收藏”、“冯子元家藏印”、“平安馆印”、“冯氏图书”、“文字之祥君家其昌”、“快雪堂图书印”、“茅斋玩赏”、“三余堂”、“清旷之域”、“茅屋纸窗笔精墨妙”等。

6. 朱国祚藏书

朱国祚(1559—1624),藏书大家朱彝尊曾祖父,字兆隆,号养淳。明官员、藏书家。少时孤贫,万历癸未(1583)进士第一,授翰林院修撰,进洗马,为皇长子侍班官,又进谕德。万历二十年,日本丰臣秀吉发兵攻占朝鲜,中国疆土受到威胁,朱国祚为主战派代表。万历二十六年,明和朝鲜水军击败侵朝日军,朱国祚被擢礼部右侍郎,代理尚书。为定皇储上疏数十次,被采纳,在内忧外患之际,朱国祚提出“安人心、收人望、通下情、清监狱”①等主张。官至户部尚书,武英殿大学士,礼部尚书,兼东阁大学士。后辞官归里,卒赠太傅,谥文恪,赐祭葬。墓在城区塘汇乡百花庄,今已毁,宅在城内碧漪坊塔弄。

雅好藏书,家藏书颇富,所藏钤有“朱国祚印”。惜于清初毁于兵祸。藏书目不详。

朱国祚为文醇雅宏畅,善书法,笔力遒劲。不仅藏书,而且著述等身,著有《介石斋集》二十卷、《孝宗大纪》一卷、《册立疏草》一卷。与杨起元辑有《皇明百家文选》十七卷。

7. 李日华六研斋藏书

李日华(1565—1635),字君实,号九疑,又号竹懒,别署滗俗主人、松雨斋主人。明末著名学者、书画家。明万历壬辰(1592)进士,历任九江推官,西华知县,南京礼部主事,后辞官归家,奉养父母。天启四年(1624)参与纂修《嘉兴县志》,崇祯元年(1628)李日华向朝廷奏陈革新政事,晋太仆寺少卿。

李氏以庋藏书籍及书法、绘画作品而闻名于世。叶昌炽《藏书纪事诗》云:“陆元厚,明万历时人,为童子师,喜蓄异书,学奉多为书尽,藏有《周礼》、《国策》、《离骚》、《拾遗记》等书,皆精本,后归李日华。”藏书数量不详。

藏书处为六研斋、鹤梦轩。六砚斋因藏名砚六方得名。

有“嘉禾李氏鹤梦轩珍藏书画记”、“六砚斋”、“李印日华”、“六研斋书画印”等藏书印。

李日华为人高悟端雅,沉博潇淡,于书无所不读,著述甚富,著书室恬致堂,有《恬致堂集》行世。其所做笔记内容多论书画,笔调清隽,富有小品意致,与其诗歌都表现出封建士大夫的闲适情调。作为著名的学者,李日华博学多才,著述宏富,著有《六研斋笔记》四卷、《二笔》四卷、《三笔》四卷(《四库全书》著录),《紫桃轩杂缀》三卷、《又缀》三卷(《四库全书》存目),《礼白岳记》一卷即《篷栊夜话》、《玺召录》一卷、《官制备考》二卷(均《四库全书》存目),《时物典汇》二卷

① 嘉兴市志编委会:《嘉兴市志》,中国书籍出版社,1997年12月。

(《四库全书》存目),《竹懒画媵》一卷、《续画媵》一卷、《附录》一卷,《恬致诗话》三卷(均《四库全书》存目),《竹懒墨君题语》一卷、《恬致堂诗文集》四十卷,《李君实先生杂著》二十四卷,《味水轩日记》八卷,《红豆词》四卷,《梅墟先生别录》二卷(合撰),《四六全书》五种四十二卷,《李竹懒先生说部全书》八种二十五卷,《大学心诠》一卷,《倭变志》一卷,《槜李丛谈》四卷,《姓氏谱纂》七卷,《书画想象录》四十卷,《掛角录》一卷,《苏逸》二卷,《雅笑录》十二卷,《恬致堂集》四十卷,《蓟旋录》一卷,《琴言阁诗》,《白苧小憩草》等。其中《紫桃轩杂缀》、《味水轩日记》、《六研斋笔记》等是其散文笔记的代表。现代曾排印出版,内容多为现代艺术评论家称引。其所作画论,与董其昌的文人画理论大异其趣,受到当代研究者重视。

李日华工于诗,妙于书,亦绘画,擅长山水、墨竹,善鉴别,世称博物君子,名重古今。其明代士大夫好古博物,以董其昌、王惟俭为最负盛名。李日华画亚于董,博雅亚于王,而兼两人之长。其画用笔矜贵,格韵兼胜,宗法北宋董源而稍加变化,导源于宋元巨然、吴镇,自成一家。

李日华与项元汴一家三代交往甚密,项元汴的孙子项于蕃继承祖父遗风,从事书画鉴藏活动,曾请李日华画扇面,然后持此扇去请董其昌题跋。董其昌对李日华作品给予高度评价,并将他引为知己。这可谓是书画史上的一段佳话。《味水轩日记》(清抄本)卷四有此一段记载:“万历四十年壬子岁,春王正月八日,小霁。项于蕃来,出余旧所图扇,已为董思白题云:今士大夫习山水画者,江南则梁溪邹彦吉,楚则郝黄门楚望,燕京则米友石,嘉兴则李君实。俱寄尚清远,登高能赋,不落画工蹊径。余并得受交,亦称和者……数公俱豪达,天下群走其望。余闷闷守一丘一壑,董公概为比数,亦以此道寂寞,不妨多为鼓吹耳。”

尝刻自撰《六研斋笔记》四卷、《二笔》四卷、《三笔》四卷及《紫桃轩杂缀》等,国家图书馆藏。刻印过自撰《竹懒画媵》。

故居在春波门外螺蛳浜(今城内解放路螺蛳浜),筑有恬致堂,均已毁。

李肇亨(1592—1664),日华子,一字亨,字会嘉,号珂雪,又号醉鸥,别署爽溪钓士,僧名常莹,明末清初学者,承其父志,喜藏书,精画理,擅山水及书法,工诗文。著有《妇女双名记》(《四库全书》存目,清《学海类编》本)、《醉鸥长短句》、《学易堂笔记》、《琴言阁新咏》、《写山楼草》、《率圃吟稿》、《梦余草》、《墨君画语》、《率圃草》等。崇祯十年(1637)刻印其父李日华撰及自辑《李太仆恬致堂集》四十卷,国家图书馆藏。

藏书处为五峰梦、写山楼、鹤梦轩。

8. 高承埏父子进士稽古堂藏书

高承埏(1602—1648),字泽外,号寓公,晚号鸿一居士,嘉兴竹林乡高家埭人。明末藏书大家、刻书家、学者。崇祯庚辰(1640)进士,曾任迁安、宝坻、泾县知县,迁工部虞衡司主事,率民抵御清兵,及清师南下,遂隐居不出,深居竹林村窝,拒不仕清。著《鸿一亭笔记》、《南部闻见记》四卷、《稽古堂集》二十卷、《自靖集考略》八卷、《外编》一卷、《宝坻全城记》四卷、《彤管流芳录》、《崇祯贞节录》三十二卷、《五十家诗文载》十二卷,辑有《稽古堂丛刊》十一种四十三卷。

承埏喜蓄图书鼎彝,闭门读书、藏书、校勘、著书及刻书,乐此不倦。继其父志,聚书八十椟,多至七万余卷,藏书于稽古堂,与项氏万卷楼争富。朱彝尊《前进士高公墓表》记载:"公一字泽外,以虞衡归,誓墓不出,隐居竹林村窝著有《稽古堂集》。"又《吾妻镜跋》:"康熙甲辰,获睹于郭东高氏之稽古堂。"朱辰应《高工部传》云:"公也好聚书,多至数万卷。寝处其中,校勘不倦。时复卒卷掩抑,曰:'先人有知,魂魄犹应眷此也。'"①又《静志居诗话》:"先生家藏书八十椟,与项氏万卷楼争富。虽干戈俶扰,不辍吟哦。其《病中述志》云:'惟将前进士,惨淡表孤坟。'读者比之泽畔行吟,西台痛哭。"

叶昌炽《藏书纪事诗》卷三有诗云:

杉青牐畔表孤忠,父子南湖世考工。

八十椟书前进士,西台泪洒杜鹃红。

藏书处为稽古堂,自编《稽古堂书目》。

藏书印有"檇李高承埏字九遐家藏书记"、"高承埏印"等。

高承埏还是明末浙江著名的刻书家及出版家,对浙江的藏书及出版作出杰出的贡献。所刻之书被叶德辉《书林清话》列为"明人刻书之精品"。崇祯八年(1635)刻的高承埏辑《稽古堂丛刻》十一种四十三卷,为明刻中之精品,其目为:《云仙散录》十卷,唐冯贽撰;《剧谈录》二卷,唐康骈撰;《随唐佳话》三卷,唐刘悚撰;《刘宾客嘉话录》一卷,唐韦绚撰;《友会谈丛》三卷,宋上官融撰;《史剡》一卷,宋司马光撰;《梁溪漫志》十卷,宋费衮撰;《南部新书》十卷,宋钱易撰;《平江纪事》一卷,元高德基撰;《灌畦暇语》一卷,明陈继儒撰;《续偃曝谈余》一卷,明陈继儒撰等,国家图书馆收藏。

此外,还刻有牛僧孺《玄怪录》、李复言《续玄怪录》、李濬《北窗续录》、梅彪石《药尔雅》、伊世珍《嫏嬛记》、《墨畦》、袁宏道《吴中游历》等。

高道素(1583—1629),承埏父,初名斗光,字明水,更名道素,字如晦,号恬知居士,嘉兴新丰人。明官员、诗人。弱冠之时,试县、府督学皆第一。学使洪启睿奇其才,不待再试,即给俸禄。万历己未(1619)进士,除工部主事,历屯田司郎中。道素才智超群,鉴古工画,工山水,点染豪素,临摹真,在倪元镇、黄子久之间。道素孝友好义,为诸生时倡建仁文书院,并置义田。又博通内典,精究禅理,为云栖大师入室弟子。著有《景玄堂诗集》十二卷、《高道素明水轩笔记》、《药房随笔》二卷、《高氏诗选英华》、《顺心庵碑》。

---

① (清)叶昌炽:《藏书纪事诗》卷三,高承埏条(附《补正》,王欣夫、徐鹏补正),上海古籍出版社,1989年。

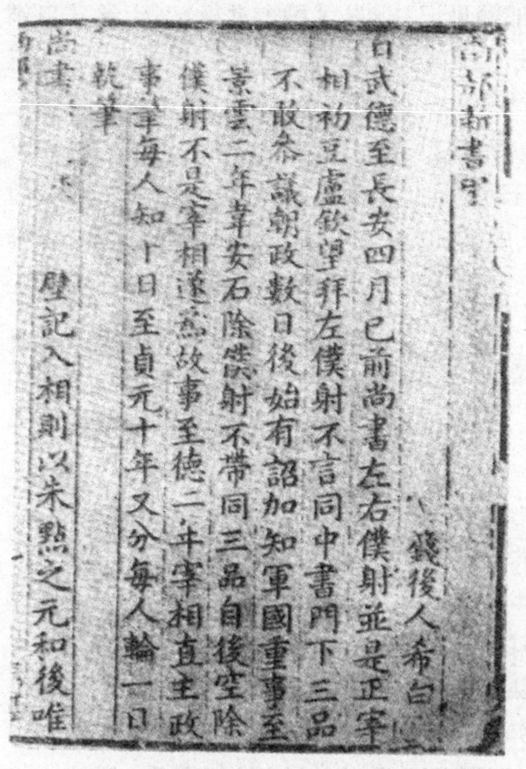
南部新書
錢後人希白
自武德至長安四月已前尚書左右僕射並是正宰
相初豆盧欽望拜左僕射不言同中書門下三品
不敢參議朝政數日後始有詔加知軍國重事至
景雲二年韋安石除僕射不帶同三品自後空除
僕射不是宰相遂爲故事至德二年宰相直主政
事宰每人知十日至貞元十年又分每人輪一日
執筆
尚書
壁記入相則以朱點之元和後唯

高承埏刻《南部新书》书影

筑南园于嘉兴白苎村，喜蓄图书鼎彝之属。

9．沈孚先藏书

沈孚先(生卒年未详)，字白生，秀水人。明学者、藏书家。万历戊戌(1598)进士，曾任国子助教，官至吏部验封司郎中。幼时而聪慧，性喜藏书，沉酣六籍，著有《尚白斋诗文稿》。

沈德先(生卒年未详)，孚先兄，字天生。明藏书家。藏书处为尚白斋。曾馆项稺玉家，益得搜其秘。《美国哈佛大学哈佛燕京图书馆中文善本书志》记载陈万言云：“天生乃益富搜览，悉综合书秘笈，凡稗官小史之所不及备者，麓而存之，而先为流通其什一。”①

沈氏兄弟不仅藏书，且以刻书名著于时，刻有《宝颜堂秘笈》十七种四十九卷，国家图书馆、中国科学院图书馆、故宫博物院、浙江图书馆收藏。

(三)嘉兴(秀水)其他藏书家

1．沈德符父子藏书

沈德符(1578—1642)，沈自邠子，字景倩、虎臣、景伯，明学者，藏书家。万历戊午(1618)举人。家世仕宦，父为太史，故其自幼喜爱历史并习闻历史掌故，于两宋史乘别集，故家旧事，尤其能够陈述本末，疏通其端绪。中年南还归里，并搜集两宋以来的历史资料，所撰《万历野获编》三十卷、《补遗》四卷(沈振、钱仿辑)，多记万历以前的朝章典故，里巷琐语，无不备载。该书还保存了一些有关戏曲、小说的资料，介绍了明代的社会风俗情况，自成一家，为研究明代中叶社会史的重要参考书。

此外，还著有《敝埽轩剩语》三卷《补遗》一卷(《四库全书》存目)、《飞凫语略》一卷(《四库全书》存目)、《秦玺始末》一卷(《四库全书》存目)，又有《清权堂集》二十二卷、《历朝正闰考》十卷等。

德符精通音律，著《顾曲杂言》一卷(《四库全书》著录)，此书中对杂剧南北曲的考证，为现代研究戏剧者重视。

---

① 傅逅勒：《嘉兴历代人物考略》，香港天马出版有限公司，2005 年。

家世仕宦，藏书之富甲江南。藏书资料失载。

沈宗煦（生卒年未详），沈德符子，亦好藏书，藏弆甚富，藏书印有“长溪沈氏图书之章”。万历丁亥（1587）春，同里有祝融之厄，殃及沈家。书籍版片，化为乌有。几代积存，毁于一旦。

2. 汪珂玉父子藏书

汪珂玉（1587—1648），字玉水，号勒卿，自号乐闲外史，秀水人。明画家、藏书家。崇祯间官山东盐运使判官。撰《珊瑚网》四十八卷，崇祯间成书，收录并评记所见书画之得失。朱彝尊称其堪与《清河书画舫》、《真迹日录》并驾。

珂玉承父志，喜藏书，勤于搜罗。

藏书处为凝霞阁，贮缥缃墨粉，富甲东南。别置莲登草堂、韵石阁、青人巢等藏书处。

作为藏书家，著述宏富，著有《古今鹾略》九卷《补》九卷、《嘉禾史》、《竹史》一百卷、《霞上绪言》七卷、《花影篇》、《初刻月下浇愁帖》、《南湖园林记》、《京华三梦记》、《仙花馆小品》、《古今法帖考》、《弦索新谱》、《看梦乐府》、《漱六惊谈》、《吾学编》、《天启四大征考》、《生今史略》、《鸳水月社篇》、《西山品》附《西山腊屐音诗集》、《西子湖拾萃余谈》等。

汪继美（？—1627），珂玉父，字世贤，号爱荆，别署荆筠山人，徽州籍，嘉兴人。明收藏家，少好图史，能诗，善画，喜购古玩，与藏书大家项元汴极友善。

筑凝霞阁，藏贮古籍、字画，收藏富于一时。另筑屋于城南莲花滨，以贮珍秘。

3. 姚澣藏书

姚澣（1612—1663），字北若，一字公涤，秀水人。明末清初诗人、藏书家。以荫入太学。尝从虞山钱谦益、娄东张溥游。崇祯时就试不中，遂隐居。著有《八代文统》、《增补左编名臣传》、《赖古堂集》。

性喜聚书，藏书积至四十楱，且分门别类井然，尤务广搜制艺。自明洪武、永乐至天启、崇祯，手订先贤二百名家，惜今不传，散佚。

4. 俞汝言藏书

俞汝言（1613—1693），字右吉，明诸生，秀水人。明末参加复社，明亡后，自号渐川老农、渐川老民、渐川遗民。积极从事抗清活动，失败后绝意仕途，守气节为遗民。

俞汝言少孤家贫，好读书，出游四方，遍迹华北华南，搜罗载籍甚富，归里闭门著述。精熟诸史和明掌故，著述极繁富，朱彝尊称其《崇祯大臣年表》“简而有要”，诗文“气逸格高”①。

藏书印有“俞汝言印”、“右吉氏”、“双溪遗志”等。

① 嘉兴市志编委会：《嘉兴市志》，中国书籍出版社，1997年。

搜罗载籍甚富，利用家中藏书，著书较多，著有《春秋平议》十二卷、《春秋四传纠正》一卷（均《四库全书》著录），《春秋正月辨》一卷，《西平县志》，《嵩山志》、《左氏晋军将佐表》，《汉官差次考》，《品极广考》，《崇祯大臣年表》，《卿贰表》，《弇州三述补》，《明世家考》，《浙川集》十卷，《本草摘要》，《谥法考补》，《先儒语要》，《京房易图》，《礼服沿革》等。后因双目失明，由他口授，别人笔记，才得以完成，著作《大涤山房集》（今不传）。

5．医学家蔡济藏书

蔡济（生卒年未详），字公惠，居崇德乡（今桐乡）。元末明初医学家，藏书家。

藏有宋刻本《续资治通鉴节要》及宋刊本《皇朝中兴系年要录》，宋陈宅书籍铺刊本《唐僧弘秀集》等。各书有印记曰“蔡公惠”、“蔡氏公惠”。卷尾皆钤以朱色幡式木记，文曰：“嘉兴崇德，凤鸣世医，蔡济公惠，家无担石之储，惟好蓄书于藏，以为子孙计，因书此传之不朽。”

蔡氏嗜藏书，所藏书多宋元本。

6．陈邦俊藏书

陈邦俊（生卒年未详），字良卿，号白石子，秀水人。明藏书家。中秀才后，隐居乡村，尝增补徐常吉《谐史》，作《广谐史》十卷。

嗜藏书，遇奇书不惜破产购之，江南故家遗书，搜求殆遍，拥书自娱。

7．陈懋仁父子藏书

陈懋仁（生卒年未详），字无功，号藕居士，秀水人。明崇祯间诗人。著有《寿者传》三卷、《年号韵编》一卷、《续文章缘起》一卷、《泉南杂记》二卷、《析酲漫录》、《庶务异名疏》三十卷、《藕居士诗话》二卷，收入《四库全书》。

与李日华交契，同好藏书，聚书数万卷。

崇祯十年(1637)，与其子献可同刻陈懋仁撰《庶物异名录》（又称《庶物异名疏》）三十卷，国家图书馆、南京图书馆、北京大学图书馆藏。

陈荩谟（生卒年未详），懋仁子，字献可，明末清初学者，学于漳浦黄道周。与父同好藏书，笃行博学，精考天文、地理、象数、声韵诸书。

著有《皇极图韵》（《四库全书》存目）、《元音统韵》二十八卷（《四库全书》存目）、《易传》、《乐律希声》、《孝经疏传》、《度策》三卷、《祥异编年》、《参同契注》、《象林》二卷等。

8．范明泰藏书

范明泰（生卒年未详），字长康，嘉兴人。万历二十八年(1600)举人，工诗文，著有《米襄阳外纪》、《米芾志林》、《襄阳遗集》等。

爱藏书，所藏钤有“季州范长康氏鉴赏”印。

9．高澈藏书

高澈（生卒年未详），字公鉴，秀水人。明天启、崇祯间收藏家。著有《艺苑雕云集》、《松绕庐集》。

好积书,几案间杂陈法书、名画、尊彝、古砚,藏书处为松绕庐。

10. 陆元厚藏书

陆元厚(生卒年未详),嘉兴人。明书画家。家贫为童子师,善画花草虫鸟,工书法。性喜蓄异书,其学俸多为购书之资,所藏书甚精。

11. 李应徵父子藏书

李应徵(生卒年未详),子伯远,嘉兴梅里(今王店)人。明学者,藏书家。万历癸酉(1573)举人。选授临安教授,著有《青莲馆集》、《澄远堂集》、《偶寄轩集》、《霍园集》、《寄苕集》、《蓟易集》、《河梁集》、《两都汗漫游集》等①。

好藏书,藏书处为澄远堂、青莲阁、偶寄轩、霍园等。

李士标(?—1642),应徵子,字霞举。崇祯间举人。承其父志,家富收藏。

著有《苍雪斋诗草》二卷,刊有宋高似孙撰《纬略》十二卷。

12. 沈嗣选法宋楼藏书

沈嗣选(生卒年未详),字仁举,号果庵,私谥孝真先生,秀水人。明末清初藏书家。顺治初岁贡生,寿76岁而终,好学能文,有盛名,学者称果庵先生。性嗜藏书,著有《尚书论语传》、《俭娱堂集》、《尊孟小传》、《惜因杂录》十卷、《弋获编》、《咫闻录》。辑有《飞神传记》、《南宋文鉴》一百卷、《南宋文鉴序目跋》。

清顺治二年(1646),奉母避兵于葭川。期间,破产千金聚书至万卷,谓自昭明而后,代各有选,而南宋缺焉。乃穷搜博览,辑南宋文选百卷,帙繁未梓,藏于法宋楼。编有《法宋楼书目》四卷,分四部载其藏书,撮其大意,每书作一论,依次编排,今已佚。叶昌炽《藏书纪事诗》卷三有诗云:

南渡遗文怆劫灰,葭川手眼出东莱。
黄巾亦为康成屈,法宋楼前万骑回。

13. 盛大庸藏书

盛大庸(生卒年未详),字匏仲,秀水人。明末清初学者。著有《涞水集》、《匏庵集》。好收藏前贤文集,名其斋为匏庵。

14. 陶楷藏书

陶楷(生卒年未详),字文式,号菊亭,秀水人。工书法,吟诗作文,思致隽秀,又喜聚书,蓄奇书名画甚富。

15. 王志和藏书

王志和(生卒年未详),字体乾,秀水人,居竹里东圩溪南。擅长画牡丹花,水墨设色,长卷巨幅,工丽中有生趣。多闻好古,嗜藏书籍,聚书数千卷,又藏名人所镌石印数百纽。

16. 项靖藏书

项靖(生卒年未详),字药师。万历间藏书家。项靖于万历间刻印过元陆支

① 倪禹功:《嘉秀藏家集录》稿本,现藏于嘉兴市图书馆。

《墨史》二卷、《研北杂志》二卷等多种图书。

喜藏书,抄本有《钱法考》一册。现存于各大图书馆的钤有“项药师”印章的历代典籍仍有不少。

藏书处为万卷堂、宝墨斋。

17. 项元深藏书

项元深(生卒年未详),字子渊,号如临、江山风月主人,嘉兴人。明收藏家。嘉靖甲子(1564)举人,著有《如临诗稿》。

藏书处为世济美堂。

18. 殷仲春藏书

殷仲春(生卒年未详),字方叔,自号东皋子,秀水人。明医生、专科目录学家,藏书家。隐居于乐南村,精于医,以行医为业。著有《栖志堂集》。

收藏医书颇丰,以行医之资,入市买书读之。又至江西宁国,结识医书收藏者朱纯宇、饶道尊和其他医家,尽意涉猎,将所见医书一一著录,共590余种,编成《医藏目录》。该书采用佛经中名词,设二十函(类),每函有小序,所录各医书分函归属。由于套用佛经名词,造成归类多有牵强不妥之处,且有重复。但集医籍于一编,颇便检索。殷仲春卒后,由陈继儒撰墓志。曾作有诗文千余首,今十不存一。

清顺治十三年(1656),其孙殷观国刻印《医藏目录》(今《医藏目录》附《疹子心法》),《医藏目录》为《四库全书》存目。明代的私家目录比较兴盛,而殷仲春所撰关于医籍的专科目录,是现知最早的医籍专科目录书,一直为后世研究者所推崇。

19. 郁嘉庆兄弟藏书

郁嘉庆(生卒年未详),字伯承,别署拙口居士,嘉兴人。明末收藏家。喜结客,举家产收书。辑有《至正庚辛集》、《诗人爵里事迹》①。

郁逢庆(生卒年未详),嘉庆弟,字叔遇,号先嫩居士,嘉兴人,明末书画收藏家。尝就生平所见书画,撰《郁氏书画题跋记》十二卷,《续郁氏书画题跋记》十二卷,前集成于崇祯七年(1643),后集不知成于何时。

性喜收藏书画、典籍。拜经楼明刊《太平广记》跋:“卷首有郁逢庆叔遇图记。”②

20. 张桐藏书

张桐(生卒年未详),戴经外孙,字凤冈,秀水人。明书法家。博学嗜古,攻草隶,遂志阳明之学。少好书,戴经将藏书千余卷授之。昼夜苦读。惜年17病逝。

---

① 倪禹功:《嘉秀藏家集录》稿本,现藏于嘉兴市图书馆。

② 杨立诚、金步瀛著,俞运之校補:《中国藏书家考略》,上海古籍出版社,1987年。

二、海盐藏书家及其藏书

（一）海盐藏书名家名楼

1．姚士粦尚白斋藏书

姚士粦（1562—1644），字叔祥，自号蒙古老翁，庠生，明万历时海盐人。明学者、校雠学家。与胡震亨同学，以奥博相尚，震亨纂县志延为助辑。

士粦学问渊博，平生喜聚书，精考据。《嘉兴府志》云：士粦“搜罗秦、汉以来遗文，撰成《秘册汇函跋尾》，跋尾各为考据，具有原委。冯梦祯为南祭酒，校刻南北诸史，多出其手”①。王渔洋《居易录》：“万历间，学士多撰伪书以欺世，今类书之所刻唐韩鄂《岁华纪丽》，乃海盐胡震亨孝辕所造。《於陵子》，其友姚士粦所作也。姚有《后梁春秋》若干卷，惜未见。”

藏书处为尚白斋。

藏书钤有“海盐姚叔祥藏”印。

所藏多为秦汉以来遗文，藏书主张“流布而藏”。撰有《尚白斋秘笈序》，谓藏书应传布同好，訾以秘惜为藏，人以为知言。《尚白斋秘笈序》曰：“吾郡未尝无藏书家，卒无有以藏书闻者。盖知以秘惜为藏，不知以传布同好为藏耳。何者？秘惜则箱橐中有不可知之秦劫，传布则毫楮间有递相传之神理。此传不传之分，不可不察者。然所谓不知传布之说有四，大抵先正立言，有一时怒而百世与者，则子孙为门户计而不敢传。斗奇炫博，乐于我知人不知，则宝秘自好而不肯传。卷轴相假，无复补坏刊谬，而独踵还痴一谚，则虑借钞而不乐传。旧刻精整，或手书妍妙，则惧翻摹致损而不忍传。一旦三灾横起，流烂灭没。余未暇远引，即身所知见，如吴伯度自言有《虞氏春秋》，余驰往索看，则云误矣，遂不信有此。顷见赵玄度言，方向楚中寄钞，则此书固自有也。后闻冯太史姻家吕氏有盛宏之《荆州记》，便乞太史寻求，而竟成乌有。此二书尚属有无之际。若吾友吕锡侯有《靖康私记》、《天兴墨泪》，以物故而不可再见。李元白有《尚书大传》，为项逸之所借亡。朱茂正有《尸子》，为亲知转匿。郁伯承有《弇州别录》，见窃于偷者。沈汝纳有杨泉《物理论》，漫弃于幼龄。若此诸书，政犹重宝脱手，坠入深渊，无复得理。惟项于王家有《子夏易传》若干卷，吴公甫家有宋刻《御览》若干卷，沈汝纳有《十六国春秋》百二十卷，倘能刻布，亦同好一大快也。此刻为友人沈天生及其弟水部白生手校剞劂，可谓以传布为藏，真能藏书者矣。”

作为藏书家、学者，姚士粦著述宏富，著有《三鲜居易録》、《蒙古堂稿》、《陆氏易解》一卷、《后梁春秋》二卷、《日畿访胜录》二卷、《梅坞贻琼》四卷、

① （清）叶昌炽：《藏书纪事诗》卷三，引姚士粦条（附《补正》，王欣夫、徐鹏补正），上海古籍出版社，1989年。

《於陵子》一卷、《北魏春秋》、《莲花幕汇》、《蒙古堂诗集》五卷、《见只斋集》、《见只编》三卷、《吴少君遗事》一卷。其中《后梁春秋》、《日畿访胜录》、《於陵子》均为《四库全书》存目。与胡震亨同纂有《海盐县图经》十六卷，刻印过宋徐兢《宣和奉使高丽图经》四十卷，辽王鼎《焚椒录》一卷，唐罗隐《罗昭谏江东集》五卷。

又尝校勘《宋书》，改正较多，又与胡震亨汇刻《秘册汇函》。明万历间刻《罗昭谏江东集》五卷，国家图书馆、北京大学图书馆、南京大学图书馆藏。还刊有《宣和奉使高丽图径》、《焚椒录》等。

2. 胡震亨好古堂藏书

胡震亨(1569—1645)，字君鬯，改字孝辕，号遯叟、赤城山人，海盐县城虹桥卦弄人。明学者、文学家、藏书大家。震亨才识通达敏捷，为诸生即怀济世之志。明万历二十五年(1597)中举人，任固城教谕，后任合肥知县。在任五年，大兴水利，改革官粮运输，颇多善政。崇祯末年，荐补定州知州，擢兵部职方员外郎。后乞归海盐武原镇居家。

震亨一生嗜书如命，博闻强识，日夕搜讨，凡秘册僻本、旧典佚事，鲁鱼漫漶者，无不补缀扬榷，时人称之为博物君子。

其先辈继海、宏、颜及宪仲四世同好藏书，至震亨继承其父胡彭述藏书，扩建好古堂藏书楼，藏书达万册以上，所藏多秘册异书，并以校勘精审著称。偏重收集文集、词学图书，宋元集达100余种。胡氏嗜书，在《读书杂录》自云："余自幼读书，老而念岁月无几，嗜读尤勤。每披卷，惟恐客至，妨吾事也。"陈光綍在《读书杂录序》中云，震亨与友读书析疑常"以夜漏四下为率，诘旦，必举所闻以参考焉"。藏书大家张元济先生称他是"吾邑第一读书种子"。

胡氏著述宏富，为明代著名学者。著有《海盐县图经》十六卷(与姚士粦合编)(《四库全书》存目)，《读书杂记》二卷(《四库全书》存目)，《赤城山人稿》三卷(《四库全书》存目)，《续文选》十四卷。《唐音统签》一千零三十三卷(编)，现行世有《唐音癸签》三十三卷、《唐音戊签》二百零一卷、《闰馀》六十四卷，为《四库全书》著录(甲乙签也有刊本，丙子两签刻而未全，其余均为范文若钞本)。《秘册汇函》二十四卷，《李诗通》二十一卷，《杜诗通》四十卷，《唐诗丛谈》一卷。有《靖康咨鉴录》。其中，《秘册汇函》和《唐音统签》是两部巨著。

胡震亨又以毕生的精力治唐诗，他编撰的《唐音统签》一千零三十三卷，是一部汇集唐诗诗话的书，此书的编撰也奠定了胡氏在明代研究唐诗诸学者中的巨擘地位。该书以天干为纪，共分十签，自甲签至壬签，按时代先后辑录所见唐、五代人的全部诗稿，以及道家章咒、佛教偈颂；癸签辑录有关唐诗的文章，间加评论；《唐音统签》为清修《全唐诗》的蓝本，刻本及抄补之足本，现藏北京故宫博物院。

《唐音统签》由于卷帙过于巨大而在胡氏生前未曾刊刻，其中《唐音戊签》和

《闰馀》由其孙胡文与曾孙胡欣刻于康熙二十四年(1685);《唐音癸签》于康熙五十七年(1718)南京书商据抄本刊印,始行于世。《癸签》三十三卷则是胡氏研究唐诗心得的结晶,体大思精,内容广博。后续刊甲、乙、丙、丁、己、庚各签,惜传本甚少。

胡氏又是一位著名的刻书家,以他为代表的一批嘉兴刻书家刊印的丛书,世人瞩目。他刊刻的图书有《秘册汇函》、《道德指归图》、《幽兰居士东京梦华录》等。其中万历间推出的《秘册汇函》,收录其收藏的历代珍本孤本古籍 24 种,《明史·艺文志》谓 22 种,一百四十一卷。可惜丛书还未刻完,就毁于一场大火,其残版后来转到常熟大出版家毛晋手中,由毛晋的汲古阁以胡氏《秘册汇函》为基础,并用《秘册汇函》部分旧版汇刻成《津逮秘书》行世,嗜书者视如拱璧,为后代留下一批珍贵的古籍。其中山东图书馆、上海图书馆、天津图书馆藏有《秘册汇函》残卷。

毛晋的汲古阁以刻书著称天下,多得胡震亨的帮助。《海盐县志》云:"凡海虞毛氏书,多震亨所编定也。"《津逮秘书》、《宋六十名家词》等汲古阁刊印的大部头著作,都有胡震亨的题跋,就足以证明。

万历间胡震亨与秀水沈士龙合刻《南唐书》十八卷,《音释》一卷,浙江图书馆、浙江大学图书馆藏;崇祯间辑刻《续文选》十四卷本,上海图书馆、南京图书馆、浙江图书馆藏。

胡彭述(生卒年未详),胡震亨父,字信甫,海盐武原镇人。明代藏书家。性喜藏书,所藏多为秘册异书,名噪一时。其《好古堂书目序》中云:"予家世为塾师,自诚斋府君迄仰厓府君凡四世,虽隐显不同,而其雅好均类于张华,以故藏书几至万卷,亦云盛矣。兹惧卷目烦多,易以散逸,敬分四类,曰经史子集贮之好古堂中,冀时一展玩之,以开此心茅塞,期无负祖父相传之意,然而未易能也。"

藏书处为好古堂,万历年间(1573—1619),编有《好古堂书目》,分经、史、子、集四类,已佚。

胡夏客(生卒年未详),胡震亨子,字宣子。清诗人。所著《谷水集》二十二卷中,诗占二十卷,文仅二卷,《谷水谈林》六卷等。

承父业,喜藏书,凡七略九流无不阅览。好摩周籀秦篆,虽竹书漆简,一见辄辨其年月。拜经楼《文心雕龙》跋:"胡夏客曰:《隐秀篇》脱四百余字,余家藏宋本独完。"

胡申子(生卒年未详),胡震亨孙,字令修。清学者、藏书家。顺治辛卯(1651)副榜,精岐黄术,著有《復斋心在录》等。性嗜书,先世遗稿,刊布不遗余力。藏书数千卷。

20 世纪末,海盐县城新建的大虹桥镌有二对联,其一:

曾有文星居卦弄,依然翠影拂烟桥。

其二:

涛声诗韵共历千古，博儒长虹来悦八方。

即寓纪念先贤胡震亨之意。

（二）海盐进士藏书家

1. 吴昂馀春园藏书

吴昂（1470—？），字德翼，号南溪，海盐人。明官员，藏书家。世业农，少孤家贫，喜读书。明弘治十八年（1505）进士，授宜城知县，廉洁自持，教民耕织，后历任云南按察司佥事、淮徐兵备副使、福建左参政、福建右布政使等职。昂对乡事颇关心，曾上奏论筑海塘疏。所至均有善政。

嘉靖二十一年（1542），时襄阳太守徐咸告老还乡，在县城虎尾浜筑馀春园（一名瀛洲），吴昂与徐咸、陈鉴、朱朴、钱琦、徐泰、钟梁、陈瀛、刘锐、僧石林等结十老诗社，今存《瀛洲十老图》，著有《周礼音释》、《南溪集》等。刻《巽隐程先生文集》四卷，国家图书馆、福建图书馆藏。又刊湛若水《圣学格物通》。

好聚书，《海盐县志》卷十五记云："家多藏书，积书万卷，储书满箧，遍读之。尤好周礼，参订诸家见解，附以已见，易数稿而成《周礼音释》。"

2. 许相卿家族四进士藏书

许相卿（1497—1557），字伯台，号云村，自署云村老人。世居海宁黄山，因喜爱海盐紫云村山水胜地，徙家居村南茶磨山，因自号云村。正德十二年（1517）进士。嘉靖初授兵科给事中，补礼科致仕。以敢于直谏著称。《四库全书简明目录》称："章疏多剀切，文亦雅洁。"《续澉水志·隐逸》有许相卿传，谓"以鹾籍乞隶海盐鲍郎场，得允，遂为澉浦人"。年轻时从王阳明讲学，并与孙一元、吴下文徵明等诸名士唱和。

时朝廷重用宦官，赏罚不明，他多次直言抗争。在官三年，但其所言，均未被采纳，便称病辞官归里。归里后隐居海盐茶磨山（曰紫云山）中，筑舍名紫云居，屡召不应，聚书万卷读之，埋头著书，40年不入市，世称木已山先生。茶磨山原有摩崖石刻多处，许氏又有所增，剔石引泉，疏畦艺茗，极山居之乐。

藏书处为明德堂，藏书万卷。

作为学者、藏书家，许相卿著述等身，著有《云村文集》十四卷，又名《黄门集》、《云村集》、《许相卿全集》（《四库全书》著录）。《史汉方驾》三十五卷、《革朝志》十卷（均为《四库全书》存目），《贲隐存编》四卷、《革朝王忠传》一卷、《桃源死事传》一卷、《良方辑要》、《校正海昌续志》、《许黄门集》十二卷《附录》一卷、《品藻》一卷、《许氏贻谋四则》一卷、《贻谋录》一卷、《桃源死事录》一卷、《许氏世载》等。

许相卿亦善书法，至今茶磨山上尚有其手书"枕流"、"独往"、"天只峰"、"弄月台"、"吟风径"等摩崖石刻。他在茶磨山顶大石四侧的手迹，素为南北湖一景点，1982年列为海盐县文物保护单位。

明正德十三年（1518），他偕孙一元、董沄、陈鉴等泛舟永安湖。许相卿建议改湖名为高士湖，诸人赞同，并各赋泛湖诗纪游，遂传为佳话。

许闻造（生卒年未详），相卿孙，字长儒，号星石，万历四年（1576）举人。任河间推官，擢贵州道监察御史。著有《地理纂要》、《许氏家乘》、《盈缶集》、《蚕谱》一卷。

承祖父业，喜藏书，继承藏书，并又购图籍万余卷。

曾刻其父遗稿《云邨先生文集》十四卷及自撰《先谏议云邨府君遗事》一卷、《浙许云邨先生年谱》一卷等。

许令典（1576—1637），闻造孙，字稚则，号同生、灵泉赢史。万历丁未（1607）进士。官至淮安知府，晚年居海宁黄山山麓，曾堆筑东坨、西坨两小阜。自号两坨外臣。

喜藏书、善书法，著《许淮阳集》八卷、《乾元观志》、《风水碱》、《梁溪政略》一卷、《金牛随笔》四卷、《纪游录》、《归来吟》、《食史》（一作《食谱》）一卷等。

许令瑜（1602—1670），闻造孙，字元忠，一字钟叔，号芝田，又号容斋道人，海盐籍。明末清初诗人、藏书家。崇祯十六年（1643）进士。官至吏科给事中，入清隐居清薄山，以藏书著书为乐。

著有《容庵存稿》三卷《附录》三卷、《孤臣述》一卷、《孝经释义》一卷、《韵史》一卷等。

许士奇（生卒年未详），许闻造从孙，字含若、雅正，号抱宇，明官员、藏书家。万历四十一年（1613）进士，曾任黄州推官、成都知府、川南副使，官至陕西右布政使。

著有《泸州纪事》、《鄂渚纪事》（一作《益州纪事》），辑有《刑部书目》。

许氏子孙恪守其业，同好藏书，书香绵延百年，成就一段佳话。

3. 郑晓父子进士百可园藏书

郑晓（1499—1566），项笃寿岳父。字窒甫，号淡泉，一号名臣，海盐人。明学者、藏书家。23岁参加乡试，以第一名考取举人，次年，嘉靖癸未（1523）进士。被授任兵部职方主事，这是兵部中掌管舆图、军事、征讨等事的官职。郑晓对旧典故籍研究颇深，通晓国防纪要、边塞形势和兵马设置强弱等情事，为朝廷撰写《九边图志》，资料丰富而翔实，人们竞相传抄，名噪一时。在任兵部右侍郎兼副都御史，总管漕粮运输之事期间，因当时长江南北皆遭倭患，漕运受阻，先重赏将通倭顾表捕而杀之，清除隐患，又招募勇敢善战之盐民编入军中，增设泰州海防副使，加固瓜洲域，并在庙湾麻洋、云梯等海口增兵，大败倭寇于通州，追击至如皋、海门，直达淮河流域，围歼于狼山前后，共斩敌900余名，残敌溃败逃亡。郑晓因抗倭立功，召吏部左侍郎，后升南京吏部尚书，寻以右都御史，协理戎政，改刑部尚书，官至兵部尚书，终因触忤严嵩而落职。郑晓精通经学、术数，博览群籍，谙熟典故，善诗文。

郑晓归海盐武原镇故乡后，居百可园，以著述藏书为乐。“百可”两字，取自汪敬民“咬得菜根，百事可做”之语。性喜收藏，故百可园、淡泉书屋、独寤园之内，所藏图书典籍颇为丰富，藏书达万卷。

藏书印有“浙西郑晓图书印”、“淡泉”、“大司寇章”等。

已知美国国会图书馆现藏明司礼监刻本《新编古今类聚》一百三十册，卷内有“淡泉”等藏书印，可知是郑晓所藏之物；另国家图书馆所藏《西域行程记》、《北虏事迹》、《西番事迹》之书，都是郑晓独寤园抄本。下书口亦刻有“淡泉书屋”四字。所以郑晓所藏书中，自抄本占有一定比重。

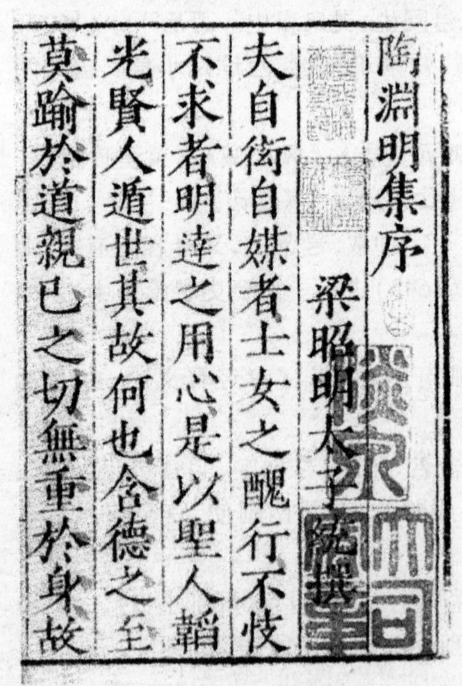
陶淵明集序 梁昭明太子統撰
夫自衒自媒者士女之醜行不忮
不求者明達之用心是以聖人韜
光賢人遁世其故何也含德之至
莫踰於道親已之切無重於身故

《陶靖节集》书影

如左图郑晓所藏《陶靖节集》，晋陶潜撰，宋汤汉等笺注。明刻本4册。高32厘米，宽20厘米，白绵纸。9行，行18字，白口，左右双边。钤有“淡泉”、“大司冠章”、“凝云深处清暇奇观”等印。此本刊刻精良，字体严整，卷内有佚名朱笔圈点和眉批，版心下记刻工，卷末间记字数，为明正嘉间翻刻宋本。此本每册首均钤有四方明人印章，图录为郑晓家藏书印。

郑晓博学多才，勤于著述，一生著述宏富，以增益其藏书。著有《九边图志》、《禹贡图说》一卷、《禹贡说》一卷、《征吾录》二卷、《四书讲义》六卷（均《四库全书》存目），《今言》四卷（《四库全书》存目），《删政史论》二卷附《国朝制书》一卷（辑），《端简郑公文集》十二卷，《古言类编》二卷，《吾学编》六十九卷，《吾学编余录》一卷，《郑端简公策学》六卷，《郑端简公奏议》十四卷，《郑端简公全集》八种一百二十七卷，《尚书考》二卷，《逊国君纪钞》一卷，《臣事钞》六卷，《淮阳奏稿》十卷，《郑氏家谱》，《值文渊阁表》一卷，《典铨表》一卷，《内经素问摘语》一卷及《禹贡要注》等。另曾校定《皇明名臣言行录后集》，参订贺钦所撰《医闾先生集》等。

郑晓的著作大都传世，据王重民《中国善本书提要》，许多原刻本均流散到美国国会图书馆收藏。

嘉靖末年去世，葬海盐欤城勾塍。隆庆初，追赠太子少保，谥端简。《明史》评为“谙悉掌故，博洽多闻，兼资文武，所在著效，亦不愧名臣”。

郑履淳（生卒年未详），郑晓长子。初名贤录，字初叔，号伯寅，海盐人。嘉靖壬戌年（1562）进士，官至刑部主事，改尚宝司丞。曾谏言，曾遭廷杖。终光禄寺少卿。著有《衡门集》十五卷、《郑少卿文集》四卷、《郑端简公年谱》八卷《附录》

一卷。

承父业，喜藏书，刻印过其父《郑端简公全集》一百二十七卷。隆庆元年（1567）刻其父撰《吾学编》六十九卷，国家图书馆藏；万历间刻其父撰《郑端简公征吾录》二卷，清华大学图书馆、福建图书馆、四川图书馆藏。

郑履准（生卒年未详），郑晓次子，字叔平，号海濒逸民，海盐人。官至刑部主事。承父志，故郑氏许多藏书中，先后钤有淡泉及凝云楼的藏书印记，可见郑晓的藏书多他继承。

藏书处为凝云楼。

藏书印有“凝云深处清暇奇观”、“海濒逸民平泉郑履准凝云楼书画之印”。

郑心材，郑履淳子，项皋谟岳父。明学者，海盐人，著有《京兆集》十二卷，《外集》二卷。好藏书，喜刻书。尝刻印其父《衡门集》十五卷、自辑《四贤集》四种（郑延《郑东谷存笥集》六卷、郑汝泰《读史备忘》八卷、郑晓《端简郑公文集》十二卷、郑履淳《郑少卿文集》四卷等）。重刻其祖父撰《吾学编》六十九卷，国家图书馆、上海图书馆、南京图书馆、浙江图书馆藏。刻其祖父撰《端简郑公文集》十二卷，国家图书馆、上海图书馆、北京大学图书馆藏。《读史备忘》八卷，南京图书馆藏。

郑忠材（生卒年未详），郑履淳次子。明万历间藏书家。著《培垒居杂录》四卷。

郑端元（生卒年未详），郑晓曾孙。子孙恪守其业，绵延百年，《盐邑志林》、《艺文前编》等书刻版藏其家。

4．钱薇藏书

钱薇（1502—1554），字懋薇、懋垣，一字采之，号海若，海盐人。嘉靖十一年（1532）进士，由行人仕至礼科给事中。严从简为其门人。著有《承启堂稿》二十九卷、《名臣事实》三十卷等。亦好藏书。

藏书处为承启堂。

5．钟梁藏书

钟梁（生卒年未详），字彦材，号西皋，海盐人。明正德九年（1514）进士。授刑部员外郎，官至南昌知府。年四十归乡里，著有《西皋集存逸》十卷。

好藏书，藏书逾万卷，读书自乐，以“贫不屈身，仕不易节，隐不干誉，老不忘求”为座右铭。人称“西皋老人”。

（三）海盐其他藏书家

1．学者王文禄藏书

王文禄（1503—1586）字世廉，号海沂子，明学者、藏书家、医学家。嘉靖十年（1531）举人，性廉俊，不以私与人，不避权贵。明嘉靖间（1522—1566）居县城大营弄西，时称“文定先生”。

性嗜藏书，购书极多，遇有异本辄倾囊购之，得必手校。历时数十年，所积缥缃万轴，贮于书楼中。后来书楼不慎遇火，他大呼道："但力救书者有赏，他不必也！"

文禄亦喜刻书，刻有《易经解》不分卷，湖北省图书馆藏。《百陵学山》一百种一百一十九卷（其中自撰二十二种），国家图书馆、上海图书馆、浙江大学图书馆藏。

作为学者，王文禄可谓著述等身，著有《廉矩》一卷（《四库全书》存目）、《竹下寤言》二卷（《四库全书》存目）、《海沂子》五卷、《文昌寄语》一卷、《机警》一卷等。撰有《经疑条陈》、《龙兴慈记》、《葬度》一卷、《与物传》一卷、《辅衍》二卷、《庭闻述略》一卷、《阴符经疏略》一卷等，辑有《海盐文献志》二十卷等。

亦性耽医学，撰《医先》一卷；《胎息经疏略》一卷，是一部中医养生保健的专著。

2. 学者吕兆禧藏书

吕兆禧（1573—1591），字锡侯，海盐人。明学者。自幼聪明好学，曾作《靖康私记》、《天兴墨泪》等著作，因早卒，未及刻印，手稿散佚而失传，只有他在群书中的批注题跋，后经好友姚士粦为之辑录，整理成《吕锡侯笔记》一卷，刻于《盐邑志林丛书》中，才得以流传后世。刻《东方先生集》二卷、《黄门集》六卷、《任彦升集》六卷等。

家富藏书，聚书万余卷。据叶昌炽《藏书纪事诗》卷三云：吕兆禧"年十二能为文章，志复慕古。购书万余卷，翻诵矻矻，终夜不休，年十八而卒。有《吕氏笔记》，胡震亨为序而刻之"。兆禧在短短几年中积书达万余卷，成为中国藏书史上最年轻的藏书家。

3. 刘世教藏书

刘世教（生卒年未详），字少彝，号广乘，海盐人。明官员、诗人、藏书家。万历二十八年（1600）举北闱。于书无所不窥，善诗文，诗有唐音，文仿六朝，兼工行草尺牍，文字隽秀，多藏书。著有《研宝斋集》十六卷、《救荒著略》十五卷；编刻印过丛书《合刻分体李杜全集》六十卷、《目录》二卷、《年谱》一卷。

4. 汤绍祖藏书

汤绍祖（生卒年未详），字公孟，海盐人。明万历间学者、藏书家。好骈丽之文，郊居读书，著有《清远堂文稿》。

《浙江通志》卷一百七十九云："七岁通古文词，长而耽读，闻有异书必百计购求，以故藏帙甚富，逾万卷。"

藏书、刻书处为希贵堂。

绍祖于万历三十年（1602）刊自编《续文选》三十二卷，国家图书馆、上海图书馆、南京图书馆、浙江图书馆均有藏。

5. 诗人朱祚世代藏书

朱祚（生卒年未详），字天锡，号拙斋，海盐人。明官员，诗人。正统元年

(1436)举人。官尤溪令,改知靖安。顾正、吴昂、徐泰、郑儒泰皆为其门弟子。著有《拙斋漫稿》、《云谷集》,撰有《弘治海盐县志》。

喜收藏,藏书万卷。

朱同生(生卒年未详),朱袆孙。明藏书家。有书癖,藏书数万卷,其中有朱子手批《杜预左氏春秋》茧纸抄本,凡八册。

朱元弼(生卒年未详),同生孙,号武原,字良叔,门人谥曰“达隐先生”。著有《敬道会编》、《犹及编》一卷、《独醒庵集》六卷《补遗》一卷、《士林密约》、《大学通注》一卷、《礼记通注》等。

明万历年间,承祖业藏书,藏书亦富。

6. 朱观藏书

朱观(生卒年未详),字国宾,号苧川,海盐人。明诗人、藏书家。以富藏书闻名于时。

此外,海盐以藏书闻名者还有陆鲲、朱学斌、徐廷泰、钱彻、彭宗因等。

三、海宁藏书家及其藏书

(一)海宁藏书名家名楼

1. 陆钰蜜香楼藏书

陆钰(1598—1645),字尔式,号真如,海盐籍,海宁路仲里人。明末学者、诗人。万历四十六年(1618)举人。工诗文,善书画。明亡后,隐居小桃源。闭门著书,著有《五经注传删》二十卷、《古文存法》二十卷、《射山诗余》、《周礼辨注》四卷、《陆氏谱传》四卷等。

藏书甚丰,名闻江浙,藏书处为蜜香楼。

顺治十二年(1655)藏书楼不幸遭火灾,其藏书大半化为灰烬,收藏的 40 余幅字画也荡然无存。

陆嘉淑(1620—1689),陆钰子。清初藏书家,藏书万卷。第三章第二节“海宁其他藏书家”一目中另有论述。

2. 周明辅香梦楼藏书

周明辅(1599—?),字孟醇,诸生,海宁庆云人。明藏书家。明季诸生。潜心经术,藏书万卷。尝得高元里所选《唐诗正声》善本重刊之。

藏书处为香梦楼。

子周文爚编次《香梦楼藏书目》序记其父曰:“林宗五千卷,茂先三十乘,灿烂如列宿,磊落若联珠,学者称之尚矣。先君子怀才抱德,落落不事家人生产。而性嗜奇好古,集遗采逸,日不暇给。自先秦以降讫于皇明,提纲挈要之书,大略完备。经营校雠,讨论阐述,四十年如一日。每佳时令节,良朋萃止,则焚膏命酒,订将绝之微言,振方靡之丽藻,博观远览,索异问奇。或风雨连绵,闭门无侣,即呼不肖兄弟列侍于侧，壶觞徐引，缃策杂陈，探秘笈于云阁，校奇蕴于石仓，乐此忘彼，无间寒暑。纵宠辱多惊，风波悉幻，均不入吾怀而夺此百城之贵也。忆壬午坐香梦楼指四壁图书，语不肖兄弟曰：'积田数顷，茅屋数椽，吾不须更为汝衣食计，所虑目不识丁，胸无泾渭，为士君子所弃，幸汝等资非下人，宁负汝父，弗负此璘璘千帙也。……'爰同两弟，设榻小楼，志力相助，游息自娱，门分类聚，中秘何须借观，缄贮箧收，洛市不烦假阅，则皆先君赐也。或者曰贮书贵有得耳，玉函金简何足云。是则诚然，然伦次无章，字句讹谬，蠹蚀纷纭，糊涂满纸，亦足使人望而弃之。且此牙签锦轴，什袭珍藏，俱先君一生精神所在，不肖何忍废，亦何敢废。谨录经史子集若干卷，方术传记释道诸书又若干卷，为香梦楼藏书目序，因志其概。"可见当时香梦楼藏书之盛况。

周文爚（生卒年未详），明辅子，字晦如，号行于，明藏书家，诸生。承父志好藏书，藏书处为香梦楼。著有《香梦楼藏书目》一卷、《杂志》一卷、《则百楼稿》二卷、《梦香词钞》二卷。

3．查继佐藏书

查继佐（1601—1677），本名继佑，以试册误书佐，遂仍之，初字三秀，更字支三，又字伊璜、敬修，号与斋，又号左隐、方舟、发标、兴斋、非人氏、东山钓史等，崇祯甲申（1644）后更名省，字不省，别署左尹。海宁袁花人。明史学家、书画家、藏书家。幼时家贫多病，好学不倦。明崇祯六年（1633）举人，南明时，鲁王授兵部职方主事，积极抗清。参加保卫钱塘江的武装斗争，曾督兵在赭山（海宁西南）打败过清军。又从御史黄宗羲出师渡海驻扎谭山。明亡后归里，开敬修堂于杭之铁冶岭，聚门人讲学，并编撰明史，学者又称为敬修先生。康熙二年（1663）南浔庄氏《明史》案起，继佐名列参校中，牵连被捕。《聊斋志异》、《香祖笔记》、《觚剩》诸书云：为粤督吴六奇所救。释归，迎至粤中，待为上宾。后隐居于硖石东山，仍聚徒讲学，居庐名朴园，人称东山先生或朴园先生。

其家亦富藏书，今知所藏有明玉兰堂刻本《辍耕录》三十卷。

藏书讲学处为敬修堂。

藏书印有"查氏继佐章"、"查继佐印"、"继佐私印"、"东山"等。

继佐博学多通，不仅长文史，而且多才多艺，除通音律外，其书画为当世所珍，书本颜真卿，画宗黄公略。时人评其"一世龙门东，修远数千里。为儒、为侠、为理学、为游艺，当世莫得窥其藩篱。著书满家，蚕丛独辟"①。康熙四年（1665），辑前稿名《先甲集》，近稿名《后甲集》。明亡后花 29 年时间，易稿数十次，访问数千人，始完成明史巨著《罪惟录》一百零二卷，记明末农民起义史料甚多。《罪惟录》是一部未定稿，由于收藏者惧祸，有些字样有所涂改，所以稿本已非完璧。1931 年，张宗祥借得吴兴嘉业堂所藏原稿加以校补，厘定为本纪二十二卷、志三

① 洪永铿，贾文胜，赖燕波等：《海宁查氏家族文化研究》，浙江大学出版社，2006 年。

十二卷、传三十六卷(皆为类传),并子目合共一百零二卷。1936年,上海商务印书馆据嘉业堂原稿,将涂易可辨的字恢复原样,加注张氏校补文字,影印行世。历尽沧桑,沉埋了200多年的《罪惟录》,至此才得与世人见面。

还著有《敬修堂诗集》十七卷、《敬修堂说外》二卷、《敬修堂说造》、《敬修堂诸子出处偶记》一卷、《查氏家谱》、《鲁春秋》上下卷、《国寿录》四卷《便记》一卷、《四书说》、《东山国语》、《钓业》、《史论》、《说疑》、《知是录》、《五经说》、《兵権》二卷、《绉云石记》、《九宫谱定》十二卷、《东山遗集》二卷、《已卯墨戒》、《戒》、《诗经同门稿》、《庚辰房考又戒》、《三科又戒》、《三科诗选》、《伊训操》等,其《国寿录》、《东山国语》、《鲁春秋》等均系极有价值的历史著作。

查氏精音律,喜弹唱谱曲,家有女乐班,亲自教授,蜚声江南。著有杂剧《续西厢》、传奇《三报恩》、《非非想》、《眼前因》、《梅花忏》、《鸣鸿度》等,有些著述今已散佚。

(二)海宁进士藏书家

1. 戏曲作家陈与郊藏书

陈与郊(1544—1611),字广野,号隅阳、虞阳,别署玉阳仙史,海宁盐官人。明戏曲作家、藏书家、刻书家。万历二年(1574)进士。官至太常少卿。二十四年,上疏乞归乡里,隐居盐官隅园(隅园即清代江南名园安澜园之前身)。以藏书、刻书、著述为乐,其藏书处为赐绯堂,藏书甚富,惜藏书目失载。

陈氏刻著书以增藏书,所刻书有自撰《檀弓考工记辑注》四卷,浙江图书馆藏;《篆诀辩释》一卷,安徽图书馆藏;自撰《隅元集》十八卷,故宫博物院、北京大学图书馆藏;自纂《文选章句》二十八卷,南京图书馆、浙江图书馆藏;自辑《古名家杂剧》六十五卷;自撰《樱桃梦》二卷,南京图书馆、浙江图书馆藏;自撰《灵宝刀》二卷,国家图书馆、南京大学图书馆藏;自撰《鹦鹉洲》二卷。

与郊性嗜学,采杨、马诸家赋,考订梓行,善诗文,亦工乐府,雅好戏曲。利用其家藏图书,研究戏曲、诗文,并著述宏富。著有传奇《鹦鹉洲》二卷、《樱桃梦》二卷、《宝灵刀》二卷、《麒麟罽》四种,合称《詅痴符》,《四库全书总目》卷一百七十九称其名为"可笑之诗赋也"。这原是作者自谦之词,语出《颜氏家训》卷四:"吾见世人,至无才思,自谓清华,流布丑拙,亦以众矣。江南号为詅痴符。"著有杂剧《昭君出塞》、《文姬入塞》、《袁氏义犬》、《中山狼》、《淮阴侯》等五种。与郊能谱曲,音调典雅,为评论家所重。辑有《古名家杂剧》六十五卷、《新续名家杂剧》五卷、《古今乐考》、《乐府古题考》等十余种,对整理弘扬我国戏曲文化作出了巨大贡献。另著有诗文集《隅园集》十八卷、《黄门集》三卷、《方言类聚》四卷、《苹川集》八卷、《考工记辑注》二卷、《檀弓辑注》二卷等,载《四库全书总目》流行于世。还辑有《广修辞指南》二十卷、《杜诗注评》二卷,纂有《文选章句》二十八卷等。

陈瓛(1565—1626),与郊子。初名祖夔,字元瑞,又字季常,号增城,海宁盐官人。诸生。明末任光禄寺丞。工于书法,博雅好古,与著名书法家董其昌相友善，虚心向其请教。董其昌亦把他引为知己，认为他书法深于书学，各体俱工，尤擅楷法，特地来到盐官，留住其家，兴来即挥毫作书。陈瓛除继承其父藏书外，一生勤于搜集历代书法之精品，经过他鉴定镌刻传世的有《渤海藏真》、《玉烟堂集古法帖》等。董其昌对此评价很高："虽网罗千载，而鉴裁特精"，"此帖出，而临池之家有所总萃矣"①。还集刻了董其昌的书法作品《玉烟堂法帖》、《妙法莲花经》等。

2. 祝以豳万古楼藏书

祝以豳(1551—1632)，字耳刘，号惺存，又号灵苑山人，海宁袁花镇(位于今袁花镇东一里处)人。明代爱国将领、藏书家。万历十四年(1586)进士，赐二甲出身，累官工部左侍郎。著有《贻美堂集》二十四卷、《天人合脉》一卷、《五篋约》一卷。

祝以豳出身显赫，曾祖父、祖父都是朝廷中人。父亲存溪进士出身，历官汝宁(今河南汝南)郡守，亦好藏书。祝以豳辞官归里后，继承父亲遗留藏书，筑万古楼为藏书之所，复又聚书万卷，名著于时，后不幸遇火。《人海记》云："藏书之厄，如吾乡祝侍郎耳刘之万古楼，武原骆侍郎骎曾，非流散则灰烬。"②

另有藏书处贻美堂、赐书堂。

藏书印有"祝以豳印"、"龙山祝氏"等。

以豳不仅好聚书，亦喜刻书，于万历二十一年(1593)刻《刘随州集》十卷《外集》一卷，9行字，白口，四周单边。天启年间(1621—1627)刻自撰《贻美堂集》二十四卷，8行18字，白口，四周单边，刊刻极一时之精良。

时日本攻朝鲜，朝廷中有人主和，以豳主张出兵援朝卫国，并奏道："日本掠贼，朝鲜属国，今以朝鲜急而遣招抚，是弃朝鲜也。东藩折于日本，势必及我。"③朝廷采纳他的主张，派兵跨过鸭绿江，制止了日本侵略。后出任广东佥事，深入民间，帮助少数民族切实解决问题，促进了民族的团结。曾以海门为重点，筹粮募兵，击退荷兰侵略者的骚扰。

3. 吴太冲悟园藏书

吴太冲(生卒年未详)，字默真，号若谷，海宁路仲里人，寓居仁和(杭州)青波门孩儿巷。崇祯辛未(1631)进士，选翰林院庶吉士，授检讨，改编修，后移南国子监司业，转右春坊右中允。好藏书，以职务关系，常得皇家赐书。其父吴继志平生好聚书，且勤于抄录，据称"秘阁之抄逾万卷"。至太冲"则家益有赐书，轴带帙签，至与阴山祁氏、海虞钱氏埒"④。

① 沈炳忠：《影响中国的海宁人》，浙江人民出版社，2008年。

② 吴晗：《江浙藏书家史略》，中华书局，1981年，第62页。

③ (清)叶昌炽：《藏书纪事诗》卷四，引祝以豳条(附《补正》，王欣夫、徐鹏补正)，上海古籍出版社，1989年。

④ (清)丁申：《武林藏书录》卷中宝名楼条，清光绪刻本。

著有《息心窝全集》三十卷、《罢庵奏议》二十卷、《悟园录》四卷、《易义发蒙图书粹》六十卷。

藏书处为悟园。

吴农祥(1632—1708)，太冲仲子。清诗人，藏书家。

吴农复(生卒年未详)，太冲子，农祥弟。清学者、藏书家。

太冲二子吴农祥、吴农复，第三章第二节“海宁其他藏书家”一目中另有论述。

(三)海宁其他藏书家

1. 祝炯文藏书

祝炯文(1600—1645)，字光侯，海宁人。明末藏书家。天资俊朗，为文顷刻万言，收藏图书甲于一方。

2. 吕居恭读书楼藏书

吕居恭(生卒年未详)，字觉我，海宁盐官人。明学者、藏书家。万历间两中副榜。庄学礼曾师事于其门下。著有《系词醒》、《易解正宗》、《五经正误》、《四书疏解》、《左史手评》、《超然斋集》、《读书楼集》。

藏书颇富，四方士人皆仰慕，争相负笈。

藏书处为读书楼。

四、平湖藏书家及其藏书

(一)平湖藏书名家名楼

冯洪业(1584—1661)，又名耘庐，字茂远，号兼山，又号当湖学人，当湖(今平湖)人。明末学者。万历四十三年(1615)举人，里中称孝子。著有《百六十吟》、《睡庵六书》、《易羡》六卷。崇祯丁丑(1637)曾为《净慈要语》跋。刻印过(唐)释玄奘译《大乘大集地藏十轮经》十卷、《佛说大方广十轮经》八卷、《径山藏》等多种经本。

冯氏好藏书，在县治西建传书阁，阁之左有万卷楼，用以珍藏图书。曾集古今文献，分类辑《耘庐汇笺》，计千余卷，可称得上嘉兴历史上最大的文献编著。

其当湖北郊别墅名曰耘庐，为亩三百，疏池筑林，林木幽胜，中有亭阁百十间，引水环之。其规模堪称明清嘉兴第一私家园林。

洪业乐善好施，行善乡里，曾为平湖、嘉兴两地学宫的修葺各捐银两千，捐田500亩惠及宗党、修筑汉塘50里，并施棺施衣不计其数。晚年与御史郭绍仪讲论道家方术。

(二)平湖进士藏书家

1. 沈懋孝藏书

沈懋孝(1537—1612)，字幼真，号晴峰，嘉兴平湖人。明官员、藏书家。明隆庆戊辰(1568)进士,授修编,改庶吉士,任南京国子司业、两淮盐运司判官,起河南巡抚,未任。致仕返回故里,退居淇林之上,授徒讲学,博闻强记,为文豪拓,挥笔立就,人称“长水先生”。晚年家境日落,庭户萧然,拥书万卷,日丹黄其间,寒暑不辍,故博洽近代无比。

藏书读书处为滴露轩。编有《平湖沈氏书目》一卷。

所著《淇林雅咏》十卷、《滴露轩藏稿》一卷、《洛诵编》二卷、《水云绪编》三卷、《贲园草》四卷、《四馀编》二卷、《石林蒉草》二卷、《长水集》三十四卷、《类苑总目》八十卷、《文林合璧》十卷、《周易程朱传义笺》、《周易四圣象辞》、《周易博议》、《沈太史文钞》、《引导图诀》等。

懋孝工书法,现代出版的《书法字典》、《行书大辞典》以及日本出版的《六体字源》均收有其字迹。

沈瑞钟(生卒年未详),懋孝长子,字德培,号徵梅,平湖人。明学者、诗人。著有《广昌荃》四卷。

承父志,雅好藏书,藏书甚富,藏书处为滴露轩。晚年玄冠白袷,古色照人。诗卷盈帙,今皆无传。

2. 马维铭藏书

马维铭(1556—?),字弘衢,号新甫,又号羼提生,元藏书家马宣教后代,平湖人。明官员、藏书家,万历八年(1580)进士,官至兵部职方司主事。著《宋史列传》十八卷、《羼提编》、《得月楼诗草》、《詹詹稿》,万历二十四年(1596)刻自撰《史书纂略》二百二十卷、《经略朝鲜疏》、《池塘草》等。

承父志,喜藏书,归里在东湖畔筑牧圃,以藏图书为乐。

马千里(生卒年未详),维铭父,字伯良,明藏书家。地方灾重,千里赈灾济民,活人甚多。好学善思,讲究义理。终身授徒,家内图书满室。

3. 画家过庭训藏书

过庭训(1578—1629),字尔韬,号成山,又号西溪,平湖人。明官员、画家。万历三十二年(1604)进士,授湖广江陵知县。当时江浒有淤田数万亩,为土豪霸占。上任后,清丈田亩,归还民田,酌量征赋,平反冤狱,整治吏政,深得民心。不久升为云南道监察御史,历任湖广参政、福建按察使等。时宦官魏忠贤专权,过庭训上书指陈弊端,未被采纳。后调应天府丞,未上任,归里居住。善画兰竹,尤工画蟹,与施南荣有南兰西蟹之称。

过氏亦好藏书,且藏书甚富,但其家族藏书因倭患而毁。正如其在《本朝分省人物考》自序中回忆:“余家世修诗书之业,自先孝子(宗一)以来,多购简册贻子孙,先王父庞滨公益恢宏之,嘉靖中年,沿海诸邑,多受倭夷焚掠,余家亦被其祸,历二百年来所积遗书,尽为煨烬。”①

① (清)朱壬林辑:《当湖文系初编》卷六,清光绪十五年刊本。

平生嗜读书，利用闲暇，博览群籍，随笔博录，未曾间断。著述较多，有《直省分郡人物考》一百一十五卷、《圣学嫡派》四卷、《性理翼明》、《名言类纂》、《救荒疏稿》、《平平草》等，其中《性理翼明》、《圣学嫡派》主要代表的是王阳明的心学。刻自撰本《圣学嫡派》四卷，清华大学图书馆藏。还刻有《本朝京省人物考》十五卷。

庭训出身名门，号素封之家，人才辈出，为地方文献之族。

过铭簠（生卒年未详），庭训次子，字叔寅，年十九中副榜。与同邑藏书家冯洪业等结社唱和。明末战乱不断，铭簠避于紫梅山，闭门谢客，绝仕途，承父风藏书，究心性命之学，著《性道筌》、《朱陆解环》《蠹鱼稿》藏于家中。

（三）平湖其他藏书家

1. 陆基忠藏书

陆基忠（1549—1616），字伯贞，吏部尚书陆光祖之长子。为人正直，以荫官至刑部郎中。当湖东有陆鸿胪祠，祀基忠，为基忠子廷抡所建，廷抡有田一顷，割其十之三为祭田。

陆鸿胪祠内有藏书三千卷，以供弟子修业。

2. 陆启浤藏书

陆启浤（1590—1648），字叔度，后更名遁，字韬士，平湖人。崇祯中贡生。学者、诗人、藏书家。以诗名京师，著有《读史十部》四十卷、《经世谱》八卷等。

性喜聚书，藏书印有“陆印启浤”、“陆氏叔度”、“一名遁”、“韬士”“一字韬士”、“象山之裔”、“陆叔度书画印”等。著有《贵趾山房集》。

3. 沈达之藏书

沈达之（生卒年未详），字南埜，生卒不详，明初平湖藏书家。乐清溪之美，勤于耕读，建殖学斋，藏书万余卷，日读诵之。

沈应奎《清溪沈氏家乘》卷十一《志传一》云：“常闲行东阡西陌，麋鹿与游，猿鹤为伍。理乱不及于耳，荣辱不加于身，不求闻达，平时训子弟以服田务学为最，卒之日出所储经史子集数万卷，曰此可付儿曹也。”

沈维镜，沈达之九世孙，字任卿，别字西野，平湖人。明诗人、藏书家。诸生，父垣守惠州卒，扶亲归，赠遗概不受。著有《霏玉漫吟》、《史汉钞》。

鬻产积书至十余栋，手自评骘。

4. 学者俞煜藏书

俞煜（生卒年未详），字君三，平湖人。明末学者，崇祯九年（1636）举人。著有《丛神考义》。

生平不涉外事，唯以图书自娱。

5. 诗人赵彰藏书

赵彰（生卒年未详），字用常，号梧桐，平湖人。明诗人、藏书家。宋宗室后裔，弘治十四年（1501）贡生，工诗，藏书万卷。光绪《平湖县志》记载：王梅微时馆于其家,已而入中秘,每言吾所学大半得之用常家也。

五、嘉善藏书家及其藏书

(一)嘉善进士藏书家

姚绶三代藏书

姚绶(1422—1495),字公绶,号穀庵、仙痴、云东逸史,嘉善人,人称丹丘先生。明官员、书画家、藏书家。少有才名,专攻古文辞,明天顺甲申(1464)进士。官监察御史期间,奉命巡视两淮盐政,钩剔积弊,赈济饥民,受到朝廷嘉奖。明宪宗成化初年,因触怒权贵,由广东道监察御史贬为永宁郡守。他生性耿直,不愿为官,就以母老辞官返乡。姚绶归乡后,居大云,筑书室名为丹丘(一曰筑室丹东,人称丹东先生),成化乙未年(1475)间又筑厅堂数楹,名为今始堂。

姚绶承父志,继藏书,工诗赋,善书画,诗赋茂畅。工行草书,书法得钟、王之妙。擅画山水及竹石小景,宗吴镇,也取法赵孟頫、王蒙。写竹石,笔墨酷以吴镇,水墨花鸟,亦潇洒可爱。成化十三年(1477)曾造游船一艘,取"沧江尽夜虹贯月,定是米家书画船"(黄庭坚诗)之意,定名为"沧江虹月",凭此船,姚绶时常载书画泛舟吴越山水间。

藏书处为丹丘、云东仙馆、玄同轩等。

藏书印有"先世金陵"、"紫霞碧月山堂"、"姚氏藏书"、"兰台逸叟"、"紫霞沧州"、"古柱下史"等。

传世名作有《秋江渔隐图》轴(北京故宫博物院藏)、《心赏图》、《山水图》册页(上海博物馆藏)、《竹石图》轴(辽宁博物馆藏)、《桂菊山禽图》(北京博物馆藏)等。著有《穀庵集》三十卷、《穀庵词》一卷、《大易天人合旨》十卷、《句曲外史小传》、《五大夫传》、《云东集》、《姚御史诗文》等。

姚绶因其府第宅前立有旗杆石,故宅前河道有旗杆浜之名,并作为地名沿用至今,当地群众仍有称此地为姚御史家的。

姚黼(1400—1446),姚绶父。字廷章,号松云居士,嘉善人,居云东陆庄(今嘉兴步云乡)。嗜古籍,富藏书,筑室列鼎彝金石、法书名画,悠然自乐,人称可闲先生。善草书,工诗善画山水,著有《可闲先生逸稿》。

姚惟芹(1479—1526),姚绶孙。字惟诚,号东斋。明书画家、藏书家。正德戊辰(1508)贡太学。承祖业,续藏书,好古帖,善绘画。摹写名迹名帖,有《东斋稿略》一卷。

(二)嘉善其他藏书家

1. 周鼎桐村书屋藏书

周鼎(1401—1487),字伯器,号桐村,嘉善斜塘(今西塘)人。明学者、藏书家、书画家。自幼警敏过人,读书过目成诵,工书法,尤以文学知名。及长,博通经史，擅长诗文，援笔立就，其绝句为江南独步。明正统年间（1436—1449），以布衣因功授沭阳典史，参与修《杭州志》。著有《桐村集》、《疑舫集》、《土苴集》十卷。与陈舜俞、吴镇被誉为嘉善县“三高士”。

喜藏书，家藏多珍本。藏书处为桐村书屋、荷锄处（原址西塘钱家浜）。

藏书印有“周鼎伯器之章”、“周氏子孙保之”等。

2. 潘炳孚藏书

潘炳孚（生卒年未详），字大文，嘉善人。明词人。崇祯三年（1630），黄石斋典试，得其卷，擢为第一。著有《珠尘遗稿》一卷。

家多藏书，其穷三年之力读遍，文笔雄健。

3. 沈师昌藏书

沈师昌（生卒年未详），字仲贞，号长浮，自号北山主人，嘉善麟溪（今池湾东千亩荡）人。明藏书家、诗人、收藏家。诸生，不得志。著有《北山诗文集》。

藏书处为小雅堂、涵虚阁、北山草堂。藏书万卷，吟咏萧然。

六、桐乡藏书家及其藏书

1. 王济横山堂藏书

王济（约1489—1540），字伯雨，号雨舟，晚号白铁道人，泗州籍，乌程乌镇人（今桐乡）。明戏曲作家、文学家、藏书家。所居有名为长吟阁、宝岘楼。与祝允明、文徵明等相契，结岘山社。

藏书处为横山堂。图史鼎彝，夺目充栋。

著有《白铁道人诗集》、《而溪编》、《谷影集》、《水南词》、《铁老吟余》、《和花芯夫人宫词》及杂著《君子堂日询手镜》二卷，戏剧《碧梧馆传奇》三种，今仅存《连环记》一种。

2. 濮淙藏书

濮淙（1602—？），字赞，号澹轩，嘉兴濮院（今桐乡）人。明末清初诗人。有《澹轩集》一卷、《澹轩诗选》十一卷、《遽园草》、《半间楼集》、《澥雪具草》一卷、《月巢草》、《庄庑集》、《山塘近草》二卷、《萍社吟》等。

入清寓吴门，富藏书，藏书数千卷。藏书处为澥雪居，毁于祝融之祸。

3. 沈如封藏书

沈如封（生卒年未详），字慰先，石门（今桐乡）人。明诗人、书法家、藏书家。工于诗文，尤精八法。著有《见山楼集》、《北游集》《吴中蚕法》。

好蓄古书画，通晓太乙六壬。构楼黄墩，觞咏其中。

4. 徐震亨藏书

徐震亨（生卒年未详），字子鄟，号乾一，桐乡青镇（今乌镇）人。明末清初易学者、诗人。幼孤，致力读书，声誉蔚起，明亡后，筑室芙蓉浦名为溪南草堂。著有《周易图说》二卷、《周易象意》、《读易随录》、《古今人物纪年考》、《十六国春秋钞》、《孔孟二庙从记考》、《两宋党人碑伪学籍汇考》、《二十八宿图说》、《景行录》、《且渔草》、《蓝舲集》、《声最斋集》、《澄浆杂咏》、《灞桥寓咏》、《西溪杂咏》、《溪南草堂诗文集》。

徐氏好蓄古今书籍、法书、名画。尤殚心于《易》。

七、明代嘉兴万卷藏书家

明代嘉兴私家藏书规模空前，数量巨大，种类浩繁，在规模上大大超越了宋元时期，也超越了同时代的嘉兴官藏，这固然与整个社会的图书增加有关，但更是嘉兴藏书家在藏书上辛勤劳作、孜孜以求的结果。

明代以前，藏书达万卷以上的寥寥无几，而明朝一代，嘉兴藏书家藏书达万卷以上的不乏其人。嘉兴项元汴是明代浙江私家藏书家中堪与当时首屈一指的宁波范钦天一阁相匹敌，被后代藏书家同称为“巨擘”。嘉兴的项笃寿、胡震亨、高承埏等都因富藏书而闻名国内外。有文献可考的万卷藏书家遍及嘉兴各个地区。

（一）嘉兴（秀水）万卷藏书家名录

陈懋功，《文章缘起序》称其“聚书数万卷、著书六十种”。

高承埏，《曝书亭集·高公墓表》卷七十二称其“聚书万楗，多至七万卷”。

沈启源，《嘉兴府志》称其“藏经籍甚富，编有《存目草堂书目》十卷”。

沈嗣选，《秀水县志》儒林传称其“破产聚书，牙签万轴”。

汪珂玉，《善本书室藏书志》卷十七称其“贮缥缃墨粉，富甲东南”。

项笃寿，《献征录·相公墓志》卷九十二称其“性好藏书，家有万卷楼”。

项元汴，《藏书纪事诗》卷三曰称其天籁阁所藏“海内珍异，十九多归之”。

（二）海盐万卷藏书家名录

胡震亨，《海盐县志》卷十五称其“嗜书如命，藏书万卷，日夕搜讨”。

吕兆禧，《嘉兴府志》卷十五称其“购书万余卷，与姚士粦翻诵矻矻，丙夜不休”。

王文禄，《嘉兴府志》卷五十七称其“缥湘万卷，贮一楼”。

吴昂，《海盐县志》卷十五称其“积书万卷，储书满箧，遍读之”。

（三）平湖万卷藏书家名录

冯洪业，《平湖县志》称其“家有万卷楼，用以珍藏图书”。

沈懋孝，《平湖县志》卷十五称其“庭户萧然，拥书万卷，日丹黄其间”。

沈维镜，《平湖县志》卷十八称其“鬻产积书十余栋，手自评骘”。

赵彰，《槜李诗系》卷十一称其“负奇嗜古，藏书万卷”。

（四）海宁万卷藏书家名录

周明辅，《海宁州志稿》卷五称其“潜心经术，藏书万卷”。

（五）嘉善万卷藏书家名录

沈师昌，《槜李诗系》卷十七称其“藏书万卷，吟咏萧然”。

（六）桐乡万卷藏书家名录

严澍，《桐乡诗述》称其“藏书万卷，搜讨古今，娓娓忘卷”。

八、明代嘉兴藏书家藏书目录

明代嘉兴部分藏书家通过藏书的积累，利用所藏图书的便利条件进行学术研究和交流，为所藏图书编制藏书目录，给后世留下了众多的书籍线索。如秀水藏书家殷仲春所撰《医藏书目》专科目录，是今知最早的医籍专科目录书。

（一）秀水藏书家藏书目录

项笃寿编《万卷堂书目》（今佚）。

沈启源编《存石草堂书目》（《千顷堂书目》著录）。

陈荩谟编有《陈氏书目》（《中国书目考》著录）。

殷仲春《医藏书目》（群联出版社 1955 年出版）。

沈嗣选编《法宋楼书目》四卷（《嘉兴县志·经籍志记》）。

（二）海盐藏书家藏书目录

胡彭述编《好古堂书目》（《海盐县志》录《好古堂书目序》）。

（三）海宁藏书家藏书目录

周文爚编《香梦楼藏书目》（《杭州艺文志》著录）。

（四）平湖藏书家藏书目录

沈懋孝编《平湖沈氏书目》（《千顷堂书目》著录）。

第三节　明代嘉兴官府及佛寺藏书

一、明代嘉兴官府藏书

据周弘祖《古今书刻》所载，明代前期和中期，嘉兴府衙署藏书有《陆宣公集》、《三元参赞》、《韵补》、《刘静修文集》、《文心雕龙》、《韩诗外传》、《汲冢周书》、《咏史诗》、《舒庵集》、《勤有诗选》、《王秋涧文集》、《大戴记》、《柳文》、《近代名臣言行录》、《愧郯录》、《古文集》、《意林》、《越绝书》、《陆贾新语》、《礼经会元》等。同时，衙署还藏有一定数量的地方文献和地方志，明代所编府县志齐全。

明代嘉兴府及所属县的县学多数建尊敬阁以藏书，如万历二十四年（1596）

修水县知县李培建尊敬阁、嘉庆四十二年(1563)桐乡县民沈瓒捐资建尊敬阁。所藏书不详,但至少洪武十四年(1381)朝廷颁赐《四书》、《五经》、《理性大全》及永乐十七年(1419)朝廷所颁《大诰》、《大明律》、《五伦书》、《为善阴骘》、《孝顺事实》、《劝善书》等书皆齐备。

平湖学宫在明嘉靖四十二年(1563)始藏书,万历四十年(1612)藏书600卷①。

二、明代嘉兴佛寺藏书

明代是嘉兴藏书繁荣时期,嘉兴佛寺藏书亦盛,佛寺藏经则以楞严寺、精严寺、大胜寺、德藏寺等寺院所藏为富。

(一)楞严寺藏书

楞严寺始建于宋朝嘉祐八年(1063),嘉兴钮咸有地在慈恩塔东,遂舍地入塔院。后有僧人永和于此讲楞严经,遂以名楞严寺。元末毁于兵燹,明洪武(1368—1398)初重建,嘉靖(1522—1566)中又毁,万历(1573—1620)中,明神宗朱翊钧母后敕建禅堂及天王殿,并遣内臣赍赐《大藏经》五千卷及护藏紫衣观音像于寺宝藏。

楞严寺在明万历甲申年(1584),紫柏(可真)大师等先建禅堂、经室、经坊,后郡守蔡承植命住持僧募建大殿,规制宏敞。紫柏大师于万历七年(1579)从嵩山少林寺南还,开始筹刻藏经之事,以大藏卷帙重且多,都是折叠成页,发明改为方册书本,易于印造流通。他与赞助者陆光祖、冯梦祯等立议,倡缘鸠工,嘱其弟子密藏(道开)董其事。紫柏大师倡刻之《径山藏》部分卷帙即刻于楞严寺般若堂及楞严寺经坊。他主持《径山藏》刊刻的密藏道开曾血书十六字曰:“径山藏版不许发经,楞严发经不许藏版。”其所以如此规定,藏版径山寺,实为避兵火之灾;楞严寺发经是由于嘉兴乃平原水网地带,便于发行流通。自明至清,楞严寺专设经坊,为《径山藏》流通处。《径山藏》刻就后定价销售,有盈余用于刻经。经籍刻售,不受该寺住持统辖,独立经营。经坊设有三名职事僧,分称坐柜、记籍、发经,负责掌管经济银钱、书算和发经及藏贮。

万历十八年(1590)五台山刊本今藏嘉兴图书馆。熹宗天启三年(1623),楞严寺延江西宗派白法禅师为住持,称白禅师为紫柏尚子。明颁赐藏经678函。安置寺中,经典46种,藏版亦置寺中。

楞严寺自从紫柏大师始创刻印方册的作坊之后,几代法嗣,继之始终,恒久不断。到道光己亥(1839)龚自珍到嘉兴瞻拜紫柏、藕益(智旭)两大师像,求天台宗各书扣本,见了楞严寺的讲主逸云,还在镌刻明人《楞严宗通》一书,可知入清

① 顾志兴:《浙江藏书史》,杭州出版社,2006年。

将及二百年，经坊的刻书，却未间断。不到十多年，经过太平军之役，兵刃所冲，道场毁残，所有的经藏（旧有颁赐藏经 678 函，以及经典 46 种，藏版并有石刻《金刚经》等）以及诸多大小铜像，包括历祖选造像，都散失一空。

同治年间又重建禅堂。新中国成立后，楞严寺由政府征用，寺内少数物品散落民间，"天王殿"的碑和石刻佛像，在 1966 年破"四旧"运动中砸毁。1980 年左右，楞严寺仅剩的大殿被拆。楞严寺旧址现在禾兴路秀城区公安分局内。

楞严寺经坊在《径山藏》发行中起了重要作用，为浙江以及全国寺院"请藏"及佛寺藏经作出了贡献。

（二）精严寺藏书

精严寺始建于东晋咸和元年（327），东晋尚书徐熙宅因井夜发光，遂舍宅为寺，初名灵光寺。钱文穆时王氏立山门，因掘地得名龟，改为灵龟寺。宋大中祥符年间赐额精严寺。明洪武间，一度定为天台讲寺，后来仍复为精严禅寺。寺有唐咸通七年（886）造的《尊胜陀罗尼经》八行的石幢，还造有每面九行的石幢《两浙金石志》载之，今并见存。明代嘉靖年间，方丈桂岑济运法嗣，精于书法篆刻，他特地至北京请《龙藏》来寺奉于藏经阁。

（三）大胜寺藏书

旧在嘉善县城东二里处。宋熙宁（1068—1077）初建，崇宁二年（1103）改名大圣寺。于南宋淳熙十四年（1197）建浮图七级，名泗州塔，相传塔顶藏有舍利子数颗，明洪武二十四年（1391）定为教寺，后又改为讲寺。崇祯间（1628—1644）钱士晋捐金建藏经阁，并请得洪武初在南京官刻之《大藏经》全藏贮于藏经阁。

大胜寺后有明董其昌撰书之《请建藏经阁记碑》和钱士升撰之《福田碑记》。现今为"大胜小学"。

（四）德藏教寺藏书

旧在平湖县治之东。唐会昌二年（842）创建，初名宝兴寺，后废。唐末五代清泰（934—936）间乡民邱邵就故址新之，宋改德藏教寺。元末毁于兵燹，明初重建。嘉靖（1522—1566）末，平湖藏书家陆光祖捐金构藏经阁，贮《大藏经》全藏，版本不详。德藏教寺还曾刻《五灯会元》。如《显密圆通成佛心要集》二卷、《供佛利生仪》一卷，辽释道殿撰，明嘉靖四十五年（1566）平湖德藏寺刻本，现藏于苏州图书馆。

（五）金粟寺藏书

金粟寺为江南最早的佛寺之一，始建于三国吴赤乌四年（241），藏经始于北宋之初，明代继之。金粟寺尤以其藏经纸而著称于藏书界。明代名家金粟笺墨迹六种有：

祝枝山草书前后《赤壁赋》，纸心有"金粟山藏经纸"小红印。纵 31 厘米，横 1001 厘米。上海博物馆藏。

文徵明小楷《和石田先生落花诗》，纸上有"金粟山藏经纸"小红印。纵 14.5

厘米,横193.3厘米,苏州博物馆藏。

王宠楷书韩愈《琴操》,纸心有"金粟山藏经纸"小红印。纵24.4厘米,刊于日本《书道全集》。

王宠行书《宋之问诗》,纸上有"金粟山藏经纸"小红印。纵24.4厘米,刊于日本《书道全集》。

董其昌行书《宋之问诗》,纸心有"金粟山藏经纸"小红印。纵30.9厘米,横468.5厘米。故宫博物院藏。

王穀祥水墨《玉兰词》,纸心有"金粟山藏经纸"小红印。纵57.5厘米,横29厘米。美国月艺斋藏[①]。

(六)安国寺藏书

在旧海宁县治西,俗名北寺。初建于唐开元元年(713),称镇国海昌院。会昌五年(845),武宗灭法,废寺。大中四年(850)重建,改称名齐丰寺。北宋大中祥符元年(1008)始称安国寺,规模宏大。宋熙宁八年(1075年)六月,苏轼应寺僧居则之请,作《宋安国寺大悲阁记》,它与《黄州安国寺记》同为东坡名篇。明代屡有增建。万历间(1573—1620)寺僧真慈改妙智阁为千手观音殿,改西方池为藏经阁,庋藏寺中经书。

现仅存三座唐代石经幢和罗汉堂石碑。其中安国寺经幢为浙江省第一批重点文物保护单位。

(七)福源普惠禅寺藏书

旧在平湖二十三都圆珠圩。始建于唐,名福源。宋代废。元代富室张氏改建于当湖里,元末废。明洪武二十五年(1392)陆续并诸小庵复为寺。嘉靖三十三年(1554)倭寇犯平湖,寺改兵备司,复毁。后复建于二十三都圆珠圩沙洲上。寺建宝塔七级,庋藏石刻《法华经》于其中。古代佛寺藏经中多为抄本、刊本、石刻经书贮藏,殊为少见。

(八)密印教寺藏书

在桐乡青镇(今乌镇)。创建于梁代,称吴德寺,宋大中祥符间(1008—1016)改称密印教寺。寺有华严宝塔。昔有士子十人来寺中,愿为寺抄写经书,事毕不告而去,验之笔法,如出一人之手。明天启初年(1621)僧人栖云又求得名人手书《华严经》,庋藏于寺,称"华严宝藏"。

(九)碧云寺藏书

在海宁沈山东北钵盂岭下。唐大历三年(768)俱地胝禅师开山创寺。元末毁。明代历洪武、万历屡有增建,成大寺。崇祯八年(1635)寺僧通秀又增建藏经阁于俱胝岩下,以庋藏经书[②]。

---

① 吴定中:《金粟寺史料五种》,上海古籍出版社,2008年。

② (七)至(九)目佛寺藏书引自顾志兴《浙江藏书史》。

三、明末清初《嘉兴藏》的刊刻

(一)《嘉兴藏》

明代刻印的佛经以《嘉兴藏》最有特色,最著名。《嘉兴藏》又名《径山藏》,发起于明嘉靖末隆庆初,到万历七年基本确定。万历十七年由明代嘉兴楞严寺高僧真可(字达观,晚号紫柏)大师首倡刻印于五台山妙德庵,一年内共刻500多卷。因北方缘薄、集资不便、气候寒冷等原因,万历二十年刻印工程移至浙江余杭县的径山兴圣万寿禅寺和化城寺等处。万历末年至天启、崇祯及清初顺治、康熙年间,又分散在嘉兴、吴江、金坛、虞山等处分刻。到清康熙十五年(1676)嘉兴楞严寺完工,由嘉兴楞严寺集中经版印刷流通。雕竣板片统一收贮径山寂照庵和化城寺,因而得名《径山藏》,而请印接洽及装订发售则在嘉兴楞严寺。康熙年间将全部板片移于楞严寺与装订发售一并进行,世称《嘉兴藏》或称《楞严寺藏》、《万历藏》等。又因其是方形线装本,不同于其他木版大藏经的卷轴装和经折装,也称《方册大藏经》。

《嘉兴藏》全藏分正藏、续藏、又续藏三个部分。正藏210函,完全按《永乐北藏》的编次复刻。千字文编次天字至史字,末附《永乐南藏》特有的五种,153卷。收入佛教典籍1600多种,包含了明代以前佛教典籍的主要品种。续藏95函,收入藏外典籍248种,约3800卷。又续藏47函,续收藏外典籍318种,约1800卷。康熙十六年以后,抽去续藏5函、又续藏4函,收入内容也略有变动。计正藏210函,续藏90函,又续藏43函,2090部,12600余卷。收录的佛教典籍主要是明代和清代初期中国僧人和居士著述,有600余种。该藏除了改变历来佛经沿用的折装式装帧为轻便的线装书册式外,主要是在续藏和又续藏中收集了大量的藏外著述,内容包括疏释、忏仪、语录等。自汉以来历代都翻译刊印了多种版本的佛教经典,其中主要有唐朝《开元释教录》、北宋《开宝藏》、金代《赵城金藏》、元代《元官版藏经》、明代《洪武南藏》和《永乐北藏、南藏》等六种版本,清代《乾隆大藏经》和《嘉兴藏》。在所有这些经典中,《嘉兴藏》规模最为巨大,内容最为丰富,历来被认为是汉传佛教最完整的一部典籍。

《嘉兴藏》的正编,由于改梵夹装为方册装,成本减低,售价较廉,在历史上起到了推广《北藏》的作用。在现存的中国古代的大藏经中,只有《嘉兴藏》是线装的方册本,其版本价值独一无二。

《嘉兴藏》续编的主要内容是明末清初的禅宗典籍,达288部,可以说是明末清初禅宗史的一大汇集,是海内外学者公认的"第二部中国佛教史料宝库"(第一部为日本的《续正藏》),是明、清禅宗史研究的"敦煌发现",是"研究中国佛教者最为珍视的宝库"。

(二)嘉兴人士与《嘉兴藏》的刊刻

《嘉兴藏》以明《北藏》为底本,参校《南藏》及宋元旧刻,是迄今确切可知的首次用方册式刊刻的大藏经。明万历十二年(1584)真可禅师与径山憨山禅师等正式倡缘摹刻《大藏经》,此举得到尚书陆光祖、南国子监祭酒冯梦祯、廷尉曾同亨、太仆寺卿瞿汝稷、提学包柽芳以及陈瓒、管志道等高官、名流的赞助。其中陆光祖、冯梦祯、包柽芳都是嘉兴人士。

陆光祖(1521—1597),字与绳,嘉兴平湖人,是唐代名相陆贽的后裔。因志在佛法,自号五台居士。明嘉靖二十六年(1547)成进士后,除知县,累迁至吏部尚书。他热衷于佛学经书的刻印和收藏,万历十七年(1589),和冯梦祯、陶望龄、袁了凡等助刻《嘉兴藏》。晚年还发起募捐、组织刊刻宋僧普济的《五灯会元》。《五灯会元》收于《嘉兴藏续藏》第六十、六十一函,此本二十卷,半叶 10 行。前有目录二卷,有释廷俊序,陆光祖募缘文。此本日本有重刻本,目录二卷,正文二十卷,首都师范大学图书馆、南京图书馆有藏①。

陆光祖在任南京吏部尚书时,收藏了佛界《妙法莲华经》金字长卷,此为陆氏传家之珍宝。他热衷于捐助修建寺庙,万历元年(1573)捐俸助修南京栖霞寺,晚年还请求诸宰官居士合力重兴明州(今浙江宁波)育王塔殿。

包柽芳(1534—1596),字子柳,号端溪,秀水人。嘉靖三十五年(1556)进士。不仅藏书,而且刻书,在浙江的刻书史上有一定的地位。

冯梦祯(1548—1595),字开之,号具区,嘉兴秀水人。明学者、收藏家。万历丁丑(1577)进士第一,授翰林院编修。梦祯好藏书,搜罗宏富,精品甚多,尤以藏有王羲之《快雪时晴帖》名闻一时。

朱茂时(生卒年未详),朱彝尊的伯父,秀水人。在明末曾任贵阳知府,是当时著名的士大夫,也是参与后期《嘉兴藏》刻事的重要居士。《嘉兴藏》收录了先后任伏狮禅院住持的女禅师祇园行刚、义公超珂和一揆超琛的语录,时任贵阳太守朱茂时也为此作序。朱茂时于清顺治七年刻胡震亨编《杜诗通》,此书刻本罕见,《中国古籍善本总目》著录。

万历二十九年(1601)纂刻之《刻藏缘起》一卷,内收工部右侍郎、吏部尚书陆光祖,翰林院编修、南京国子监祭酒冯梦祯,刑部郎中于玉立,山西巡抚监察御史傅光宅,贵州提学副使包柽芳等当朝官吏和明高僧紫柏、憨山、密藏等人撰文 18 篇,可为研究此部藏经的刊刻发起情况提供第一手资料。

从现存五台山刻经木记看,如《法苑珠林》一百二十卷,施主绝大多数是南方人。内中有刑部员外郎金坛于玉立、歙县居士吴惟明、宝坻县官嘉兴袁黄、贵州提学副使嘉兴包柽芳、南京刑部尚书琅琊王世贞等。北方缘首较有名的仅有山西监察御史聊城傅光宅。在一些小部头的经典里北方施主也是寥若晨星,偶尔

① 王宝平:《中国馆藏和刻本汉籍书目》,杭州大学出版社,1995 年。

一见，且施资微薄。

刻藏之举虽然得到慈圣太后的赞许，但刻方册藏这一点点改革也遭到有司的弹劾，经翰林院编修南京国子监祭酒冯梦祯为之辩白才算无事。密藏致函冯梦祯谈及此事："刻藏因缘，科臣有言，幸宗伯题复无恙，此以世眼观之，仅属魔烧，以道眼观之，实可以增法海之润，助天鼓之音也。"①

这里所说的"嘉兴所刻"，并非于嘉兴雕版，乃是嘉兴施主集资而施刻。《楚石禅师语录》卷末有陆光祖、包柽芳、冯梦祯施刻木记，万历十八年妙德庵雕版可证。

（三）刊刻《嘉兴藏》大事记

明万历七年（1579）真可禅师自少林寺访云谷禅师于大云寺，共议刻藏经一事，并始刻一、两种，适道开（南昌人）问法于真可，真可嘱以刻藏之事。

明万历十二年（1584），真可禅师获明神宗之母李太后的允准，与憨山禅师等正式倡缘募刻大藏经。

明万历十七年（1589），正式在五台山妙德庵开刻，其时，真可弟子法本供养于妙德庵。

明万历二十一年（1593），迁至浙江余杭径山之寂照庵刻印。道开以病隐去，由法本主持刻藏之事。

法本逝世后，由真可弟子法镫继任其事，因寂照庵多雾湿，募修化城寺为刻经庋板处。于明万历四十年（1612）在化城寺开始刊刻。

明天启三年（1623），请江西性琮住持楞严寺，并监理楞严寺经坊、般若堂。

明崇祯末年（1644），嘉兴楞严寺般若堂也刊刻藏经。协助性琮料理经坊的有黔僧继庄（字利根）及憨山弟子福徵。

清初，因渐不得人，刻藏遂停顿。顺治十六年（1659），片版不刻。居士严仲悫首倡整顿，沈闳劭、严勋等众多绅士从而和之；当时已刻藏经四千余卷，常熟汲古阁助印刻千余卷。

顺治十七年（1660），寿光禅师住持寂照寺，誓为真可、道开了此弘愿，经坊整顿后，刻工渐举。

康熙二年（1663）又续刻千余卷，于康熙十六年（1677），正藏部分宣告完成。

康熙四十六年（1707），完成了续藏、又续藏的刊刻，全部藏经才告刊刻结束。

雍正年间对一些旧版修补，以至重刻。

全部刊刻工作历时129年；从运筹到刊刻的地点达六、七处以上；发起并主办刻经的禅师十多位，居士多位②。

特别是康熙六年，嘉兴楞严寺般若堂有过一次大规模的补版活动，径山寂照庵、化城寺等处的经版大约也在此前集中到楞严寺。这也是《嘉兴藏》刻竣于康

① 嘉兴市志编纂委员会：《嘉兴市志》，中国书籍出版社，1997年。

② 以上材料，据《清凉山志》、《嘉兴市志》所记载的史实加以整理。

熙六年之说的原因。

（四）《嘉兴藏》后记

《嘉兴藏》历经战火等各种摧残，部分经书散失。1999 年开始，国家有关部门对《嘉兴藏》进行了抢救性发掘和整理，作为国家古籍整理出版"十五"重点规划项目，得到海内外佛教界的关注。《嘉兴藏》于 2008 年重辑出版，全藏 380 函，2246 种，12000 卷，分装 40 个大木箱，1 亿多字。2008 年 11 月 11 日，作为《嘉兴藏》的刻印和流通的发源地，嘉兴举办了这部佛教至尊宝典重归故里的庆典活动，此次《嘉兴藏》出版共发行 100 部，嘉兴精严讲寺、香海禅寺等寺院迎请 6 部。

第三章　清代繁盛的嘉兴藏书

清代是我国藏书文化史上的全盛期，这一时期“大抵收藏书籍之家，惟吴中苏郡、虞山、昆山、浙中嘉、湖、杭、宁、绍最多”①。清代嘉兴藏书在明代藏书基础上进入全盛时期，其发展过程大抵经历了三个阶段，各阶段的名家名楼灿若繁星。

清前期（顺治—乾隆）嘉兴地区的藏书继承了明代余绪，进入全盛期，在浙江乃至全国都有举足轻重的地位。这一时期嘉兴藏书家和藏书楼以秀水为最盛，海宁、桐乡、海盐、平湖等紧随其后。秀水朱彝尊之潜采堂与曝书亭、曹溶之静惕堂，海宁查慎行之得树楼、马思赞之道古楼，桐乡吕留良父子之明农草堂、吴之振之黄叶村庄、汪森三昆仲之裘杼楼、金檀之文瑞楼，海盐张氏涉园，平湖高士其之岩耕草堂等藏书家和藏书楼名满江浙，声振海内。

特别是朱彝尊，集诗人、浙西词派创始人、开创清代隶书之风气的书法家、学者及藏书家于一身，尤以藏书而名满天下。不仅购书、藏书、读书、校书、抄书、刻书，而且治学大成，著述等身。康熙四十八年（1799）将平生所作诗文合编为《曝书亭集》，连同所附《叶儿乐府》共计八十一卷。故乡嘉兴王店镇至今依然保有曝书亭遗址，《南湖晚报》专设“曝书亭”栏目，足见其影响之大。

清中叶（乾隆—道光）随着社会经济的发展，学术文化事业的繁荣，嘉兴地区藏书达到鼎盛，这一时期海宁藏书在嘉兴地区尤其突出。

海宁吴骞之拜经楼“笃嗜典籍，所得不下五万卷”，陈鳣“构向山阁，藏书十万卷”，桐乡鲍廷博之知不足斋蔚为大观，名满华夏。海宁周春之著书斋、许梿之古韵阁、蒋楷之来青阁，嘉兴（秀水）冯登府之石经阁、张廷济之清仪阁、钱仪吉之仙蝶斋、钱泰吉之冷斋，桐乡汪如藻之裘杼楼、拥书楼、金德舆桐华馆，海盐张氏涉园，平湖陆烜、沈彩之奇晋斋亦闻名江南。而钱天树味梦轩收藏书画数万卷，几与曝书亭及明代的天籁阁媲美。

《四库全书》是清乾隆年间编纂的古代最大的一部丛书，清中叶嘉兴藏书的兴盛为其成书作出了巨大贡献。桐乡陆费墀、汪如藻、鲍廷博及其知不足斋等纷纷进呈家藏珍本图书，其中鲍氏知不足斋献书600多种，为全国私家献书之冠。

清后期（道光—光绪）由于战争频繁，社会动荡不安，藏书遭到严重破坏，加之封建社会逐渐解体，直接导致藏书走向衰落，而嘉兴地区的藏书仍保有勃勃生

① （清）孙从添：《藏书纪要》，上海扫叶山房，民国3年（1914）。

机,在众多的藏书家中,仍以海宁诸家最为著名,堪称翘楚者有蒋光煦别下斋,蒋光焴衍芬草堂、西涧草堂,朱昌燕之朝经暮史昼子夜集楼,马瀛之汉晋楼,杨文荪之稽瑞楼,管庭芬之花近楼。另外,平湖有葛金烺之传朴堂、守先阁。海盐马玉堂因得宋刊《两汉会要》、绍兴间监本《新唐书》而建汉唐斋,人称藏书甲于江浙。

第一节　清代嘉兴藏书繁盛的社会环境

我国清代藏书空前繁荣,嘉兴地区尤盛。在《中国藏书家考略》一书中所收录的历代480余名藏书家中,仅清一代,嘉兴藏书家就有62人,占12.9%,位居全国之首。此时的嘉兴藏书达到了鼎盛,特别是清初嘉兴秀水,乾嘉以后的嘉兴海宁,成为浙江乃至全国藏书最活跃的地区,誉满华夏的名家名楼群星灿烂,成为中华藏书文化史上一道亮丽的风景。清代嘉兴藏书的繁盛,与当时统治者控制与怀柔的文化政策、较为发达的地方经济、得天独厚的地理条件、发达的刻书业以及人文条件都有着密切的关系。

一、控制与怀柔政策并举的政治氛围

清统一中国后,为缓和民族矛盾,巩固统治,采取了控制与怀柔并举的政策。其加强思想控制,大兴文字狱,扼杀具有反抗思想的知识分子,致使名家硕儒远离政治而埋头典籍;同时又实施"崇儒重道"的基本国策,重视程朱理学,恢复科举取士制度,激发了时人读书、藏书的热情。这种控制与怀柔并存的统治方式,客观上形成了有利私家藏书发展的政治氛围。

清代文字狱次数之多、株连之广、处罚之酷,超过以前任何朝代,嘉兴作为当时有名的文化之邦而深受影响。康熙时有震惊全国的嘉兴海宁查嗣庭科题案;雍正时有嘉兴桐乡吕留良等案,受牵连者200多人,死者多达70余人。面对这种专制淫威,诸多嘉兴士人遂放弃政治,不敢议论国事,而埋首于古籍考证和整理,客观上促进了治学的复兴,考据及藏书的社会风气盛行。许多学术大家以广收宋元精椠为乐,以藏书、读书、评书、鉴书自娱,几成时尚。嘉兴地区曹溶、朱彝尊、马思赞、鲍廷博、吴骞、陈鳣、钱泰吉、蒋光煦和蒋光焴等均为杰出代表人物,他们的收藏实践推动了嘉兴,乃至全国藏书的繁荣。

清廷对于知识分子实施怀柔,宣扬儒学,颇费心机。康熙帝甚至亲自给大臣们讲解朱熹著作,并主持印制理学专著。康乾两朝还举行博学鸿儒词科考试,搜罗文人为其服务,入其"彀中"者颇众,嘉兴在全国较为典型。有清一代嘉兴有会

元10人,状元5人,榜眼9人,探花4人,进士681人[①]。康熙十八年(1679)首次博学鸿词科开考,皇帝亲自阅卷,全国共取50名,均直接授翰林定官,入史馆纂修《明史》。当时被录取的浙江学者共有14名,其中嘉兴地区就有5名,他们是海盐彭孙遹(列第一)、秀水徐嘉炎、平湖陆棻、秀水朱彝尊、海宁沈珩,其中朱彝尊以布衣入选[②]。康熙亲拔布衣之士朱彝尊为一等,多次赐宴,召入南书房,特赐"研经博物"匾额。朱彝尊是康熙己未词科所笼络的重要人物,是康熙文治影响嘉兴文人的一个佐证。这正如梁启超《论中国学术思想变迁之大势》所指出的:"清兴,首开鸿博,以网罗知名士;不足则更征山林隐逸,以礼相招;不足则复大开明史馆,使夫怀故国之思者,或将集焉。上下四方,皆入其网矣。"[③]科举的激励促使众多学子两耳不闻窗外事,一心专读圣贤书,对于经典书籍趋之若鹜,藏书需求大增,藏书事业随之兴起。一些科举场上的佼佼者,诸如汪如藻三兄弟、查嗣庭五兄弟、许梿两兄弟,均得益于藏书事业,进而投身于这一事业。

二、发达的区域经济

清代嘉兴地区经济相对发达,为藏书繁盛奠定了重要基础。宋室迁都临安以来,北方人口大量南移,其中不乏世家大族、鸿商巨贾,浙江的经济地位日益提高,浙北嘉兴地区的粮食和丝绸在全国有举足轻重的地位,并促进了商品经济的发展。明代江南商品经济进一步发展,城市以及一些市镇也日益繁荣起来,为清代地处江南的嘉兴地区经济繁荣打下了基础。

清初统治者为恢复和发展经济又采取了一系列措施,进一步促进了农业、手工业规模和技术的发展。享有"嘉禾一穰江淮为之康,嘉禾一歉江淮为之俭"美誉的嘉兴,经济在原有基础之上获得了持续发展,最为显著的便是嘉兴地区丝织业的发展。是时,杭嘉湖三府被誉为"丝绸之府",成为国内蚕丝中心产地,出现了一大批丝织业专业城镇,诸如嘉兴的濮院、王江泾、王店、新塍、石门。嘉兴濮院在康熙年间的丝绸产品,品种繁多,闻名遐迩,有"大富贵"、"小富贵"之称。乾隆时,曾有"如今花样新翻出,海内争夸濮院绸"之赞语[④]。当时嘉兴濮院是国内最著名的以经营丝绸商品为主的市镇,桑丝远销海外。雍正年间海宁州的闸塘湾、嘉兴平湖县的乍浦镇等,都成为粮食贸易中心。据统计,清代嘉兴府除府县城外,共有市镇93个,清代的嘉兴是当时全国经济最繁荣的地区之一。

经济的繁荣为文化教育的发展提供了物质保障,嘉兴地区一些富甲一方的乡人得以实现广收精椠、刊刻善本、传承典籍的理想。桐乡鲍廷博即是一位远近

---

① 《嘉禾春秋》④,嘉兴日报印刷厂,2001年内部发行。

② 叶建华:《浙江通史》第八卷,清代卷(上),浙江人民出版社,2005年。

③ 梁启超:《论中国学术思想变迁之大势》,上海古籍出版社,2001年。

④ 嘉兴市志编纂委员会:《嘉兴市志》,中国书籍出版社,1997年。

闻名的富商，丰厚的经济实力，使其购置典籍、刊刻善本具备了必备条件，以致成为收藏甚丰，对《四库全书》献书最多的藏书大家。经济的繁荣同时对于文化教育产生了更高的需求。清代江南已是“下至蓬户，耻不以诗书训其子，自商贾鲜不通章句，舆隶亦多识字”①。据旧地方志的不完全著录，到清末嘉兴有作者4193人，著书8917部，乾隆以前已有诗人与诗歌作者3000余人，在科举取士中，清代全国巍科人物包括会元、状元、榜眼、探花和传胪，最多的26个城市中就有嘉兴地区的嘉兴和嘉善两县。文化教育事业的发展对藏书产生远高于前朝的更高要求。

三、学者型藏书家荟萃

清代嘉兴地区人才济济，学者荟萃，不乏名家硕儒。他们自身的学识造成对藏书内涵的较高要求，促进了藏书质量的提高，从而丰富了藏书的底蕴。更为重要的是，这一时期嘉兴不少学者不仅是藏书的阅读者，而且是藏书的收存者、抄录者、校勘者、刊刻者及著作者。这一时期嘉兴地区藏书家中不乏学富五车、驰名华夏的学术大家。

清初嘉兴秀水藏书大家朱彝尊，是与王士祯齐名、史称“南朱北王”的大诗人，是与陈维崧和纳兰性德齐名的清初三大词人、浙西词派创始人，是开创清代隶书之风的书法家。他不仅精于校勘考据、补阙订讹，而且治学大成，著作等身，丰富了藏书宝库。于康熙二至十五年间完成第一部词集《静志居琴趣》，第二部诗集《江湖载酒集》、诗文集《竹垞文类》；康熙十六年(1677)辑成词学理论著作《词综》三十四卷；康熙十七年(1678)完成第三部词集《蕃锦集》；康熙三十一年编诗词集《腾笑集》；康熙三十八年(1699)完成经学巨著《经义考》三百卷；康熙四十一年完成《明诗综》一百卷。此外尚有《日下旧闻》四十二卷，《五代史补注》、《瀛洲道古录》等史地著作。康熙四十八年(1799)将生平所作诗文合编为《曝书亭集》，连同所附《叶儿乐府》共计八十一卷，这一年与世长辞，寿年也恰是81岁。康熙帝曾亲赐“研经博物”四字匾额，后乾隆帝又在御题诗注中称赞他的著作“自汉迄今，说经诸书存亡可考，文献足征。编辑之勤、考据之审、网罗之富，实有裨于经学”。

这一时期嘉兴地区集学者与藏书家于一身，著作甚丰的名家、大家还有查慎行、吕留良、陈鳣、吴骞、周春、许梿、鲍廷博、钱泰吉、钱仪吉等。

四、藏书家刻书风尚

清初因为新近的朝代更替、战乱破坏了社会经济、文化基础，刻书活动相对

① 叶建华：《浙江通史》第八卷，清代卷(上)，浙江人民出版社，2005年。

较少,但嘉兴刻书业却相对盛行,刻书者多为当地文人、学者和藏书家。清初首推嘉兴朱彝尊(竹垞)和石门吕留良、吴之振等。据《鸡窗丛话》云:“竹垞凡刻书,写样本亲自校三遍。精神不贯,乃分于各家书房中,或师或弟子,能校出一伪字者送百钱。”朱氏晚年为刻印其所辑《明诗综》,侨居苏州,在白莲泾慧庆寺亲自主持雕刻达五年之久。朱氏生前还曾刊刻《经义考》一百六十七卷,并亲自刊订《曝书亭集》,交曹寅付刻。

清初嘉兴石门藏书家吕留良刻书精湛,刊刻《二程全传》六种六十八卷,《四书朱子语类》三十八卷,《朱子遗书》初刻七十一卷、二刻三十二卷,《四书语录》四十六卷,《四书或问》三十九卷。清王士祯《居易录》十四谓“石门吕氏,雕行古书,颇仿宋刻,坊刻皆不逮”。吕与黄宗羲,及同邑吴之振、吴自牧相交甚密。与两吴合编《宋诗钞》,康熙十年(1671)由吴氏鉴古堂刊刻行世。吴之振又曾辑刻《清八家诗》。

至乾嘉时,国力强盛,社会经济的繁荣,衍生了众多无需为生活忧心的读书人,形成了藏书、刻书的良好社会环境。乾嘉时期朴学大兴,经学、史学、小学、子学及地理、金石诸学莫不超越前代,为刻书活动的繁荣提供了大量的素材,经、史、子、集四部齐备,还有天文、历算、金石、舆地、乐律、声韵、文字、训诂,以至下逮小词,旁薄于棋经、画史、舟车所记、都市所闻,莫不广为流传,裒然盈筐。学者和学术研究的社会需求,刺激了图书刊刻活动的繁盛;同时,学者往往又是藏书家,文献考据成果突出,刻书量大且校勘精审、刻印精美。处于全国富庶地区的嘉兴,刻书、藏书也由此进入了空前的繁荣时期。

《四库全书》的编撰推动了嘉兴藏书家的刻书风尚。乾隆中期开四库馆,网罗大批鸿儒硕学编辑《四库全书》。为了修《四库全书》,乾隆自三十七年(1772)起,在十余年间,多次向天下征书,使众多前古遗书、民间秘籍汇聚石渠天禄。乌镇鲍廷博所献之书,居全国藏书家进书之首,得到乾隆帝的褒奖。鲍氏乃立志刊刻《知不足斋丛书》,以所藏古书善本公诸海内。《四库全书》的纂修,为书籍刊刻提供了优良的底本,使许多已佚秘籍得以重新流播,尤其是总括类丛书远比清初刻书齐全。如道光年间浙江嘉兴钱仪吉刊刻《经苑》时,就依《四库》大量重辑宋元人经说,使天下学者得睹前所未见之书。乾隆间平湖藏书家陆烜辑刊《奇晋斋丛书》,收有唐至明代名家杂录、诗话、游记等16种。石门马俊良选辑《龙威秘书》十集,有乾隆五十九年(1794)石门马氏大酉山房刊本。嘉庆间,石门顾修辑刊《读画斋丛书》八集五十种,所收多考据经史之作。

此时嘉兴藏书家所刻精品图书更是层出不穷。乾隆间,嘉兴平湖沈彩自刊《春雨楼集》十四卷,以簪花小楷书写,倩人精刻而后用罗文纸初印,光彩照人。清写刻本中值得称道的有雍正六年(1728)嘉兴桐乡金氏文瑞楼所刊的《青邱高季迪先生诗集》,写刻俱精。乾隆二十六年(1761)鲍廷博所刻孙承泽《庚子销夏记》八卷,前七卷由余集手书,末卷为张宾鹤书,字体流美,为当时名刻。石门顾修所刻《南宋群贤小集》为世所重。乾嘉间海宁吴骞辑刻《海昌丽则》，为清刻书中之精品。嘉兴海宁许梿所刻的《六朝文絜》、《笠泽丛书》均精美绝伦。《六朝文絜》由他手书上板，有墨印及套朱两种印本。初印本用开花纸印，精彩纷呈，赏心悦目，可谓雕版艺术的精品。许梿于咸丰八年(1858)所刻的《古韵阁宝刻录》，手拓夏承碑并加上释文，更显示其金石家的本色。

在众多的家刻书中，张氏涉园享有盛名。其最早的刻本是张宗松在乾隆六年(1741)复刻元刊本《王荆文公诗笺注》。张宗松之弟宗楠、宗橚、载华分别刻有《带经堂诗话》、《词林记事》、《初白庵诗评》。道光间，海宁古韵阁主人许梿刻书多而精，所刻之书写、刻、印、用纸、用墨皆十分讲究，精丽可观。如《字鉴》系据明人写本重刻，是其刻书代表作品之一。光绪间，嘉兴吴受福刻书亦多，刊印清吴昌荣、吴国贤、徐锡可等人著作数种，嘉兴私家刻书一直延续至民国初年。

综上所述，清代特殊的政治氛围，相对发达的地方经济，独特的地理条件，优越的人文条件以及藏书家的刻书风尚造就了嘉兴藏书业的繁盛，藏书名家名楼群星荟萃，名播海内，极大地丰富了华夏藏书宝库。

这一时期，嘉兴地区藏书业的繁盛也对近代公共图书馆的兴起产生了积极的作用，早在1904年，嘉兴地区就出现了我国最早的近代公共图书馆——嘉郡图书馆、海宁州图书馆，成为我国近代公共图书馆重要的发祥地之一。

第二节　清代嘉兴藏书家及其藏书

清代嘉兴藏书家共357人，海宁108人、嘉兴88人、桐乡50人、海盐47人、平湖33人、嘉善24人。清初，秀水藏书名家名楼突出；乾嘉后，海宁藏书名家名楼较多，桐乡、海盐、平湖次之，嘉善的藏书家也较多，其中不乏拥有万卷以上的藏书楼。明代至清代，进士藏书家由37人增至68人，其中嘉兴进士藏书家13人、海宁23人、桐乡14人、平湖8人、嘉善7人、海盐3人[①]，尤其是嘉兴出现了7位女性藏书家，成为中国藏书史上一道亮丽的风景线。

一、嘉兴(秀水)藏书家及其藏书

(一)嘉兴(秀水)藏书名家名楼

1．曹溶静惕堂藏书

曹溶(1613—1685)，清初藏书大家、藏书研究学者及诗人。藏书处为静惕

① 笔者据嘉兴各种史料所考。

堂，清初名震江浙。本节“嘉兴（秀水）进士藏书家”一目中另有论述。

2. 蒋之翘隐廛市间藏书

蒋之翘（1620—1676），字楚稚，号石林，秀水人。明末清初藏书家。甲申（1644）后避兵乱，隐居于射襄城（今嘉兴王江泾镇）定中桥东。清顺治十六年（1659）朱彝尊访其于射襄城。与周九罭、释林壁等19人结萍社。蒋氏致力于古学，游焦竑之门。编有《甲申前后集》。又采嘉兴郡人诗，辑为《槜李诗乘》四十卷。注《离骚》，重纂《晋书》，校注韩愈《黎昌集》、柳宗元《河东集》。虽为采辑旧注，但其中多蒋氏自注部分。著有《蒋石林先生遗诗》、《闻川杂咏》、《天启宫词》等，其中《天启宫词》曹溶曾刻入《学海类编》丛书中。

家虽贫而笃好藏书，所藏颇富，收罗明人遗集数十种。如藏有宋本履斋《示儿编》、元刻本宋吴儆《竹洲集》。

藏书处为山晓阁。

藏书印有“槜李蒋石林藏书”、“槜李蒋石林藏书画印”、“蒋氏家藏”等。

叶昌炽《藏书纪事诗》卷三，有咏之翘诗云：

独从地老天荒后，收拾遗文比碎琼。
海内羽陵钱蒙叟，一瓻犹到射襄城。

后两句记钱谦益向之翘借书事。钱谦益为明末海内藏书名家，其绛云楼藏书人称与皇家内府相埒。清初钱谦益为编《国朝诗集》（后定名《列朝诗集》），因藏书不敷用，闻之翘藏书之富，遂借《九灵山房集》，此书为元戴良撰，明洪武间刊本，后为陆心源收藏，《皕宋楼藏书志》记此书云：“《九灵山房集》有跋曰：‘我里蒋之翘隐廛市间，有藏书之癖，虞山钱宗伯编《国朝诗集》，尝就其家借书。此卷首甲乙题字，宗伯迹也。壬戌上元前二日，钮菜翁记。’”①

蒋之翘晚年无子，为生计所逼，授徒自给，乃出售所藏书于同里藏书大家曹溶静惕堂。曹溶与钱谦益为藏书挚友，故能辨谦益于书卷首“甲乙题字”。

之翘亦喜刻书，以增益其藏书，刻书处为三径草堂。

天启六年（1626）刻自辑校《楚辞集注》八卷，《辩证》二卷，《后语》八卷，加《符览》二卷、《总评》一卷，国家图书馆、上海图书馆、南京图书馆、浙江图书馆藏。

崇祯六年（1633）自编并注《唐韩昌黎柳河东集合刻》一百零四卷，国家图书馆、上海图书馆（残卷）、南京图书馆、浙江图书馆藏。刻自辑注《唐韩昌黎集》四十卷《外集》十卷，《遗文》一卷《附录》一卷，浙江图书馆藏。刻自辑注《唐柳河东集》四十五卷《外集》五卷，《遗文》一卷《附录》一卷，国家图书馆藏。《旧编南九宫谱》十卷，万历间《新编南九宫词》九卷，南京图书馆藏。

还校刊有《楚辞》、《禁书别本》一百三十卷、《甲申前集》、《甲申后记》、《晋书》一百三十卷等。

① （清）陆心源：《皕宋楼藏书志》卷一〇八，中华书局，1990年。

3. 朱彝尊与曝书亭藏书

朱彝尊(1629—1709),字锡鬯,号竹垞,又号欧舫、行十,晚号小长芦钓鱼师、惸独叟,又号金风亭长,嘉兴秀水梅里(嘉兴王店镇)人,故宅即今王店之曝书亭公园。曾祖父朱国祚为明万历十年(1582)状元,官至户部尚书兼武英殿大学士,加少傅,谥"文恪",赐祭葬,《明史》有传。祖父朱大竞,曾为云南楚雄知府,辑有《禹贡补注》。

朱彝尊自幼勤奋好学,聪慧绝人,《清史稿·朱彝尊传》称"生有异秉,书经目不遗"。17 岁时,即专心研究古学,博及群书,无所不通。康熙十八年,清廷第一次举行博学鸿词会试,朱彝尊应诏举博学鸿词科,是时 143 人应试,50 人录取。年逾 50 的朱彝尊与严绳孙、潘耒、李因笃四人以布衣入选,被称为"四大布衣"。入选后授翰林院检讨职并参与《明史》的修撰,后入值南书房,充日讲官,讲起居注,赐居北京景山黄花门。二十三年被劾谪官,移居宣武门外古藤书屋,又移居槐市斜街。康熙二十九年复官,61 岁的朱彝尊在江南乡试副考官任上乞假归里,结曝书亭于池南,为游憩、藏书之所,从此隐居林下藏书、著书直至终老。

曝书亭

作为清初文坛上最负盛名的藏书大家,朱彝尊是一位通才,擅长诗、词、古文、书法,又博通经史。其文,可与清初古文三大家侯朝宗、魏禧、汪琬相媲美,顾炎武甚至说他高于侯朝宗。其经史学术,则亦堪列清初大儒之林,被推尊为一代经学巨家和一代"良史"。无怪乎《清史稿》本传称其"兼有众长"。其书法开创清代隶书之风气,诗词和诗词学理论在康熙年间,与当时的诗坛盟主王士祯齐名,有"南朱北王"之称。有人将朱彝尊与王士祯、施闰章、汪琬、查慎行、赵执信号为"清初六大家"。其文学创作与学术研究方面成就卓著,与其嗜好读书、聚书密不可分。

(1)朱彝尊藏书

朱彝尊是清初最负盛名的藏书家,购书、藏书、读书、校书、抄书、刻书、著述是他人生活动的主要内容。为求书历尽艰辛,但仍然乐此不疲,收获甚丰。其藏书经历大致可分为三个阶段,即早期游幕生活时期、出仕时期、老年归里之后。

游幕生活时期。朱彝尊出身于书香门第、官宦人家,少年时曾得读家藏旧书,如《三礼》、《春秋左氏传》、《楚辞》、《文选》等。由于社会动乱,家道逐渐衰落,其先世遗书也毁于明末清初兵乱之中,仅存御赐《大明集礼》五十卷。他在《曝书亭著录自序》中说:"先太傅赐书,乙酉兵后,罕有存者。予年十七,从妇翁避地六迁，而安度先生九迁，乃定居梅会里。家具率一艘，研北萧然，无书可读。”据此可推知，朱彝尊早期的求书活动当始于17岁，前后历时二十多年。曾在江都遇故人项氏子出售万卷楼残帙，又以二十金购之，这是曝书亭藏书中最早购进的一批图书。所到之处，无不留心搜访，凡遇典籍，即使是断编残帙，也要解囊购回，无钱则典衣予直以归。康熙初年，朱彝尊携妻入京师，别无所有，仅载所购书籍两大箱。侍郎孙承泽见其旅寓中的插架书，不禁感慨地对人说：“吾见客长安者，务攀援驰逐，车尘蓬勃间。不废著述者，秀水朱十一人而已！”[①]在此期间，他北至内蒙古、河北、山西，南到云南、两广，东临黄海、渤海，足迹遍及大半个中国。每到一处都遍访当地书肆、藏书楼，求教于前辈学者，尽其所能求书问学，对“经史杂著，金石碑版，多所寓目，搜剔考证，用力尤勤”[②]。这期间有两大收获：一是饱览群书奠定了他今后在学术界发展的学问基础，二是以二十金的高价收购了明代藏书大家项笃寿万卷楼的部分典籍，为曝书亭藏书打下基础。

出仕时期。康熙十八年(1679)，清廷首次开设博学鸿词科，朱彝尊应荐赴试。授翰林院检讨，充《明史》纂修官，从此踏上仕途。很快又充日讲官，知起居注，然后典试江南，不久又入值南书房。从康熙十八年到康熙三十年(1691)，是竹垞藏书活动的第二个阶段。步入仕途后，朱彝尊将每月的俸禄大多用于购买典籍，同时，开展了有计划的抄书活动。无论官家之藏、私家之储，常借而录之，甚至不惜金银财帛，求而抄写。因此其藏书中有一部分是抄本。当时，他结交了许多著名藏书家，如宛平孙承泽、禾中曹溶、昆山徐乾学、白门黄俞部、海虞毛斧季、京师成容若等。向这些藏书家借得书籍之后，晓夜抄撮，录成副本，收为已藏。

朱彝尊除了抄录私家藏书之外，还抄录了史馆之书。抄书是古代学人为获取典籍而普遍采用的一种方法，但朱彝尊因为抄书而丢官的书林逸事在古代藏书史上是不多见的。朱彝尊在《曝书亭集·鹊华山人诗序》中写道：“予中年好钞书，通籍以后见史馆所储，京师学士大夫所藏弆，必借录之。有小史能识四体书，日课其传写，坐是为院长所弹去官，而私心不悔也。”还在《书椟铭》中对该事做了进一步的追述：“予入史馆，以楷书手王纶自随，录四方经进书。纶善小词，宜兴陈其年见而击节，寻供事翰苑。忌者潜请学士牛钮形之白简，遂罢予官。归田之后，家无恒产，聚书三十椟，老矣，不能遍读也。”读书做官，光宗耀祖是封建社会读书人追寻的目标，朱彝尊做了官以后却因抄书而丢官，可先生笑答：“夺侬七品官，写我万卷书。或默或语，孰智孰愚。”由此可见，朱彝尊视图书比官职、金钱更贵重，一心藏书治学的精神可敬可叹。

老年归里时期。康熙三十一年，朱彝尊归隐还乡。短短十余年间，其藏书从

① (清)钱林辑，王藻编：《文献征存录》卷二，台北文海出版社，1986年。
② 陈祖武：《朱彝尊与〈经义考〉》，《文史》第四十辑，中华书局，1994年。

3万多卷骤增至8万多卷，其间得到松江藏书家李延昰赠书2500卷。于是在家乡王店镇买地建馆收藏，又建潜采堂、娱老轩等藏书之所，将八万卷书分为“经、艺、史、志、子、集、类、说”等八个门类，按类插架入藏，总名为曝书亭藏书。

藏书处为曝书亭、潜采堂。

藏书印甚多，有“朱彝尊印”、“朱印彝尊”、“梅会里朱氏”、“七品官耳”、“秀水朱彝尊锡鬯氏”、“秀水朱氏潜采堂图书”、“小长芦朱彝尊印”、“曝书亭经籍”、“竹垞真赏”、“竹垞”、“梅会里朱氏潜采堂藏书”、“竹垞读本”、“竹垞老人”、“朱彝尊锡鬯父”、“曝书亭珍藏”、“小长芦钓鱼师”、“潜采堂”、“南书房旧讲官”、“竹垞审定”、“老去诗篇浑漫与”、“得之有道传之无愧”、“南书房谪史记”、“彝尊私印”、“彝尊”、“锡鬯”、“竹垞审定”、“彝尊读过”等。

彝尊

曝书亭经籍

锡鬯

竹垞

朱彝尊藏书印

还有三枚印很有特点：其一为“别业小长芦之南，殳皮山之东，东西夹石、大小横山之北”，印文详细介绍了别业的方位；其二为“我生之年，岁在屠维大荒落，月在橘壮十四日，癸酉时”。印文详细介绍了朱氏出生的年、月、日、时；另一为“梅会里朱氏潜采堂藏书”象牙印，张叔未（廷济）有诗咏此印曰：“管领奇书八万卷，人间此印亦千秋。签开玉版先经眼，榜赐金题在上头。七品真推良太史，百城肯拜小诸侯。南垞亭子教重建，同是熙朝第一流。”他的藏书均有独特的印记，皆钤印于卷之首叶，一面刻朱文戴笠小像，一面镌白文十二字，曰“购此书，颇不易，愿子孙，勿轻弃。”

朱彝尊的藏书目有《曝书亭书目》一卷（与《三鱼堂书目》合为一册，为刘喜海抄本），著录图书约2000余种。《适园藏书志》卷五著录之《曝书亭藏书目》三册，为传抄本。《潜采堂宋金元人集目》不分卷，著录宋人集目约160种，金人集目6种，元人集目150种。又有《竹垞行笈书目》一卷及《曝书亭著录》八卷。

（2）《曝书亭集》著录之朱彝尊藏书

朱彝尊藏书，经史杂著、金石碑版无所不包，数量甚巨，并曾为其藏书作过目录，传世书目有《曝书亭书目》一卷，收书2400余种；《竹垞行笈书目》一卷，收书700余种；此外《潜采堂宋元人集目》、《潜采堂宋金元人集目》，是为善本之目录。此远非朱氏“藏书八万卷”之全目。《曝书亭集》中有大量涉及其藏书的诗歌、序、跋等资料，从这里也可以看出朱彝尊藏书之丰、之博，以及藏书过程之艰辛。

《曝书亭集》之《曝书亭著录序》则详细介绍了朱彝尊的藏书渊源、藏书历程：

“先太傅赐书，乙酉兵后，罕有存者。予年十七，从妇翁避地六迁，而安度先生九迁，乃定居梅会里。家具率一艘，研北萧然，无书可读。及游岭表归，阅豫章书肆，买得五箱，藏之满一椟。既而客永嘉，时方起《明书》之狱，凡涉及明季事者，争相焚弃。比还，问囊所储书，则并椟亡之矣。其后留江都者一年，始稍稍收集。遇故人项氏子，称有万卷楼残帙，畀以二十金购之。时曹侍郎洁躬、徐尚书原一皆就予传抄。予所好愈笃，凡束修之入悉以买书。及通籍，借抄于史馆者有之，借抄于宛平孙氏、无锡秦氏、昆山徐氏、晋江黄氏、钱唐龚氏者，有之。主乡试而南还里门，合计先后所得约三万卷。先人之手泽或有存焉者，归田之后续收四万余卷。又上海李君赠二千五百卷。于是拥书八万卷，足以豪矣。顾其间有借失者，有窃去者，有残阙者，昔之所有，俄而亡之，其存者皆予观其大略者也。予子昆田亦能读之。杼柚之屡空，庖囊之不给，而哦诵之声，恒彻于户外。蠹字之鱼，衔姜之鼠，漫画之鸟，不足喻其癖也。盖将以娱吾老焉。呜呼，今吾子夭死矣，读吾书者谁与夫！物不能以久聚，聚者必散，物之理也。吾之书终归不知何人之手。或什袭珍之，或土苴之，书之幸不幸，则吾不得而前知矣。池南有亭曰‘曝书’，既曝而藏诸，因著于录。录凡八卷，分八门焉。曰‘经’、曰‘艺’、曰‘史’、曰‘志’、曰‘子’、曰‘集’、曰‘类’、曰‘说’。康熙三十八年涂月竹垞老人序。”由此，可知朱氏藏书始末，所历艰辛。

《曝书亭集》序、跋中收有《周易义海撮要序》、《周易辑闻序》、《周易集说序》、《合订大易集义粹言序》、《徐氏四易序》、《聂氏三礼图序》、《读礼通考序》、《春秋权衡序》、《春秋意林序》、《春秋地名考序》、《五经翼序》、《授经图序》、《合刻集韵类篇序》、《五代史记注序》、《元史类编序》、《道传录序》、《感应篇集注序》、《葛氏印谱序》、《江村销夏录序》、《长安志图序》、《梁谿遗稿序》、《信天巢遗稿序》、《十家宫词序》、《乐府补题序》、《放胆诗序》、《感旧集序》、《清风集序》《王文成公文钞序》、《天愚山人诗集序》、《九歌草堂诗集序》、《荇谿诗集序》、《王礼部诗序》、《秋水集序》、《典雅词》等近300种藏书。

这些序、跋，不但大略介绍了各种藏书、相关作者、得书始末，还述及本书的刊刻情况以及版本流传甚至收藏情况。其《跋典雅词》曰：“《典雅词》不知凡几十册，予未通籍时得一册于慈仁寺。集笺皆罗纹，惟书法潦草，盖宋日胥史所抄南渡以后诸公词也。后予分纂《一统志》，昆山徐尚书请于朝，权发明文渊阁书用资考证。”这些题跋对于版本目录学，以及藏书情况的研究提供了重要线索。《四库提要》称：“其题跋诸作，订讹辨异，本本元元，实跨黄伯思、楼钥之上。”可见朱彝尊题跋的文献价值。

(3)朱彝尊藏书的杰出贡献

保存古代文化遗产。明末清初，战乱频繁，公私藏书损失十分严重。朱彝尊把散落在民间的一些珍本秘籍，再聚集起来，使之减少亡失。朱彝尊收集了不少世所罕见的孤本，如宋刊本《淳熙三山志》、《成都文类》；抄本《京窗灸裸》、《竹友集》等，有的不为志乘收载，有的不见各家书目著录，有的被藏书家束之高阁。如他听友人周在俊说，曾见过宋人周应合撰的《景定建康志》，就一直留心察访，“访之三十年未得”，直到康熙丁亥年九月，在真州使院曹寅处，见有此书，亟借归录成副本，从而使这部“流传几绝”的孤本书，“始复传于世”①。朱彝尊亦注重收集残本书。元代龙仁夫撰的《周易集传》，原有十八卷，存世者只有八卷。满族文人纳兰性德原准备将其辑入丛书《通志堂经解》中，因嫌其漫漶断阙，终未开雕，而朱彝尊则“写以藏诸笥”。对这些断简残帙，做了大量的补阙整理工作，使它们尽可能恢复成完书。如使宋本《舆地广记》遂成全帙等。

藏以致用，丰富书藏。朱彝尊并非机械地收藏书籍，其藏书过程恰似一良性循环：收藏典籍，钻研典籍以丰富学识，再凭借学识扩大收藏。在广泛收集各类书籍的基础上，侧重收集那些有助于自己创作和研究的书籍，以期做到藏以致用。朱彝尊非常注重学习前人的作品，收藏了历代许多词集。《词综》全书共三十六卷，选录唐、五代、宋、金、元时词作2253首，作者659人。其收罗广泛，取资宏富，非一般人所能企及。其中有一些是明人未见之本，例如专集《山中白云》，总集《绝妙好词》、《元草堂诗余》皆是。这些借抄得来的历代词集，形成了曝书亭藏书的一大特色。并收集了大量的经学著作，每得一书，必审定其版本、卷次，导源溯流，由此形成了目录之学。如编撰的《经义考》三百卷就是一部经学专科目录，目的是为人们读书治学提供先儒遗编和资料，以免“谭经者局守一家之言”②。完成这样一部具有很高学术价值的目录学巨著，作为编撰人，既要有渊博的学识，又要拥有一定数量的专科书籍。朱彝尊具备了这两个条件，正如清人陈廷敬评价说：“微竹垞博学深思，其孰克之？”毛奇龄说：“非博及群书，不能有此。”

朱彝尊还收集了大量的明人诗集，编出了《明诗综》；收集了大量的北京地志，编出了《日下旧闻》。这些书的问世，表明朱彝尊十分重视对藏书的利用，他把藏书作为读书治学的基础工作，把搜集专科书籍作为进行学术研究的前期准备，取得学术和藏书双方面的累累硕果。

致力藏书流传。朱彝尊深知将图书深闭固禁的弊病，认为保存古代典籍的最好办法，莫过于使之流通。他既借抄别人的藏书，也将自己的藏书转借给别人。徐乾学、王士祯、宋牧仲等人都向他借抄过图书，尤值得称道的是把大量的藏书借给著名藏书家曹寅抄录。曹寅，字子清，号楝亭，即《红楼梦》作者曹雪芹的祖父，其“藏奏古书逾万卷”。曝书亭藏书，曹寅都抄有副本，楝亭藏书多数来源于曝书亭。清人叶昌炽在《藏书纪事诗》卷四中曾对此作过生动的描绘：

绿树芳秾小草齐，楝花亭下一尊携。
金风亭长来游日，宋椠传钞满竹西。

---

① （清）永瑢、纪昀等编纂：《四库全书总目》卷六八《史部·地理类一》，中华书局，1965年。
② 姚明达：《中国目录学史·专科目录篇》，上海书店，1984年。

朱彝尊还竭力主张刻书，因为刻书比抄书流传更广。他曾和纪映钟、钱陆灿、魏禧、汪楫等人联名发起《征刻唐宋秘本启》，在他们的倡议下，黄虞稷、周在俊编出了《征刻唐宋秘本书目》，纳兰性德辑《通志堂经解》，几举《秘本书目》中经部书籍全刻之，其中有一部分书籍就是朱彝尊为其购置的。同时将曝书亭中的一些珍本秘籍推荐给有力者，通过他们将其刊刻流传。康熙四十四年至四十八年，曹寅奉旨刊刻《全唐诗》，朱彝尊利用其主持“诗局”之便，将曝书亭所藏宋人丁度《集韵》十卷、司马光《类编》十五卷，推荐给曹寅，刊入《楝亭五种》之中。这两种书对于研究古代音韵学有很高的价值，受到学者们的重视，直到今天，还有出版单位将其影印出版。

其可考刊本如：康熙二十五年（1686）刻自撰《腾笑集》八卷，国家图书馆、北京大学图书馆、天津图书馆、南京大学图书馆、南京图书馆、苏州书图书馆藏。康熙二十五年（1686）刻自撰《蕃锦集》二卷，南京图书馆藏。康熙二十六年至二十七年（1687—1688）刻自撰，朱昆田补遗，《日下旧闻》四十二卷附《补逸》，浙江图书馆、南京图书馆藏。康熙四十四年（1705）刻自撰《明诗综》一百卷，武汉大学藏。康熙二十四年（1685）至五十三年（1714）朱彝尊与其孙朱稻孙刻自撰，附朱昆田撰，《曝书亭集》八十一卷附《笛渔小稿》十卷，南京图书馆藏、浙江图书馆、上海图书馆藏。另刻自撰《经义考》三百卷。

如右图《曝书亭集》，朱彝尊撰。清康熙五十三年（1714）刻本，10 册，为清代写刻精本之一，《四部丛刊》据此影印。高 19.4 厘米，宽 13.4 厘米，竹纸本。12 行，行 23 字。白口，左右双边。

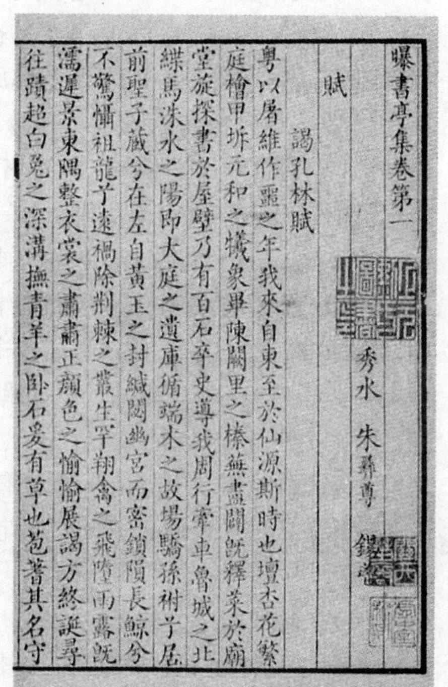
曝書亭集卷第一
秀水　朱彝尊　錫鬯
賦
謁孔林賦
粵以屠維作噩之年我來自東至於仙源斯時也壇杏花繁
庭檜甲坼元和之犧象畢陳闕里之榛蕪盡闢既釋菜於廟
堂旋探書於屋壁乃有百石卒史導我周行牽車魯城之北
緤馬洙水之陽即大庭之遺庫循端木之故場驕孫祔兮居
前聖子藏兮在左自黃玉之封緘閟幽宮而密鎖隕長鯨兮
不驚懾祖龍兮遠禍除荆棘之叢生罕翔禽之飛墮雨露既
濡遲景東隅整衣裳之肅肅正顏色之愉愉展謁方終誕尋
往蹟超白兔之深溝撫青羊之卧石爰有草也苞著其名守

朱彝尊《曝书亭集》书影

将《读书敏求记》传播于世，则是朱彝尊促进藏书流传的典型事例，可谓嘉惠学林、功德无量的一件善举。《读书敏求记》是清初著名学者钱曾编撰的一部家藏善本书目，也是一部研究我国古籍版本学的重要著作。这部书目共收录图书 634 种，分经、史、子、集四部。每部书名下注明卷册及版本，并有解题。每种书的解题详细记载了该书版本情况，还写有对作者的评论，尤其注重版本考订，详述各书之源流及缮刻之异同。除此之外，钱曾在《读书敏求记》中对图书进行评价和考证时，引用了大量资料，这些资料对学术研究是很有启发作用和参考价值的。《四库全书总目提要·史部·目录类存目》评赞曰：“此书皆载其最佳之本。”由于《读书敏求记》具有很高的学术价值,当时的许多学者、名流都想读到它,而钱曾却将书稿藏于书匣之中,随身携带,秘不示人,得见者罕。朱彝尊到浙江任典试官后听说了此事,嗜书成癖的他十分渴望能浏览一番,但又担心会被钱曾拒绝。思来想去,权衡利弊,终于想出了得书的主意。一次,朱彝尊在南京会见钱曾,大设酒宴,邀请钱曾及当地文人学士赴宴,在宴席开始后,他却私下以数量可观的黄金和价值很高的轻裘皮袄,买通了钱曾的书童,深夜启箱,偷出了《读书敏求记》的原稿,让预先雇佣的十余个抄书手,躲在密室,连夜赶抄成了副本。从此,这部名著《读书敏求记》才在社会上广泛地流传开来,与世人见面。此事当时曾广为流传,成为一段佳话,时人对此称为"雅赚"。《读书敏求记》的传播、刊行对当时的学术发展产生了重大的影响。阮福《读书敏求记》序曰:"若非竹垞翁录出,则或至今湮没,岂不是可惜欤。"

著书立说,传承文化。朱彝尊的著述在《四库全书》的经、史、子、集四部均有收录,在同时藏书家中鲜有人及,其主要有《南车草》诗一卷,《五代史记注》,《吉金贞石志》,《静志居琴趣》一卷,《江湖载酒集》三卷,《词综》三十六卷,《鸳鸯湖棹歌》一卷,《蕃锦集》二卷,《瀛洲道古录》十卷,《腾笑集》八卷,《日下旧闻》四十二卷,《经义考》三百卷,《曝书亭著录》八卷,《明诗综》一百卷,《石柱补记》一卷,《禾录》,《两淮盐荚书》二十卷,《曝书亭集》八十卷《附录》一卷,《曝书亭词钞》不分卷,《曝书亭词》七卷《附录》一卷,《竹垞补遗》一卷,《韵粹》一百零七卷,《曝书亭删余词》一卷,《曝书亭词手稿原目》一卷,附校勘记一卷,《曝书亭集外稿》八卷,《朱竹垞太史编经义存亡考》稿本存十册,《朱竹垞手写史馆稿传》一卷,《朱竹垞手写曝书亭文稿》一卷,《潜采堂宋金元人集目》一卷,《曝书亭金石文字跋尾》六卷,《昌黎先生诗集注》十一卷《年谱》一卷,附韩愈《旧唐书》本传一卷《年谱》一卷,《朱竹垞文粹》六卷,《鸳鸯湖棹歌》一百首,《古文尚书辨》一卷,《逸经补正》三卷、《曝书亭诗录笺注》十二卷,《曝书亭集诗注》二十二卷《年谱》一卷,《曝书亭诗笺注》二十三卷,《曝书亭集词注》七卷,《元人集目录》一卷,《曝书亭集叶儿乐府》一卷,《曝书亭书画跋》一卷,《论书绝句》一卷,《游晋祠记》一卷,《登峄山记》一卷,《风怀镜》四卷,《洛如诗钞》六卷,《食宪鸿秘》二卷,《竹垞小志》五卷,《竹垞府君行述》一卷,《潜采堂书目四种》,《茶烟阁体物集》三卷、《静志居诗余》二卷,《说砚》一卷、《竹垞老人晚年手牍》一卷等。其著述也是增益其藏书。

(4)朱彝尊藏书之影响

朱彝尊及其藏书名播朝野,曝书亭藏书得到清政府的重视。1705 年康熙至浙江,朱彝尊在杭州行殿朝见,康熙对其所著《经义考》、《易书》表示赞赏,并以"研经博物"四字匾额赐之。

乾隆年间,为纂修《四库全书》,清高宗弘历下诏征集私家藏书,并指派地方官员到朱彝尊家稽访,发现由于朱氏子孙不能善守,曝书亭藏书久已散落各方,

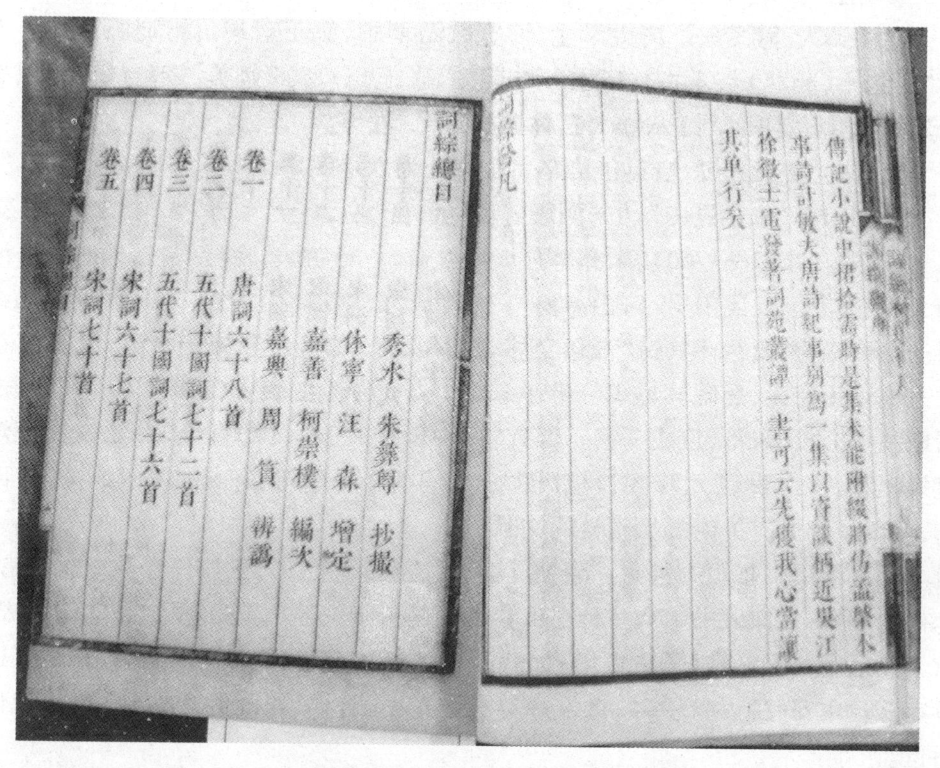
詞綜總目
秀水　朱彝尊　抄撮
休寧　汪　森　增定
嘉善　柯崇樸　編次
嘉興　周　篔　考譌
卷一　唐詞六十八首
卷二　五代十國詞七十二首
卷三　五代十國詞七十六首
卷四　宋詞六十七首
卷五　宋詞七十首

詞綜發凡
傳記小說中捃拾靈時是集未能刪綴爵仿孟棨本
事詩計敏夫唐詩紀事別爲一集以資談柄近吳江
徐徵士電發著詞苑叢譚一書可云先獲我心當讓
其单行矣

朱彝尊辑抄《词综》(康熙十七年刻本)书影

经辗转访求,尚获得69种。这些书大多被采用作为纂修《四库全书》的底本,或作为“存目”著录于《四库全书总目》中。翻检《四库全书总目》,可以看到其中注有“浙江朱彝尊家曝书亭藏本”就有32种。如《周易经传集解》、《两朝宪章录》、《程子详本》、《双溪集》等。此外,还有原为曝书亭藏本,后流传出去又为他人收藏,亦呈献给《四库》而被采用者。如注为“黄登贤家藏本”的《石刻铺叙》,注为“吴玉墀家藏本”的《方舟易学》、《春秋图说》,注为“鲍士恭家藏本”的《苕溪集》等。《四库全书总目》载,在这些书籍的卷首处,均钤有朱彝尊的藏书印。又有“两淮盐政采进”的《春秋别典》,旧无刊本,《四库》馆臣考订此本亦为朱彝尊家所藏,因书上“有康熙辛巳十月彝尊题字”。曝书亭藏书中的许多善本、孤本通过《四库全书》的编纂而流传下来,这足以说明朱彝尊为保存和传播古代文化遗产、发展藏书事业作出了杰出的贡献。

朱彝尊卒后葬于嘉兴百花庄其曾祖朱国祚墓地南五里。先贤以其卓越的文学成就以及经学、史学、书法、藏书贡献,受到后人赞誉和家乡人民怀念,故乡嘉兴王店镇至今依然保有曝书亭遗址,嘉庆时阮元,道光时冯登府、吕延庆均曾重修。今嘉兴市重加修葺,现系浙江省重点文物保护单位。《南湖晚报》专设“曝书亭”版栏一目,供人阅读。

(5)朱彝尊子孙藏书

朱昆田(1652—1699),朱彝尊子。原名德寿,小名大官,字文盎,号西畯,秀水人。清诗人、藏书家。清太学生,博览家藏群书,勤于著述,诗词独具风韵,人称"小朱十(彝尊)",意指其诗才可与其父"朱十(彝尊)"媲美。著有《南史识小录》八卷、《北史识小录》八卷、《三体摭韵》十二卷等。

喜藏书,搜集尤勤,惜英年早卒。藏书处为六峰阁。

藏书印有"朱之昆田"、"朱西畯曾观"。

朱稻孙(1682—1760),朱彝尊孙。字稼翁,一号芋陂,晚号娱村,秀水人。清诗人、藏书家。父昆田早卒,由朱彝尊抚养成人。乾隆丙辰(1736)举博学鸿词科。工诗词,查慎行评其诗"磊落英多,寓怀蕴藉,信能继其家声者"。又称其祖父三代皆为诗人,是儒林盛事。继承家学,以书法著名,小楷尤精,先学汪士鋐,后取法柳公权、米芾,自成一家。著有《拟古乐府》三卷、《纪行绝句》二卷、《罗浮蝴蝶唱和诗》二卷、《六峰阁诗稿》四卷《续集稿》十卷等,还编有《烟雨楼志》四卷,保留了明清有关南湖烟雨楼的文献。

稻孙承曝书亭藏书甚富。清朝廷编纂《春秋》之图书,王掞任春秋馆总裁官,聘他为助手,携家藏书270多种提供参考,并为同事剖析疑义,厘定是非。书成,官至州通判。又参修《子史菁华》,清乾隆时修《四库全书》,诏求遗书,朱稻孙进呈家藏珍本69种供参录,内有朱彝尊《经义考》遗稿,乾隆为之题诗冠首,流传后世。

尝于康熙五十三年(1714)刻《曝书亭集》八十卷《附录》一卷,《笛鱼小稿》十卷,浙江图书馆、上海图书馆藏。

朱稻孙性刚介不谐于俗,身虽不达,名重艺林。晚年家境贫寒,虽犹守其曝书亭藏书,终贫不能支,渐归散佚。吴城跋云:"稼翁晚年,力不能守,元钞宋刻,雨散云飞。"①

藏书印有"梅会里朱氏"、"潜采堂"、"潜采堂藏书"、"稼翁"、"朱印稻孙"等。

4. 陈昂西雅楼藏书

陈昂(生卒年未详),字书厓,又号舒霞,别署三十六峰学人。清藏书家。原籍休宁,居秀水梅会里,与朱彝尊父子为邻,并与之往来密切,又居上海青浦珠街里戚家桥下塘之西。康熙三十九年(1700)曾陪朱彝尊游淀山。

生平好书好客,能诗,家颇富藏书,甲于一方,所藏多宋元间旧本,如宋本《吕氏家塾读诗记》三十二卷、元初刊本《道园学古录》五十卷、元刊《冷斋夜话》等,吴骞《拜经楼藏书题跋记》卷一著录其所抄之书《啸堂集古录》,云:"字画精好,与刊本有毫厘千里之殊。"

藏书处为西雅楼、承雅堂、梅花书屋、涌石山房等。

藏书印有"陈昂之印"、"三十六峰陈昂书厓父"、"陈子龙印"、"练江陈子昂

① (清)吴寿旸辑:《拜经楼藏书题跋记》卷三,《读书敏求记》引吴骞跋,《中国当代书目题跋丛书》,上海古籍出版社,2007年。

之印”、“陈先生后人”、“新安陈氏校定典籍之章”、“颍川陈氏校定典籍之章”、“陈氏家藏”、“书厓珍秘”、“陈书厓读书记”、“涌石山房练江陈昂之印”、“天都陈氏承雅堂图籍”、“东皋先生后人”、“陈氏藏书子孙永保”、“珠潭陈氏秘笈”、“陈子书厓手阅书本”等。

5. 胡重书隐阁藏书

胡重(1741—1811),字菊圃、子健,号曲寮居士,别署小书隐生、菊圃学人、书隐,原籍钱塘,嘉兴人。清乾嘉间学者、藏书家。监生。工诗词,精于《说文》,所著书十余种,著有《秀州金石考略》、《说文字原韵表》,剧曲《海屋添筹》、《嘉禾献瑞》;纂订《三通警策》上下编等。曾校《冯注李义山诗集》、《说文》。金孝相为其刻《说文字原韵表》。

好藏书,四世聚书数万卷,至胡重时所藏之书,皆手自校雠,丹铅无恙。钱泰吉《曝书札记》卷上有其旧藏惠士奇、惠栋父子所校汲古阁本《说文解字》。黄丕烈《荛圃藏书题识》卷九有其所校抄本《藏春诗集》六卷,并录其题识四则。

藏书处为书隐阁。

6. 解元张廷济清仪阁藏书

张廷济(1768—1848),原名汝林,字顺安。字叔未,号李亭,一字说舟,又号竹田,又字霖,海岳庵门下弟子,晚号百寿老人。清学者、书画家、藏书家。其住宅名考堂,坐落在嘉兴风桥新篁集镇,紧邻太平寺西侧。嘉庆三年(1798)中解元,累试礼部不中后隐居,廷济能诗、善书画,作梅花,颇多古趣。能篆隶,尤精行楷,其书法作品名闻全国,流传海内,并为各博物馆收藏。著名学者阮元督学浙江时,对张廷济极为推重,来往密切,订为金石交。道光、咸丰间与杨垛、朱葵之等结“续小瀛洲社”。著有《清仪阁全集》、《眉寿堂集》、《墨林清话》、《竹里画者诗》、《瀛洲徐君墓志铭》等。刻有自撰《桂馨堂集》三卷。存世书法作品有《瀛洲徐君墓志铭并序》、《咏秦汉十二瓦当》等,今嘉兴博物馆收藏多幅。

工诗词,以藏书、书法、金石为娱。精通金石考据之学,尤擅长文物鉴赏,一碑一器都能辨其真伪,别其源流。喜收藏各类古器物及典籍,自商周至近代凡鼎彝,碑版及书画,无不搜聚,所藏自商周至辽代的金石书画之属,各系之以诗。其中不少钟鼎尊彝等青铜器是珍贵的罕见品,还藏有大量周秦以来钱币。尝得五代十国时后蜀孟昶敕刊《韩昌黎集》铜版一片,上有反刻楷书四行,每行四字,“《易》奇而法,《诗》正而葩,《春秋》谨严,《左氏》浮夸”,乃罕见之品,稀世珍宝。

陈鳣在《简庄文钞》中为其撰《清仪阁记》,记云:“叔未与余同举于乡,裒然居首,三上公车,以官学教习,当得官,因不屑为风尘吏,拂衣而归,扫除门径,蓄旨以养亲,储书以课子,鼎彝尊罍、戈剑钱范之属,杂陈其间,一二友朋,时相往来,赏奇析疑,或坐花醉月,或点笔题诗。暇辄扁舟出游,访求古迹。”藏书名闻一时,如藏有宋淳熙本《皇朝仕学规范》四十卷。清仪阁刻石尚存多方,现藏南湖揽秀园碑廊。

建清仪阁收藏图书、古器、金石及书画。

藏书印有“清仪阁张叔未廷济”、“桂馨堂”、“嘉庆戊午浙江解元”、“海岳庵门下弟子”、“八砖精舍”、“嘉兴张廷济叔未甫”、“清仪阁”、“嘉兴张廷济字叔未行三乾隆戊子生嘉庆戊午科浙江乡举第一”等。又有一印曰“八砖精舍履仁乡张仲乾隆丙辰五月五日生名镇字起心亦字芍野号南亭”，殆其先人名“张镇”者之印。

还著有《清仪阁题跋》、《清仪阁藏器目》一卷、《清仪阁所藏古器物文》十卷、《清仪阁集古款识考》二卷、《清仪阁印谱》、《古砖谱》、《古砖瓦当目》一卷、《清仪阁藏碑目》、《金石刻题跋》等。

清仪阁毁于清咸丰年间，所藏古物典籍大量流失，存留的由后裔陆续出售，直至上世纪二三十年代。

嘉兴新篁地名，在张廷济的倡议下得到认可的，镇北如虹的北郭桥和镇南古朴端庄的南星桥，由张廷济与其父张镇带头捐资建造。嘉庆甲子年(1804)和道光癸未年(1823)，新篁两度遭受自然灾害，田里稻谷颗粒无收，张廷济亲自主持开义仓，设粥摊，赈饥民，使受灾村民渡过难关。

张荣庆(生卒年未详)，廷济子，秉承家父风范，也好藏书。在道光三年中解元，并于廷济去世后在新篁集镇建青龙桥。乡人为纪念其父子俩，便将南星桥与青龙桥称为“父子桥”。那古朴雅致的石拱桥，便利了行人，也给水乡古镇增添了一段佳话。

7. 庄仲芳映雪楼藏书

庄仲芳(1780—1857)，字兴寄，号芝阶，秀水人。清藏书家、文学家。嘉庆十五年(1810)举顺天乡试，候补布政司理问，以恩荫循例引见授中书舍人。后归居杭州西湖。晚年复迁归里，居郡城春波门外甪里街。仲芳博览群书，好古精鉴别，工古文辞，室名玉树书屋。生平所述甚富，辑有《金文雅》、《历史碧血录》五卷、《南宋文范》七十卷、《古文练要》三十卷等。著有《映雪楼文稿》、《西湖器具录》等。

其性淡于名利，唯偏爱图籍、花卉，收藏图书近30年，得书5万卷，经史子集毕备，筑藏书楼映雪楼贮之。《映雪楼藏书考》自跋云：“余生平无所嗜惟书与花，而书尤甚。幼时侍先君游宦远方，藏书败于漏舟。弱冠归寓武林，恣意买书，而无多资。然既有书癖，或典质以购，人虽痴我，不顾也。积三十年得书几五万卷，以视《四库》所藏，直泰山之于丘垤耳。”所藏有宋槧《宝祐四年登科录》、明抄本《邵氏闻见录》，后归之仁和王修诒庄楼藏书，再归傅增湘，与沈同叔本并储。

道光八年撰有《映雪楼藏书目》，又名《映雪楼藏书目考》，十卷五册，稿本今存，有吴璜、吴德旋、吴敬承序及自书目录后，前辈顾廷龙先生有题记。是目著录图书约2000余种，每书有叙录，多论断之语，颇有见识，可资读书津梁。

顾廷龙《映雪楼藏书目》题记云：“其父肇奎官广东布政使，延叔祖庄曾课仲芳三年。庄曾晚年病南宋，漫考统统为之旁搜博访，得三百余家，遴选藏书以为《文鉴续》，十余年书成百卷，藏其副于门人庄仲芳家。”

除藏书外，喜刻书，刻有《胥园诗钞》十卷、《诗余》一卷，刻自辑《金文雅》十六卷、《作者考》一卷，刻自撰《映雪楼文偶》一卷、《历史碧血录》五卷，《南宋文范》七十卷、《外编残存》二卷、《作者考》二卷等，以上均南京图书馆藏。

殁后，所藏书及所著撰，荡于兵火。其《历史碧血录》、《映雪楼文稿》刊行后，版片亦尽毁。

8. 钱仪吉仙蝶斋藏书

钱仪吉(1783—1850)，号衎石，与其弟泰吉(号警石)远近称之为“钱氏二石”，同是浙江藏书名家。本节“嘉兴(秀水)进士藏书家”一目中另有论述。

9. 王相信芳阁藏书

王相(1789—1852)，字三台，号雨卿，别号惜庵，因喜诵苏东坡《夕庵铭》，亦书作夕庵，晚号聱叟，本秀水人，有曾祖宦游江南，寓宿迁，中岁迁回秀水桃源之郑曲营。清藏书家。少弃举业，学为诗古文辞，日以著述、藏书、吟咏为事。家有园林之胜，四方豪俊之士，春秋游燕其中。《信芳阁诗汇》收录清初至嘉庆年间300余家诗文精粹，分为40函。辑有《秀水王家藏集》、《香雪庵丛书》、《池东书库诗汇》、《清贻堂存稿》、《诗说考略》，《友声集》等数种，收录明清文集几十种。著有《无止境初存稿》、《乡程日记》、《百家姓考略》等。

好藏书，聚书数十万卷(一说40万卷)，金石图书插架充栋，多宋元善本和明清精刻本，还有唐宋明清名人字画，其中庋藏明人集部最富。今知所藏明刻本，《女范编》存二卷，今在美国国会图书馆。明刻本《客座赘语》十卷，同治八年江宁甘元焕尝从其借抄。其《无止境续存稿》卷十《自序》尝云：“生也有涯，吾不复能为世用矣，遂营百花万卷草堂，聚书数万卷，闭户课子，意将终焉。”其子王棨之撰其父《行状》(《无止境续存稿》附录)记云：“先世藏书迁徙零落，府君力购补之。搜辑之勤，不专善本，多方借校，随手丹铅，用是数十年，储蓄益富，金石书画，称是手泽。”

藏书处为信芳阁、百花万卷草堂、沁绿轩、池东书库。

鲁一同《王公惜庵墓志铭》(《无止境续存稿》附录)曰：“所居百花万卷草堂，金石图书插架充栋，四方之士望门投止，座无虚席。……再迁城中筑亭疏治，聚书日益多，手自雠校。意或不适，率意买舟，放浪于南郊、北固、武林天竺之间。”

藏书印有“王氏信芳阁藏书印”、“为天下惜物，为朝廷惜贤，为祖父惜家声，为自身惜福，为子孙惜阴骘，为家惜用，为学业惜光阴，为年龄惜精神，为终老惜名节”等。

除藏书外，亦藏金石、碑帖、书画等。又以刻书名著一时，以增益其藏书。所刻图书均有“信芳阁”字样，字迹大方古朴。道光八年(1828)刻自编《无止境初存稿》六卷《集外诗》一卷；道光十年(1830)刻《诗说考略》十二卷、自辑《国初十家诗钞》十种七十五卷、《周易遵术》不分卷附《周易剩义》一卷；道光间刻自辑《青门诗》十卷、自辑《友声集》二十六种四十二卷《续集》六种十卷；咸丰二年(1852)刻自编《王子若摹刻砚石手牍》不分卷附《砚史年谱》等，以上均南京图书馆藏。《五代会要》三十卷，湖北图书馆、南京图书馆藏。还刻有《宗忠简集》八卷，《乡党备考》二卷，《痘疹定论》四卷，《蠹言》四卷，《产科秘书》一卷，自辑《王氏家训》七种十八卷，自编《信芳阁丛刊》七种四十四卷等。其中所刻《国初十家诗抄》七十五卷，为清初曹秋岳、周栎园、周士青、恽正叔、高阮怀、吴野人、王西樵、邵子湘、徐大临、屈悔翁等十人诗集，序云："余数年来搜罗载籍逾数万卷，于国初诸家尤加意访求。"又刻有《秀水王氏家藏集》二函十二册，有其六世、五世、四世、高伯祖、族伯父遗著及各自著书。

其藏书始尽散于厂肆。民国间，其书多归沈知方粹芬阁。沈知方《粹芬阁珍藏善本书目》自序云："自民国纪元迄今垂二十余载，搜罗所得，计先后收进秀水王氏信芳阁、会稽徐氏铸学斋诸藏。"王氏所藏，多世所罕见之本，故沈氏《书目》多信芳阁之物。

10. 钱泰吉冷斋藏书

钱泰吉(1791—1863)，钱陈群曾孙，仪吉从弟。字辅宜，号警石，又号深庐，别号甘泉乡人、读旧书生，嘉兴人。清藏书家、学者、文学家。据王拯《钱先生家传》、曾国藩《钱君墓表》称：泰吉本姓何，其先世自明洪武(1368—1398)间迁浙江海盐甘泉乡秦溪，养于邑之钱翁，遂改姓钱，后徙居浙江嘉兴府城南门内莲花桥。父复，曾官大兴县令。泰吉少时即苦学。从兄仪吉衎石，博通群籍，早有高名，泰吉与其师友之间。其时仪吉、泰吉文名颇著，时有"嘉兴二石"(衎石、警石)之称。兄弟间离多合少，而书信往来，多研讨学术，动逾数千言，"自周秦诸子，马班群史，许郑诂训，杜马典章，洛闽之渊源，唐宋名贤之诗古文辞，以及目录校雠、金石书画、方志杂说，一孔半枝，无所不询，盖亦无所不辨，或献一疑，而诘难十返。……故二石家书蔚然天下之至文也"①。泰吉于清道光七年(1827)以廪贡生官海宁州训导，历时三十年。后主讲海宁安澜书院，勤于读书治学，校书很多，喜爱古书，自经史百家及唐宋以来诗文集，无不披览。

泰吉承先世余绪，藏书号称二万卷。王拯《钱先生家传》(《甘泉乡人稿》卷首附)谓泰吉："自先世遗书外，遇善本异籍，非力所必不能得者，悉购藏，或假录焉。在海昌三十年，书数十椟。"又《清史列传》卷七十三本传云："家贫，节布糈，置书四五万卷，虽甚烦困，不废。"泰吉在《甘泉乡人稿》卷十七《藏书述》自述藏书始末："余年十三四时，从先大夫于大兴官舍，六经粗毕，始知好书。先大夫曰：我有书数千卷在吴桥县王氏，当取以畀尔。迨先大夫丧归，过吴桥县之连儿窝，王氏以书来归，遂携以南。签排甲乙，先宜人顾而喜曰，儿好书，可以毕父兄之志

① 缪荃孙：《清代碑传全集·续碑传集》，上海古籍出版社，1987年影印本。

矣！惜吾家者英堂数万卷尽属他姓，否则咨所流览也。已而得外曾王父所刊《读书敏求记》，始知四部之大略，于是益有意于聚书。岁丁卯（嘉庆十二年），世父得语溪（今桐乡崇福镇）吴氏黄叶村庄藏书数百卷，余寻玩竟日，不忍释，世父尽举以赐。从兄衎石以有用之学相勖，赠以《通典》、《通考》、南昌新刊《十三经注疏》。从父又赐胡氏所刊《通鉴》、《文选》。三十年来，遇善本必购藏焉。今虽不及诸藏家十分之一，而学舍中一堂二室内所以充栋者，皆书也。"

泰吉任官期间，为收藏图书，不遗余力。其藏书皆随以往。学舍中一堂为二，藏书达数十椟，四五万卷，贮于冷斋中。《冷斋勘书图记》记载："丁亥，泰吉始为海宁州训导，先世遗书万余卷，尽携至学舍中。其家所藏五十椟，分存先六世祖及祖父墓屋中寓庐。"

藏书处为可读书斋。取仇山村"官冷身闲可读书"之意。

藏书印有"可读书斋"、"御题清芬世守"、"甘泉乡人"等。

泰吉亦工书法，精鉴赏，精校雠之学，为清代著名校勘家，经其手校的书，多称善本。光绪《嘉兴县志》称其藏书数十椟，大半丹铅所点勘，于四库名籍几遍，《汉书》、《后汉书》、《元文类》尤为其所精校。曾国藩《钱君墓表》称泰吉"自中年即好校古书，假人善本，及先辈评点之册，写而注之眉端，如《史记》、前后《汉书》、《晋书》、《集韵》、《元文类》、《礼记集说》等编，皆勘校数周，一字之舛，旁求众证"。所校《史记评林》一百三十卷，据校各本有中统本、游明本、震泽王氏本、汪谅本、秦藩本、汲古阁本、文澜阁本、武英殿本、明南雍本、明正德慎独斋本、叶石君校王本等十余种，"校勘极细，眉上行间，蝇头小字殆满"①。泰吉校《史记评林》一书，共用宋元明清四朝11种版本校勘。如所藏《百川学海》、《元文类》，为黄叶村庄吴之振旧藏。《百川学海》自来缺七十余叶，泰吉广求，得濮阳彝斋旧藏本，纸背为明万历时秀水县贫户册，所缺页皆有之，亟补抄成完书，为晚年一大快事。

泰吉通古博今，著述等身，所有《曝书杂记》上中下三卷，为题跋、读书心得之作，详载古籍版刻的源流以及收藏传写始末，素为世所重。现代学者郑伟章《文献家通考》卷十四言其书是："自道心得，成一家言，为藏书题跋之变体，海内藏书家多争购之。"叶昌炽《缘督庐日记钞》卷二已卯闰月十二日谓："于藏书、读书、抄书、校书之法，言之极详，有志朴学者，不可不寓目也。"

《甘泉乡人稿》二十四卷，多金石版本题跋，为研究目录版本之要籍。《余稿》二卷附钱应溥《警石府君年谱》、钱友泗《四水遗著》、钱炳森《郊农偶吟稿》各一卷，书中有藏书一类，有他自述藏书之事。另有《甘泉乡人迩言》二卷、《颐合室合稿》四卷、《清芬世守录》二十六卷、《海昌备志》五十二卷《附录》等。

咸丰四年（1854）刻有自撰《甘泉乡人稿》二十四卷、《余稿》二卷附《可读书

---

① 傅增湘：《藏园群书经眼录》卷三《史记评林》，中华书局，1983年。

斋校书谱》一卷。

11．计光炘泽存楼藏书

计光炘(1803—1860)，计楠从子。字曦伯，号二田，别署竹林逸士，秀水人，居闻川。清书画家、藏书家。父亲早逝，由母亲沈氏抚养成人。光炘性格高洁，厌恶科举为官，一生在家中读书作画，侍奉母亲。平生尚致力于收集同里前辈撰述，为之编印文集。其族祖计东曾有诗文全集，清初时刻印行世，但道光年间已散佚失传，计光炘遍访旧家，搜罗断简残编，积数十年得诗文杂著十余卷，重编付梓，一时为人称道。著《守甓斋诗集》八卷、《百咏吟史论》十六卷、《倚声》一卷、《苕雪吟稿》二卷、《二田斋笔记》八卷、《二田斋读画绝句》等。现只有《守甓斋诗集》、《二田斋读画绝句》二种得以传世，其他全部散佚。

先世多藏书籍，泽存楼虽有父亲遗留下的藏书若干部，至曦伯尤喜购抄，节衣缩食寒暑无间，多方购买善本书画，常至鲍廷博处借书抄录，以省书资。若有渴求秘籍精本，便不惜巨资，辗转购求。道光十四年(1834)时，已聚书6000余种62000余卷，内多宋元精品。张鉴《秀水计氏泽存楼藏书记》载计氏："受尊甫慕云先生藏书，承余绪非一世，缩衣节食，引而弗替。凡得自书贾书船以及长塘鲍氏借钞者，总经史子集为卷六万二千卷有奇。……少孤，无昆弟，抚于其母，闭门力学。有刘氏墨庄之风。"[①]又喜搜藏画帙。《木犀轩藏书题记及书录》记有其明成化大黑口本《圭斋文集》十六卷。

藏书处为泽存楼、泠音阁、守甓斋。计父计慕云生前好藏书，殁后其藏书由光炘继承，光炘以泽存楼命名，有永保先人手泽之意。

藏书印有"光炘私印"、"计氏曦伯"、"守甓斋藏书"、"计曦伯家珍藏"、"秀州计光炘曦伯父私印"、"古射襄城计氏二田之章"、"计印光炘"、"曦伯所藏"、"曦伯父"、"秀水计光炘曦伯氏"、"泠音阁"、"古射襄城计光炘曦伯之章"、"闻川计氏曦白所藏"等。

张鉴为撰《秀水计氏泽存楼藏书记》，当编有书目，惜不传。

其藏书在计氏咸丰十年(1860)去世死后不到三月，太平军攻占嘉兴，房舍书籍俱焚于战火之中。

计光炘还是清代晚期知名书画家，工山水花卉，作品清逸洒落、不拘一格。其从父计楠以专画红梅著名，时称计红梅。计光炘身为画家嗜书更嗜画，因慕画家沈石田(周)、恽南田(寿平)，而署藏书画之所为二田斋，遂以二田自号。对书画的鉴赏有独到之处，并将沈、恽二人真迹字画宝为收藏。藏品中以二田即沈周、恽寿平二人真迹为冠。曾著有《二田斋读画绝句》一书，就所藏当代未见史传的名家画秩及朋友遗墨逐一题诗一首。共计有130余家。大都是乾隆至道光年间著名书画家，如张庚、王宸、罗聘、奚冈、翟大坤、潘恭寿、陆鼎、翁广平等。史称

① 张鉴：《冬青馆甲集》卷四《秀水计氏泽存楼藏书记》，民国4年(1915)嘉业堂刊本。

计光炘诗画双绝，为人风雅和善。读书之暇，和朋友结社燕游，吟诗作画，名冠一时。

计光炘长子计城，字心成，号诗巢，秀水闻川人。画家，收藏家。工诗，嗜书善画。家有小园，有水竹之胜，所藏书籍、字画，金石甚富。

12. 唐翰题惟自勉斋藏书

唐翰题（1816—1875），张廷济孙婿。字子冰，又字鷦安，一作鷦庵、蕉庵，别号新丰乡人，别署鷦叟、跛头陀，嘉兴新丰竹林人。清藏书家、书画家、篆刻家。幼时读书住新丰帆影楼，治经之暇，即景绘画。壬寅时（1842），张廷济、黄安涛、陶管、孙灏、李福基、卜葆鋆、许乃裕、沈铭彝等名人争相题咏帆影楼。咸丰间（1851—1861）以廪贡生捐青浦县训导，佐曾国藩戎幕，保以知县，留江苏。历任淮安同知、通州知州、青浦、吴县知县、柘林通判，襄办江南舆图局，曾钦加三品衔。后因有忤上司，遂称病归故里。晚年居竹林，建有广咨堂，中有唯自勉斋。翰题亦工书法、绘画，秀逸绝伦。著有《唯自勉斋存稿》、《荀子校注》、《说文臆说》等。

自幼有书癖，嗜金石书画，精鉴赏，收藏金石、书籍、碑板、名画甚富，所藏宋元刻本尤多，曾号称"百宋千元之居"。唐氏在《安雅楼藏书目录》自序中尝云："丁卯（同治六年）春，有同嗜走告曰：拜经秘籍著名善本已不胫而走，尚存八百种有奇，十之五六耳。而宋元古刊，影抄精缮，咸萃其中。邑人士估书者购以千缗，权子母利于沪渎，行将捆载吴市矣，子盍图诸？予闻其言，爽然若有所失。既念力弱不足自附，为之悒悒不快者累日。然此心未尝不怦怦动也。爰属同嗜间为罗致，湖贾飞凫时来就视，寓目所及录得三四。越十月调署太湖事，闲曹事简，结习未忘，整理故籍，以当度日。计此一岁中，先后所聚不足万卷，而拜经遗书往往而是。……益以吾家先世储藏，母氏遗留之未为劫灰者，庚申后游历所得者，凡为种一千八百有奇，为卷二万有奇。"其跋《三山志》云："丁卯十月，予既摄太湖厅事，戴君复载拜经楼遗书百余种过访，斋居无事，复得三十余种，旧抄居其半，此其一也。首尾俱有拜经楼藏印。"①

翰题藏书达54椟，计藏书25000卷，尤多善本。校读之余，每加题识。所收之书吴氏拜经楼旧藏居多。据祝廷锡《竹林八圩志》述：唐之收藏，在同光间实可甲于一郡也。与藏书名家孙敬亭、刘彦清、张芙川等人友善。

藏有北宋本《白虎通》，北宋内府本《滑台新驿记》（李少温篆书），南宋本《风俗通义》、《老子》、《荀子》，宋刻单疏本《尔雅》，元本《吕氏春秋》，购明刻数种等。

近代书目多著录其藏书，并有题记。李盛铎《木犀轩藏书题记及书录》有其明刊本《东南防守利便》三卷，题记云，同治十二年九月十日寄赠孙文川鉴藏。傅增湘《藏园群书题记》卷一有其旧写本《春秋传注》三十六卷。傅增湘《藏园群书

① 匋簃：《唐鷦安先生藏书考略》，《图书季刊》第三卷第一二合期。

经眼录》卷五有其旧写本《海昌外志》不分卷，又卷七有其旧写本《诚书》十六卷，亦有题记。王重民《中国善本书提要》有其明刻本《庶物异名疏》三十卷，亦有题记三则，今在北大。周暹《弢翁藏书题识》有其张氏照旷阁刻《学津讨原》本，亦有其题记。版本学家顾廷龙写有《唐鷦安先生藏书考略》。

藏书处为唯自勉斋，由曾国藩于同治四年(1865)为其篆额并跋。吴寿昌绘《唯自勉斋图》。另有藏书处安雅楼、铁如意斋。

藏书印有"鷦安校勘秘籍"、"鷦鉴"、"嘉兴唐翰题庚申后所聚"、"唐翰题"、"五湖长印"、"唯自勉斋藏书记"、"新丰乡人庚申以后所得"、"鷦安"、"我作通判过否"、"福地谪仙"、"唐宝衔印"、"鷦庵"、"嘉兴唐翰题藏书画金石文字之章"、"翰题读过"、"唐翰题观"、"子冰秘玩"、"忠肃公二十九世孙翰题印"、"砚石山长"、"唐翰题审定记"、"鷦安平生真赏"、"读书有福得书难"、"嘉兴新丰人唐翰题收藏印"、"翰题至宝"、"质肃公孙"、"迂遇"、"质肃公孙翰题印长寿"等。

有《安雅楼藏书目录》四卷三册，抄本。是目分四部，记所藏图书源流、卷叶行款、收藏校勘、题识图记，间录名人题跋。南京大学图书馆有《唯自勉斋书目》一册，是目不分类，依箱著录，前部编号为"桃红复含宿雨，柳绿更带朝烟。花落家僮未归，鸟啼山客犹眠"，共24箱，11000余卷，间有宋元本及旧抄本。62页后编号为"恭敬撙节退让以明礼，和亲康乐安平为一书"，共18箱，在内房东首，多为宋元本、旧抄本。有宋本《文选》、金刻《宣明论方》、元刻《欧阳外集》两套等。尝手批《爱日精庐藏书志》，注自藏各书及知见60余条于上①。

唐氏藏书在道咸间，遭兵燹遂失，事定后重访所得，故有钤印曰："庚申以后所聚"、"庚申以后所得"。光绪初年，其书又散出。光绪四年四月十二，唐氏自记云："自我得之，自我失之，夫复何憾？同治九年奉继母氏讳旋里，凡售去文献及《佩文韵府》等书又金玉数件，得值不足千元，而归葬之资藉以摒挡。迨后吴门再到，以及诸侄勋儿入泮，完婚之资所不足者，皆取给于此。惟《尔雅》单疏百六十叶、《新驿记》宋内府本百四十余叶，虽得值尚不负古人，然每一念及，不免海岳研山之感。"②其后，唐氏抄校旧椠，尽归海丰吴重熹石莲誾。傅增湘跋《春秋传注》记云："此书旧为潜采堂藏本，后归周松靄，旋以赠吴槎客，由吴氏以后入于唐鷦安家。唐居嘉兴，光绪中遗书散出，时吴仲怿侍郎适奉旨驻沪，得其钞校秘册甚多。"周暹所得《吴郡图经续记》亦由唐氏归于吴氏。

唐纪勋(1856—1907)，唐翰题子，字成卿。幼随父任所，好藏书，沉毅力学。成年后通经史，务实践，清廪贡生，官候选训导。

中日甲午战争后，睹民族危机深重，发愤攻求新学，主张维新，与新丰吴廷墀

① 郑伟章：《文献家通考》卷十六，中华书局，1999年。

② (清)唐翰题：《安雅楼藏书目录》自序及后记，《中国著名藏书家书目汇刊·近代卷》，商务印书馆，2005年。

等创立“守约学会”，进行改革活动。提出“今者积文成弱，不能不取强国之善法以药之，旧学为体，新学为用，无可偏废也”。提倡学习西方先进科技；又注重实践，主张采用新的科学技术和管理方法发展农业，与敖嘉熊、祝廷锡等合资购田百亩创办学稼公社。又创办嘉兴最早的新式学校——竹林启蒙书塾，改变教法，努力培植青年，“一时闻风兴起，梅州、余贤、竹里、平林相继仿办”。纪勋疏财仗义，周邻恤族，其德甚高。后应秀水学堂之聘，教授农学，不到一年即因病而逝，终年 51 岁。

纪勋抱救世之志，改革求新，勇于探索，虽所设施多未竟绪，然其勇其德皆为可嘉。1931 年嘉兴建辛亥革命纪念塔，唐氏被列为七烈士之一。

13. 张鸣珂寒松阁藏书

张鸣珂(1829—1908)，原名国检，字公束，一字玉珊，号寒松老人，晚号窳翁，别署细林山樵，嘉兴人。清书画家、藏书家。咸丰十一年(1861)拔贡，官江西德化知县，后入提督李朝斌幕。辞官后，晚年侨寓嘉兴石佛寺镇。好吟咏，工词，以婉丽著称。治小学，仅列前入之说，而不自为论断，间有按语，亦极谨慎。性嗜书画，有《寒松阁谈艺琐录》六卷，广载清代道光以来书画家 150 余人事迹，评论艺林作品，为研究清代艺术史重要参考资料。

性嗜书，藏书逾万卷。所藏多为初印本、原刻本、精印本、白纸初印本、寒松阁手抄本等。其中《陶说》六卷二册，清朱琰著，为白纸精刻初印本；《结一庐书目》一卷一册，为寒松阁抄本；又《行箧书目》第三箧，有张氏自撰书《寒松阁词》二卷、《词选》一卷、《七家词选》一卷、《寒松阁同人尺牍》八册、《寒松阁同人词翰》四册，甚为宝贵。

张卒后，潘景郑先生自同邑黄钧家收得其手稿 20 余册，乃手自删定，请名流评识，及抗战军兴，手稿失去无存。

藏书处为寒松阁。

藏书印有“张公束臧闾书”、“宝之”、“教可斋”等。

编有藏书目录，郑伟章先生目睹其藏书目录两种。一为《寒松阁书目》一册，稿本，光绪九年夏编于云间，不分类，依箧著录，自第一至第二十三箧，约 700 余种。一为《寒松阁行箧书目》，稿本，光绪十二年春编于江西蒲萄架寓斋，亦依箧著录，八箧，250 种。这部分书在光绪十七年由江西运至嘉兴，被水渍不能揭视。

道光二十六年(1846)刻有《烟霞万古楼诗残稿》一卷，上海图书馆有藏；光绪间刻自撰《寒松阁集》二十卷，北京大学图书馆、上海图书馆、南京图书馆有藏。

张氏学识渊博，不仅藏书、刻书，且著述等身，著有《说文佚字考》四卷、《国朝骈体正宗续编》八卷、《疑年赓录》二卷、《寒松阁诗》八卷、《怀人诗》一卷、《寒松阁谈艺琐录》六卷、《寒松阁题跋》一卷、《春柳唱和诗》及《寒松阁词》等。

14. 王祖询二十八宿研斋藏书

王祖询(1869—?)，字次欧，号蟫庐，秀水新塍人，迁居苏州。清末民初藏书家。经营丝绸致富。光绪十七年(1891)优贡,十八年朝考一等一名。授湖北通城知县,与张之洞畅论时事及经史源流,终日无倦容。善书法,专长欧阳询,名满艺林,著有《蟫庐日记》四册,稿本。

性喜聚书,手校经籍善本至数千卷,所藏宋元善本书30余种,以后归张之洞之宋椠《陶渊明集》最有名,归傅增湘之小字本《通鉴纪事本末》、归周叔弢余仁仲本《周礼郑注》、涵芬楼《四部丛刊》之明弘治本《陈伯玉集》,均为其家之秘本。王重民《中国善本书提要》有其明刻本《咸宾录》八卷。其子王荫嘉《二十八宿研斋善本书录》有其遗藏《檀弓考工记辑注》。其子王大隆《蛾术轩箧存善本书录》有其遗藏校本《说文解字注》三十二卷、评点本《唐宋大家全集》存五十一卷、临他人校本《汉书》一百二十卷、临纪昀评本《苏文忠公诗合注》五十卷、汲古阁本《文选》六十卷等①。

藏书处为二十八宿研斋、渊雅堂、楞伽山房、蟫庐等。

藏书印有"祖训长寿安乐"、"次欧"、"臣王祖询次欧小印"、"以学愈愚"、"蟫庐"、"蟫庐藏书"、"渊雅堂藏书记"、"苏州渊雅堂王氏图书"、"文章忠孝世家"、"官学博士"、"楞伽山房"、"乞食扬州市上"、"宋沂国共之后"、"臣询长寿"、"望"、"祖询"、"秀水王祖询印"、"雨亭"、"甘霖"、"臣询私印"、"祖恂之印"、"虎"、"秀州王氏珍藏之印"、"曾藏王氏二十八宿砚斋"、"王氏二十八宿研斋秘籍之印"等。

其藏书后流散于各家,如张之洞、傅增湘、张元济等人手中。

(二)嘉兴(秀水)进士藏书家

1. 曹溶静惕堂藏书

曹溶(1613—1685),字秋岳,一字洁躬,号倦圃,又署白学先生、钼菜翁,秀水人。清初藏书大家、藏书研究学者、诗人。明崇祯十年(1637)进士,官御史,巡视西城。清兵入京后,任顺天学政,为清王朝疏陈定官制、屯田、盐法、钱法规制,禁兵马践食田禾等,皆被采纳实施。后迁升为太仆寺少卿,不久被发现其所举贡生中有明代受世袭职和武举者,被革职回籍。顺治十一年(1654)官复原职,迁左通政,后擢户部侍郎、广东布政使等。康熙三年(1664)裁缺归里,康熙十八年(1679)举鸿博,不赴,后多人举荐,均未赴。

曹溶工诗词,其诗源本杜甫苍老之气,一洗妩柔之调,与龚鼎孳齐名,世称"龚曹"。填词规摹两宋,无明人之弊,浙西词风为之一变;又精于小简,有《静惕堂尺牍》,时称江东独步。

曹溶一生主要从事政治活动,吏余则以著述和藏书为荣,在京为官时,堂上列书六七千册,人多往其家抄读。晚年在家乡嘉兴南湖之滨,原岳飞后人岳珂的读书处金陀坊旧地上修治别墅,号称倦圃(今嘉兴城南范蠡湖畔),聚书其中,暇

① 郑伟章:《文献家通考》卷二十七,中华书局,1999年。

则与宾客游觞饮乐。《槜李诗系》云："溶晚年自号'钼菜翁'，筑室范蠡湖，颜曰'倦圃'。"朱彝尊受曹溶影响颇深，少时曾从游，称曹溶"博征文献，集三百年名公卿手书墨迹，装潢成册，多至七百家"。朱彝尊编纂《词综》时，即多从曹溶家藏宋人遗籍中录出，并为周之恒之《倦圃图》作记。朱彝尊《倦圃图记》："倦圃在范蠡湖之滨，宋岳珂倦翁尝留此著书，所谓金陀坊是已。地故有废园，户部侍郎曹先生洁躬，治之以为别业。聚文史其中，暇则于宾客浮觞乐饮。以'倦圃'名者，盖取倦翁之字以自寄也。"叶昌炽在《藏书纪事诗》诗云：

一纸书传钼菜翁，山潜冢秘与人同。
古人慧命从今续，尽向金陀拜下风。

藏书甲于东南，其中宋元文集近千种，碑帖800余本，且藏书装帧精整，分寸一律，每册必手书其签而校勘之，世称"曹签"。曹氏藏书之事史料多有记载，汪璐在《藏书题识·金石录跋》称曹氏"多藏书，尤富于金石文字，号称赏鉴家"。杨钟羲《雪桥诗话》续卷一云："记诵淹博，收宋元人文集至三百余家，明三百禩，词学失传，搜集南宋遗集，表而出之。"王渔洋在《池北偶谈》记："曹侍郎秋岳，好收宋元人文集。尝见其《静惕堂书目》，所载宋集，自柳开《河东集》已下凡一百八十家，元集自耶律楚材《湛然集》已下凡一百十有五家。可谓富矣。"后叶德辉为《静惕堂书目》作序时，经校核《书目》云："今按此本，宋自徐铉《骑省集》以下，凡一百九十六家；元自元好问《遗山集》以下，凡一百三十九家，较文简所见，共多四十家，盖后编最足之本。乾隆时修《四库全书》，此目所载，十九著录，斯固两朝文人精爽之所凭依，故得长留于天地间也。"

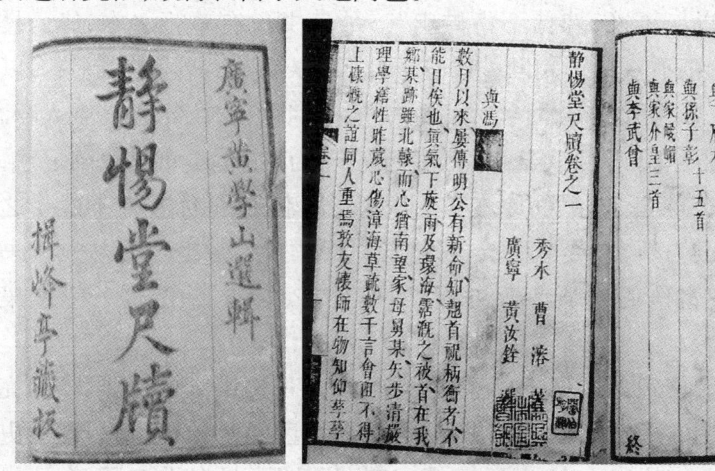

廣寧黄學山選輯
靜惕堂尺牘
揖峰亭藏板

靜惕堂尺牘卷之一
秀水　曹溶
廣寧　黄汝銓
與馮[illegible]
數月以來屢傳明公有新命知翹首覜柄者不
能自俟也兵氣下旋雨及環海需溉之被首在我
鄉某跡雖北轅而心猶南望家母舅某矢步清巖
理學篤性昨歲心傷漳海草疏數千言曾囬不得
上療襁之誼同人重焉敦友樓師在物知仰孳孳

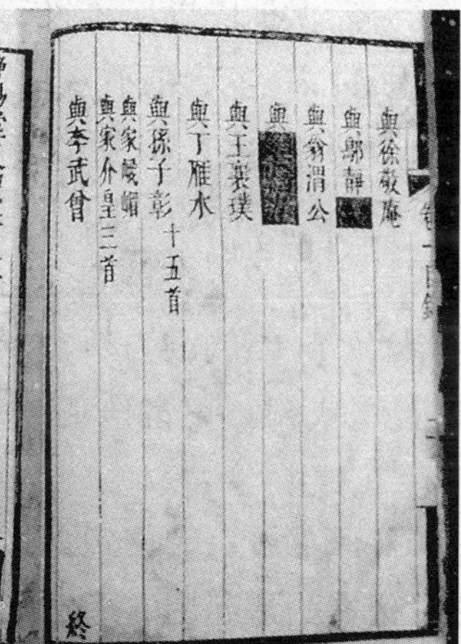

與徐敬庵
與鄭靜[illegible]
與翁渭公
與[illegible]
與王褒璞
與丁雁水
與孫子彰　十五首
與家爰媚
與家介皇三首
與李武曾
終

曹溶《静惕堂尺牍》书影

曹溶喜收宋元古书，特别是宋元各种文集，所藏宋元人文集约有300家，并编有《静惕堂书目》存世（原附丁日昌持静斋旧抄本《绛云楼书目》后，后叶德辉收入《观故堂汇刻书》），专记宋元人文集，多罕秘之书。此目《小山堂藏书目录备览》著录为《古林书目》。有《静惕堂藏宋元人集目》一卷。又所藏唐宋人经解书最多，大半为徐乾学刊刻入《通志堂经解》。

藏书之处在嘉兴南湖之滨的倦园别业，称静惕堂。倦圃，一曰古林。又有邀月榭、金陀别馆、采山堂、真意轩等。

藏书印有“白学先生”、“曹溶之印”、“曹氏私印”、“曹溶秘藏”、“槜李曹氏收藏”、“曹溶”、“洁躬”、“槜李曹氏”、“槜李曹氏倦圃藏书”、“两河使者”、“钼菜翁”、“槜李”、“秀州”、“槜李曹氏收藏图书记”、“槜李曹氏藏书印”、“曹溶鉴定书画印”、“相赏松石闲意”、“秋岳生”、“曹溶私印”、“槜李曹溶”、“曹”、“曹溶鉴藏”、“曹溶秘玩”、“倦圃”等。

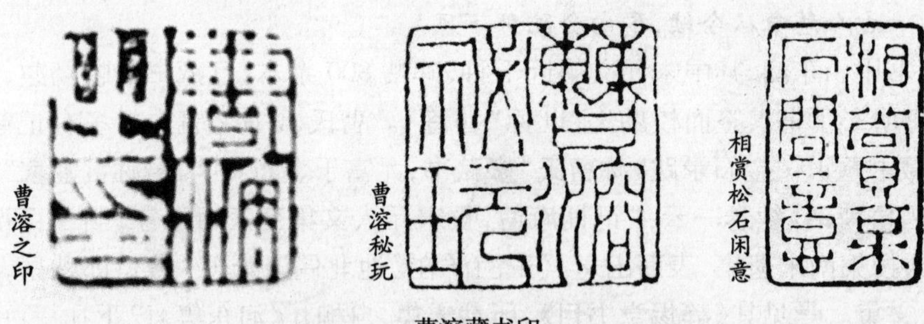

曹溶藏书印

曹溶与清初江苏著名藏书家钱谦益友谊甚深。曹溶在《绛云楼书目题词》中曰：“与钱谦益晚年常谈书，钱每及一书，能言旧刻若何，新板若何，中间差别几何，验之纤悉不爽。盖于书无不读，去他人徒好书，束高阁者远甚。”但钱谦益之爱书、藏书有两大偏激之处，一是所收必宋元版本，不取近人所刻及抄本；二是“号自矜啬，傲他氏以所不及，片楮不肯借出”。故藏书仅有单行之本，绛云楼一旦为火所焚，许多珍籍不复见于人世。曹溶于此“深以为鉴，偕同志借书约，以书不出门为期，第两人各列所欲得，时代先后卷帙多寡相敌者，彼此各自觅人写之，写毕各以奉归。昆山徐氏、四明范氏、金陵黄氏皆以为善，流通而无藏匿之患，法甚便”①。古人之诗文集甚多，然而原本首尾完善，而流行后世的，亦不过十之二三，自宋至元，已佚亡的颇多，若不加搜罗，将随时而湮没。故他随时从别的书中辑佚，补缀成编。其辑佚的功绩十分可观，如孙明复、刘原父、范蜀公等文集的辑佚。

曹溶保存古籍的思想，集中反映在《流通古书约》一文中，这是我国较为完整地论述藏书公开利用的最早专著，是中国藏书史上的重要文献，在图书馆学史上有重大意义。文中首次提出古书流通法，指出其藏书职责是在于流通，在清代文化界起了一定的作用和影响，产生了如弘历、周永年为代表的公共藏书思想和实践者。

曹溶还喜刻书，所刊之书在版心印有“槜李曹氏倦圃藏书”字样，曾刻宋、元、

① (清)曹溶:《绛云楼书目·题词》，商务印书馆《丛书集成初编》本。

明各家著作40余种数百卷。

曹溶除藏书、刻书外，著述宏富，著有《古林金石表》一卷、《静惕堂尺牍》四卷、《静惕堂诗词集》四十四卷、《倦圃莳植记》三卷、《刘豫事迹》一卷、《粤游草》一卷、《崇祯五十宰相传》、《明人小传》、《静惕堂藏宋元人集目》,《续献征录》,《静惕堂书目》、《流通古书约》,《德藻堂诗集》等，其《明人小传》是自明洪武(1368)至崇祯(1644)年间，入传3000余人的汇传集，收录人物众多，包含了帝王、忠臣、名士等各阶层人物，是了解明代人物重要的参考工具书。

所辑丛书《学海类编》,录古今书计有420余种，其《学海类编》分经翼、史参、子类、集余四类，史部多稗史，子部多宋、明人实用著作。皆海内士大夫家藏抄本，世所稀见者。是编吸取前人丛书删汰太甚之弊，务求完帙，选择精严。是编初未及刊印，至道光间六安晁氏始以聚珍版印之，民国间涵芬楼又影印之。

关于曹溶藏书流散，据何小山《法书考跋》记："先生殁后，将旧抄宋元版五百册质于高江村(即高士奇),竹垞先生倍其值而有之。"据陆陇其《三鱼堂日记》载："至郡，寓曹园，会秋岳次子敬胜，讳彦桓，言有宋版书一大橱，俱为成德取去，盖不敢不应也。"管庭芬《花近楼丛书序跋记》卷上载，李富孙云："曹秋岳家有宋元版书几近千种，其甲部尽为容若(纳兰性德)侍卫取去，《经解》之刻，半资于此也。"据此，曹氏精藏主要流归于朱彝尊和纳兰性德两家。

至其门人陶越为辑《学海类编》时云："近日静惕堂遗书已多散佚矣，每一追思，为之陨涕。"其倦圃亦成废园。

曹溶次子曹彦桓，字敬胜，清初藏书家。承家业，虽富藏书，但未能守成。

附:《静惕堂集·流通古书约》

自宋以来，书目十有余种，灿然可观。按实求之，其书十不存四五，非尽久远散佚也。不善藏者护惜所有，以独得为可矜，以公诸世而失策也。故入常人手犹有传观之望，一归藏书家，无不绨锦为衣，旃檀作室，扃钥以为常。有问焉则答无，有举世曾不得寓目，虽使人致疑于散佚，不足怪矣。

近来雕版盛行，烟煤塞眼，挟资入贾肆，可立致数万卷，于中求未见籍，如采玉深崖，旦夕莫觊，当念古人竭一生辛力，辛苦成书，大不易事。渺渺千百岁，崎岖兵攘劫夺之余，仅而获免，可称至幸。又幸而遇赏音者，知蓄之珍之，谓当绣梓通行，否亦广诸好事。何计不出此，使单行之本，寄箧笥为命，稍不致慎，形踪永绝，只以空名挂目录中，自非与古人深仇重怨，不应若尔。然其间有不当专罪吝惜者。时贤解借书，不解还书，改一瓻为一痴，见之往记，即不乏忠信自秉、然诺不欺之流，书既出门，舟车道路，遥遥莫定，或童仆狼藉，或水火告灾，时出意料之外。不借未可尽非，特我不借人，人亦决不借我，封己守株，纵累岁月，无所增益，收藏者何取焉?

予今酌一简便法，彼此藏书家，各就观目录，标出所缺者，先经注，次史逸，次文集，次杂说，视所著门类同，时代先后同，卷帙多寡同，约定有无相易，则主人自命门下之役，精工缮写，校对无误，一两月间，各赍所钞互换。此法有数善：好书不出门庭也；有功于古人也；已所藏日以富也；楚南燕北皆可行也。敬告同志，鉴而听许。或曰：此贫者事也，有力者不然。但节宴游玩好诸费，可以成就古人，与之续命。出未经刊布者，寿之枣梨，始小本，讫巨编，渐次恢扩，四方必有闻风接响，以表章散帙为身任者。山潜冢秘，羡衍人间，甚或出十余种目录外，嗜奇之子，因之覃精力学，充拓见闻。右文之代，宣有此祯祥，予矫首跂足俟之矣。①

2. 沈叔埏父子进士藏书

沈叔埏(1736—1803)，字埴为，又字剑舟，号双湖，秀水人。清学者、藏书家。乾隆四十四年举人，尝充四库全书馆、武英殿分校八年。乾隆五十二年(1787)进士，授内阁中书，为《历代职官表》协修官，曾任吏部主事。旋乞休归，筑室锦带、宝带两湖间，故学者称为双湖先生。主魏塘讲席尤久，著有《剑舟律赋》二卷、《颐彩堂全集》。

喜书籍，读书万卷，著书千篇，生平精力尽萃于书，家藏善本甚多。劳季宣跋抄本《云溪友议》云："嘉禾沈双湖吏部家书也。"

藏书处为颐彩堂，在两湖之间。

藏书印有"叔埏"、"剑舟"、"梅石居"等。

沈维鐈(1778—1849)，叔埏嗣子，沈曾植祖父。字子彝，一字鼎甫，号梦醺，又号小湖，居嘉兴东门外熙春桥，称熙春沈氏。少时家贫，就读于叔父的经训堂，又曾受业于鸳湖书院山长段玉裁门下。清嘉庆七年(1802)进士，选翰林院庶吉士，授翰林院编修。历任国子监司业，福建、顺天、安徽学政，工部左侍郎、学政。南归后，曾主讲杭州敷文书院、松江敬业书院。沈维鐈居官廉、屡视学，所至弊绝风清，振拔多知名士，以"绝苞苴，禁请托"闻名，林则徐、陈庆镛都出自门下。道光二十九年目睹水灾，体恤民情，即上书巡抚吴文熔，要求拨款赈济。待赈济款下颁，即已去世。入祀乡贤祠，其墓在十八庄笮篰村(今郊区蚂桥乡窄篰村)。

沈维鐈通经学、音韵训诂及文字之学。纂辑《全唐文》、《秘殿珠林》、《石渠宝笈》、《仁宗实录》、《大清一统志》。著有《张履祥年谱》、《补读斋遗稿》十卷《附外稿》一卷。

曾国藩《沈公行状》谓："其于一己之嗜好泊然无所求也，间独喜藏书籍，多方购访，必至而后已。"

藏书处为补读书斋。

尝校刊《程氏家塾读书分年日程》三卷，《罗整庵先生困知记》六卷《附录》一卷《续补》一卷《外编》一卷，刊《张杨园先生年谱》四卷《附录》一卷，《思辨录辑要》二十二卷，《古音谐》八卷，《圣学入门书》十卷附《讲义》一卷，《淑艾录》一卷

① 李希泌、张淑华：《中国古代藏书与近代图书馆史料(春秋至五四前后)》，中华书局，1982年。

等，以上均南京图书馆藏。

3. 书院山长沈可培藏书

沈可培（1737—1799），铭彝父。字养源，一字春原，号蒙泉，晚号向斋，嘉兴新丰人。乾隆三十七年（1772）进士，官江西上高县令时，因政绩卓著，四十一年（1776），乾隆帝赐恩荣宴，颁发铜章，钦赏彩缎两匹。乾隆四十四年（1779），沈可培调任安肃知县，时遇水灾，他全力办赈，百姓中曾有“无米不到百姓口，无钱不到百姓手”之谣以颂其惠政。乾隆四十六年（1781），调署天津宝坻，任期裁免农民马匹、草料的费用，当地乡民自发立碑称颂。

可培亦工书画，与兄可均俱好收藏古籍、书画及金石文献。著有《夏小正注》、《泺源问答》、《云门书院志》等。

可培也是位教育家，被人誉为“为养为教之善政”者。他曾历主潞河、泺源、云门诸书院，受业者常数百人，成就甚众。晚年辞官归里后，任嘉兴鸳湖书院山长。

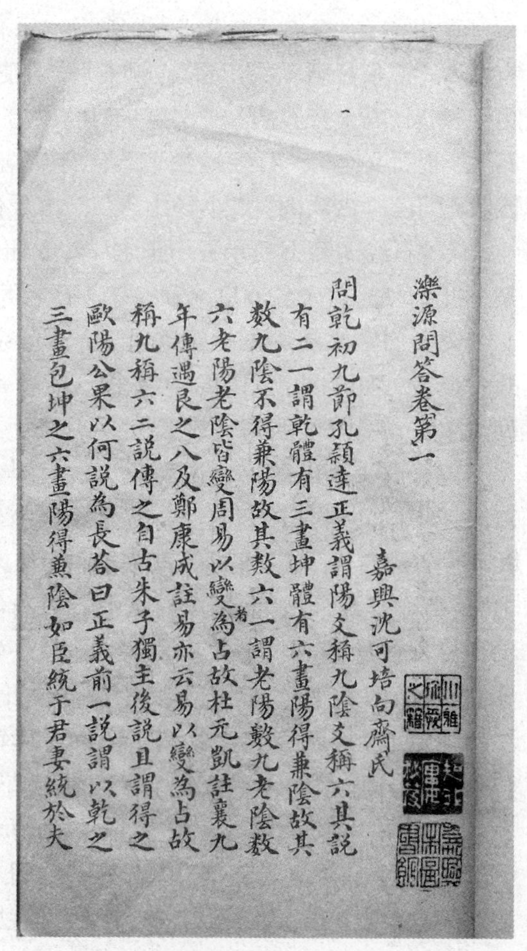
濼源問答卷第一
嘉興沈可培向齋氏
問乾初九節孔穎達正義謂陽爻稱九陰爻稱六其說有二一謂乾體有三畫坤體有六畫陽得兼陰故其數九陰不得兼陽故其數六一謂老陽數九老陰數六老陽老陰皆變周易以變者為占故杜元凱註襄九年傳遇艮之八及鄭康成註易亦云易以變為占故稱九稱六二說傳之自古朱子獨主後說且謂得之歐陽公果以何說為長荅曰正義前一說謂以乾之三畫包坤之六畫陽得兼陰如臣統于君妻統於夫

沈可培著《泺源问答》（祝廷锡刻）书影

4. 冯登府石经阁藏书

冯登府（1780—1840），原名鸿登，一作登甫，字云伯，号勺园，又号柳东，别署小长芦旧史，因年十五和鲍廷博诗有“夕阳有余晖，犹为好山留”句，人又呼之为冯好山，嘉兴梅里（今王店）人。清学者、藏书家。嘉庆二十三年（1818）举人，嘉庆二十五年（1820）进士，选庶吉士。授江西将乐县知县，不两月而辞去。后官宁波府教授 10 年，又尝主讲青浦、青溪书院。上司重其才，拟荐举擢升，力辞不就，归故里王店，筑勺园颐养天年。阮元、徐士芬、钱泰吉等学者与冯登府有文字之交，曾分别为冯登府刊行《三家诗异文疏证》等书。冯登府与同里李富孙过从尤密，每著一书辄与商权。中年游历福建时，应孙尔准邀修《福建通志·盐法志》，为闽人所推重。鸦片战争爆发后，宁波沦陷的消息传来，他忧愤交加，咯血而死。

生平劬书媚学，尤熟金石、掌故，藏书万余卷。道光十年（1830）登天一阁，校书50余种,积数年,藏书颇丰,宋元之本有多种,尤爱搜集朱彝尊遗墨。又取天一阁兵书参究。其《文集》卷六有藏书题跋数篇,可窥其藏书之精。如有宋本《六臣注文选》残本、《玉台新咏》、《隶释》、《隶续》、《隶韵》。旧抄本《舆地纪胜》二百卷,四库未著录。还藏有元本《柳文》,所校毛刻本《中吴纪闻》六卷,手校旧抄本《诗考》,抄本《旗峰诗集》十卷,今在国家图书馆,所藏并手书题记之抄本《经义考》残存十册,今在国家图书馆。

藏书处为石经阁,孙星衍、阮元为书额。又有勺园,有树木花草之胜。又有小槜李亭。书斋名酉史岩、种园仙馆等。

藏书印有“登府手校”、“石经阁”、“云伯审定”、“一经传旧德”、“晚知书画真有益”、“柳东曾斠”、“勺园”、“柳斋”、“东越修史”、“柳东”、“小长芦旧史”、“冯史手校”、“冯十三登府”、“冯登府印”、“登”“府”、“冯云伯父所见记”、“初画金石”、“金石文字”、“石经蛀虫”、“登府”、“小长芦旧史冯氏手校”、“某里冯氏勺园收藏印”、“古欢阁”、“小杨山人”、“木天仙史”等。

有《石经阁藏书目录》一册,抄本,依橱、箱著录,橱三,箱六,又有小槜李亭书架,勺园沤舫,著录约600余种。有《石经阁已刻未刻书目》、《勺园书目》。

冯登府藏书流失据杨钟羲《雪桥诗话余集》卷七云:道光二十年(1840)鸦片战争爆发,“四明戒严,以阁中藏书万余卷寄天一阁”。旋殁,其石经阁藏书自鸳湖流入沪市。邓实所得不少①。

冯登府一生以著书立说为业,藏古籍与金石为乐,不为仕途所羁绊。对经史百家无不广闻博记,而经学造诣尤深。文章师法桐城派,诗宗朱彝尊,兼工词。并喜声律,好金石、篆刻,篆、隶书皆能,尤其谙熟金石掌故,兴趣广泛,又专于训诂学,著作等身,以著述增益其藏书。著有《三家诗遗说疏证》二十卷,是书为《三家诗异文疏》六卷《补遗》三卷《续补遗》一卷及《三家诗遗文综补》六卷、《三家诗异文综补》四卷之合集。还有《论语异文集证》二卷、《十三经诂答问》十卷、《浙江砖录》四卷、《石经阁文初集》八卷、《拜竹诗堪诗存》六卷、《钓船笛谱》一卷、《种云仙馆词》六卷、《月夜秋瑟》二卷、《花塾琴雅》二卷、《唐宋词科题名录》一卷、《玉台书史补》六卷、《酉史岩摭谈》十卷、《小谪仙馆摭言》十卷、《梵雅》一卷、《勺园诗话》二卷、《清芬集》八卷等。并辑有《浙西后六家词选》、《梅里词辑》等书。编纂《象山县志》二十二卷、《福建盐法志》三十卷。撰有金石目《闽中金石志》十四卷(1927年吴兴刘氏希古楼刊本)、《金屑录》四卷、《石余录》四卷、《金石综例》四卷附《跋文》、《石经补考》十二卷。其所著《石经补考》,对汉魏唐蜀及本朝石经详加甄别,成为后代研究石经者参考要籍。

登府不仅藏书、著述,还喜刻书以传后世。嘉庆间刻自撰《石经补考》十二卷,道光二年(1822)刻自辑《曝书亭集外集》八卷,道光七年(1827)自撰《清芬

① 邓实:《风雨楼秘籍留真》之三。

集》八卷，道光八年(1828)《石经考异》十二卷、《工补考》十二卷、《浙江砖录》四卷《图》一卷，道光九年(1829)于闽中刻《拜竹诗堪诗存》四卷、《钓船笛谱》一卷，道光十年(1830)于四明学舍刻《三家诗艺文疏证》六卷、《补遗》三卷，道光十一年(1831)于广东试院刻《金石综例》四卷、《石经阁文集》八卷，道光十二年(1832)刻《种芸仙馆词》三种五卷、《石经阁诗集》五卷，道光十四年(1834)刻《象山县志》二十二卷首一卷附《文类》二卷，道光间刻《石经阁邛砚倡酬集》一卷、《槜李亭诗集》、《月湖秋瑟》二卷、《花墩琴雅》二卷及等，以上南京图书馆均有藏。

道光十年(1830)刻自撰《论语艺文疏证》十卷，南京图书馆、国家图书馆藏。

5. 钱仪吉仙蝶斋藏书

钱仪吉(1783—1850)，初名逵吉，字蔼人，号衎石，又号星湖、新梧，一作心壶，别署静读举人、定庐居士、杨山樵者等。被称为“浙江老大”的钱陈群的曾孙。与其弟泰吉(号警石)远近称之为“钱氏二石”。先世居海盐甘泉乡之秦溪，后徙嘉兴府城南门内莲花桥。清经学家、藏书家。仪吉年幼好诗文，12岁作《山赋》千言，深得诗人张问陶赞誉。嘉庆十三年(1808)进士，改翰林院庶吉士，授户部主事，累迁至刑科给事中。任职清廉耿直，秉公办事，受到舆论赞誉。后因事降职，遂绝意仕途。于道光年间游广东，主讲粤东学海堂。

仪吉癖嗜书，富于藏书。14岁时得钱则至厂肆买《水经注》、《高青丘集》读之。其夫人奁中金尽，用以买书，“更脱钗珥继之”。聚书数万卷，斗室中连床塞屋无隙地。行役则缄藤自随，累累后车，多费无所惜。藏书分贮南北中三处，各数千卷。钱泰吉《曝书杂记》卷下谓：“曾藏宋巾箱本《九经》，后失之，时以为念”，“聚书数万卷，皆数十年节衣缩食而得之者。宋本岳倦翁《棠胡诗稿》，先世旧藏也，有跋在《纪事稿》中。”晚年客居河南开封，主讲河南大梁学院十余年，培养众多人才。任教于大梁书院时，以旧籍流传而在汴京少见，乃出所藏书，集资补刊《通志堂经解》未收之书，得41种，名《经苑》，搜罗宋元以来诸家经解著作汇为一编。

藏书处为仙蝶斋、衎石斋、飏山楼、定庐。

藏书印有“仙蝶斋”、“仪吉之印”、“使我怀古之情更深”、“本庐江何氏”。

编有《仙蝶斋藏书目》。

亦好刻书，所刻书有自撰《衎石斋记事稿》十卷、《记事续稿》十卷、《刻楮集》四卷、《旅逸小稿》二卷，自编《庚子生春诗》二卷，自辑自校《经苑》二十五种二百五十卷，以上南京图书馆均有藏。还刻有《郝氏史学三种》三卷。

作为学者，仪吉博通群籍，尤精史学，治经求故训，读史长地理。学识淹博，著述宏富，精研儒家经典，《清史稿》谓其“先求古训，博考众说”、“不持门户”。所编著《碑传集》(一百六十卷，首末各二卷)，是一部清代人物传记汇编，收清1680余人，又妇女300余人的生平资料，采自方志、文传凡500余家。其《旅逸小稿》一卷,《衎石斋记事稿》十卷,《衎石斋记事续稿》十卷,多记名人行谊。

还著有《钱文端公年谱》、《三国晋南北朝会要》、《庐江钱氏年谱》六卷《续谱》二卷、《刻楮集》一卷、《穀梁说》四卷、《经典证文》、《说文雅厌》、《皇舆图说》四十八卷、《重辑钱氏疏草》四卷、《庐江钱氏文汇》四十九卷、《庐江钱氏诗汇》、《庐江钱氏清风集》十二卷、《飏山楼初集》六卷、《飏山楼骈文稿》一卷、《冰疏录》、《闽游集》、《韫玩录》、《衎石先生刻稿》、《定庐集》、《衎石斋晚年诗稿》五卷等。

还编有《三国志证闻》三卷、《补良吏述》一卷、《学海堂二集》二十二卷,辑有《经苑》丛书。仪吉兼长历算,作《黄初朝日辨》、《历考》等。

6. 清代嘉兴(秀水)其余进士藏书家

王又曾(1706—1762),一名右曾,字受铭,号谷原,秀水人。清诗人。清乾隆十六年(1751),乾隆南巡召试一等,赐举人,授内阁中书。乾隆十九年(1754)进士,改礼部主事、刑部主事。不久以病辞归,笔耕自给。工诗法,与钱载齐名,有"钱王"之称,为秀水诗派主干,在清诗中占有较高地位。其诗力求创新,不袭前人,天真烂漫,自见性情。毕沅为其诗集作序,谓其"于汉魏六朝及唐宋诸家外,能融会变化,自成一家,取材于众所不经见,用意于前人所未发,尤又曾独到"。性豪放,又工书法。著作有《丁辛老屋集》行于世。

喜聚书,藏书多钤藏书印"丁辛老屋"等。

郑文虎(1714—1784),字炳也,号诚斋,秀水人。清学者。乾隆七年(1742)进士。改翰林院庶吉士,授编修。曾任左赞善,历官湖南、广东学政。晚年主讲安徽紫阳书院、杭州崇文书院。与朱筠、程晋芳、王太岳、张九钺唱和。

藏书处为盛湖草堂,著有《吞松阁集》四十卷。

邢澍(1759—1823),字雨民,号佺山,阶州(今甘肃武都)人,居嘉禾。清史学家、史志目录学家、藏书家、金石家。乾隆五十五年(1790)进士,任浙江永康、长兴等知县,官江西南安、饶州府知府。邢澍鸿才硕学,著述十分丰富,已知的有15种。今确知已刊行的有《关右经籍考》、《金石文字辨异》、《两汉希姓录》、《金石札记》、《寰宇访碑录》等著作,都具有相当高的学术价值。他和钱大昕等编纂的《长兴县志》成为清代地方志中的善本之一。

邢氏精于史学、天文、舆地之学,专治各史表、志、目录。曾博考秦代图籍,撰写秦代目录史料,竭两年之力,精心搜采,辑成《全秦艺文录》八十卷。工于书法、金石、碑板,其著述以取材博而用心审著称。曾与孙星衍同辑金石学名著《寰宇访碑录》行世,收录碑石7706种。搜购古籍3万余卷,与黄丕烈友善,黄丕烈曾数次造访其家,知所藏宋元人文集甚富,称"其书俱有渊源"。

叶维庚(1773—1828),字贡三,号两垞,秀水人。清学者。嘉庆十九年(1814)进士,改翰林院庶吉士。历任新喻、宝应、江阴县知县,官至泰州知州。维庚勤学不辍,肆力于史,著有《钟秀山房诗文集》、《三国志地理考》及《纪元通考》

十二卷。

亦好藏书，藏书处为钟秀山房。

吴仰贤（1822—1887），初字慕周，更字牧驺，号萃思，又号鲁儒，别署小匏庵，嘉兴人。咸丰二年（1852）进士，曾任云南罗次、昆明知县，武定知州，署理迤东道。善诗词，初学李商隐，后师朱彝尊，工力甚深。晚年主讲武水鸳湖书院，历二十年。光绪初，知府许瑶光延聘其主纂《嘉兴府志》，著有《小匏庵诗存》等。

亦好藏书，藏书颇多，藏书处为小匏庵。

陈熷（生卒年未详），字效曾，号梅轩，嘉兴人。乾隆四十五年（1780）进士，官湖北长阳知县。著有《梅轩稿》。

雅好藏书，与陈鳣友善，陈鳣曾借其所藏，校自所藏书籍。如陈鳣《直斋书录解题跋》："上有标题云：借陈进士熷所藏，海宁吴葵里抄本残帙校。"

唐淮（生卒年未详），字晴川，秀水人，居郡城。清官员、收藏家。少贫苦学，受业于钱塘桑弢甫调元，乾隆庚辰（1760）进士，由翰林转御史，后出典云南试。

喜藏典籍书画，藏书处为绿溪山庄。

藏书印有"秀水唐氏"、"绿溪山庄收藏之印"等。

（三）嘉兴（秀水）其他藏书家

1．李光暎观妙斋藏书

李光暎（？—1736），一名光映，字子中，又字组江，号叠庵，自署观妙主人，嘉兴梅里（今王店）人。清金石学家。笃嗜书籍、好藏书，喜刻书，尤喜金石文献。收藏甚富，尤搜罗金石文字不遗余力。朱彝尊所藏金石刻，多为其获得，延同里金介復佐其辑录，姐婿王藉渠为之缮写，遂辑集诸家之论成《观妙斋金石考略》十六卷，有雍正七年金介復序。

藏书处为茹古阁，刻书处为观妙斋。

康熙五十九年（1720）刻《无声诗史》七卷，国家图书馆、天津图书馆有藏。雍正间刻《观妙斋藏金石文考略》。

2．英廉藏书

英廉（1706—1783），字计六，号梦堂，一作梦生，又号竹井老人，卒谥文肃，原姓冯氏，冯铨之后裔，先世本嘉兴人，后徙辽东，入关隶内务府汉军镶黄旗籍。雍正十年举人，自笔帖式授内务府主事。乾隆初补淮安府外河同知，累迁永定河道。三十四年迁刑部尚书，后官至协办大学士、东阁大学士，加太子太保，卒，谥文肃。有《梦堂诗稿》。

其家藏书甚富，且所藏多史部地理书、子部医书、小说，经，集二部书极少。乾隆中开四库馆时，英廉进书甚多，《四库全书总目》著录其家藏本达 45 种，181 卷，比藏书家孔昭焕、周永年、朱彝尊、朱筠均多。惜不知其藏书源流及史实①。

① 郑伟章：《文献家通考》卷五，引英廉条，中华书局，1999 年。

3．盛百二春草堂藏书

盛百二(1720—1785),字秦川,一字相舒,号柚堂,嘉兴人。清学者、藏书家。乾隆二十一年(1756)举人。官山东淄川知县。在官一年即以忧归,不复出。晚年居齐鲁间,主讲山枣、棄城书院十数年,多有成就。

家富藏书,具体藏书数量不详,其中不乏宋元明本,亦喜校书。今知藏有明刊本《鲍氏战国策注》十卷,旧蓝格抄本《石初周先生文集》十卷,《汲冢周书》等。

藏书处为春草堂、皆山阁、惜分书屋、柚堂等。

藏书印有"盛百二"、"罗浮山人"、"春草堂"、"秦川"、"柚堂"、"臣百二"、"惜分书屋"、"秀水盛氏柚堂图书"、"浙西秀水柚堂盛氏"等。

盛氏宗程、朱理学,尤对天文、地理、赋役、河梁考证均有研究,诗风清秀,学朱彝尊。协助朱彝尊纂修有《济宁直隶州志》,与李文藻、周永年合纂《历城县志》。还著有《尚书释天》六卷、《尚书释天图解》三卷、《柚堂笔谈》四卷、《柚堂文存》四卷、《增订教稼书》二卷、《问水漫录》、《柚堂四种》、《柚堂续笔谈》八卷、《观录》四卷、《淄川砚铭谱》二卷、《古文意宗》三十卷、《唐诗式》十六卷、《周礼句解》(佚)、《李播大象赋注》一卷、《少陵诗录》(佚)等。

4．陆筠叔侄藏书

陆筠(约1758—约1838),号瓠尊,本贯江苏吴江,居黄家溪,寄籍秀水。清藏书家。

陆氏一生勤学,喜藏书,家积书满架,多善本,校勘精审。钱泰吉《曝书杂记》卷中《陆瓠尊点勘书籍》云:陆氏"好点勘书籍,丹黄一日不去手。年将八十,犹假余所录义门评《后汉书》,钞誊一过。余亦假其所录《三国志》各家评校本。……未几,陆丈下世,书籍多散亡矣"。钱仪吉《陆瓠尊翁筠八十像赞》有云:"积书满家耄学勤,删羡摘误理放纷。门庭整洁礼教敦,菀枯一致娱斯文。"

陆筠死后,所藏尽散。

陆镄(生卒年未详),陆筠侄,字钧璈,号蕡香,自号传画楼主人。秀水县学生。受叔父影响,好藏书、字画及古文辞。辑《悼俪集》。

藏书处为郁林山馆、传画楼。钱仪吉曾跋其曝书图,张鉴题陆氏郁林山馆图。藏有《百城烟水》、《邕州集》等书。其中《百城烟水》九卷,吴江徐崧、长洲张大纯辑,康熙刻。10行,20字。上下黑口,四周双边。扉页大书书名,又"吴江徐臞庵、长洲张文一同辑"、"影翠轩藏版"。前有康熙庚午艮翁尤侗序,康熙庚午张大纯序。次凡例、同订姓氏,目录。收藏有"陆镄之印"、"蕡香"、"秀水陆氏郁林山馆收藏之印"等。

5．王昙烟霞万古楼藏书

王昙(1760—1817),初名良士,字仲瞿,一字橣田,号禾人,别号蝶隐,一号秋泾生、韵园主人、昭明阁外史。秀水人,居秋泾。清诗人、藏书家。乾隆五十九年(1794)举人。尝三上书座师吴省钦,请劾和珅,不听。生平于学无所不窥,工画,善山水，嗜奇好古，喜诗文，所作《西楚霸王庙碑》，时人叹为两千年来无此手笔。

张鸣珂《寒松阁谈艺琐录》卷一云：王昙藏书楼“其烟霞万古楼，楼五楹，轩窗明爽，水木清华，塔影风帆，近接几席。楼中图书卷轴、笔砚琴尊、金石彝鼎，位置精雅。楼板上穴一圆洞，主人一跃而上，客至则挟以俱登焉”。清藏书家张宗祥《五千卷楼随笔》中，有其藏书简介。

藏书处为烟霞万古楼。

藏书印有“王章昙生”、“善才读过”、“鸿隐楼夫妇鉴赏”、“韵园主人鉴古”等。

今知有其旧藏明末本《历代钟鼎彝器款识法帖》二十卷，四册，在国家图书馆。

王昙不仅藏书，且著述繁富，著有《烟霞万古楼文集》四十四卷、《历代神史》一百卷、《随园金石考》四卷、《诗选》二十卷、《烟霞万古楼诗选》二卷、《居今稽古录》二十卷、《翻帘集》一百卷、《墨林今话》、《耕砚田斋笔记》等。后有人辑《烟霞万古楼诗未刻佚稿》、《烟霞万古楼残稿》一卷等，以上大多未刻而散佚。现仅有《烟霞万古楼文集》六卷、《诗选》二卷、《诗录》一卷和后刻的《烟霞万古楼残稿》一卷传于世，抄本《烟霞万古楼诗未刻佚稿》(原藏嘉兴图书馆)。王昙还撰有剧本《回心院》，描写辽代皇后蒙冤的故事，传于世。

王昙与清代杰出启蒙思想家龚自珍交谊深挚，龚自珍 18 岁与王昙订为忘年交。王昙在苏州去世，龚自珍为其葬于苏州虎丘山，又亲自撰《王仲瞿墓志铭》称其为人“沈沈芳逸，怀思恻悱”。称其诗文“情繁而声长”，如实地记述了王昙的一生，揭示了一位人才在封建社会被埋没的悲剧①。

王昙妻金礼嬴，字五云，也善画，其画造诣亦高，龚自珍曾为之作《金福人画山水图》，备至赞赏，尤赞其《山居图》。

6. 李富孙兄弟藏书

李富孙(1764—1834)，字既汸、芗沚，号富庵，又号香子，嘉兴梅里(今王店)人。清学者、藏书家、刻书家。嘉庆六年(1801)拔贡生。伯祖父李集精研经学，富孙学有原本，与伯兄超孙、从弟遇孙有“后三李”之称。曾受教于卢文弨、钱大昕、王昶、孙星衍等学者。阮元抚浙，其肄业浙江诂经精舍，深湛经术，尤好《易》。曾任丽正书院山长。有《校经庼题跋》二卷，共 31 篇。《清史列传》卷六十九云：“富孙著书就经史传注，诸子百氏，以及汉唐石经，宋元椠本，校其异同，辨其得失。”

其先世即富藏书。其《书津逮秘书目后》云：“先高祖观槿公手书以便检阅。昔先征士公与毛黻季先生交最契，时以诗礼相投赠。征士公所遗之书皆归于万

① 嘉兴市文化志编纂委员会：《嘉兴市文化志》，杭州出版社，2000 年。

善堂。"①

亦好藏书,藏书处为校经庼。

作为藏书家、学者,李富孙学识淹博,著述宏富,著有《周易集解賸义》三卷《校异》二卷、《七经异文释》三十卷、《春秋三传异文释》十二卷、《说文辨字正俗》八卷、《校经叟自订年谱》一卷、《梅里志》十六卷、《鹤征录》八卷首一卷、《鹤征后录》十二卷首一卷、《汉魏六朝墓铭纂例》四卷、《曝书亭词注》七卷、《校经庼文稿》十八卷、《胜朝殉节烈女传》、《兔辑长水掌故》等。

李富孙除藏书、著书外,是名著一时的刻书家,嘉庆十六年(1811)刻《鹤征录》八卷,《后录》十二卷,浙江图书馆有藏。嘉庆十九年(1814)刻《曝书亭集词注》七卷,南京图书馆、国家图书馆均有藏。嘉庆二十三年(1818)刻自撰《说文辨字正俗》八卷,浙江图书馆、南京图书馆均有藏。道光五年(1825)刻《梅里志》十六卷,南京图书馆有藏。道光间刻自撰《括苍金石志》十二卷,南京图书馆有藏。刻自辑《校经庼文稿》十八卷,南京图书馆有藏。嘉庆间还刻自撰《周易集解校异》二卷、《周易集解賸义》三卷、《七经异文释》五十卷。道光间刻《校经叟自订年谱》一卷、自辑《汉魏六朝墓铭纂例》四卷。

李遇孙(1771—1845),富孙从弟。字庆伯,号金澜。清学者。嘉庆六年(1801)优贡生。官处州府训导。幼传祖训,淹贯经史。著有《金石学录》四卷《补录》一卷、《芝省斋吟稿》八卷、《括苍金石志》十二卷《续志》四卷、《尚书隶古定释文》八卷、《北宋石经补考》一卷、《金石原起补考》一卷、《天香录》存六卷、《芝省斋诗文集》十八卷、《芝省斋碑录》八卷、《随笔》六卷、《日知录补正》一卷《校正》一卷、《古文苑拾遗》十卷等。

好藏书,喜刻书。金石、碑拓收藏甚富。

藏书处为芝省斋。

亦喜刻书,于嘉庆二十五年(1820)刻自撰《芝省斋吟稿》八卷,嘉庆间刻《尚书隶古定释文》八卷附录《经文》二卷,还刻自撰《金石学录》四卷,南京图书馆均有藏。

7. 章全藏书

章全(约1765—1818后),字紫绶,一字益斋,号遂衷,秀水人。清学者,藏书家。嘉庆元年(1796)岁贡生。官至天台县训导。著有《考证古微书》三十六卷。

喜藏书,精校勘,一生勤于抄书,年逾古稀,仍抄书不辍。抄《乐书》二百卷全部,影宋精绝,共计1200余叶。精抄本有宋《临安三志》。以旧藏宋本,借东津亭马氏所藏宋本校正,越两年而成。秀水地区自陆筠老丈谢世之后,章全是唯一名声显赫的抄录古书的人。藏书甚丰,藏宋椠本甚多,与钱泰吉为挚友。

藏书处为磨兜坚室。

① (清)李富孙:《校经庼题跋》,西泠印社,民国铅印本。

藏书印有“家私万卷旧藏书”、“会校临安三志”、“章氏考藏书籍之印”等。

8. 曹言纯五千卷室藏书

曹言纯(1767—1837),曹培亨从孙,字约赞,号古香,又号种水,别署种水树农,秀水人。清书画家、词人。嘉庆丙辰(1796)岁贡生。与钱泰吉友善。自弱冠后,专心辞章之学。为嘉兴当时一重要词作家。著有《徵贤堂集》、《种水词》。

嗜藏书,好抄书,先时藏书甚富,积藏书五千卷。至其中落,然勤抄不倦。所得书,皆手自丹黄。钱泰吉《曝书杂记》云:“同邑曹种水明经,名言纯。自弱冠后,专心辞章之学,家苦无书,借人书籍,节取其精华,蝇头细书,三十余年无虑千百册。余尝劝其仿庾仲容《子钞》、马元会《意林》,钩玄提要,汇为一编,种水颔之而未暇为。今遗书满籯,恐无人收拾矣。”

藏书处为五千卷室。

9. 金孝柟叔侄藏书

金孝柟(1768—1808),金德英孙,忠泽子。字载磬,号墨庄,秀水人。清学者、藏书家。乾隆五十四年(1789)举人,官国子监博士。著有《寿宁堂遗稿》四卷。

雅好经术,旁及文字算学。家富藏书。

金衍宗(1771—1860),金德瑛曾孙。字维汉、维翰,号岱峰,一号瓯隐,又号实轩,秀水人。清诗人。嘉庆庚申(1800)举人,官临安教谕,道光三十年(1850)升温州府教授。湛于经学,著作甚多,诗沉着清老,气格高爽,雅近中唐。与钱泰吉相契。著有《思贻堂文稿》一卷、《思贻堂诗稿》十二卷、《尊经阁礼典录》二卷、《思贻堂词》、《苕隐刍言》、《瓯隐刍言》二卷。

金氏藏书亦颇富,钱泰吉《曝书杂记》屡屡言及。《曝书杂记》卷上胡菊圃校勘《说文》条云:“菊圃尝得惠半农松崖父子及惠氏同邑人胡竹厂孝廉士震与其子仲沄所校汲古阁本《说文》,以五色笔录于简端,间附菊圃校语,今在吾友金岱峰衍宗处,余方借录。”

藏书处为思贻堂、双柏堂。

10. 程若容藏书

程若容(1778—1844),字宽夫,嘉兴洙泾里人。钱泰吉姐夫。清藏书家。

藏书甚富,钱泰吉亦称羡,曾在《甘泉乡人稿》卷二十云:“姊家有园亭之胜,藏书甚富。私心窃冀他日归见姊,得从君借书可乐也。”

程若容卒后,田园、书籍为其弟所卖。

11. 钱聚仁藏书

钱聚仁(1788—1852),字本之,号味根,秀水人,钱泰吉族孙。嘉庆十八年(1813)秀水县拔贡生,充武英殿校录。二十三年(1818)举人。后选授四川彭山知县,改江苏兴化知县。丁父母忧后,道光十八年仍补彭山知县。

亦好藏书,搜聚秘籍甚勤。钱泰吉《钱君墓表》云:“其治县之案牍以及碑记之文，扃置箧笥，不轻示人。”

朱绪曾官嘉兴时，延请聚仁掌管鸳湖书院，并与之商校元徐硕《至元嘉禾志》。

12. 沈涛十经斋藏书

沈涛（约1792—1855），原名尔政、尔振，字西雍，一字季寿，号匏庐，嘉兴人。清学者。嘉庆十五年（1810）举人。官江苏如皋知县。调直隶历任正定府知府等职、转任江西道员，署盐法、粮储两道。咸丰三年（1853）初，太平军包围南昌，沈涛随江西巡抚张芾固守49天，围解后，授福建兴泉永道员。未到任，改发江苏，逝于泰州。

沈涛幼有神童之称，曾从文字学家段玉裁游，生平学尚考订，兼嗜金石，著述精湛。与归安吴云最相契，赏鉴所获，辄绘图征诗唱和成帙。《清史列传》卷六十九本传谓：“生平学尚考订，兼嗜金石。官真定时，搜郡中古碑，自周穆王至元顺帝，凡二百五十余种，多前人所未见，为《常山金石志》二十四卷。”

藏宋本《金石录》十卷，又藏有《顺治十八年搢绅册》及潜采堂旧藏《宋拓兰亭碑》。其家有《绛云楼印拓本题辞》，题辞者如甘熙、徐渭仁、戈载、吴云、叶志诜、潘遵祁、杨文荪等30余人。另有抄本《梅花道人遗墨》。

藏书处为十经斋、交翠轩、瑟榭、铜熨斗斋等。

藏书印有“十经斋藏书印”。

沈氏学问渊博，著作甚多，著有《论语孔注辨讹》二卷、《交翠轩笔谈》四卷、《瑟榭丛谈》二卷、《十经斋文集》四卷、《柴辟亭诗集》四卷、《铜熨斗斋随笔》八卷、《说文古本考》十四卷、《常山金石志》二十四卷、《洛州倡和诗》、《匏庐诗话》三卷、《红药山房诗存》二卷等，还著有《九曲渔庄词》二卷，稿本。

13. 朱绪曾藏书

朱绪曾（1796—1860），字述之，号北山，江苏上元（今南京）人，寓居嘉兴。道光二年（1822）乡试举人，署武义、秀水，二十七年摄海宁州知事，迁嘉兴。精训诂，所撰《续棠阴比事》、《开益斋集》等已佚，今存有《北山集》、《昌国典咏》十卷、《曹子建集》、《研溪笔记》等。

无书不览，藏书甲于江浙。每遇秘籍，尤喜传抄。金石刻之佳者亦多储庋。闲暇时走书肆，见宋元版本必购之，故所购宋元秘籍，多外间所罕见。解职赴新任时，行囊唯书簏而已。钱泰吉《曝书杂记》卷下云：绪曾官浙时“获钞文澜阁本，宋元人集得十之七八”。

官嘉兴时，尝于梅里重修朱彝尊曝书亭，校刊《梅里诗辑》正续编。金鳌著《金陵待征录》，借其藏书，相互考订。

藏书处为开有益斋。

咸丰三年（1853），太平军攻克江宁，其家藏书十余万卷尽成灰烬。然其在浙江的数十行箧图书仍存。卒后，不知散于何家。

14．庄祖基兰味轩藏书

庄祖基(1843—1890)，字守斋，号印兆，别号兰味轩主，祖籍江苏武进，迁居秀水。清末藏书家。以军功入仕，官武宁、江宁、六合、上元等知县。

祖基喜藏古籍，积宋元以来善本数万卷，晚年终日在书斋钩校，日夜不休。

藏书处为兰味轩。

藏书印有“毗陵庄祖基守斋氏藏书印”、“秀水庄氏兰味轩收藏印”、“庄印兆印”等。

1934年，其孙庄泽宣将藏书27箱捐赠给浙江省图书馆。当时有《捐赠书目》一册，其中有明慎独斋刻本《文献通考》，明精刊《白孔六帖》、《文章辨体》、《陶学士文集》、《念斋文集》等。浙江省图书馆在《浙江省立图书馆馆刊》上刊载有《本馆新得庄氏兰味轩捐赠图书目录》报道。

15．曹培亨父子藏书

曹培亨(生卒年未详)，字汝咸，号孺岩，居嘉兴甪里街蒯塔坊。清诗人、书法家。乾隆三年(1738)举人，绩学砥行，工诗，精篆、隶。著有《松风堂集》。

聚书于松风草堂，日事铅椠，以藏书著述自娱。

藏书处为松风草堂、闲闲居、快读斋、梵诵楼等。

藏书印有“槜李曹氏藏书”、“给翰墨缘”。

曹镛，培亨子。字声和，号兰圃，居甪里街蒯塔坊。诗人、藏书家。太学生。承其父志，好藏书，藏书万卷，藏书后于“庚申之劫”散失。

藏书处为松风堂、闲闲居、快读斋、梵诵楼。

16．戴光曾省心斋藏书

戴光曾(生卒年未详)，又名戴五，字松门，号谷原，居嘉兴人吴泾桥。清嘉庆间藏书家。嘉庆甲子(1804)岁贡生，官至河工同知。与弟同精八法，书法出入欧、虞，画松有名。又受其母朱懿安(玉)教，能诗文，辑有《墨表》上下卷。抄有李日华《味水轩日记》八卷、程穆衡《诗笺》十二卷、《诗馀府笺》一卷。

戴氏素爱藏书，颇多珍本。与鲍廷博、黄丕烈相交至深，同嗜藏书。每得异书，就彼此借钞，相互传观、订正。尝自云：“余与鲍丈渌饮交二十余年矣。余之性爱古书及搜罗前人秘籍，皆得渌饮讲习，匡所不逮。每获异书，相与传观、订正以为乐。”①

黄丕烈《士礼居藏书题跋记》《笛渔小稿》跋云：“嘉禾戴五松门，余旧交也，数年来踪迹不甚密，今春闰月二日，有事至禾中，夜访松门于吴泾桥，遍阅所藏之书，余作诗赠之，有句云：‘从好招朋共，伤心失子才。’盖松门与余嗜好同，而境遇亦相等也。顷来吴中，行箧带有丛残旧本，欲以归余，余检得此种。”黄丕烈《荛圃藏书题识续录》卷一《松漠纪闻》跋云：“丁丑(嘉庆二十二年)十月初八日，访戴

① 谢国桢：《江浙访书记·竹素山房集》录戴氏题识，生活·读书·新知三联书店，2008年。

松门于嘉郡之吴泾桥，时已昏夜，主人赴席他出。待其归，促膝话旧，意甚欢也。因出书画磁铜等物相与欣赏。盖所好不存焉，最后一书相质，为《松漠纪闻》二册上下卷，补遗亦三种。”如戴氏曾于嘉庆年间刊自辑《墨表》四卷，是黄丕烈代戴氏写刻本。8行，20字。白口，四周双边。后嘉庆甲戌四月戴光曾跋。“嘉兴从好斋戴氏开雕”。此书是黄戴二位合作之雕椠之精品，后世流传之罕甚珍贵。

藏书处为省心斋、从好斋。

藏书印有“戴印光曾”、“光曾印”、“嘉兴戴光曾鉴藏经籍书画印”、“从好斋书画”、“戴氏秘籍”、“松门手书”、“嘉兴戴光曾鉴藏”等。

17．金锡嚼玩华居斋藏书

金锡嚼（生卒年未详），金德舆侄。号辔庭，字秬和，嘉禾（今嘉兴）人。清藏书家。嘉庆六年（1801）拔贡，嘉庆十三年（1808）举人，以校录《会典》议叙。道光间任澳门同知四年，政绩卓著。

喜收藏图书，藏书多秘籍，与黄丕烈为友，亦有佞宋之癖，所购大多宋刻，藏书甚精。藏有北宋本《新序》十卷、知不足斋本《石门集》等。

有关金氏藏书，藏书名家多有记载，如《荛圃藏书题识》卷十抄本《断肠集》跋云：“《断肠集》旧本不之见，此二卷本，嘉兴金辔庭寄余，将以付梓者。”《曝书杂记》卷下钱泰吉录钱天树书目中有“《三国志》残本，郡城金氏藏，单吴志，宋版甚精”。“《石林居士健康集》，余昔藏有曹秋岳手抄本，后为禾中金辔庭跋，今不知流转何所。”《铁琴铜剑楼藏书目录》卷十二北宋本《通典》二百卷，跋云：“旧为传是楼藏书，继入吴中故家，后为禾中金辔庭所得。”王欣夫补正叶昌炽《藏书纪事诗》卷五金德舆条云：又宋刊《礼记要义》跋署“拜五经斋主人锡爵”，钤以“辔庭”二字小印。金檀《文瑞楼书目》中，辔庭于嘉庆辛未（1811）跋云：“右《文瑞楼书目》，先曾叔祖星轺所订也。……此册抄自家叔比部鄂岩先生，为桐花馆订正之本。”

藏书处为玩华居、拜五经斋。

藏书印有“辔庭”。

18．沈炎祖孙藏书

沈炎（生卒年未详），后更名游，字葭士，秀水人。清诗人、藏书家，贡生。

性恬退，独嗜吟咏，与计渔溪结澜言社。著《耆英堂集》。

“三世聚书数万卷，家学渊博，晨夕一卷，丹黄不辍，重以文字相契，服其用心之勤且慎。”①

藏书处为耆英堂。饶图书、花木之胜，每春秋佳日，邀宾朋欢宴达旦。

沈尚杰（生卒年未详），沈炎祖父。秀水人。清学者。好藏书，藏书处为双桂草堂。尝于乾隆十年重校梓行《读书敏求记》，是为沈氏双桂草堂本。乾隆六十

① （清）胡重：《重刻读书敏求记》序。

年,因板片漫漶,沈炎又取善本雠勘,讹者勘之,缺者补之,剞劂之工浃旬乃竣,胡重序之。

19. 吴文溥砚山堂藏书

吴文溥(生卒年未详),字博如,一字冻帆,号澹川,嘉兴人。嘉庆十年(1805)贡生。清诗人、金石学家。工诗,诗品高远,阮元督学浙江,见其诗,谓为"两浙诗人第一"。因招入幕中,使校订《輶轩录稿》。古文骈体能集六朝、唐宋之大成。好金石学,曾主讲海东书院。著《师贞备览》一卷、《汉唐石刻目录》一卷、《南野堂笔记》十二卷、《南野堂续笔记》五卷、《南野堂诗集》八卷、《霍林山人诗集》五卷、《所见录》等。

藏有宋刊元印本《通鉴纪事本末》四十二卷。莫伯骥《五十万卷楼藏书目录初编》亦有此书,跋云:"家世务农读书。曾祖逊庵嗜砚,建砚山堂以藏书。"[①]

藏书处为砚山堂、南野草堂。

藏书印有"砚山堂"。

20. 邢佺山藏书

邢佺山(生卒年未详),字号、生卒年及仕履不详,与黄丕烈为同时人。嘉禾(今嘉兴)人。清藏书家。黄丕烈《荛圃藏书题识》卷四有其旧抄本《石门集》二册。黄丕烈跋云:"辛未(嘉庆十六年,1811)春闰月三日,有事至嘉禾,访寓公邢佺山于北门。因佺山同好古书,面未识而神已交也。既晤,诘知所藏宋元人集甚富,如周益公、魏鹤山,皆有旧抄。其书俱有渊源。后于案头见其旧抄本《梁石门集》。"

21. 清代嘉兴(秀水)其他藏书家

张庚(1685—1760),原名涛,字溥三、长庚,后更名庚,字溥山,号公之干、瓜田逸史,晚号弥伽居士,又称白苎村树桑者,秀水人。清学者。乾隆元年(1736)举博学鸿儒。工诗、书、画,时称"三绝"。张庚学识渊博,著有《国朝画徵录》、《强恕斋题跋》(未刊)、《通鉴纲目释地纠缪》六卷《补注》六卷等十多部著作。

好藏书,藏书目未详,藏书处为强恕斋。

朱杰(约1709—1729),字伦表,秀水人,居葭溪。清诗人、藏书家。家故多藏书,手抄图书数百卷,肆力研索,弱冠为诗文,卓然可观。著《葭溪集》,姐婿李裳古为之刊行[②]。

万广泰(1712—1750),字循初、睛初,号柘坡,又号筠园,秀水人。清学者。乾隆元年(1736)举博学鸿儒,同年中举。博学工诗文,尤工算学,尝纠正庞迪我、利玛窦等人之误多处。又善山水,精音韵之学,尤善篆刻。与同里钱载、汪孟鋗为文章性命之交。著有《方程管窥》、《方程详说》、《算学新说》等多部算学著作。

---

① 郑伟章:《文献家通考》卷十一,中华书局,1999年。
② 倪禹功:《嘉秀藏家集录》稿本,嘉兴图书馆藏。

好藏书,藏书处为南村草堂。

徐爔(1732—1807),名医徐大椿之子。字鼎和,号榆村,晚号种缘、种缘子,嘉兴人。清戏曲作家、词人。历官候选布政使。曾受医于父,精于岐黄,亦爱好词曲,著有《蝶梦庵词曲》四卷、《梦生草堂诗文集》四卷、《写心杂剧》十六种十六卷等。

家富藏书。藏书处为梦生草堂。

沈德鸿(?—1802),字磐石,号秋渚,秀水人。清藏书家。少嗜读书,家居孝友,工于诗文。

尤好藏书,得书三万卷,筑介石楼藏之。法书名画佳砚充盈其中。

沈铭彝(1763—1837),可培子。字纪鸿,号竹岑、孟庐,嘉兴人。嘉庆间廪生,官至教谕。好藏书,博学工诗,精于金石之学,又妙隶书。曾修县志。著有《云东遗史年谱》一卷、《后汉书注又补》一卷、《孟庐札记》八卷(稿本藏嘉兴图书馆)、《沈竹岑日记》行世。国家图书馆藏其稿本三种:《听松阁诗》、《沈竹岑笔记》、《云门书院随笔》。罗振玉旧藏沈氏《从朔编》稿本一卷及其早年笔记本一册,今归大连图书馆。这个笔记本被题为《竹岑札记》,并列入《中国古籍善本书目·子部》书目中。

藏书处为听松阁、金鹅山馆。

藏书印有"竹林主人"、"竹窝"、"食勿相忘"、"铭彝"等。

文鼎(1766—1852),原名元鼎,字学鼎,一字学匡,号后山,又号后翁,秀水人。清篆刻家、藏书家。咸丰元年(1815)征举孝廉方正,力辞不就,以布衣终身。著有《五字不损本室诗稿》。

文鼎工书法,精篆刻,并善山水松石。说其画能守衡山家法,为鸳湖四山之一。嘉庆二十五年(1820)作《梅华水徽图》轴,图录于《名人书画》;道光四年(1824)作《梅兰统石图》轴,现藏故宫博物院;二十一年(1841)作《十亩芙蓉馆图》轴,图录于《浙江古代画家作品选集》。

亦精鉴别,好收藏。所居停云旧筑,藏金石、书、画甚富,多为精品。

曾得商仲彝、周象觯、汉元延三斗、楔帖五字不损本及原拓娄寿碑等,藏书处为三斗鋗斋、五字不损本室。

藏书印有"瓣香"、"后"、"山"、"后山"、"后山鼎"、"后山斋"、"后翁"、"后翁书屋"、"乐渔"、"乾隆丙戌生"、"三斗鋗斋"、"文"、"鼎"、"文鼎"等。

陶璐(1774—1850),字斯咏,号云岑,秀水闻川(今嘉兴王江泾)人,居甸上。清诗人、藏书家。国学生。秉性正直。嗜古,广储图史,卷轴至60架,惜遭兵乱,荡然无存。

藏书处为借山楼。

计芬(1783—1846),计楠次子。初名炜,字小隅,号担石,别署寒玉馆主,秀水闻川(今王江泾)人。清诗人、画家、收藏家。有《二砚斋诗集》。

通六法、性嗜古、善鉴别，藏砚不下三百方，以莲叶、红丝两砚为最，故名其室为莲叶红丝两砚石室。又名其藏书处为饮寿堂。

藏书印有“宾客”、“宾客书画”、“儋石道人”、“儋石生”、“计芬”、“分石”、“儋石砚主人鉴赏真迹”、“计芬之印”、“金宾馆”、“金宾花馆主”、“老宾”、“莲叶红丝两砚石室”、“莲叶侍者”、“莲叶研主”、“炜印”、“先花后果”、“小隅”、“小隅之笔”等。

张千里（1784—1839），字子方，号梦庐，祖籍嘉兴，后居桐乡乌镇后珠村。清道光年间名医、诗人、藏书家。以教书为生，兼行医。曾以廪贡历署绍兴府新城训导，应闽浙总督无锡孙文靖公之聘至闽。工诗。著有《珠村草堂医案》十二卷、《珠村草堂集》十卷《四时感证制治》、《外科方案》等。

亦好藏书，藏书万卷，藏书处为珠村草堂。

王逢辰（1802—1870），字玉荫，号芑亭，嘉兴竹里（今嘉兴新篁）人。清诗人、收藏家。廪贡生，官候选训导。工诗文，善画兰。著有《檇李谱》一卷，咸丰七年刊本，同治九年重刊本。另撰《槐花吟馆集》三卷、《竹里诗辑》、《竹里秦汉瓦当文存》、《自靖录考略》八卷、《外编》一册等。

嗜金石，家藏鼎彝古器甚多。藏室名曰槐花吟馆、秦瓦晋砖之室。

张熊（1803—1886），又名张熊祥，字寿甫，亦作寿父，号子祥、鸳湖外史、鸳湖老人、鸳湖老者、鸳鸯湖外史、西厢客。秀水（今嘉兴）人，流寓上海。所居银藤花馆，收藏金石书画甚富，藏有一万余件古董珍玩，名扬艺林，被称为“沪上寓公之冠”。

藏书印有“子祥”、“张子祥”、“张熊”等。

张熊精篆刻，绘画注重写生，所画的花鸟、草虫、蔬果、山水都很有功力。最擅花卉，尤擅大幅牡丹，绘画用色艳而不俗，作品雅俗共赏。被称为“鸳湖派”，领当时上海、苏杭流行画风。张熊亦工诗，著作有《题画集》、《银藤花馆诗钞》。

王师晋（1804—1880），字敬斋，秀水人。清藏书家。藏书处为资敬堂。

许桐（1812—1871），字柬生，一字韵琴，秀水（今嘉兴）人，居柿林乡（今嘉兴郊区新塍）。清画家、收藏家。工吟咏，擅花卉、翎毛。而以芦雁著名。家富收藏，曾藏米芾《云山烟蔼卷》、石田《长江无尽图》、黄大痴《平山卷》等稀世珍品。

金传声（1813—1866），字兰坡，秀水人。清金石学家。笃学嗜古，好收藏，擅鉴赏。足迹半天下，手拓吉金文字，不下千纸。曾藏有《赵左溪山无尽图卷》、《吴历山水册》（今均入藏上海博物馆）。

王祖锡（1858—1908），字二郎，号梦龄，又号惕安、惕龛，嘉兴人。清末书画鉴赏家。精书画鉴别，喜藏书，收藏书籍、字画、端砚甚富。

藏书处为镂香阁。

藏书印有“镂香阁法书名画”、“镂香阁中神品”、“邵念堂书画记”、“惕安”、“惕安藏廉州画”、“惕安欢喜”、“惕安鉴赏”、“惕安秘玩”、“惕安秘藏”、“惕安清秘”、“惕安心赏”、“惕安珍藏”、“惕安珍赏”、“王二郎”、“王氏之鉨”、“王惕龛秘箧印”、“曾藏王氏镂香阁”、“曾藏王惕安处”等。

高宝辛(1858—1908),字亚潜,一作雅泉,秀水人。清末收藏家。应乡试中乙科,官内阁中书。家素封,不乐仕进,喜收藏书法名画。偶写花卉,超然有致。

沈成章(1859—1898),字达卿,别号陆湖老鱼,秀水人。清诗人、藏书家,诸生。博闻强识,明敏过人,肆力于六经子史,旁通医经释典,好藏书。著有《陆湖遗集》三种。光绪二十六年(1900)曾刊《鹤缘词》。

藏书处为敬止堂。

孙家桢(?—1897),字翰香,秀水新城人。清诗人。工书法,师事盛湖沈寒柯,直逼其真。风雅好客,富收藏,筑藏晖阁,聚金石、书画于其中,著《啸秋山馆吟草》。

胡季石(?—1899),嘉兴人,寓居南京。清末藏书家。举人,出于清著名学者兴化刘融庵(熙载)门下。善古文、书法。

家藏文物、典籍甚富。

戴大章(生卒年未详),字南轩,号尧声,嘉兴人。喜聚书,藏有宋本《说文解字》等珍本。

藏书印有“尧声”、“绿柳桥西戴大章”等。

高焕文(生卒年未详),字蔚如,号翰伯。清同治、光绪间诗人、泉币学家。亦好藏书,藏书处为泉寿山房。著《泉寿山房诗草》一卷、《谈泉杂录》五卷、《泉志续编》二十卷、《高氏吉金录》、《泉货珍奇录》、《泉寿山房考》等,光绪三十四年(1908)石印《癖泉臆说》六卷。

李汝龙(生卒年未详),字海门,秀水梅里人。清学者、诗人。乾隆间诸生。善古文辞,钻研理学。日有课程,严自刻厉。好藏书,尝刻《梅会诗选》十二卷、《二集》十六卷、《三集》四卷《附刻》一卷,国家图书馆、南京图书馆有藏。

藏书处为寸碧山堂。

李聘(生卒年未详),字一徵,号作舟,又号静庵,嘉兴人。清诗人、书法家、金石学家、藏书家。能诗古文辞,颇研金石之学。与张燕昌游,获其论著。善飞白篆、隶书,得汉礼器诸碑法。精于赏鉴,兼工篆刻,善治砚。

李敏芬(生卒年未详),字维馨,号復斋、渔村,秀水濮院人。清诗人、收藏家。

喜藏书,不能购者,借录勿辍,手自写本三丈。著有《学古堂诗钞》。

李元绣(生卒年未详),敏芬子,字裳古,一字斐亭,号竹友,别署老坨老人,秀水濮院人。清诗人、藏书家。长益肆力于诗古文,尤潜心宋儒诸书。游其门者,成名者多。著《澹凝堂稿》二十四卷。

喜藏书,藏书处为澹凝堂。

李绍曾(生卒年未详),字梓庵,号梓道人,秀水人,寓居平湖。清画家。酷嗜翰墨、名人笔迹,收藏甚富。画山水、花草落笔自然,疏爽有致。室名紫薇花馆。

马洵(生卒年未详),一作询,字伯泉,号小眉,又号小麋,别署小眉者所颜。海昌(今海宁)籍,秀水梅里人。清诗人、藏书家。性耽风雅,多藏书籍,藏书处为著五千卷室。

著有《五千卷室诗集》六卷附《缾隐词》一卷。

濮希洛(生卒年未详),字瓯乡,秀水人。工画花卉,喜聚书,富藏书,尤多金石字画。

戚芸(生卒年未详),字修洁,德清籍,嘉兴人,居嘉兴大奚家桥。清藏书家。贡生,候选训导。积书数万卷,藏书处为宝砚斋。曾藏《明末五小史》、《明季王藩实录》订八册。

陶韩(生卒年未详),字荆州,秀水闻川(今嘉兴王江泾)人。清学者、藏书家。藏书万卷,藏书处为双梧庭。著《双梧庭集》。

吴为金(生卒年未详),字象青,嘉兴人。清诗人。从王曾祥游,善文章、诗词。储书数十万卷。藏书处为泉寿山房,光绪三十四年(1908)石印《癖泉臆说》六卷。

徐嘉炎(生卒年未详),字胜力,号华隐,嘉兴人。康熙十八年(1679)举博学鸿词,授翰林院检讨,官至内阁学士兼礼部侍郎。善诗文,著有《抱经斋集》、《焚余草》等。聚书甚丰。

藏书处为抱经斋。藏书多钤有"徐氏嘉炎"等印。

姚观光(生卒年未详),嘉兴人。能文嗜古,搜罗书、画、金石甚富,因得天籁阁所制铁如意一柄,遂筑墨林如意馆,以贮书画及金石文献。

郑彤书(生卒年未详),字伟士,江苏江宁人。由举人考取太常博士,补嘉兴通判。《金陵通传》卷四十说其:"好藏书,购至五万卷,终日展玩。"

郑瑞清(生卒年未详),原名熊光,字午生,号霁山,秀水新塍人,寄居江苏盛泽。清藏书家。藏书宏富,目睇手纂,留心象纬,兼参西学。中年目击时艰,讲求经世。著《天星一览》二卷、《平赋略》。

二、海宁藏书家及其藏书

海宁藏书文化源远流长,至清代而达到鼎盛。无论以人数和影响计,都超过前之任何一代,其中不乏大家,多为艺林所重。正如王国维所说海宁"固文献之邦也。康雍之际,他山先生得树楼与马寒中道古楼,并以藏书著闻东南。至乾嘉间,吴氏拜经楼、陈氏向山阁之藏,乃与吴越诸藏书大家相埒。而蒋氏生沐之东湖草堂、寅之宝彝堂为之后劲"①。清初以"东南藏书之冠"马思赞、袁花查家、海宁陈家和许家最为著名。清中期乾嘉年间,出现了海宁藏书"双子星座",即吴骞

① (清)查慎行:《敬业堂文集》序,见《观堂集林》卷二十三,遗书(第四册)。

和陈鳣成为嘉兴地区藏书家藏书主流。至清后期，在众多的藏书家中，又以蒋光煦、蒋光焴为翘首，仍保持了海宁藏书家藏书的勃勃生机。清代海宁藏书家，所藏之书质量很高，如马思赞之道古楼、查慎行之得树楼、周春之著书斋、吴骞之拜经楼、陈鳣之向山阁、马瀛之汉晋斋、蒋光煦之别下斋、蒋光焴之衍芬草堂等皆是一代名楼，不仅在浙江，而且在全国亦有很高地位，海宁藏书，在浙江以至全国藏书史上占有重要的一页。

（一）海宁藏书名家名楼

1. 查慎行得树楼藏书

查慎行（1650—1727），是清前期著名文学家、藏书家，藏书处为得树楼，清初名闻江浙。本节“海宁进士藏书家”一目中另有论述。

2. 马思赞道古楼藏书

马思赞（1669—1722），字仲安，又字寒中，号衎斋，又号南楼、渔村，别号马仲子、寒中子、天和居士、山村居士，晚号迂铁老人，海宁灵泉乡插花山（今黄湾乡）人。清著名藏书家、书画家。监生。与朱彝尊同时代，年齿略低。本姓朱，其祖父过继海宁望族马家，遂改姓马。故朱彝尊集中屡称思赞为“吾宗衎斋”、“宗人寒中”。他一生不求名利。工诗绩学，博览群书，常与著名学者朱彝尊、查慎行等往来，切磋研究。著有《红药山房诗》一卷、《闲庭小碎诗》一卷、《寒中诗集》四卷、《苏诗注释》五十卷、《皆山堂诗》等。

思赞家本富藏书，其父马麟翔性喜藏书、校勘。思赞更为嗜书，其购书、抄书、藏书，不遗余力，故藏书极富，此外，所藏书画金石亦多，插架多人间未见之本。丁丙在《杭郡诗辑》称其“家有道古楼，插架多宋元精椠，旁及金石秘玩、绢素真迹，充牣其中，不减倪氏清閟阁也”。如藏有宋本《纂图互注文中子》十卷、元刊本《通典详节》，抄本《栾城集》前集五十卷、康熙四十六年马素村抄本《雪矶丛稿》、旧抄本《北山小集》等。

吴骞《拜经楼藏书题跋记》云：“《竹垞初白二先生尺牍》，凡六十通，与马寒中者十九。寒中为吾邑藏书家，插架多人间未见本。故书中皆论典籍事，或辗转传钞，或多方购买。于此想见前辈好学之勤，嗜书之笃，诚可慕也。”管庭芬《海昌艺文志》卷十，则云其“所居道古楼，插架悉宋元旧本，为东南藏书之冠”，吴骞论其“拥书万卷”。

张金吾《爱日精庐藏书志·陆状元通鉴》云：“马寒中购书不遗余力。尝过龙山查氏，见案头有宋椠《陆状元通鉴》，百计购之不可得。后查氏谋葬其亲，所卜吉壤则马氏田也。寒中觇知之，大喜曰：‘书可得矣。’即诣查氏，愿效祊田之易，凡十亩，书卷尽付焉。抱书疾归，若惟恐其中悔也，其笃好如此。”康熙三十二年（1693）赴杭州乡试，其时试期已近，浙江各府士子毕集，皆致力于考试。“寒中独怅怅随一小奚，挂青蚨十数贯，往来书坊骨董铺中，一遇异书古帖、秦汉印章，……辄不论值，必得之乃已。则婆娑题咏，欣赏弥日，几不知有场屋事也”[①]。故叶昌炽《藏书纪事诗》卷四称“一见奇书喜欲颠，祊田不惜筮牛眠”。

思赞之妻查惜，查慎行妹，亦好藏书。家中拥书万卷，筑道古楼，伉俪二人日唱和其中，世望之若神仙中人。

藏书处为道古楼、红药山房、衎斋、小胡芦山书屋等数间。

藏书印有“马思赞印”、“故盐官州马思赞之印”、“道古楼钞藏”、“马思赞氏”、“朱仲安氏”、“马寒中印”、“古盐官州马氏南楼书籍印”、“前身是罗浮头陀”、“思赞”、“寒中”、“仲安”、“寒中子”、“衎斋马仲子印”、“马仲安”、“华山仲氏”、“华山仲子私印”、“马朱”、“衎斋宝藏神物”、“红药山房考藏私印”、“古盐官州灵泉乡花山马氏衎斋图书印”、“朱马思赞印”、“扶风书隐声”、“道古楼抄藏”等。如宋本《文中子》，有“海昌马思赞印”、“中安一号渔邨”图记。藏本《栾城集》首叶有“玉音孝友著于家庭信谊隆于乡党”，卷内有“古盐官州马思赞之印”、“华山马仲安藏善本”。《通典详节》元至元刊本，有“古盐官州马氏南楼书籍印”。残本《唐子西文集》有“衎斋”、“衎斋师友传遗之物”、“永以为好”等。

有《道古楼藏书目》一册，刘喜海影抄拜经楼抄本，不分类，著录简单，间注何人手批，如赵孟頫手批《诗经朱子集传》八本、唐六如藏《三体唐诗》、用南宋名贤札子纸印之《夏英公集古文韵》五本，共约600余种。

辑有《道古楼历代书画录》五册，辑唐宋元明四代之书画。收藏法书名画甚多，如郭忠恕《春耕图》、李公麟《蛮王酣乐图》、刘松林《春山雨霁图》、夏圭《华山看瀑图》、黄子久《乱山古木图》、王蒙《山村图》、倪瓒《江渚蜗牛图》等。还辑有《道古楼历代钟鼎款识》。

思赞上窥经史，旁及百家，工诗，善画，精篆刻，有刻书室曰清远堂。康熙二十八年(1689)刻《南楼吟香集》六卷，南京图书馆、国家图书馆藏；康熙三十九年(1700)刻《宋戴剡源文钞》四卷，南京图书馆藏；康熙年间刻《乐府广序》三十卷、《诗集广序》十卷，上海图书馆、复旦大学图书馆藏；康熙间刻《梅里词》三卷，国家图书馆藏；还刻有《日观集》。

思赞又善治印，有《衎斋印谱》五册，由朱彝尊作跋。

其道古楼所藏珍本图籍，约散于雍正二、三年(1724—1725)间。其原因之一是思赞殁，其子好赌，藏书部分落博徒之手。道古楼藏书还有部分流入同郡吴骞拜经楼，吴氏与马氏同里，书目著录其书甚多，又得其所著《衎斋诗卷》四卷及乾隆四十八年马氏后人持售之《书画目录》。吴氏所藏《衎斋诗卷》四卷有吴骞跋语云：“寒中上舍，生平与查初白先生最莫逆，故其诗律之风神流丽，一往情深处，颇极相似……予家去插花山仅一舍。每登楼东望，惟见寒烟衰草，乱云满目，慨望昔日之风流。非特琴书图籍，散已略尽，即道古楼之故址，且不可踪迹，颇深生不

① 管庭芬：《海昌艺文志》，《寒中诗集》张曾裕序，民国10年(1921)铅印本。

同时之恨。”①

一代藏书名楼,乾隆时已烟消云散,无踪迹可寻,无怪吴骞感慨万分。

3. 周春著书楼藏书

周春(1729—1815),清学者、藏书名家。本节“海宁进士藏书家”一目中另有论述。

4. 吴骞拜经楼藏书

吴骞(1733—1813),字槎客,一字葵里,又作字揆礼,号兔床山人,又号愚谷,晚署齐云采药翁、沧江漫叟、桐溪旅人,先世为安徽休宁人,至其曾祖吴万钟始徙家海宁长平乡,居尖山之阳新仓里小桐溪。以幼多疾病,遂弃举业,仅获“明经”。吴骞既是清代藏书大家,又是著名的诗人,时称为江南才子。能诗善画,并能治印。早年工诗晚工画,画意多从诗意出。陈鳣称其文章说:“文笔之高坚,词旨之敦厚,固世之有目共赏者。”其散文现存14卷,170多篇,以序跋为主,亦以此体为最工。所作诗词和诗话,也有一定影响。

(1)吴骞藏书

吴骞是清乾嘉间与黄丕烈、陈鳣、鲍廷博齐名之藏书大家。他在《愚谷文存》卷十三《桐荫日省编》下尝云:“吾家先世颇乏藏书。予生平酷嗜典籍,几寝馈以之。自束发迄于衰老,置得书万本,性复喜厚帙,计不下四五万卷,分归大、二两房者不在此数。皆节衣缩食,竭平生之精力而致之者也。非特装潢端整,且多以善本校勘,丹黄精审,非世俗藏书可比。至于宋元本,精抄,往往经名人学士赏鉴题跋,如杭堇甫、卢抱经、钱辛眉、周松霭诸先生,鲍渌饮、周耕崖、朱巢饮、张芑堂、钱箓窗、陈简庄、黄尧圃诸良友,均有题识,尤足宝贵。故予藏书之铭曰:‘寒可无衣,饥可无食,至于书不可一日失。此昔贤诒厥之名言,允可为拜经楼藏书之雅率。’”四年后于《拜经楼书目》自序又云:“吾家先世颇鲜藏书,予兄拙巢先生始稍稍购置,然尚不多。予乃有独嗜,盖由束发及壮,无日不以此为事。奈所居僻左,邻里又乏同志者,每出游过通都大道,恒遍阅于市肆,日夕忘返,比归必载数簏以还,置之瓦屋东西,以借对床之乐。乾隆岁在庚辰(二十五年),先君子以食指殷繁,为予兄弟析箸,凡资产器物三股分授,而书籍、字画、碑帖亦均作三股阄分,大房得□字号,二房得□字号,三房得仁字号。予既受而藏之,念门类未广,乃益多方搜觅,又常苦力有不足,往往摒挡称贷,仅而获酬。间闻人有异书,则必展转借录,露抄雪购,具费苦心。盖自少迄老,孜孜矻矻,数十年如一日,亦不自知其所以然。昔人方诸衔姜之鼠,穴纸之蝇,殆不为虚语矣。每自顾姿禀平凡,不能沉研精讨,为淹通博贯之儒,良用内愧。忽忽年逾耳顺,精力日衰,学殖益落,一切世味皆淡漠视之,惟嗜书之癖如故。今年(乾隆六十年)春,与儿辈逐加点检,先成《草目》以备寻觅,约可三四万卷,九千余册,虽不为多,亦一生心力

① (清)吴骞:《拜经楼藏书题跋记》卷五,《丛书集成初编》本,商务印书馆,1935—1937年。

之所萃也。"①《海昌备志》云:"笃嗜典籍,遇善本倾囊购之弗惜,所得不下五万卷,筑拜经楼藏之。晨夕坐楼中展诵摩挲,非同志不得登也。"

吴骞终生以购书、抄书、校书、赏书、读书为乐。搜罗宋元刻本,如陶渊明、谢玄晖诸家集,加以刊刻。被学者视作珍宝。其积书60余年,所藏甚富,达四五万卷藏书,筑拜经楼以贮之,其拜经楼藏书魁首一方。拜经楼藏书精本极多,仅据《拜经楼藏书题跋记》统计,即有宋本21种;元本24种,有蒙古中统本《史记》、元抄本《方淑渊稿》;稿本有朱彝尊、查慎行等16人手稿,旧抄本及自抄150余种,名人校本50余种。还藏有抄本宋《乾道临安志》三卷、抄本宋《淳祐临安志》六卷、宋大字本《咸淳临安志》九十五卷,三志共100余卷。

吴骞的拜经楼筑于乾隆四十五年(1780)。拜经楼筑成后,乾隆五十一年(1786)其好友堪称清代藏书一大家的鲍廷博游新安而归,把偶得的一幅明代画家郑旼绘制的《拜经图》送给他。吴骞刚为藏书楼命名拜经楼,又得《拜经图》,深悟天意之巧合,欣喜不已,赋诗记之:

学古名楼事偶符,故人携赠出天都。
只缘个里诗书气,不共烟云化绿芜。
三径荒烟带草青,千竿纡竹自娉婷。
主人未必全如我,不解穷经只拜经。②

由此可知吴骞对经籍的崇拜之情。

吴骞嗜藏书,且喜校书,一时记载吴骞筑拜经楼藏书、校书之盛者甚多。钱大昕《拜经楼诗集》序云:吴氏"聚书万卷,寝馈其间,颜所居之楼曰拜经,盖取东莞臧氏之例"。其校书极勤奋。乾隆四十五年,得知张燕昌从易州山中访得周在俊著《南唐书注》,乃借归,以家藏本逐条校勘,凡诸异同,悉笔之简端。陈鳣《河庄诗钞》有诗云:"人生不用觅封侯,但问奇书且校雠。却羡溪南吴季子,百城高拥拜经楼。"《题兔床先生拜经楼》诗云:"延陵夙望旧门庐,谷口新开竹下居。四座宾朋春载酒,一楼灯火夜雠书。文章论世情难已,弓冶传家业有余。"③《吴兔床行述》记载:吴骞"日夕坐其中,博览载籍,校雠精审,好学之勤,鲜有其匹。虽当俗务纷沓之时,执一卷书,手不忍释。萤窗雪察,更阑烛,而犹未已,八十年如一日"④。《海昌艺文志》卷十三评价吴骞"筑拜经楼,贮书甲于一邑,又购别业于阳羡,搜讨桃溪诸胜追遍。居乡与同里陈简庄、周松霭诸君日事雠校,不予户外事"。黄丕烈《荛圃藏书题识》卷二跋宋本《前汉书》云:"海宁吴槎客先生藏书甚富,考核尤精,每过吾郡,必承枉访,出一二古书相质,然舣舟匆匆,未及畅谈,余亦不获举所藏以邀鉴赏也。顷同仲鱼过访,茶话片时,历历述古书源流,俾得闻

① (清)吴骞:《拜经楼书目》自序,清抄本。
② (清)吴骞:《拜经楼诗集》卷五,上海古籍出版社(《续修四库全书》),2002年。
③ (清)陈鳣:《河庄诗钞》,《题兔床先生拜经楼》,清光绪十四年刻本。
④ (清)吴寿照,吴寿旸:《吴兔床行述》,嘉庆间刻本。

所未闻，实为忻幸。其行囊携得《汉书》残宋本数册，字大悦目，在宋椠中信为佳刻。……且余所深服乎槎客者，如此种残编断简，几何不为敝屣之弃，而装潢什袭，直视为千金之比，可谓爱书如性命，又得同志之人。”吴骞校并跋之乾隆二十六年(1761)查开雨香斋刻清查慎行撰《东坡先生编年诗补注》五十卷、《年表》一卷，国家图书馆藏十六册本。

吴骞除嗜藏书、校书外，亦喜抄书。钱泰吉《拜经楼藏书题跋记》序云：“兔床先生生平得一异本，必传示知交，共相钞校，非私为已有者。”每得一秘籍，即连夜由子侄辈分抄或自抄，通宵达旦，灯火通明。故《拜经楼藏书题跋记》所载吴氏自抄之书极多。管庭芬跋《拜经楼藏书题跋记》云：“(兔床先生)博综好古，纂述宏富，值马氏、查氏遗书散布人间，先生偶得其残帙，流连景慕，每系跋语，以寄其概。迨后搜讨益勤，兼于吴门、武林诸藏书家，互相钞校，并与同邑周松霭大令、陈简庄征君，赏奇析疑，获一秘册，则共为题识歌诗以纪其事。故拜经楼之藏弆足与道古、得树二家先后鼎峙。”

藏书处除拜经楼外，又有苏阁。

藏书印有“小桐溪上人家”、“夜明竹轩主人”、“吴骞幼字益郎”、“吴骞之印”、“兔床”、“吴骞读过”、“临安志百卷人家”、“兔”、“床”、“骞”、“拜经楼”、“臣骞”、“槎客”、“兔床漫叟”、“漫叟”、“兔床山人”、“兔床拜经楼吴氏藏书”、“兔床真赏之章”、“海昌吴葵里收藏记”、“吴骞字槎客别字兔床”、“千元十驾人家藏本”、“宋本”、“兔床鉴定”、“兔床审定”、“兔床手校”、“兔床经眼”、“拜经楼吴氏藏书印”、“吴氏兔床书画印”、“吴兔床书籍印”、“知不足斋主人所贻吴骞子孙永宝”、“寒可无衣，饥可无食，至于书不可一日无，此昔人诒厥之名言，是可为拜经楼藏书之雅则”等。

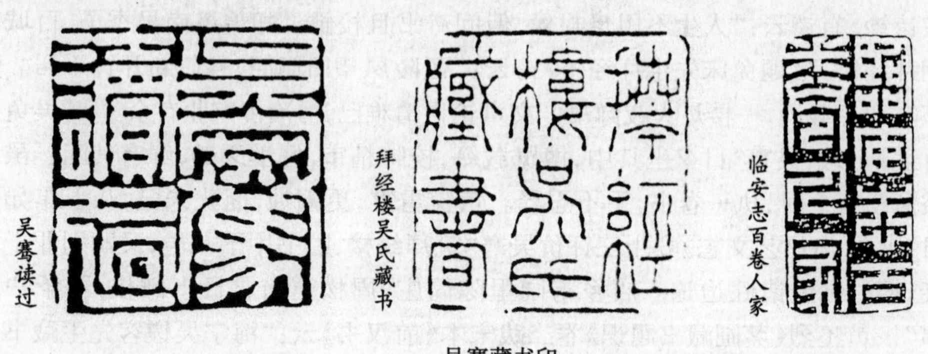

吴骞藏书印

吴骞自编有《兔床山人藏书目录》、《拜经楼书目》。《拜经楼书目》有吴骞与儿辈辑录不分卷与四卷两种，其中乾隆六十年春吴骞编就《拜经楼书目》不分卷，一册，依插架之地登录，分七部分，第七部分标明“乙卯后续置书目”，是编此目时留空余页以记续增之目，仅加80余种。著录珍藏1000余种，极简略，为清抄本，现藏于国家图书馆。其中其孙吴之澄辑录《拜经楼书目》四卷四册，依四库分类，著录经部约200种，史部150种，子部250种，集部550余种，大半皆清人文集及乡贤师友文集，甚可贵，民国抄本，现藏于天津图书馆。

《拜经楼藏书题跋记》五卷附录一卷，系其次子吴寿旸汇录其藏书跋语而成。其题记正讹纠谬，蒋光煦谓“实胜《读书敏求记》”①。此系清代著名目录学著作。《海宁经籍志备考》一卷，自序云：“予于海昌先贤著述搜访垂数十年，露钞雪购，颇费苦心。是编藏之家塾，聊以备一邑文献之征。”②

吴骞十分爱惜其藏书，《拜经楼藏书题跋记》卷五吴骞跋《瀛奎律髓》云：“每册副页钤以朱文木印云：‘聚书藏书，良匪易事。善观书者，澄神端虑，净几焚香，勿卷脑，勿折角，勿以爪侵字，勿以唾揭页，勿把秽手，勿展食案，勿以作枕，勿以夹刺，随损随修，随开随掩。后有得吾书者，并奉赠此法。’余尝仿此刻一印，惟易末二语云：‘后人宝遗书者，必当谨守此法。’”

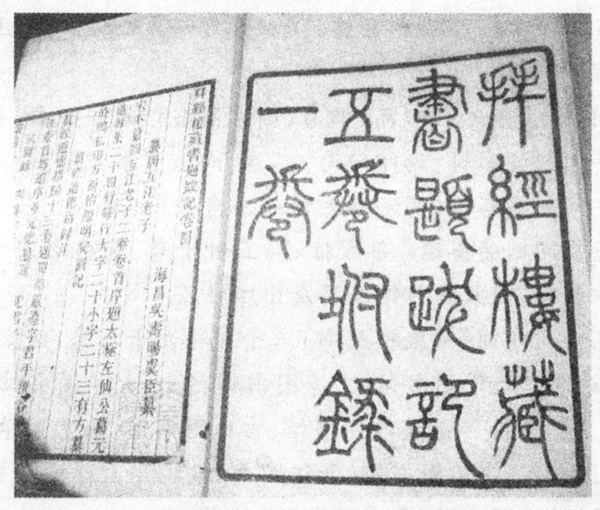

《拜经楼藏书题跋记》书影

(2)拜经楼藏书来源

吴骞藏书来源主要有五种渠道，同乡前辈遗佚之书、购买、刻书、借抄、著述校订。

拜经楼的藏书曾得其同乡前辈清代初期海宁藏书家马思赞道古楼、查慎行得树楼遗佚之书。马氏、查氏两家藏书皆以宋元珍本著称于书林，两家的遗书大大充实了吴骞拜经楼之藏。

吴骞多次奔赴苏杭等地，遍及书肆及各藏书楼，广采博录，搜讨益勤，一旦遇见善本往往不计其价倾囊而购。如吴骞曾置一舟，那时他喜得陶渊明诗集，即以陶诗为名，命其舟为“陶舟”，并常常载书画于陶舟，泛于水乡泽国，搜索书籍。每

① (清)管庭芬:《拜经楼藏书题跋记》序。

② (清)吴骞:《愚谷文存》卷三《海宁经籍志备考》自序。

游于大邑通都,即留恋于书肆,迷而忘返,归则满载书籍。吴骞觅书之勤,其情可感,其志可嘉。加之吴骞祖上也有藏书之遗风,拜经楼中部分藏书即为祖上所遗。据《观复堂藏书总目》载先世留于吴骞者,有书籍 144 部 381 册,各类书画法帖 21 种。

吴氏祖孙三代所刻之书是拜经楼藏书的组成部分,同时也为拜经楼藏书之质量增色添彩。

吴骞及其子孙寿旸、之淳所刻之书

乾隆五十一年(1786)刻吴骞撰《阳羡名陶录》二卷附《书画说钤》、《频罗庵论书》、《赏延素心录》、《漫堂墨品》、《笔史》、《金粟笺说》,中国历史博物馆藏二册本。

乾隆五十一年(1786)刻《国山碑考》一卷,南京图书馆藏。

乾隆五十三年(1788)刻吴骞撰《桃溪客语》五卷,南京图书馆、中国科学院图书馆藏。

乾隆间刻《孟子外书四篇》四卷,国家图书馆藏一册本,有吴骞校跋。

乾隆年间刻吴骞辑《论印绝句》二卷、南京图书馆藏。

乾隆年间刻吴骞撰《蜀石经毛诗残本考异》一卷。

乾隆嘉庆间刻吴骞编《海昌丽则》五种十卷,是书书写古拙,刻工精雅,为清刻书中精品,国家图书馆及群众出版社藏。

乾隆嘉庆间刊刻《拜经楼丛书》三十九种九十八卷,国家图书馆、中国科学院图书馆、北京大学图书馆、上海图书馆、复旦大学图书馆、华东师范大学图书馆(不全)、上海师范大学图书馆、吉林图书馆、南京大学图书馆、南京图书馆、苏州图书馆、安徽图书馆、浙江图书馆、杭州大学图书馆、河南图书馆、江西图书馆、四川图书馆、重庆图书馆(不全)藏。

乾隆嘉庆间原刻、嘉庆八年(1803)刻《珠楼遗稿》一卷,上海图书馆藏。

嘉庆元年(1796)刻,《谢宣城诗集》五卷,国家图书馆藏。

嘉庆七年(1802)刻吴骞撰《拜经楼诗集》十二卷、《续编》四卷附《万花渔唱》一卷、《文存》十四卷《续编》二卷附《补遗》一卷,浙江图书馆藏,其中《拜经楼诗集》十二卷,南京图书馆藏。

嘉庆十二年(1807)刻吴骞撰《愚谷文存》十四卷,四川图书馆、福建省图书馆藏。

嘉庆十六年(1811)刻《愚谷文存》十四卷《续编》二卷《补遗》一卷、《拜经楼诗集》二十卷《续编》四卷、《万花渔唱》一卷、《拜经楼诗话》四卷,上海图书馆藏。

嘉庆间刻《吴兔床行述》一卷,吴寿照、吴寿旸撰,国家图书馆藏一册本。

嘉庆间刻《拜经楼丛书》十种二十七卷,不分卷按一卷计。

嘉庆间刻吴骞辑《扶风传信录》一卷,安徽省图书馆藏。

嘉庆间刻《愚谷文存续编》二卷《再续编》一卷，南京图书馆藏。

嘉庆年间刻，吴骞撰《诗谱补亡后订》一卷，南京图书馆藏。

道光二十七年(1847)刻吴寿旸撰《拜经楼藏书题跋记》五卷《附录》一卷，香港新亚研究所图书馆藏四册本。

吴骞所刻《拜经楼丛书》非常珍贵，世多宝之。此书初名《愚谷丛书》，并无总目，仅记入板心三种，即《谢宣城诗集》、《逸书》、《拜经楼诗话》，余则随定随刻，题《拜经楼丛书》。《丛书》以精校古书辑刻而成，历来评价甚高，晚清浙江四大藏书楼之一嘉业堂主人刘承幹称其“多稀见之本”，刻印甚精。如《国山碑考》、《桃溪客语》、《阳羡名陶录》皆在其中。所刻《汤注陶诗》四卷，摹宋何秘监画陶渊明小像、明人所摹《历代名贤像》一幅及宋刻别本摹《陶渊明墓山图》，皆极精。《丛书》中之《逸书》系从黄丕烈借本而校刻，与《谢玄晖集》等，学者皆珍为秘宝。吴氏刊刻之书，或是价值颇高的善本古籍，如《陶靖节诗》、《许氏诗谱钞》等；或是地方文献如《静庵贝稿》、《拙政园诗集》、《玉窗遗稿》、《珠楼遗稿》、《哀兰绝句》、《梅花园存稿》等；或是个人著述，《拜经楼丛书》、《愚谷文存》、《拜经楼诗集》、《苏祠从祀议》、《南宋方炉吟题》等。吴骞刊刻之本注重质量，刻工精雅，为清刻本中之精品。

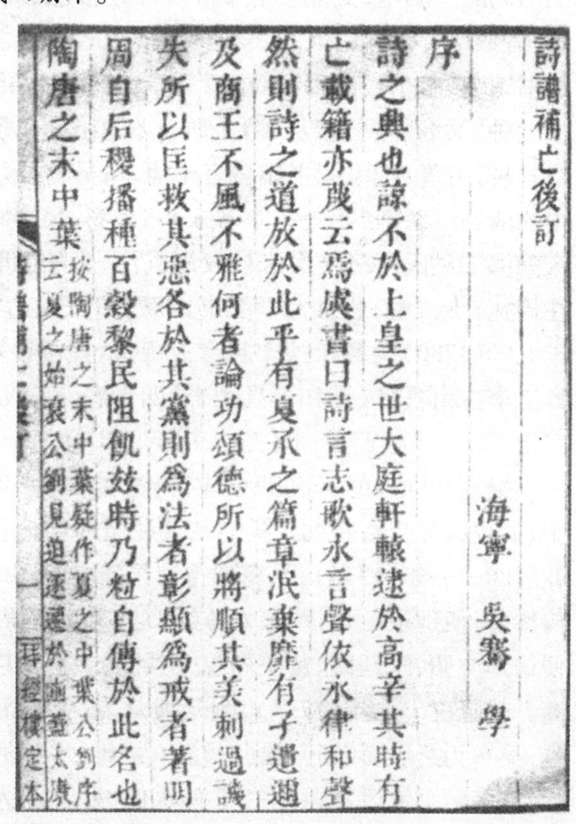

詩譜補亡後訂

海寧　吳騫　學

序

詩之興也諒不於上皇之世大庭軒轅逮於高辛其時有亡載籍亦蔑云焉虞書曰詩言志歌永言聲依永律和聲然則詩之道放於此乎有夏承之篇章泯棄靡有孑遺邇及商王不風不雅何者論功頌德所以將順其美刺過譏失所以匡救其惡各於其黨則爲法者彰顯爲戒者著明周自后稷播種百穀黎民阻飢茲時乃粒自傳於此名也陶唐之末中葉（按陶唐之末中葉疑作夏之中葉公劉序云夏之始衰公劉見迫逐遷於豳蓋太康）

拜經樓定本

吴骞刻《拜经楼丛书》之《诗谱补亡后订》书影

吴骞自己所抄之书也是增益所藏的重要来源。版刻盛行之前，古代藏书家致书手段，多靠自己手抄或雇人代抄。及之版刻盛行，一掷千金，万卷立致，藏书条件大为好转，但藏书家仍勤抄不辍。这是因为或系秘本、善本，舍抄而无法可得，或闻听某书已板行，然无从得到，欲得其书，只有抄而藏之。吴骞性喜抄书，与同时之藏书家丁杰、杨复吉、鲍廷博、黄丕烈、陈鳣、吴翌凤、卢文弨、钱馥、周广业、张燕昌等皆有交谊，往往相互传抄、借校为一时盛事。据传吴骞每得秘籍，连夜由子侄辈分抄，或自抄，通宵达旦，灯火通明。光是他自抄自校的善本书籍就有数十种之多，据《拜经楼藏书题跋记》大体统计，抄本150余种，占其全部藏书的大半。所幸的是由他所抄的古籍,今仍大部分留存人间,且大多作为公藏机构善本,成为簿籍中的稀世之珍。据徐学林先生不完全统计,存世的吴氏抄本尚有87种394卷。如褚德仪跋语的吴骞拜经楼抄自辑《拜经楼杂钞》四种四卷,国家图书馆藏一册本;吴骞抄自辑的《拜经楼丛钞》二十二种二十五卷,上海图书馆藏;清顾广圻校并题款的吴骞拜经楼抄清王夫之撰《四经稗疏》四种十四卷,天津图书馆藏、山东省博物馆藏;清周春家藏有的吴骞拜经楼抄由吴骞辑《拜经楼钞书七种》又名《拜经楼丛钞》七种八卷,山东省博物馆藏;吴骞跋抄的自辑《书画题跋五种》五卷,国家图书馆藏五十册本;吴骞抄《海昌闺秀诗》五种;拜经楼藏抄本中的清谷应泰撰《明史纪事本末》八十卷;吴骞跋、吴寿旸校并跋本线装两册的嘉庆间海宁吴氏拜经楼影宋抄汉郑玄注、唐陆德明音义《京本点校附音重言重意互注周礼》十二卷,北京大学图书馆藏;清朱允达校、吴骞批校并跋、陈鳣跋乾隆四十五年(1780)吴骞家抄宋赵彦卫撰《云麓漫钞》十五卷,湖南省图书馆藏;拜经楼抄唐李吉甫纂修《元和郡县图志》四十卷,南京图书馆仅存卷一至十八、二十一至二十二、二十五至三十四、三十七至四十计三十四卷等。

吴骞与同时的著名藏书家陈鳣、鲍廷博、黄丕烈、周春、丁杰、孙志祖、卢文弨、吴翌凤等交往密切。吴骞每获秘册即与他们互通有无、共同赏鉴、互相抄校。乾隆四十一年(1776),吴骞偶得海昌遗老编写的诗文杂著《遗老高风》,因该书流传稀少,便别录一本,赠好友陈鳣。吴骞又曾得宋刻《九经白文》,因其褚墨古雅,便请卢文弨、鲍廷博、黄丕烈等人共同鉴赏。其他藏书家见到珍本也及时告诉吴骞。乾隆三十八年(1773),鲍廷博从友人处得见明项氏刻本《水经注》,驰以相告,吴骞为之欣喜若狂,借归校勘(吴骞《水经注跋》)。由此可见,吴骞生活的时代,许多藏书家已不再拘守子孙永保、秘不示人的传统观念,藏书家之间形成了互通有无、互相抄校的良好风气。拜经楼藏书多抄校本即是这一风尚的体现。

吴骞及其子著书校订图书,也是拜经楼藏书的一部分。吴骞博综好古,纂述宏富,吴氏所收善本,皆亲自校勘。经他撰著、编纂或校雠的书籍使拜经楼的藏书更富内涵。正如清代中期著名藏书家陈鳣在《愚谷文存·序》中所赞:"先生品甚高,谊甚古,而学甚富,著述等身。顾不屑为流俗之文,夙共当世贤大夫相往还,与之上下其议论。晚年益深造自得,远近学者宗之,粹然为儒林之望。"

著有《蠡塘渔乃》一卷、《拜经楼诗集》正续十七卷、《愚谷文存》正续十六卷、《桃溪客语》五卷、《唐石经考异》二卷、《蜀石经毛诗残本考异》二卷、《典裘购书歌》一卷、《遗训笺释》一卷、《海宁经籍志》不分卷、《海宁经籍备考》二卷、《海宁倭事始末》二卷、《小桐溪录》一卷、《随笔》二卷、《尖阳丛笔》十卷、《尖阳载笔》一卷、《槎客日谱》六卷、《阳羡名陶录》二卷《续录》一卷、《国山碑考》一卷、《拜经楼诗草》不分卷、《拜经楼诗稿续集》一卷、《兔床清玩录》、《拜经楼研录》一卷、《愚谷文稿》不分卷、《愚谷文存》不分卷、《愚谷诗稿》五种六卷、《拜经楼杂钞》三卷、《拜经楼诗话》三卷、《拜经楼诗话续编》二卷、《万花渔唱》一卷、《海宁州志校勘记》一卷、《拜经楼书目》不分卷、《拜经楼碑帖目录》一卷等,编《海昌丽则》五种十卷等,著作辑注近百种。

其中,除吴骞及一门已刻部分著作外,收入吴骞著《拜经楼未刊各书》就达十九种四十卷。收入吴骞撰并辑《拜经楼诗文稿》十三种十三卷。收入《愚谷诗稿》五种六卷。吴骞的著作大多仍在世,藏于全国及海外各大图书馆等公藏机构,且大都列为善本。可见其学术质量高、版本价值大。

吴骞校书声名甚著,据《吴兔床行述》等书不完全统计,吴骞撰述校订的著作有130余卷。如其中卷数较多的有吴骞、丁丙跋明刻《九经》九种十卷,南京图书馆藏;吴骞跋元至正间嘉兴路儒学刻汉高诱注《吕氏春秋》二十六卷,上海图书馆藏等。

(3)吴骞藏书的主要特色

拜经楼藏书经吴骞的苦心经营、三代世守,形成了自己鲜明的藏书特色。

吴骞藏书没有先人藏书作为基础,完全是由他自己开始收藏的,这是其藏书的一大特色。除此之外,有以下几点:

其一是重收宋元版本。宋元旧本因刊刻早,流传稀,讹谬少,至清备受藏书家青睐。清初钱曾已有佞宋之称,黄丕烈尤甚,号为佞宋主人。黄丕烈曾为自家宋元旧本善本书藏书处命名"百宋一廛",即百种宋版书集于一室之意。吴骞爱宋元旧刻,题藏书处为"千元十驾",千元为元代刻本1000余卷,一时成为书林佳话。黄丕烈《荛圃藏书题识》卷六《席上辅谈》云:"因忆我辈以文字为乐,往往于笔墨间作游戏语。予向名藏书所曰百宋一廛,其时海昌吴槎客闻之,即自题其居曰千元十驾,盖吴亦藏书者,谓千部之元板遂及百部之宋板,如驽马十驾耳。继后嘉定钱潜研老人著说部名曰《十驾斋养新录》,即此十驾之义。"在购得宋刻本《咸淳临安志》九十五卷、《乾道临安志》三卷、《淳道临安志》六卷共一百零四卷后,遂刻一印,"临安志百卷人家"。次子吴寿旸出生当日,正好吴骞得到一部宋刻本《周礼纂图互注重言重意》,"周礼"在古文献中又称作"周官",因此他就为次子寿旸取字"周官"。后吴骞得宋椠《百家注东坡先生集》,先名其藏书处为苏阁,又以"苏阁"作为寿旸之号,其爱宋元旧椠如此,风雅之至可窥一斑。

叶昌炽在其《藏书纪事诗》卷五中写诗歌咏吴氏拜经楼和千元十驾的收藏盛事,诗曰:

为慕一廛藏百宋,更移十驾庋千元。

生儿即以周官字,俾守楹书比孝辕。

所以拜经楼藏书的最大特点是以宋元旧刻旧抄为胜,且多精品珍本。吴骞还为其所收宋元善本写了许多校勘题跋,后由其子吴寿旸汇录成《拜经楼藏书题跋记》五卷,收吴氏为300余种善本书写的题跋321篇。这300多种书中有45种系宋元刻本,150种宋元旧抄本、抄本及影宋抄本;56种名人校本、自校本;16种稿本。后又由吴寿旸之子吴之淳的友人蒋光煦刻印成册,付印时在原先五卷的基础上又加上吴寿旸的考证三篇以及吴骞父子的部分诗文,又成附录一卷。

吴骞珍视宋元旧本,即使残本也同样宝爱。黄丕烈跋吴骞宋本《前汉书》后云:“海宁吴槎客先生藏书甚富,考核尤精……且余所深服乎槎客者,如此种残编断简,几何不为敝屣之弃,而装潢什袭,直视为千金之比,可谓爱书如性命。”

其二是多亲自校勘。吴骞学富五车,著述等身,所收藏的善本,皆亲自校勘有130余卷。如乾隆四十五年(1780),吴骞得知张燕昌从扬州访得周在浚著《南唐书注》,便借归,以家藏本逐条校勘,凡诸异同,悉笔之简端。吴赛又用五种版本校勘抄本《笠泽丛书》,并在当时吴中顾氏刻本上用诸本互校后,又补录前人序跋题识,使一普通刻本身价倍增,成为一个集大成的本子。

吴骞不仅自己勤于雠校,而且注重培养子孙。在其教育及影响下,其子寿照、寿旸,孙之淳,侄春照、春煦等皆濡染家学,以勤读善校著称。良好的家学氛围使得拜经楼藏书非特装潢端正,且多以善本校勘。丹黄精审,非世俗藏书可比。

其三是多名人批校、题跋本。拜经楼藏书以名人批校、题跋本最多,也最有价值。拜经楼的藏书曾经历代藏书家之手,又经当时诸多名家考证,留下的题跋愈显得珍贵。吴骞在《愚谷文存·桐阴日省编》(下)中对拜经楼藏书中的这一特点做了以下介绍:“至于宋元本精抄往往经名人学士赏鉴题跋,如杭堇甫、卢抱经、钱辛眉、周松霭诸先生,鲍渌饮、周耕崖、朱巢饮、张芑堂、钱菉窗、陈简庄、黄尧圃诸良友,均有题识,尤足宝贵。”

其四是拜经楼藏书多近世和当世人著述;多桑梓文献及乡贤著述;多地方志和书目。吴骞尤其重视收藏方志与目录,二者在拜经楼藏书中共有30种,占全部藏书的近十分之一,这在当时的藏书家中殊不多见。如吴赛收藏的抄本宋《乾道临安志》三卷,《淳道临安志》六卷,《咸淳临安志》九十五卷,这三部书籍是南宋时期编修的杭州方志。历代学者对这三部方志评价颇高。《四库全书总目》认为“《乾道志》今其书虽残阙不全,而于南宋地志中为最古之本”。历代学者对三志中的《咸淳志》尤为推崇,是南宋方志中的佳品。

吴骞收藏的明末清初书目如《绛云楼书目》、《千顷堂书目》、《读书敏求记》、《汲古阁书目》等,对我们了解清初的书目流传和影响也很有参考价值。

其五是吴骞的收藏中极重视史志类书籍的收藏,并对此珍本潜心考证及深入研究。在《拜经楼藏书题跋记》中校录史志及目录著作有60余种,如《史记》、《前汉书》、《吴越春秋》、《资治通鉴》等。《愚谷文存》中也收有非常丰富的海昌地方文献,先贤著述。

此外,陈鳣在《简庄文钞续编》卷一《愚谷文存》著文介绍拜经楼的收藏特色时指出:吴氏“筑拜经楼聚书数十万卷,丹黄甲乙,排列几筵。又有图绘、碑、铭、鼎彝、剑戟、币、布、圭璧、印章之属,丹漆、陶瓷、象犀、竹木之器充牣其中,皆辨其名物制度,稽其时代款识,著之谱录。暇则驾扁舟泛江湖,历山谷,探奇吊古,吮墨含毫于遗文坠简，广为搜访”。而《前尘梦影录》曰：拜经楼中所藏碑帖、书籍、字画，因居住幽僻，未遭兵火劫。据此可知，吴骞所藏除典籍外，尚有碑帖、字画等。

（4）拜经楼藏书的散佚

吴骞去世前一年，于《拜经楼分拨》中立下遗训一条：“自刻诸书及诗文集各种其板叶开书目之后，日后两房公共照管……若忽略厌弃，不知我一生之苦，任其散失，又何用此子孙耶？”

吴骞故世后，拜经楼藏书由其子吴寿旸保管。寿旸子承父业，保护藏书，精于校勘，并把父亲生前所写题跋300余篇手录成帙为《拜经楼藏书题跋记》，完成了父亲未能完成的事业，此书的诞生是清代版本目录学发展史上一重大事件，是后来藏书目录的典范。寿旸去世后，拜经楼藏书传至其子吴之淳、之澄等递藏，历经百余年。其间海昌许氏敦叙楼、胡氏华鄂堂、马氏道古楼、许氏学稼轩均先后散佚，陈氏向山阁、士乡堂亦不保。《杭郡诗三辑》云：“鲈乡（吴之淳）宝守楹书，虽至饥渴困顿，不敢有所鬻弃。”吴骞子孙被誉为能藏善守的贤孝子孙，深受当时藏书家们的称赞。

同历史上所有的私人藏书家一样，吴骞的藏书终归无法摆脱散亡的命运。拜经楼藏书亡于何时，不得而知。道光二十六年（1846），吴骞之孙、拜经楼第三代藏主吴之淳下世。第二年（1847），钱泰吉为蒋光煦刻《拜经楼藏书题跋记》作序，希望吴氏后人能如苏阁父子一样善承先志，保护旧籍，使其藏书勿损于虫蚁，勿夺于豪势，择人通假，责归如期，像范氏天一阁那样长相世守。但愿望归愿望，吴之淳死后不久，亦“遗书尘封，问奇无自”矣①。

后来钱泰吉重过拜经楼，发出不胜怅惘之感。钱泰吉虽未言及拜经楼藏书是否散亡，但从其慨叹可以推知，之淳后代守藏之力必然较弱。《前尘梦影录》卷上云：拜经楼“所藏碑帖、书籍、字画因居住幽僻，未遭兵火劫。有飞凫人结伴至其家，捆载至申，约直三千余金。盖与槎客酬酢，皆乾嘉名士，不但卷册等可得厚值，即往复诗笺尺牍，无不争先购去。”由此可知，拜经楼藏书曾遭劫掠。遭遇劫掠的时间应在道光二十六年（1846）吴骞孙吴之淳去世之后。大约经历了这次浩劫，拜经楼难以再振，终陆续散亡。翁同龢在同治十二年（1873）十一月《虹月归来图》记云：“近日有南乡蔡氏，农家也，而浙中拜经楼钞本多归之，计其收藏之日，正在烽火震荡之中。”②然有幸的是之淳所遗《拜经楼藏书题跋记》刊入《别下斋丛书》，俾传于世。

对于拜经楼的存续时间，学界尚未达成共识。一说在太平天国革命和第二次鸦片战争之后毁于兵燹。一说1937年抗日战争爆发，吴氏后裔避难于外，拜经

① （清）管庭芬：《拜经楼藏书题跋记》跋。
② 仲伟行等编著：《铁琴铜剑楼研究文献集》，上海古籍出版社，1997年。

楼毁于大火。无论如何,吴氏子孙铭记祖上遗训,一直保存着所刻书籍的板叶。他们不负所望,使拜经楼藏书得以三代世守,其存续其间百年以上应是不争之事实。

(5)吴氏家族藏书

吴寿照(生卒年未详),吴骞长子。字南辉,号小尹,海宁新仓人。清藏书家。乾隆五十一年(1786)乡榜。后不幸染目疾,导致双目失明,士论惜之。

遵其父嘱,拜经楼藏书"公同阅看"。其父尝从丁杰借《佩觿》校本,命寿照校录一过。又其父借得《中吴纪闻》校本,亦命寿照过校于汲古阁刊本上。其父以善价购得宋刻本《说苑》二十卷,曾请孙志祖撰跋,寿照"甚爱之",乾隆五十二年入都赴试,"携之行箧,舟车往返,未尝暂离,不意旋染目眚,废书者四五年,展阅此书,慨焉痡叹"①。

吴寿旸(1763—1833),吴骞子,寿照弟。字虞臣,又字周官,吴骞以宋椠《百家注东坡先生集》授之,故自号苏阁。精于诗文,著有《苏阁诗稿》四卷、《富春轩杂著》二卷、《词稿》一卷、《公羊经传异文集解》二卷等。

承其父藏书,精校勘,共同守拜经楼藏书。《海昌备志》称:"海昌百年来藏书家,……独拜经楼完好无恙,贤子孙善守之效也。"管庭芬《拜经楼藏书题跋记》跋云:"苏阁父子保守遗籍,累世不怠,亦自来藏书家所难能也。"以其父之故,亦与陈鳣、黄丕烈、吴翌凤、叶志诜等人交往,抄录、校勘旧籍。家有手抄本数种,其版心均有"拜经楼"三字,无栏格。

藏书处除拜经楼外,还有富春轩。

藏书印有"拜经楼藏书印"、"苏阁之藏"、"周之史官珍藏"等。

尝汇录其父拜经楼藏书跋语,手录成帙,撰为《拜经楼藏书题跋记》五卷《附录》一卷。与兄寿照同撰《吴兔床行述》一卷。

吴之淳(1810—1845),吴骞孙,寿旸子。字醇和,字周官,号鲈乡、鲈香、虞臣子,海宁新仓人。清藏书家。著有《云根室偶存稿》、《鲈乡札记》,云根是其室名。

《海宁州志稿》卷二十九本传云:"亦能守遗籍,校读不倦。"《海昌艺文志》吴之淳条钱泰吉附记云:"鲈乡善承祖父之志,研究遗书,实有心得。所藏宋本《汉书》、元本《史记》,余借校留斋中数年。今纂修志乘,方资一瓻之惠,而鲈乡遽尔殂。"又钱泰吉《拜经楼藏书题跋记》序云:"冀吴氏后人,皆如苏阁父子之善承先志,保护旧籍,勿损于虫蚁,勿夺于豪势,择人通假,责归如期,则拜经楼当与四明范氏天一阁并峙,而为浙东西宛委之藏也。"

其父吴寿旸撰《拜经楼藏书题跋记》五卷,秘不示人。后蒋光煦与之淳交善,"乃得假拜经楼善本以校所藏之缺失焉","鲈乡曾手录其稿以见遗,因授之梓,而

① (清)吴骞:《拜经楼藏书题跋记》卷四《说苑》,《丛书集成初编》本,商务印书馆,1935—1937年。

附其父子诗文若干首于后"①。是书由管庭芬、许光清写校，于道光二十七年付梓行。梓前，之淳于书中间有注记，如卷二《武林旧事》跋后有其父寿旸跋语，注云："之淳谨案：先君子附跋，系跋《钱塘遗事》之文，为钞胥所紊，当移缀《遗事》之末。"此有助于读《拜经楼藏书题跋记》。又卷四《墨志》，之淳道光十八年孟夏注，详撰者麻孟璿生平，为明季节义之士，且云："《墨志》未见诸家著录，近惟知不足斋所刊《墨史》中，偶一附注，亦希世之书也。此旧钞本，传自冬心先生，鱼豕尤多。先祖亦尝校阅，未及细勘。今春因蒋茂才生沐欲刊入丛书，复悉心参校一过，尚虞疏谬，俟明眼者再审之。"

藏书处为竹下书堂。

有藏书印"兔床山人第一孙"、"吴之淳"、"鲈乡"、"竹下书堂"等。

吴之澄（生卒年未详），吴骞之孙。海宁新仓人。清藏书家。撰《拜经楼书目》不分卷，一册，著录约 800 种，每书仅详书名、卷数、本数、撰者，间有注，注文与《拜经楼藏书题跋记》大体一致而简略。此目殆拜经楼藏书目之别本。

吴之枏（生卒年未详），寿照嗣子。一作之楠，字挈文，号让木，又号兰士，海宁新仓人。清诗人、藏书家。监生。拜经楼宋本《汉书》归其所藏。著《让木吟草》。

吴昂驹（生卒年未详），吴骞之从子，字籥云，又字千仲，号醒园，居长平乡尖山之阳新仓里小桐溪，嘉庆二十三年（1818）岁贡生，有《<敬业堂集>参正》一卷，《桃溪书画录》五卷卷首一卷补遗一卷，稿本，嘉庆十三年自序。

《杭郡诗三辑》云："醒园雅好聚书，雠校装订，殆无虚日，不愧拜经楼家风也。"钱泰吉《曝书杂记》卷中"吴子撰校《史记》"条云："其兄醒园昂驹，亦好古籍，近校《敬业堂集》，撰《参正》一卷授梓，老年犹矻矻不倦也。"嘉庆元年（1796）八月四日，吴骞跋《明诗综》云：张为儒《虫获轩笔记》四册，大约经解为多，因令犹子昂驹录其经解。昂驹亦参加拜经楼藏书、抄书。潘承弼老先生得其《桃溪书画录》稿本，审书中有吴骞朱笔校改数十处。

吴春照（1783—1836），吴骞之从子。字子撰，号迟卿，居长平乡尖山之阳新仓里小桐溪。清学者。诸生。好读书，尤深于小学，间写山水，尺幅流传，人争宝之。作文萧疏淡荡，如其为人。既不得志于场屋，遂纵酒自娱，酒后清言，时见名理。

雅好藏书，《海昌艺文志》记："精雠校，家藏书数千卷，丹黄几遍。钱塘汪远孙重刊《咸淳临安志》，延子撰佐校勘，并为校《史记》、《汉书》。"钱泰吉《曝书杂记》卷中"吴子撰校《史记》"条云："吴君春照，字子撰，尝语余，《史记》王本、柯本虽善，惟是索隐、正义删削过多，难于缀补。正义何梦华有精抄本，今未知在否。索隐有至元刊本可据，暇日尝校录一通。是时，吴君方佐汪小米校《汉书》，未暇

① （清）蒋光煦：《拜经楼藏书题跋记》跋。

及《史记》。吴君与小米相继逝，此事遂已，惜哉！吴君为兔床先生之侄，濡染家学，校雠极精审。”可知春照熟谙目录、版本、校雠之学。

吴骞(1721—1791)，吴骞兄。字西台，号拙巢，海宁人。清藏书家。附贡生，亦好藏书，藏书处为赐锦堂，著《拙巢先生遗稿》一卷。

吴衡照(生卒年未详)，吴骞长子。字夏治，号子律。

吴乙照(生卒年未详)，吴骞仲子。字子梭，号然青、子校。

在本节“海宁进士藏书家”一目中衡照、乙照均有论述。

(6)吴氏藏书的杰出贡献及影响

吴骞在清中叶藏书史上堪与黄丕烈士礼居相媲美，他的藏书对当时及后世的中国古代文化传承和嘉兴的藏书产生了深远影响。

吴骞的藏书促进了清代藏书风气的转变。如他不仅积极购藏图书，且与士林广泛结交，互通有无，互相抄校，促进了当时藏书风气的转变，使清初嘉兴藏书家曹溶提出“流通古书约”的藏书观念进一步趋于开明，这一点在藏书史上意义重大。众所周知，藏书难以永保。清顺治庚寅(1650)，钱谦益绛云一炬，学林震撼。曹溶《流通古书约》推其原因，倡议在前，周永年《儒藏说》继之于后。他们都要求藏书家打破旧俗、互通有无。吴骞所处的时代正是这种风气转变之时，不仅拜经楼多抄校本，同时鲍氏知不足斋、汪氏振绮堂等亦多精抄本，藏书风气的转变非吴骞一人之力，但吴骞所起的积极促进作用不容忽视。其后，孙星衍把自己的藏书“置之家祠，不为已有”(《孙氏祠堂书目》)，张金吾的爱日精庐藏书“乐与人共，有叩必应”，他们的藏书思想与吴骞可谓一脉相承。

拜经楼吴氏能集藏、校、读于一身，体现了清代私家藏书的良好传统。清代私家藏书极为兴盛，不少私人藏书家本身即是著名学者，像吴骞之前的钱谦益、王士祯、徐乾学、何焯，嘉兴的朱彝尊、查慎行等。他们收藏图书不仅仅着眼于图书的文物价值，更主要的是为其学术研究提供方便，所以清初藏书家已经开启了藏书与学术研究相辅相成的良好风气。尤其是他们精通目录、版本、校勘之学，能对自己的藏书进行编目、校勘，促进了清代目录、版本、校勘学的繁荣。同样，吴氏虽然不是这一风气的开启者，但作为清中叶藏书史上重要的一环，吴骞及其子孙为此作出了贡献。可以说，吴氏子孙集藏、校、读于一身的良好的藏书传统是清代藏书史的一个重要缩影。稍后，张金吾在《爱日精庐藏书志》中提出的“藏书者，诵读之资而学问之本也”，“藏书而不知读书，犹弗藏也”的主张，实际是这一良好的藏书传统的理论化。

《拜经楼藏书题跋记》在目录分类及编纂体例上都有其独创性。吴骞生前虽笃嗜藏书、著述等身，但他却没有为自己的藏书编写一部善本书目。吴骞死后，其子寿旸汇集吴骞等人题跋编成了《拜经楼藏书题跋记》五卷。使拜经楼当年藏书的盛况有据可查。《拜经楼藏书题跋记》共收录拜经楼收藏的善本 321 部，其中有宋元椠本，旧抄本，抄本，自抄本，影宋抄本，名人校本，自校本和稿本。在清代四部分类法已占统治地位的情况下，从实际出发，将这些藏书分为五类：卷一群经、小学61条；卷二正史、载记49条；卷三地志、目录30条；卷四诸子、杂家79条；卷五别集、总集102条。附录中收官印考3篇，古今体诗20首。这种做法在清中叶目录学史上有其历史意义。

《拜经楼藏书题跋记》完成了由专录一人题跋向辑录诸家题跋的过渡。就编纂体例而言，《拜经楼藏书题跋记》主要由三部分组成：吴骞题跋、诸家题跋和寿旸按语。汇集吴骞个人题跋200余篇，作为其主要部分外，还录载了大量他人题跋，通过编排，使它们融为一体。这些题跋从不同角度、不同侧面反映了该书的内容特色、版本源流、刊刻经过、藏弆经历等。这种编纂体例较早打破了此前书目题跋专录一人跋语的形式。相比于专录一人题跋，这种题跋记介绍的内容更全面，提供的资料更丰富，打开的视角更开阔。

《拜经楼藏书题跋记》较早记载行款。此前记行款的私家藏书目录极少，与吴骞同时、以版本鉴赏著称的黄丕烈的书目题跋也只记大、中、小版。吴寿旸对重要的宋元版行款予以记载，丰富了鉴别版本的方法。

总之，在中国藏书史上，吴骞拜经楼藏书多精校本、多名人批校及题跋本，是当时清代藏书风气的反映，吴骞的拜经楼藏书虽已星散，但它代表嘉兴藏书家在清中叶藏书史上的重要地位，并对后世藏书产生的了巨大影响。

5. 陈鳣向山阁藏书

陈鳣（1753—1817），字仲鱼，号简庄，又号河庄、东海波臣，别署新坡，海宁硖川紫薇山麓黄冈里人。清代与吴骞齐名的藏书大家、校勘家。清嘉庆元年（1796）以郡庠生举孝廉方正，嘉庆三年（1798）中举。陈鳣博古好学，是一位精通文字训诂校勘的学者。与当时著名学者钱大昕、翁方纲、段玉裁等多有交往，于经学相互质难问疑，共同探讨。清嘉庆二年（1797）阮元任浙江学政，遴选两浙学有所长者编《经籍纂诂》，鳣长于经学、训诂，任分纂，深得阮元赏识。阮元在《定香亭笔记》中称他为“经史百家靡不综览”，“浙西诸生中经学最深者也”。吴骞之侄吴衡照也在《海昌诗淑》谓其“博闻强记，手不释卷，尤深于许郑之学，同时推为汉学领袖”。晚年隐居紫薇讲舍。

陈鳣少年时就酷嗜书籍，购置不遗余力。凡经史子集，得善本辄相互传观，或手自校勘，数十年如一日。叶昌炽《藏书纪事诗》卷六曰：陈鳣“生平专心训诂之学，性好藏书，购藏宋雕元椠及当时罕见之本甚富，约十万卷。每得善本，辄手自校勘，数十年如一日”。嘉兴藏书家钱泰吉《曝书杂记》卷上记之甚详。其文曰：

海昌陈简庄孝廉鳣，博学好古，尤喜收书。其所得诸经旧本，《周易注疏》，则宋刻大字本十三卷。李氏《集解》，则影宋嘉定本十卷。朱氏《本义》，则宋咸淳吴革本十二卷。《尚书孔传》，则宋婺刻巾箱本十二卷。蔡氏《集传》，则宋刻本六卷。《毛诗传笺》，则宋刻监本二十卷。《注疏》，则元刻元印大字本二十卷。《周礼注》,宋小字本十二卷。《仪礼郑注》,则明翻宋刻本十七卷。《礼记注》,则宋淳熙刻本二十卷(即张氏重刊本—原注)。《注疏》,则宋刻本七十卷。陈氏《集说》,则元文宗时建安郑明德刻本十六卷。《春秋经传集解》,则明翻宋相台岳氏本三十卷(简庄谓明翻刻有三本,此为最佳,不言何人所翻)。《穀梁传》,则照宋钞单行疏十二卷(惜缺文公以前)。《论语音义》,则影写北宋蜀大字本一卷。《孝经注》,则桐乡金氏翔和书塾翻相台岳氏本一卷。《尔雅》,则宋刻单疏本十卷。《孟义音义》,则影写北宋蜀大家本二卷。《四书》,则宋淳祐丙午泳泽书院刻《大学章句》一卷、《中庸章句》一卷、《论语集注》十卷、《孟子集注》十四卷。余来海昌,简庄已下世,所藏尽散,不知流传何所矣!①

陈鳣所藏珍本,除上述钱泰吉所记外,其藏宋人撰《临安三志》三种一百卷亦甚出名。尤其嘉庆十四年(1809)所得淳祐本《临安志》六卷,此书由于《直斋书录解题》、《文献通考》、《宋史·艺文志》皆未著录,故更引人注目。陈鳣有跋文云:"近客吴中,有持书目来者,云平湖韩氏出售,中有《临安志》四册,因与黄君荛圃亟取观之,书凡六卷,所列山川、城府二门,虽编为一至六,然前尚有缺卷,其记载至淳祐十一年止,避讳亦仅及理宗,其为淳祐志无疑。……乃以厚价购之。……书虽不全,良足宝贵,遂与乾道、咸淳二志共藏,目为临安三志,并赋诗纪事。嘉庆十有四年冬十有二月,海宁陈鳣书。"陈鳣《简庄诗钞·寄槎客先生》诗云:"输钱吴市得书夸,道是西施入馆娃。宋室江山存梗概,乡邦风物见繁华。关心志乘亡全帙,屈指收藏又一家。况有会稽嘉泰本,赏奇差足慰生涯。"诗前有小序:"偶从吴市购得宋《淳祐临安志》六卷,虽非全本,然自来著录家多未见。喜而有作,寄槎客先生。"

陈鳣藏书达10万卷,次第校勘,常盖印他的肖像,题"仲鱼图象"。《斜川诗集》是其校本之一。藏书多宋元椠本和清代罕见之本。旧抄、影宋抄本亦不少。《经籍跋文》仅经部类亦有宋元及影宋抄本近20种。见于《简庄文钞续编》的有宋本、明初本、旧抄本等数种。见于《简庄缀文》卷三的有宋本、元本、影宋抄本、旧抄本等十余种。陈鳣藏书之精善,几乎可与黄丕烈、吴骞等人所藏相媲美。

陈鳣所藏婺本点校《重言重意互注尚书》,唐陈德明撰,宋刻本6册13卷。框高10.2厘米,宽6.8厘米。10行,行20字,白口,四周单边。钤有"得此书费辛苦后之人其鉴我"、"陈仲鱼象"、"陈仲鱼读书记"等印(见下图)。

陈鳣因性爱藏书,一度客居吴门,与黄丕烈、吴骞等著名藏书家交谊颇深,得善本与之互相抄藏。管庭芬《经籍跋文书后》云:"晚客吴门,闻黄荛圃百宋一廛《九经》、《三传》各藏异本,于是欣然定交。互携宋抄元刻,往复易校,校毕并跋语,以疏其异同,精审确凿,其功与考定石经无以异。"《海昌备志》云:"喜聚书,得

① (清)钱泰吉:《曝书杂记》卷上,辽宁教育出版,1998年。

婺本点校《重言重意互注尚书》书影

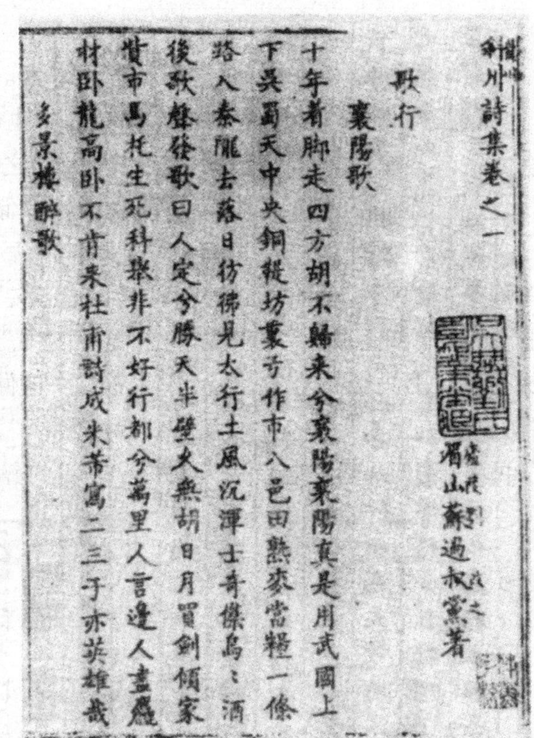

陈鳣校本《斜川诗集》书影

善本相互抄藏，更有吴门黄丕烈为之助，以故海昌藏书家推吴氏、陈氏。”陈鳣有津逮舫，常与吴骞、黄丕烈等友人或乘船四出访书，或游山玩水，或在船上相互饮酒赋诗，鉴赏新得珍藏。从黄丕烈嘉庆八年九月记云可见一斑：“访友城西，出金阊门至海宁陈君仲鱼寓中，出此（即《吴志》宋咸平刻本）相赏，并告以欲往山塘肆买书，故遂借仲鱼舟并邀仲鱼同。仲鱼亦欣然相与登舟，抵其舱见有一小榜，榜曰：津逮舫。余谓仲鱼曰：‘君好书，故所乘舟是以名之。今遇借此访书，则所取之名若预知今余有是事而名之也。’两人不觉掀髯而笑。”①陈鳣嘉庆十年八月在《简庄文钞续编·钱塘遗事跋》记云：“《钱塘遗事》，宋遗民刘一清撰，十卷，世无刻本，是书从文澜阁抄出，犹是足本，吴骞出旧钞本见示，曾经吴仲伊手校者，颇为精详，遂借至津逮舫中相勘正，并录明经（指吴骞）跋语。时方秋半，爽气迎人，适偕明经游杭，连舟共泊，对酌论文连日，登山临水，闹市访旧，殊多乐事。一夕称步玩月，坐横河桥共读《钱塘遗事》，娓娓忘倦，明经复颂岳倦翁《玉楮集》诗数首，不禁感慨系之”。由此可见陈、黄、吴当时之风致。

晚年归隐海宁硖石紫薇山麓，筑藏书处向山阁，此外尚有坝上之士乡堂（阮元书额）、松砚斋（六十四砚斋）、孝廉居（阮元题）、紫薇讲舍等。吴骞的次子吴寿旸有《过陈简庄征君紫薇讲舍》诗云：

---

① （清）黄丕烈：《荛圃藏书题识》卷二《吴志》，上海远东出版社，1999 年。

新坡旧业本黄冈，卷轴丹铅说士乡。
重继白公吟眺地，紫薇山下读书堂。

黄丕烈为他代购元重刻宋本《文选》，他视若珍璧，故另拟筑文选楼，以贮珍本。曾云："余好书，力未敢贪多，惟童而习之者，每思善本是正文字，迩来随有所获，今更得此，不胜狂喜，它日拟筑文选楼以储之。"①

其藏书印有"陈鳣"、"得此书，费辛苦，后之人，其鉴我"、"陈氏图象"、"陈鳣考藏"、"鳣读"、"海宁陈鳣观"、"简庄艺文"、"陈鳣收藏"、"陈仲鱼家图书秘册"、"向山阁图书"、"海宁陈氏向山阁图书"、"海宁陈氏简庄所录秘册"、"海宁陈氏珍藏书画金石之印"、"元本鳣读"、"陈仲鱼读书记"、"仲鱼"、"仲鱼手校"、"陈仲鱼家图书"、"陈鳣收藏"、"简庄所录"、"临安志十卷人家"、"仲鱼过目"、"仲鱼图像"、"士乡堂珍藏"、"仲"、"鱼"、"鳣"等。

陈鳣藏书印

陈鳣无书目留世，但著述宏富，有《经籍跋文》一卷，系经部题跋之作，刊入蒋氏《别下斋丛书》，收宋本经书 18 种，元本 1 种，为学者所重视。吴骞嘉庆十八年 81 岁为之作序，云："简庄精敏果锐，强于记诵，而能专意于经学，又克广揽穷搜。今观所撰诸经跋文，钩深索引，凡古本之为后人窜乱芟并者，莫不审究其原来次第，而字之更改淆混者，一一校正，令人得见本来面目。"②因陈氏精谙经学，故其经部跋文特精，辨讹审讹，兼记刊板岁月、册籍款式、收藏印记、得书经过等，莫不精审确凿，令人如见原书。时人评曰："其功与考定石经无以异。"此外，还著有《简庄缀文》六卷，均有关训诂、考证、版本，另外《简庄集》十二卷、《孝经郑注》一卷、《六艺论》一卷、《续唐书》七十卷、《恒言广证》六卷、《松砚斋随笔》、《两汉金石记》、《诗集》十卷、《诗人考》三卷、《缀文》六卷、《对策》六卷、《石经书》、《石经说》六卷、《埤仓》、《简庄疏记》十四卷、《埤仓拾存》一卷、《声类拾存》一卷、《韵集拾存》一卷、《简庄文钞》及续编、《简庄诗钞》等多种著作行世。编纂地方文献《海昌丛载》甲编六卷、《硖川诗钞》二十卷。

陈鳣父陈璘，研究《说文》，著书未成，他继承父志，经十余年努力，撰《说文正义》二十卷，《说文声系》十五卷。同时又致力于经学，采辑郑玄《论语注》、《孝经

① 沈炳忠：《影响中国的海宁人》，浙江人民出版社，2008 年。
② （清）吴骞：《经籍跋文》序，《国家图书馆藏古籍题跋丛刊》本，北京图书馆出版社，2000 年。

注》、《六艺论》遗文，据郑玄本传编排事实，作《郑君年纪》；又搜罗自汉以来有关《论语》疏注本，博采精华，撰《论语古训》十卷。这些成果，得到钱大昕、王念孙、段玉裁等人的赞许。

陈鳣亦喜刻书，乾隆六十年至嘉庆元年（1795—1796）刻自辑《论语古训》十卷《附记》一卷，国家图书馆，上海图书馆、南京图书馆藏。嘉庆十年（1805）刻自撰《对策》六卷，南京图书馆藏、国家图书馆藏。嘉庆十二年（1807）刻自撰《缀文》六卷，南京图书馆、国家图书馆藏。嘉庆年间刻自撰《六艺论》六卷。道光五年（1825）刻自撰《续唐书》七十卷，南京图书馆藏。

关于陈鳣藏书散佚，《海昌备志》云："仲鱼既殁，遗书散佚。"海宁藏书家吴衡照（吴骞之侄）《海昌诗淑》云："殁不数载，后人无识，为苕上书贾赚去，题识宛然，图记尤昔，精钞旧刻，以其族行，吁可伤矣。"其手校手著之稿及所著未刊稿本亦"尽为苕估所得"。衡照所记与陈鳣殁时较近，又同在一地，较可靠。鳣之手稿《经籍跋文》道光八年（1828）为管庭芬于西吴书舫所购得，后由蒋光煦刻入《别下斋丛书》。陈鳣向山阁藏书大半归马二槎（马瀛）吟香仙馆。另有少量书籍流入苏州黄丕烈之士礼居，如所藏《长安志》二十卷（抄本）。

据王长英《浙江图书入闽与福州南后街书肆繁荣》载：陈鳣后代所得仅数十箧，几经辗转，又从浙江流寓山东，同治十二年（1873），闵县（福州）藏书家龚易图（1830—1888，字少文，号含晶，咸丰九年进士，选翰林院庶吉士，累官至湖南布政使，藏书处为翅均居、双骖园、大通楼，聚书四五万卷）在山东登莱兵备道兼东海关监督任上，一日，他在烟台见有陈氏遗书3000种出售，急以重金收购，船运入闽，藏入福州双骖园。叶昌炽尝云：陈仲鱼先生文孙尚守遗书百箧，流寓济南。宋本已化云烟，元刊及手校各本多有在者，柳门（按：汪鸣銮）能得之矣。故陈氏藏书至光绪间方散尽。

6. 许梿古韵阁藏书

许梿（1787—1862），清经学家、书法家，藏书家。本节"海宁进士藏书家"一目中另有论述。

7. 管庭芬花近楼藏书

管庭芬（1797—1880），管题雁子。原名怀许，一作名廷芬，字佩兰、培兰，又字子佩，号芷湘，晚号笠翁、芝翁、芷翁，亦号渟溪老渔、渟溪钓鱼师、渟溪病叟，世居海宁路仲。钱泰吉弟子，清学者、画家、藏书家。诸生，少时博览群书，能诗文，善画山水，尤善画兰竹，精鉴赏、校勘。也曾馆于著名藏书楼海宁蒋氏别下斋甚久，为蒋光煦挚友，常与蒋光煦切磋研究，并协助其校书、勘书，刊行《别下斋丛书》。

庭芬好藏书，亦多聚书，以酷嗜古代典籍、多见珍本异书著称于世。《海宁州志稿》称他"少耽异籍"、"生平露钞星纂，日以书卷为生活"。管氏藏书多来自购置，以至典衣买书，过着佣书未许主人闲的生活。丁丙《杭郡诗三辑》（杭州图书

馆藏本)有其《典衣买书歌》称庭芬云:

天涯有客芷湘子,青山懒隐隐村市。
贫居陋巷无所求,愿与史籍同生死。
既耕还读甑屡虚,仰天狂笑心不舒。
天生我材必有用,供我岂乏古今书。
叩门喜接西吴客,一笑相逢皆秘册。
绕床真奈阿堵无,欲舍仍留费筹画。
缊袍挂体春衣闲,呼童且质钱刀还。
奇文换得自欣赏,胜绝梦游娜嬛间。
芳香谨贮心亨室,雠校乐可销永日。
丹黄涂乙且咿唔,两手晨昏少停笔。

管氏不仅嗜书成癖,且抄书成痴,家藏抄本极丰,稿本有数种。生平手抄校不下数百种,现今可以列出书名者就有250余种。今国家图书馆善本中有其道光二十三年所抄之《清绮斋藏书目》,孙诒让手跋云:“书既珍秘,又出海宁管芷湘手抄,故甚爱之。”“芷翁博极群书,犹得见冯柳东、张叔未、钱警石诸先生渊源有自,手抄之书,自经粤乱,流传日少。”其族曾孙管元耀曾于数十册日记中辑成《花近楼丛书序跋记》,元耀在跋文中称庭芬咸丰十年(1860)避难乡曲,日以抄书为事,两年所抄小品约70余种。所辑《花近楼丛书》即多为手录,已所不足书,则借而读之。另外还曾手抄谈孺木的《海宁外志》、周松霭的《海昌胜览》等书。他还与同邑藏书家胡尔荥、马锦、吴寿旸、周勋懋、杨文荪、徐鸿厘、葛继常等均有密切交往,都有互为抄书之谊。

藏书处为花近楼,取杜甫“花近高楼伤客心”诗意,除此,曾用过的藏书处还有一枝轩、太古轩、渟溪老屋、斜川馆舍、留教书堂、听雨小楼、墨王楼、笔花吟馆、待清书屋、锄月种梅室等。

藏书印有“渟溪老屋”、“庭芬读过”、“庭芬过眼”、“庭芬芷湘”等。

庭芬尤精目录之学,曾校《读书敏求记》,一生校勘了许多书籍,经庭芳所校之书,人称善本。

喜刻书,达数百种,数千卷。所辑刻《花近楼丛书》初集七十四种,补遗二十一卷,十四册,《花近楼丛书》自序云:咸丰十年奉母避兵赟远循乡曲,“其寓仅破楼一间,日藉笔砚以消郁垒,笈携小品尽手录之,不足复于村塾及邻近告借以续之”,因荟萃成此书,后为人攫去,不知漂流何所。

管庭芬生平著述宏富,曾协助学官钱泰吉纂修《海昌艺文志》(初名《海昌经籍著录考》)二十二卷、金石编。《海昌经籍著录考》积二十余年,七易稿始成书。所辑丛书皆有解题,散记于数十册日记中。马寒中、查初白收藏之本,皆有管氏跋尾。惜因家贫,除了载于《海昌备志》这部分以及《天竺山志》十二卷已刊之外,其余均无力付梓,而以稿本存世。目前,除已收录入《中国古籍善本书目》,分别庋藏于北京、天津、南京、上海、浙江等图书馆的稿本及抄校本之外，据《海宁州志稿》等地方典籍记载，尚有《海昌丛载》、《海隅遗珠录》、《丱兮笔记》、《履霜杂志》、《渟阴志略》、《越游小录》、《南屏逸志》、《南唐杂剧》、《增订读书敏求记》、《渟溪老屋题画诗》、《海昌丛载》、《渟溪老屋诗剩》、《渟溪老屋文剩》、《芷湘近稿》、《南屏禅寄集》、《浙西被兵录》、《宋诗钞补》八十八卷、《兰絮画腴》四卷、《芷湘笔乘》一卷、《渟溪老屋自娱集》八卷、《渟溪老屋遗稿》七卷、《日谱》、《芷湘吟稿》四卷、《待清书屋杂钞》等多种。又辑《待清书屋杂钞》538 种，内自撰《散记》1 种，《消夏录》4 种，《一瓻笔存》一百二十四卷，今在天津图书馆。由于他几十年间孜孜不倦地勤于抄书纂辑，尤致力于地方文献，多所贡献，因而名闻于时，为世所推重。

庭芬家乡的海宁市图书馆收藏有他所著诗稿三种，并收入《中国古籍善本书目》。三种诗稿分别是《渟溪老屋自娱集》（手稿本，八卷二册），《芷湘吟稿》（手稿本，四卷一册），以及《渟溪老屋遗稿》附《补遗》，同治九年管伟之辑抄本二册。其中共收录管庭芬自嘉庆二十年（1815）至同治四年（1865）51 年间（即作者自 19 岁至 69 岁）所作的 1000 多首诗词。据《中国古籍善本书目》著录，上海图书馆藏有管氏所撰《芷湘吟稿》稿本，国家图书馆藏有管氏所著《海宁经籍志略》和《海昌丛载》的稿本，以及不少抄校本。浙江图书馆也藏有《芷湘吟稿》一卷一册，《海隅遗珠录》五卷五册。海宁市图书馆还藏有其后人所辑录的《渟溪老屋题画诗》，皆可资参考。

1952 年 3 月，浙江图书馆曾派员专程到海宁路仲，接收管氏后人管大雄先生所捐献的藏书 600 馀册。经过鉴别，挑选了其中 2338 册运回杭州，其中就有管庭芬自清嘉庆二年（1979）至同治四年（1865）整整 69 年间所记的《日谱》稿本。这对我们研究管庭芬的生平事迹、思想发展及其著述，可说是一份比较完整也极其珍贵的第一手资料。

8. 海宁硖石蒋氏家族藏书

海宁蒋氏先世居宜兴，南渡时蒋兴迁临安，康熙年间蒋云凤迁硖石蒋村，为蒋氏硖石始祖①。蒋云凤有四子，有据可考的家族藏书始于云凤之子辈，尤以后辈之来青阁、别下斋、衍芬草堂及西涧草堂藏书闻名东南。“前清东南藏书之家，道咸间称‘海宁二蒋’，即寅昉（光焴）先生之西涧草堂及其从兄生沐光煦先生之别下斋也。”“吴骞之拜经楼、陈鳣之向山阁之后，当推蒋光煦之别下斋，与蒋光焴之衍芬草堂”②。蒋氏家族藏书虽不能与范钦之天一阁等名震华夏的藏书大家、藏书名楼相埒，但蒋氏家族中藏书家世代相承，著称者颇多；来青阁、别下斋、衍芬草堂及西涧草堂藏书甚丰，多有善本，流传有绪，泽被当今；其藏书六代递藏而

① 蒋学坚修：《硖石蒋氏支谱》，民国 18 年（1929）铅印本。
② 陈从周：《衍芬草堂藏书楼》，《书带集》，生活・读书・新知三联书店，2002 年。

最终归于新中国各大图书馆。

(1)蒋楷来青阁藏书及其流布

蒋楷(1774—1827),原名星桥,一名三益,字文隅,号梦华,先世居海盐鸡笼山蒋村,自其曾祖迁海宁硖石镇。清诗人、鉴赏、收藏家。监生。生而敏悟,好文学,通声韵之学,工诗词。宗宋人,尤擅慢词小令。工楷书,得王羲之神韵。著有《来青阁诗集》、《读书吟评》等。

好藏书,精鉴赏,喜积聚金石书画及宋元版本古籍,贮于来青阁中。其收藏之富,可与同时著名藏书家吴骞、陈鳣媲美。《海宁州志稿》卷二十九文苑记云:蒋楷"尤嗜古,得唐颜鲁公《清远道士诗》、宋苏文忠《圆觉经》两真迹,俱勒石。尝刻秀水朱彝尊《南车草》及《徽堂和章》,俱《曝书亭集》中所未见。此外经籍之善本,图画之精品收藏甚多。远近称赏鉴家,必首屈一指焉"。管庭芬在《别下斋书画录序》中称其:"收藏书画之富,不异云林清秘。……一时名流如郭祥伯、尤二娱尝主其家,时相唱和。所见宋元以来名迹无不品题,惜未竟其业而殁,鉴赏家皆深惜之。"①

嘉庆十七年(1812)九月六日,黄丕烈《荛圃藏书题识续录》卷三跋元刻本《断肠集》云:今春海宁陈仲鱼过访,谈及是书云:"硖石蒋君梦华亦有元刻注本,许为我借出助勘。顷,果以书畀余,竭一二日力手校一过。……故敢于还书之日著其梗概如此,以质诸梦华先生,并以告仲鱼之与余同嗜者。此书系寒中(马思赞)故物,未经后人点污。"又,嘉庆二十年六月四日黄丕烈《荛圃藏书题识》卷五跋《却扫编》云:"乙亥三月,仲鱼还是书,偶谈及梦庐此书近欲与硖石蒋梦华各以所爱物相易,将成交矣。惜余得信之迟,而不及先与之一商也。"

藏书处为来青阁,有《来青阁书目》一册,今佚。

后家道中落,谢世后,来青阁藏书经由其后辈努力而得以流布,多归从子光煦之别下斋,部分为从子光焴之衍芬草堂,部分归其孙学坚之平仲园收藏,学坚为之编《平仲园书目》存世。柳和城在《话说文化世家海宁蒋氏》记其藏书流布云:"云凤先生的长房孙子蒋楷……好聚金石书画及宋元版古籍,藏品之富,与当时吴氏拜经楼、陈氏向山阁齐名。书楼名来青阁……蒋楷交游很广,与陈鳣、黄丕烈等时相过从。来青阁藏书原辑有书目,现已失传……古籍有宋刻《陶靖节诗集注》、《汉隽》,元刻朱淑贞《断肠集》、《方是斋居士小稿》、《春秋释义》等。……来青阁藏古玩、碑帖、名画、书法方面也都有精品,后归衍芬草堂的五方宋明古砚就是其中一部分……梦华先生殁后,所藏大半归别下斋。另有明画家沈周手书诗稿4册、明黄道周手书《离骚》长卷真迹归衍芬草堂。""蒋光煦之藏书先后得陈鳣向山阁、蒋楷来青阁、马瀛香仙馆旧藏,聚书四五万卷。""蒋楷的藏书一部分为

① (清)管庭芬:《别下斋书画录》序,清校抄本。

其侄孙蒋光煦所得，……蒋楷的另一部分藏书则传于其孙蒋学坚。"①

蒋仁荣(1819—1860)，蒋楷子。字修华，号杉亭，海宁硖石人。清诗人、藏书家。与弟光烈(志亭)并称"二亭"。家富藏书，性好读书，工诗。与李善兰、崔德华等人结"鸳湖吟社"。曾师事长洲陈奂研习经学。书斋名为师经室。著有《孟子音义考证》手稿本(今藏上海图书馆)。

蒋光烈(1823—1846)，蒋楷子，仁荣弟。字锡申，号志亭，海宁硖石人。清诗人、画家。父筑来青阁，收藏甚富。能诗工画，尤擅水墨花卉。惜与兄仁荣早卒。

蒋学坚(1845—1934)，蒋楷孙，仁荣子。清末民初学者、诗人、藏书家。第四章第二节"海宁藏书家及其藏书"一目中另有论述。

(2)蒋光煦别下斋藏书及其留存

蒋光煦(1813—1860)，蒋光焴之从兄。字日甫、爱笋，号生沐、雅山、放庵居士，居海宁硖石镇通津桥南大街(东河街)。清藏书大家。年10岁而丧父，母马氏亲自课读，涕泣告诫之，望其早日成才。光煦自幼励志好学，尝绘《篝灯教读图》。及长，豪饮好客，兴趣广泛，工诗善画，通音律、博弈及诸般杂艺无不爱好。著有《花树草堂吟稿》一卷、《别下斋遗诗》、《东湖丛记》六卷、《花树草堂诗稿》一卷、《瓯香馆集》、《别下斋书画录》二卷、《斠补遗录》十四种及《论书目绝句》等。其中《东湖丛记》即皆记其所见秘书异籍，故俞樾称其书精审。

光煦专意收藏书籍及金石书画，连同先世所藏，积古籍五万余卷，其中名刻善本居半，多宋元刻本，亦皆手尾雠校，丹黄灿然，为道光间名闻遐迩的海内藏书大家。

《刻拜经楼藏书题跋记后序》云："光煦少孤，先人手泽，半为蠹虫所蚀。顾自幼即好购藏，三吴间贩书者皆苕人，来则持书，入白太安人请市焉，辄叹曰：'昔人有言，积金未必能守，积书未必能读，若能读，即为若市。'以故架上书日益积。稍长，欲得旧刻旧钞本，而苕贾射利之术，往往索时下诸刻与易，而益之金，则辗转贸易，所获倍蓰。未几，凡余家旧藏，世所恒有之书，易且尽矣。今计先后裒集者，盖得四五万卷，露钞雪购，其值已不赀。"②

管庭芬在《别下斋书画录》序中言：光煦"少日即耳濡目染，勤于搜访。年逾弱冠，骨董家即不敢以燕石相欺，所贮书画精品得于吴中及武原、当湖故家者居半。且别下斋藏书数万卷，不乏宋钞元刻，亦皆手为雠校，丹黄灿然。每得一书，必商之于丹徒严太史问樵、嘉兴李学博香沚、吴江翁处士小海，故插架所列，亦不亚于来青阁"。

蒋光煦之藏书部分源于从父蒋楷之来青阁及陈鳣向山阁、馬瀛吟香仙馆旧藏，聚书四五万卷，所藏多宋元旧版、旧抄，俞樾"曾至其家，图书满室，乔木蔚然，

① 虞坤林：《海宁藏书文化研究》，西泠印社出版社，2004年。

② (清)吴骞：《拜经楼藏书题跋记》，《丛书集成初编》本，商务印书馆，1935—1937年。

叹为方雅之族”,“其家藏书甲于浙右,所得多宋元椠本及旧抄本”①。钱泰吉也曾在蒋氏处见所藏汲古阁影宋抄本《棠湖诗稿》及钱塘何应龙《橘潭诗稿》,许棐《梅屋诗稿》、《融春小缀》、《梅屋杂著》、《梅屋第三稿》、《第四稿》、《梅屋诗余》皆精绝,不藏有影宋抄《白氏讽谏》,宋刻《杜诗补注》,宋本《晋书》亦精绝。

光煦既收藏图书,又收藏金石书画、碑帖法书和秦砖汉瓦。“延揽名流如张叔未、费晓楼、翁小海、管芷湘诸老尝主其家,尤喜收藏书画金石,充轫几架。”②其所藏书画碑帖中,以《群玉堂帖》、《英光堂帖》的残帖最为有名。《群玉堂帖》十卷为宋刻丛帖名,初名《阅古堂帖》,系南宋韩侂胄命门客所摹刻。韩被杀后,没入公库,于嘉定年间又改名为《群玉堂帖》,帖中收自晋以后的名家法书,五卷以下皆宋人法书。此帖以摹刻精妙著称。《英光堂帖》为米芾法帖,选刻精良,中多米芾得意之作,南宋岳珂曾加摹刻,至清时与帖皆佚。蒋光煦收藏这两个残帖,并重新摹刻,自然受到人们的重视。所刻碑帖还有有《瑶想阁黄帖》、《唐杜工部像》、《宋苏文忠公像》,识者谓“几乱厥真”。

藏书处为别下斋、商觚周鼎秦镜汉甓致斋,又有书斋曰东湖草堂、宜年堂、花事草堂、慎习堂、宝米堂等。

藏书印有“别下斋藏书印”、“别下斋珍玩”、“光煦珍玩”、“乌夜村农”、“蒋光煦生沐秘藏”、“放庵居士文房之记”等。

别下斋珍玩

光煦珍玩

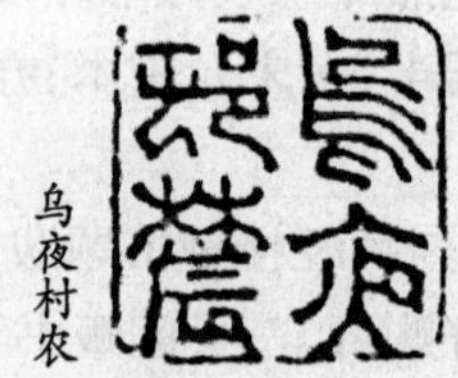
乌夜村农

蒋光煦藏书印

宋慈抱《两浙著述考》经籍类有《别下斋书目》。俞樾《春在堂杂文三编》卷三《东湖丛记》序云:“皆记其所见异书秘籍,而金石文字附见焉。其书实精审,与同时嘉兴钱警石先生《曝书杂记》可相伯仲。”

关于其藏书留存,管庭芬叙述颇详,其《别下斋书画录》序云:“咸丰已未(九年)粤寇阑入东南,浙江全省戒严,生沐挈眷避居余家,复迁茶院山中。庚申(十年)八月,寇焚硖石,生沐之居烬焉。生平所弆珍物其未携置行箧者,或惨遭劫火,转徙人间,殆已莫可究诘。于是侘傺卿酒,后每抚膺痛哭。是冬即抱恨以终。”其刻书版片亦成灰烬。今国家图书馆、浙江图书馆尚有其残存之物。别下斋旧居三楹尚存,已非昔日全貌。

值得庆幸的是,蒋光煦别下斋散帙经其后辈收藏、整理、辑刻而流传至今。

① (清)俞樾:《春在堂杂文五编》卷五《蒋泽山墓志铭》。

② 郑伟章:《文献家通考》卷十六,中华书局,1999年。

蒋光煦择其所藏最精者，刻成的《别下斋丛书》，校刊颇精，堪称清代后期私刻之精本，现可见诸于全国部分图书馆和研究所。

《别下斋丛书》包括《龙山易传》、《诗氏族考》、《春秋三传异文释》、《靖海纪略》、《箕田考》、《峡石山水志》、《汉魏六朝墓铭纂例》、《西洋朝贡典录》、《拜经楼藏书题跋记》、《石药尔雅》、《德星堂家订》、《文泉子集》、《得全居士词》、《澹庵长短句》、《燕喜词》、《茗斋诗余》、《瓯香馆集》、《琼花集》、《七颂堂词绎》、《金粟词话》、《古文绪论》、《论书随笔》、《山静居诗话》、《曝书杂记》、《小蓬海遗诗》（附《屑屑集》）、《江山风月谱》（附《屑有声画》）等。其中唐宋人著述多为稀传图书，明曹履泰《靖海纪略》、黄省曾《西洋朝贡典录》等史料价值极高。

《别下斋丛书》中重要书籍详情

《靖海纪略》四卷，明曹履泰撰。《别下斋丛书初集十种》四十八卷。清蒋光煦编。清道光年间蒋氏别下斋刻本。11行，21字，小字双行同，黑口，左右双边。现藏国家图书馆。

《靖海纪略》四卷。明曹履泰撰。《别下斋丛书二十六种》九十一卷。清蒋光煦编。清道光年间蒋氏别下斋刻咸丰六年（1856）续刻本。11行，21字，小字双行同，黑口，左右双边。现藏国家图书馆、四川省图书馆、中央教育科学研究所。

《石药尔雅》二卷，唐梅彪撰，清道光年间蒋氏别下斋刻咸丰六年（1856）续刻本。11行，21字，小字双行同，黑口，左右双边。现藏国家图书馆、四川图书馆、中央教育科学研究所。

《得全居士词》一卷，宋赵鼎撰，清道光年间蒋氏别下斋刻咸丰六年（1856）续刻本。11行，21字，小字双行同，黑口，左右双边。现藏国家图书馆、四川图书馆、中央教育科学研究所。

光煦除刻有《别下斋丛书》外，道光十三年（1833）刻《辛斋遗稿》三十卷，道光十八年（1838）校刻自编《吴中两布衣集》二十卷，南京图书馆藏；道光十九年（1839）刻《曝书杂记》二卷，道光二十四年（1844）刻《阴骘文图证》一卷，南京图书馆藏；道光二十七年（1847）刻《拜经楼藏书题跋记》五卷《附录》一卷，南京图书馆藏；道光年间刻自辑《东湖丛记》六卷，《群玉堂帖》、《英光堂残帖》、《瑶想阁黄帖》、《唐杜工部像》、《宋苏文忠公像》、《两当轩诗集》、《瓯香馆集》、《来青阁遗稿》、《汇刻经验方》、《篝灯教读图题词》等；咸丰元年（1851）刻《涉闻梓旧》二十六种，武汉图书馆藏，此书主要校刻考订经史和金石之作。

李富孙《涉闻梓旧》序中对光煦刻书有较高的评价，谓所刻皆选择尤精，校勘甚工，世称善本。张之洞作《书目答问》，在卷五《古今人著述合刻丛书目》中就将蒋光煦的《别下斋丛书》和《涉闻梓旧》皆列入其中。

当时有位叫常南陔的友人曾刻著名书法家欧阳询所书《千字文》赠与蒋光煦，蒋以漳兰四盆回赠。常南陔有诗寄蒋光煦云：

蒋君迻来富墨妙,佳刻喜得英光堂。

欲师米老录待访,宝章一一加评量。

诗后注:“生沫今得岳倦翁所刻米帖”。“英光堂”、“宝章”是指蒋光煦所刻《群玉堂帖》、《英光堂残帖》。时人评光煦“不独能藏,且能读,而且能与人共读”,正是对他刻书出版成就的高度评价。

蒋廷黻(？—1911),光煦子。清末诗人、藏书家。光绪十八年(1892)进士。本节“海宁进士藏书家”一目中另有论述。

蒋寿籛(1881—1961),光煦曾孙。

蒋复璁(1898—1990),光煦曾孙。

蒋寿籛、蒋复璁二人在第四章第二节“海宁藏书家及其藏书”一目中另有论述。

附:蒋光煦藏书家族世系

云凤——仁基——星槐——光煦——学溥
　　　　　　　　　　　　　　　　廷黼
　　　　　　　　　　　　　　　　学勤——方骏
　　　　　　　　　　　　　　　　　　　　方夔——福京
　　　　　　　　　　　　　　　　　　　　　　　　复璁
　　　　　　　　　　　　　　　　学烺——方震

(3)蒋光焴衍芬草堂、西涧草堂藏书

蒋光焴(1825—1892),蒋光煦从弟。字绳武,号寅昉,又号敬斋、吟舫,自署西涧主人,海宁硖石人。清藏书大家。贡生,官候选大理寺评事。4岁时丧父,是节母徐安人和生母曹氏共同抚养长大,工诗文,善书法,晚年致学不辍。关心公益,咸丰六年(1856)海宁大旱,出巨资开平湖虹桥堰,引水以助灌溉。同治初年,战乱初平,他捐田多亩,置义庄以周济族人。著有《敬斋杂著》、《名讳辩》等,抄本有徐松辑《南宋中兴礼书》三百卷、《续编》八十卷,其中《敬斋杂著》,内容有诗,有序跋、小记等,还为其节母徐夫人辑有《节孝录》。

蒋氏祖上以典当业起家,家境富裕,为藏书创造了有利的物质条件。光焴藏书始于其祖蒋淳村(开基),淳村素好藏书,藏书甚富,也是浙江著名的藏书家。淳村延名师,购善本书,以教其子潞英(星纬)、霁峰(星华,光焴父),藏书处为衍芬草堂。潞英、霁峰二公子皆喜读书,又广购之,四部略备。光焴少孤好学,于书抄癖嗜,每遇善本及世所罕见者,往往不惜重金,或辗转传抄得之,插架数十万卷,且不乏宋椠元刊及手稿精抄之本。每得一本,辄商之于嘉兴张廷济、钱泰吉,仁和邵懿辰及从兄光煦诸先生。所藏图籍,均钤有“盐官蒋氏衍芬草堂二世藏书印”,盖志先泽于弗忘也。其祖孙三代藏书,至光焴收罗尤勤,共得图籍数十万卷。其中孤本及稀见者不在少数,如元中统本《史记》,此书后赠其婿查翼甫收藏。

藏书之所为衍芬草堂、西涧草堂、宝彝堂、亦秀阁,衍芬草堂与别下斋齐名。

其藏书都钤有“盐官蒋氏衍芬草堂二世藏书印”。其藏书印还有“臣光焴印”、“寅昉”、“光”、“焴”、“光绪甲申海宁蒋光焴命子望曾检书记”、“蒋光焴印”、“光焴”、“壮夫小学”等。

光

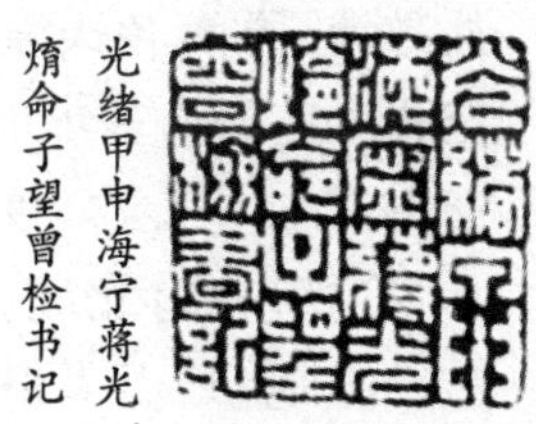

光绪甲申海宁蒋光焴命子望曾检书记

盐官蒋氏衍芬草堂二世藏书印

蒋光焴藏书印

衍芬草堂藏书

衍芬草堂遗址在浙江省海宁市硖石镇通津桥畔东河街(旧名南大街),约始建于乾隆末叶,为苏南厅堂式,后临河,皆建有暖桥。衍芬草堂建筑原为典当基,高垣铁门,甚为坚固。草堂门首有联云:“九侯望族,万卷藏书。”入大门左转,有大厅三间,中有高心夔楷书“宝彝堂”匾额(高氏曾为杭州八千卷楼主人丁丙作《丁征君书库抱残记》)。后进为楼厅,厅分三间,中置槅扇,厅中悬有“衍芬草堂”隶书匾额,为李超孙所书。藏书处在衍芬草堂楼上,专藏宋元旧椠。衍芬草堂后进为颐志居,庭间有梓树一株,为数百年物。再进为北苑夏山楼,周寿昌书额,旧藏董源《夏山图》于此。北首最前为五砚斋,张廷济隶书额,以藏宋代梵隆写经砚、明陈老莲(洪绶)画梅砚等五砚而得名。五砚斋后进为思不群斋,匾额为钱尔琳(钱泰吉的受业师)所书,是当年蒋家迎客花厅。思不群斋楼上为藏书之所,专藏明刊本、抄本及诸善本。后进为双峰石室,匾额为蒋光焴手书。

据载,当其盛时,著名版本目录学家钱泰吉、邵懿辰、高均儒及著名画家费丹旭、翁雒,金石学家张廷济客居别下斋时,亦常来衍芬草堂欢叙。蒋光焴与邵懿辰、钱泰吉等时常在五砚斋与思不群斋评书品画。

光焴有《寅昉藏书目》抄本一册,不分类,依箱著录,以“千字文”编号,自“天”字至“珠”字共56箱,约600余种。又有《盐官蒋氏衍芬草堂藏书目录》三册,其孙蒋钦顼(字谨旃)所辑,后钦顼从弟述彭又为部辑成帙。亦不分类,依箱著录,亦以“千字文”编号,比前目多“称”字至“薑”字11箱。其中第二册为思不群斋专藏。《盐官蒋氏衍芬草堂藏书目》对各书的版本、卷(册)数、行款字数,以及藏书家的印记、名流的题跋,记载极为详赅,工楷缮写。蒋氏后人蒋雨田曾录副本弆藏,惜于十年动乱中散佚。今天只有朱嘉玉所辑的《西涧草堂藏书目》抄本,藏于海宁图书馆。此虽为草目,但从中亦可见当年衍芬草堂藏书之梗概。

西涧草堂藏书

蒋光焴藏书处除硖石镇东河街的衍芬草堂外,在硖石弄西街的蒋氏宗祠后尚有藏书楼三楹,贮藏明清两代古籍,最值得称道的是海盐西涧草堂。现今,在风光秀丽的海盐南北湖畔依然可以看到西涧草堂的身影。

西涧草堂

咸丰丁巳年(1857)太平军兵临江南时，光熥将所藏书60多橱从硖石衍芬草堂，移贮于澉浦山之西涧草堂。西涧草堂藏书楼在海盐澉浦，原为蒋氏墓庐，草堂建于道光年间，至今已有180多年历史，草堂原藏蒋光熥先人遗书。

这里有南北湖之胜，农历十月初一可登鹰窠顶观"日月并升"的奇景，是浙江人熟知的旅游胜景之一。西涧草堂藏书楼五楹位于永安湖畔鸡笼山麓，面北湖，傍西涧，层峦叠翠，巍楼孤峙，秀水陈莲汀(铣)先生颜其额曰"西涧草堂"。建于清道光年间，原为蒋氏墓庐，是一座五楼五底的江南民居建筑，门首有石额曰"海昌蒋氏丙舍"，门联云："万苍山接北湖北，亦秀峰临西涧西。"草堂之楼，榜曰"亦秀阁"，即光熥先世藏书之所。光熥祖父淳村(开基)公及光熥均葬于草堂之右侧山麓，墓道幽邃，乔木千寻，直抵北湖之滨。西涧草堂处群山环抱，不啻积书之岩，深匿重闭，可作名山之藏。钱塘戴醇熙、秀水钱曙晓两先生先后为写《澉山检书图》，一时名流如钱警石、邵位西、何绍基、朱久兰、吴观礼诸先生为诗文以纪其事。钱塘戴醇士为作《澉山检书图》，嘉兴藏书名家钱泰吉作《澉山检书图记》，文曰：

数百年来，三吴藏书之家，名闻天下者踵相接。然奉其先人遗籍，藏之墓庐，岁时往省，整齐排比，以寄其僾然忾然之思，前此未有闻也。今乃于海昌蒋生寅昉见之，以视李公藏书于五老峰之僧谷，其用意尤深远矣。

寅昉大父淳村(开基)翁墓，在海盐澉山鸡笼山之麓，丙舍轩敞，面永安湖，与我家湖天海月楼相峙也。淳村翁延名师购善本书，以教其子路英、霁峰。路英、霁峰兄弟皆喜读书，又广购之，四部略备。三十年前，余屡至霁峰之斋，见其插架皆有用之书，与之谈论，辨别精审，余不逮也。

寅昉少孤，贤母教之。稍长，即知宝护遗集，签帙标题，谨守勿失。今藏之丙舍者，皆祖父之遗也。记所谓思其志意，思其所乐，思其所嗜，孰有大于此者乎？钱塘戴醇士侍郎闻而善之，为写《澉山检书图》，而属余记之。

余尝省先人之墓至澉上。暇日登鹰窠山，观明季释氏藏经于云岫庵，辄叹兹山峭峰，不异积书之岩。而吾儒力弱，不敌缁流，徒使羽陵、宛委之胜，结想于虚无杳渺之乡，山灵有知，当亦腾笑。今寅昉所藏，非以夸卷帙之富也。然自是胜侣来游，若杨廉夫、孙太初之属，吾知必造其庐请观古籍，以扩闻见，而后之志澉水者，当备列其事，为兹山增色也。抑余更有为寅昉进者：

夫父殁而不能读父之书，不忍读也；不忍读者，乃其能读者也。余及见蒋氏四世矣，敦厚之风，未有改也。寅昉事事以先人为法，乃其能读父书者也。士君子观于此图，而知其善承意志者，又岂独检书一端已哉？咸丰七年，岁在丁巳，嘉禾甘泉乡人钱泰吉撰于海昌寓斋之闲心静居，时年六十有七。

此记成，即写赠寅昉，后为友人传观失之。寅昉属为重写一通。时戴侍郎已殉难于家园之池。千古完人，画益可宝。余自海昌迁寓海盐之乡，年已七十，不能捐弃妻孥，从侍郎遨游天上，拙文拙书，那堪持赠？惟所居为先人丘墓之乡，书籍分藏墓庐，与寅昉志意似不差池。特池山咫尺，未能携书山楼，以遂素愿，有愧寅昉多矣。庚申闰三月十日泰吉手记。①

仁和（今杭州）邵懿辰亦为作《澉山检书图记》：

古之书必手自传写，蓄书至千卷称多焉。自板刻行，担千金入市，捆载而归，万卷可立致也。而书之出亦益多。四库所藏，合数万卷，列书名卷数而不入录者又数倍之；而近世人所为诗文集，与稗官家言，科举之文，二氏之书，又出其外焉。其多如此，日衍不穷，其何所底止。元儒吴氏海有激而言，谓盖起秦皇帝时拉杂摧烧之。然譬诸草木，贯四时而不利落者，独松柏青青，其他繁英丛榛随消翳于土壤，何特焚而灭哉？顾谓传有幸不幸，而前此之橛株未拔，后此之萌卉方滋，使学者聪明蔽亏，溷于一切而无择，余尝病焉。欲列编书目，自经史外，济于实用而不可缺者若干家，虽不甚切而足裨见闻资考订者若干家，其余概从剃芟，使学者耳目不至淆而无所入，心思不至汩而无所出，而卒未暇为也。在京师用此道以蓄书，凡数十簏。南归，舟败漏，沾湿者贩焉。

窃自维念经者天地之心，史者天地间簿籍也。必求极刻之精善者而究心焉。此外，宋儒者言，理道之书，乃经之支流，亦天地之心所寄；韩欧以来之述作，言文而行远，乃释经作史之准的也。其书要不为多。惟近世掌故经济之书，不能不多备规轴焉，大抵所守至精，而用心不杂，则清虚之地与天地精神相往来，而古人之心亦时来会于吾心，而书不至徙多而无益矣。

海昌蒋寅昉蓄书于澉浦祠楼，属戴侍郎为图，而书来索为之记。其书曰：毋导我以谀夸，必告我以所以治书之法。乃举夙昔所怀念，使书皆有益于人，而人不至受役于书者，以复于寅昉，其见为宜然否也。咸丰八年二月仁和邵懿辰记。

蒋君此图，实余介戴侍郎作之，今图装成，而侍郎不可作矣。寅昉既求甘泉先生为记，复索余记。八年二月记成，而未及写寄。今年三月避地硖石，甘泉先生来共谈，出此图及记稿，乃就书于寅昉之家。既而复与寅昉避地山阴之寿胜；甘泉先生亦避居海盐之沈荡。昨书来，语痛不可闻，天之杌

① 陈从周：《海宁蒋氏衍芬草堂藏书史与藏书楼调查记》。

我,如不我克,艰难善惨,至今年春夏而已极。何日得奉甘泉先生几杖,同登寅昉祠楼,相与把卷讴吟而道古也。咸丰十年六月仁和邵懿辰题于绿深楼寓。①

咸丰庚辛(1860—1861)间,兵戈东入两浙,光煦后携大部分善本书辗转溯长江而上,到绍兴之寿胜埠,旋由宁波航海至沪,溯江而皖、而楚,翌年壬戌(1862)赁居于武昌,转徙千里,所至必其藏书自随,以避战火。“宋元之佳椠,山林之遗稿,并蓄兼收,若有神物呵护者。虽经兵燹,而独完然无恙。后溯江西至鄂,犹携其藏书大半自随。湘乡曾文正公见之,而赠联云:虹穿深室藏书在,龙护孤舟渡海来。”②

咸丰十一年(1861)海盐朱嘉玉曾为西涧草堂编《西涧草堂书目》,戴醇士《澉山检书图》佚失,钱曙初复作第二图。著名学者何绍基于同治三年(1864)曾为图题诗云:

鹿床曾作检书图,万卷精神入染濡。
太息人琴归浩杳,可应题蹬未荒芜。
鸿余泥爪传梅市,雁引乡心落澉湖。
文献东南魂梦绕,何年蒋径阅珍厨。③

后六十年,新会梁启超又为图作题记,海宁王国维为图题诗,秀水沈淇卫复加题墨,传为艺林佳话。梁启超题《澉山检书图》曰:

前清东南藏书之家,道咸间称“海宁二蒋”,即寅昉先生之西涧草堂及其从兄生沐光煦先生之别下斋也。咸丰庚申发匪由金陵窜浙,所过为墟,别下熸焉,斋中珍秘,一时俱尽,而西涧岿然尚存。寅昉先生文孙觐圭锡韩农部世守之,盖善本不下十万卷,其孤本及稀见者往往而有,故家乔木,过者式焉。《澉山检书图》者,戴文节公为寅昉先生作,钱曙初复为第二图,而钱警石、邵位西各为之记,何子贞题诗。今戴图及钱、邵二记皆亡,存者仅钱图与何诗。觐圭惧先芬之曶没,乃丐钱、邵两公后昆之贤者补录两记,附旧图重事装潢,而命余题其端。余案钱图作于庚申十一月,正别下斋见毁后三月也。一存一亡,虽曰天命。毋亦以别下在硖石镇,牛山之木,郊于大国,为斧斤所不赦。西涧在鸡笼山之丙舍,较幽僻,易以自全耶?抑寅昉先生藏书墓庐中,其孝思俱如钱、邵二记言,苍苍者其阴相之也?觐圭被锡类之不匮,兢兢焉守其业者三世,吾知蒋氏世世子孙必能永保所藏,以传诸无极也。余与生沐文孙百里方震将军游,垂三十年,相爱若昆弟,觐圭则昔曾同官,其犹子复璁襄余治松坡图书馆事。余于海昌之蒋,渊源不浅,摩挲斯图,怆怀二老,

① 陈从周:《海宁蒋氏衍芬草堂藏书史与藏书楼调查记》。
② 查燕绪:《紫来阁勘书图记》,《书林碎录》载。
③ 顾志兴:《浙江藏书史》,杭州出版社,2006年。

敬慕感慨，交集予怀。丙寅季秋之月新会梁启超。[①]

王国维在图上题有两首绝句，其一：

曙初画得南楼意，醇士图随碧血亡。

若论风期略名位，秀州何必逊钱塘。

其二：

作记同时邵与钱，庚中重跋倍凄然。

三家子弟都无恙，回首沧桑七十年。

同治三年(1864)，浙江安定后光熷将书运回家乡，鉴于当时江南藏书绝大部分被毁，其藏书犹显珍贵。

按当时光熷贮存溆浦祠图书，据朱嘉玉先生《西涧草堂书目》所载，有书箱50号，大、中、小书橱18号，此外，尚有大批书籍分堆于三只长桌之上，共贮书1605部，24813册。其中善本书，有宋刊本25部，238册；元刊本27部，482册；旧版本22部，471册；明刊本76部，1213册；手稿及抄校本146部，955册。惟《书目》所列，只载册数，不计卷数；或只载函数、簇数、匣数，而不计册数；在50号书箱中，第41号箱中所贮书名册数，《书目》俱漏列。故藏书之精确卷数，已无法考查。

蒋光熷藏书流布

光熷历尽艰辛保护的大批书籍中不乏珍稀之本。钱泰吉《甘泉乡人余稿》卷一云："尝偕邵懿辰观蒋氏昆季所藏经籍，如入山阴道上，目不暇给，涉览稍倦，位西忽于寅昉架上得一书，连称至宝。余惊异取观，则《宋律》也。偶展此册，但惊为目所未睹而已。"钱泰吉《曝书杂记》卷下记云：钱氏之友以童氏活字本《资治通鉴》二百九十四卷托售，"见之狂喜，力不能得，乃属蒋寅昉光熷藏之。……余幸得属寅昉收藏，余年有暇，尚当一读"。钱氏又尝借校蒋氏所藏宋小字本《晋书》，叹为"精美绝伦"。又见其所藏旧抄本宋蔡梦弼《草堂诗笺》，实惊人秘籍也。又蒋氏尝从炉头镇沈氏假得汲古阁影宋本《北山酒经》三卷，影写匝月而成，并摹毛氏收藏之印，惟妙惟肖，"初两本并观，几不能辨"[②]。其《书目》著录宋板有《史注山谷集》十本、《补注内经》十本、《律列》四本、《礼记》十本、《隋书》八本、《妇人大全》十二本、《玉篇广韵》四本、《四书》十本及《五代史详节》。元板有《南北史》六函、《春秋诸传会通》十六本、《资治通鉴纲目》六函、《宋史全文》二十四本、《尚书集传》八本、《通鉴辨误》十二本、《杜工部集》十四本、《诗经集传》五本。手稿有范默庵《海宁县志》。其他旧刻本、汲古阁本、抄本书甚多。叶昌炽见其查燕绪䜣赠中有其旧藏元中统本《史记》。

至《西涧草堂书目》中所列宋元刊本及宋拓碑帖之最精者，近50年来，已先后影印出版的如宋刊小字本《晋书》四函三十二册，归华亭朱氏、嘉兴季氏所藏，

① 陈从周：《梁启超与王国维〈西涧草堂图〉》。

② 钱泰吉：《甘泉乡人余稿》卷一。

钱警石(泰吉)、邵位西有跋,叹为精美绝伦。又有宋刊《唐律》附音义一函四册,现为国家图书馆收藏,1977年,上海古籍出版社据以影印出版。冀淑英序云:"此本旧藏海宁蒋氏衍芬草堂,有邵懿辰、钱泰吉咸丰五年二跋。……此本除二三传抄本外,世不多见。今影印流通,庶可与《唐律疏义》参读,以供治律学者参考。"又宋拓《忠义堂颜帖》八卷,为南宋嘉定丁丑(1217)东平巩嵘所刻。卷首拘囿清初孙承泽印记。其第二册《送刘太冲序》,第七册《乞御书题天下放生池碑额表》,并有孙氏朱笔校补及题跋真迹。此帖为嘉兴钱氏旧藏,钱泰吉先生《衎古斋记事稿》卷五,有《跋忠义堂颜帖》云:"予家藏此四世,近百年矣。"后归光焴家珍藏。约60多年前,杭州邵裴子先生曾到蒋氏家观所藏碑帖,见此帖连呼"至宝至宝"!邵氏云:"宋拓《忠义堂帖》海内仅存一部半,此为最完整一部,洵属稀世之孤本。"此帖现藏浙江博物馆,1979年开始,西泠印社将全贴八册陆续影印行世。由此可见,衍芬草堂旧藏图书碑帖,守护于兵燹劫火之余,使古籍名帖至今得以广为影印传播,其有功于国粹,嘉惠于士林。在朱嘉玉《西涧草堂书目》中,尚有宋刊《范忠宣公集》八册,有释六舟(达受)咸丰丙辰(1856)跋,叹为:"七百年古物,希如星凤。"又刻《虞伯生诗集》一函二册,蝴蝶装,为士礼居旧藏本,后为蒋氏家所藏。卷中有黄丕烈、叶昌炽、王静安、王大隆、刘承幹诸先生题跋。后兵燹,此书不知流落何所①。

蒋光焴不仅是一位著名的藏书家,亦是一位出版家,在中国出版史上具有一定地位。曾将所藏珍稀之本刊刻流传,咸丰七年(1857)刻《洄溪医案》一卷,咸丰十年(1860)刻《徐批外科正宗》十二卷,咸丰年间刻《诗集传音释》二十卷附《诗序》一卷、《札记》一卷,同治二年(1863)刻《蓬莱阁诗录》四卷、《孟子要略》,同治间刻《敬斋杂著》不分卷,南京图书馆均有藏。

还刻有《段氏说文解字注》、《葬书五种》、《衎石斋记事续稿》、《梅巢杂诗》等,校雠俱精当。其中《诗集传音释》被人目为明代以来最善之本。在武昌避难时还为友人陈克家刻了《蓬莱阁诗录》。衍芬草堂还影印了宋刊《宋律》、宋拓《忠义堂颜帖》两种珍本。

蒋光焴后代藏书

光焴后,衍芬草堂及西涧草堂藏书又绵延三代。蒋光焴育有五子,其中佐尧、学培、望曾颇能守护父业。

蒋佐尧(1847—1906),光焴季子。原名学晓,字宾日,号邠石,晚号邠野老农。清末藏书家、书画家。岁贡生,年15随父避兵湖北,师事李葆恩,与查燕绪同席,肄业勺庭书院。又为武昌张广卿(裕钊)入室弟子。善诗文,工行楷,书体参合王羲之、欧阳询、颜真卿、钟繇,临池数十年,极有功力,尤精小楷。兼善画扇面,流传甚广。著有《宾日楼诗文稿》。

① 蒋启霆:《西涧草堂藏书纪略》,见《浙江文史集粹》,浙江人民出版社,1996年。

继承其父遗藏书近十万卷，辟有宾日楼以藏。《海宁州志稿》卷二十九本传云：其父自澉浦祠中移书百簏至于鄂，授以读书法。晚年不问家事，独自整理书籍，以谕其子姓曰："此皆汝王父流离转徙间爱护而弗失者，能读，读之；不能读，当守杜暹'鬻人'之诫也。"平生读书勤于笔录，尝手抄史汉、南华经、少陵集及灵素诸书，三十年不辍，积成巨帙。

蒋学培（1850—1891），蒋光煦四子。字溉根。清末藏书家。精于医道，为乡民称颂。能守其先人藏书。与从兄蒋学坚同辑《蒋氏支谱世表》四卷。

蒋望曾（1856—1890），光煦五子。字肖鳍。清末收藏家、鉴定家。读书敦行，淡于功名。家富收藏，喜鉴别金石文字。朝夕临摹旧藏宋拓《颜鲁公忠义堂帖》。尤精小学，与其兄佐尧、学培及查燕绪合刻巾箱本《段氏说文解字注》，又为平湖朱子棒校刊《会昌一品集》，精审不苟，皆称善本。

光煦文孙秉承祖父护书精神，使藏书免遭战乱，尤其是倭寇侵华战争的涂炭。蒋光煦四世孙启霆先生云："丁丑之秋（1937）抗日军兴，吾祖父辈复以先世遗籍，携至沪上，赁储于某银行之保险库中，时历8年，所费不赀，方使此数十万卷人间秘笈，履险如夷，历劫而无恙。"①其中蒋钦项、蒋鉴周及蒋述彭于藏书均负盛名。

光煦曾孙鹏骞与弟鹭涛继承祖业，为蒋氏藏书楼最后一代主人。代表蒋氏后人将衍芬草堂、西涧草堂所有藏书，全部无偿捐献给国家。

蒋钦项、蒋鉴周、蒋述彭、蒋鹏骞、蒋鹭涛等五人，在第四章第二节"海宁藏书家及其藏书"一目中另有论述。

附：蒋光煦藏书家族世系

云凤——开基——星纬——光煦——振垾——钦项
　　　　　　　　　　　　　　——擢翅——铸颜
　　　　　　　　　　　　　　——佐尧——锡韩
　　　　　　　　　　　　　　　　　　——钦项（出嗣）
　　　　　　　　　　　　　　——学培——述彭
　　　　　　　　　　　　　　——望曾——鉴周——鹏骞
　　　　　　　　　　　　　　　　　　　　　　——鹭涛
　　　　　　——星华

衍芬草堂自乾嘉以来，藏书历时约200年，六世递嬗，继继绳绳，谨守而弗替。经过第三代传人蒋光煦艰苦卓绝的努力，使其藏书几与宁波范氏天一阁相媲美。尤难能者，当咸丰庚辛（1860—1861）之际，光煦流离患难之中，屡经兵燹，屡涉江海，宁敝屣万物，独以藏书自随，光煦卒后，子孙珍护其藏书，丁丑之秋（1937），抗日开始，光煦后人，复以先世遗籍，携至沪上，赁储于上海中国银行之保险库中，历时八年，所费不赀，方使此数十万卷人间秘籍，屡险如夷，历劫而无恙。新中国成立后，衍芬草堂藏书悉数捐献国家，分藏于浙江、上海、北京三大图书馆。光煦

① 蒋启霆：《西涧草堂藏书纪略》，见《浙江文史集粹》，浙江人民出版社，1996年。

及一门子孙为中国藏书做出了巨大贡献,是嘉兴人之一大骄傲!

蒋光焴一生致力于藏书,蒋光焴卒后,著名学者俞樾有挽联云:

万卷抱丛残,当时三阁求书,曾问劫灰搜坠简;

卅年嗟契阔,他日一碑表墓,自惭先友列微名。

这是俞樾对蒋光焴的推崇,也是蒋光焴一生藏书的真实写照。

(4)海宁硖石蒋氏藏书楼、书目之存毁

硖石蒋氏,自清初移硖,以典当业起家。开始收藏,其间有蒋楷之来青阁、蒋光煦之别下斋、蒋光焴之衍芬草堂及蒋学坚之平仲园,均为同时代藏书者中之佼佼者。蒋楷的藏书一部分为其侄孙蒋光煦所得,而光煦别下斋之藏书,毁于太平军进入硖石时期。蒋楷的另一部分藏书则传于其孙蒋学坚。衍芬草堂的藏书却由其祖蒋开基起,直保存至20世纪50年代初,悉数捐献国家,由北京、上海、浙江三大图书馆保存,这是众多藏书家中,结局最圆满的一家。

20世纪50年代,海宁市搞排涝工程,将衍芬草堂最前面的两座厅堂即宝彝堂及五砚斋拆除了。目前尚存衍芬草堂藏书楼及颐志居、北苑夏山楼、思不群斋、双峰石室等五座厅堂。西涧草堂年久失修,1984年海盐县人民政府拨专款,按原貌修葺一新。著名学者俞平伯补书"西涧草堂"匾额;原上海图书馆馆长顾廷龙题"亦秀阁"楼额;著名古建筑、园林专家陈从周也为西涧草堂题字。衍芬草堂与西涧草堂分别于1984年和1986年被列为市、县级文物保护单位。

蒋氏藏书目是反映其藏书概况的重要资料。记录蒋氏四房蒋光焴藏书的《西涧草堂书目》尚未刊行;蒋光焴后人蒋钦项所编纂的提要体《盐官蒋氏衍芬草堂藏书目》又在"文革"中失落;《来青阁书目》亦遭亡佚。蒋氏除《来青阁书目》、《盐官蒋氏衍芬草堂藏书目》亡佚之外,目前还有《别下斋书目》、《亦秀阁书目》、《平仲园书目》等从未刊行的书目现保存于上海图书馆、浙江图书馆等图书馆中,有助于对蒋氏藏书的版本进一步考查。作为藏书研究的重要载体和研究对象的藏书楼,蒋氏家族的多处有特点的藏书楼例如别下斋、来青阁、平仲园、五砚斋都已不存于世,有些建筑竟然是在上世纪末被人拆除的,从研究藏书楼的角度讲,真是留给研究者无法弥补的遗憾和挥之不去的阴影。

附:蒋氏藏书目

名　称	藏书处	现状	书目	现状
蒋开基	衍芬草堂、西涧草堂	存	无	
蒋　楷	来青阁	1990年拆	《来青阁书目》	亡佚
蒋光煦	别下斋	1960年焚	《别下斋书目》	未刊
蒋光焴	衍芬、西涧草堂	存	《西涧草堂书目》《亦秀阁书目》	未刊
蒋学坚	平仲园	"文革"时拆	《平仲园书目》	未刊
蒋钦项	衍芬草堂、西涧草堂	存	《盐官蒋氏衍芬草堂藏书目》	亡佚

(5)海宁硖石蒋氏藏书家与其他藏书家之交游

入清以来,嘉兴私家藏书如雨后春笋,藏书进入鼎盛时期,藏书家有三四百人，其中海宁有近百人之多。许多藏书家本身也是学者，他们之间的交游、联姻，相互影响形成了一个关系网络，蒋光煦嗜学好客，一时名流，如费丹旭（晓楼）、张熊（子祥）、翁雒（小海）、张廷济、管庭芬等皆长客其家，聚集于别下斋，校勘评论，问难析疑。据张宗祥言，当年蒋光煦每年皆赠他们以年金。而这几位绘画、书法、金石、校勘名家对别下斋的藏书、刻书以及金石书法碑帖的收藏都作出了贡献，尤其是管庭芬功劳最多。

硖石蒋氏与袁花查氏、路仲管氏、马桥马氏及硖石徐氏等藏书大族均有姻亲关系。如蒋光焴的女婿即查氏后裔查燕绪，马赢、管庭芬是蒋光煦、蒋光焴的表兄弟。徐光济的妹妹则嫁给了蒋光焴的孙子蒋钦项①。

陈从周《海宁蒋氏衍芬草堂藏书史与藏书楼调查记》中，记录了钱泰吉、戴醇、邵懿辰、张裕钊、曾国藩、何绍基、朱兰、吴观礼、朱嘉玉、查燕绪、严渭春、阎敬铭、吴骞、陈鳣、汪士铎、沈濂、管庭芬、曹宗载、李超孙、俞樾、张元济等名人学者与蒋氏几代人的交往。这些名人与蒋氏的关系有师长、朋友、亲眷、弟子；他们各自身份有大吏、进士、举人、秀才、白衣，折射出蒋氏家族学术交流状况。

（6）嘉兴硖石蒋氏家族藏书之特点

特点之一：蒋氏家族藏书流传有绪。云凤先生的长房孙子蒋楷，为蒋氏第一位藏书家。他好聚金石书画及宋元版古籍，藏品之富，与当时吴氏拜经楼、陈氏向山阁齐名。来青阁藏书原辑有书目，现已失传。但其部分藏书经过文孙蒋学坚平仲园，从子蒋光煦别下斋，以及从子蒋光焴衍芬草堂、西涧草堂，得以流传至今。蒋光煦别下斋藏书虽遭劫火，但其所刻多部善本现今依然收藏于著名图书馆。蒋光焴衍芬草堂、西涧草堂藏书更是递藏六代，连绵二百年。

特点之二：蒋氏藏书多珍贵之版本。蒋氏藏书中有很多珍惜版本，如蒋光焴所藏童氏活字本《资治通鉴》二百九十四卷、宋小字本《晋书》、旧抄本（宋）蔡梦弼《草堂诗笺》、宋版《史注山谷集》和《补注内经》、元中统本《史记》等，都是珍稀之本。民国时期张元济先生主持辑印《百衲本二十四史》，其中《晋书》的底本即借自衍芬草堂藏书。卷首印有"上海涵芬楼影印海宁蒋氏衍芬草堂藏宋本，原阙载记三十卷，以江苏省立国学图书馆藏宋本配补"。张元济先生跋《甘泉乡人稿》称："海昌蒋氏有宋印小字本，因浼友人蒋慰堂商之藻新姻丈，慨焉许诺，且以其书送沪，开缄展读，觉所印极精，心目为爽。"②

特点之三：藏书规模甚大。藏书数量与品种虽然不能与天一阁、铁琴铜剑楼、八千卷楼、皕宋楼、海源阁、嘉业堂等国内著名大藏书楼相埒，但也紧随其后。如：别下斋有藏书四五万卷，有《别下斋书目》；衍芬草堂藏书十万卷，有《西涧草

① 虞坤林：《海宁藏书家之传承及其姻亲关系初探》，见《海宁藏书文化研究》，西泠印社出版社，2004年。

② 陈从周：《梓室余墨》，《海宁蒋氏衍芬草堂藏书史与藏书楼调查记》，生活. 读书. 新知三联出版社，1999年。

堂书目》(未刊)、《盐官蒋氏衍芬草堂藏书书目》(佚)。

另外,硖石蒋氏家族中藏书家数量多,有蒋楷、蒋光煦、蒋光焴、蒋仁荣、蒋学坚、蒋开基、蒋廷黻、蒋寿筏、蒋复璁、蒋佐尧、蒋学培、蒋望曾、蒋钦顼、蒋鉴周、蒋述彭、蒋鹏骞、蒋鹭涛等。蒋氏家族藏书文化特征是清代嘉兴藏书文化重要表现之一。

(二)海宁进士藏书家

1. 许汝霖祖孙四进士藏书

许汝霖(1638—1720),原名汝龙,字时庵,号且然,海宁硖石人。清代名臣、学者、藏书家。康熙壬戌(1682)进士,选庶吉士。历任江南学政、礼部侍郎、吏部侍郎、礼部尚书兼理吏部等。据《嘉兴市志》载,许汝霖在督学江南学政期间,"厘正文体,整饬士风,选拔人才。试士既竣,置酒于君山,大会诸生,即席吟诗作赋,各展所长,至今传为盛事"。康熙二十六年(1687),典试四川。康熙四十二年(1703),总裁会试,选才恰当,时称得士。海宁查慎行、陈士倌就出自此榜。后告归,康熙亲书"清慎勤"匾额以赐。归里后,创办东山书院,集当地文人学士讲学课艺以终。

筑也园于东南湖,以藏书、读书和著述为乐。藏书处为德星堂,所藏典籍颇丰,单宋元未刻之集就达110种。

汝霖熟读经史,文章词醇理正。著有《易经说》十二卷、《德星堂文集》八卷《续集》一卷、《诗集》五卷、《河工集》一卷、《四书大观》、《钝翁文钞》等,另有《国朝三家文钞》三十二卷传世。

许惟楷(1667—1744),汝霖从子。字端平,号宜斋。清藏书家。康熙四十五年(1706)进士。兄惟枫病殁后,力肩抚孤,遂退出仕途。日闭户读书,手不释卷,好藏书,校勘终日。晚年时有著述,文益深奥,有《史断》、《漱芳诗稿》。

藏书处为一可堂。

许焞(生卒年未详),汝霖孙。字醇夫,又字纯也,号慕迁。清学者、藏书家。雍正元年(1723)进士,官至翰林院编修。不久,辞官乞归。《海昌艺文志》卷十称:"自其祖父许汝霖以来藏书甚富。而焞尤笃于典籍,搜拾遗文,故所藏宋元未刻之集多至百十余种,手自丹黄而甲乙之,可谓勤矣。"传藏至今旧抄本有《宾退录》十卷、《胡仲子文集》十卷、《南渡录》一卷等。

于海宁硖石东南筑藏书楼学稼轩、慕迁斋。

藏书印有"许焞收藏"、"个是醇夫手种田"、"许焞考藏"、"长茎苦叶平生志"等。

编有《学稼轩书目》三册,写本,记载从他祖父许汝霖藏书以来所有图书。

许氏不仅藏书,且好读书,肆力于诗古文辞。著有《学稼轩诗文集》十卷、《载道集》六十卷、《无邪集》十八卷、《不废集》七卷《续编》十卷、《文戒》四卷、《诗戒》四卷、《群书折中》二卷、《中说摘要》一卷、《经义近古编》四卷《二集》五卷、

《纲目赞》十四卷、《诗类》四十二卷、《诗类略》四十二卷。尝汇辑汉唐以下至清代之诗文各五十卷，名曰《文海》、《诗海》，亲手加以编定。又辑《历代古文》一百一十卷、《古今乐府》四十册、《历代诗选》六十二册。

许勉燉（生卒年未详），汝霖孙。初名文熺，字观文，更名勉燉，字思悔，号晚榆。雍正三年（1725）进士。勉燉出身名门，深沐庭训，淹贯博通，发为诗古文词，皆炳炳琅琅，自成一家言，工楷书，一日可作万字，悉精美合度，一时望重艺林。曾官汜水知县，民国《汜水县志》中收录了许勉燉168首诗歌作品。收集个人诗作之多，在旧志书中实属罕见。

亦好藏书，藏书颇富，藏书处为一可堂。

勉燉自幼嗜学，深沐家训，著述宏富。著有《韵荟》十二卷、《叠字考》四卷、《僻姓经见录》三卷、《通鉴岁月》十二卷、《续三元考》二卷、《进士通谱》四十四卷、《昭代贤书》十五卷、《订补宫闺小名录》六卷、《莘城酬唱集》一卷、《九经同源》、《发潜录》、《堂构集》、《晚榆轩诗文集》等。编撰有《汜水县志》二十二卷、《陈留县志》二十卷等。

许勉焕（生卒年未详），汝霖孙，惟楷子。字陶斋。清学者、藏书家。尝取古今医学葬经手纂编排，成《名医类案》一百二十卷，《平详纂要》十卷。

承祖及父业，扩建一可堂，筑敦叙楼，广蓄典籍，所藏益富。

2. 杨中讷祖孙三代进士拙园藏书

杨中讷（1649—1725），字耑木，号晚轩，海宁盐官人。清藏书家、书法家。康熙辛未（1691）进士，授编修，督江南学政。中讷曾受业于黄宗羲，与徐汝霖、查慎行等友善。其精于《易经》、《春秋》，擅长书法，尤以草书著名。他曾参与校刊《全唐诗》，著《芜城校理集》二卷、《春帆别集》二卷、《药房心语》一卷、《拙宜唱和集》一卷等。

喜藏书，归后筑拙园于海盐，藏书万卷。

杨雍建（1631—1704），中讷父。字自西，号以斋。顺治十二年（1655）进士，授广东高要知县。后被荐举任兵科给事中。曾一日上九疏，以敢谏著称。顺治十七年（1660），上书奏请严禁结社订盟，促使明清之际盛极一时的党社运动遭受扼杀。后历任兵部督捕理事、左右通政、太仆卿、左副都御史、兵部侍郎等职，皆未离谏台，有“本朝第一谏官”之誉。康熙二十五年（1686）十一月，以母老乞养归。

杨氏性喜藏书、著述，著有《自怡集》一卷、《黄门疏稿》二卷、《抚黔奏疏》八卷、《政学编》一卷、《景疏楼集》十卷、《弗过轩诗钞》七卷等。

杨守知（1669—1730），中讷子。字次也，号致轩，别号晚研、稼亭、意园。清诗人、书画家、藏书家。康熙三十九年（1700）进士，官至平凉知府。擅长治理河道，曾权治河南河道事，为官深得民心。离任之时，百姓送匾称之曰“禹之传人”。守知早年从查慎行游，治学以诗名闻一时，书画皆能入品，与湖州沈树本、平湖陆奎勋、嘉善柯煜合称为“浙西四才子”。平生嗜古，继承上两代旧有藏书，复又聚书万卷。著有《致轩集》二卷。

3. 查慎行兄弟三翰林藏书

(1)“兄弟三翰林”之首查慎行藏书

清代海宁查氏是当地的名门望族。明清以来，便是“文宦之家”，代代书香，至今已有600余年历史。其文名绵延，余澜颇振，“一朝十进士，兄弟三翰林”名闻遐迩。康熙皇帝曾先后题写“澹远堂”、“敬业堂”匾额以赐，并为其宗祠题写“嘉瑞堂”。作为书香世家，则主要源于查慎行一辈的文名及藏书功绩。清代查家以藏书闻名者不下六人。如查升之澹远堂、查嗣庭之双遂堂、查慎行之得树楼、查嗣瑮之查浦书屋等，皆富藏书。查氏家族藏书中以查慎行的得树楼，声名较著。

附：查氏藏书家族世系

- 查嵩继
  - 慎行
    - 克承
    - 克建
    - 克念——岐昌——芬
  - 嗣瑮
    - 基——本——奕照——世璜
    - 开
  - 嗣庭
    - 沄
    - 克绍

查慎行(1650—1727)，初名嗣琏，字夏重，后改名慎行，字悔余，号他山，又号查田，别署悔庵，赐号烟波钓徒。清初海宁花溪(今海宁袁花镇)人。清前期著名文学家、藏书家。康熙四十二年(1703)进士。晚年筑庵而居，取苏轼诗“身在万里半天下，僧卧一庵初白头”意，名庵为初白庵，故时人亦有称他为初白先生者。康熙四十一年(1702)，因大学士陈廷敬、李光地、张玉书先后举荐，诏随入都，直南书房。登进士当年五月“随驾幸口外避暑山庄，以备顾问。六月奉旨编辑《历代咏物诗》”。康熙四十三年，又“奉旨辑《佩文韵府》。冬十一月，奉旨特授翰林院编修”①。其后充任武英殿校勘官，在局二年，竣事后仍入直。康熙五十二年，慎行因患风疾，乞休归里，家居十余载。家传有图籍，归田后潜心于藏书、著述，不再过问世事。雍正四年(1726)，因胞弟嗣庭讪谤案，以家长失教罪被逮入狱中，次年遇赦放归。

藏书处除得树楼、初白庵外，还有窳轩等。

藏书印有“查慎行印”、“慎行”、“初白庵主”、“得树楼藏书”、“南书房史官”、“海宁查慎行字夏重又曰悔余”、“查慎行藏”、“初白庵老人”、“查夏重”、“得树楼”、“查田查慎行”、“查氏初白”、“初白庵主”、“悔余”等。

---

① (清)陈敬璋:《查他山先生年谱》一卷，民国2年(1913)南林刘氏刻《嘉业堂丛书》本。

查慎行印

海宁查慎行字夏重又曰悔余

得树楼

查慎行藏书印

得树楼藏书

慎行好藏书，其得树楼贮书万卷。管庭芬《拜经楼藏书题跋记》跋称："国初吾邑东南藏书家，首推道古楼马氏、得树楼查氏，盖两家插架，多宋刻元钞，而于甲乙两部，积有异本，其珍守已逾数世，不仅为充栋也。"至乾隆时，查慎行之孙查岐昌仍以得树楼名其藏书之所。

得树楼坐落于海宁县袁花镇西南三里，学者朱彝尊为其题额。言"得树"者，有"百年计树人，十年计树木"之意。楼附近有芦塘放鸭。诗人董皓在其《花溪竹枝词》中对此楼作了描写：

绿树阴阴得树楼，楼边略约跨清流。

前尘一去高风邈，无复芦塘放鸭舟。

流水绕楼去，文章才思来，人文景观和自然景观融合一体，诚为读书之佳境。

查氏生前未编书目，后人难以了解他的藏书内容。但从清代各家书目题跋中可以略见一斑。

附：清代各家书目题跋所著录的查氏藏书

《鬳斋考工记解》上下卷，宋刊本，卷后附《释音》八卷，卷首有查慎行题跋，卷内钤有"得树楼藏书"。傅增湘《藏园群书题记》著录。

《纂图互注礼记》二十卷、《礼记举要图》一卷，宋刊本，钤有"得树楼藏书"，与"海宁查慎行字夏重又曰悔余"。傅增湘《藏园群书经眼录》卷一经部著录。

《纂图集注文公家礼》十卷，宋刊本，卷首有"得树楼藏书"、"南书房史官"、与"海宁查慎行字夏重又曰悔余"。瞿镛《铁琴铜剑楼藏书目录》卷四著录。

《毛诗举要》二十卷，宋建阳刻本，钤有"得树楼藏书"，此书镌刻甚精，弥足珍贵，历经藏书名家，1947 年归藏北京图书馆(今国家图书馆)；《新唐书纠谬》二十卷，南宋翻刻本，钤有"得树楼藏书"、"南书房史官"、"海宁查慎行字夏重又曰悔余"诸印。《钦定天禄琳琅书目》卷二著录。

《唐书直笔新例》四卷，宋刻本，附《新例须知》一卷，钤有"得树楼藏书"、"查慎行一字悔余"等印。《钦定天禄琳琅书目》卷二著录。

《礼仪图》十七卷，元刊本，有"查氏悔余印"、"马玉堂笏斋"诸印。丁丙

《善本书室藏书志》卷二著录。

《吕览》二十六卷，元刻本，有"南书房史官"、"得树楼藏书"诸图记。吴骞《拜经楼藏书题跋记》卷四著录。

《大金国志》四十卷，清影写元刊本。傅增湘《藏园群书经眼录》卷四著录，鉴定为"查初白慎行手校"。

《形统赋解》二卷，旧抄本，原为曹溶藏书，后归海宁查氏，有查慎行手跋，卷首有"曹溶"、"槜李曹氏藏书印"、"臣名岐昌"、"字曰药师"、"得树楼藏书"诸朱印。翟良士《铁琴铜剑楼藏书题跋集录》卷三、张金吾《爱日精庐藏书志》卷二十一著录。

《陶靖节集》十卷，明万历刻本，钤有"鸥舫珍藏"、"宗楠手勘"、"荛圃过眼"、"陈菊庄鉴赏印"等藏书印，有查慎行读书题记两则。李盛铎《木犀轩藏书书录》卷四(集部)著录。

《韩文考异》四十一卷，明刻本，前后有"秀水朱氏潜采堂图书"，及"查初白印"图记，此本经朱彝尊、查慎行二人递藏。《四库全书总目》、吴骞《拜经楼藏书题跋记》卷五著录。

《松恒文集》十一卷，清钞本，有查初白跋，李盛铎《木犀轩藏书书录》卷四集部著录。

《双峰集》九卷，明刻本，有"慎行"、"初白庵主"、"南书房史官"诸图记。吴骞《拜经楼藏书题跋记》卷五著录。

《孝诗》一卷，清钞本，有查慎行题记，下有"慎行"、"初白庵主"、"得树楼藏书"、"查慎行印"、"南书房史官"，及"查岐昌印"诸图记，吴骞《拜经楼藏书题跋记》卷五著录。

《傅与砺诗集》八卷，旧抄本，有初白手跋，卷首有"查慎行"、"悔余"二朱记。瞿镛《铁琴铜剑楼藏书目录》卷二十二、黄丕烈《士礼居藏书题跋记》卷六著录。

《云林集》诗二卷文一卷，旧抄本，经查慎行手校，钤"南书房史官"印记，卷二有初白先生手书。吴骞《拜经楼藏书题跋记》卷五，丁丙《善本书室藏书志》著录。

《说学斋稿》四卷，旧抄本，有"查初白旧藏"印，有查氏题识。陆心源《皕宋楼藏书志》著录。

《林公辅先生文集》上下二册，旧写本，有查慎行题识二，书中钤有"查慎行印"、"南书房史官"、"得树楼藏书"等印。《藏园群书经眼录》卷十六集部五著录。

钱曾在《读书敏求记》中，曾将私家藏书分为藏书者之藏书、读书者之藏书、售书者之藏书三类。查慎行的藏书就是典型的"读书者之藏书"。所藏书多数有题识，并考订作者生平，校订书中错误，增补缺漏，一丝不苟，见解不凡，令人慨叹。陈敬璋《查他山先生年谱》称其"退休横谿之上，所居室曰'簋轩'，贮书万卷，坐卧其中，记事纂言，惟日不足殆，不知老之将至云"。

然查慎行得树楼藏书也没有避免和历史上大多数藏书楼一样的命运。管庭芬在《拜经楼藏书题跋记》中曰："值马氏、查氏遗书散布人间，先生（指吴骞）偶得其残帙，流连景慕，每系跋语，以寄其概。""余尝见寒中、初白二先生收藏之本，皆有跋尾，惜无人搜辑以传。"①据《海宁州志稿·典籍》记载："得树楼藏书传至查慎行曾孙查芬手中，因乾隆三十九年清查禁书之案，得树楼藏书半入《簿录》，几至不测。"查芬则"遂绝意进取，诧祭而没"。查氏藏书也因此散出。

查慎行著述与刻书

慎行青年时，受经学于著名学者黄宗羲，治经邃于《易》学。尤工诗，诗法于桐城诗人钱澄之，又与著名学者朱彝尊为表兄弟，因得其奖掖，故而声名早著。《清史稿》本传记述，慎行方为诸生时"游览牂牁、夜郎及齐鲁燕赵梁宋，过洞庭，涉彭蠡，登匡庐，访武夷九曲之胜，所得一托于吟咏"。与时人施闰章、王士祯、宋琬、赵执信及朱彝尊合称清文学"国朝六大家"。查慎行诗、文、词的创作除《敬业堂诗集》五十六卷、《敬业堂文集》三卷、《余波词》二卷外，其他著述尚有多种。据清陈敬璋编《查他山先生年谱》载，查氏于康熙三十一年（1692），42岁时辑有《庐山志》八卷，并著《庐山纪游》一卷；康熙五十九年（1720），71岁时完成《江西通志》纂修，共二百零六卷，辑《鹅湖书院志》二卷；雍正二年（1724），75岁时著《周易玩辞集解》十卷等。

此外，诗注、诗文评类著作有《东坡先生编年诗补注》五十卷、《初白庵诗评》三卷、《词综偶评》一卷。杂抄类著作有《得树楼杂钞》十五卷、《渔洋山人精华录选抄》一卷。杂记类著作有《人海记》二卷、《聊以备忘》四卷、《黔中风土记》一卷、《初白庵藏珍记》一卷。经学著作尚有《易说》一卷等。

国家图书馆收藏有查慎行著述《陪猎笔记》及《初白外书》二种，此书具有较高的史料价值与学术价值。

慎行除藏书、著书外，还喜刻书。康熙五十二年（1713）刻《秋影楼诗集》九卷，华中师范学院有藏。康熙五十八年（1719）刻自撰《敬业堂诗集》四十八卷《续集》六卷，北京大学图书馆、海宁市图书馆有藏。康熙六十一年（1722）刻《查浦诗钞》十二卷、《诗余》一卷；乾隆十八年（1753）刻自撰《周易玩辞集解》十卷，浙江图书馆有藏。

查克建（1668—1715），慎行子。字用民，又字术雯。康熙丁丑（1697）进士，授束鹿知县，擢户部主事，历刑部郎中、凤翔知府。朴诚廉洁，有古循吏风。与父同好藏书，著有《记恩诗钞》。于康熙年间离世，未及查嗣庭之祸。

查岐昌（1713—1761），慎行孙。清诗人、藏书家。

① （清）吴寿旸辑：《拜经楼藏书题跋记》管庭芬跋，上海古籍出版社，2007年。

查芬(生卒年未详),岐昌子。清画家、藏书家。

查岐昌、查芬二人,在本节"海宁其他藏书家"一目中另有论述。

(2)才比"二苏"的查嗣瑮藏书

查嗣瑮(1652—1733),查慎行之弟。字德伊,号郎山、查浦,又号晚晴、益睡翁,晚号清轩主人。清学者、藏书家。康熙三十九年(1700)进士,选翰林院庶吉士,授编修,与兄同在翰林院,官至侍讲。少受业于黄宗羲,性警敏,早岁即有诗名,生平游迹遍天下,其诗精妙。名与慎行相埒,时人称之为"二查",比作宋代"二苏"。后因弟查嗣庭文字狱案受株连,谪遣关西,卒于戍所。好藏书,名著一时。藏书甚富,惜藏书情况失载。

藏书处为查浦书屋。

查氏除藏书外,亦精诗词、考订鉴定。著有《查浦诗钞》十二卷、《诗余》一卷、《燕京杂诗》一卷、《查浦辑闻》二卷、《南北史识小录》十二卷、《音韵通考》二十卷、《唐人万首长律》等,曾参与校刊《全唐诗》。

查基,查嗣瑮长子。清诗人。

查开(生卒年未详),嗣瑮次子。清官员、诗人、藏书家。

查奕照(1760—1844),查基孙。清诗人、书画家。

查世璜(生卒年未详),奕照子。清画家。

查基、查开、查奕照、查世璜等四人在本节"海宁其他藏书家"一目中另有论述。

(3)受党祸之害的查嗣庭藏书

查嗣庭(1664—1727),慎行季弟,字润木,号横浦,又号查城。康熙四十五年(1706)进士,改翰林院庶吉士,授修编。官至内阁学士兼礼部侍郎。雍正四年(1726)出任江西乡试主考官,乡试题目为"维民所止",其中"维止"二字被人诬陷为"雍正"二字去其首,抄家查出日记"语多悖逆",查嗣庭受党祸之害,死于狱中。后查嗣庭以文字狱戮尸,亲族子弟,均受株连。

好藏书,亦以藏书名闻天下。藏书处为双遂堂、晴川阁。

因政治大案的缘故,藏书难逃散失命运。查嗣庭藏书究竟多少,无藏书目录可考。然而,清史专家邓之诚从袁励准(珏生)侍讲处转抄了一份极为罕见的查抄清册,照引如下:

查家家藏往来字札并手录书籍编后。计开:《二十一史》抄本19套,又7本,共140本;抄白《明史》2本,稿本《酌中集》1套8本,又《酌中集》8本;《宋翰林燕石集》4本,《罗亨信集》1本,《唐珣集》1本,《唐文粹》2本,《十七帖述》1本,《孝义》1本,《野获编》4本,《南渡大略》1本,《熊勿轩集》2本,《声画集》2本,《辛巳泣蕲录》1本,《汴围湿巾录》1本,《外篇香草》1本,《中兴御侮录》1本,《禹贡》2本,《后汉摘典》1本,《姚东泉集》1本,《唐诗》2本,《十七史蒙求》2本,《建炎朝野记》1本,《唐摭言》4本,《渔隐丛话》20

本,《钱氏家宝》2本,《目科》2本,《青溪弄兵录》1本,《礼记》2本,《玉壶清话》2本,《东林点将录》1本,《幸存录》1本,《靖康孤臣录》1本,《杂录古典》2本,《陈子元书》1本,《东华集》1本,查前案学考试册24本,查氏自作诗文并帐目杂记10本,2帙作1包,《万寿颂奏疏》1本,《秋锦诗抄》1本,《尺牍》1本,拟《四书》题1本,书夹板号目1本,《丙申诗抄》1本,《秋兴集》1本,《戊戌诗抄》1本,瘦竹斋《公车新艺》1本,海汾日用帐目一本,杂录诗文二帙,以上10本2帙1包。检搜查嗣庭一应字迹书札诗文开列于后:一应新旧来往书札共133件,一伊致他人字札共17件,一切新旧家书141件,伊戚友书札共148件,一众人托带京书14件,一诗文一杂稿109件,一零星杂录时文1包,一细字小文章65张,一纸绫字对共22件,一纸笺字对共17件,一杂抄共11本,一款扇10柄。册后署雍正四年十月,钤有巡抚浙江等处地方提督军务关防。①

这里除了有关晚明史事和南宋时的史籍之外,属于违碍书目的很少。至于书札诗文的内容,则不得而知。

此外,嗣庭才思敏捷,有文名,工书法。据《清稗类抄》记云:"查君以书名震海内,而不轻易为人书,琉璃厂贾人贿查侍者,窃其零缣剩墨出,辄得重价。"著有《双遂堂遗集》四卷、《晴川阁诗》四卷、《维止录》等,其中今仅存《晴川阁诗》四卷(浙江图书馆所藏抄本作《晴川集》)。

(4)查氏兄弟藏书特色

海宁查氏家族是江南的名门望族,把藏书的传统当做后代立身做人、立业成家的传家宝。藏书在查氏家族向文化型家族发展的过程中发挥了举足轻重的作用,从而保证了家学的传承和家族的人才辈出。查氏兄弟在藏书方面颇具特色。

首先,兄弟藏书皆有盛名,且与其他藏书家族交往甚密。中国藏书史上兄弟各以藏书出名,并均有藏书家之称者,海宁查氏兄弟可以为代表。查氏善于兼收并蓄家族外部的文化精华,与本邑世家大族之间形成了一个收藏网络。虞坤林先生的《海宁藏书家之传承及其姻亲关系初探》一文对此做了较为详尽的综合论述。他列举了黄湾马氏、袁花查氏、盐官陈氏、新仓吴氏、洛塘周氏、路仲陆氏、硖石蒋氏、硖石徐氏等八家的家族传承关系。这些家族和姻亲之间结成关系网络,形成了藏书世家的合流。这在信息传播比较闭塞的时代,无疑更有助于查氏家族藏书文化的传播与发展。

其次,抄、校、著俱勤,且藏以致用。管庭芬对查慎行的藏书极为推崇。他曾为《拜经楼藏书题跋记》作跋称:"国初吾邑东南藏书家,首推道古楼马氏、得树楼查氏,盖两家插架多宋刻元抄,而于甲乙两部,积有异本。"②

① 见《嘉禾春秋》,嘉兴日报印刷厂,1998年12月(内部刊物)。

② (清)管庭芬:《拜经楼藏书题跋记》跋,吴骞《拜经楼藏书题跋记》,商务印书馆,1939年。

查慎行坐拥书山，笔耕不辍。据沈廷芳《查先生慎行行状》称："其卒之日，笥无新衣，橐无余储，唯手勘书万卷而已。"①此处"手勘"有手抄、校勘双重含义。查慎行至老抄书犹勤，叶昌炽《藏书纪事诗》卷四录慎行《钞书三首》：

人言冬是岁之余，自分生涯伴蠹鱼。
比似王筠犹有愧，白头方解手钞书。

无数空花乱眼生，摩挲细字欠分明。
西洋镜比传神手，八廓重开为点睛。

乌鸡已疗病风手，秋兔犹存见猎心。
炳烛余光吾若此，儿曹那不惜分阴。

三诗皆写老年抄书之情景。慎行曾手抄《孝经》全本，有识语云："此金陵黄氏千顷堂抄本，乙丑客都下，曾于俞邰案头见之。今归玉峰季子，甲午九月借钞毕。"

查氏家族很注重图书的实际应用，藏书致用的思想占了主导地位。通过藏书来培养子女的阅读兴趣，提高子女的阅读能力，从而提高整个家族的文化水平，保证了其家学的传承。藏书楼的建立在家族中营造出了一种文化氛围，家族藏书起到了学校和社会教育的作用。查氏家族成员因藏书的积极利用而学业精进，三兄弟既是藏书名家又是文学家、学问家，著作等身，即是其典型。他们的学识同时有益于校抄、著述活动，更加丰富了家族藏书。如此形成互为因果的良性循环。

其三，借藏书丰富家族文化。查氏家族专注藏书，形成熏陶濡染环境。查氏家族出了许多名臣和名人，这在《查他山年谱》、《查东山年谱》中都有记述。查氏家族子弟不仅受益于父兄的耳提面命，同辈之间也多相往还，切磋学艺，诗词唱和，交流见解。查慎行与其弟查嗣瑮年龄相差无几，先是同在家中接受父母的启蒙教学，以后又都师事黄宗羲，接着又同在翰林院。他们感情融洽，交往密切，学术交流，诗词唱和，相互促进，诗名相埒。查慎行与查嗣庭关系不及查嗣瑮，但也多有往还。查慎行三兄弟相互间的影响是显见的。查慎行从兄查容年长查慎行14岁，但他们的关系极为密切，查慎行曾有诗云："兄诗工而迟，顾我速以拙。篇成必传示，瑕颣互指摘。我赏兄不疑，兄颔我蹙额……"②这是从兄弟之间切磋诗艺、传承学问的生动写照。像查慎行兄弟、从兄弟之间交流学艺、互相影响的情况，在查氏中普遍存在。即使是查氏家族的女性，在耳濡目染下也非同一般。从《乾隆海宁查氏族谱》"外传"可知，查氏妇女往往出身藏书名家，有很好的素养，

① (清)钱仪吉：《碑传集》卷四十七《查先生慎行行状》，中华书局，1993年。
② 洪永铿、贾文胜、赖燕波等：《海宁查氏家族文化研究》，浙江大学出版社，2006年。

如《查他山年谱》记"五岁……母太淑人课之（指查慎行）读，授唐人诗百篇，即解切韵谐声大义"。查慎行母钟韫著有《长甫楼集》、《梅花楼诗存》二卷。查慎行妻陆氏是诗人兼藏书家陆嘉淑女，查克建弟兄同样也受母教益。可见在支撑起查氏藏书文化大厦的过程中，查氏妇女也起了重要的作用。

藏书活动在查氏家族向文化型家族发展的过程中具有举足轻重的作用。藏书、校抄和著述活动，促进了家族成员读书风气的形成，培养了家族浓厚的文化气氛，形成了维系家族成员感情的特殊纽带，致使查氏家族藏书活动绵延不绝，家族人才辈出，辉煌数百年。

4. 查升澹远堂与曾孙查莹南竹草堂藏书

查升（1650—1707），字仲韦，号声山、汉中，又号安蔬道人，海宁花溪（今袁花）人。清诗人、书法家、藏书家。康熙二十七年（1688）进士，选翰林院庶吉士，授编修。时康熙选儒臣侍值以备顾问，他经荐入直南书房多年，累迁至詹事府少詹事。诗词清丽，书法秀逸，得董其昌神韵，小楷尤为精妙，近似赵子昂。时称其书法为"海宁三绝"之一。康熙称赞说："他人书皆俗气，惟查升乃脱俗耳。用工日久，自尔不同。"①查升办事谨慎勤敏，备受器重，康熙亲赐书、画、笔、砚，赐第西华门，并为之书写"澹远"堂名，又赐其父祠曰"嘉瑞堂"。随驾幸浙，陈奏曾祖母许苦节，得赐"节孝流徽"额。查升品行高洁，待人不分贵贱，一视同仁。四方求书法者甚众，他经常在晚上燃烛挥毫，以应其请，不肯假手他人，人争宝之。著述亦丰。

查升富藏书，其中多书画。藏书多宋元旧本，如南宋刊本《黄山谷集》五十卷（后归其外孙沈廷芳）、旧抄本《周北山诗集》四卷、《淳化阁帖》等。和查慎行得树楼藏书往借传抄，手抄有《觉罗柯尔昆传》、《绥德马如龙墓志铭》等。

藏书处为澹远堂、静学斋。

藏书印有"查升之印"、"声山翰墨"、"查声山章"、"云亭"、"海宁查声山名升"、"臣升"、"声山"、"吴下阿升"、"一字仲韦"、"石漾主人查仲韦"、"行藏独倚楼"、"仲韦一字声山"、"门无剥啄松，影参禽声上，下午睡初足"、"澹远堂图书印"、"澹远堂印"、"海宁查升图书印"等。

查升之印

声山翰墨

仲韦一字声山

查升藏书印

著有《澹远堂集》、《澹远堂尺牍》、《前扈从诗》、《南巡五瑞诗》、《鄂渚纪

① 洪永铿、贾文胜、赖燕波等：《海宁查氏家族文化研究》，浙江大学出版社，2006年。

事》、《塞北纪恩诗》、《姓氏谱》、《静学斋诗集》等。书法有《孝经》、《〈兰亭〉跋》、《山居篇》、《感应篇》等刻石留世。

后查氏家族遭文字狱，其藏书相继被查抄和典卖。乾隆二十三年沈廷芳尝登澹远堂访查氏旧藏明抄《水经注》而不可得，获之书贾。

查莹(1743—?)，查升曾孙，字韫辉，号映山，别署竹南逸史、依竹居士，寓居山东海丰。清官员、藏书家。乾隆三十一年(1766)二甲26名进士，选庶吉士，散馆翰林院授编修，入四库馆为武英殿提调官。乾隆五十一年(1786)考选山西道监察御史，升吏科给事中，督贵州学政，科试苗疆。

继承其祖查升藏书及书画，且精于鉴藏书画。性喜聚书，与翰林院检讨李铎经常游弋于书肆，收藏图书颇富。日游琉璃厂延庆堂中，遇异书，必购至家，考校诸本，并题跋以记。

藏书处为听雨楼、圣雨楼、赐研堂、慧海楼、依竹堂、学山堂等。

藏书印有"查映山太史藏书"、"赐研堂图书印"、"查氏映山珍藏图籍印"、"名余曰莹字，字余曰韫辉"、"听雨楼收藏书画印记"、"查莹藏本"、"查映山读书记"、"赐研堂书画印"、"慧海楼藏书印"、"竹南藏书"、"依竹堂章"、"查莹图书"、"查莹之印"、"听雨楼查氏式圻珍赏图书"、"赐研堂印"、"学山堂印"、"棣园居士"、"文渊阁校理"、"查莹龙虎"、"映山珍藏"、"莹寿之章"、"映山父印"、"竹南草堂珍藏"、"依竹主人"、"依竹居士鉴赏书画印"、"映山鉴赏藏书"、"竹南逸史"等。

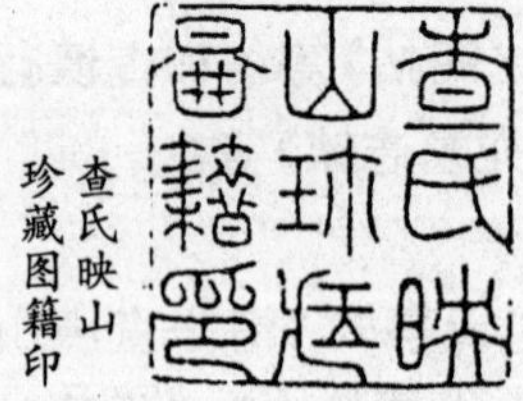
查氏映山珍藏图籍印

查莹之印

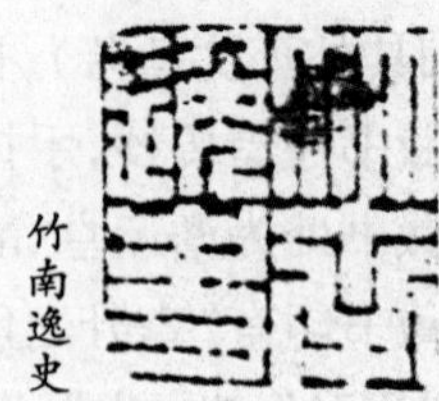
竹南逸史

查莹藏书印

其收藏宋抄本、明本和清代稿本甚多，其中以文集类为特色。如抄宋本《庆湖遗老诗集》九卷《拾遗》一卷《补遗》一卷，曹楝亭家影写宋本《分门纂类唐诗歌》一百卷、明刻本《剡溪漫笔》六卷(今存国家图书馆)、明景泰刻本《高太史大全集》十八卷(《四库全书总目》著录，今存国家图书馆)、查声山手书《绥德马如龙墓志铭》一册、陈奕禧手书并跋之《海宁查嗣惧及配丁太君墓志铭》一册。

乾隆时向四库馆进呈书多种，《四库全书总目》史部别史类存目著录其家藏本《读史纂图》一卷。

5. 马翼赞宝颖堂藏书

马翼赞(1672—1727)，思赞弟，字叔静，又字素村，号寒将，海宁人。清书画家、藏书家。雍正元年(1723)进士，曾官山东观城知县。与思赞同以书画著称。

书学苏轼，画笔清润，诗亦清华。著有《宝颖堂诗钞》、《康熙戊子科浙江乡试硃卷》。

翼赞亦喜藏书，藏书处为宝颖堂。其藏书情况失载。

藏书印有“古盐官州马素村书画印”等。

6. 陈邦彦春晖堂藏书

陈邦彦（1678—1752），字世南，号匏庐、匏庐道人，又号春晖，晚号春晖老人。海宁盐官人。清藏书家、书法家、史学家。康熙四十二年（1703）进士，选庶吉士，散馆授编修。入直南书房，升侍讲，官至礼部侍郎。善书法，尤工小楷，宗法二王，草书酷似董其昌，深得董氏笔意，晚年几可乱真。对颜、欧、虞、褚四家研究尤深，史籍称其“书法精绝，倾动寰宇”。供奉内廷，常奉命校读御制碑版文，并奉敕缮写。《御制日讲礼记解义序》、《御制康熙字典序》等御制诸作多出自其手笔，书名盛极一时。其书法有《春晖堂书课》传世。书法著述有《墨庐小稿》一卷、《乌衣香牒》四卷、《春驹小谱》二卷、《春晖堂集》等，今存《匏庐公日记》不分卷（康熙四十五年至雍正十三年）稿本，甚珍贵。康熙四十六年独立奉敕编《御定历代题画诗类》一百二十卷。

性耽群籍，收藏古籍颇富。并编有《春晖堂书目》一册存世，刘喜海抄本（国家图书馆善本室藏有此册）。此目经部4橱，史部6橱，约300种，颇多宋元本及名家点校本，惜子集二部之目已佚。

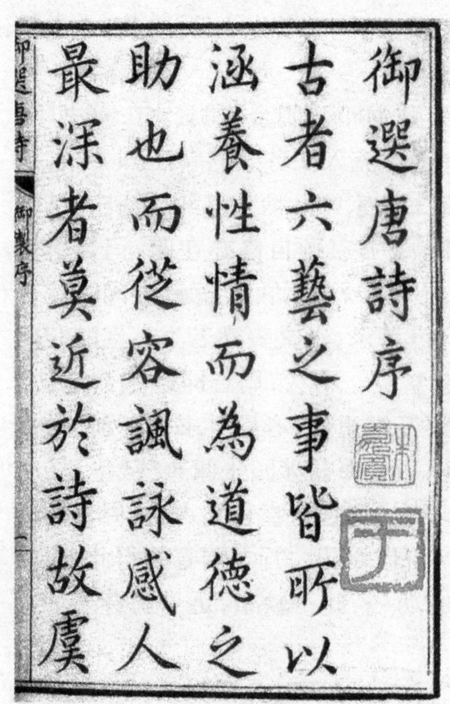
御選唐詩
御製序
御選唐詩序
古者六藝之事皆所以
涵養性情而為道德之
助也而從容諷詠感人
最深者莫近於詩故虞

陈邦彦抄本《御选唐诗》书影

陈邦彦抄本《御选唐诗》，清圣祖玄烨选辑。康熙五十二年（1713）内府刻朱墨套印本。框高19.1厘米，宽12.5厘米，开花纸。7行，行17字，小字21—24字不等，白口，四周双边（见左图）。

在盐官傅家桥西首旧居筑春晖堂以藏书。康熙五十二年（1713）曾御书赐陈家“春晖堂”匾额。藏书处除春晖堂外，还有墨庐、芸苑。

藏书印有“朝朝染翰”、“世南”、“陈邦彦”等。

7. 周春著书楼藏书

周春（1729—1815），明藏书家周明辅之后。字芚兮，号松霭，又号内乐村叟，晚号黍谷居士，自署羲皇上人，海宁盐官镇人。清学者、藏书家。乾隆十九年（1754）进士。乾隆三十一年（1766）官广西岑溪知县，任内革除陋规，有政绩。次年以父忧离任时,百姓尚欠公家借谷700余石,他捐俸禄偿付,以致路费无着。后受聘修《梧郡志》,书成乃得归。当地百姓深受感动,建生祠以纪念。归家后绝意仕途,家居著述藏书为乐,亦善画墨兰自娱。曾主讲安澜书院,嘉庆十五年重赴鹿鸣宴,赐六品衔。年过70,始习天文、数学,一年后居然能推算出日月食,喜极作放歌行。

好聚书,继承其父周文在藏书五万卷、手抄珍本千卷,藏于著书斋之中。另有藏书处县花馆、松声山房等。

藏书印有"周春松霭"、"海宁周氏家藏"、"松声山房"、"子孙世昌"、"自谓是羲皇上人"、"内乐村农"、"著书斋"、"周春"、"芚兮"、"松霭"、"松霭著书"、"松霭藏书"、"周春芚兮"等。

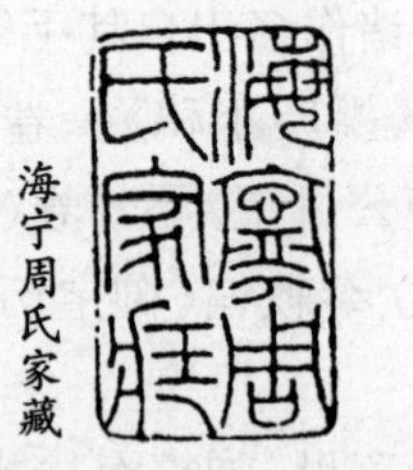
海宁周氏家藏

内乐村农

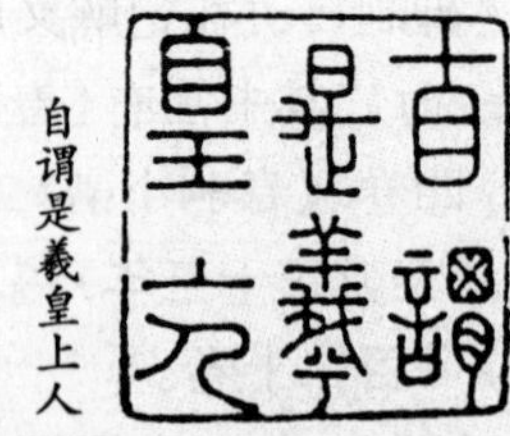
自谓是羲皇上人

周春藏书印

周春所藏以宋本《礼记》和宋本《陶靖节先生诗注》最为珍贵,故又名其藏书处为礼陶斋,后宋本《礼记》流出,改称宝陶斋,及至《陶靖节先生诗注》售去,遂又称梦陶斋。

其中《陶靖节先生诗注》传本绝少,有元人藏书印及明金俊明、文彭藏书印,系出毛氏汲古阁,后《陶靖节先生诗注》四卷,辗转流入江苏吴县黄丕烈手中,其过程颇为曲折。乾隆四十六年(1781)四月,藏书大家鲍廷博自苏州至海宁,偕同海宁藏书大家吴骞拜访周春。是夜灯下论书,藏书家顾自修亦在座,记其事甚详:廷博谈起有"陶渊明诗一本,序末标汤汉,不知汤汉何许人"。周春闻听此言便拍案称好书,且告以《宋史》有传,《文献通考》著录,以文爽然若失。春随叩闻《陶集》持行箧否?廷博则答云已送海盐张芑堂矣。不久,周春即赴张芑堂(燕昌)处借看,芑堂见书虽已破碎,而封面用金粟笺纸重装,心疑其书为秘册,虽借而索还甚急。周春对是书志在必得,赖着不还,后经海盐涉园张佩兼(载华)居中调停互易,周春先以书画、铜瓷、端砚易书,皆不允,其时芑堂正需古墨,周春遂出叶元卿"妙笔生花"大圆墨易之。此墨重一斤,价值白银一斤。周春为得此书,前后耗时两年,至乾隆四十八年(1783)始交换成功①。此一轶事,足见周春嗜书之笃、赏鉴之精。

周春初借到书后,即在卷首写下题记:"汤文清公事实,详见《宋史·儒林

① 引顾自修记载,见黄丕烈:《士礼居藏书题跋记》卷五,书目文献出版社,1989年。

传》。《靖节诗注》四卷,惟马氏《通考·经籍门》著于录,是书乃世间所希有,宋刻之最精者也。流传日久,纸墨未(一作"敝")渝,偶从友人处得之,不胜狂喜,手自补缀,亟命工重加装钉,分为二册,完好如新。余家旧藏有东涧选本,妙绝古今,此更出其上矣。乾隆辛丑长至后三日,内乐村农周春记。"又曰:"此本大字端楷,作欧阳率更体,颇便老眼,且校雠亦鲜形夭庚钧之讹,装竟复阅数过,诚可宝爱。松霭。"①

吴骞也曾记此事,云:"汤文清注《靖节诗》乃宋刻精本,渌饮得而赠与文渔(张燕昌),予偶从文渔借观,约日即返。周松霭知之,即从余借观,竟干没,屡索不还,予无以对二君。幸初借时录出此本,因据之重刻陶诗以行世。其后干没者复以售于吴中黄荛圃主事,徒为艺林所嗤也。"②

周春所藏还有日本域外之书,其《泰古梅园墨谱》为日本人松贞文元所作,陈增有诗咏之:

如此遗编不可寻,濂溪夫子最渊深。
中华以外书搜遍,第一人间翰墨林。
长崎馆外海云稠,造墨人还隔九州。
今日优昙花下见,胜他随月读书楼。

末句自注:"扬州江氏楼名,楼藏日本人所著《七经孟子考文补遗》。"③

作为学者型藏书家的周春,学识渊博,著述等身,所著宏富。据《海昌备志》称:"松霭潜心著述,所居著述斋,终岁不扫除,凝尘满室,插架环列。卧其中三十余年,四部七略,靡不浏览。"

其音韵学最精,著有《十三经音略》十二卷附录二卷、《杜诗双声叠韵谱话略》六卷、《小学余论》二卷,合称《音学三书》;经学有《中文孝经》一卷、《孝经外传》一卷、《尔雅补注》四卷、《古文尚书》、《续经籍题跋》等;史学有《西夏书》十卷、《代北姓谱》二卷、《辽金元姓谱》一卷、《辽诗话》一卷等;地方掌故有《海昌胜览》二十卷(稿本)、《海潮说》(刊入《艺海珠尘》本)、《海昌拾遗》等。其他还有《选材录》一卷、《海神庙志》一卷、《佛尔雅》八卷、《周松霭先生遗书》九种三十五卷、《松霭吟稿》、《松霭诗话》、《类说》等,辑《悉昙奥论》三卷。

周春是我国最早研究《红楼梦》的学者,乾隆五十九年(1794),作《阅〈红楼梦〉随笔》,为我国最早之红学专著。是书的内容和写法介于索隐、考证之间,偏于索隐,其思想和方法成为后来《红楼梦》索隐派和考证派的根源之一。其对红学的贡献在于两点:一是为后人记录了《红楼梦》刚问世时就有《红楼梦》和《石头记》两种不同名称的抄本行世;二是首创"张侯家世"之说,成为"红学索隐派"

① 引顾自修记载,见黄丕烈:《士礼居藏书题跋记》卷五,书目文献出版社,1989年。
② 傅增湘:《藏园群书经眼录》卷十二《陶靖节诗注》,中华书局,1983年。
③ 叶昌炽:《藏书纪事诗》(附《补正》,王欣夫、徐鹏补正),上海古籍出版社,1989年。

之始祖。

其父周文在,兄周莲等藏书活动,本节“海宁其他藏书家”一目中另有论述。

8. 祝德麟悦亲楼藏书

祝德麟(1742—1798),字芷堂,号芷塘,海宁袁花人。清官员、诗人。乾隆二十八年(1763)进士,选庶吉士,授编修。四库开馆时为翰林院提调官。曾充《续三通馆》纂修、翻译辽金元三史人地官名。乾隆五十一年由编修改授湖广道监察御史,越二年,遂挂冠乞归,主讲云间书院。祝氏以诗学称于京师,为乾隆间浙中诗家之一大宗。著有《悦亲楼诗集》三十卷《外集》二卷、《赓云初集》四卷、《吴任杰离骚草木疏辨证》四卷等。

祝氏好藏书,藏书颇多,藏书处为悦亲楼。藏书多钤有“祝德麟印”、“芷塘过眼”等。

9. 许梿兄弟进士藏书

许梿(1787—1862),初名映梿,字叔夏,号珊林,海宁长安镇人。清藏书家、经学家、书法家。道光十三年(1833)进士,选直隶知县,未赴。荐修《国子监金石志》,书成,擢知州,任山东平度,以吏事精敏,善决疑狱著称。7年共审结新旧案13000余件,多所平反。后历官淮安、镇江、徐州知府,官至江苏粮储道,政绩卓著。在镇江期间,适洪水泛滥,亲率舟楫往来赈恤灾民,发放衣食,救活甚众。

许梿嗜书成癖,所藏甚富。其藏书多得自北京、南京、苏州、杭州等地。每宦游所至,所见善本,倾囊以购。

藏书处为古韵阁、行吾素斋、红竹山馆、红竹草堂、澹吟仙馆、亨金宝石斋、黄武镜斋等。

藏书印有“古韵阁”、“许梿珍赏印”、“臣梿私印”、“许氏珊林”、“珊林手校”、“古韵阁主人”、“海昌许氏古韵阁藏书”、“许氏古韵阁印”、“许梿”、“亨金宝石斋主”、“亨金宝石斋校本”、“黄武镜斋”、“行吾素斋”、“木连理”、“许梿真赏”等。

许氏藏书甚精。有《古韵阁书目》二卷,黑格清稿本。仅存经、史两部,子、集未见。两部约2000余种。据《古韵阁书目》自序称:“旁搜古籍,而喜读生平未见之书,虽断简残编,人视之如唾余者,吾则宝若拱璧。频年从畿内及白下、金阊、虎林、所已楚楚可观,置身环阇。”虽不及蒋氏别下斋、管氏花近楼,“然半生罗致,惨淡经营,精力则悉荟于是”。据许梿《古韵阁书目》,古韵阁所藏多宋元旧版,如经部有宋咸平刊《古易音训》二卷、《群经音辨》七卷,宋刊元印本《书集传》六卷,元至正本《易裨传》二卷、《周易传义》及附录十四卷、《诗集传音释》二十卷、《周礼详解》四十卷、《春秋集注》十一卷、《春秋左传句解》七十卷,至元刊《春秋比事》二十卷,泰定刊《诗考》一卷等。史部有宋刊《东家杂记》二卷、《会稽三赋》三卷,元刊《史记》一百三十卷、《隋书》八十五卷、《续宋编年资治通鉴》十五卷、《宋史全文》三十六卷等。此外尚有天一阁抄本、明初本、汲古阁本、闽刊本、内府本、影宋元抄本、旧抄本等。

许梿为清一代小学名家，所藏有关文字学书尤多，《说文》一门多孤籍。谭廷献《许府君家传》："府君吏事精敏，然日不废学，洞明古篆源流，研精《说文解字》，以为吾一家之学也。寝馈久，罗致海内已刻、未刻诸书，而以钮树玉、王筠释例，句读为绝诣，撰《说文解字统笺》，巨编高数尺，未写定，寇乱散佚。"[①]曾抄校《说文解字考异》十五卷、王菉友《说文系传校录》手稿三卷、王绍兰《说文段注订补》，惠定宇、王怀祖、何义门《校说文记》等。据谭庭献从许梿后代得知：许梿的遗书散失以后，其家尚多校录善本。

许梿亦喜刻书，所刻书校订精审，世所推服。如《金石存》、《六朝文絜》、《笠泽丛书》及《字鉴》、《洗冤录详义》、《刑部比照加减成案》、《产宝》、《外科正宗》等均手书上板雕印。其《笠泽丛书》的刊刻，据钱泰吉在《曝书杂记》卷上言："海昌许珊林用十余年之力校勘《笠泽丛书》七卷《补遗》二卷《附考》一卷，手写付梓，字体仿欧阳率更，良可悦心。"

许梿还明律学，工书法，尤善篆隶，书势茂密，与其弟许楣齐名。博通文字学、医学。著有《说文解字疏笺》六十四卷（已佚）、《洗冤录详义》四卷、《识字略》八卷、《古韵阁遗著》三卷、《六朝文系笺注》十二卷、《刑部比照加减成案》正编三十二卷《续编》三十二卷、《许氏集古印谱》五册、《红竹草堂诗钞》二卷、《咽喉脉证通论》一卷、《外科正宗》、《夏承碑考》、《字鉴》、《古韵阁宝刻录》、《析骨补遗考证》、《产宝》等。编有《六朝文絜》，此书选择精当，流传甚广。

许梿关注经世致用之学，对经济理论亦有研究。曾为其弟许楣《钞币论》作序，并于其"未尽"处加按语，指出"物之贵贱，皆其所自定，非人之所能颠倒"。

许楣（1797—1870），许梿弟。字金门，号辛木。清货币理论家、学者、藏书家。与兄许梿同登道光十三年（1833）进士。曾任户部主事。性淡泊，道光丙申年（1836）辞官归里，致力于学问，举凡经史、辞章、金石、历算无不精通，精医理，尤长外科。曾在南通敦善书院主讲。著有《钞币论》、《真意斋随笔》、《真意斋诗文集》、《真意斋续诗》二卷等，校刊有《订正外科正宗》十二卷。

与兄许梿同喜藏书，藏书处为真意斋。

10. 蒋廷黻盟庐藏书

蒋廷黻（？—1911），光煦子。字直博，一字稚鹤，号盟庐。清末诗人、藏书家。光绪十八年（1892）进士，官吏部文选侍郎中，记名御使，特授广东韶州知府，未履任没于沪上。曾与冒鹤亭、吴仲怿、耆寿民等人唱和诗作。有《读史兵略缀言》一卷、《麻鞋纪行诗存》一卷、《随扈纪行诗存》一卷、《盟庐遗著》一卷、《读左杂咏》一卷、《盟庐诗词四种》、《盟庐词》一卷、《看镜词》一卷等。

宗源瀚《读书敏求记》题记云"蒋君世代藏书"，"癸巳（光绪十九年）春，在杭

① 缪荃孙：《清代碑传全集·续碑传集》，上海古籍出版社，1987年影印本。

州遇蒋君廷黻,别下斋后人也。谈及此书(《读书敏求记校正》),始知姚氏(彦侍)所藏不全本,原书为蒋君之物。"①冒鹤亭曾为其作《题蒋盥庐年大〈麻鞵踏雪图〉》,并称"廷黻亦雅好藏书"。

藏书处为盥庐。

11. 陈论春草堂藏书

陈论(生卒年未详),陈之问子。字谢浮,号酉斋,海宁盐官人。清官员、藏书家。康熙三年(1664)进士。选翰林,历讲读学士、少詹事、副都御史、刑部侍郎等。为文学侍从30余年,主试中州,所拔皆寒儒。著有《归田录》。藏书亦富。

藏书处为春草堂。

藏书印有"陈论"、"谢浮父"、"春草亭"等。

其父陈之问、兄陈訏亦藏书家,本节"海宁其他藏书家"一目中另有论述。

12. 吴氏兄弟进士藏书

吴衡照(生卒年未详),吴霖长子。字夏治,号子律,海宁新仓人,寓居仁和(今杭州)。清学者,嘉庆十六年(1811)进士。曾官金华教授。精通诗词音律。后家居孝养,学而不仕。与钱塘汪小米、嘉兴张叔未、武进汤雨生结东轩吟社,亦好藏书。著有《莲子居词话》、《辛卯生诗》等。

藏书处为莲子居。

吴乙照(生卒年未详),吴霖仲子。字子梫,号然青、子校,海宁新仓人。清书画家。嘉庆十三年(1804)进士,官山东福山知县。工书画,好藏书,亦精医道,《海宁州志稿》独有记载。著有《见山庐学吟稿》。

(三)海宁其他藏书家

1. 陆嘉淑蜜香楼藏书

陆嘉淑(1620—1689),陆钰子,查慎行岳翁。字子柔,又字孝可,号冰修,又号射山,晚号辛斋,海宁路仲里人。清书画家、藏书家。慎行少时曾跟陆嘉淑学诗,颇得指授。父钰于明末时绝食殉节,他亦终身不仕。工书画,诗文清丽。与朱彝尊、宋荦、邵长蘅诸人酬唱,篇什不下万首。书法与陈奕禧齐名。晚年游京师,名公巨卿交相推重。康熙十八年(1679)举博学宏词,力辞不就。

承其父藏书楼之蜜香楼,藏书万卷,闻名江浙。有藏画斋名为须云阁,聚法书名画。

藏书印有"冰修氏"。

顺治十二年乙未(1655)仲冬,载籍尽烬于祝融之灾。吴骞《拜经楼诗话》卷二记载,陆氏自悼诗云:

劫火空群相,狂花幻有因。
琴书千载后,风雨十年中。

① (清)章钰:《读书敏求记校证》,《中国历代书目题跋丛书》,上海古籍出版社,2007年。

吴骞《拜经楼诗集》卷三《蠡塘杂咏》有诗云：

> 玉轴牙签触手新，多数管须画眉人。
> 蜜香楼上连云焰，幻出狂花倘有因。

陆氏生有异禀，长益博览群书，才思敏捷，下笔数千言立就。著有《问豫堂文钞》十二卷、《射山诗钞》、《诗雅》六卷、《史论》一卷、《续史论》一卷、《三松解》五卷、《蕃镇录》五卷、《亡友录》、《集异录》一卷、《景行录》四卷、《北游日记》一卷、《同社诗钞》、《须云阁宋诗评》二卷、《须云阁诗》二卷、《辛斋诗馀》、《辛斋诗话》、《辛斋遗稿》二十卷等，辑有《陆氏本支宗谱》二卷。

陈乃乾有《辛斋年谱》三卷，未见。

2. 吴农祥兄弟宝名楼藏书

吴农祥（1632—1708），太冲仲子。字庆百，号星叟，别号大涤山樵。原籍海宁仲里路人，随父迁仁和孩儿巷。清诗人，藏书家。康熙十八年（1679）举博学宏词科，罢归。农祥工诗文，尤为熟悉明代史事，与陈维崧、毛奇龄、吴任臣等人并称“佳山堂六子”。好散文，诗赋、小词俱佳，又与吴任臣齐名，称“二吴”。家世富藏书，以藏书自娱，贮书数万卷。如藏有《淮南水利考》。

藏书处为悟园。中有宝名楼作读书处。

藏书印有“星叟农祥之章”、“吴星叟藏书”、“大涤山樵藏印”等。

作为藏书家，吴氏学识渊博，著述等身。所著《萧台集》二百四十卷、《梧园杂志》二十卷、《流铅集》四十卷、《诗余》二十四卷、《啸台读史》、《绿窗读史》、《钱邑志林》、《唐诗辨疑》并行于世。

吴农复（生卒年未详），农祥弟。字敦仲，号来庵。清学者、藏书家。著《来庵存稿》。

清初吴家老宅入圈屯中，唯图籍无恙，兄弟俩遂将藏书迁藏于孩儿巷之悟园。

吴氏兄弟均好藏书，二人相约读书于宝名楼。为不受外界干扰，专心致志读书，他们除去楼梯，相戒不闻世事，尽发祖、父及兄弟所藏书以读之。

3. 陈之问四代藏书

陈之问（生卒年未详），字令升，号简斋。海宁人，得郑晓故宅，迁居海盐武原。清初学者、藏书家。喜读书，好鉴赏，能言医卜杂术。好藏书，亦喜校勘，藏书甚富。

藏书处为书巢。

著有《学论》一卷、《简斋诗稿》一卷、《经疑》、《简斋文集》，又有《皇极经世评注》，黄宗羲为之序。黄宗羲《陈之问传》云：“字令升，号简斋，海宁人。陈氏科名冠两浙，而之问独不以华膴为念。好读书，自六经、三史以下，八家之集，唐宋之诗，丹铅殆遍。高会广坐，有所征引，长篇累牍，应口吟诵，以架上书覆之，不错一字。于书画古奇器，赏鉴精绝。而青鸟、素问、龟卜杂述，皆能言其理。尝从学于蕺山、漳海两先生，顾未尝讲学。与人言者，不出诗书。于诗文亦不多作。当霜天寒夜，漏已半，往往于卧榻中闻其铿然放笔，以为常，力学寒士中所未见。”①

陈訏（1650—1732 后），之问子。字言扬，又字焕吾，号宋斋，自号欢喜老人，居虎尾浜。清数学家。贡生，少游行黄宗羲之门，并传历算勾股之法。由岁贡生官温州训导、淳安县学教谕、黄州教授。对诗文、书画亦有研究。与同里查慎行友善。陈訏一门为海宁有名之数学世家。承父志，喜藏书，富藏书。

藏书处为书巢。

其数学著作有《勾股述》二卷附《开方发明》二卷、《勾股引蒙》五卷等。特别是晚年引申梅文鼎平三角举要和测量全义中八线表，著《勾股引蒙》五卷，介绍了笔算四则算法、开平方、开立方、勾股算术与平面三角法，为初学数学的入门，此书收入《四库全书》，浙江图书馆有藏。

另著有《时用集》不分卷、《唐省试诗》十卷、《宋十五家诗选》十六卷等多种。

陈世佶（1686—1749），之问孙，陈訏五子。字士常，号纯斋，海宁盐官人。清算学家、藏书家。康熙五十二年（1713）举人，所著数学著作有《开方捷法》一卷、《弧矢割圆》一卷、《勾股演法》一卷、《少广补遗发明》一卷等。

亦好藏书，其搜罗甚勤，藏书甚富。《海宁州志稿》卷二十九记其“藏书万卷，丹黄殆遍，得善本必手录一过”。著有《种书田稿》一卷，辑《杜诗》、《注经说》若干卷。

陈克镐（生卒年未详），陈之问曾孙。字芑丰，号柳塘。海宁人，寓居海盐。清诗人、藏书家。雍正元年（1723）举人，授甘肃华亭知县。归田后颐养林泉，以读书、藏书为乐，家中亦富藏书。对所藏之书，手不释卷，子史经籍，丹铅殆遍。

4. 陈奕禧藏书

陈奕禧（1648—1709），字六谦，又字子文、文一，号香泉，晚号葑叟，海宁盐官人。清书法家、藏书家。康熙三十九年（1700），官户部郎中，康熙帝极为欣赏其书法，召入值南书房。后出任贵州石阡知府及江西南安知府，修学宫，纂府志，兴文教，卒于任内。曾仿《文选》体例编纂《文海》，搜集历代诗文刊刻行世。

自幼酷爱诗和书法，其诗见赏于王士祯。尤工书法，书法取法晋人，小楷精稳，大字沉着浑融，其书体号称“香泉体”，远近争求其作品，日本天皇曾出重金收购。其行草书曾得康熙、雍正、乾隆帝的赏识。《海宁渤海陈氏宗谱》记载：“公翰墨妙当代，海内翕然，称之曰‘香泉先生’，故香泉之号独著。”雍正十一年（1733），命其墨迹勒石为《梦墨楼帖》十卷。所书《梦墨楼法帖》、《予宁堂法帖》，流传甚广，贮于内府。

陈氏雅好藏书，收藏书画、碑帖、古籍甚富。如王大隆《蛾术轩箧存善本书录》卷二十有其手书并跋《海宁查嗣惧及配丁太君墓志铭》一册。

---

① 雍正《浙江通志》卷一七八《人物六》，中华书局，2001 年，第 5045 页。

藏书处为予宁堂、春霭堂、梦墨楼。

藏书印有“香泉居士”、“石阡太守”、“梦墨”、“武烈王孙”、“养心堂”、“翩然阁”、“渤海郡图书印”、“盐官陈氏梦墨楼印”、“海宁陈奕禧字子文别号香泉翰墨图书”、“盐官岱清陈氏图书”、“子文”、“六谦”、“渤海”、“日岩”、“绿隐亭”、“乐琴书以消忧”、“古叹知音稀”、“长啸若怀仁”、“子文一字香泉”、“大块假我以文章”、“奕禧”、“盐官奕禧之印”等。

奕禧还是位金石收藏家，集大量秦、汉、唐、宋金石，《清史列传》卷七十一本传：“所藏秦汉唐宋以来金石甚富，皆为题跋辨证。”辑《隐绿轩题跋》。此外，尚著有《金石遗文录》、《春霭堂集》、《皋兰载笔》、《葑叟题跋》、《小名补录》、《益州于役记》、《北解杂述》、《北行日记》、《晋阳行记》、《云中纪行》、《陈子日记》、《奇花异木记》、《含香新牍》、《秋雨斋集》、《虞州集》、《笑门集》、《绿荫亭集》等。

陈奕禧去世后，海内争购其书，以至于故乡几无遗墨。

5．沈廷芳隐拙斋藏书

沈廷芳(1692—1762)，查升外孙，字畹叔、萩林，号椒园、盥蒙，别署隐拙翁、隐拙斋学人，原海宁袁花里人，后居仁和。清学者、藏书家。乾隆元年(1736)由监生召试博学鸿词，授翰林院庶吉士，散官，授编修。历官山东道、江南道监察御史，山东按察使等。官山东按察使期间，他为政清正，有功于民，离任之日，当地父老乡亲数千人相随远送。乾隆二十七年(1762)以老致仕归，任粤秀、敬敷等四书院山长。

廷芳出身世家，自幼笃志于学，先后随查慎行学作诗文、桐城方苞学作古文，能诗善文，尤精于古文。著述有诗文集《隐拙斋诗集》三十卷、《隐拙斋文集》二十卷，还有《舆蒙杂著》四卷、《鉴古录》十六卷、《十三经注疏正字》八十一卷、《续经义考》四十卷等。此外，与桑调元合辑有《馀山遗稿》。

沈氏嗜藏书，藏书多得查升旧藏，甚富。如藏有南宋刻本《类编增广黄先生大全文集》五十册，宋刊《郭茂倩乐府诗集》，元巾箱本《韵式》，明抄《水经注》，旧抄本《王黄州小畜集》三十卷《外集》一卷，抄本《紫岩于先生诗选》三卷等。其中《类编增广黄先生大全文集》是从外祖查升处获得的，是本今藏于北京大学图书馆。

藏书处为隐拙斋、接叶亭。

藏书印有“隐拙斋藏书印”、“沈廷芳盥蒙氏”、“隐拙斋学人”、“仁和沈廷芳字畹叔一字茮园”、“古柱下史”、“沈廷芳印”、“古杭忠清里沈氏隐拙斋藏书印”、“购此书甚不易遗子孙勿轻弃”、“盥蒙居士印”、“遗稿天留”等。

乾隆三十七年开四库馆，兴文字狱，查声山、查嗣瑮案“风波骤起，门户荡析，文昌(沈之父元沧，字麟洲，查氏婿，官文昌知县)亦横遭吏议。萩林崎岖患难，藏书星散”①。

6. 查为仁家族藏书

查为仁(1695—1749),一名成苏,字心谷,号莲坡,人称莲坡居士。海宁人,随父迁居天津水西庄。清诗人、学者、藏书家。为仁天资清粹,性嗜读书,早年读书水西庄,承其家学,才名颇著。康熙五十年(1711),为仁年18岁,举乡试第一,因被劾考试作弊下狱。数年后得释,遂绝意进取,托意于山水、禅悦、友朋、书卷之间。

为仁家豪于财,而性嗜读书。乃于水西庄中葺板屋数间,名花影庵。其七略四库之书,丛插满架,恣意搜讨,著述纂辑,篇章斯富。贮书籍数万卷,名画、金石、鼎彝等收藏亦极多。偕其两弟为义、为礼以诗文相切磋,款接名流,觞咏唱酬。一时名宿如吴廷华、汪沆、刘文煊、万光泰、厉鹗、杭世骏、朱岷等辈,皆为水西庄上宾。其文人之盛,与扬州马氏玲珑山馆、杭州赵氏小山堂南北并称,成为蜚声海内外的文化胜地。

藏书处为澹宜书屋。

查为仁博学能文,著述颇富。曾自编其稿为《花影庵集》二卷、《无题诗》二卷、《是梦集》一卷、《抱瓮集》一卷、《竹邨花坞集》一卷、《山游集》一卷、《押廉词》等,总名之为《蔗糖未定稿》;此外尚有《赏菊倡和诗》一卷、《花影庵杂记》二卷、《莲坡诗话》三卷,及其妻金含英所著《芸书阁剩稿》,编为外集。

乾隆五年选刻《沽上题襟集》八卷,卷三为查为仁诗73首,卷四为汪沆诗四首。锓木印纸俱极工雅。

查礼(1716—1783),为仁季弟。一作名学礼,字恂叔,鲁存,号俭堂、铁桥,又号榕巢、九峰老人、澹安居士。海宁人,寄籍顺天宛平(今北京通州)。清词人、文学家、书画家和收藏家。乾隆十三年(1748)以资授户部陕西司主事,官广西庆远同知,以同知发云南,旋改广东庆远府理苗同知、太平府知府。四十四年授四川按察使,次年转四川布政使,四十七年升湖南巡抚。后入觐,卒于京师。

查氏好藏书及法书名画、金石、金玉铜瓷、名人镌刻,藏弆至有千余,查礼集600余古印章,著有《铜鼓书堂藏印》(翁方纲、王文治作序)四卷传世,迄今尤为名家视为珍品,多有题识和跋语。书画收藏甚富,藏有善本《汝水巾谱》一卷、旧抄本《涑水纪闻》、《笠泽丛书》、《草堂诗余》三卷及王敬美手写《法书要录》等。

藏书处为隐书楼、铜鼓书堂。

藏书印有“宛平查氏藏书印”、“古燕查氏家藏”、“宛平查礼恂叔氏图书”、“查氏隐书楼藏书印”、“查氏所藏”、“榕巢”等。

查氏性嗜学,工为诗,与兄为仁齐名。勤著述,有《铜鼓书堂遗稿》三十二卷。

① (清)叶昌炽:《藏书纪事诗》卷五(附《补正》,王欣夫、徐鹏补正)沈廷芳引全祖望《送沈萩林之蔚州》,上海古籍出版社,1989年。

书学黄庭坚，亦善画，山水、花鸟俱极精致，尤善墨梅。今河北省博物馆藏有其《梅花图》、《卧梅图》。

查淳（生卒年未详），查礼子。字厚之，号梅舫，又号篆仙。海宁人，落籍宛平（今北京通州）。清篆刻学家、藏书家。曾任桂林知府。其父查礼在任广西庆远府同知期间，乾隆十九年（1754）奉令参与修浚灵渠事，曾探查湘漓之源，并于二十年在飞来石摩崖书并刻“灵渠”二字。查淳为了却父亲遗愿，于 38 年后刻“湘漓分派”碑于铧嘴上，是灵渠较有影响的石刻，极引人观赏。1938 年 12 月，蒋介石夫妇曾来到兴安灵渠并在原碑处观碑，后立美龄亭于碑旁。

查淳承父志，亦好藏书，继承其父的藏书。嘉庆四年（1799）辑其父查礼《铜鼓书堂遗稿》三十二卷及《铜鼓书堂藏印》四卷。

查诚（生卒年未详），为仁孙。字卫中、静岩，号海沤，又号静岩，占籍天津，乾隆四十二年（1777）举人，官郎中。平淡简易，有祖父查为仁遗风。亦雅好藏书，筑有小园，垒石莳花，积书万卷，无不披览。然不事生产，使其家业再次中落。遗著有《天游阁诗抄》、《天游阁杂著》等。

7. 查氏子孙藏书

查岐昌（1713—1761），查慎行孙。字药师，一字石友，号岩石山樵。清诗人、藏书家。虽为诸生，却极负声望。书法甚佳，工诗文。守其祖所传之藏书，亦喜聚书，藏书皆有题跋。藏有《龟溪集》十二卷，有乾隆十五年（1750）岩门山樵查岐昌跋。有手抄本《陶杜诗选》及旧藏并手跋抄本《刑统赋解》二卷。

藏书处为得树楼、巢经阁。

藏书印有“臣名岐昌字曰药师”、“查岐昌印”、“臣名岐昌”、“得树楼藏书”等。

诗歌承其家学，诗句新异，而散体文尤有法度，著作颇丰。著有《岩门诗文集》四十卷、《古盐官曲》一卷、《岩门精舍诗钞》二卷、《巢经阁读古记》约一百卷、《四库读字略》四卷、《查氏诗逸》二十四卷、《吴趋集》、《江山集》、《豫游录》、《南烛轩诗话》、《岩门诗话》等。更擅方志学，曾纂《柘城志》、《归德府志》，参编《海宁州志》。今国家图书馆藏其《古盐官曲》一卷，为清抄本。

查芬（生卒年未详），查岐昌子，初名奕莱，字椒，号查园。清画家、藏书家。善花卉，著有《烬余偶录》。虽好藏书，然乾隆年间因查禁书之案，未能守成祖传藏书，得树楼藏书大多散出。

查基（生卒年未详），查嗣瑮长子。字履旋，号榴斋，寓居嘉善。清诗人。随父谪蓝田，后归，承父志，亦好藏书。著有《叩弹杂著》、《榴斋诗词钞》、《北游存稿》等。

查开（生卒年未详），查嗣瑮次子，查基弟。字宣门，号香雨，寓居海盐，晚居魏塘（今嘉善）。清官员、诗人、藏书家。曾任河南中牟县丞、武陟知县。雅好藏书，藏书亦富。

藏书处为吾匏亭、桐花阁。

亦喜刻书，刻书室曰香雨斋。刻印查慎行《补注东坡编年诗》五十卷。著有《吾匏亭诗钞》一卷、《苏诗三家注定本》。

查奕照(1760—1844)，查基孙。字丽中，号礼斋，别署龙山樵者。乾隆五十一年(1786)举人，官淮安同知。清诗人、书画家。少时即工楷书，能诗善画，善写意花卉，得宋元人及陈道复、徐渭遗意。偶作仙佛亦具汉人画像笔法。兼善鼓琴，从师高慕陶。嘉庆初遇海内第二琴手武林(今杭州)李玉峰手授十二曲。晚居魏塘(今嘉善)，日以歌咏书画自娱。藏书亦富，亦邑中藏书一名家。

藏书处为敬业堂。

著有《东望望阁诗钞》二卷、《东望望阁随笔》六卷、《东望望阁杂著》一卷、《敬业堂诗集注》(未刊)等。

查世璜(生卒年未详)，查奕照子，张廷济婿。字仲才，号礼斋。寓居嘉善。清画家。工诗，尤以善画梅而名重一时。好收藏古籍及金石文献拓片等，收藏室名为汉晋砖砚室。著有《汉晋砖砚室吟稿》。

8. 周氏家族藏书

周文在(生卒年未详)，字振之，号了闲，又号香山，海宁伊桥人。清诗人、藏书家。毕生爱好书史，富收藏，曾积书五万卷，手抄珍本千卷。亦擅治印，拓有《懒庵印谱》一卷，后不慎于火，惋恨而殁。著有《长庆集选》二卷、《香山诗评》二卷，辑有《周氏谱传》一卷。

周莲(生卒年未详)，文在子。字予同，号玉井。清藏书家。乾隆十八年(1753)乡试中举，曾官中书。家多藏书，与其弟周春自为师友。兄弟俩筑著书斋，插架环列，卧起其中，四部七略，靡不浏览，其博学有名于时。著有《五百罗汉志》十二卷、《玉井山樵诗钞》等。

周春(1729—1815)，文在子，莲之弟。清学者、藏书家。本节"海宁进士藏书家"一目中已有论述。

周广业(1730—1798)，春从子。又名灵根，字勤圃，号耕厓。清学者，藏书家。乾隆四十八年(1783)举人。主讲安徽广德书院，兼修州志，亦工书法，为当地培育了不少人才。精通经典，善于论史，谙于目录学，于典籍考据、校勘、训诂、辑佚及收藏刻印等颇有成就，凡十三经、二十四史以及九流百氏，靡不溯流讨源，钩沉索隐，与鲍廷博、吴骞等人齐名。家富藏书。于书无所不窥，曾馆于同乡王大鼎家，阅尽所藏。

藏书处为种松书塾、省吾庐、听雨楼、北小书屋等。

广业生性耿介，不随流俗，后归家著述以终。所著《孟子四考》，于孟子生平，颇有独到见解(刊入《皇清经解续编》)。此外还著有《蓬庐文钞》、《读易纂言》、《石经纪略》、《经史避名汇考》等数种，并辑录《海昌五臣殉节轶事》一卷、《两浙地志录》二卷、《文昌通纪》四卷、《宁志余闻》等。修成《广德州志》(乾隆五十七年刊本),时人评价颇高。清廷编纂《四库全书》时,参与其事的名流学者,争相聘他任校勘。凡经他精心校勘的古籍,均成善本。曾以十余年之功,撰成《目治偶钞》和《四部寓眼录》。

广业除藏书、著述外,亦喜刻书。刊印图书极多,版刻质量精美,字体纤细有力。刊刻抄本、稿本古籍甚多,主要有《孝经汉郑氏注》、《相台书塾刊正九经三传沿革例》、《宁志余闻》、《读相台五经随笔》、《陆射山诗余》、《孟子四考》等10余种。

周勋懋(1766—1843),广业子。字虞嘉,号竹泉,自号信天翁。清书法家。道光壬午(1822)乡试副贡。工书善诗,好藏书,遇藏善本不惜重金购之。嘉庆七年(1802),重校其父著《四部寓眼录》,并有题识于后。

周勋常(生卒年未详),广业子。字纪君,号兰江。清诗人,藏书家。诸生。雅好藏书,其家藏书颇丰。工诗,著有《种松庄偶存》三卷。

周金振(1792—1855),勋懋子。原名秉铨,字典三,号濂谷。清藏书家。金振继承先世之藏书外,搜购图书甚勤,遇善本不惜重价购之。藏书之富,邑中名著一时。

周氏子孙均好藏书,藏书得以数代世守、存续百年,堪称嘉兴藏书史上一段佳话。

9. 钱馥小学庵藏书

钱馥(约1748—1796),字广伯,号幔亭、幔斋,尝取濂溪诗意自号绿窗,远近以绿窗布衣目之,海宁路仲里人。清学者、藏书家。一生不喜科举,不为官宦。一意读书。阮元于乾隆六十年(1795)督学浙江时,望其出试,依然不应,欣然以布衣终生。钱馥专攻文字音韵之学,尤擅六书音韵。著有《小学庵遗稿》四卷(阮元序)、《集古钟鼎千文》一卷等。又因吴骞拜经楼有《论印绝句》之刻,特辑《图书谱》一卷,以补诸家所未备。

家富藏书,喜雠校,卢文弨、钱大昕等辈深重之。以周春为师,与周广业、陈鳣、陈敬璋、吴骞相切磋,互借善本校读。藏有并手校颖川陈氏刻本《广韵》五卷、手校《字鉴》二册、郭氏《汗简》等书。手校汲古阁抄本《增修复古编》二卷,现藏国家图书馆。还有手抄孙退谷著《考正朱子晚年定论》二卷。

藏书处为小学庵。

藏书印有"馥"、"广伯"、"绿窗布衣"等。

晚年其藏书被典卖,部分藏书被吴骞购藏。

10. 马瀛吟香仙馆藏书

马瀛(1750—1820),字二槎,一作仁槎,自号宋临安三志人家,海宁马桥人。清诗人、藏书家。监生。善诗能书,与蒋梦华、管芷湘、钱泰吉等相交甚契。嗜古好学,喜聚古书,搜罗甚勤,家富藏书。每得书,必手自校雠。

藏书以多精品珍本见称。所藏《东莱吕氏书说》为徐乾学藏本,《重言重意周礼》为季沧苇藏本,《晋书》为王世贞、宋牧仲藏本,《本草衍义》、《活人书》、《却帚篇》为黄荛圃藏本,皆宋椠之最著者。所藏宋周淙《乾道临安志》三卷、施谔《淳祐临安志》六卷、潜说友《咸淳临安志》九十五卷,皆世间孤本。藏有唐新罗人崔致远《桂苑笔耕录》、宋本曾肇《曲阜集》、《统舆图》(为述古堂抄本,钱遵王跋之)等。藏有汲古阁、万卷堂、曝书亭、天籁阁诸多秘籍。积数十年,编有《吟香仙馆书目》一册,著录图书926余部6317册,其中宋元秘椠不少,且多何焯、顾广圻、黄丕烈、卢文弨、陈鳣、吴骞、吴翌凤诸名家校藏者,可见藏书之富。

蒋光煦《东湖丛记》记云:"陈仲鱼向山阁藏书,大半归马二槎上舍瀛。上舍,余中表行也。时得借观其《吟香仙馆书目》,多世所未见之本,有宋本《后汉书》、《晋书》,因以汉晋名其斋。《晋书》为天籁阁故物,有王弇州手抄补缺之卷,真书林瑰宝也!余曾假其《刘子注》十卷。"冯登府《马君二槎藏书记》记其"嗜古媚学,每得一帙,舌耕肘书,必手自勘"。

藏书处为吟香仙馆。

其藏书印有"二槎秘笈"、"马氏吟香仙馆收藏印"、"马氏收藏"、"二槎艺文"、"宋临安三志人家"、"汉晋斋印"、"马氏收宋元椠精抄秘本经籍之印"等。

叶昌炽在其《藏书纪事诗》记其:

同有惊人秘籍藏,汉唐汉晋各分疆。

扶风故事如相质,一住盐官一海昌。

11. 陈敬璋四勿居藏书

陈敬璋(1759—1813),陈确玄孙,查慎行外曾孙。一作陈璋,字奉莪,号半圭,又号惺庵,海宁新仓人。清诗人、藏书家。好藏书,喜抄书,据《海宁州志稿·典籍》卷二十九记载:其"日可写万字,见异书辄手钞,屡毁于火,晚年犹插架层叠也"。

藏书处为四勿居。

藏书印有"半圭"、"敬璋"、"渤海"等。

亦工诗、古文辞。撰《海宁渤海陈氏著录》一卷,记录陈氏家族历代180余人著述440余种。还著有《渤海家乘补》三十二卷、《杨园未刻稿定本》十二卷、《初白先生年谱》、《查他山先生年谱》、《惺庵焚余稿》、《四勿居诗稿》等多部。

陈敬简(生卒年未详),敬璋兄,字汝霖,号可斋,又号吟窝,海宁新仓人。清藏书家。由监生官盐课大使。喜聚书,所藏甚富,卢文弨为作藏书记。撰《枕经楼藏书目录》四卷。

藏书处为枕经楼。

12. 朱恭寿藏书

朱恭寿(1779—1854),字孝先,号半塘,安徽婺源籍,海宁人。清官员,嘉庆二十四年(1819)由廪贡生中乡试,任江苏六合县令。少孤力学,去官之日,囊无余资,唯图书万卷而已。

13．杨文荪松乔堂藏书

杨文荪(1782—1852)，字秀实，号芸士、芸墅。海宁人，寓居仁和，晚年移居苏州。清学者、藏书家。道光七年(1827)贡生。工书法。中年随许梿做幕僚。

好聚藏图籍，历数十年，所藏不下五万卷，藏于松乔堂之中。藏书处除松乔堂外，还有汉五千卷室、稽瑞楼、述郑斋、璇树居等。又有汉五千卷室并绘《勘书图》。如所藏《宋诗纪事》一百卷，钱塘厉鹗辑。乾隆樊榭山房刻。刊刻精雅，为清刻中俊物。11行，22字。白口，左右双边。乾隆十一年樊榭厉鹗太鸿序。有"杨文荪印"、"海宁杨芸士藏书之印"等藏印。

藏书印有"杨文荪字秀实号芸士"、"芸士经眼"、"杨文荪藏"、"海宁杨文荪"、"秀实别号芸士"、"砚口海宁杨芸士藏书之印"、"海宁杨芸士藏书之印"、"杨印文荪"、"芸士"、"璇树居藏书"、"述郑斋收藏印"等。

文荪喜抄书。"凡旧抄及难得之本，无不竭力搜访。闻藏书旧家有秘本，必借抄，或辗转托人抄录"①。曾抄有范文白著《海宁县志》残稿，陆射山著《北游日记》。还有周春所著《西夏书》、《海昌胜览》、《松蔼类说》、《岑政录》等书。藏抄本多而精，所藏精本如《周益公集》，旧版久已无存，只明人抄录之本，流传极少，清乾隆初娄东宋宾王以明人抄本重抄细校，极为详审。尚有旧抄《吴都文萃》(亦宋宾王所校)，仁和赵一清《三国志注补》，昆山徐炯《五代史补注》(本系朱彝尊稿本，归于徐氏续成之，而朱氏为之序)，海昌谈迁《国榷》(外间只有崇祯一朝，而全本绝少)等，此皆未经刊刻而并无抄本流传之书。其他旧刻及善本亦搜访不少，如金亦陶抄本《龟溪集》、旧抄本《皇宋十朝纲要》等。与管廷芬、汪远孙等藏书家相往来，互抄所藏之书。

其学问渊博，邃经学，诗笔幽俏。精究语言文字之学，与胡珽并重艺林。著有《南宋石经考》、《南北朝金石文字考》、《逸周书王会解》、《广注》、《西汉会要补遗》、《述郑斋诗》等。刻有《抚黔奏疏》八卷、《黄门奏疏》二卷、《西台奏议》一卷(上海图书馆藏)。

文荪曾据家藏珍本，助朱衎选编《国朝古文汇钞》，评选精确，世称善本。尝辑《国朝诗文集》，搜罗尤富，将以备一代文献，惜未成书。亦尝为顾光圻整理《思适斋集》。

14．朱元炅兄弟藏书

朱元炅(1812—1862)，字炯斋，号海曙，海宁人。清学者、藏书家。潜心古籍，经史诸子，靡不淹贯，兼精小学。雅好藏书，藏书万卷。后遭兵乱，藏书荡然无存。著有《海曙见知闻书目》。

藏书处为绿萍仙馆。

朱元吕(1815—1850)，元炅弟。字律卿，号渔璜。清官员、诗人、金石学家。

① 郑伟章：《文献家通考》卷十三，中华书局，1999年。

道光十五年(1835)举人。授内阁中书,旋改知县,卒年仅36岁。亦好藏书,遇奇书秘本,必亲录之,尤邃于金石之学。抄有《尔雅旧注》三卷。著有《金石跋文》二卷、《金石萃编补》四卷等。

15. 葛继常石菖山藏书

葛继常(?—1849),字奕祺,号梓南,海宁郭溪人。清嘉庆间画家、篆刻家、藏书家。工篆刻,善山水。与当地藏书名家管庭芬、杨文荪、胡尔荥、吴寿旸、钱泰吉等友善。

嗜藏金石文献,凡见有碑刻,必手拓之。好聚书,于乡邦文献尤甚,遇前贤未刊之著述,必手自抄录,几近百册,复详加考订,以跋其后。收藏颇多精本。他的抄本世称"石菖山房"本。如抄本有周春《海昌胜览》二十卷、《耄余诗话》十卷,朱彝尊《日下旧闻》四十二卷,谈迁《海昌外志》等。

藏书处为石菖山房。

有藏书铭印"宠辱不惊肝木自宁动静以敬心火自定饮食有节脾土不泄调息寡言肺金自全怡然无欲肾水自足嘉庆已卯郭溪葛继常镌",以医家养生之道为藏书铭记,是少有的藏书印铭之一。

曾协助钱泰吉编纂《海昌备志》,著有《石菖山房杂钞》。

16. 唐仁寿讽字室藏书

唐仁寿(1829—1876),字端甫,号镜香、镜掀,海昌(今海宁)人。清学者、诗人、藏书家。少有神童之誉,14岁补诸生。不喜试举业,平生潜心书林,读书好古,通六书、音韵之学,喜校勘,治经史以精审著称。钱泰吉为海宁州学官,唐氏师事钱泰吉,钱先生深契之。同里管庭芬、仁和罗以智皆引为忘年友。

其家饶于财,嗜藏书,益聚书,求购宋元以来善本,参校同异,日不足继以夜。积书数万卷,多秘籍珍本。如任大椿燕禧堂刻殷氏《列子释文》、汪继培刻于湖海楼之张湛注《列子》、宋刻本《春秋公羊注疏》、顾观光手稿本《九数存古》九卷等。

藏书处为讽字室。

藏书印有"讽字室秘籍"、"海昌唐仁寿"、"唐仁寿读书记"、"补农"、"梦华生"、"讽字室"、"盐官"、"镜香居士"、"仁寿启事"等。

关于唐氏藏书的散失,光绪《杭州府志》卷一四六记载:"咸丰战乱间,唐氏奔走流离,田宅财物及所购书籍荡尽。然志意肃然,处之泰然,好读书如故,所诣日邃。"

同治间,金陵为清军克复。曾国藩、李鸿章相继督两江,开金陵书局于冶城山,校梓群籍。江宁汪士铎、仪征刘毓崧、独山莫友芝、南汇张文虎、海宁李善兰、德清戴望、宝应刘恭冕、金蓉镜皆四面而至,唐氏以李鸿章、周学浚之荐,亦与其列。时金陵与苏、杭、武昌四局合刻《二十四史》,唐氏校刊《史记集解》、《史记索隐》、《史记正义》合注本,又分校《晋书》、《南齐书》、《后汉书志》。

生平所著书皆未刊,独有若干卷藏于家,如《史记校勘记》。另著有《驳孟子字义疏证》一卷、《评注渔洋古诗选》四卷、《讽字室古今体诗》三卷、《讽字室文稿》等。

17. 孙凤钧藏书

孙凤钧(1839—1904),字溥恩,号铨伯、铨百、铨石,自署东门猬者,海昌(今海宁)人。清藏书家。同治六年(1867)顺天副贡。历官兵部主事、常州府粮捕通判、苏州海防同知。

酷嗜典籍,所藏多珍本,如蜀大字本《魏志》、抚州本《公羊》、南宋初年刻本《国语》,皆世间绝无之本,另藏有南宋初刻本《说文解字补义》。所藏虽少而精,簿录之学,一时无比,时人称其为"宋版孙"。另藏有明刊《十子》,此本曾为朱学勤收藏,孙氏于光绪二十二年七月贻予盛昱,朱、盛均有题识。

藏书印有"盐官孙氏"、"凤钧之印"、"孙铨伯"、"东门猬者"等。

18. 查燕绪日精草堂藏书

查燕绪(1843—1917),字翼甫,号继亭,海宁袁花人,寓居苏州望信桥。清学者、藏书家。咸丰庚申(1860)之乱,避地武昌,从张裕钊游,称入室弟子。光绪八年(1882)应聘纂修《湖北通志》。光绪十一年(1885)举于乡。光绪十六年(1890)出使日本。官至松江府海防同知。辛亥革命后,弃官归隐,以藏书、著述为乐。著有《继亭诗文集》、《群书异话》等,修编《海宁查氏族谱》计24册并刊刻,国家图书馆有藏。

查氏先世有藏书之风,先祖查升、查慎行等均为前清藏书名家,其高祖、曾祖等与陈鳣、黄丕烈、袁廷梼等知名藏书家为莫逆之交,其外舅蒋光焴、外伯舅蒋光煦皆以藏书著称于世。查氏受先世濡染,亦雅嗜藏书,藏书万卷,诵述祖芬,世守勿替。与叶昌炽为好友,叶氏曾多次到查家书斋中观宋元善本。其收藏多精品,如宋椠本江少虞《事实类苑》七十八卷(为秘本)、宋刻小字本《近思录》附《后录》二册(四库所未著录),元中统刻本《史记》一百三十卷(钱謦石手校)、元刻《九经直音》、《陈众仲集》、《虞伯生诗续编》(均有黄荛圃跋)、元刊本《陆从仲文集》十三卷(残存卷一至四),明洪武刻本《贝清江集》三十卷、明嘉靖间刻本《后汉书》一百二十卷(国家图书馆有藏)、明汲古阁翻宋本《汉隶字源》五卷《碑目》二卷(美国国会图书馆有藏)等。

藏书处为日精草堂、木渐斋。

藏书印有"查氏燕绪"、"查燕绪字翼夫"、"家在苏州望信桥"、"燕绪"、"日精草堂"、"查燕绪收藏经籍印"、"直夫"、"雁湖齐农"、"继亭"等。

19. 邹存淦藏书

邹存淦(1849—1919),字俪笙,号师竹庐主人。海宁安镇人,居万家渡周家花园。清医学家、藏书家、诗人。工诗词,精音韵之学。好藏书,收藏抄本甚多,如藏有抄本《九僧诗》。

藏书印有"邹印存淦"、"俪笙"、"邹氏家藏"等。

邹氏一生未仕，致力著作，勤于收集乡土逸事，地方掌故。辑有《修川小志》二卷。著有《海宁金石目稿》一卷等多部。撰有《己丑曝书记》四卷，著录图书3万余卷。

存淦还依其祖父之言，辑录农谚、占候、医药与饮食等文献，编撰《田家占候集览》（抄本十卷，现存于国家图书馆）。另有《外治寿世方》四卷，刊于光绪三年（1877）。该书仿《理瀹骈文》体例，辑录临床各科疾病多种外治法的治疗方药，共分68门，载药方2200余种。于光绪初收集外伤治伤方2200多种。

邹安（1864—1940），存淦子，清末民初大收藏家。第四章第二节"海宁藏书家及其藏书"一目中另有论述。

20. 朱昌燕朝经暮史昼子夜集楼藏书

朱昌燕（1851—1906），原名昌龄，字与九、苓年，号衎庐，别号沙明水碧山庄主人，海宁硖石人。清学者、著作家、藏书家。岁贡生，援例授训导。光绪二十年（1894）起掌教硖石东山书院十余年。尤喜奖掖后进，五百里内，高才生辍巍科而去者多出其门下。光绪二十四年（1898）被聘纂修州志，与蒋学坚同纂《海宁州志稿》，不出二年成事，昌燕出力颇多。

《海宁州志稿》卷十八典籍、卷二十九文苑记云："资性颖异，博览群籍，专精掌故，性嗜蓄书，庋藏甚富。"朱氏所藏善本版刻较多，各种旧抄本中有关乡邦掌故尤多。1927年夏同里费寅编有《朱衎庐旧藏钞本书目》一册，著录朱氏图书有关海昌乡贤注疏抄本262种。

藏书处为朝经暮史昼子夜集楼、沙滨草堂、椒花后舫、拜竹龛、学易斋、梅花小舫等。

藏书印有"海昌朱昌燕原名昌龄"、"学易斋"、"衎庐"、"学易斋朱昌燕录"、"嗜好与俗殊酸咸"、"香草山房藏本"、"昌燕"、"万竹山民"、"与韩非扬雄同病"、"吃米"、"拜竹龛"、"梅花小舫"、"衎庐所书"、"衎庐文稿"、"衎庐诗稿"、"朱昌燕印"、"衎庐经眼"、"朝经暮史昼子夜集楼之收藏印"、"海昌小桃源朱氏朝经暮史昼子夜集楼收藏之印"、"双泉精舍"、"文公二十三世孙"、"书如水我如鱼鱼不可一日无水我不可一日无书"、"沙明水碧山庄主人"、"乐迈"、"喜翁"、"紫阳"、"衎庐小品"、"龛庐集句"等。

朱氏学识渊博，著述宏富，所著有《说文经字考证》、《十四经解诂》、《国朝汉学师承续记》、《国朝宋学渊源续记》、《国朝列女事略》、《国朝海昌文征》、《国朝海昌人物志》、《国朝骈体正宗续编》、《海昌朱氏文辑》、《再续疑年录》、《文甲乙集》、《楹联偶存》、《椒花后舫诗人集》等，未及刊行，卒后散佚。里人徐蓉初、张宗祥收集整理其残编，编成《朱衎庐旧藏遗稿》八卷《续稿》二卷及《峡川朱氏收藏书目》。

其藏书的散失，费寅在《朱衎庐旧藏钞本书目》题记云：卒后，所藏"为不识字伧夫捆载以去，贱值鬻诸城中，散于北京市肆"。

21. 张光第小清仪阁藏书

张光第(1875—1916)，字渭渔，号盟鸥，海宁盐官人。清末民初藏书家。少弃举子业，淡泊名利，惟癖好书画金石，好藏书，尤富乡邦文献。其友卢氏录存《张渭渔遗书目录》一册。

藏书处为小清仪阁、朝经暮史昼子夜集楼、古翠轩。

藏书印有“流传在海昌张渭渔处”、“小清仪阁”、“渭渔又号盟鸥”、“金鉴堂藏书印”、“张光第印”、“小清仪阁校藏”、“海昌张氏珍藏”、“海昌张光第渭渔之印”等。

光绪三十一年，王国维自吴门归海宁，渭渔访之于西城老屋，出唐解元《芍药》、马湘兰《兰石》相与把玩。王国维《观堂集林》卷二十三《敬业堂文集》序云：当吾之世，海宁“言收藏者推渭渔”。海宁“固文相之邦也。康雍之际，他山先生得树楼与马寒中道古楼，并以藏书闻著东南。至乾嘉间，吴氏拜经楼、陈氏向山阁之藏，乃与吴越诸藏书大家相埒。而蒋氏生沐之东湖草堂、寅昉之宝彝堂为之后劲。……及光宣之间，始得渭渔”。又云：“初，同光之间，硖川朱苓年明经颇搜罗乡先辈遗著，其藏书渭渔尽得之。而六舟上人(释达受)所藏北齐武定玉造像，当时为构玉佛庵者，亦归于渭渔。渭渔又时往来吴越间，所至有获，亦不复以乡邦文献自限。……吾邑收藏家，以他山先生始，以渭渔终。”

惜光第殁后，藏书散佚。费寅《朱衎庐旧藏钞本书目》题识云：“张氏今渭渔书亦已尽归吴兴，转输都下。”罗振常记傅增湘1923年从文英阁购得渭渔所藏宋刊本《伊川击壤集》残本十二卷。1924年以后，其书散于北京琉璃厂文英阁书肆。

22. 陈善藏书

陈善(生卒年未详)，字味三，海宁人。清藏书家。性爱藏书，藏书达5000余种，8万余卷。辑有《怡云仙馆藏书目录》四编六册(中国科学院图书馆收藏)，注云：“同治庚午(九年，1870)季冬为断，辛未(十年，1871)以后续得之书另辑。”国家图书馆藏有《怡云仙馆藏书目录》正编三十二卷七册，其副编为《丛书总目》不分卷一册，序云：“予性爱藏书。凡此三类储积一百四十余种，藏弆不能云富，而无丛书一门，所遗无几，特将所采书条其目录。”又辑有《怡云仙馆藏书简明目录》二函十六卷，约9000多种。有手补条目，书口有“怡云仙馆”字样。

藏书处为怡云仙馆。

23. 胡启龙祖孙藏书

胡启龙(生卒年未详)，字羽嘉，又字掌纶，号云峰，海宁伊桥人。清藏书家。家富于财，藏书甚富。构云峰别墅于胡仁村，颇擅林泉之胜。与诸名流觞咏，殆无虚日。著有《爱莲书屋诗文集》、《华鄂堂集古诗》。

藏书处为爱莲书屋、云峰别墅。

胡尔荥(生卒年未详)，启龙孙，字豫波，号蕉窗，又号廉石。清藏书家。工文辞，诗亦超妙，名流晋接无虚日。道咸间与蒋生沐、吴鲈乡、管芷湘等友善。尔荥家饶于赀，藏书富于一时。聚书至10万卷，旁及书画钟鼎之属，如收藏的明刻本《喻林》八十卷，今藏北京大学图书馆。晚虽家道衰落，遇名流墨迹，仍不惜典衣购藏。不能购买者，则手抄。胡氏华鄂堂所藏，与马思赞之道古楼、陈鳣之向山阁、吴骞之拜经楼、马瀛之吟香仙馆先后辉映一时。

藏书处为爱莲西堂、华鄂堂。

藏书印有"胡尔荥豫波印"、"胡尔荥印"、"绝汲"、"华鄂堂图书"、"修肬别墅"等。

仿《云烟过眼录》体例，自著书画目《破铁网》一卷。著有《经义考校勘记》二卷等。编有《华鄂堂藏书目》四卷。

24. 王元地墨稼轩藏书

王元地（生卒年未详），原名王秉钧，字坤为，号西朋，海宁人。清书法家、藏书家。道光三年（1823）贡生。其学根柢经史，尤通诸子百家，书法精妙。喜藏书，但家贫无力购书，乃手自缮录。年逾八十，仍孜孜不倦抄录古书，先后抄录校勘书籍600余种。著《说经连珠》、《读史随笔》等。辑有《艺苑琼林》正、续二编100册，网罗地方文献宏富，人皆称道。

藏书处为墨稼轩。

25. 许克勤藏书

许克勤（生卒年未详），字澡身，号勉甫、勉夫，海宁人。清末藏书家、校勘学家。廪贡生。生平不苟言笑，重然诺。读书寒暑无间。先是李侍郎文田主试江南，提倡实学，若苏州正证，江阴南菁，上海求志、格致各书院，肄业皆知名之士，克勤与试，得一席。亦精于舆地之学，图绘尤工。

好藏书，岁入千金，悉购书籍。手自雠校，丹黄满目。藏有手校并跋《说文解字》三十卷、自著手稿《假借通用误写字考》一卷、手校《世本》六卷、手校并跋《方言考》七卷、手校《释名疏证》八卷、手校并跋《历代地理志韵编今释》二十三卷、手校《困学纪闻注》二十卷、手稿本《缅甸边界图说》一卷、手校《白虎通疏证》十二卷等。

许氏侨居吴中时，与吴邑学人考订经艺，毕生精力于校勘之业。辑勘有《周易日记》、《经义杂识》一卷（刻者仅原稿十分之一）、《十三经古注》等多种。

叶昌炽于光绪十四年（1888）四月十二日访许氏，在《缘督庐日记钞》卷五记云："许勉夫居委巷之中，陋室一椽，课蒙童四五自给。出示赵凡夫《皇明世典》稿本，佚存五十余册，面叶题字皆凡夫先生手笔。旧为查氏得树楼所藏。归后，绥之来谈，亦极口勉夫之刻苦，非人所能及。"

藏书印有"许克勤印"、"勉父"。

身后遗书归张一麟（字仲仁）。

26. 徐鸿厘父子藏书

徐鸿厘（生卒年未详），字冰倩，号亩秋，海宁斜桥人。清藏书家。藏书甚富，校订精审。尤工韵语，著《洛涘堂诗钞》。曾避寇至越中，虽颠沛流离，犹日事吟咏不辍。

藏书处为洛涘堂。

徐礼堂（生卒年未详），鸿厘子。字定生，号磬甫。清诗人。受业于管芷湘。长于古文诗词，兼通医学，作有《论医绝句》百首，著有《息园缀学》。

承父志，亦好藏书，家居涉猎典籍。酷爱金石书画，并加考证题识。善写隶书籀篆。

27. 于城藏书

于城（生卒年未详），字赤霞，号小圃，海昌（今海宁）人。国子监生。于氏为一富翁而嗜藏书、校书，所藏皆罕秘之书。如所藏《读书敏求记》，系从管庭芬校本过录，有陈鳣跋语，远胜邗上新刊本。惜晚年家破，其书亦随散。

28. 张涛藏书

张涛（生卒年未详），字铁庵，海宁人。清布衣诗人、藏书家。文章超迈，雅近眉山，论史诸篇尤有卓识。诗不屑规唐摹宋，而卓然自成一家。好藏书。《海宁州志稿》卷三十二记云："性酷嗜典籍，虽日处阛阓，市声喧聒，处之怡然。小楼顿书万卷，人定后篝灯披读，辄达旦且忘倦。"著有《补读楼集》、《补读楼诗》六卷、《补读楼文》一卷、《杂著》一卷，有胡敬钊、宋绍祁序。

藏书处为补读楼。

29. 清代海宁其他藏书家

蒋肇基（1745—1809），字心友，号桐庵，海宁硖石人，清藏书家。能诗文，擅书法。曾于硖石迪秀桥南筑蒋园，中有深柳读书堂、桐荫书舍、红杏山房、揖翠山房、受砚斋诸胜。藏书万卷，教子弟咏读其间。

曹宗载（1752—1824），字问渠，又字铁梅，号桐石，原籍会稽，海宁人。清诗人、篆刻家。道光元年（1821）贡生，修学好古，精篆刻，书法瘦硬近柳公权。好藏书。著有《东山楼诗集》八卷、《东山楼诗续稿》八卷等，辑有《南湖避暑录》四卷、《紫硖石文献录》二卷等。藏书处为东山楼。

查揆（1770—1833），字伯葵，号梅史，又号筼谷。清文学家、藏书家。嘉庆九年（1804）举人，曾修葺紫山书院。与查世官、同里陆素生称为"龙山三子"。官至顺天蓟州知州。长于戏曲，其诗清绵宛丽，自独成一家。雅好藏书，利用家藏图书，著有《桃花影》、《筼谷诗文集》、《菽愿堂集》、《菽愿词》等，道光十五年（1835）刻自撰《筼谷诗钞》、《文钞》等。藏书处为菽愿堂。

钱保塘（1833—1897），字铁江，号兰坡，海宁路仲里人。清藏书家。咸丰九年（1859）举人。历任四川什邡、定远、大足等县知县。曾主讲尊经书院。著有《光绪舆地韵编》、《乾道临安志札记》一卷、《吴越杂事录》三卷、《清风室诗钞》五卷、《清风室文钞》十二卷、《清风室丛刊》等多部。辑《妇学》、《傅子本传》等，编《女英传》四卷、《涪州石鱼题名记》等，录《辨名小记》。喜藏书，藏书亦丰。藏书处为清风室。

羊复礼(1840—1892),字干生、敦叔、敦夏,号辛楣、心梅,又号禔庵,海宁人。同治三年(1864)举人,官至广西泗城府知府。好藏书,重视收藏乡邦文献。著有《海昌诸家诗文钞》、《六唐人斋藏书录》、《蚕桑摘要图说》、《辛楣诗钞诗余》;辑有《广西通志辑要》、《海昌丛载》、《容庵遗文稿》、《容庵存诗钞》、《止溪文钞》。藏书处为传卷楼。

查有圻(生卒年未详),查莹嗣子,字止千,号小山,海宁袁花人。清收藏家。居天津以盐务为业。喜蓄石砚兼古籍。砚皆镌刻前代名人之铭,积数十年甚巨。收藏室名为铜琴馆。

陈师简(生卒年未详),字纯斋。清藏书家。亦好藏书,手校并抄有《读书敏求记》一册。

马鼎(生卒年未详),字念匡,号彡石,海宁人。清道光间诗人、藏书家。藏书处为碧萝馆、蟫隐庐。

濮阳涝(生卒年未详),字彝斋,海宁人。清诗人、藏书家。学诗于应笠湖,薪火相传,渊源有自。与同邑唐仁寿为钱警石学博入室弟子。富藏书,雠校精确。

沈维树(生卒年未详),字玉遮,号子逸,海宁人。擅绘画,家有扶疏阁,收藏书籍、字画多精品。

吴嗣广(生卒年未详),字芑君,号樵石,又号樵史,海宁硖石人。清学者、藏书家。曾受业于查慎行,博览典籍,与厉鹗、杭世骏、沈德潜等往还唱和。热心于地方文献,参与纂修《浙江通志》。著有《硖川人物志》、《硖川诗略》前后集等。好藏书,多乡邦文献,藏书目失载。身后遗书多散佚。

朱至(生卒年未详),字履伯,一作礼伯,号壶口山人,海宁人。清诗人。弱冠从陈莪仲、陈仲鱼受经,习汉唐诸儒古训。其歌诗乐府,俊伟踔厉,婉而多风,仿佛抱道老人。好藏书,多购异书,又留意金石文献。藏书处为庚庚石室。

三、桐乡藏书家及其藏书

清代时,桐乡经济繁荣,文化昌盛,出现了众多的藏书家,他们皆为俊彦博学之士,读书藏书,多方罗致典籍,筑楼以贮之,成为一地颇有影响的藏书家群体。举其突出者,有思想家吕留良及其子吕葆中之明农草堂、鲍廷博之知不足斋、汪氏昆仲之裘抒楼、金檀之文瑞楼及重孙金德舆之桐华馆、冯氏父子三进士之德聚堂等。这些藏书家及藏书楼不仅为桐乡、嘉兴地方文化作出了突出的贡献,而且在我国藏书史上留下浓墨重彩的一笔。

(一)桐乡藏书名家名楼

1. 思想家吕留良藏书

吕留良(1629—1683),原名光轮,字庄生,号晚村,自号用晦,别署东庄、南阳布衣,崇德(今桐乡)人。因清代更崇德县名为石门,故亦作石门人。祖父熿,娶淮庄王之女南城郡主，为明王室宗亲。留良是明末清初著名学者、思想家、诗人、藏书家。自幼聪颖过人，8岁能赋诗作文。10岁时，三兄愿良建澄社于崇德，东南士子千余人往来聚会，征选诗文，评议朝政，留良深受其影响。明崇祯十四年（1641），孙子度建征书社于崇福禅院。时留良13岁，以诗文入社，大得子度赞赏，并被视为畏友。清顺治二年（1645），清军渡江入浙，江南各地志士纷起组织义军抗清。留良散尽万金家产以结客，与三兄之子宣忠入太湖义师抗清。宣忠遇难后，顺治十年（1653）被迫易名光轮，应清廷科举考试，成诸生，后深感悔之。时陆雯若办书社于崇德，邀留良同选刻时文。远近百里间，名流携诗文来会者数千人，为复社以来未有之盛事。十六年，先后结识黄宗羲、黄宗炎、高旦中、黄周星、高世泰等抗清志士、明末遗民。两年后，二兄茂良以留良外务过多，荒废学业，强留于崇德西门内祖居友芳园之梅花阁，教子侄辈读书。康熙二年（1663），黄宗羲应聘至梅花阁执教，留良与宗羲、宗炎、吴之振、吴自牧、高旦中等，相聚于园内水生草堂，诗文唱和。又与之振、自牧共选编《宋诗钞》九十四卷。留良为所选八十余位宋代诗人撰写小传。

康熙五年（1666），浙江学史至嘉兴考核生员，留良拒不应试，被革除诸生。此举震惊社会，而留良怡然自得。自此归隐崇德城南阳村东庄（今桐乡留良乡），创办天盖楼刻局。选刻时文出售，并悬壶行医以自韬晦。与张履祥、何商隐、张佩葱一道，专攻程朱理学，创立南阳讲学堂，设馆授传。并与理学大儒张履祥至东庄刊行朱子遗书语类。康熙十八年（1679），清廷开博学宏词科，浙江当局首荐留良，留良誓死不受。十九年，清廷征聘天下山林隐逸，嘉兴府又荐之，留良闻讯削发为僧，法名耐可，字不昧，号何求老人，又号吕医山人。隐居吴兴埭溪之妙山，筑风雨庵隐居讲学，门人弟子亦甚多。隐居妙山三年，临终前数日，仍勉力补辑《朱子近思录》及《知言集》。病逝后，葬于识村祖茔（今晚村乡识村东长板桥之西）。章太炎谓晚村行事近侠，人足重。

酷爱藏书，藏书甚富，其藏书处南阳讲习堂蜚声江南。此外还有南阳耕钓草堂、明农草堂、南阳村庄、天盖楼、风雨庵、宝诰堂等。

藏书印有“吕氏藏书”、“南阳”、“吕氏藏书之印”、“南阳村庄吕晚村藏书”、“南阳耕钓草堂”、“善人里”、“御儿南城吕氏家藏印”、“御儿吕氏讲习堂经籍图书”、“东莱吕氏明农草堂藏书印”、“只拙斋藏书”、“南阳讲习堂”、“构书良不易，子孙守勿替”、“吕公正印”、“御儿吕氏讲习堂印”、“南阳讲习堂抄本”等，“耻斋”、“光轮印”、“郭东庄生”为留良私印。

(1)南阳讲习堂藏书

留良于康熙初年建藏书楼南阳讲习堂，其藏书在康熙年间达至鼎盛，成为江南藏书名楼。查慎行《敬业堂文集·代陈世南柬吕无党》称：“吕氏藏书之富足与藏书大家秀水朱彝尊、海宁马思赞相埒。”康熙四十五年（1706），陈元龙为编《历代赋汇》，闻南阳讲习堂藏书之名，特托其侄陈邦彦向吕葆中求借藏书。清雍正时，吕氏遭文字狱，书禁版毁，大部分藏书为清廷所抄没。吕氏印本流传极稀，但也有极少部分流于外。清代以来各藏书家、今图书馆书目多著录吕氏藏书，现存吕氏藏书至少有70余种。历尽劫灰尚如此，可见当时吕氏藏书之富。

南阳讲习堂藏书现存者中不乏珍本、善本。如宋元本现存尚有5种，即王禹偁《小畜集》三十卷并《小畜外集》七卷〔为南宋绍兴十七年(1147)黄州郡斋刻本〕，吕祖俭《丽泽论说集录》十卷〔为宋嘉泰二年(1202)吕乔年刻元明补修本〕，林虙、楼昉《两汉诏令》二十三卷〔为元至正九年(1349)苏天爵刻本〕，赵汸《春秋左氏传补注》十卷、《春秋师说》五卷(为元至正间休宁商山义塾刻明修本)等。还有抄本约40余种，大部分都有较高的文献价值，庄廷鑨《明史钞略》更是海内孤本。《四部丛刊》诸书所用底本中，有3种源于吕氏藏书，即王禹偁《小畜集》(宋刊配吕葆中抄本)、赵明诚《金石录》、庄廷鑨《明史钞略》，皆其子吕葆中抄本。

吕氏藏书中，宋元文集独多，明史料珍稀。现可考知，吕氏藏书约117种，其中宋元文集就有60种。柯崇朴《圣宋文选序》称留良"收藏宋元人文集最富"①，陈祖法亦称其南阳讲习堂"独至宋、元、明抄本为多"②。吕氏尤搜集宋明二朝之史，由于文字狱之故，现可考知南阳讲习堂史部藏书数量甚少，仅16种。其中8种是宋明史料，分别为王偁《东都事略》，汤显祖《宋史》，王惟俭《宋史》，徐梦莘《三朝北盟会编》、《大金吊伐录》，朱熹《伊洛渊源录》，瞿九思《万历武功录》，潘柽章《明史记》。虽寥寥数种，却多为善本，如汤显祖《宋史》、王惟俭《宋史》皆为稿本。吴炎、潘柽章因牵连"庄廷鑨明史案"惨遭杀害，二人毕生心血《明史记》今亦不存，但此书中潘氏所撰部分之稿本却一度藏于留良笥箧，留良曾试图协助王锡阐将此书刻印行世。除此之外，吕葆中还抄有一部《明史钞略》，这是庄廷鑨《明史辑略》的一部分。"庄廷鑨明史案"是清代文字狱第一大案，牵连极广，处置极酷，作为"祸源"的庄廷鑨《明史辑略》亦悉遭收缴、焚毁、劈板。吕葆中在这一恐怖的环境下，竟然偷其抄录并得以保存至今，实属难得。是本今藏于国家图书馆，《四部丛刊三编》曾影印此本，这是庄氏《明史辑略》的唯一传本，价值极高。

吕氏藏书主要有三种来源：祖上遗留藏书、购买及借抄。吕氏是石门望族，官宦辈出，且世代经商，向称豪富，雄厚财富为其藏书提供了良好基础。留良先人多有嗜书者，如其叔祖吕炯，多购书，经史百家之书，无所不精究。传至留良，藏书颇为可观。

清代著名学者嘉兴张履祥在《杨园先生全集》卷七中记云："先代传书既富，而先生之资又足。"曾以三千金购买山阴祁氏澹生堂藏书。山阴澹生堂是明末最负盛名的藏书楼之一，康熙初年，祁氏后人祁理孙、祁班孙受魏耕案牵连，家道中

① (清)柯崇朴：《振雅堂稿》卷一，清康熙二十五年刻本。

② (清)陈祖法：《古处斋集》，《四库禁毁丛刊》，北京出版社，1997年影印清康熙刻本。

落，心灰意懒，藏书遂致散出。康熙五年（1666），吕氏托时在吕家坐馆的黄宗羲代为购买。吕氏最终购得祁氏藏书3000册，兴奋之余，吕氏作《得山阴祁氏澹生堂藏书三千余本示大火》诗云：

阿翁铭识墨犹新，大担论觔换直银。
说与痴儿休笑倒，难寻几世好书人。
宣绫包角藏经笺，不抵当时装订钱。
岂是父书渠不惜，只缘参透达摩禅。①

吕氏在这次购书中得到最多的是宋元文集，最精善者系卫湜《礼记集说》和王偁《东都事略》二秘籍。现可考知吕氏得于澹生堂的藏书，除卫、王二书外，尚有10余种，多为宋元别集抄本，诸如唐李频《梨岳诗集》（影写正统间刻本）、宋田锡《咸平集》（抄本）、宋苏舜钦《沧浪集》（吴宽丛书堂抄本）、宋陈傅良《止斋先生文集》（明弘治间翻刻宋本）、元傅与砺《傅与砺文集》（抄本）、元周伯琦《周翰林近光集》（抄本）、元郑玉《师山先生文集》（抄本）、元张宪《玉笥集》（抄本）、宋范晞文《对床夜话》（抄本）、明钱宰《临安集》（抄本）等。留良与其先人相比，更是嗜书成癖，子弟外出，每以购书托嘱："一路但见好书，遇才贤，勿轻放过，余无所嘱。""遇古书为家中所无者，勿惜购买，此不与闲费为例也。"②

吕氏亦喜抄书以增益其藏书。明末清初许多著名的藏书家，如钱谦益、陈士业、吴之振、黄宗羲、高承埏、黄虞稷、周在浚、张芳等，都曾与留良互借抄书。康熙十二年（1673），留良北上南京访书，得遇千顷堂主人黄虞稷、遥连堂主人周在浚、同为藏书家的张芳等人，三家藏书多有吕氏未见之秘籍，留良欣喜若狂，为抄书竟停留南京一年。最终抄得三家藏书数十种，今可考者有10种，诸如晏殊《紫薇集》、苏过《斜川集》、晁说之《嵩山集》、李纲《梁溪集》、曾几《茶山集》、佚名《江西诗派诗集》、柴望等《柴氏四隐集》、杨维桢《杨铁崖文集》、赵汸《春秋集传》等。还从南京将借自黄、周等人的书籍邮送石门，命诸子从速抄校，完毕后再邮还南京。在留良的影响下，吕氏子弟亦喜抄书。现可考知的吕氏抄本约35部，此中以长子吕葆中、四子吕黄中抄本为最多。吕葆中抄本有七部。吕黄中抄本则现存至少七部，其中国家图书馆藏有五部，即张咏《乖崖先生文集》、张耒《宛丘先生文集》（二部）、刘克庄《后村居士集》、虞集《道园学古录》，北京大学图书馆藏有吕本中《东莱先生诗集》一部，杭州大学图书馆藏有吕氏子弟曹勋《松隐文集》一部。

（2）南阳讲习堂藏书流布

南阳讲习堂藏书，历经留良、葆中、懿历三代，维持时间达60年，至雍正初期，仍保存完整。雍正六年（1728），曾静、吕留良文字案发，吕氏子弟或遭杀害，或被

① （清）吕留良：《梦觉集·吕晚村诗》，《续修四库全书》影印清御儿吕氏抄本。
② （清）吕留良：《吕晚村先生家训真迹》，《四库禁毁丛刊》，北京出版社，1997年影印清康熙刻本。

流放，财产、书籍亦遭抄没。奉命查抄吕家的浙江巡抚李卫在给雍正的奏折中曾云："又见吕留良家藏旧书甚多，虽皆即刻封贮，诚恐一时点检不及，或有悖逆著述在内，复委知县白环等四员，公同前往，逐细查点。将经史刻本各书，尽行造册加封。所有缴来钞本……正在……细查封送间。"①可知，吕氏藏书大部分为清廷所抄没。但也有部分流出于外，据清代以来各藏书家、图书馆之目录及文献资料，对吕氏藏书的藏书印、版心、题识、吕氏抄本避讳的记载及文献直接记录，可窥其大概，当时遗留下来约有藏书117种，现存者约70余种。

（3）吕氏刻书及著述

留良除藏书外，亦刻书、著述自娱，顺治十年（1653）参与陆雯若在崇德所办书社，共同选刻时文，刊行全国。十七年（1660）留良选刻已作30篇，定名《惭书》。康熙五年（1666），聘大儒张履祥来崇德南阳村东庄讲学，创办天盖楼刻局。刻印程朱理学及先儒遗著，以天盖楼名义发行全国。该刻局直到雍正初年仍在刻书，先后刻过《天盖楼偶评》、《天盖楼四书语录》等数十种行世。清王士祯对吕氏刻书颇为赞赏，以为石门吕氏雕印古书，颇仿宋刻，坊间皆不逮。蔡模《近思续录》原本今不见，其宋刊本清初得以重梓，版藏于吕氏天盖楼。天盖楼所刻《近思续录》共十四卷，是现在国内能见到的最早的刻本，是本半页10行22字，左右双边，上下黑口，双（花）鱼尾。框高17.90厘米，宽13.80厘米。扉页有书名"近思续录"，左下有"天盖楼藏版"。卷首有康熙二十八年（1689）柯崇朴《近思录序》、（嘉兴市图书馆藏本，佚名朱笔批注）。

吕氏家族利用自已的刻书资源还刻印《近思录》等朱子学书籍。现存清初《近思录》白文本多为其所刻，半页9行18字，注文小字双行17字，左右双边，白口，单（花）鱼尾，框高17.70厘米，宽13.70厘米。卷端题有"吕氏家塾读本"。吴江市图书馆藏本有清四库馆臣秀水藏书家沈叔埏墨笔行书题跋。该藏本钤有"悔过斋弟子"、"复孙"等印章。由于《近思录》的影响久远，清初朱子学兴盛，加之吕氏刊刻之精，所以此本在清初较流行。

吕氏除刊刻家塾读本外，《朱子遗书》本《近思录》十四卷亦同期面世，今存世刻本较多。《朱子遗书》刻本牌记为"御儿吕氏宝诰堂重刻白鹿洞原本"。首册扉页后依次为《朱子遗书目录》（12部），《近思录》，朱熹序、吕祖谦跋。刻本半页12行22字，双行夹注小字同，左右双边，黑口，双（花）鱼尾。框高17.80厘米，宽13.80厘米。

清初《朱子遗书》本《近思录》今存世多部，如上海图书馆、清华大学图书馆、浙江图书馆等均有藏，仅装订册数不同而已。清华大学图书馆所藏是清初顺治或康熙初年重刻本。此刻本流布较广，康熙年间已传布开来，在朝野影响很大。《增订四库简明目录标注》、《郘亭知见传本书目》、《万卷精华楼藏书记》、《八千

---

① 卞僧慧：《吕留良年谱长编》，中华书局，2003年。

卷楼书目》等多家书目皆著录。

朱氏以天盖楼、宝诰堂名义发行的刻书甚众,以下所列现皆可见于各大图书馆。其中《二程全书》、《朱子遗书》、《读书录》为宋明理学家著述,对清初理学的复兴同样起过较大的推动作用。

附:天盖楼、宝诰堂发行的吕氏刻书

康熙十年(1671)宝诰堂刻《四书朱子语类》三十八卷,南京图书馆藏。

康熙十八年(1679)天盖楼刻《归震川先生全稿》不分卷,吕留良点评,国家图书馆藏。

康熙二十年(1681)天盖楼刻《钱吉士先生全稿》不分卷,吕留良点评,国家图书馆藏。

康熙二十五年(1686)天盖楼刻《四书讲义》四十三卷,吕留良撰,南京图书馆、浙江图书馆藏。

康熙年间宝诰堂刻《河南二程全书》六十六卷、《读书录》十卷《续录》十二卷,南京图书馆藏。

康熙年间天盖楼刻《金正希先生全稿》不分卷,湖北孝感市图书馆藏。

康熙年间天盖楼刻《医贯》六卷,吕留良评,浙江图书馆藏。

康熙年间刻《十二科小题观略》六卷、《江西五家稿》五卷、《朱子遗书》(《初刻》七十一卷、《二刻》三十二卷)、《四书语录》四十六卷、《四书或问》三十九卷、《小学集注》六卷,《陈大樽先生全稿》不分卷等。

康熙年间宝诰堂刻《论语或问》二十卷、《孟子或问》十四卷、《大学或问》二卷、《中庸或问》三卷,浙江图书馆藏。

康熙年间吕氏家塾刻本《吕晚村先生八家古文选》不分卷,南京图书馆藏。

雍正三年(1725)天盖楼刻《吕晚村先生文集》八卷《续集》四卷《附录》一卷,国家图书馆、上海图书馆、清华大学图书馆、北京师范大学图书馆藏。

吕留良学识淹博,著作甚丰,惜经文字狱毁损甚多,今知有《惭书》一卷《续刊》四卷、《天盖楼四书语录》四十六卷、《吕晚村先生四书讲义》四十三卷、《晚村先生家训真迹》五卷、《晚村吕子评语正编》四十二卷首一卷、《亲炙录》、《晚村吕子评语余编》八卷、《晚村先生古文》二卷、《吕晚村先生文集》八卷附《行略》一卷《续集》四卷、《何求老人残稿》七卷、《东村诗存》六卷、《天盖楼偶评》、《评注赵氏医贯》、《晚村先生八家古文精选》、《吕晚村论文偶钞》、《吕晚村家书真迹》、《晚村墨迹》、《晚村医案》、《东庄吟稿》、《吕晚村诗集》、《吕用晦文集》、《吕用晦续集》、《晚村古时文》、《吕子评语遗编》、《天盖楼遗稿》、《诗经汇纂详解》、《吕氏医贯》、《易经汇纂》、《易经评解》、《吕晚村评陈子龙稿》、《论文汇钞》、《论类典》、《论武典》、《礼记题解》、《宝诰堂遗稿》、《制艺》、《四书批语》、《评选明文黄淳耀稿》、《吕晚村偶评时文》、《吕晚村偶评医贯》、《吕晚村评归震川集》、《吕晚村评天崇文读本》、《吕晚村评钱吉士稿》、《吕晚村评艾千子稿》、《评点黄洪宪金声黄淳耀钱禧牧四部》、《吕晚村选章大力稿》、《吕晚村评各种时文》、《吕选陈际泰时文》、《吕晚村选唐荆川稿》、《吕晚村选杨维节稿》、《吕选钱吉士文稿》、《吕晚村选归震川诗文稿》等。

此外,吕氏与张履祥合辑《四书朱子语类摘抄》三十八卷,与吴之振、吴自牧同编撰《宋诗钞初集》是清代流传最广、影响最大的宋诗选本,对宋诗的推广和清代文学的发展起过极重要的作用,至今仍是一部相当重要的宋诗文献。

(4)吕留良后代藏书家及后世遭遇

吕葆中(?—1707),留良长子。清学者、藏书家。本节"桐乡进士藏书家"一目中另有论述。

吕补忠(生卒年未详),留良五子,字无咎,一作甫中。亦好藏书,喜抄书。所抄有宋胡仔《苕溪渔隐诗评丛话》一百四卷,宋孙觌《鸿庆居士文集》四十二卷,编中凡"学"、"留"均缺末笔,避祖、父讳。

藏书印有"吕印补忠"、"无咎"等。

留良卒后,受湖南曾静案牵连,雍正十年(1732),被定为"大逆",毁墓开棺戮尸。时长子葆中已卒,亦株连戮尸。幼子毅中,斩首。家属、亲戚、门人一一治罪,其子孙辈大多流放东北宁古塔(今黑龙江宁安县),给披甲人为奴,家产入官,著作禁毁。其实曾静与吕留良素未谋面,因崇仰吕氏,即以吕氏私淑弟子自称。曾静谋划反清,事败,累及吕氏。乾隆四十年高宗发现其孙懿兼、曾孙敷先等在戍地行医、经商致富,且捐纳为监生,再次将吕姓12户、110人发与披甲人为奴,并永远禁其考试捐纳。开四库馆时,严令禁毁留良一切著作。陈垣先生《记吕晚村子孙》一文述其事详而简赅。其后人多以塾师、医药、商贩为业,称为"老吕家"。辛亥革命后,冤案昭雪,重建新墓,筑吕晚村纪念亭于桐乡市崇福镇中山公园孔庙后,立碑以垂不朽,蔡元培为之书额及联,碑的正面刻"先贤吕晚村先生纪念碑"。今桐乡市有留良乡、晚村乡皆以其名号命名,并于崇福镇筑吕园以为纪念。

2. 吴之振黄叶村庄藏书

吴之振(1640—1717),字孟举,号橙斋,别号竹洲居士,晚号黄叶老人、黄叶村农,石门洲泉(今桐乡)人。清初藏书家、学者、诗人。幼即聪明过人,文才隽秀。顺治九年(1652),13岁应童子试,即与吕留良定交,试后又与黄宗羲兄弟交游。康熙时贡生,后授中书科中书,亦不赴任。性坦率豪爽,淡泊名利,山林之诗最有名。

之振性喜藏书,购藏宋人集部秘本甚多。曾购槜李高氏大宗藏书。黄宗羲《南雷学案》卷二《天一阁藏书记》记云:"甲辰(1664)馆语溪,槜李高氏以书求售,三千余卷,大略皆钞本也,余劝吴孟举收之。"还不惜重金购藏绍兴祁氏澹生堂部分遗书。藏书富于一时,如《百川学海》、《元文类》,明刻本《唐人万首绝句》

等。还藏有多种抄本,如旧抄本《宋人小集》四十二卷等。潘承弼在《著砚楼书跋》中称:"颇有出于他家所集者,虽不逮毛抄之精富,足与曝书亭相颉颃焉。"

藏书处为黄叶村庄。

藏书印有"黄叶村庄"、"延陵季子"、"吴之振印"、"橙斋"、"黄叶老人"、"同为涪溪吴氏黄叶村庄藏书"等。

编有家藏书目《延陵吴氏藏书目》一卷。

康熙二年(1663)夏,之振采撷家藏善本与吕留良家藏秘本,搜罗遗集共84家,94卷,辑刻成《宋诗钞》行世。集前有作者小传,为吕留良所撰,今藏于南京图书馆。又选施国章、宋琬、王士祯、王士禄、陈廷敬、沈荃、程可则、曹尔堪八人诗辑刻为《八家诗选》八卷,中国科学院图书馆、北京大学图书馆、天津图书馆、复旦大学图书馆、绍兴图书馆、南京图书馆均有藏。撰刻《黄叶村庄诗集》六卷,南京图书馆有藏。刻《瀛奎律髓》四十九卷,南京图书馆有藏。王士祯在《池北偶谈》中记云:"石门吴孟举刻《宋诗钞》百数十家,多秘本,盖与其县人吕庄生两家所藏本。而颖滨、南奉尚不及载,则未刻尚多也。"

之振锐意于诗、古文辞,兼工书画。酷爱宋人诗,其诗作近乎宋人风格,尤工七言,诗骨清逸,新不伤巧,奇不涉偏。所作《课蚕词》16首,推为绝唱。于康熙十二年(1673),去北京访求宋人遗集,与当时名流交往。南归时,冒襄等为其饯行,之振于席间赋《种菜诗》以言志,众人和之,后汇编成《种菜诗唱和集》。筑别墅于石门城西,因爱苏子瞻名句"家在江南黄叶村",就命名为黄叶村庄,一时名流和者百数十家。又画《黄叶村庄图》,清初诸老题咏殆遍。晚年谢绝交游,诗益精细。书法得晋人精髓,潇洒圆劲,人多宝之。著书处名为野航斋、鉴古堂。著有《黄叶村庄诗集》八卷(吕晚村为作序文)《续集》一卷《后集》一卷,附《种菜诗》一卷《赠行诗》一卷、《德音堂琴谱》等。

之振慷慨好施,热心公益活动。康熙十年(1671),江南大旱,浙北尤甚。灾民辗转沟壑,之振改开厂施粥为分区赈米,自正月至麦收,捐粮施食救活大量灾民。筑路、浚河、育婴、恤孤、施药、助葬等善事,他亦无不乐为。

3. 桐乡"汪氏三子"藏书

汪森、汪文桂、汪文柏兄弟三人,桐乡人。汪氏原为安徽休宁县望族,其祖父汪可镇由皖迁来桐乡。汪氏三昆仲因藏书而名盛,收藏珍本秘籍数万卷,三人又以汪森最为知名,藏书甲于浙西。黄宗羲称之为"汪氏三子",都是清代著名的学者、藏书家。

(1)汪森藏书

汪森(1653—1726),原名汪文梓,字晋贤,号碧巢,一号碧溪,又号玉峰。清文学家、藏书家。康熙十一年(1672)以恩科贡生入京,为祭酒昆山徐公所赏识,名噪一时。因祖父、父亲相继谢世,归来与长兄共理家政,奉养老母。汪森警敏嗜学,以精于诗、词,以及藏书而著称。与嘉兴周篔、沈进相切磋,复虚心求教于曹倦辅、王迈人、曹顾庵三先生，艺业益进。后又从黄宗羲、朱鹤龄、朱彝尊、潘耒诸大师游，学业大进。乃营碧巢书屋为著述吟咏之室，筑华及堂以宴宾客，常与海内名流诗简往还，慕名造访者亦接踵而至。一时文采风流，名闻吴越间。又在嘉兴郡城甪里营建小方壶为别业，奉母游宴。母亲则教以学宜精进，志宜远大。森铭记于心。遂由贡班注选，授广西桂林通判，历官太平府通判、户部江西司郎中。后辞官归里，以藏书、著述为乐，居乡多行义举，人感其德。

汪森好藏书，搜罗校勘甚勤，日无暇时，藏书逾万卷，手抄经籍数百卷，所藏为浙西之首。所编《裘抒楼藏书目》现藏国家图书馆，为刘喜海味经书屋抄本。是目著录刻本530种，5565册，多为史书及别集。抄本155种，720册，多文集、笔记之类，汪森所藏文集尤富。

汪森兄弟名其藏书处为裘杼楼，对此卢文弨《龙城札记》有"《韩诗外传》云'君子之居也，绥若安裘，宴若覆杼'"之评。藏书处还有碧巢、华及堂。《碑传集》卷五十九储大文撰《墓志铭》云：汪森"乃营碧巢书屋，筑裘杼楼，庋书万卷，部次校勘不辍"，又"营小方壶，益罗致佚书"，又"手钞经籍数百卷，雅嗜古镵碣摹帖核体象尤朗析，闻元明书画及古器，辄诣藏弆家敬观"。朱彝尊《小方壶存稿序》云："休宁汪晋贤氏，徙居梧桐乡。营碧巢当吟窝，筑华及之堂，以燕兄弟宾客。建裘杼楼，以藏典籍。其曰小方壶者，郡城东甪里之书屋也。"

藏书印有"休宁汪氏裘杼楼藏书印"、"碧巢秘籍定本"、"碧巢"、"汪森私印"、"休宁汪氏珍藏"、"休宁汪氏图书"等。

汪森学识渊博，著作等身。在任桂林通判时，"以舆志阙略殊甚，考据难资，因取历代诗文有关斯地者，详搜博采，记录成帙。归田后复借朱彝尊家藏书，荟萃订补"，共成《诗载》二十四卷、《文载》七十五卷、《丛语》三十卷，合称《粤西三载》。"其体例明整，所录碑版题咏，多采诸金石遗刻，……其《文载》中所分《山川》、《城郭》、《官署》、《学校》、《书院》、《宫宝》、《桥梁》、《祠庙》、《军功》、《平蛮》诸子目，皆取其有关政体者。故于形势扼塞、控制得失、兴废利弊诸大端，记录尤详"①。

清光绪《桐乡县志》卷十九记载：汪森又与朱彝尊合编《词综》(《四库全书总目提要》著录)，是书录唐、宋、金、元词近五百家，于专集及诸种选本外，"凡稗官野纪中有片词足录者辄为采掇，故多他选未见之作，其词名、句读为他选所淆舛及姓氏爵里之误，皆详考而订正之，其去取亦俱有鉴别"②。还著有《旅行日记》、《金石录》、《虫天志名家词话》、《品藻源流》、《小方壶存稿》十八卷(古体四卷、今体十一卷、词三卷)、《华及堂诗稿》、《裘杼楼稿》、《浮溪馆吟稿》、《桐溪新咏》、《古诗萃钞》、《粤河词》一卷、《古乐府萃钞》、《华及堂视昔编》六卷等。

---

① 永瑢、纪昀等编纂：《四库全书总目提要》卷一百九十，中华书局，1965年。

② 俞尚曦：《清代桐乡藏书家述略》，见《嘉禾春秋》，1998年内部发行。

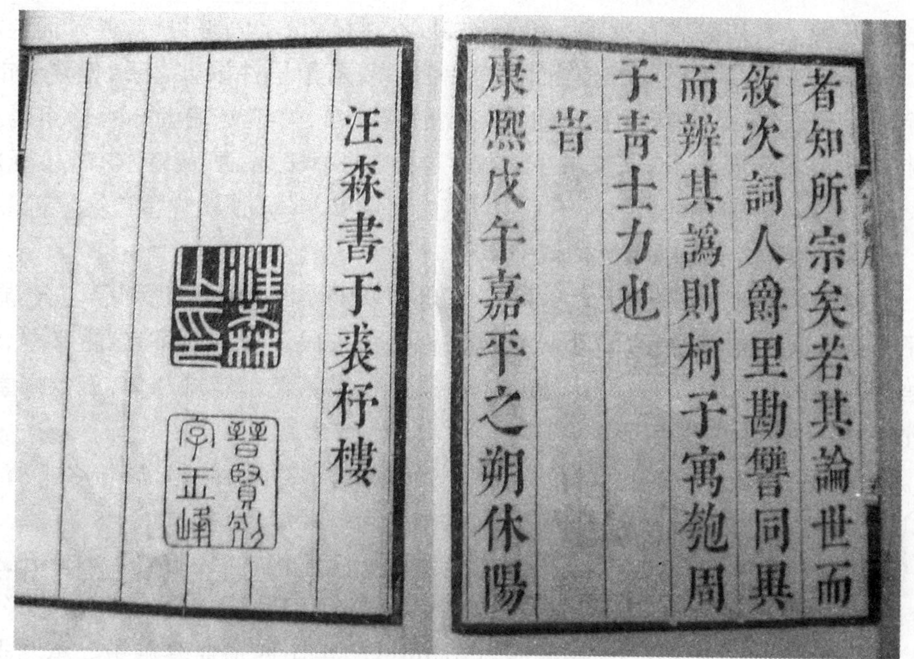

者知所宗矣若其論世而
敘次詞人爵里勘讐同異
而辨其譌則柯子寓匏周
子青士力也
昔
康熙戊午嘉平之朔休陽
汪森書于裘杼樓

汪森《词综后序》书影

汪森曾孙汪孟鋗、仲鈖，孟鋗子汪如藻好藏书，一门称盛。关于孟鋗父子二人，本节“桐乡进士藏书家”一目中另有论述。

汪仲鈖（1725—1753），汪森曾孙，孟鋗弟。字丰玉，号桐石。清诗人，藏书家。乾隆十五年（1750）与兄孟鋗同举于乡。善于诗，与兄同以诗著称于浙江，著《桐石草堂集》。

仲鈖承先世裘杼楼藏书万卷外，另有藏书处桐石草堂。与兄同好藏书，能谨守先世藏书不散，日夜苦读其间。

（2）汪文桂藏书

汪文桂（生卒年未详），汪森兄。初名文桢，字周士，号鸥亭，桐乡人。自幼嗜学，以府学贡生授内阁中书。与弟文梓、文柏并负时名，世称“汪氏三子”。其家境殷富，有华及堂在县城中，又与两弟筑裘杼楼。与海内名流黄宗羲、王玠石、朱彝尊、王纯翁交谊深厚，时有书信往还，探讨学问。与魏冰叔、屈翁山、余淡心、邓孝威、顾侠君、毛大可，姜西溟、吴孟举等亦诗札往来不绝。其过从尤密者，有吴江徐矐庵、俞鹿床，长洲俞旅农，常熟顾雪坡，嘉兴周笃谷、沈蓝村，号称华及堂六客。文人雅士，游宴聚会，直可追元代昆山顾瑛玉山草堂之盛。好山水，喜吟咏，又尝与吴江徐子松及弟晋贤辑有《海内诗风》。著有《鸥亭漫稿》、《西湖近咏》、《国朝诗风》、《六州喷饭集》。

文桂好藏书，遍访各种佚书，不遗余力。汪森《小方壶文抄》卷四记云：“乙卯二月，仲兄鸥亭偕余泛舟濮川（今桐乡市濮院镇），见居民以旧籍鬻于市，尽数购归，中有抄白本，乃《〈尚书〉详解》也。仲兄与余喜甚，复细翻前后，合五十卷，并

《发题》一篇。其边幅微有鼠啮。纸虽破裂,不尽坏烂,字画差可辨,遂录而宝藏之。夫以先儒数百年经久之述作而仅有存者。复落于里井氓庶之手,使鬻于市。非余兄弟得见之,其为灰烬者几何矣。故书其所自,俾读是编者知所珍重焉。”《桐乡县志》卷十五记云,汪文桂“聚书万卷,校勘不辍”。所藏善本有《隶释》、《本草衍义》、《苏诗补注》,抄本有《皇明献实》,明弘治本《遗山先生诗集》等。

藏书印有“休宁汪氏裘杼楼藏书印”。

文桂尚义好施,康熙四十七八年间(1708、1709),旱涝相继,设粥厂,立药局,救活无数灾民。雍正四年(1726)水灾,又倡赈济灾民。他如葺学宫、置义冢、筑城垣、修桥梁、浚河渠等有益乡里的义举,捐资一无吝色。年逾八旬,五世同堂。四举乡饮,子孙科举不绝。

汪纯煐(生卒年未详),文桂长子。一作绳煐,字祖肩、静岩,居桐乡。清画家,收藏家。能诗嗜画,好藏书,富收藏,藏书处为一经堂。

汪继燝(1678—1728),文桂次子,汪森嗣子,汪孟鋗、仲鈖祖父。字倬云,号恬村,桐乡人,寄籍秀水。康熙戊子(1708)举人。生而颖异,以岁贡生任绍兴训导,新昌教谕,历官内阁中书、兵部职方司员外郎,至山西道监察御史。承父志,性好学,喜藏书,经史之外,百氏书皆能言其崖略。

(3)汪文柏藏书

汪文柏(1659—1722),文桂、文梓弟。字季青,号柯亭、柯庭。清藏书家、书画家。康熙年间,曾官北城兵马司正指挥,为官正直廉明。学问渊博,尤工于诗词,又雅好书画,善画墨兰,雅秀绝俗,精鉴赏。

文柏学问淹博不亚两兄,因好读书,筑摛藻堂日读其中。喜藏书,收藏古书甚多,筑藏书处拥书楼、屐砚斋等。别筑古香楼,专贮典籍名画,暇时焚香啜茗,摩挲观赏。所收书有宋姜特立《姜特立集》三卷、元吴澄《吴文正集》一百卷等,均为世所罕见之书。

曾自作《柯庭余习·古香楼》云:

何物满高楼,宋镌与秘录。
青藜最可人,黄奶我所欲。
香清凝座隅,色古悦心目。
焉敢傲百城,拥书聊自足。

《题谢文侯为余写勘书图四首》之二云:

清簟琴尊已绝尘,小胥侍立卷书匀。
谁言亥豕如风叶,倦眼差堪校对频。

从上述诗作,亦可约略看到汪氏藏书之富,校勘之勤。

藏书印有“屐砚斋图书印”、“摛藻堂藏”、“双溪草堂”、“休宁汪季青家藏书籍”、“平阳季子之章”、“平阳季子收藏图书”、“汪季子文柏柯庭氏”、“双溪草堂图记”、“古香楼”、“摛藻堂藏书印”、“摛藻堂图书记”、“古香楼汪氏藏书印”、

“柯庭流览所及”、“汪氏古香楼藏”、“千岩道人”、“拥书楼收藏”、“梧桐乡汪氏拥书楼所藏”等。

著有《柯庭余习》十二卷（朱彝尊为之作序）、《古香斋书画题跋》、《柯庭文薮》、《柯庭乐府》、《杜韩诗句集韵》三卷（《四库全书》提要存目）、《古香楼吟稿》三卷附《词》一卷、《西山游记诗》一卷、《摛藻堂诗稿》一卷《续稿》五卷、《读韩诗句集韵》八卷等行世。

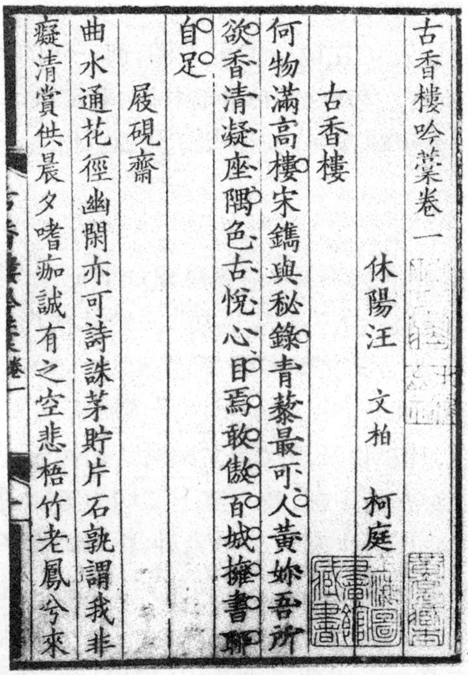

汪文柏《古香楼吟稿》书影

（4）汪森兄弟藏书流布

汪氏兄弟除藏书外，亦喜刻书，现可知刻有《词综》三十六卷、《粤西丛载》三十卷、《粤西文载》七十五卷、《粤西诗载》二十五卷、《华及堂视昔编》六卷、《小方壶文钞》六卷、《小方壶存稿》十八卷、《柯庭余习》十二卷、《杜韩诗句集韵》三卷、《古香楼吟稿》三卷、《词稿》一卷、《西山纪游诗》一卷等，南京图书馆均有藏。还刻有《桐谿三子集》、《裘杼楼诗稿》四卷、《桐扣词》二卷、《汪柯庭汇刻宾朋诗》七种十一卷、《柯庭文薮》不分卷、《摛藻堂诗稿》一卷《续稿》五卷、《清江贝先生诗集》十卷《文集》三十卷等。

汪氏裘杼楼藏书，直至森曾孙孟鋗时，犹保存完好。汪森后于嘉兴甪里街筑小方壶别业。至孟鋗时虽家业渐落，而先世裘杼楼万卷藏书仍在，孟鋗兄弟搜讨其间。后汪氏家族藏书何时散佚，史书无载。

乾隆中四库馆开，汪汝藻献家藏图书 137 种。另清乾嘉间海宁藏书大家吴骞、吴寿旸父子的《拜经楼藏书题跋记》略透出一二消息：“《隶释》，桐乡汪氏藏书，有‘屐砚斋图书印’、‘休宁汪季青家藏书籍’二印记，极精美。”“《本草衍义》，汪季青家藏，面页题‘摛藻堂藏’。”“《苏诗补注》，桐乡汪氏藏本。面页题‘初白翁原稿，拥书楼收藏’，并有‘梧桐乡汪氏拥书楼所藏’图记。”于此似可推知，汪氏裘杼楼万卷藏书，在乾隆后期渐次散出，其中部分图籍，为海宁吴氏拜经楼收藏。

4. 金檀文瑞楼藏书

金檀（1660—1730），字星轺，先世为休宁望族，后徙居桐乡，桐乡县诸生。康熙四十八年（1709）迁居太仓，晚年又徙苏州，居桃花坞盍簪坊。清学者、藏书家。

金氏博学嗜古，经史图籍，靡不遍览。由喜读书而好聚书，于书无所不搜，尤留意于桑梓文献，遇善本虽重价不惜，不能购买即借归手抄。积数十年，收藏之富，甲于一邑。如宋刻本《孟浩然诗集》、《钱杲之离骚集传》、《云庄四六余话》，影宋抄者有吕夏卿《唐书直笔新例》，元刻全本元蒋易编《皇元风雅》三十卷，元版元印《汉泉曹文贞公诗集》十卷（赵孟頫手书，字画端楷完好，是罕见之本），明刻本《蓝山先生诗集》六卷、明刻本《蓝涧诗集》、明刊本《使楚记》二卷（今均藏于国家图书馆），明刻本《云溪友议》三卷等。还藏有《青泥莲花记》十三卷、《芳洲文集》十卷等。

今人黄裳在《榆下杂说·访书琐忆》中谈及："在（杭州）松泉阁，前一年的冬天曾经见到一册明初黑口本的《睎颜先生诗集》，写刻，字体静雅朴厚，黄皮纸印，是浙东汤氏藏书……书前面有两方旧印，'金星轺藏书记'和'汪鱼亭藏阁书'，知道是先在文瑞楼后归振绮堂的。"

藏书处为文瑞楼。

藏书印有"金氏星轺珍藏图书记"、"购此书甚不易"、"金星轺藏书记"、"家在黄山白冈之间"、"金星轺藏书印"、"文瑞楼主人"、"文瑞楼"、"结社溪山"、"身在书生侠士间"、"真意"、"此中有真意"、"金氏文瑞楼藏书记"等。

金檀还亲手校勘，整理成《文瑞楼藏书目录》十二卷（顾氏《读画斋丛书》本），编次有法，条理秩然，依四部各分子目，凡小说及历代诗文集俱以朝代分，尤易检阅。卷一为经部，卷二、三为史部，卷四、五为子部，卷六至十二均为集部，所藏集部书甚富，尤以明人文集为备，经部书最少。共著录2000余种，由杨蟠作序。所录之书，有不少世所罕见的宋元明精椠，如元刻珍本《皇元风雅》三十卷、旧抄本《丁鹤年诗集》等。

金氏不仅藏书，还喜刻书，筑刻书处燕翼堂。康熙五十八年（1719）刻《清江贝先生诗集》十卷《文集》三十卷，国家图书馆、北京大学图书馆、天津图书馆、山东图书馆、南京图书馆、嘉兴市图书馆有藏。康熙年间刻《程巽隐集》四卷，北京大学图书馆、南京图书馆、浙江图书馆有藏。康熙雍正间刻《文瑞楼丛刊》（或《文瑞楼汇刻书》）六十卷，南京图书馆、浙江图书馆有藏。雍正六年（1728）刻《高青丘诗集注》十八卷、《扣舷集》一卷、《凫藻集》五卷、《遗诗》一卷《附录》一卷《年谱》一卷，国家图书馆、北京大学图书馆、南京图书馆、浙江图书馆有藏。

金檀存世的著述有《文瑞楼集》、《销暑偶录》等。

金可琛（？—1796），檀嫡孙。字心山，一字甸华，号心山，又号心山道人，桐乡籍。自其祖父徙居苏州桃花坞，可琛徙居马医科巷。清画家、藏书家。吴县诸生。贫而工文，诗有宋人风格，善书法，书法古劲秀削。好绘画，花鸟、人物皆超隽轶群，山水奇妙，画猫绝肖。好饮酒，酒后挥洒，尤觉真趣盎然。

可琛有祖风，亦好藏书，并继承祖父文瑞楼藏书，且多善本。如元本《梅花百咏》一卷，《云溪友议》三卷，旧抄本《道余录》不分卷，《句曲外史贞居先生诗集》等。

藏书处除文瑞楼外,还有沧蠡阁、一是堂。

藏书印有"埰"、"心山"、"心山书画"、"一是堂读书记"、"文瑞楼"、"结社谿山"等。

殁后人争购其遗迹,其子将家藏付之一炬,故流传甚少。所聚藏书亦均散失。

金弘勋(生卒年未详),檀从子。字元功,号衎斋、逊堂,桐乡人,迁居江苏太仓。清官员、藏书家。历官四川双流县令、安徽六安知州、福建汀州知府等。著有《艾轩集》。亦好藏书,藏有传世古籍,如宋本《新定续志》十卷,明刊本《陈伯玉文集》十卷等。金檀刻《程巽隐集》首题"侄弘勋元功校"。藏书钤有"金元功藏书印"者必佳。

藏书处为南楼。

藏书印还有"深柳读书"、"金氏南楼书籍"等。

金檀从孙金德舆亦为名重一时的藏书家。

5. 藏书、刻书大家鲍廷博藏书

鲍廷博(1728—1814),字以文,号渌饮,又号通介叟,因其所作《夕阳诗》,时人又称之为"鲍夕阳"。先世本徽州歙县(今属安徽黄山市)西乡长塘村人,又呼之为"长塘鲍氏"。后迁居浙江桐乡县之乌青镇东乡杨树湾。廷博少补诸生,后秋闱不中,遂绝意科场,从事藏书、刻书活动,为乾嘉年间藏书、刻书大家。著有《花韵轩小稿》二卷、《咏物诗》一卷及《夕阳诗》等。

鲍廷博在桐乡乌青镇杨树湾的故居,至清末时犹保存完好。清光绪《桐乡县志》卷五载:"渌饮村居在青镇(今乌镇)东乡之杨树湾,为鲍渌饮孝廉故居,乡蓄异书,隐居不出。阮文达公视浙学时尝就观之。老屋数椽,至今无恙。"杨树湾村(今称杨树浜),以前浜边砌有块石帮岸和石级。拾级而上,不过十米,便是当年鲍廷博的藏书处。

(1)知不足斋藏书

鲍氏平生以书为性命,其父即喜藏书,至鲍廷博更是酷嗜藏书,一生子承父业,陶醉于藏书。收藏古籍,颇下工夫,每闻有异书,无不抄借,遇未见之书,虽典衣也不吝啬,尤其是晋唐以后图书,必欲得之而后快。收藏古籍善本无数,多有宋元旧刊、旧抄及其他珍本秘籍,藏书于知不足斋。知不足斋位于杨树湾,其父取《礼记·学记》"学,然后知不足"之义,以颜其斋。此斋自其父至其孙鲍正言,四代均藏书,可谓难得。因献书受高宗颁赐《古今图书集成》,辟堂三楹,分贮四大橱,颜其堂之额曰"赐书"。

鲍氏藏书目录有《知不足斋宋元人集目》一册,抄本,录有唐、两宋、金、元人文集400余种,尤以唐、金人集为多。清末孙毓修辑鲍氏藏书题跋79篇,为《知不足斋书跋》四卷。

廷博通过广为搜购丰富其藏书。阮元《知不足斋鲍君传》记云:"君以父性嗜读书，乃力购前人书以为欢。既久，而所得书益多且精，遂裒然为大藏书家。”朱文藻《知不足斋丛书序》记云：“三十年来，近自嘉禾、吴兴，远而大江南北，客有旧藏钞刻异本来售武林者，必先过君之门。或远不可致，则邮书求之。”翁广平《鲍渌饮传》记廷博云：“竭力购求典籍，皆收藏家所罕见者。”“性宽厚，笃于戚友之谊，有贫乏者，必周恤之。稍有蓄积，为刊书所尽。或遇未见之书，必典衣购之。贫而好学者，每以全部丛书赠江浙书肆，以丛书与各种秘书售人，约不时偿价，有负至数十金者，察其贫亦不索也。”顾广圻《知不足斋丛书序》记云：“鲍以文收储特富，鉴裁甚精，壮岁多获两浙故藏书家旧物，偶闻他处有奇文秘册，或不能得，则勤勤假钞厥副，数十年无懈怠。”

廷博丰富藏书的又一途径是抄录不懈，抄录有两浙藏书名家名楼的诸多珍本异籍。正如朱文藻《知不足斋丛书序》所言：“浙东西诸藏书家，若赵氏小山堂、卢氏抱经堂、汪氏振绮堂、吴氏瓶花斋、孙氏寿松堂、郁氏东啸轩、吴氏拜经楼、郑氏二老阁、金氏桐华馆，参合有无，互为借钞，至先哲后人家藏手泽，亦多假录。”廷博与黄丕烈、吴骞、陈鳣、吴翌凤等交谊甚厚，频频互借互抄秘籍。其年80尚扁舟出访，时携书卷往来杭湖嘉苏数郡间。

经过30年的勤搜遍访，搜求抄录，积数十年，廷博知不足斋藏书不下10万卷。其中不乏宋元佳椠，仅两宋遗集就有300余种。储藏之富，甲于江浙，稀世之籍，同仁钦慕。

鲍廷博所藏《古诗归》，明钟惺、谭元春辑。明万历四十五年(1617)闵氏三色套印本。16册，纸本，线装。框高20.6厘米，宽14.7厘米。9行，行18字，无行界，白口，四周单边。钤有“歙西鲍氏知不足斋藏”等印(见右图)。

古詩歸第一卷
古逸一
皇娥
○皇娥歌
少昊以金德王母曰皇娥處璇宮而夜織或
乘桴木而晝游歷經窮桑滄茫之浦時有神
童容貌絕俗稱爲白帝之子卽太白之精降
乎水際與皇娥讌戲竝坐撫桐峰梓瑟皇娥
倚瑟而清歌云云白帝子答歌云云

《古诗归》书影

藏书处除知不足斋外，又有贞复堂、困学斋、镫味轩、宝绘堂、花韵轩等。

藏书印有“鲍廷博”、“廷博”、“鲍氏知不足斋藏书”、“知不足斋鲍以文藏书”、“知不足斋鲍氏正本”、“知不足斋藏书”、“世守陈编之家”、“老屋三间，赐书万卷”、“歙西长塘鲍氏知不足斋藏书印”、“遗稿天留”、“通介叟”、“老眼向书明”、“黄金散尽为藏书”、“天留”、“倚文”、“生长湖山曲”、“万卷书藏一老身”、“一生勤苦书千卷”、“镫味轩”、“长塘”、“鲍家田”、“天都鲍氏困学斋”、“天都鲍氏困学斋图籍”、“困学斋主人心赏”、“知不足斋鲍氏藏本”、“鲍氏收藏”、“御赐清爱堂”、“歙鲍氏知不足斋藏书”、“以文手抄”、“好书堆案转甘贫”、“奇书无价”、“皆大欢喜”、“知不足斋抄传秘册”、“鲍以文藏书记”、“知不足斋主人所怡”、“曾在鲍以文处”、“鲍以文藏书印”、“遗稿天留”、“慎斋”等。还因收藏宋椠《金石录》十卷，特刻一藏书印“金石录十卷人家”。

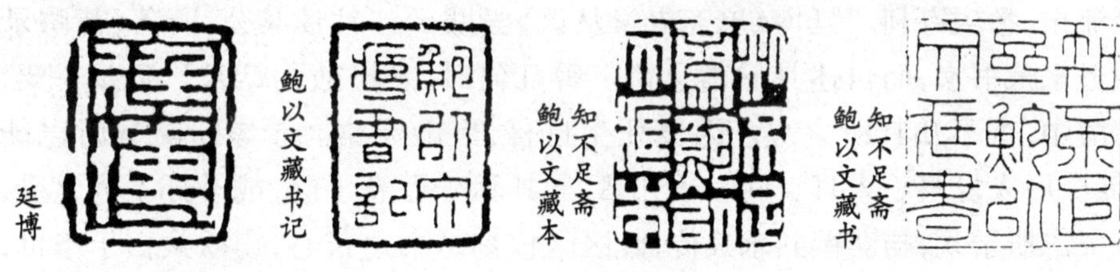

鲍廷博藏书印

（2）鲍廷博校雠之精

廷博不仅藏书、读书，且精于校雠、熟悉版本。阮元《知不足斋鲍君传》记云：“元在浙，常常见君，从君访问古籍。凡某书美恶所在，意旨所在，见于某代某家目录，经几家收藏，几次钞刊，真伪若何，校误若何，无不矢口而出，问难不竭。古人云，读书破万卷。君所读破者，奚翅数万卷哉！”朱文藻《知不足斋丛书》序云：“一编在手，废寝忘食，丹铅无已时。一字之疑，一行之缺，必博征以证之，广询以求之，得则狂喜，如获珍贝，不得，虽积思累岁月不休。溪山薄游，常携简策自随，年几五旬，精明不惫，勤勤恳恳，若将终身。”王鸣盛《知不足斋丛书》序云：“吾友鲍君以文与予订交一星终矣。其为人淹雅多通，而精于鉴别，所藏书皆珍钞旧刻，手自校对，实事求是，正定可传。”翁广平《鲍渌饮传》谓廷博“生平酷嗜书籍，每过一目，即能记其某卷、某叶、某讹字。有持书来问者，不待翻阅，见其版口即曰此某氏板，某卷刊讹若干字，案之历历不爽”。顾广圻《知不足斋丛书》序云：“某称说一书，辄举见刻本若抄本、校本凡几，及某刻本如何，某钞本如何，不爽一二也。每定一书，或再勘三勘，或屡勘数四勘，祁寒毒暑，舟行旅舍，未尝造次铅椠去手也。”

（3）鲍廷博刻书名垂青史

廷博因广收典籍、勤于抄录、精于校雠而为人称道，而刻书功绩更使其名垂青史。《知不足斋丛书》自序云：书“为人精神之所寄，而其人即天地灵气之所钟”，“而珠玉货财，世所宝贵，留贻子孙传之数世者鲜矣”，莫若刻书能传之永久。古代典籍易受人为或自然毁坏，有的名存实亡，有的名亡实存。特别是明清之际战乱频繁，古代典籍遭到严重破坏，致使清代以前许多珍本难以求得。鲍廷博有感于此，特别注意留心搜访，考求佚文，掇拾补录，重新辑出，收录于丛书。《皖志列传稿》卷三金天翮评曰：“廷博文学不足传于后，而有力好事，能精雕秘籍以饷当世，书为当世重，其名不朽，自是而士礼居、守山阁、粤雅堂等继踵而起，遗风且至于今未沫，以视稽古之荣，亦何多让哉！”洪亮吉在《北江诗话》中更将廷博列为藏书家五等中的“赏鉴家”一类，即品味最高的一类。每当发现珍本、善本，廷博不满足于个人欣赏，而是想到公诸同好，以广其传。凡有善本，无不刊行。

家藏宋元旧刊、旧抄及珍本秘籍的刊刻：

据《知不足斋丛书·凡例》记载："海内名人贤裔家藏，祖父遗书，前贤秘册，未经流布，悉望寄刊。"廷博《庶斋老学丛谈》尝跋云："往读某公，所著《清暇录》，历数近来藏书家，而自述其储蓄之富。曾几何时，悉已散为烟云。渺兹一粟，漂流沧海中，杳不知其所之矣。因慨死生旦暮，聚散无常。予家所藏异时岂能独保，徒令后人复哀后人耳。间尝语儿辈，与其私千万卷于己，或子孙不为之受，孰若公一二册于人，与奕祺共永其传，此区区校刻丛书之苦心，窃欲共白于当世，而一为之劝也。"因之廷博愿出其所藏，次第寿诸枣木，乐与学者共之。廷博又因屡受朝廷恩奖，思以图报，奋起刊刻古书，遂以所藏善本，付之梨枣。

孤本、善本的挽救性刊刻：

廷博对于几近灭绝、有抄本而无刻本、流传久远而版本已经散失难以得到的书籍，都竭力求购网罗，刊刻行世，决不吝啬。元代王逢诗集《梧溪集》七卷明末流传极少，清初藏书家钱遵王曾购得洪武年间刻本《梧溪集》前二卷，如获拱璧，恨无从补录其全。越十余年，复与梁溪顾修远借得后五卷抄本，亟命侍史缮写成完书，可见此书得之不易。后来鲍廷博设法得到汲古阁藏明景泰刻本，刻入《知不足斋丛书》二十九集中。唐李淳风注《孙子算经》，宋人《皇宋书录》、《吴船录》、《道命录》、《庆元党禁》、《五代史纂误》、《百正集》，元李冶《测圆海镜细草》等有抄本无刻本，曾敏行的《独醒杂志》，历600余年，别无雕本，廷博皆以重价购得，重新开雕，辑入《丛书》，使刻本继续流传。这些辑佚书籍遍及经、史、子、集四部。

廷博搜刻古籍，还远涉海外。在得知《古文孝经孔传》、《孔安国传》久已流失于日本，就重托其商界朋友汪鹏(翼苍)随估舶至日本多方访求，以重金购回。经考证，《孝经》以此本为最古，与宋司马氏《指解》相校多50字，遂即剞刻，将此千百年久佚之本列于《丛书》前编。除《古文孝经孔传》外，通过汪氏还访得《孝经郑注》、《论语集解义疏》、《全唐逸诗》、《五行大义》等四种佚书。

刊刻成就卓著：

经鲍整理校勘的典籍超过千卷，刻书也不下250种、千余卷。这些典籍内容涉及面极广，其中以网罗遗编为主的大型丛书《知不足斋丛书》最具代表性。《知不足斋丛书》内容广博，经史考订、算书、金石、地理、书画、诗文集、书目等皆有所涉，为我国著名大型丛书之一，世称善本。是书30集，30函，240册，刻入书籍207种，781卷。据清人钱泳《履园丛话·丛话六·渌饮先生》载："清嘉庆十八年(1813)，鲍廷博所校刻的《知不足斋丛书》二十四集传入清廷禁中。清仁宗颙琰之书斋亦名知不足斋，嘉庆读到此丛书，颇加赞赏，特传谕抚臣曰：朕近读鲍氏丛书，亦名知不足斋，为语鲍氏勿改，朕帝王家之'知不足'，鲍氏乃读书人'知不足'也。"及至第二十五集至二十八集成，再次进呈嘉庆，时年逾八十的廷博被钦赐为举人，一时传为盛事。

《知不足斋丛书》之刻，精于选择，慎于雠校，成于众力，颇多秘籍。且刻入得自日本之佚书《古文孝经孔传》、《孝经郑注》、《论语集解义疏》、《全唐逸诗》、《五行大义》等五种。吴翌凤《逊志堂杂钞》庚集云廷博："得本之精，雠校之审，视毛氏有过之无不及。"认为超过毛晋汲古阁所刻书。法式善《陶庐杂录》卷四记鲍氏刻书"最精，校雠亦缜密"，"惜后来大部书未尽付锓，人间遂不可得见矣"。可见《知不足斋丛书》以罕见和实用为特色，注重善本，校刊精审，力革前人丛书之弊，收书首尾完备，内容丰富，有较高的学术价值。

鲍氏所刻《丛书》对其他丛书的产生也有很大的影响。如道光中钱熙祚编刻《指海》，亦仿鲍氏《知不足斋丛书》例，编为小集，随校随刊。此后蒋光煦刻《别下斋丛书》、《涉闻梓旧》所收多罕秘之本。潘仕成辑《海山仙馆丛书》皆仿鲍氏纂辑之例，收稀本、足本，甚至版式亦相同。高承勋的《续知不足斋丛书》、鲍廷爵的《后知不足斋丛书》，虽景慕前徽，刻意仿效，惜皆未逮鲍氏原书。即此数例，亦可窥见《知不足斋丛书》在清代藏书家当中的影响。

鲍氏所刻尚有《鲍刻六种》两函14册。且于乾隆三十一年（1766）刻蒲松龄《聊斋志异》，此书即世称传世最早杭州青柯亭本。《聊斋志异》的刊刻在中国小说史上具有重要意义，在青柯亭本之前仅有蒲松龄的手抄本、乾隆十六年（1751）铸雪斋抄本等少数本子流传。青柯亭本一出，《聊斋志异》乃得以广泛流传，以后各种评注本、石印本和铅印本以至后来的多种外文译本，皆出此本，因而廷博对《聊斋志异》的传布有着不可磨灭的功绩。

附：各大图书馆藏尚存之鲍氏刊刻书籍

乾隆二十一年（1756）刻《岭云诗钞》一卷，南京图书馆藏。

乾隆二十五年至二十六年（1760—1761）刻《庚子销夏记》八卷附《闲者轩帖考》一卷，上海图书馆、浙江图书馆藏。

乾隆三十五年（1770）刻《名医类案》十二卷，南京图书馆藏。

乾隆三十九年（1774）刻《陶说》六卷，此书为中国第一部陶瓷史，有法、英等译本。《浙江省出版志》著录。

乾隆四十四年刻（1779）《列女传》或《列女传校注》十六卷，浙江图书馆藏。

乾隆道光年间刻《知不足斋丛书》三十卷，国家图书馆、南京图书馆、浙江图书馆藏。

嘉庆年间刻《古文论语》二卷，国家图书馆藏。

《白石道人诗集》二卷，《集外诗》一卷，《歌曲》四卷，《别集》一卷，北京大学图书馆、上海图书馆藏。

清阮元在《定香亭笔谈》中有诗赠鲍廷博：

清名即是长生诀，当世应无未见书。

何处见君常觅句，小阑干外夕阳疏。

叶昌炽《藏书纪事诗》卷五赞曰：

羽陵姓字九重闻，阙史题诗帝右文。

正是夕阳无限好，白头携杖拜卿云。

他们都对鲍廷博藏书、献书等表示了钦佩之情。

(4)鲍廷博藏书流布

廷博爱书，但不自秘，常投赠他人或刻而散之。

乾隆五十六年(1791)，芳椒堂主人严元照尝过乌镇杨树湾，廷博赠与宋刻残本《周益公书稿》两册，纸墨古雅可喜，严氏如获至宝，即手跋三则于书后。所藏宋元本流入黄丕烈士礼居、汪士钟艺芸精舍为最多。黄丕烈《士礼居藏书题跋记》记载："六朝人集存者寥寥，苟非善本，虽有如无。此《嵇康集》十卷为丛书堂钞本，且匏庵手自雠校，尤足宝贵；历览诸家书目，无此集宋刻，则旧钞为尚矣。余得此于知不足斋，渌饮年老患病，思以去书为买参之资。去冬曾作札往询其旧藏残本《元朝秘史》，今果寄余，并以此集及元刻《契丹国志》、活字本《范石湖集》为副。""越日同至本立堂书坊，取其家钞传秘册赠余，得《古逸民先生集》一卷，精妙绝伦，他日珍之，当不减汲古钞本矣。"

清乾隆五十六年(1791)季冬其家不幸发生火灾，藏书毁弃部分。迄道光咸丰间，所藏抄校诸本，多归于仁和劳氏、归安陆氏、杭州丁氏等。惟杨树湾赐书楼所藏乾隆颁赐的《古今图书集成》岿然独存，廷博传其子士恭，其孙正言、正宇，直至其曾孙寅，世守珍藏。后太平军与清军在乌镇一带反复交战，因杨树湾(今乌镇胡家桥村)地处僻乡，为兵火所不及，故基本得以保全。而当时西湖文澜阁及阁内藏书，则在战乱中化为灰烬。光绪六年(1880)，浙江巡抚谭钟麟筹款重建文澜阁，杭州藏书家丁丙搜买补藏该阁图书，十得六七，唯独缺《古今图书集成》。廷博曾孙鲍寅应乌青镇立志书院山长严辰之请，将此巨编送藏文澜阁，谭钟麟亦酌给书价千金，以补贴鲍家。

乾隆年间四库开馆时，鲍廷博是全国藏书家中献书最多者，受到乾隆的嘉奖。详细内容在本章第三节"鲍廷博与《四库全书》"一目中另有论述。

(5)鲍廷博子孙藏书

鲍士恭(生卒年未详)，廷博子。字志祖，又字青溪，居桐乡东乡杨树湾。清藏书家。士恭沉浸其父知不足斋藏书等典籍不倦。乾隆年间开四库馆征书，其父聚家藏善本600种，命士恭进呈乙览。三十八年闰三月二十六日，浙江巡抚三宝奏折云："访知省城内尚有鲍士恭、吴玉墀、汪启淑、孙仰曾、汪汝瑮五家，素好藏书，即小山堂书籍，亦间有收藏。……鲍士恭等俱能仰承德意，情愿呈献。"[1]又

---

① 《纂修四库全书档案》上册，第90、97页。

据是年四月十三日三宝奏折，鲍士恭呈书626种①。

协助其父续刻《知不足斋丛书》第二十七、二十八两集。并取善本，更刊汪氏《水云集》、《湖山类稿》、《参廖子》、《唐阙史》等六册，共10余种。

鲍正言（生卒年未详），士恭从子，廷博孙。亦好藏书，有藏书印"正言之印"、"鲍大"等。刊成《知不足斋丛书》二十九、三十两集。

其父卒后，知不足斋藏书散出，唯赐书楼《古今图书集成》岿然存世，后缴呈文澜阁储存。

6. 金德舆桐华馆藏书

金德舆（1750—1800），金檀从孙。字鹤年，一字少叔，号云庄，又号鄂岩，桐乡人。清藏书家、诗人。父金惟诗早丧，德舆为遗腹子，由母亲朱氏抚育成人。好读书、聚书，精于鉴藏，工诗文，兼工书画。光绪《桐乡县志》卷十五文苑本传："幼聪敏，七岁能诗，稍长嗜读书，考求金石图史，收藏名人翰墨。……乾隆庚子年（1780）南巡，献呈《太平欢乐图册》和宋刻《礼记》等善本书多种，蒙赏缎匹。"赐补刑部奉天司主事，官至刑部主事。

所藏多宋元精妙本，如宋刻本《唐求诗集》一卷，卷端二印，内有一印云"金氏云庄"。累世所藏法书、名画、宋元刻本及金石文献甚富。

藏书处为桐华馆、华及堂。桐华馆颇富花木园林之胜，四方名士凡路经桐乡，必于此处盘桓而后去。

金德舆读书重考证，并喜刻书及著述。杨蟠《文瑞楼书目序》云："金明经星轺《文瑞楼书目》，钞自明经从孙鄂岩比部，为桐华馆订正之本。比部博雅好古，可继明经之流风。"所刻《秋锦山房集》二十二卷《外集》三卷、《香草居集》七卷、《青莲馆集》、《唐史论断》三卷（南京图书馆有藏）、《桐华馆史翼》五种四十二卷（国家图书馆、南京图书馆有藏）。还刻有《李氏家集》五种四十三卷、《蛮书》十卷、《唐书直笔》四卷、《史纠》六卷、《旧闻正误》四卷、《三命指迷赋》一卷等。为其师李良年校刊之《秋锦山房集》甚精。校刻的《九经三传沿革例》诸书亦著名。

著有《桐华馆诗抄》二卷、《桐文馆文集》一卷、《酿春词》一卷、《太平欢乐图说》、《山静居画论》、《山居诗稿》等。光绪《桐乡县志》卷十五文苑本传："尝以《三国志刊误》、《东观汉记》、《后汉书年表》、《补汉兵志》、《唐书直笔》、《旧闻证误》、《史纠》、《唐史论断》凡八种，广搜善本，校勘剞劂，名曰《史翼》。"刊以行世。还汇编有《梅花题语》一卷。

德舆与当时的名画家方薰友善，金德舆进献的《太平欢乐图说》即方薰所绘。曾购得嘉兴项元汴天籁阁中诸多古迹，请方薰一一摹仿。后来，金德舆将自己手写的一卷诗稿，在乾隆己卯年（1759）仲春赠与了方薰。藏于桐华馆的宋本《离骚集传》一卷，卷端有方薰绘兰一帧。

---

① 郑伟章：《书林丛考》，岳麓书社，2008年。

德舆还与鲍廷博交游,互借所藏之书抄录、校勘。是时,鲍廷博居乌镇东郊杨树湾时,金德舆曾专程造访。《过渌饮村居》诗云:

豆花栅下结书堂,秋到窗前引兴长。
久住渐知耕凿趣,爱闲翻为校雠忙。
偶烹野蔌如兼味,每借奇书润薄装。
如此村居良不易,劝君何必羡衡湘。

当时鲍廷博有远游楚湘之念,故金氏作此讽劝。金德舆生性慷慨,素重友情,尤喜提携贫寒文士。凡亲友以缓急告施,必竭诚相助,略无吝色,千金散尽,家道由此中落。晚年侨寓杭州西湖,已贫甚,不得已经常典质书画,聊以度日。略有积余,仍接济他人。一日,鲍廷博过访共饮,金氏方谈笑间,突然掷杯于地,人一侧倒下,旁人方欲呼救,德舆却已溘然而逝。鲍廷博有《悼鄂岩诗》,句云:

誓向西湖毕此生,无端一语我心惊。
老轻书画兼金值,死避穷愁两字名。
诗卷新排宁有意,酒杯笑掷已无声。
电光石火须臾景,除是斜阳写得成。

金锡鬯(1767—1838),金德舆侄、钱大昭之婿、刘喜海舅。字蒨谷,号晴韵馆主人,桐乡人,迁居太仓。清藏书家。戊辰(1808)举人,道光间任澳门同知四年,政绩卓著。收藏图书、金石、书画甚富。著有《古泉述记》十二卷、《南北史摘艳》六卷、《晴韵馆诗文集》四卷、《自省录》二卷。

藏书处为晴韵馆。

(二)桐乡进士藏书家

1. 榜眼吕葆中藏书

吕葆中(?—1707),留良长子。原名公忠,字无党,号观稼,又号耻斋,石门(今桐乡西南)人。清学者、藏书家。康熙丙戌(1706)一甲第二名进士,官至翰林院编修。著有《竿木集》。承其父志,好藏书,又喜抄书以藏,一生抄书甚多。所抄书中宋元刻本数十种,如宋赵明诚《金石录》三十卷,宋王禹偁《小畜集》三十卷并《小畜外集》七卷〔为南宋绍兴十七年(1147)黄州郡斋刻本配吕葆中抄本〕,宋孔文仲、孔武仲、孔平仲《三孔清江集》三十卷,宋邓肃《栟榈集》二十卷,元许有壬《圭塘小稿》十七卷,元刘秉忠《藏春诗集》六卷,元程钜夫《楚国文宪公雪楼程先生文集》三十一卷(影抄明洪武间刻本),清庄廷钺《明史抄略》七卷等。所抄书"留"字皆缺最后一笔,为避父讳。

藏书楼曰吾研斋、观稼楼、明农草堂、不远复堂、讲习堂、玉乳山房等。

藏书印有"无党"、"无党校正图书"、"葆中"、"无党手钞"、"难寻几世好书人"、"吕公忠印"、"不远复堂"、"观稼"、"玉乳山房"、"吾研斋藏书印"等。

雍正时父子遭文字狱,书禁版毁,印本流传极稀。金农《冬心先生随笔》云:文字狱兴,"吕氏破残,巢无完卵,其书不知归谁何插架矣"。

2. 汪孟鋗父子一状元三进士藏书

汪孟鋗(1721—1770),汪森曾孙。字康古,号厚石,桐乡籍,迁居嘉兴。清学者、藏书家。乾隆十五年(1750)与弟仲鈖同举于乡。乾隆三十一年(1766)进士,曾任吏部主事。能诗,精通术数。所著古文辞经术金石杂稿甚多,著有《厚石斋诗集》十二卷、《龙井见闻录》十四卷、《厚石斋集》等。

其家本富饶,后虽家境渐贫,但先世遗留有藏书,有增无减,裘杼楼藏书益富,又喜收藏考证金石文献,彝鼎图籍充列,成为著名的藏书家。除裘杼楼藏书外,还有古香楼、华及堂藏书亦富。

藏书印有"裘杼楼珍籍"等。

孟鋗亦喜刻书,刻有《柘坡居士集》十二卷,国家图书馆、上海图书馆、复旦大学图书馆、南京图书馆藏。

汪如藻(生卒年未详),孟鋗长子。字念孙,号鹿园。清藏书家。乾隆四十年(1775)进士,选庶吉士,官山东粮道。乾隆年间开《四库》馆,为四库馆总目协勘官,署衔为文渊阁校理,翰林院编修。献家藏书137种。

承先世累代藏书,裘杼楼、古香楼、摛藻堂、华及堂、小方壶、碧巢之旧藏尽为其所有。自建拥书楼。

藏书印有"拥书楼收藏"、"梧桐乡汪氏拥书楼所藏"等。

汪如洋(1755—1794),孟鋗季子。字润民,号云壑,寄籍秀水。清学者。乾隆四十五年(1780)状元。授翰林院修撰,后入值上书房,任山东乡试主考官。官至云南学政。

如洋与父兄同志,亦好藏书,藏书颇丰。工诗,尤擅长五古。著有《葆中书屋诗集》。

汪如洋外祖父金甡,雅好藏书,是《清史稿》留名的浙江名士,乾隆七年(1742)会试会元,殿试状元而名噪一时。38年之后,他的嫡亲外孙汪如洋,在乾隆四十五年(1780)的会试、殿试中,又连夺两个第一,戴上"会元"、"状元"桂冠。是中国科举史上,外祖父与亲外孙同好藏书,又在同一朝代连中"二元"的唯一事例,一时成为科场佳话。

汪如渊,孟鋗四子。字嘉谟,号笔山,别署羼提居士,秀水人。嘉庆己未(1799)进士,授编修。亦好藏书,著有《笔山书屋集》四卷等。

3. 四库总校官陆费墀藏书

陆费墀(1731—1790),本姓费,上祖嗣于陆,遂以陆费为复姓。字丹叔,号颐斋,晚号吴泾灌叟,桐乡人。清学者、藏书家。乾隆三十年(1765)高宗南巡,召试,赐举人,授内阁中书。乾隆三十一年(1766)进士,选庶吉士,授翰林院编修,官至礼部右侍郎。著有《颐斋赋稿》、《枝荫阁诗文集》、《历代帝王庙谥年讳谱》等。另与纪昀合纂《历代官职表》。

《四库》开馆,被授以总校官之职,主管《四库全书》及《荟要》的缮录工作,综核稽查,颇能实心勤勉,且学问优良,深受弘历赏识,升为翰林院侍读。《清史列传》卷二十六记云:乾隆四十三年(1778)“以筹办各书均能出力,赏缎匹、荷包、笔墨纸砚等物”。此后陆费墀兼任库本《历代职官表》总纂官,充任《四库全书》副总裁。先后赴奉天、热河,贮库书于文溯阁与文津阁,又受命办理江浙三阁《四库全书》的缮录工作,后寓杭州西湖,校文澜阁库书。乾隆五十五年(1790)卒,终年60岁。陆费墀于《四库全书》,起自开馆伊始,终至七部书缮写告竣,先后17年,“辰入酉出,寒暑未尝少懈”①。虽因有涉“违碍”和“舛错”,而受罚赔,但在《四库》馆臣中,“与《四库全书》相终始而实际任事最力,经理出自一手者,殆陆费氏一人也”②。陆费墀对我国亘古第一巨编《四库全书》的编纂功绩不可泯灭。

陆费墀好聚书,因在四库馆久,目无未见之书,每批阅会心,则手抄节录。晚年多藏四库副本。藏书阁内左图右史,以著述读书为日。家富藏书,曾进呈四库馆数十种图书,著录于《四库全书总目》者九种110卷,存目2种。光绪《桐乡县志》卷十五人物传本传云:“生平笃志好学,淹贯百氏,旁及医卜杂技之书,靡不通晓。尤精鉴赏,凡历代彝鼎图书碑文缣素,一见即辨其真赝,书画篆刻,无不擅长。”汪启淑《续印人传》卷二《陆颐斋传》记云:“落职家居,辟一阁曰枝荫,左图右史,匜鼎罗列庭中,富佳卉奇花,极享文雅之福。”

4. 冯集梧父子三进士藏书家

冯集梧(1757—?),字鹭庭,号轩圃,桐乡人。清画家、诗人。少时聪明过人,工诗善画,称为“神童”。乾隆四十二年(1777)20岁时,即以拔贡生执教于慈溪县。乾隆四十六年(1781)进士。入翰林院,授编修。遇有鸿篇巨作,同官搁笔推辞,集梧则洋洋洒洒,下笔千言立就,被叹为奇才。五十四年(1789)典试云南,时兄主试山东。一门两典试,仕林传为佳话。平生见义必为,在京为官时,创办嘉兴会馆,移建育婴堂。南归后,改设府城育婴所。增修试院等皆赖其首创。主持无锡东林、杭州安定、松江云间等书院讲习,孜孜不倦,培育人才。著有《贮云居稿》。

集梧承父业,家多藏书,精校勘。曾校勘《元丰九域志》十卷。对唐杜诗详加校勘辨析,重作注释,嘉庆三年(1798)撰有《樊川诗集注》,《中国大百科全书·中国文学》誉此注本为“注释本中最通行的”一种,今有新版行世。

藏书处为贮云居。

冯诰(1719—1801),集梧父。字养吾,号孟亭,桐乡人。清文学家、诗人。幼极颖异,好学深思,博通经史。乾隆十三年(1748)进士,授编修,改庶吉士。入翰林,充国史馆纂修,与修《续文献通考》。冯浩纂叙精审,为总裁所推重,曾任御史。先后主持常州龙城、浙东东西崇文、蕺山、鸳湖诸书院讲席,着意培养人才。

① (清)陆费墀:《增辑〈四部备要〉缘起》,引《行述》语。
② 任松如:《四库全书答问》,天津市古籍书店,1991年。

其教学以敦操行厚风俗为本，文行清节，名重一时，士大夫过其地者皆登庐拜谒。乾隆六十年，重宴鹿鸣，封鸿胪寺卿。卒祀乡贤祠。著有《孟亭居士文稿》五卷、《孟亭居士诗稿》五卷、《横塘纪闻》等。

冯氏侨寓府城40年，好藏书，喜抄书。抄本有《元和郡县志》三十六卷、《至元嘉禾志》三十二卷等。

藏书处为德聚堂。

冯氏父子雅好刻书，以增益其藏书。刻有《苏诗合注》五十卷《附录》五卷、《仪礼集编》十七卷首一卷《附录》一卷、《元丰九域志》十卷、《杜樊川诗集》四卷《补遗》一卷、《续资治通鉴》二百二十卷（南京图书馆均有藏），《玉溪生诗笺注》三卷、《樊南文集详注》八卷首一卷（国家图书馆、北京大学图书馆有藏）；还刻有《孟亭居士文稿》五卷、《经进稿》一卷、《诗稿》四卷、《后汉书补注》二十四卷等。

冯应榴（1741—1801），集梧兄。字诒曾，号星实，晚号踵息居士，桐乡人。清官员、学者、藏书家、校勘家。乾隆二十六年（1761）进士。乾隆三十年，乾隆南巡召试，得一等第四名。历任内阁中书授军机处行走、四川学政、光禄寺少卿、吏部郎中、通政司参议、江西布政使，终任鸿胪寺卿。应榴自幼秉承家学，博闻强识，尤潜心于诗学研究。藏书颇丰，诗文、经义之类数百种。钱大昕《潜研堂文集》曰："星实先生沉酣于东坡诗者有年。又得宋椠《五百家注》、元椠《百家注》旧本，参以《施注》残本，稽其同异而辨证之。"①辞官归里后，致力于古籍收集与整理。

藏书处为梦苏草堂、踵息斋。

嘉庆五年（1800），纂修《嘉兴府志》八十卷首三卷。另著有《金檀高青丘诗笺注》十八卷、《学语草》（或作《学语稿》）、《湖上题襟集》、《踵息居士诗文集》等。以《苏文公诗注》注本疏舛尚多，取王梅溪、施辅之、查初白诸家注本之长，考订得失，稽其异同，编成《苏文忠公诗合注》五十卷《附录》五卷，嘉定钱大昕为之作序，称其注本兼有诸家注本之长，为清代佳注之一。

5. 桐乡知县黎恂锄经堂藏书

黎恂（1785—1863），字雪楼，一字迪九，晚号拙叟，遵义东乡禹门（今遵义县新舟区）人，寓居桐乡。嘉庆十九年（1814）进士，任桐乡县知县。在桐乡任内，曾三次充任浙江省乡试同考官，甄拔人才中有李品芳等。好藏书，有图书数十箧，后又购数千册图书供黎氏族中子弟研读。辞官后，潜心研读经史，咏诗作赋。

藏书处为锄经堂。

著有《蛉石斋诗文集》、《读史纪要》、《千家诗注》、《四书纂义》、《北上纪程》、《运铜纪程》、《大姚县志》等。

6. 俞之炎父子三翰林藏书

① 叶昌炽：《藏书纪事诗》卷五（附《补正》），上海古籍出版，1989年。

俞之炎(生卒年未详),字以除,桐乡人。清官员、藏书家。清顺治十五年(1658)进士,授翰林院庶吉士。康熙二年(1663),以户科给事中,充湖广副考官,选拔人才甚众。之炎高才博学,教子严正有道,两子长策、长城俱登进士第。一门父子三翰林,为邑中少有,时为佳话。

其为官清廉,亦好藏书,家无宿储,唯图书数卷而已。

俞长策(生卒年未详),之炎长子。字御世,号檀溪。自幼力学,为人醇谨而寡言笑,于书无所不读,尤喜谈兵法。康熙四十五年会试,被放。康熙查问,以举人俞长策会榜无名,责主司审察不明,选拔失当,将总裁官李禄予、胡会淇俱行削职。长策蒙皇恩参加殿试。如此受皇帝重视,人皆叹为古今罕见。及第,授翰林院编修,充讲官。先后主持四川、陕西乡试,秉公简阅,选拔众多士人。著《檀溪诗文集》六卷。

长策为政清廉,生活简朴,亦好藏书,一如其父。故任京官数十年,身后亦惟图书数卷而已。

俞长城(生卒年未详),之炎少子。字桐川,号硕园。康熙二十四年(1685)进士,授翰林编修。入翰林后,更博览群书,识见尤博。三十九年,分校会试,得士甚众。工古文,曾评选宋王安石以来至清初诸老120家。长城好藏书及著述。著有《可仪堂文集》二卷、《花甲数谱》一卷等。编有《可仪堂一百二十名家制义》四十八卷。选注《左传》、《公羊传》、《穀梁传》、《国语》、《战国策》、《吴越春秋》、《越绝书》等七种史籍,皆能发掘古人书中密旨。

藏书处为可仪堂。

7. 马俊良藏书

马俊良(生卒年未详),字嵰山,石门(今桐乡)人。清官员、诗人、藏书家。乾隆二十六年(1761)进士。初授衢州教授,官内阁中书。因其学识广博,教导有方,各地争聘为书院院长。曾主持山东繁露、山西汾阳、江西白鹭、广西秀峰诸书院。晚年主持广东端溪、华越讲席,著有《禹贡图说》一卷等。马氏好藏书,惜藏书情况失载。

藏书处为大西山房。

利用家藏图书辑《晋唐小说畅观》五十九种、《古今丛说拾遗》二十六种、《说郛杂著》十种、《国朝丽体金膏》八卷、《荒外奇书》六种、《龙威秘书》十集一百六十八种等。

亦喜刻书,乾隆五十九年(1794)刻《龙威秘书》一百六十八种三百三十卷,国家图书馆、南京图书馆、上海图书馆有藏。嘉庆二年(1797)刻《说文解字系传》四十卷《附录》一卷,浙江图书馆有藏。

(三)桐乡其他藏书家

周弢(约1673—1752),字旦雯,号缓庵,秀水濮川(今桐乡濮院)人。清诗人。私淑张履祥,蓄书千卷,购时必秉烛亲校。

顾修（？—1799），字仲欧，一字菉崖，号松泉，石门（今桐乡）人。清藏书家、目录学家、诗人、画家。性喜蓄书，与鲍廷博友善，互相商榷，目鉴手抄无虚日。

藏书处为读画斋。

著有《南宋群贤小集》、《读画斋学语草》、《百叠苏韵诗》、《菉厓诗抄》三卷附《外集》三卷、《读画斋题画诗》十九卷（辑）、《读画斋百叠苏韵别集》四卷《附刻》一卷行世。尝辑《汇刻书目初编》一函十册，详列嘉庆以前丛书 261 种子目，有嘉庆四年（1799）自序。这是我国第一部丛书子目的专门目录，和后来几种续编一道，开拓了目录学的新领域。

亦喜刊书，以其所藏图书刊刻行世。嘉庆元年（1796）刻自辑《读画斋题画诗》十九卷，南京图书馆、国家图书馆有藏。嘉庆四年（1799）汇刻《读画斋丛书》二百卷，南京图书馆有藏，此本是仿鲍氏《知不足斋丛书》辑刻，为巾箱本，此《丛书》选辑了经史考据、书画、诗话、笔记等切于实用之书 48 种，尤以研究《文选》著作 4 种最具特色。嘉庆四年（1799）刻《文选李注补正》四卷，复旦大学图书馆有藏。嘉庆六年（1801）又刻《南宋群贤小集》一百二十七卷《补遗》一卷附《江湖后集》二十四卷，南京图书馆有藏，亦为巾箱精本，采缀精当，剞劂工整，为世所珍。嘉庆十四年（1809）刻《读画斋偶辑》十一卷，国家图书馆有藏。

吴克谐（1735—1821），字夔庵，号南泉老人，石门（今桐乡）洲泉人。清画家、藏书家。终身布衣，年轻时勤于稼穑，闲暇时爱好绘画，尤喜山水。30 岁后为幕宾，尤得中丞谢启琨赏识，与谢成为莫逆之交。后受赠谢在乌镇一所典当，家道日殷。于是在祖居的南泉村建宅树滋堂，另建有写韵楼、有朴斋、春雨轩等亭台楼阁。

好藏书，遇真迹不惜以重金购之。在南泉村祖居宅后筑小园一处，凿池叠石，种树栽竹，建书屋于其中。缥缃满架，藏书极为丰富，其中不少被坊间视为珍品，一些善本的首页上有“老屋三间，藏书万卷”和“金石录十卷人家”的印章。较有名者有宋刻《河南二程全书》、明嘉靖刊本《本草纲目》、明刻本《陶渊明集》、明弘治刻本《医学引壳》和《萍湖脉经》等。其旧抄本郑所南著《清隽集》原为知不足斋藏书，坊间视为珍本。

藏书处为南泉书屋。

克谐还嗜收藏古砚台，家藏古砚盈百，佳者有 28 方，故又特地另辟一室，取名为二十八砚斋。晚年厌倦官场和商场，回南泉老屋定居，翻检旧籍，把玩古砚，悠游于林泉。著作有《自办成案》、《南泉诗草》、《夔庵自道》等。

宋咸熙（1766—1837），宋大樽之子。字德恢，号小茗，仁和籍，桐乡人。嘉庆十二年（1807）举人，官桐乡县教谕。清藏书家。其学有渊源，濡染家学，从钱大昕、段玉裁诸人游。父大樽有藏书之名，且藏书甚富，并乐于借阅。其承父志，复益聚书。

藏书处为思茗斋。

著有《思茗斋集》。所辑注有《夏小正》,考据精博。官桐乡时,辑有《桐溪诗述》。尝刻《古易音训》,自撰序,严元照后序。秉承遗训,守流通古书之约,其有功于载籍者甚大。其《思茗斋集》中有《借书诗》序云:"藏书家每得秘册,不轻示人,传之子孙,未尽能守,或守而鼠伤虫蚀,往往残缺,无怪古本之日就湮没也。先君藏书甚富,生时借钞不吝,熙遵先志,愿借于人,有博雅好古者竟持赠之,作此以示同志。"因此他所藏图书,广借他人,供寒家子弟就读。是清代继周永年等人的公共图书馆思想之后,又一提倡藏书公开借读的藏书家。

沈炳垣(约1784—1855),原名潮,字鱼门,号晓沧,桐乡炉头人。幼喜读张履祥书,品学兼优。嘉庆十五年(1810)举人。历任娄县(今上海松江)知县、上海知县,洎西商通时任松江府海防同知,南汇、元和(今江苏吴县)、崇明知县和太仓直隶州知州等,曾主讲海门书院、上海敬业书院。著有《斫砚山房诗草》、《祥止室诗钞》。

沈氏政事之余,亦好藏书,善诗文,尤精校雠之学。藏有手校本明初刊本《剡原先生文集》,手校本《班马字类》二卷,手稿本《星轺日记》一卷,手校并跋《韵补》五卷,临尤侗、尤珍、尤世求三世所校《归震川先生全集》四十八卷等。

藏书处为斫砚山房、三千藏印斋、祥止室。

藏书印有"织帘先生四十九世孙"、"斫砚山房沈氏藏书印"、"晓沧涉览"、"祥止室藏书印"、"晓沧"、"臣炳垣印"、"祥止室主"等。

浙江图书馆藏有《斫砚山房藏书目》一卷,稿本,不全,仅经史子,无集部,三部有书约千种。

沈氏与钱泰吉为姻亲,《曝书杂记》卷下"上海郁氏丛书"条云:"亲家沈晓沧赠余上海郁泰峰松年《宜稼堂丛书》,藏之数年矣。……数年前,泰峰得宋刻魏鹤山《诗经要义》,属晓沧助校勘,将授之梓,卒遇变乱,不知宋刻犹存否?"道光三十年冬,钱氏"假亲家沈晓沧同知所藏江都秦氏刻《列子》唐卢重元注八卷,晓沧从上海郁氏得之"。

李嘉福(1839—1904),字麓苹,号笙鱼、北溪,又号石佛庵主、语溪老民,崇德石门(今桐乡)人。清画家、收藏家。擅山水及篆刻,醉心金石书画,喜藏古籍,雅居吴中,其画学戴醇士,书问道于何子贞。家极富收藏,嗜古成癖,藏项氏天籁阁旧物,古籍牌版等。

藏书处为阿宝阁。

徐焕谟(1851—1879),字绿沧,号叔雅,世居桐乡青镇。清画家。善画花卉,惜英年早逝,仅29岁。著有《风月庐诗稿》一卷、《剩稿》一卷。

缪荃孙《艺风堂文漫存·癸甲稿》卷二记云:"爱藏书,插架数万卷,多善本。坐书城中,日事校雠不他顾。"又云:"尤嗜缥缃,广为蓄储,七略四部,校雠远绍乎扬、刘,四当八求,目录不殊于陈、晁。"

藏书处为风月庐,有竹石池亭之胜。

夏恩纶(1853—1891),号韵笙,自号五榆居士,秀水濮川(今桐乡濮院)人。清画家、收藏家。光绪乙亥(1875)恩科副贡生。喜藏书,工隶书,精鉴赏,收藏古今名人书画古籍极富。尝绘《榆阴读画图》。

金鏻(生卒年不详),字霈苍,崇德(今桐乡)人。清诗人、藏书家。笃学工诗,性情高洁,不与俗客交语。好聚书、读书,聚书数千卷,终日论茗焚香,与古人相对。手选《唐诗》二十卷,作者名下各系小传一篇,又摘取古人名章俊语,汇为一篇名曰《自怡小品》,共八卷。著《留云楼诗稿》。

藏书处为留云楼。

李之龙(生卒年不详),字受一,吴江籍,秀水濮川(今桐乡濮院)人。清藏书家。以千金收十三经二十一史,购藏古今书籍充栋,颜其室曰膝窝。

濮梁(生卒年不详),桐乡人。藏书家。家有藏书处延古堂,爱聚书,好对藏书作校雠,探讨源流,分析异同。雍正六年(1728)曾刻印钱曾《读书敏求记》四卷并作序。

沈庆云(生卒年未详),字伯云,桐乡崇德人。清鉴赏家。自幼嗜书,通《说文》,精鉴别。光绪十三年(1887)将赴清江,走别缶翁(吴昌硕),缶翁赠以"经涉虎庐"一印,吴滔为绘《四友图》以壮其行。收藏甚富,好收藏书画碑帖及古籍。

藏书处为松隐庵。

唐彦斅(生卒年不详),初名匡,字扶摇,号畹农,自号天目学人,乌程乌镇人(今桐乡乌镇)。清初学者,诗人。明亡后,致力于诗古文,对家藏的全部书籍,阅读点校,更正补订,历时30年始完成。

闻钤(生卒年不详),字临谷,石门人。清画家。庠生,喜藏书,善画花鸟,颇有生致。

许瀚(生卒年未详),字紫澜,石门人。乾隆十八年(1753)拔贡。历任江都、甘泉、阜宁、山阳知县。工诗善画,尤精书法。藏书颇富,藏书印有"许瀚之印"。

严澍(生卒年未详),初名师苏,字学坡,一字伯藩,桐乡青镇(今乌镇)人。清学者、藏书家。好读书,喜藏书。《桐乡诗述》咏:"伯藩负大志,以读书交友为务,尤喜急人之急。藏书数万卷,搜讨古今,娓娓忘倦。"藏书处为滴翠楼。惜卒于35岁。著有《楹语山房集》。

叶蓁(生卒年不详),字蒨士,石门(今桐乡)人。清诗人。道光甲辰(1844)举于乡。家多藏书。

袁舒雯(生卒年不详),石门(今桐乡)人。赵昱《读书敏求记》跋:"石门袁舒雯家藏善本,俟再取校之。"

朱蔚(生卒年未详),字霞山,号西簃,桐乡人。副贡生,著有《春明吟稿》。喜聚书,藏书多钤有"紫阳朱蔚图籍"、"新安朱氏文房"、"群雅书堂"、"麟趾本仁"、"朱家月潭"诸印记。

四、海盐藏书家及其藏书

海盐民风淳朴，人民勤于耕织，或奋于文墨，历代不乏闻人墨客，且多文化名人与藏书家双重角色者，成为海盐文化史上的一大亮点及特色。

（一）海盐藏书名家名楼

1. 张氏涉园藏书

海盐张氏涉园创自民国时期藏书大家张元济之九世祖张惟赤，绵延数代之后，到乾嘉之际元济六世祖张宗松一辈时，藏书之富达到顶峰，除家族公有的涉园旧藏外，兄弟九人中至少六人以藏书著名。

张惟赤(1615—1676)，张奇龄之子，张元济九世祖。字君常、桐孩，号螺浮，海盐人。清藏书家。顺治十二年(1655)与王士禛为同科进士。曾任刑部给事中，以直言敢谏称名于世。后由淮扬道乞休归里。著有《思退轩诗集》一卷，《入告初编》、《二编》、《三编》各一卷，《涉园张氏书目》四册、《涉园图卷》一卷。

归田后，于城南乌夜村故家，就其父张奇龄的城南书屋涉园拓大以藏书，亭池林木之胜，甲于东南，为海盐一大名园。惟赤博学多才，喜藏书，遍搜书以充其中，精鉴别，图书鼎彝，望而知为故家物。藏图书彝鼎甚富，率子孙读书其中。每逢贤客挚友到此，亦以秘藏诸书互相讨论。后得马思赞道古楼藏书，所藏倍增。

清初涉园藏书与同郡朱彝尊之潜采堂、杭州赵氏“二林”之小山堂齐名。嘉道之际，吴骞、鲍廷博、陈鳣诸名家犹屡至涉园借书校雠。太平天国时，其书亦失，光宣之际，九世孙张元济竭力收拾残丛。

藏书处为涉园、守白斋、研古楼。

藏书印有“涉园主人鉴藏”、“海盐涉园张氏守白斋珍藏书画之章”、“古盐张氏印”等。

张奇龄(1582—1638)，惟赤父。字符九，人称大白先生，海盐人。明末清初学者。名读书之庐曰涉园，至惟赤拓大之。曾主持杭州虎林书院，门生弟子众多。

晚年退居海盐县城南门外的乌夜村，并题其居所为大白居。著有《存笥集》、《百铁庵集》、《铁庵集》、《识大编》、《问业纪事》等。并为张氏后人立下家训：

> 吾宗张氏，世业耕读。愿我子孙，善守勿替。
>
> 匪学何立，匪书何习。继之以勤，圣贤可及。①

张奇龄晚年正值明清交替之际。当清兵南下时，江苏如皋名士冒辟疆携家渡江南下到海盐躲避战祸，就住在张奇龄大白居，两人结下深厚友谊。300年后，张元济与冒氏后人、著名词人冒鹤亭结为友人，时人称“有三百年之世交”，成为

① 海盐县政协文史资料委员会、张元济图书馆：《出版大家张元济》，学林出版社，2006年。

文坛一宗佳话。

张皓(1640—1709),惟赤长子,张元济八世祖。号小白,别号皜亭。康熙十一年(1672)举人,著有《赋闲楼诗集》、《名家诗赋钞》等。

小白亦喜藏书,承其父涉园,藏书甚富,颇多珍本秘籍。藏有宋本《源流至论》等。尝请王补之绘《涉园图咏》长卷,遍征当代名人题咏。

藏书处除涉园外,还有守白斋、研古楼。

藏书印有"古盐张氏小白珍藏"、"涉园主人鉴藏"、"皜亭主人审定"、"古盐涉园张氏守白斋珍藏书画之章"等。

张芳湄(1655—1730),小白子,张元济七世祖。字荍士,号象贤。增葺台榭,啸歌之暇,率族人读书其中,是以藏书极富,积百数十年,未稍散佚。

藏书印有"张印芳湄"。

张宗松(1690—1760),芳湄次子,张元济六世祖。字青在,一字楚良,又字蠖庐,别号寒坪。清诗人、藏书家。与马维翰、朱炎友善,少年时作有"隔水一牛横笛去,盘云双鸽带铃来"诗,为海宁杨性夫所欣赏,许以女为妻。生平景仰王士祯、朱彝尊、查慎行三人,深以生不同时,未及亲炙为憾。性耽吟咏,其诗格亦在三家之间。

家藏书籍甚富,凡图书鼎彝之属,鉴别甚精,遇有善本手自抄录。宗松曾得华山马氏元大德间撰刻《王荆文公诗笺注》李雁笺注五十卷本,于乾隆六年(1741)清绮斋复刻行世,为海盐张氏涉园所刊书中最著名之本,国家图书馆、上海图书馆、南京图书馆、浙江图书馆有藏。《四库全书总目》以为:"原本流传绝少,故近代藏书家俱不著录。海盐张宗松得元人椠本,始为校刊……笺释之功,足裨后学。"后有日本翻雕本及朝鲜活字本。此本对刘须溪评点之不当之处皆删,惜无年谱,即以《宋史》王安石本传补充。此书又失魏鹤山序及第三十卷、第五十卷两卷之末页,访求无已,终不可得。宗松逝世后,其弟张载华始在知不足斋鲍廷博处抄得魏鹤山序,补充刊出。后其六世孙张元济,购得此书原版本,年谱及第三十卷和第五十卷两末页,六代残书终见全貌。

张氏家族藏书以张宗松为最著名,藏书达 1559 部,约 1 万余册,其中宋元刊本 50 多部,抄本 290 余部,是清代著名藏书家之一。

藏书处除涉园之外,还有清绮斋。

藏书印有"清绮斋"、"清绮斋书画记"、"海盐张氏清绮斋藏书"等。

宗松亦喜校勘、刻书,与当时江南著名藏书家黄丕烈、吴骞、鲍廷博等往来借书校勘。张森玉曾告知其子张元济:"吾涉园藏书极富,积百数十年,未稍散失。嘉道之际,江浙名流,如吴兔床、鲍渌饮、陈简庄、黄荛圃辈,犹尝至吾家,借书校雠。青在公博通群籍,性耽吟咏,尤善刻书,群季俊秀,咸有著述,既看剞劂流布,为世引重。"

著有《寒坪诗钞》、《扪腹斋诗集》四卷、《扪腹斋诗余》二卷等。

编有《清绮斋藏书目》二册，现存于世。此为别下斋校本，管庭芬抄本，经孙诒让“小绿天”收藏。张元济《涉园序跋集录·清绮斋书目跋》跋是目云：“清绮斋者，余六世祖青在公读书之所。公尝复刻李雁湖《王荆文公诗笺注》，署曰‘清绮斋藏版’，其宅在本城城隍庙西首，幼时犹及见斋额三字，今已毁矣。”“此编所记，盖为公私有之物，故题清绮斋以别之。书凡一千五百五十九部，册数有漏记者，不能知其详，仅所记者已一万有奇。甘泉乡人《曝书杂记》所称之宋版《六一》、《山谷》、《淮海》、《琴趣》及元版《王荆文公诗笺注》，亦不见于目内，盖遗漏甚多，或为后此所收未及入目。然已有宋元刊本五十余种，钞本二百九十余种，洵可云美富矣！”

张宗楠(1704—1765)，宗松弟，芳湄六子。字汝栋，号含庵，又号吟庐。清词人。一意读书，服膺渔洋，凡经史子集，举业外博览综稽。著有《吟庐小稿》一卷、《度香词》一卷等，乾隆二十五年(1760)辑刻《带经堂诗话》三十卷，还刻有《汇刻渔洋诗话》十卷。

性喜藏书，工文翰。所藏《陶渊明集》十卷，经查慎行手批本，宗楠重校。

藏书印有“宗楠手勘”、“吟庐图籍”、“涉园”、“涉园主人”等。

张宗橚(1705—1775)，宗松弟。字咏川，号藕村，又号思岩。清文学家，藏书家。性恬淡，不求闻达，唯以诗词自遣。著有《晴雪轩雅词》，辑有《藕村诗存》二卷，于乾隆四十三年(1778)刊《词林纪事》三十二卷。

富藏书，有万卷之藏，遇善本手自抄录。

藏书处除涉园外，还有红药山房、研古楼。

叶昌炽在京师见其所藏吕无党手抄之《后村集》，有其藏书印。后张元济于坊肆收其旧藏不少。《张元济傅增湘论书尺牍》记：傅增湘1935年2月20日致函张元济云：“昨见《邃雅堂书目》，有唐鹪安手校《文中子》，所据为宋内府本，为公家先世宗橚故物。”

藏书印有“宗橚”、“咏川”、“宗橚之印”、“一字思嵒”、“宗橚咏川”等。

张载华(1718—?)，芳湄七子，宗松弟。字佩兼，号芷斋，别署观乐生、乌夜村农，居海盐城南三里乌夜村。清文学家、收藏家。载华私宅建于涉园东邻，嘉庆、道光之际，江浙名流吴骞、陈鳣、鲍廷博、黄丕烈等，屡至涉园借书雠校，极一时之盛。

藏书万卷，遇有善本手自抄录。“苕溪书贾持秘册求售，或为诸兄所得，先生戏曰：‘于此微有妒意。’然彼此传钞，各藏一本，互相校雠以为乐。又尝语人曰：今日有快事：三伏曝书数十日，不遇疾风暴雨。”①所藏有唐李德裕《李文饶集》、宋黄庭坚《山谷刀笔》、宋李昭玘《乐静集》等善本。

藏书处除涉园外，还有研古楼、芷斋、初白庵、松下斋等。

① 陆以谦：《芷斋张先生墓志铭》，见郑伟章：《文献家通考》卷六，中华书局，1999年。

藏书印有“涉园”、“松下藏书”、“张载华印”、“张载华”、“芷斋图籍”、“芷斋藏书”、“古盐张氏松下图书”、“海盐张氏研古楼藏书”、“古盐张氏松下清斋印”、“长宜子孙”、“佩兼”、“甚欲读书奈嬾何”、“乌夜村农”、“金篆香清好读书”、“研古”、“研古楼钞本”、“古盐张氏”、“张氏松下图书”、“张氏研古楼藏书”等。

曾校《鹤林玉露》。著有《初白庵诗评》。乾隆间刻《初白庵诗评》三卷附《词综偶评》一卷。

张柯(生卒年不详),宗松之从弟,芳潢之子。字晋樵,一字东谷。清画家、诗人、藏书家。曾官杭州训导。张氏涉园藏书传人之一。有别业曰涉园,四方名流过武原者,莫不造门请谒,流连觞咏其中。闲好作画,兴至点笔,辄所奇趣,客有缣素索画者,恒欣然应之。承祖传遗书,又多加搜集,藏书、彝鼎甚富。与朱笠亭、陆太冲辈日坐藏书楼中,披阅讨论古籍。精于鉴别,对古籍、彝鼎等,望之便知何家之物。

藏书处为攓云楼、筠心堂等。

藏书印有“涉园主人鉴藏”、“古盐涉园张氏守白斋珍藏书画之章”等。

著《攓云楼诗稿》,辑有《涉园图咏手卷》。

张鹤徵(1748—1808),张载华之长子、宗楠嗣子。字选岩,号云汀,别号鸥舫。清藏书家。著有《鸥舫小稿》。嘉庆十一年(1806)刻有自辑《涉园图咏》。

守累世清秘之藏,仿佛马寒中(思赞)。吴骞《拜经楼藏书题跋记》卷四《竹垞初白二先生尺牍》记云:“与诸名士修禊时,吴氏以所藏杨忠愍狱中寄郑端简手书真迹归诸郑氏后人羹和,同人皆即席赋诗纪事,流连竟日。鸥舫辄出示朱彝尊、查慎行至马思赞信凡六十通,因亟录副,以原本还鸥舫,俾珍弆之。”张氏累世书香,家富藏书,鉴藏不衰,名播江浙,盛极一时。

张氏一门藏书在道光朝后中落,公有的涉园藏书先售于苏州书肆。各房所有的清绮斋、芷斋、研古楼等藏书,也先后相继散亡。咸丰年间太平天国进驻海盐之际,涉园名胜毁于兵燹而告荒废。园中所存刻书板片也荡然无存,数世盛业就此化为云烟,以致光绪末年叶昌炽为历代藏书家撰写《藏书纪事诗》时,只靠一些零星资料录有张氏涉园一首,直到宣统年间经张元济函告家世后才重新补撰。张元济在《涉园序跋集录·清绮斋书目跋》中记载甚详:“涉园所藏,当嘉庆时为苏州书估陶氏五柳居捆载而去。道光丙戌所刊《爱日精庐藏书志》犹云‘清绮后人尚能世守陈编’。至道光癸卯,相距仅十七年,而管芷湘见是本书目,已入于僧院敝簏,是其书已尽散矣。涉园遗书遍布海内,而清绮所藏除数种外,亦绝无仅有,且不见于他藏书家,是可异也。”

海盐张氏涉园藏书延续数百年,近代张元济先生为恢复涉园而致力收购涉园旧藏图书,涉园传统藏书方能重放异彩,后被全部捐给了上海合众图书馆。

2. 张燕昌父子藏书

张燕昌(1738—1814),字芑堂,一作芑塘,手有文鱼,因号文鱼,别署金粟逸人、金粟山人,海盐大树村人。清藏书家、篆刻家、金石学家。嘉庆元年(1796)举孝廉方正。

张氏屏居村落,孤介为怀。好古嗜学,一生所见古书甚多。尤嗜金石文献,搜罗甚富,藏书以精品见称。曾向吴骞借书数种校其藏本,与鲍廷博友善。曾得杨振武家书籍,内有宋刊《唐求诗集》。鲍氏尝以宋刻真本《汤注陶诗》八卷送张氏,旋被周春以叶元卿梦笔生花大圆墨(重一斤)强易之去。乾隆四十三年十月,张氏曾奔走数千里,至河北易州山中,冒雨冲寒,访得周在浚著《南唐书注》十八卷,是书当时最有名,未有刊本,流传绝少。潘承弼老人曾见其所藏宋葛洪《涉史随笔》校本。

藏书处为娱老书巢、冰玉堂。

藏书印有"张燕昌藏"、"张燕昌"、"芑堂手拓"、"张印燕昌"、"石鼓亭"、"金粟山人"、"芑堂"、"知不足斋主人贻"、"文鱼父"等。

燕昌亦好刻书。乾隆三十六年(1771)所刻《金石契》五卷,南京图书馆、国家图书馆有藏;所刻《石鼓文释存》南京图书馆有藏;所刻《南唐书注》十八卷《附录》一卷,南京图书馆有藏。

燕昌除藏书、刻书外,嗜金石书画,尤爱小品,搜奇采僻。擅行楷书,画兰竹,兼善山水,人物花卉皆翛然越俗,别有意趣。在杭州,与梁同书、翁方纲探讨考释,终日不倦,多有创见。精篆刻,为浙派创始人丁敬入门弟子。尤精飞白,试以飞白书体入印,被誉为浙派篆刻的"负弩前驱"。海盐文人治印之风,亦始自张氏。今北京故宫博物院收藏有"张燕昌刻梁同书铭紫檀书筒"。且善鉴别,凡商周铜器、汉唐石刻碑拓,潜心搜剔,不遗余力。曾自摹古文字为《金石契》,收录吉金贞石资料达数百种。又曾至宁波天一阁研究北宋石鼓文拓本,后勒石于家,并名其书斋为石鼓亭。对石鼓文研讨考释不倦,多所创见。著有《金石契》五卷、《金粟笺说》一卷、《飞白书》、《石鼓文释存》一卷附《释存补注》一卷、《芑堂印存》、《三吴古砖录》等,辑有《续鸳鸯湖棹歌》一百卷等。

张开福(生卒年未详),燕昌子。字质民,号石匏,晚号太华归云叟。清诗人、篆刻家、书画家。承父志,好藏书,亦富藏书。邃于金石篆刻,善鉴别鼎彝碑版考据之学,诗文书画亦靡不兼长。幼承家学,尤工写兰,敏豪渗墨,清韵独绝。其书法篆、隶皆能,亦工刻竹。著有《石匏小稿》等。

藏书处为娱老书巢、冰玉堂。

藏书印有"闲情"、"白苗嘉谷"等。

3. 吴文晖祖孙三代藏书

吴文晖(生卒年未详),原名文阵,字翼万,号灯庵,海盐澉浦人。清诗人、藏书家。乾隆十二年(1747)举人。笃学敦行,以经学教授,远近宗仰,称其为大师。亦好藏书,藏书甚富。对澉水(澉浦)乡邦文献收集尤勤。《海盐县志》卷十七记云:"积书数万卷,澉浦百余年来,人文散佚,文晖悉力搜采,文献赖以有征。"

藏书处为灯庵、补萝书屋。

著有《灯庵诗钞》四卷《补遗》一卷、《澉浦诗话》二卷、《补萝书屋日记》一卷、《灯庵藏书跋尾》一卷等。

吴东发(1747—1803),文晖次子。初名旦,字侃叔,号耘庐,又号芸父。经学名家。与兄并称两孝子。承父志,喜藏书,藏书逾万卷。早年崇奉理学,壮年潜心于经学,尤精通《尚书》。工诗文,通六书,擅写山水花卉,山水师吴仲圭、沈启南。精于金石文字,凡商周秦汉之文,多有考究,有"大篆吴东发,小篆邓石如"之称。虽一介布衣,声誉极高。尝从钱大昕游,大昕引为畏友。浙江巡抚阮元慕名微服至澉浦吴宅登门造访。

藏书处为遵道堂。

著有《群经字考》、《读经笔记》、《书序镜》、《尚书后案质疑》、《经韵》、《六书述》、《石鼓文读》、《商周文拾遗》、《钟鼎款识释文》及《遵道堂诗文稿》、《续澉浦诗话》等近20种。受阮元之请,参加编辑《经籍纂诂》。阮元的《积古斋钟鼎彝器款识》吸收其不少见解。

吴吾点(生卒年未详),吴文晖之孙。雅好藏书,藏书逾万卷。

4. 黄锡蕃醉经堂楼藏书

黄锡蕃(1761—1851),字晋康,号椒升、时安老人,海盐人。清书法家、藏书家。少年卓荦,有江夏无双之名。嘉庆三年(1798)应京兆试,嘉庆五年(1800)曾官布政司都事,署上杭典史。十年后辞官疾归。

家资颇富,性喜典籍,尤精鉴别,遇法书名画,不惜厚值购置,间与友朋鉴赏品论无虚日。其所藏元吴郡庄肃著《画继补遗》二卷,向无传本,诸家书目未著录,为明人罗凤之手抄本。所藏旧抄本《后村居士集》,系吕无党手抄。还藏有旧抄本《侍郎葛公归愚集》、校宋本《孙尚书内简尺牍》等。锡蕃尝从钱大昕游,与黄丕烈友善,每有往来,必携古书以相质,黄氏曾从其得校宋本《孙尚书内简尺牍》十卷,又得其旧抄本《侍郎葛公归愚集》十卷。

藏书处为醉经楼,在闽中有擘荔轩。

藏书印有"黄锡蕃印"、"椒升"、"椒升藏本"、"读易画梅之室"、"爱日以学,及时以行"、"醉经楼印"、"锡藩"、"黄氏晋康"、"武原黄氏醉经楼"、"黄氏珍藏"等。

亦刻书,工八分,精鉴藏。嘉庆九年(1804)所刻《飞白录》二卷,国家图书馆、南京图书馆有藏;嘉庆十五年(1810)所刻自辑《英石砚山图记》一卷,国家图书馆有藏。

编有《醉经楼书目》、《醉经楼印谱》。

著有《醉经楼存稿》六卷、《闽杂记》二卷、《闽中录异》二卷、《海上竹枝词》等。目录金石类著述有《闽中书画录》十六卷、《续古印谱》二卷、《金石考》、《金石表》二卷、《又续金石萃编》、《刻碑姓氏录》三卷、《古陶录》等。

5. 马玉堂汉晋斋藏书

马玉堂(生卒年未详),字笏斋,号秋药,别号扶风书隐生,海盐武原镇人,居丰山。清藏书家。道光、咸丰间在世,道光元年(1821)副贡生。玉堂以杜门闭户校书为乐,不喜交接官府。时江苏上元朱绪曾曾摄海宁州知州,后迁嘉兴。绪曾亦喜藏书,人称藏书甲于江浙,久慕玉堂之名。某日,闻玉堂至嘉兴书肆,遂访之,聚谈终日。

光绪《海盐县志》文苑本传曰:"性耽书籍,闻人有善本必辗转购录,庋藏秘册甚多。杜门雠校。"玉堂得宋刊《两汉会要》及绍兴间监本《新唐书》,遂颜其藏书室名汉唐斋。藏有宋刊《晋书》,宋刊本《周易本义》,宋本《重校证活人书》,金刻《孔氏祖庭广记》,元刻初印本《方是闲居士小稿》,元椠初印本《国朝名臣事略》,元西湖书院本《国朝文类》、《玉堂草堂雅集》、《诗经识余》,明刊《莆阳比事》,旧抄本《乾道临安志》,旧抄本《全芳备祖》,景宋抄本《新刊历代制度详说》等。

藏书处为汉唐斋、红药山房、庚申阁、读史精舍等。

藏书印有"扶风书隐生"、"汉唐斋"、"古盐马氏"、"马印玉堂"、"笏斋"、"武原马氏藏书"、"古盐马氏笏斋珍藏之印"、"玉堂笏斋"、"笏斋藏书"、"马笏斋藏书记"、"读书精舍"、"笏斋珍藏之印"、"笏斋珍藏"、"游好在六经"、"马玉堂"、"马玉堂观"、"笏斋珍赏"、"红药山房收藏私印"、"得之有道传之无愧"等。

编有《马氏抄藏书目》二卷。

著有《历代编年藏书纪要》,此为藏书家史开创之作。还著有《论书目绝句》、《十国春秋补传》、《读书敏求续记》,辑有《蒙古源流》八卷等。

咸丰间太平军进入浙江后,马氏藏书散出,其大半为湖州陆心源皕宋楼及杭州丁氏八千卷楼所购藏,温州孙氏玉海楼亦得部分,今浙江图书馆亦藏数种。《全芳备祖》旧抄本民国初尚藏于黄岩杨氏,《玉堂草堂雅集》(残本),民国初藏于温州孙氏玉海楼。关于其镇楼之宝《两汉会要》、《新唐书》两书,陆树藩有言:"汉唐两书,则一归朱氏,一归川沙沈氏。"[①]马玉堂汉唐斋售于陆心源皕宋楼之秘书,现存日本东京静嘉堂文库。流入丁氏八千卷楼之藏书,南京图书馆丁氏八千卷楼专藏。

(二)海盐进士藏书家

1. 张惟赤涉园藏书

张惟赤(1615—1676),顺治十二年(1655)进士。本节"海盐藏书名家名楼"一目中已有论述。

2. 汤右曾怀清堂藏书

汤右曾(1655—1721),一名又曾,字西厓,海盐人,寓居仁和。清官员、藏书家。康熙二十七年(1688)进士,选庶吉士,授编修。历官贵州乡试正考官、刑科

① 《文澜学报》第二卷,第三、四合刊《浙江省文献展览会专号》。

给事中、户科掌印给事中、提督河南学政、光禄寺卿、太常寺卿、通政使、翰林院掌院学士、日讲起居注官、经筵讲官、吏部右侍郎等。他为官公正清廉，勤于职守，河南巡抚汪灏称道他“敷教则宽严相济，取士则尽拔孤寒”。以文学重于时，工诗，与朱彝尊并为浙派诗坛领袖。亦好藏书。

藏书处为怀清堂。

著有《怀清堂集》二十卷、《怀清堂诗稿》不分卷。

3. 朱炎樊桐山房藏书

朱炎（生卒年未详），初名琰，字桐川，号笠亭，又号樊桐山人。清官员、学者、藏书家。海盐人。乾隆三十一年（1766）进士。曾历主金华、吴江诸书院。为“嘉禾七子之一”。主张“学而求其实用，有裨于国计民生者”。初为江西巡抚幕僚，后授直隶阜平县令。为政廉慎，曾捐俸重建学宫。朱炎喜聚书、刻书，收藏甚富。工诗文，精小学，著书宏富。阜平素无志书，朱炎首创编纂，惜未及完稿，积劳过度，卒于任上。

藏书处为樊桐山房。

藏书印有“烟云供养”、“龙门百尺”、“一编文字”、“一炉香”、“琰”、“笠亭”、“樊桐山房”等。

喜刻书，工摹印。乾隆二十五年（1760）所刻自辑《明人诗钞》十四卷《续集》十四卷，清华大学图书馆、上海图书馆、山东图书馆、天津图书馆、浙江图书馆有藏。乾隆三十八年（1773）所刻自撰《笠亭诗集》十二卷，国家图书馆、北京大学图书馆、上海图书馆、复旦大学图书馆有藏。还刻有自辑《学诗津逮》。

著有《金华诗录》六十卷《外集》六卷《别集》四卷《书后》一卷、《笠亭诗集》十二卷、《唐诗津逮》、《明人诗钞》等。编有《学诗津逮》八种十卷，撰有《金粟山人遗事》。

朱琰还擅画山水，精鉴别。客居江西时，留心瓷业，通过参考经史子集中的有关文献与访问老人，考察当代窑器烧制方法和成品，写成《陶说》六卷，此书记述中国陶瓷的制作技术及其发展历程，是我国第一部陶瓷史，在国内外都有影响。

（三）海盐其他藏书家

毕宏述（1662—1722），字既明，号念园，海盐澉浦人。清文学家、书法家。与王虚舟、蒋湘帆为金石文字交。勤读、能诗文，工书画、印章、棋弈，篆隶尤直逼秦汉。好藏古刻，家藏古刻甚富。有《韩侯碑》、《轮公禅师塔铭》及所书各家墓志铭拓本行世。增订刊印明代闵齐伋撰《篆字汇》（又名《六书通》）十卷手稿，使之传世。此书依《洪武正韵》部次编排，首列《说文》篆文，下列古文、籀文、金文及印章文字，旧时篆刻家多以此书为依据。

诗风朴实，不事雕饰，著有《念园诗草》。

张朝晋（1672—1754），字莘皋，号默庵，晚号北湖，海盐横山人，居海宁硖石。

清学者。康熙二十二年(1683),12 岁补为诸生。张履祥私淑弟子。曾刊印过张履祥著作,学以持敬为主。好藏书,藏书处为六有斋。

吴仪洛(1704—1766),字遵程,澉浦人,寓居海宁硖石。清学者、名医、藏书家。名医世家出身,精研医学并以行医为业,行医 40 年,名噪乡里。

先世藏书甚富,尤多海内稀见医籍。多藏名家古本,如诗文集、经学、史类之书。曾游鄂、粤、冀、豫等地,并居留宁波五载,入天一阁钻研医籍,学业益精。行医之暇,取书博览精证。著有《本草丛新》十八卷,对汪昂《本草备要》以增补和更正,并补入药草近 300 种。如冬虫夏草、太子参等药均系本书首载。书中注解药性,颇多新见。还著有《成方切用》十二卷附一卷(《四库全书》存目),是书搜录过去和当时成方 1300 余首,阐释方义,详述加减,为医家临诊所重。附《勿药元诠》共 74 条,皆防病养生之言。《伤寒分经》十卷(《四库全书》存目)则详注《伤寒论》字句并阐发其蕴义。

毕星海(1740—1801),宏述孙。字崑源,号古愚。岁贡生,善属文,兼工篆隶,尤精篆刻。受祖父影响,亦好藏金石文字,参照家藏及当时武原金石学家张燕昌、澉浦吴东发、新篁张廷济所藏古器物铭、汉晋砖拓本及秦汉印谱等,于嘉庆六年(1801)辑成《六书通摭遗》十卷,附《订正六书通》之后印行。近人方去疾所编《明清篆刻流派印谱》一书,选载毕星海治印佳作,极为推崇。

吴修(1764—1827),吴仪洛孙。字子修,号思亭,澉浦人,流寓嘉兴。清书画家。官布政使。善画山水,工诗文,精鉴别。承其家族藏书,博览家藏书籍,喜集名人书籍及法书。

藏书处为居易居。

著有《居易居小草》三卷、《思亭近稿》一卷、《疑年录续》四卷、《湖山吟啸集》一卷、《青霞馆论画绝句》一卷、《吉祥居存稿》四卷、《昭代名人尺牍小传》二十四卷等。

柏树琪(生卒年未详),字玕林,海盐人。清诗人、画家。工诗,善画,善刻印。喜藏书,搜罗碑碣甚富,拓石储之,藏室名为四癖。

范希仁(生卒年未详),字文若,海盐人。清布衣诗人、藏书家。《嘉兴府志》卷五十七云:"性质古,不事举业,工于诗赋咏。一市楼积书数千卷,书出手录。惜无嗣,著书散佚不传。"

富生(生卒年未详),号香吏,海盐人。清藏书家。秉性疏野,登涉山水。中岁匿迹峰泖间,好蓄异书,更宗西术,推算星命,远近谓之神仙。

富灏(生卒年未详),字观澜,号礼桥,又号半痴,海盐人。清画家、藏书家。山水学吴镇,花卉仿陈淳,并能摩仇英工细人物。因其资性高敏,下笔辄能神似古人。亦富藏书,朱契所藏康熙《海盐县志》抄本上,有富氏藏书印"富灏之印"、"观澜氏"、"武原富氏珍藏"。

马人骥(生卒年未详),字呈才,海盐澉浦人。清诗人。少孤事孝,博览群书,诗文磊落有奇才。搜罗古书名画、尊彝钟鼎甚富，为诗不轻示人，以诗书传家。著有《自怡编》。

彭桐桥（生卒年未详），海盐人，一作吴江人。淡于仕宦，幕游于外。藏书极富，见善本书，虽然典当衣服购求也在所不惜。所得薪俸，必购书以归。历三十年，积书数万册，筑此静坐斋以藏之。所藏之书皆亲自校勘，分类插架。编有《此静坐斋书目》四册。

王纲（生卒年未详），字秦望。清藏书家。敦品励学，藏书数万卷，多手订校正。从游甚众，与兄纯更迭唱和，娓娓不倦。著《觐乡记》四卷、《秦望诗稿》若干卷。嘉庆十九年（1814）遇旱灾，率里中富室日给饥民粥米。

王槐（生卒年未详），字卜臣，号芝亭，海盐人。清初诗人、藏书家。与朱彝尊交好，同癖藏书，藏书处为嘉树堂，著有《嘉树堂诗集》。

吾点（生卒年未详），字子舆，海盐人。清官员、藏书家，乾隆甲寅（1794）举人。读书稽古，人咸重之，秉铎三十年，引疾归休。闻有异书，必婉转借抄，藏书万卷。所注《杜樊川诗文集》考订精详，有人持五百金购其稿本不售。

《海盐县志》卷十记云："好校书，丹黄不去手，藏书万余卷，皆手自勘定。自言：'十三经、史汉皆熟读，晋书以下则惟翻阅数过而已！'晚筑舍于泊橹山之西，抚松种菊，绝迹城市，所与游者皆高人逸士。卒年著述遭乱，散亡殆尽。"

吴汝然（生卒年未详），字晋卿，号笛舟，海盐人。清诗人、书画家。其家藏书画亦富，惜遭郁攸之厄，半付灰烬。著有《笛舟诗稿》。

徐三英（生卒年未详），字桐侯，海盐人。清学者、藏书家。性恬淡，喜收图籍，披览自娱，亦富藏书。校刊《四子书》，点画无丝毫讹，世称善本。

严訏（生卒年未详），字学川，海盐澉浦人。清画家、藏书家。画得张远传，人物秀逸超妙。与叔严岳、兄严尊时称严氏三绝。亦富藏书。

周勉（生卒年未详），字中峡，清海盐人。清藏书家。《嘉兴府志》卷五十七记云："见古书辄购得之，储藏甚富。"

朱嘉玉（生卒年未详），字子信。清藏书家。与蒋光焴相契，编有《西涧草堂书目》一册。

除以上藏书家外，还有马泰英、朱元恺、张大龄、李廷晋、杨与圻、杨云致、周一鸣、钱镐、武祖功等藏书家。

五、平湖藏书家及其藏书

平湖，别称当湖，地处长三角，素有金平湖之称，平湖文教兴盛，科第甲于一郡，世家大族对藏书刻书极为重视，并于晚清达到顶峰，冠于一郡。钱天树味梦轩、陈廷献简香斋、陆烜奇晋斋、朱壬林小万卷楼、韩维镛金薤山房、葛金烺传朴堂等藏书甚丰，成为平湖之一景。而平湖的藏书家大都重视地方文献的收藏、保护和整理。

（一）平湖藏书名家名楼

1．高士奇藏书

高士奇(1645—1703)，字澹人，号瓶庐、江村，赐号竹窗。祖居余姚匡堰镇高家村（今慈溪樟树镇高家村），以钱塘籍补杭州府学生员。康熙十年(1671)入国子监，试后留翰林院办事，供奉内廷，为康熙帝所宠。十四年授职詹事府录事，不久升内阁中书。十八年后历任翰林院侍讲、侍读学士、《一统志》副总裁官、詹事府少詹事。二十八年随帝南巡。冬解职归里，居平湖。三十三年，奉召入京，充《明史》纂修官。三十五年，三次随康熙帝西征，深得信赖。翌年，以养母求归，特授詹事府詹事。四十一年升礼部侍郎兼翰林院学士，加正一品，以母老未赴。高士奇退隐期间，在平湖县城西大街内办高氏私塾，名江村草堂，传授生徒，讲解经学。卒于家，谥"文恪"，葬于县城南郊。

士奇平生学识渊博，善书法，精考证，能鉴赏，藏书画甚富。是清代书画鉴赏家、收藏家。士奇与梁清标（字棠村）、安岐（号麓村）并称清代书画"三家村"。凡法书、名绘等，经其眼身价顿增十倍。其书画收藏主要收录在《江村销夏录》三卷中，记自藏及过目书画，详载书迹原文、画迹布局、画法、跋尾、卷轴、纸绢、尺幅、印记，间有评语，体例精密而完备。高氏亦雅好藏书，惜未编藏书目。

藏书印有"高士奇印"、"高士奇图书记"、"江村高士奇图书记"、"高氏岩耕草堂藏书之印"、"江村秘藏"、"高氏江村草堂珍藏书画之印"、"江村三十年精力所聚"、"赐号竹窗"、"竹窗"、"北墅"、"生香乐意斋"、"萧兀斋"、"萧然自放兀尔无名"、"漱芳阁"、"简静斋"、"蔬香斋"、"红雨轩"、"朗润堂"、"只可自怡"、"颐养闲暇"、"闲里工夫澹中滋味"、"藏用老人"、"山川之美堂"、"家住桃花岸"等。

士奇喜刻书，刻书处曰朗润堂。

所刻《疏寮小集》一卷，国家图书馆、上海图书馆、苏州市图书馆有藏。所刻自撰《江村销夏录》三卷（字体肥扁，类汲古阁本，被认为是清前期之精刻本）、《清吟堂全集》七十七卷，浙江图书馆、北京大学图书馆、复旦大学图书馆有藏。所刻自辑《续唐三体诗集》八卷，北京大学图书馆、上海师范大学图书馆有藏。

士奇博览群书，精考证，能诗文，著作等身。据清光绪《平湖县志·高士奇传》记载，他的著作收录在《四库全书》的就有八部，分别为《春秋地名考略》十四卷、《左传纪事本末》五十三卷、《松亭行记》二卷、《扈从西巡日录》一卷、《金鳌退食笔记》二卷、《江村销夏录》三卷、《编珠》二卷《补遗》二卷及《续编珠》二卷、《三体唐诗补注》六卷。收录在《四库存目》的有五部，分别为《左传姓名同异考》四卷、《天禄识余》十二卷、《塞北小钞》一卷、《北墅抱瓮录》一卷、《注左传类对赋》一卷。其他还有《左国颖》二卷、《扈从东巡日录》二卷、《登岱恭纪》一卷、《扈从西山诗》一卷、《柘西闲居录》八卷、《读书笔记》十二卷、《随辇正续集》十一卷、《城北集》八卷、《苑西集》十二卷、《归田集》十四卷、《独旦集》六卷、《四明山题咏》一卷、《简静斋集唐悼亡诗》二卷、《独旦词》一卷、《田间恭记》一卷、《清吟堂正续集》二十一卷、《竹窗集》二十卷、《经进文稿》六卷、《蔬香词》一卷、《竹窗词》一卷、《唐诗掞藻》八卷、《唐诗小补》一卷等。

2. 沈季友学古堂藏书

沈季友(1654—1699)，字南疑，号客子，平湖石庄人。清藏书家、词人。康熙二十六年(1687)年副榜，精制义及古文词，尤其擅长诗。其诗体本于汉魏六朝，出入三唐，自成一家。毛奇龄一见，叹为旷世奇才，时与汪琬、毛奇龄唱和。淡泊仕途，授知县未任，居南郊沈园，杜门著述，修辑家谱，建立祠堂。其曾祖沈懋孝是明藏书名家，累世藏书甚富。

藏书处为学古堂。

26 岁刻《南凝集》行世，由经学家毛奇龄作序，一时著称，时为洛阳纸贵。

著有《学古堂诗集》六卷、《赋格》十卷、《柘上遗诗》四卷等。

沈氏参与修订《平湖县志》，录嘉兴一郡自汉至清代的诗词，系以小传，辑成嘉禾诗人诗集《槜李诗系》四十二卷，极富地方文献价值，入《四库全书》。据《当湖外志》记载："沈客子(季友)所纂《槜李诗系》，沈文恪(初)监修《四库全书》时，将此书进呈，获邀睿赏，文恪乃延胡星禄、明经纂《续槜李诗系》，数年后，明经双目失明，命二子金题、金胜续之。又数年，二子相继死，而明经目复明，于是复理旧业，竟二子未竟之绪。书成，共二十册。藏胡秋潭茂才处，尚未刊。粤匪(指太平军)之乱，秋潭逃窜异乡，此书终兢兢宝藏，可谓善守先泽者矣。"两书收录了嘉兴府辖境内诗人和诗歌作者 3000 余人。

3. 陆烜奇晋斋藏书

陆烜(1737—1798)，字子章，又字秋阳、晦之，号梅谷、梅馀老人，别署巢云子，平湖人。清画家、藏书家。弱冠补庠生，一试乡试不售即弃去，隐居胥山邱里不仕，锐意著述。性嗜山水，所至以医自给，作《巢云子传》以明志。兼通岐黄家言，通医精本草，尝作《人参谱》。陆烜性嗜藏书，废产购书，收藏甚富，校勘甚精，为浙江著名藏书家之一。陆烜在《奇晋斋丛书》自序云："余家鲜藏书，又力不能多藏，然唯好之深。故十余年来，得于书摊贾人者颇众，有出前人所见之外者。"

藏书处为奇晋斋、春雨楼。奇晋斋之得名，因得王羲之《二谢帖》、《感怀帖》而宝藏之，遂书"奇晋"小额。斋中有楹联曰："门栽彭泽五株柳，案有山阴二谢书。"

藏书印有"春雨楼校藏书籍印"、"梅谷"、"陆烜子之印"、"奇晋斋"、"春雨楼"、"某谷陆烜私印"、"陆氏子章"等。

陆烜亦工诗画，精于校勘又喜刻书，生平仰慕陈继儒、胡震亨、毛晋等刊布古籍，称此乃"诚大公无我之心也"。并效而仿之，将所藏唐至明代名家杂录、诗话、游记等辑刻成《奇晋斋丛书》16 种，2 函 8 册，甚精雅。此书有乾隆三十四年(1769)平湖陆氏奇晋斋刊本，8 行 19 字。每书后皆有陆烜跋语，其序略谓："近古以来,吴越藏书家为最多。惟书入陈仲醇、胡孝辕、毛子晋手,则镌之唯恐不急,诚大公无我之心也。其有得奇书异本,私为缥缃中秘物,若恐人之借阅而传抄者,噫,亦隘矣!"又曰:"苟尽如陈、胡、毛诸君子用心,古书岂患湮灭?鄙人此刻,为之抛砖云尔。"此可见陆烜之刊书观。此丛书国家图书馆、复旦大学图书馆、天津图书馆、浙江图书馆有藏。

对古籍之保护有真知灼见,在《梅谷随笔》尝云:"凡治定书,必用雌黄,其色久而不渝。余尝见李献吉评《杜诗》,钱牧翁手批《元遗山集》,皆手泽如新。修补古书,浆黏中必入白芨,则岁久不脱。近购得宋余靖《武溪集》、赵璘《因话录》、施彦执《北窗炙輠》,皆汲古阁物,装订极精致,而于破损接尾处皆脱。盖不用白芨之故,亦藏书家所当知也。"①

陆烜妻彭贞隐,亦好藏书。

陆烜侧室沈彩亦嗜书,曾为陆烜抄其所著《尚书义》全帙。在本节"嘉兴女性藏书家及其藏书"一目中另有论述。

陆坊(1764—?),陆烜子。字礼约,号野桥,平湖人,居胥山邱里。清诗人、藏书家。嘉庆十三年(1808)举人,授永康县训导。幼承家学,学问通博,尤长于诗。承父志藏书,著《草心亭诗钞》六卷、《鹤斋存稿》二卷、《百幻诗草》、《明诗精选》等。

4. 陈廷献简香斋藏书

陈廷献(1749—1831),字鉎斋,号草窗,海盐籍平湖人。清诗人、藏书家。乾隆三十二年(1767)举人。四十九年(1784)于安澜园受乾隆召见。性嗜书,购书3万余卷,藏书颇精。亦喜抄书,与钱天树为同时同里又同县人,且同嗜藏书,互有借抄。据马承昭《续当湖外志》卷六称:咸丰年间"迩来我湖藏书之富,邑中推陈氏简香斋,朱氏三万卷楼,东乡推棣雨徐氏绍德堂、全亭项氏乐闲居最富,而精者莫如胡氏小重山馆。咸丰时尚存四十九橱,且抄本十居六七,多秘籍……遭乱后,各藏家书,俱荡为烟云矣"。

藏书处为简香斋。编有家藏书目《简香斋书目》4册。

其子露亭,字树德;孙烈,字春潭。亦喜购书,续增至5万余卷。

5. 钱天树味梦轩藏书

钱天树(1778—1841)字承培,一字子嘉、仲嘉,号梦庐,嘉兴籍,平湖人。清画家、藏书家。幼时资质聪颖,读书过目成诵,下笔千言立就,颇得同邑宿学老儒赏识。因身体羸弱,致力于文章书画创作和收藏。继承祖辈收藏的不少书籍与字画,以搜集和浏览家中古籍书画为乐,其画以墨竹著称。后取同邑陆锡贞为妻,陆氏为清女诗人、画家,与夫爱好相同,评书论画,似神仙眷侣。

---

① (清)叶昌炽:《藏书纪事诗》卷三,(附《补正》,王欣夫、徐鹏补正),上海古籍出版社,1989年。

"精鉴别,收藏书画各数万卷,几与曝书亭、天籁阁相埒"①。藏有得自沈廷芳隐拙斋的宋刻本《黄先生大全文集》五十卷。所藏宋刻书棚本《却扫编》三卷,经宋史浩,明文徵明,清徐传学、季振宜、宋筠递藏,真人间瑰宝。

藏书处为味梦轩、是耶楼。

藏书印有"钱天树印"、"味梦轩"、"仲嘉"、"曾藏钱梦庐家"、"钱梦庐家藏"、"梦庐借观"、"天树印信"、"是耶楼中秘籍"等。

钱氏亦喜抄书,与黄丕烈、胡惠墉、钱泰吉、张蓉镜,往来借抄书籍甚多。钱泰吉在《曝书杂记》卷上记述,道光十三年,钱天树从沪上李筠嘉抄得《吴氏年谱》,并录副以赠泰吉,泰吉云:"梦庐丈少好旧籍,博收数十年而未之见,则此册为不易得矣。"又卷下云:"平湖家梦庐翁天树,笃嗜古籍,尝于张金吾《爱日精庐藏书志》眉间记其所见,犹随斋批注《书录解题》也。余曾手抄,翁下世已有年,平生所见,当不止此,录之以见梗概。"摘录钱氏批注知见书目共60种,皆为罕见珍本,亦有为钱氏自藏者。

附:钱天树批注书目(含自藏书之书目)

《刘克诗说》,从陈鳣借抄,并由钮非石刊刻,刻有钱氏跋文;

孙平叔朱笔批本《奉天录》,从李氏借抄;

旧抄校本《嘉禾志》;

《太平宝训政事纪年》,从同里陈氏简香斋借录副本(旧藏宋版《活人书》中缺三卷,黄丕烈于蒋氏得之寄赠,遂成全璧);

宋版小字本《太平御览》一册,纸墨甚精;

旧抄本《东斋纪事》十卷足本,与《直斋书录解题》所载同;

明初抄本《嵇山散集》,多诗文数百首,明黄省曾所集;

《白莲集》三十卷(陈墫《列朝诗文集目》有载),访求得之,抄录副本;

宋版《山谷大全诗注》残本一册;

《梁溪先生文集》,从王兰泉后人菱溪处抄录,储藏家大半从之传抄;

曹秋岳手抄本《石林居士健康集》;

宋版《笺注简斋诗集》不全本十余卷;

明摹宋刻本《友林乙稿》,甚精;

《东维子集》,缺八卷,补全,后归爱日精庐;

《三苏先生文萃》,白纸大字,颇精好;

汲古阁藏本《两汉策要》,审其字形,有赵孟頫笔意;

《会昌一品制集》;

《类编增广黄先生大全文集》,后转售黄丕烈。②

① 吴晗:《两浙藏书家史略》引《匏庐诗话》卷下,中华书局,1981年。
② 郑伟章:《文献家通考》卷十二,中华书局,1999年。

钱氏尤精鉴别,《光绪平湖县志》列传本传云:"凡书画碑碣以及鼎彝尊壶之属,到眼真赝立判。"所藏四朝名人书画甲于邑中。

平生纂录有《古今画话》一书,惜已散佚。还著有《是耶楼诗稿》一卷、《是耶楼初稿钞》。

其盛年之后,家道开始中落,无力购藏善本,女婿胡惠孚亦雅好藏书,遂成婿之藏书顾问。故殁后部分藏书归婿胡惠孚小重山馆,翁婿同为藏书名家,也是中国古代藏书史上一段佳话。钱氏还有部分藏书归马氏。黄丕烈《士礼居藏书题跋记》卷三《却扫编》记云:"道光三年癸岁初八日,偶憩学士街书坊,知梦庐书籍亦散佚,所有宋刻《却扫编》已归富家马氏,不复有相易之日矣。"富家马氏系指马玉堂(笏斋)、马瀛(二槎)。

6. 朱壬林小万卷楼藏书

朱壬林(1780—1859),清藏书家、文学家。本节"平湖进士藏书家"一目中另有论述。

7. 葛金烺父子传朴堂藏书

葛金烺(1837—1890),清藏书家、学者。本节"平湖进士藏书家"一目中另有论述。

葛嗣溁(1862—1890),金烺长子,字弢甫,号云威,平湖人。清藏书家。光绪十一年拔贡生,是岁其父亦释褐,父子同时通朝籍,文采倾动辇下。光绪十四年(1888)戊子科顺天榜三十九举人,封赠为通仪大夫。座主翁同龢称其文类归震川,名益起。嗣溁生而颖慧,8 岁能诗,治小学,通畴人术,尤殚心金石,书学率更,后法六朝,得其神髓。惜英年早逝,诗不多作,著有《弢华馆诗稿》一卷。

与其父同好藏书,藏书处为弢华馆,家藏书甚富,居常浏览不释手。陈宝琛《沧趣楼文存·葛君云威墓表》记云:"家居购书无虑数万卷,遇孤本精校,辄自迻写。尝欲汇刻所藏书目,择尤异者为丛书未果。""喜读宋五子书,旁及说文、天算、金石、碑版诸学,日记所心得,积至数巨帙。"

光绪十六年因父病促归,归而闻丧大恸,以哀毁卒于同年。距父之丧只五月,年仅 29 岁。

葛嗣浵(1867—1935),金烺季子,第四章第二节"平湖藏书家及其藏书"一目中另有论述。

8. 胡惠墉小重山馆藏书

胡惠墉(生卒年未详),为藏书名家钱天树之婿,一名惠孚,字篴江、荻江、笛江,自署小酉山第一闲人,居平湖南庙桥胡氏芝瑞堂。道光年间藏书家。工诗文,其诗与古文清逸超脱,海内名流往顾之,觞咏无虚日。虽只是监生,但天分极高,因年少体弱,放弃科举,唯于古人秘籍搜访不遗余力。精鉴赏,喜古书金石,藏书以精品多见称。凡书画碑碣以及鼎彝尊壶之类,一眼即辨真伪。不惜重金收集宋元精刻及当时名人所校之册,费资二万余两建藏书楼。据马承昭《续当湖外志》卷六称："迩来我湖藏书之富，邑中推陈氏简香斋，朱氏三万卷楼，东乡推棣雨徐氏绍德堂、全亭项氏乐闲居最富，而精者莫如胡氏小重山馆。咸丰时尚存四十九橱，且抄本十居六七，多秘籍……"所藏多宋元善本、珍本、抄本，如南宋本《丽泽论说集录》十卷，旧抄本《六帖补》及旧抄本明兰智撰《武夷兰涧先生诗集》六卷、蓝格抄本《小品类聚》十二卷等。

道光十二年(1832)，胡氏以重金购得曹楝亭旧藏宋刊本《毛诗要义》。该书是南宋魏鹤山作《九经要义》中的一种，曾是曹雪芹祖父曹寅藏书。乾隆编纂《四库全书》时，只收《九经要义》中之《周易》、《仪礼》、《尚书》、《春秋》、《礼记》五种，其余四种无从搜访。故钱天树称《毛诗要义》为"稀世之秘笈"，并作跋文，称赞胡惠墉虽席丰履厚，而不以他好萦心，唯古人秘籍，搜访不遗余力，值得崇尚。《曝书杂记》卷下摘录有钱天树所注记胡氏书目。

附：钱天树所注记胡惠墉藏书书目

《荀子》，小重山馆藏宋巾箱本，内有缺叶，精抄补全，旧为商丘宋氏物。

《芥隐笔记》，小重山馆藏宋版残本，以旧抄补全，后有黄荛翁跋，从常熟张芙川处购得。

《禹贡山川地理图》，小重山馆藏有宋版宋印者，纸墨相发，古香扑人眉宇，真秘籍也。

京本《详增补注左氏博议》，小重山馆有宋末元初本。

《书集传》十二卷，小重山馆胡氏有元椠本，惜缺叶甚多，雠校颇难，拟重刻而未果。

《分类补注李太白诗》，小重山馆主人见示元版初印本，纸墨甚精。

《史记》残本蜀大字本，此不全本三十卷，藏小重山馆胡氏。

《铁庵方公文集》，小重山馆有明正德间所刻大字本，妙甚。

《太仓稊米集》，胡氏小重山馆藏旧抄一部。

《光绪平湖县志·经籍》注云："惠孚所购诸书，皆(钱)天树过目。内写本居十之六，余所宋元精刻及国朝诸名人手校之册。"

钱天树收藏的诸多金石书画后归藏于胡氏。编有《小重山馆书目》6 册。

藏书处除小重山馆外，还有四雨亭。

藏书印有"胡惠孚篴江氏珍藏书画之印"、"篴江鉴赏"、"当湖胡篴江珍藏"、"胡印惠孚"、"胡篴江"、"当湖小重山馆胡氏篴江珍藏"、"篴江"、"篴江借观"、"胡笛江藏书记"、"曾藏当湖胡篴江家"、"小重山馆藏""胡印惠孚篴江"、"四雨亭"、"小酋山第一闲人"、"赏奇析疑"等。

咸丰十年(1860)，太平军攻入浙江，富室士族多遭打击。胡惠孚藏书流失，多为上海郁松年宜稼堂购得，而郁松年藏书散后，尽归陆氏皕宋楼，继而又为日本人购去，现存于日本静嘉堂居多。

(二)平湖进士藏书家

1. 清代理学第一人陆陇其三鱼堂藏书

陆陇其(1630—1693),初名龙其,字稼书,号世穮,平湖新埭泖口人。清学者,藏书家。康熙九年(1670)中二甲进士。康熙十四年(1675),授嘉定知县,任上抑制豪强,整顿胥吏,深受嘉定民众爱戴。官至四川道御史,为官清正廉洁,强调德化,不重刑威,多有政绩,是家喻户晓的清官,被誉为"天下第一清廉",流传故事历经三百年不衰。《清史稿》卷二百六十五《列传》五十二有其传,曰:"去官日,惟图书数卷及妻织机一具,民爱之比于父母。"弃官归里,讲学洞庭东山。后又于东泖顾书堆建尔安书院,专心著书,境内外学者群聚门下。

陆陇其承祖上三鱼遗教,身正品高,宗程朱理学,一生除居官尽职、开馆授课之外,一以昌明学术、端正人心为己任。被誉为清代理学第一人,雍正四年(1726)从祀文庙,乾隆元年(1736),特谥清献,加赠内阁学士兼礼部侍郎,他又是清代入祀孔庙第一人,享有"醇儒第一"、"传道重镇"的盛誉。

陆氏藏书甚富。有藏书目《三鱼堂书目》不分卷存世,目中著录藏书500余种,间有旧本、抄本。此目有解题,语虽简略,颇可参考。

藏书处为三鱼堂。

如图:陆陇其撰《问学录》,手稿本。高24.7厘米,宽14厘米。钤有"陆陇其印"、"稼书"。此手稿未见刊刻流传,内中多有眉批,且有陆氏名章,尤为珍贵。

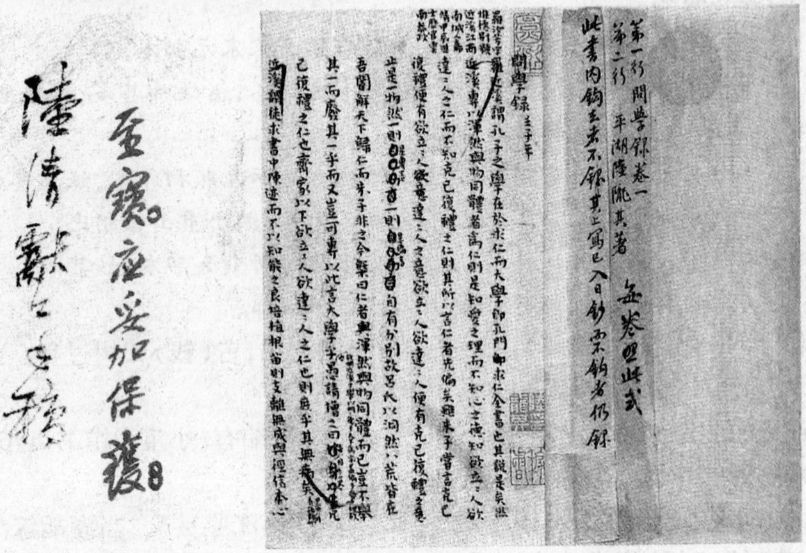

陆陇其《问学录》手稿

亦喜刻书,于康熙四十一年(1702)刻有自撰《三鱼堂四书大全》四十卷,上海图书馆、山东大学图书馆、重庆图书馆有藏。

陆氏著述等身,著有《读礼志疑》六卷、《四书讲义困勉录》三十七卷、《松阳存钞》二卷、《松阳讲义》十二卷、《读朱随笔》四卷、《剩言》十二卷附《陆清献公年谱》一卷、《三鱼堂文集》十二卷《外集》六卷《附录》一卷,以上七种均为《四库全书》著录。还著有《续困勉录》六卷、《学术辨》一卷、《问学录》四卷、《战国策去毒》二卷、《古文尚书考》一卷，以上五种均为《四库全书》存目。另著有《三鱼堂四书大全》四十卷、《陆清献公治嘉格言》、《陆清献公日记》一卷、《礼经会元疏释》四卷、《陆清献公莅政摘要》二卷、《畜德录》等。还编有《灵寿县志》十一卷，对《祁州志》、《南皮县志》、《武功县志》等志撰写评介，阐述修志理念。

后人将陆陇其的著作汇集编为《陆子全书》七种一百二十卷。

2. 榜眼沈初书隐楼藏书

沈初(1729—1799)，字景初，号萃岩，平湖清溪人。清大臣，藏书家。少有异禀，读书一目十行，乾隆二十七年(1762)，恭应召试，特赐举人，授内阁中书，次年中一甲二名(榜眼)进士，授编修，擢侍讲，累升礼部右侍郎，迁左都御史，授军机大臣、兵部尚书，赐紫禁城骑马。曾历充四库全书馆、三通馆副总裁，续编《石渠宝笈》、《秘殿珠林》。校勘太学石经，著有《兰韵堂诗文集》等。嘉庆元年(1796)，赐予千叟宴，充会试知贡举。卒于官，赐祭葬，谥文恪，入乡贤祠。

其性格宽厚谦和，学识渊博，博闻强记，诗文书法卓绝一时，秀水钱陈群称其为奇才。藏书颇丰，乾隆二十八年(1763)开始建造别墅，历时13年后建成，用作藏书和居住，名为书隐楼，是楼在上海老城区竹素堂街(今小南门天灯弄)，计有房屋70余间，是沈初告老读书隐居之所。与宁波天一阁、南浔嘉业堂并称，有“明清江南三大藏书楼”之誉，藏古籍、书画富于一方。

书隐楼

书隐楼是上海市区仅存的较为完整的大型清代建筑。占地2000多平方米，建筑面积1000余平方米。1987年上海市人民政府定书隐楼为市级文物保护单位，也是唯一被列为上海市文物保护的一所私宅，市文物管理委员会在门前勒石以志。

3．金石学家朱为弼

朱为弼(1771—1840)，字右甫，号椒堂、颐斋，平湖人。清金石学家、收藏家。为弼幼丧父母，以孝敬祖母名闻乡里。嘉庆十年(1805)进士，官至漕督，奏准漕运章程十条，皆切中时弊。后因年老多病奏请免官回乡，殁后家无余资，乡人怀其勤谨清廉，入祀乡贤祠。著作有《椒声馆诗文集》、《续纂积古斋彝器款识》、《吉金文释》、《鉏经㕑集古印谱》、《古印证》等。

平生好金石学，尤嗜钟鼎文。嘉庆二年(1797)受浙江巡抚阮元之聘，辑修《经籍纂诂》，并为阮元所著《积古斋钟鼎彝器款识》一书审释、作序。光绪版《平湖县志》卷二十四记载："喜收藏金石，藏有宁女父、丁鼎、新宫叔硕父鼎、𠭯作父以卣、亚形爵、子父葵爵、父戊爵、羊爵、父辛爵、目父丁爵、兮仲钟等。"

朱鸿猷(生卒年未详)，为弼父，字仲嘉，号芗圃，其父朱英由桐乡定居平湖。工诗文，好古籍，善鉴古，亦藏金石文献。著有《见山楼书画录》、《古铜器说》等。

4．韩维镛金薤山房藏书

韩维镛(1775—1845)，字配赉(黄丕烈误作配基)，号铜上，又号铜士，平湖人，居乍浦。清藏书家。嘉庆十九年(1814)进士，授湖北谷城知县。著《金薤山房诗稿》四卷。

生平博学好古，精于鉴赏，金石书画收藏甚富，若宋本《舆地广记》等，人比之项氏天籁阁。藏有《舆地广记》三十八卷，原为朱彝尊旧藏。黄丕烈在《士礼居题跋记》中记载，维镛曾托书贾从胡氏家中购藏书数百种，多旧本，如《淳祐临安志》六卷等。

藏书处为金薤山房。

5．朱壬林小万卷楼藏书

朱壬林(1780—1859)，原名霞，字礼卿，号小云，平湖人。清藏书家、文学家。少年家贫，刻苦力学。嘉庆十六年(1811)会试第一为会元(按：郑伟章《文献家通考》考为进士)，选翰林院庶吉士，授工部主事。官至山西道监察御史，后丁母忧告归，自奉俭约，乐善好施，为乡里称道。

性嗜书，家藏万卷，自诩"小万卷楼"。光绪《平湖县志》卷二十三《经籍》中称其"喜聚书，然非滥于搜罗，故积书至五楹，所录皆谨严有法"。咸丰年间，马承昭《续当湖外志》卷六称："迩来我湖藏书之富，邑中推陈氏简香斋，朱氏三万卷楼，……"

藏书处为小万卷楼，或称三万卷楼、小云庐。

著有《小云庐诗稿》五卷，《晚学文稿》八卷、《当湖朋旧遗诗》十卷等。编有《小万卷楼书目》3册，录其家藏书籍。

晚年常慨湖州先生遗文散佚，与邑中名士顾广誉、叶廉锷、贾敦艮、陆潢辈，远绍旁搜，得文100余家，录500余首，汇为一编，名曰《当湖文系》二十八卷，后由其子于光绪十九年(1893)刻行传世。咸丰七年(1857)还刻《小云庐晚学文稿》八卷。

朱寿熊(生卒年不详),壬林长子,字仲辛,号兰介。光绪三年(1877)进士,授兵部主事,为左宗棠所赏识。喜藏书,好史学,探究历朝奇人轶事,因宋代科举最繁,乃考订正史,旁采他书,著《宋贡举考略》八卷。

6. 江南正考官徐士棻藏书

徐士棻(1791—1848),字诵清,号辛庵,又号惺庵,平湖人。清学者,藏书家。嘉庆二十三年(1818)浙江乡试第一解元,次年成进士。翰林院庶吉士,散馆一等授编修。曾任会试副总裁、江南正考官,历内阁学士兼礼部侍郎,累官工部右侍郎,兼管钱法堂事务。任考官期间,有"方正严毅,弊绝风清"之誉。在工部任职最久,对整饬钱法、兴修京畿水利颇有政绩,后因病告归。归里后倡修节孝祠,改建当湖万程桥。以"学问优长,品行醇正"入乡贤祠。喜收藏图书,藏书颇丰。

藏书处为漱芳阁。

藏书印有"臣徐士棻"、"漱芳阁之印"、"惺庵藏书"等。

著有《漱芳阁文稿》十卷、《漱芳阁时艺》一卷、《辛庵馆评诗抄》一卷等。编有《漱芳阁书目》6册,为袖珍小册精写本,每面一目,著录千余种,其中明刻本甚多。曾为嘉兴藏书家冯登府刊行《金石综例》一书。

7. 葛金烺传朴堂藏书

葛金烺(1837—1890),嗣濚、嗣浵父。字景亮,号毓山,一作毓珊,别署曼道人,平湖人。清学者、藏书家。光绪癸未(1883)进士,丙戌(1886)殿试,朝考一等,授刑部主事,旋改户部郎中。少有才名,不论经史子集,还是奇门遁术、风水相命之书,无不涉猎。

葛氏藏书始于金烺,金烺豁达多智,性好读书,酷爱善本古籍及古今名人书画、金石,而品鉴书画,尤为精识。在其长子嗣濚以拔贡任京官时,因父子皆酷嗜古籍及书画,同心协力广收宋、元善本,明清名人著作及手笔书画,购书达数万卷。并急流勇退,辞官返里,归舟所载,图书数万卷而已,成为近代当湖藏书巨擘。

金烺少年时从其父葛肇基辗转杭、沪、闽等地,从商之余,已热衷于搜集古籍善本及名家书画,但所得无多。曾在《爱日吟庐书画录·自序》中写到:"余自束发,癖耽于此,见即罗而致之。然距江村(高士奇),退谷(孙承泽)殆将二百五六十年,宋元名迹日湮,况中更兵燹,存者益复无几,偶有一二流传,又为强有力者负之而趋,岂窭人子所得而蓄之哉。计二十年来,南走闽,北走燕,物色于风尘,遇有赏心,辄不惜倾囊以购。惟是食贫居陋,所得无多。若前人著录中之煊赫有名者,百不获一焉。"集青年时在杭、沪、闽等处所得,益以晚年在京居官时所购两批书籍及书画,合计藏有古籍十万卷、宋元以来名家书画166轴,此为传朴堂集藏基础。

藏书处为传朴堂，名传遐迩，建楼三楹凡二层，称守先阁，专藏书志；其画楼名爱日吟庐、鸥舫，为庋藏书画之所。

藏书印有“平湖葛氏珍藏”、“传朴堂”等。

著有《传朴堂诗稿》四卷《补遗》一卷，《竹樊山庄词》一卷，《爱日吟庐书画录》四卷，《补录》二卷、《续录》八卷、《别录》四卷，共六册，一名《鸥舫书画录》，四卷。

葛金烺从北京辞官返里后，还热心地方公益事业和地方文献的收集整理。沈曾植在《葛府君家传》中称：“君归而纲纪家事，宦情益薄，独尽力乡井义惠，桑梓恭敬。若乍浦修城，若修复关桥，若辑《当湖文系小传》，皆襮著人口者。它睦姻任恤，悉数更仆。悠游艺圃，寄情书画。其收藏多有关乡邦先哲儒林掌故者。不侈高估，徇俗尚也。”

金烺在京为官时间不长就辞官归里，里居未几而卒，享年 54 岁。传朴堂的集藏，为次子葛嗣浵所承续。

（三）平湖其他藏书家

陆洽源（1610—1696），字嗣开，号话山，平湖人。清诗人。顺治十年（1653）拔贡。筑真旷楼、茂修书屋，读书养生。雅好藏书，藏书处为志远堂。

陆埜（1627—1687），字我谋，号旷庵，平湖人。清诗人。顺治间诸生，与赵沺、陆棻、沈暭、陆世栻、路耒章、沈隆砚并称“当湖七子”。拥书万卷，啸歌其中。晚年娱情诗酒，著作甚富，存世较少。

李正昰（1628—1697），初名彦贞，字我生，一字期叔，后改延昰，字辰山，号寒村，晚号西园老人，华亭籍平湖人。清初名医、藏书家。博学多闻，在平湖西门外饭箩浜隐居学医，精于医理，远近闻名。师事同郡徐浮远，为高第弟子。熟于旧时典故，逢战乱，流寓平湖西宫道院 30 余年。喜藏书，病者所给酬金，悉以买书，聚书至 50 柜，坐卧一楼，书籍环列，搜罗多明季史料。与朱彝尊结为密友，朱彝尊至，出其所著《南吴旧话录》、《放鹇亭集》赠送，并赠朱彝尊书籍 2500 卷。著有《药品化义医学》、《脉诀汇辨》、《痘疹全书》、《明季殉难诸公及诸镇列传》、《证人录》、《甲申因话录》等书。

藏书处为放鹇亭。

南溪知县徐志鼎于放鹇亭遗址上建鸥边吟舫，徐氏有诗云：

千金散不尽，亭筑汉塘滨。
天地皆知己，生涯自绝尘。
藏书宁论世，卖药更长贫。
皎洁明如璧，清涟间白蘋。

姚廷瓒（1658—?），字述湘，号懒迂，平湖人。清诗人、藏书家。著有《懒迂小稿》、《耄学集》、《鹅水偶吟》、《铁蕉词》等。

《平湖县志》卷十七记云：“性豪迈，亦工诗，构别墅于所居西偏，积书万卷，时花灌竹,邀湖中诸名士结诗酒社。”

顾广誉(1799—1866),字惟康、豫康,号访溪。清学者、考据家。咸丰间优贡生。年少即有志于正学(理学),与同里方垌结道义交。方垌是继陆陇其之后的又一地方大儒。广誉注重宋元明清理学思想,特别是对嘉兴府下的代表人物桐乡张杨园、平湖陆清献格外仰慕。又致力于古文,尤其精于《毛诗》。咸丰元年(1851)举孝廉方正,未与庭试。经术湛深,尤精诗礼。同治间曾主讲上海龙门书院,讲学以正心术为先,卒后入乡贤祠。

亦好藏书,藏书处为悔过斋。撰有《平湖顾氏遗书》五种,著有《学诗详说》三十卷、《学诗正诂》五卷、《悔过斋文集》七卷、《四礼榷疑》八卷,《札记》一卷等。

张定闰(1809—1875)字啸夫,平湖人。清诗人、收藏家。道光时县附贡生。童年毕读十三经,常集竹林诗社,与诗友晨夕唱和,传为士林佳话。著有《续艺舫诗钞》八卷、《望云楼焚余草》四卷。

其好藏书,藏书处为望云楼。亦精鉴赏,《两浙輶轩续录》卷三十三记云:“性喜藏书,积卷累万,观古人书画,立辨真赝,有钱天树之风。”

陈嘉绶(生卒年未详),陆陇其妹婿。字彭年,号耐庵。其家有万卷堂藏书。陆陇其《三鱼堂剩言》卷十一尝言:“妹婿陈耐庵好学不倦,藏书甚富,余为颜其堂曰万卷。”

陈法(生卒年未详),字子虚,平湖人。郊居避俗,多藏书画古器,无不精妙。

方树本(生卒年未详),字根遂,监生。善鼓琴,蓄书画甚富,并工于诗,著有《咏花轩遗稿》三卷。

黄凤(生卒年未详),平湖人。嘉庆十八年(1813)建思源义塾,塾内有万卷楼,藏书多达3万余卷①。

陆天锡(生卒年未详),字畏苍,号青棠,平湖人。清学者、诗人。乾隆三年(1738)举人。工诗词,作品得古人意,书法亦得晋人风致。惜英年早逝,年26卒。辑有《乐府合选代编》二卷。

喜藏书,好刻书,藏书处为古香阁。乾隆间复刻元周伯琦撰、明胡正言订纂《六书正讹》五卷,浙江图书馆有藏。

钱洪(生卒年未详),平湖乍浦人。道光年间于黄山筑爱日庐,又筑藏书之楼及读书之室数间于爱日庐之右,藏书数万卷。道光《乍浦备志》卷三十六《杂记》记云:“暇则与亲友辈觞咏其中,拈韵分题,各标新意,一时传为盛事。”

徐步瀛(生卒年未详),字洛卿,号眉似,新仓棣雨里人。恩贡生。新仓芦川书院房屋倒塌,他在别处构建讲舍,捐田百亩以充师生膏火。诗文有名,与从弟志澄并著乡里。

咸同间战乱,平湖地方藏书损失严重,兵燹后步瀛网罗散佚书籍和刻板,对

① (清)李赓云:《当湖五事纪略》,道光元年刻本。

乡里文人著述尤其留心,不惜重金收集乡里前人著述,藏书甚富。

藏书处为绍德堂。

徐凝(生卒年未详),字鞏藩,平湖人。清藏书家。监生,藏书数千卷,耄期研究弗辍,捐金修学宫。

张培(生卒年未详),字抱一,自号画禅,平湖人。工诗文,精医道,善画山水。常来往于天目、笠泽间。家多藏名画、古籍、古玩器。临终前,将全部所藏分与好友。

张培源(生卒年未详),一作培元,字江亭,号莼香,平湖人。清诗人、藏书家。惜英年早逝,仅26岁。著有《吟香诗集》四卷。

《平湖县志》卷十七记云:“深得家学,好书,购宋元精刻积数千卷,藏一楼,寝食其中。体虽羸,吟咏不辍。”其家当湖张氏宗祠内有藏书室、鉴古楼,藏书以家族先贤遗稿为主,并订有详细的阅览规则。藏书多钤有“张培源”、“江亭氏”诸印。

六、嘉善藏书家及其藏书

嘉善地处吴根越角,一脉平川的鱼米之乡孕育了嘉善人敦厚和善及崇文重教的风尚。历代文人辈出,有众多画家、高士、名医、文人,其中不少同为藏书家,为嘉善文化传承增光添彩。

(一)嘉善藏书名家名楼

1. 孙琮山晓阁藏书

孙琮(1636—?),字执升,号寒巢,黄山籍嘉善人,居清风泾。清诗人、藏书家。早自高隐,好藏书,藏书之处乔木参天,皆数百年物。《嘉善县志》卷二十四记云:“酷爱藏书,家藏书万卷,丹黄点勘,手不停披,每评书一选出,人争购之。晚岁放迹名山,笠屐所至,悉发于题咏。”著有《山晓阁诗文集》十二卷附《山晓阁词》一卷,今存仅十之二三。

藏书处为山晓阁。

2. 程廷猷父子藏书

程廷猷(?—1835),字书城,号拥岩,嘉善人,居嘉兴枫溪泾。清藏书家。青年时中举不就后,开始辑佚《帝王世纪》、《三辅决录》、《字林》等书十余种。

购书、藏书数年,积书甚富,建瓶庐以藏。曾得旧抄《北堂书钞》,大喜,即与海虞(常熟)陈氏校补同异。曾为钱熙祚校雠《守山阁丛书》。

程文荣(?—1853),廷猷子。字鱼石,号兰川,又号南村,居枫泾瓶麓,移居南阳村。清书法家、金石学家。官江宁府北捕通判,咸丰三年(1853)二月,太平军攻江宁,“殉难”而死。著有《嘉兴府金石志》、《江宁金石志补》四卷、《钟鼎校误》、《绛帖考》、《南村帖考》,辑有《隶续补》。

承其父藏书,酷嗜金石文字及宋元本书籍,而尤熟于目录之学。自学汉、唐《艺文》、隋书《经籍》、陈氏《书录》、晁氏《读书志》,于各家著录卷数,皆能缕指。藏书颇丰,富宋拓碑帖收藏,名重一时。所藏石刻本《钟鼎款识》,世无二本,常以自随。张鉴为其《瓶麓读书图》题诗句云:“钿轴牙签万余卷,井眉大好诗书庐。”又为其《南阳村图》题诗云:“汗牛经史万卷富,充箱金石千番屯。日长无事坐花下,欧赵洪薛殊龂龂。”李富孙题诗云:“锦赙牙签罗万轴,金薤琳琅灿溢目,博搜群籍富储藏,暇披图画香芬馥。”[①]卒后,惜珍庋均毁于兵。

藏书处为茹古楼。

(二)嘉善进士藏书家

1. 曹尔堪藏书

曹尔堪(1617—1679),字子顾,号顾菴,嘉兴籍华亭人,寓居嘉善魏塘镇。明末清初官员、词人、藏书家。顺治九年(1652)进士,授编修,历官侍讲学士。

曹氏好藏书,家藏图籍颇富,惜藏书目失载。亦嗜读书,过目不忘,学问渊博,多识掌故,尤工文词,与宋琬、沈荃、施闰章、王士禄、王士祯、汪琬、程可则等唱和,世称“海内八大家”或“清八大诗家”。善书、画,不轻授人,故罕流传。著有《南溪词》230余首传世,还有《杜鹃亭稿》、《南溪词文略》等。

2. 谢墉父子进士藏书家

谢墉(1719—1795),字昆城,号东墅,一号金圃,别署听钟居士,嘉善人。清代著名儒学家、清画家、藏书家。乾隆十七年(1752)进士,历官内阁中书、工部侍郎、江苏学政等。著有《安雅堂诗文集》等。雅好藏书,藏有明刊《铁崖文集》、乾隆间刊大字本《金薤琳琅》二十卷,甚精。

藏书处为安雅堂。

藏书印有“谢墉印”、“东墅”、“枫桥谢墉”、“听钟居士”、“东墅审定”等。

亦喜刻书,刻有《荀子》二十卷,《校勘补遗》一卷,上海图书馆、天津图书馆、浙江图书馆有藏。

谢恭铭(生卒年未详),谢墉次子。字寿绅,号若农。清藏书家。乾隆五十二年(1787)进士,曾被朝廷特授为内阁中书、文渊阁检校等职。但谢氏人极淡泊,厌倦官场的尔虞我诈,不久便乞假归里,藏书楼里度余年,未再还朝入仕,是儒林中的一位高士。谢恭铭人品高洁,子孙辈受他影响,都好学有成,或以文名著,或以军功显,不辱家风,其家族由此成为枫泾的名门望族。承父志藏书,其藏书汗牛充栋。

藏书处为望云楼。

其藏书公开向本地士子开放,受益的读书人很多。时在谢家当坐馆先生的平湖藏书家朱为弼,于教书之余,埋头阅读主人家的大量藏书,学识日益长进,后

① 郑伟章:《文献家通考》,中华书局,1999年。

竟考中进士。谢恭铭的丰富藏书和为人慷慨成就了一段书林佳话。

恭铭亦擅长书法,他曾摹刻历代书家墨宝,汇为《望云楼法帖》。该法帖刻法逼真精良,对传播古代书法艺术、保存书法文献具有重大意义,得到时人推崇,当时的相国曹振镛曾作诗以纪。

3. 周升桓藏书

周升桓(1732—1801),字稚圭,号山茨,嘉善人。乾隆十九年(1754)进士,入翰林院。乾隆二十七年(1762)分校北闱,旋即提升为侍讲,充任武英殿纂修官、日讲起居注官,官至广西巡抚。后以母老回籍养亲。曾主讲安定等书院。生平好收藏古籍、书法碑帖,擅长吟咏,著有《皖游诗存》。书法尊东坡,居刘墉、梁同书之上,名闻海内。

其书法拓本颇为鲜见,现存《仁本堂墨刻》碑石 54 方,为嘉善县博物馆所藏。

4. 编修黄安涛藏书

黄安涛(1777—1847),字霁青,号凝舆,晚号葵衣老人,嘉善魏塘镇人。清文学家、诗人、藏书家。嘉庆十四年(1809)进士,以传胪授编修,官至潮州知府。归里后,曾主鸳鸯书院讲席。博学工诗,亦精医,曾参与重修《嘉庆一统志·文苑传》,著有《诗娱室诗集》二十四卷、《息耕草堂诗集》十八卷、《真有益斋文编》十卷、《说经中义》一百卷、《岭南从政录》、《慰托集》十六卷、《权济录》、《昭代词选》等。

富藏书,藏书处为真有益堂。藏书目失载。

5. 程维岳藏书

程维岳(生卒年不详),字申伯,号爱庐,嘉善枫泾镇人。清学者、藏书家。自幼师从清代著名学者钱香树,少年时即以诗文在同龄人中崭露头角。于清乾隆三十三年(1768)中举人,初授内阁中书,乾隆四十年(1775)由内阁中书入直汉军机章京。乾隆四十五年(1780)中进士,历任礼部郎中、军机处行走、会试同考官,升山东道监察御史兼兵科给事中。曾先后参与编纂《钦定盛京通志》、《南巡盛典》和《萨拉尔纪略》、《台湾纪略》、《巴勒布纪略》,并参与修纂《辽史》、《金史》、《元史》等史书。后因父亲故世而辞职,不再复出。曾主讲无锡东林书院。购书2万多卷,与书相伴以娱晚年。其藏书之富,在江浙一带享有盛名。著有《凇笠斋诗抄》、《观我阁古文事类撮华》等诗文集。

藏书处为凇笠斋。

6. 郁鼎钟藏书

郁鼎钟(生卒年未详),字金声,号彝斋,嘉善西塘人。清藏书家。道光六年(1826)进士。官宁远、泰和县令。好藏书,藏书甚多,著有《彝斋文集》等。

藏书处为心香阁。

(三)嘉善其他藏书家

徐善建(1649—1725),字孝标,人称杉泉先生,嘉善人。清学者、藏书家。康熙间贡生，陆陇其之门高弟，精《周易》及宋五子著述。为其师参订《读礼志疑》。

嗜好藏书，家有杉泉书屋，分东西峙两楼，分类贮藏书籍字画碑版，所藏甚富。日与名流后进登楼纵观讲学。又有禁律，其子孙亦不能携书屋藏书以出。

曹庭栋（1699—1785），字楷人，号六圃，晚号慈山居士，嘉善魏塘人。清诗人、书画家、藏书家。乾隆六年举人。少嗜学，工诗，中年后绝意进取，乾隆年间举孝廉不就。所居累土为山，名慈山（今嘉善县第一中学内），环植花木，以弹琴赋诗，写兰、竹、石，摹篆隶以自娱。喜藏书，搜采遗佚甚勤。

藏书处为二六草堂、幻不壬屋。

藏书印有“曹庭栋”、“六圃”等。

喜著述，50 岁后专事著述，不下楼者 30 年，所坐木榻，穿而复补。尝以吴之振所辑《宋诗钞》漏略尚多，且刊刻未竟，往往有录无书，因此搜采遗佚，编成《宋百家诗存》二十八卷，《四库全书》著录。论者称其书足补《宋诗钞》之阙。平生最爱贺铸诗，在百家中推为第一，故所作诗亦大似北宋人。著有《易准》四卷、《孝经通释》十卷、《逸语》十卷、《琴学内篇》一卷《外篇》一卷、《老老恒言》五卷；《昏礼通考》二十四卷，《产鹤亭诗集》九卷，均为《四库全书》存目。所著还有《魏塘记胜》一卷、《永宇溪庄识略》六卷首一卷。

钱源来（？—1735），字清许，号槐庭，嘉善人。清诗人，诸生。家有藏书数千卷，因得博淹经史，工诗、古文，著有《揽云轩诗钞》。

周震荣（1730—1792），字青在，号筤谷，嘉善人。乾隆十七年举人，官青阳、合肥、永清知县，擢永定河南同知。有自撰《年谱》一卷。官永清时，聘章学诚撰《永清县志》。

周氏为风尘吏中文雅之士，好藏书，与章学诚交甚笃。章学诚《周筤谷别传》记云：“暇日辄读书。永清去京一舍，购书都市，兼车累箧，或借抄馆阁。县吏无事，多役使缮书，一时文墨之士，闻风过访，往复讨论。”

钟文烝（1818—1877），字殿才，又字子勤，号伯媺、伯美，嘉善魏塘人。清学者。自幼禀赋特异，精通文字学，12 岁邑试中首名。道光二十六年（1846）举人，选知县未成，绝意仕途，专事著作。同治初，应江苏忠义局聘，与陈奂、顾广誉诸人同任编纂。主讲敬业书院 12 年。

钟氏好藏书，喜刻书。所藏书多善本，如元刊本《古今韵会举要》，抄本《逸周书》十卷四册等。

藏书处为信美堂，一作信美室或信美斋。

藏书印有“钟印文烝”、“伯媺”、“伯美”、“子勤”、“魏塘钟氏信美斋庚申以后所得书”等。

钟氏于学无所不通，利用其家图书，全力探究春秋穀梁学，沉潜反复 30 余年，成书《春秋穀梁经传补注》二十四卷，于光绪二年（1876）刻之，还著有《乙闰录》四卷、《信美室集》一卷、《论语序说详正》一卷、《乡党集说备考》一卷、《新定鲁论语》20 篇等。

吴炳(1828—1884),字云峰,嘉善人。清医学家。少聪颖多才能,习儒之余,兼通百家,擅医术。凡天文、术数之学,靡不从事,后弃去而从医。尝从名医张希白学,尽得其传。善治内、外诸科杂症。著有《证治心得》十二卷,行于世。光绪二年(1876)著有《证治集腋》十二卷,光绪四年(1878)刻有《国朝五家咏史诗钞》。

好藏书,藏书处为惜阴书屋。

沈景谟(1867—1894),字懋哉,号逖先,嘉善人。清末诗人。工于诗,善书法,肆力于史汉之学,又好藏书,惜早卒。著有《潜庐箧存草》四卷。

陈唐(生卒年未详),字云川,自号青芝山人,嘉善人。清藏书家。《嘉善县志》卷二十五记云:陈唐"绝意仕进,专心古学,工诗文。家有经籍已遍读,复购万卷朝夕披览。尤喜学《易》,邃心诠注。好佳山水,移家邓尉,屋数楹,梅百树。数年复归,闲居奉母,怡然自得"。著有《青芝山人集》。

丁嗣徵(生卒年未详),字集虚,号雪庵,嘉善人。清诗人、藏书家。性嗜古,喜藏书,又颇殚心禅学。工诗,风格在宋、元之间,有清逸之致。著有《雪庵诗存》二卷。

丁桂芳(生卒年未详),嗣徵子,一作桂芬,字云士,号筠溪,晚号知白居士,嘉善人。清画家,收藏家。绘画、篆刻无不精妙。益肆力于古,所居城南素园,有林泉之胜,构读书楼于其中,图书碑版,积累充栋。尤工诗,以南宋宗。著有《方谷诗钞》二十卷。

丁维时(生卒年未详),字驭青,号拙渔,嘉善人。清诗人、书画家。他与孙鲁、沈世燕、周鼎枢、钱涵、曹焕、曹焜、丁伯长等人结社,有"柳洲八子"之称。

工书画,精篆刻,家藏图书万卷,终日在书房披阅,丹黄不离手,能遍读之。著有《拙渔诗存》。

金福谦(生卒年未详),字受伯,嘉善人。清篆刻家。好藏书,家藏唐宋元人未刻遗书数种,时时抄录,分赠后进。其篆刻绝精,识者珍惜,比之于金。

沈衡(生卒年未详),字南冈,嘉善人。清藏书家。国子监生。嗜书,博览经史,藏书甚富。其书大抵靠典当器物购得,家境因而中落。衡又工于书法,兼习岐黄,尤精鉴古。游幕淮扬间,颇有声誉。既归,家居不与外事。治人疾多奇验,至老犹徒步往,仍不索酬。性诚笃,廉洁自持,乡里咸称其为长者。

夏叙典(生卒年未详),字敷五,号力轩,嘉善人。清学者、藏书家。耽书,遇善本必以原价酬之。著有《力轩遗稿》。

七、清代嘉兴女性藏书家及其藏书

清代嘉兴有以藏书伉俪名闻浙江乃至全国者,亦有以女性藏书成就扬名天下者，成为中国藏书史上一道亮丽的风景。

1．柳如是惠香阁藏书

柳如是(1618—1664)，本姓杨，名朝，字朝云，号影怜，改姓柳，名是，字如是，号河东君，嘉兴人。明末清初女诗人，钱牧斋继室。幼为盛泽镇归家院徐佛家养女，后卖为周道登之妾，被逐后流落烟花。琴棋歌舞、诗词书画皆精，居“秦淮八艳”之首。崇祯十四年，钱谦益年六十，与之情结百年之好。钱谦益为清代藏书大家，不仅尽得刘凤、钱允治、杨仪、赵用贤四家书，更不惜高价广肆购求古本，构筑绛云楼，收藏宋元孤本，所积充栋，几埒内府。而绛云楼的命名与柳如是有关，是取紫微夫人“乘飚俦衾寝，齐牢携绛云”之义。既是藏书楼，也是钱谦益、柳如是伉俪居所。

除绛云楼夫妇所藏书外，柳氏的藏书处为惠香阁。如《杜工部诗集》二十卷，钱牧斋注写本，卷端有“柳隐如是”印。黄丕烈所藏《乐府新编阳春白雪》十卷，一为元刻，一为元人抄本，均为其所藏所校，字作赵孟頫体，雅秀可爱，风韵妩媚。《士礼居藏书题跋记》卷六黄氏跋云：“是书为钱塘何梦华藏书，矜贵之至，因其是惠香阁物也。惠香阁初不知为谁所居，梦华云之居，兹卷中有钱受之印，有‘女史’印，其为柳如是所藏无疑。‘惜玉怜香’一印，殆亦东涧所钤有；卷中又有墨笔校勘，笔姿秀媚，识者指为柳书，余未敢定也。要之书经名人所藏，图章手迹，倍觉古香，宜梦华字视为珍宝矣。”

藏书印有“柳如是”、“惠香阁”、“女史”、“惜玉怜香”等。

柳如是不仅好藏书，且博览群籍，能诗文，善书画。钱谦益编《列朝诗集》，柳如是勘定闺秀部分。郑方坤《东涧诗抄小传》记云：钱氏“建绛云楼，其上积图书万卷，拥艳姬柳如是，焚香瀹茗，校勘赓酬，修赵德甫、李易安故事”。

曾协助钱谦益将绛云楼的藏书编撰成了《绛云楼书目》，此书是一部价值很高的私家藏书目录。书目按经、史、子、集四部分类，下设73个小类。其中地志类、天主教类等类目，系钱谦益、柳如是伉俪首创。书目中虽无小序和题解，但对于版本情况多有记载，为后来的古籍研究提供了珍贵而丰富的资料和线索。

顺治七年(1650)初冬的一天，钱家不幸失火，绛云楼藏书全部焚毁，钱氏伉俪痛不欲生。如此丰富的藏书被焚，实中国藏书史上一大悲剧。此后，二人一面整理其少量残留书籍，一面继续收藏。康熙三年(1664)，钱谦益殁后，族曾孙钱曾及族人钱谦光等挺戈而入，朝暮逼索，柳如是自缢身亡。所余藏书全部归其同族曾孙藏书家钱曾述古堂收藏。

晚年居常熟白茆红豆山庄，曾支援郑成功等反清复明斗争。其传世著作有《戊寅草》、《湖上草》、《尺牍》、《我闻室鸳鸯楼词》、《东山唱和集》等。

2．查惜道古楼藏书

查惜(生卒年未详)，清初海宁藏书名家马思赞(1669—1722)妻，查慎行妹。字淑英，号南楼，自署插花道人，海宁袁花人。清女诗人。著《南楼吟香集》六卷。

伉俪有同嗜，亦好藏书，善诗文，夫妻自相师友，是寒中得意处。惜早卒。吴骞《拜经楼诗话》卷一云："思赞拥书万卷，筑道古楼，与妇查氏唱和其中，望之若神仙中人，此亦赵明诚、李清照之俦，为一代藏书佳话。"

藏书处为道古楼、吟香楼。

3. 沈彩春雨楼藏书

沈彩(采)(1748—1787)，平湖藏书名家、刻书家陆烜侧室。字虹屏，小名飘香，号希卫，又号芷汀散人、扫花女史、梅谷侍史、胥山蚕妾、青要山人，浙江长兴人。清女诗人。能诗善画，工小楷，亦擅画梅。有《春雨楼集》十四卷，汪辉祖序之，前有虹屏小像，附《题辞》一卷、《春雨楼词》二卷、《春雨楼书画目》一卷。乾隆间沈彩刻自撰《春雨楼集》。

亦嗜藏书、抄书，陆烜所藏书籍有不少为沈彩所抄之书，其跋甚多。

藏书处为奇晋斋、春雨楼。

藏书印有"梅谷掌书画史沈彩虹屏"、"侍史沈彩"、"沈彩"、"绣窗余暇"、"簪花格"、"虹屏"、"希卫印"、"梅谷掌书画史"、"虹屏翰墨"、"飘香手装"、"某谷掌书画史"等。

沈彩有抄书名，曾为陆烜抄其所著《尚书义》全帙。该书《香港中文大学冯平山图书馆善本书录》著录，香港中文大学有藏。叶昌炽于嘉业堂鉴书，发现是书，在《缘督庐日记钞》卷十六记其过程：

> 八月十一日，又为翰怡作张怀瓘"纷纷欣欣，心开目明"。内有《尚书义》一部，平湖陆烜子章撰。全帙皆侍妾沈虹屏所书，小楷娟秀。装池者观其小印，亦钗而非弁，诚为玉台之佳话，镇库之尤物。既劝翰怡藏之，亟先录之，共十二册。所见为首尾二册，乾隆五十一年正月自序，序后署侍史沈彩书。《尧典》后有题识云："主君作《书义》，皆命彩手抄，故尝赠彩诗有'传经可有粲花舌，诘屈聱牙记伏生'，又'妙笔簪花非玩物，藉借皇极答苍生'之句。此三易稿也。始写于乾隆丙午十二月十七日，为立春日。时连朝雨雪，江梅初包，天寒手颤，仅免呵冻云。胥山蚕妾沈彩识。"下钤"沈采"印。《舜典》后题"侍妾沈彩缮写"，下钤"沈采"、"绣窗余暇"二印。《吕刑》后题"女史沈彩虹屏钞"，下钤"簪花格"、"虹屏"二印。《文侯之命》后题"女史沈彩写"，有"希卫印"。《费誓》后题"侍史沈彩书"。《秦誓》后题"女史沈彩手书"，下钤"某谷掌书画史"、"虹屏翰墨"二印。《秦誓》后又有跋云："彩受命主人命校誊《尚书义》，……"下钤"沈彩"、"虹屏"二方印，末一叶钤"飘香手装"方印，飘香亦似侍儿小名也。

乾隆四十六年手抄并跋《晏公类要》，跋曰："晁氏《郡斋读书志》谓六十五卷，焦氏《经籍志》谓八十卷，而此仅三十七卷。然其中有公四世孙袤补阙，至《历代杂录》止，盖已为足本矣。《曾南丰集》有此书序，爰引冠首。……虹屏跋"。

缪荃孙《云自在龛随笔》卷四记述"虹屏《记燕文贵溪山萧寺图后》云：'乾隆

丁酉九月廿三日，时花南水北亭新加涂塈，木叶凄然欲落。海上青山微着霜色，如眉新扫。亭外一带芙蓉如画，亭边老瓦盆列佳种二十余品。亭中对设长几，一置周施章父敦，秘色紫窑，供佛手、柑花木瓜各数个，灵壁峭峰一座；一陈法书名画，共主君及夫人展观。及此卷，适丫鬟送新橙蒸梨至，乃相与徘徊叹赏，几疑身不在人世。'"①从中可见沈彩富文才，且富鉴赏。又手书中统本《史记》，后附沈彩跋，有"梅谷掌书画史沈彩虹屏"印记。还手书《斜川集》、《鄱阳集》等。

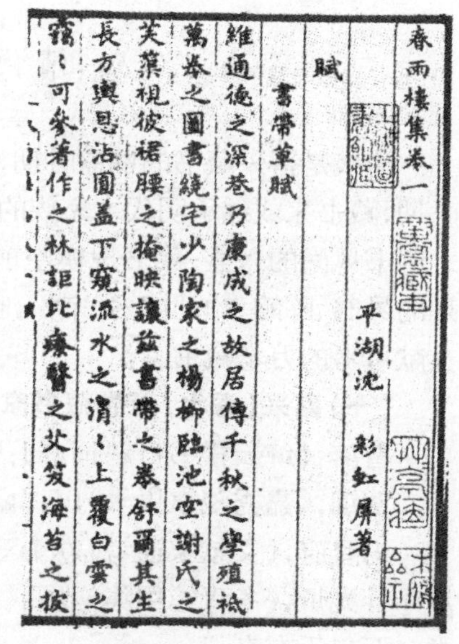

春雨樓集卷一
平湖沈　彩虹屏著
賦
書帶草賦
維通德之深巷乃康成之故居傳千秋之學殖祇
萬卷之圖書繞宅少陶家之楊柳臨池空謝氏之
芙蕖視彼裙腰之掩映讓兹書帶之舒爾其生
長方輿恩沾圓蓋下窺流水之涓〻上覆白雲之
靄〻可參著作之林詎比療饑之艾笈海苔之披

沈彩刻自著《春雨楼集》书影

亦好刻书，如乾隆年间刻自著《春雨楼集》十四卷，卷末一卷。手书上板，9 行 19 字，上下黑口，左右双边。此刻精绝，以簪花小楷书成，精刻一行。在卷尾自缀小跋，风神绝世。此集的桃花纸初印本，钤有"青要山人"小印，是书林妙品。

彭贞隐（生卒年未详），陆烜妻。字玉嵌，海盐人。女词人。亦好藏书，著有《鼓瑟集》、《铿尔词》。

彭贞隐及沈彩同为陆烜藏书知友，乃藏书界之佳话。

4．潘佩芳藏书

潘佩芳（1766—1787），海盐朱文佩妻。钱塘籍，海盐人。清女诗人、画家。工诗，善画兰，法钱载。惜卒于 22 岁。著《画兰室诗稿》。喜藏书，常典钗购书。藏书处为画兰室。

5．高金鞠藏书

高金鞠（1863—1890），蒋望曾继室，高均儒孙女。嘉兴人。清女书法家。幼承家学，工书能文。善小篆，行楷规摹颜真卿，笔力遒劲，无脂粉气。尝手抄唐宋人诗集多种，藏于衍芬草堂。夫妇唱随，相得益彰，惜皆不寿。

6．陆锡贞藏书

陆锡贞（生卒年未详），藏书家钱天树妻。字若筠，常熟籍，平湖人。清女诗人、画家，与夫爱好相同，喜藏书，工诗善画，摹高晚香折枝，笔意生动，临徐宠嗣丁香小花小帧，见者叹赏为"文淑复生"。卒于 22 岁，所惜诗画传世绝少。

---

① （清）叶昌炽：《藏书纪事诗》卷五及王欣夫《补正》，上海古籍出版社，1989 年。

八、清代嘉兴万卷藏书家

清代是嘉兴藏书的鼎盛时期,不仅藏书家数量剧增,而且藏书量极大。这一时期,藏书家或继承明代本家族的藏书,或收购明代故家藏书、各地遗书散佚,加之刻书风尚的兴盛,藏书规模空前。清初的曹溶、朱彝尊、吕留良、马思赞,清中期的吴骞、陈鳣、鲍廷博、张宗松,晚清葛金烺、蒋光煦、蒋光焴等都是清代嘉兴有文献可考的万卷藏书家。

(一)嘉兴(秀水)万卷藏书家名录

曹溶,《绛云楼书目题词》曰:“堂上列书六七千册。”

曹镛,《嘉秀藏家集录》曰:“藏书万卷(藏书已厄于庚申之劫)。”

冯登府,《文献家通考》卷十三曰:“尤熟金石、掌故,藏书万余卷。”

计光炘,《冬青馆甲集》卷四《秀水计氏泽存楼藏书记》曰:“总计经史子集为卷二万二千有奇。”

胡重,《读书敏求记·胡跋》曰:“四世聚书数万卷。”

钱仪吉,《曝书杂记》卷十曰:“兄聚书数万卷,皆数十年节衣缩食得之者。”

钱泰吉,《曝书杂记》卷七曰:“泰吉承先世余绪,藏书号称二万卷。”

戚芸,《贩书经眼录》曰:“积书数万卷,题其室曰宝砚斋。”

沈德鸿,《碑传集·沈君墓表》曰:“得三万余卷,构介石楼储之。”

沈炎,《重刻读书敏求记·序》曰:“三世聚书数万卷,家学渊博,晨夕一卷,丹黄不辍。”

唐翰题,《安雅堂藏书目录序》曰:“游历所得,为卷二万有奇。”

陶韩,《闻川志稿》曰:“曾藏书万卷,室名双梧庭。”

陶璐,《嘉秀藏家集录》曰:“广储图史,卷轴至六十架。”

王相,《无止境续存稿》卷十自序云:“营百花万卷草堂,聚书数万卷,闭户课子,意将终焉。”

汪孟鋗,《藏书纪事诗》卷四曰:“先世裘杼楼万卷之藏书故在,孟鋗兄弟搜访其间。”

吴为金,《两浙輶轩录》曰:“储书数万卷。”

姚瀚,《俞浙川集》卷二《姚北若传》曰:“有书四十椟。”

张鸣珂,《嘉兴市志》曰:“性嗜书,藏书逾万卷。”

郑彤书,《金陵通传》卷四十曰:“好藏书,购至五万卷,终日展玩。”

朱彝尊,《曝书亭集·曝书亭著录自序》曰:“合计先后所得约七万卷。”

朱绪曾,《中国藏书家辞典》曰:“所居秦淮水榭,藏书十数万卷。”

庄仲芳,《嘉兴府志》卷五十二曰:“筑映雪楼,藏书五万余卷。”

(二)海宁万卷藏书家名录

查慎行,《碑传集》卷四十七《查先生行状》曰:“卒之日,惟书万卷而已。”

查为仁,《中国藏书家辞典》:“所居水西庄,贮书数万卷,金石鼎彝亦悉充牣其中。”

陈邦彦,《海宁陈氏宗谱》卷二十五曰:“私藏亦可称东南一大家,与绛云楼是埒。”

陈鳣,《碑传集》卷四十八《陈鳣传》曰:“构向山阁,藏书十万卷。”

陈善,《怡云仙馆藏书目录》四编六册,著录近五千种,八万卷。

胡尔荥,《国朝杭郡诗三辑》卷三十二曰:“蕉窗家饶于赀,聚书十万卷,旁及书画钟鼎之属,筑爱莲西堂储之。”

蒋光煦,《别下斋书画录·序》曰:“别下斋藏书数万卷,不乏宋椠元刻。”

蒋光焴,《浙江藏书家藏书楼》曰:“衍芬草堂三世藏书达数十万卷。”

陆嘉淑,《云自在龛随笔》卷四曰:“有蜜香,藏书万卷。”

马思赞,《拜经楼诗话》曰:“马寒中拥书万卷,筑道古楼。”

马瀛,《东湖丛记》曰:“吾乡陈仲鱼向山阁藏书,大半归马二槎上舍。”(注:陈鳣藏书十万卷)

吴骞,《海昌备志》曰:“笃嗜典籍,所得不下五万卷。”

杨文荪,《春禄山房文稿·芸士府君行述》曰:“购求书籍,积十年不下五万卷。”

唐仁寿,《杭州府志》卷一百四十六曰:“家饶于财,大购书,累数万卷。”

杨守知,《海宁州志稿》卷二十九《人物志·儒林传》曰:“平生嗜古,承祖父之绪,藏书万卷。”

邹存淦,《简明中国古籍辞典》曰:“撰《己丑曝书记》著录三万余卷”。

朱恭寿,《海宁州志稿》卷十八《典籍》:“少孤力学,去官之日,囊无余资,惟图书万卷而已。”

朱元炅,《浙江藏书家考略》曰:“家藏万余卷,撰《海曙见知闻书目》”。

(三)桐乡万卷藏书家名录

鲍廷博,《藏书纪事诗》卷五曰:“勤搜遐访,积数十年,家累万卷。丹铅校勘,日手一编。”

金檀,《答瞿子久问两浙藏书家》曰:“《文瑞楼书目》著录两千五百余部。”

汪森,《碑传集》卷五十九曰:“乃营碧巢书屋、庋书万卷,部次校勘不辍。”

汪文桂,《光绪桐乡县志》卷十五曰:“筑裘杼楼,聚书万卷。”

徐焕谟,《艺风堂文漫存》卷二《癸甲稿》云:“爱藏书,插架数万卷,多善本。”

姚范,《中国藏书家辞典》曰:“家多藏书,达十余万卷。”

严澍,《桐乡诗述》曰:“藏书数万卷,搜讨古今,娓娓忘倦。”

张千里,《光绪桐乡县志》曰:“筑珠村草堂,聚书数万卷。”

(四)海盐万卷藏书家名录

蒋肇基,《硖石续志》:“藏书万卷,教子弟咏读其间。”

王纲,《光绪嘉兴府志》:“藏书数万卷,多手订校正。”

吴文晖,《海盐县志》卷十七曰:“笃学力行,积书数万卷。”

吾点,《海盐县志》卷十七曰:“好校书,丹黄不去手,藏书万余卷,皆手自勘定。”

张载华,《江浙藏书家考略》曰:“藏书万卷,遇有善本手自钞录。”

(五)平湖万卷藏书家名录

陈烈,《续当湖外志》卷六曰:“续增其祖父藏书至五万卷。”

陈廷献,《续当湖外志》卷六曰:“性嗜书,购书三万余卷。”

葛金烺,《两浙輶轩续录》卷五十曰:“少有才名,博通经史,藏书数万卷。”

葛嗣濚,《沧趣楼文存·葛君云威墓表》:“家居购书无虑数万卷,遇孤本精校。”

胡惠孚,《续当湖外志》卷六曰:“咸丰时尚存四十九椟,钞本十居六七。”

黄凤,《当湖五事纪略》道光元年刻本曰:“塾内有万卷楼,藏书多达三万余卷。”

陆堃,《‘金平湖’下的世家大族》曰:“拥书万卷,啸歌其中。”

钱洪,道光《乍浦备记》卷三十曰:“筑藏书之楼及读书之室数间于爱日庐之右,藏书数万卷。”

钱天树,《匏庐诗话》卷下曰:“梦庐精鉴别,收藏书画各数万卷。”

姚廷瓒,《平湖县志》卷十七曰:“构别墅于所居西偏,积书万卷。”

张定润,《两浙輶轩续录》卷三十三曰:“性善书,积卷累万。”

朱壬林,《平湖县志》卷十六曰:“喜聚书,积书至五楹。”

(六)嘉善万卷藏书家名录

陈唐《嘉善县志》卷二十五:“家有经籍已遍读,复购万卷朝夕披览。”

程廷献,《瓶麓读书园诗》曰:“钿轴牙签万余卷,井眉大好读书庐。”

程惟岳,《金山县志》卷二十一:“喜藏书,购书二万卷,日渔猎其间。”

丁维时,《清画家诗史》戊上曰:“家藏书万卷,能遍读之。”

九、清代嘉兴藏书家藏书目录及题跋

目录学发展到清代已相当成熟,嘉兴藏书家在总结和继承前代目录学成果的基础上,无论在数量与质量上,还是在体例与编纂方法上都有所发扬光大,对中国目录学宝库作出了贡献。以下是有文献可考的藏书家编撰的藏书目录及题跋。

(一)嘉兴(秀水)藏书家藏书目及题跋

曹溶,《静惕堂书目》二卷〔清光绪二十八年(1902)年叶氏刻本,收《观古堂书目丛刻》〕;《静惕堂宋元人集目》一卷(上海国粹学报社印,1911年)。

冯登府,《石经阁藏书目录》1 册(抄本,《北京图书馆普通古籍总目·目录门》著录);《勺园书目》(《续藏书纪事诗·跋尾》记);《石经阁已刻未刻书目》(《文献家通考》记)。

计光炘,张鉴为撰《秀水计氏泽存楼藏书记》(编有书目,惜不传)。

钱仪吉,《仙蝶斋藏书目》(《碑传集补》卷十《书先师钱先生事》记)。

钱泰吉,《曝书杂记》二卷(民国间上海商务刊本,收《丛书集成初编》),《可读书斋校书谱》一卷(《清史稿·艺文志》著录);《庐江钱氏艺文志》一卷(《清史稿·艺文志》著录)。

李富孙,《校经庼题跋》二卷(共 31 篇,《北京图书馆普通古籍总目·目录门》著录)。

唐题翰,《安雅楼藏书目录》四卷 3 册(抄本,《北京图书馆普通古籍总目·目录门》著录);《唯自勉斋书目》1 册(抄本,南京大学图书馆藏)。

姚瀚,《赖古堂书目》(《郑堂读书记》著录,千字文编号)。

张鸣珂,《寒松阁书目》1 册(稿本,光绪九年长夏编于云间,不分类,依簏著录,自第 1 至第 23 簏,约 700 余种);《寒松阁行簏书目》(稿本,光绪十二年编于江西葡萄架寓斋,亦依簏著录,8 簏,250 种)。此二种《文献家通考》记。

张廷济,《清仪阁题跋》(光绪十七年钱塘丁立诚补刊本,《清代七百名人传》记);《清仪阁藏器目》一卷(《灵鹣阁丛书》本、商务印书馆《丛书集成初编》本);《清仪阁所藏古器物文》十卷(商务涵芬楼影印本);《古砖瓦当目》一卷、《清仪阁藏碑目》、《清仪阁题跋》、《金石刻题跋》等(《嘉兴市志》记)。

朱绪曾,《开有益斋读书志》六卷〔续一卷,清光绪庚辰(1880)家刻本〕。

朱彝尊,《曝书亭书目》不分卷(刘喜海抄本,《北京图书馆善本书目》著录);《潜采堂书目》4 种(唐翰题抄本,《北京图书馆普通古籍总目·目录门》著录);《金风亭长书目》5 种(刘履芬抄本,《北京图书馆善本书目》著录);《潜采堂宋人集目录》〔清宣统三年(1911)叶氏刊本,收于《观古堂书目丛刻》〕;《潜采堂元人集目录》〔清宣统三年(1911)叶氏刊本,收于《观古堂书目丛刻》〕;《潜采堂宋金元人集目录》一卷〔清宣统三年(1911)上海国粹学报社印,收于《古学汇刊》〕;《竹垞行笈书目》一卷(《清代藏书家考》记);《经义考》三百卷(《四库全书》著录);《曝书亭著录》八卷(朱氏原撰、李富孙编次,《曝书亭集·曝书亭著录自序》卷三十五,《嘉兴府志·经籍》又有李氏序)。

庄仲芳,《映雪楼书目》,又名《映雪楼藏书目考》十卷五册(稿本今存,有吴璜、吴德旋、吴敬承序及自书目录后,前辈顾廷龙先生有题记);《映雪楼书目·自跋》(《嘉兴府志》记)。

(二)海宁藏书家藏书目及题跋

查淳,辑其父查礼《铜鼓书堂遗稿》三十二卷(乾隆刊本,黄裳所藏);《铜鼓书堂藏印》四册。

陈邦彦,《春晖堂书目》一册(刘喜海抄本,国家图书馆善本室有藏,《海宁州志稿·典籍》著录)。

陈敬简,《枕经楼藏书目》四卷(《海宁州志·典籍》记)。

陈鳣,《经籍跋文》(民国间商务印书馆印行,收入《丛书集成初编》)。

陈善,《怡云仙馆藏书目录正编》三十二卷,其副编为《丛书总目》不分卷(国家图书馆馆藏,《北京图书馆普通古籍总目·目录门》著录)。

陈奕禧,《春晖堂书目》一卷(《北京图书馆善本书目》著录)。

马思赞,《马氏道古楼书目》一卷(抄本,《北京图书馆普通古籍总目·目录门》著录);《道古楼书画目录》五册(《拜经楼藏书题跋记》记)。

蒋光煦,《别下斋书目》一卷(《近百年来江南著名藏书家概述》记);《别下斋书画录》四册(管庭芳为之作序,2009 年出现于泰和嘉成春季艺术品拍卖会古籍文献专场)。

蒋光焴,《寅舫藏书目》一卷(《中国目录学家辞典》记)。

蒋楷,《来青阁书目》一册(今佚)。

蒋钦琐,《衍芬草堂藏书目》(蒋光焴藏书,《近百年来江南著名藏书家概述》记)。

蒋学坚,《平仲园书目》(《中国藏书家考略》记)。

马瀛,《吟香仙馆书目》(上海古典文学出版社,1958 年)。

吴骞,《拜经楼书目》二卷(《北京图书馆普通古籍总目·目录门》著录);《兔床山人藏书目录》(《北京图书馆普通古籍总目·目录门》著录)。

吴寿旸,《拜经楼藏书题跋记》五卷(清道光年间刻本,收入《别下斋丛书》)。

许焞,《学稼轩书目》(《海宁州志稿·典籍》著录)。

许梿,《许氏古韵阁书目》二卷(《北京图书馆普通古籍总目·目录门》著录)。

周广业,《目治偶钞》四卷(《贩书偶记续编》著录);《四部寓眼录》二卷〔民国癸酉(1933)罗氏刻本〕;《两浙地志录》一卷(《国立北平图书馆馆刊之回顾》[①]记)。

邹存淦,《己丑曝书记》(台湾文海出版社本,收入《清代稿本百种汇编》)。

朱昌燕,《峡州朱氏藏书目》(《海宁州志稿·典籍》著录);《朱衎庐旧藏钞本书目》(《北京图书馆普通古籍总目·目录门》著录)。

朱元炅,《海曙见知闻书目》(《浙江藏书家考略》记)。

(三)桐乡藏书家藏书目及题跋

鲍廷博,《知不足斋宋元集书录》1 册(抄本,《中国文学目录学》记);清末孙毓修辑鲍氏藏书题跋 79 篇为《知不足斋书跋》四卷。

① 萧均文,载《文献》1982 年第 14 辑。

顾修,《汇刻书目》初编1函10册,〔清嘉庆四年(1799)顾氏刻本〕。

金檀,《文瑞楼书目》十二卷〔清嘉庆十六年(1811)顾氏刻本,收《读画楼丛书》〕;《文瑞楼藏书志》不分卷(《北京图书馆善本书目》著录)。

沈炳垣,《斲研山房藏书目》一卷(稿本,不全,仅经史子,无集部,浙江图书馆藏)。《斲研山房书目》四卷(稿本,梁溪邹鸣鹤编,潘承弼《著砚楼书跋》记)。

汪森,《裘杼楼书目》四卷(刘喜海抄本,《书目类编》著录),《裘杼楼藏书目》不分卷(刘喜海味经书屋抄本,国家图书馆藏)。

吴之振,《延陵吴氏家藏书目》(《中国目录学家辞典》记,《传是楼书目》、《两浙著述考》下册均著录)。

(四)海盐藏书家藏书目及题跋

胡尔荥,《华鄂堂藏书目》四卷(《文献家通考》记)。

黄锡蕃,《醉经阁书目》一卷(《中国目录学家辞典》记)。

马玉堂,《马氏抄藏书目》二卷(刘声木《苌楚斋目录书目》著录)。

吴文晖,《灯庵藏书跋尾》一卷(《海盐县志》卷十七记)。

张光第,《张渭渔遗书目录》1册(系其友卢氏所录存者,《文献家通考》记)。

张惟赤,《涉园张氏书目》(《持静斋书目》著录)。

张宗松,《清绮斋藏书目录》四卷2册(管庭芬抄本,《北京图书馆善本书目》著录)。

(五)平湖藏书家藏书目及题跋

陈廷献,《简香斋书目》4册(陈祖望《向山阁书目》卷四著录,《光绪平湖县志·经籍志》亦著录)。

胡惠孚,《小重山馆书目》6册(《续当湖外志》卷六记)。

陆陇其,《三鱼堂书目》一卷(清抄本,《北京图书馆善本书目》著录)。

徐士棻,《漱芳阁书目》6册(袖珍小册精写本,《光绪嘉兴府志》记)。

朱壬林,《小万卷楼书目》2册(《平湖县志》记)。

十、书画碑帖金石收藏

相对前代而言,清代嘉兴藏书家更为重视书画碑帖、金石印章收藏,开一时之风尚,且影响久远。这一时期嘉兴出现了一些享誉海内外的书画名家,既是藏书家又是书法家的朱彝尊特别擅长隶书,开创了清代隶书之风。浙西画学重量级人物有八人,嘉兴就有三人,他们是秀水张庚,桐乡金廷标、沈铨。全国具有最高知名度的画僧二人都是嘉兴人,其一是桐乡人明中,乾隆曾赐号紫衣僧人;其二是海宁人达受,阮元称之为"金石僧"。他们在书画金石方面的巨大成就引领了嘉兴藏书家的收藏品味。

清初海宁藏书家马思赞之道古楼藏书甚富,同时藏有大批古帖、秦汉印章、官哥瓷器，及诸多名家画作。如郭忠恕《春耕图》、李公麟《蛮王酣乐图》、刘松年《春山雨霁图》、夏圭《华山看瀑图》、黄子久《乱山古木图》、王蒙《山村图》、赵孟《春流放船图》、倪云林《江渚蜗牛图》等数十幅珍藏，马氏自谓可与生命俱者。辑有《道古楼书画目录》，后归吴骞。吴骞《拜经楼藏书题跋记》有跋云：此目"所辑，上自三代，下讫有明，凡金石碑版以至法书名画，真迹题跋，靡不甄录"。

乾隆间周春所藏书画、铜瓷、端砚等亦多，尝以叶元卿之"妙笔生花"大圆墨易海盐张燕昌之《陶靖节先生诗注》。

吴骞在收藏古书的同时也收藏有书画、碑铭、鼎彝、剑戟、币布、圭璧、印章、丹漆、陶瓷、象犀、竹木之器，并辨其名物制度，著之谱录。《清史列传》卷七十二称其"兼好金石，以所藏商鸟篆戈、吴季子剑"等，作《拜经楼十铜器诗》。

乾隆时平湖陆烜尝得王羲之《二谢帖》并《感怀帖》，遂颜其所居春雨楼之左室为奇晋斋，并有联句"门栽彭泽五株柳，案有山阴二谢书"。所刻丛书亦以《奇晋斋丛书》名之。陆烜所藏书画甚多，其妾沈彩《记燕文贵溪山萧寺图后》记曰，乾隆四十二年九月二十二日合家共赏月，其陈设除佳种菊英二十余品外，尚有"亭中对设长几，一置周施章父敦，秘色柴窑，供佛手、柑花、木瓜各数个，灵壁峭峰一座；一陈法书名画，共主君及夫人展观。"于此该见其收藏之一斑①。

道咸间海宁蒋光煦别下斋藏书，名震遐迩，亦喜收藏书画金石，充牣几架，家有商觚周鼎秦镜汉甓之斋，可以想见其收藏金石之富，所收藏碑帖尤闻名于时，尝以所藏《群玉堂帖》为宋刻丛帖名，帖中收有自晋以后名家法书，五卷以下皆宋人法书，此帖以摹刻精妙著称。《英光堂帖》为米芾法帖，选刻精良，中多米芾得意之作，至清时石与帖皆佚，蒋光煦根据所搜散佚而刻《残帖》，为人称道。所刻碑帖还有《瑶想阁黄帖》、《唐杜工部像》、《宋苏文忠公像》等。其弟蒋光焴亦一代藏书大家，所藏书画甚富，其海宁衍芬草堂之北苑夏山楼即以所藏董源《夏山图》而得名，五砚斋以藏宋梵隆写经砚、明陈洪绶画梅砚等五砚而得名。另藏宋蔡襄《蔡帖》卷子，宋帖《忠义堂颜帖》等。

光绪年间平湖藏书家葛金烺有爱日吟庐收藏书画，自宋至清计 **166** 轴。其中米芾山水卷、范宽《晚景图》及巨型画卷等均为精品，葛金烺曾著录《爱日吟庐藏书画录》四卷。

至于金石碑版、印章拓片，在某种程度上可以说是一种石质的书，自然在清代嘉兴藏书家的收藏之列。

---

① 邓之诚：《古董琐记》，上海书店出版社，1996 年。

第三节　清代嘉兴藏书家与《四库全书》

《四库全书》是中国古代最大的一部官修书，也是中国古代最大的一部丛书。清乾隆时编纂，始于1772年，经10年编成，因此丛书分经、史、子、集四部，故名“四库”，又因此书囊括了古代诸多图书，故称“全书”。

《四库全书》征书工作从乾隆三十七年（1772）开始，至乾隆四十三年（1778）结束，历时7年之久。《四库全书》从征书、献书，到编纂、校勘，浙江籍人士作出了重要贡献，其功至巨至伟，而嘉兴人及藏书家又功居前列，鲍廷博献书尤多。

修《四库全书》是一项巨大的文化工程，在四库馆工作的馆臣名单中，嘉兴平湖藏书家沈初名列其中，为四库全书馆、三通馆副总裁，颇有政绩。在整部《四库全书》编纂过程中，嘉兴桐乡藏书家陆费墀也在四库功臣之列。

一、献书之冠鲍廷博与《四库全书》

鲍廷博是嘉兴桐乡人，为乾嘉年间著名的藏书家、刻书家。乾隆三十七年（1772），清政府成立四库全书馆，诏求天下遗书，开始编纂《四库全书》。为了完成这一浩大工程，清政府向全国私家藏书者征书。鲍廷博响应征书，翁广平《鲍渌饮传》云：“乾隆间献书，先生聚全家藏善本六百余种，命长子士恭隶仁和县籍，进呈乙览。先生之书大半宋元旧板、旧写本，又手自校雠，一无讹谬，故为天下献书之冠。”经过选择，《四库全书总目》著录其书382种，3631卷，入存目131种，列各家之首。乾隆在三十九年（1774）五月十四日上谕中云：“今阅进到各家书目，其最多者如浙江鲍士恭、范懋柱、汪启淑，两淮之马裕四家，位数至五六七百种，皆其累世弆藏，子孙恪守其业，甚可嘉尚。”由于廷博献书有功，赢得清廷褒奖，乾隆三十九年赐予内府编纂的中国最大的一部类书《古今图书集成》、内府初印本《佩文韵府》各一部。《古今图书集成》为书城巨观，为卷万余，分类集历代典籍为一书。为庋藏是书，鲍廷博辟赐书堂三楹，分贮四大橱，翁广平为撰《赐书堂记》。乾隆四十年，发还所进书籍，内有《唐阙史》、《武经总要》二书，高宗皇帝分别题诗一首，其一云：

知不足斋奚不足，渴于书籍是贤乎？
长编大部都庋阁，小说卮言亦入厨。
阙史两编传摭拾，晚唐遗迹见规模。
彦休自号参寥子，参得寥天一也无。

乾隆四十五年，清高宗第五次南巡，鲍廷博“迎銮献颂”，获赏大缎两匹。后又获赐《伊犁得胜图》、《金川得胜图》等。内府藏书处亦为高宗名为知不足斋，其《内府知不足斋诗》注云："斋额沿杭城鲍氏藏书室名。"嗣后，鲍氏取所藏古今善本，刊刻《知不足斋丛书》，而以曾蒙御题的《唐阙史》冠诸首。

《四库全书总目》著录鲍廷博家藏本382种，3631卷，5种无卷数，其中经部10种，96卷；史部62种，571卷；子部140种，905卷；集部170种，2059卷。入存目131种，达到《四库总目》著录总数的34%，且质量较高。鲍氏藏书经部少，子集多，尤以别集为多。148种别集中，宋集75种，元集63种。其子部谱录、杂家笔记类之书亦有可观者①。

附：《四库全书总目》著录鲍廷博家藏本382种

经部：《易臆》三卷、《周易古本》一卷、《仪礼郑注句读》十七卷附《监本正误》《石经正误》二卷、《礼记集说辨疑》一卷、《春秋年表》一卷、《春秋经传阙疑》四十五卷、《春秋左传事类年表》一卷、《舞志》十二卷、《韵学集成》十三卷、《韵表》无卷数。

史部：《续宋编年资治通鉴》十八卷、《契丹国志》二十七卷、《明书》四十五卷、《邃古记》八卷、《南宋书》六十卷、《燕翼诒谋录》五卷、《平宋录》三卷、《顺昌战胜录》一卷、《伏戎纪事》一卷、《魏郑公谏录》五卷、《中州人物考》八卷、《骖鸾录》一卷、《吴船录》二卷、《陆右丞蹈海录》一卷、《广卓异记》二十卷、《万柳溪边旧话》一卷、《草莽私乘》一卷、《东嘉先哲录》二十卷、《昆山人物传》十卷《名宦传》一卷、《续列女传》九卷、《续高士传》五卷、《宋史存》二卷、《五国故事》二卷、《朝鲜史略》六卷、《晋史剩》一卷《楚史梼杌》一卷、《吴越纪余》五卷附《杂吟》一卷、《舆地广记》三十八卷、《昆仑河源考》一卷、《治河奏绩书》四卷、《桂胜》十六卷、《中吴纪闻》六卷、《平江纪事》一卷、《大唐西域记》十二卷、《图注水陆路途》八卷、《郡县释名》二十六卷、《目营小辑》四卷、《蜀中名胜记》三十卷、《西湖梦寻》五卷、《林屋民风》十二卷、《山行杂记》一卷、《夷俗记》一卷、《日本考》五卷、《咸宾录》八卷、《玉堂杂记》三卷、《官箴》一卷、《画帘绪论》一卷、《明贡举考》九卷、《四译馆考》十卷、《法帖谱系》二卷、《兰亭考》十二卷、《兰亭续考》二卷、《名迹录》六卷附录一卷、《金石备考》十四卷、《金石续录》四卷、《唐史论断》三卷、《六朝通鉴博议》十卷、《大事记讲义》二十三卷、《元史阐幽》一卷、《觉山史说》二卷、《宋史笔断》十二卷、《卖菜言》一卷、《诗史》十二卷等。

子部：《管窥外编》二卷、《同异录》二卷、《慎言集训》二卷、《薛方山纪述》一卷、《圣学范围图》无卷数、《何博士备论》一卷、《阵纪》四卷、《美芹十论》一卷、《野菜博录》四卷、《农说》一卷、《太阳太阴通轨》无卷数、《星历释义》二卷、《灵台秘苑》十五卷、《书品》一卷、《贞观公私画史》一卷、《书谱》一

① 郑伟章：《书林丛考》，岳麓书社，2008年。

卷,《书断》三卷、《述书赋》二卷、《画山水赋》一卷附《笔法记》一卷、《翰墨志》一卷、《墨池编》六卷、《书史》一卷、《宝章待访录》一卷、《海岳名言》一卷、《山水纯全集》一卷、《续书谱》一卷、《书史会要》九卷《补遗》一卷《续编》一卷、《书法离钩》十卷、《画史会要》五卷、《真迹目录》五卷《二集》一卷《三集》一卷、《法书名画见闻表》一卷、《南阳法书表》一卷附《南阳名画表》一卷、《清河书画表》一卷、《山水松石格》一卷、《画学秘诀》一卷、《山水诀》一卷、《宣和论画杂评》一卷、《华山梅谱》一卷、《画山水诀》一卷、《竹谱详录》一卷、《画苑》十卷《画苑补益》四卷、《王氏书苑》十卷《书苑补益》八卷、《画禅》一卷、《画说》一卷、《琴谈》二卷、《鼎录》一卷、《宣德鼎彝谱》八卷、《歙州砚谱》一卷、《砚史》一卷、《砚谱》一卷、《歙砚说》一卷《辨歙砚说》一卷、《端溪砚谱》一卷、《香乘》二十八卷、《茶经》三卷、《东溪试茶录》一卷、《酒谱》一卷、《洛阳牡丹记》一卷、《扬州芍药谱》一卷、《范村梅谱》一卷、《刘氏菊谱》一卷、《史氏菊谱》一卷、《范村菊谱》一卷、《百菊集谱》六卷附《菊史补遗》一卷、《金漳兰谱》三卷、《海棠谱》三卷、《荔枝谱》一卷、《橘录》三卷、《菌谱》一卷、《蟹谱》二卷、《蟹略》四卷、《异鱼图赞》四卷、《别本茶经》三卷、《艺菊志》八卷、《艺彀》三卷附《彀补》一卷、《晁氏客语》一卷、《元城语录》三卷附《行录》一卷、《栾城遗言》一卷、《祛疑说》一卷、《佩韦斋辑闻》四卷、《井观琐言》三卷、《清秘藏》二卷、《长物志》十二卷、《韵石斋笔谈》二卷、《病榻寤言》一卷、《耄余杂识》一卷、《浑然子》一卷、《祈嗣真诠》无卷数、《纪闻类编》四卷、《听心斋客问》一卷、《古今原始》十四卷、《常谈考误》四卷、《社言》四卷、《戏瑕》三卷、《诚斋挥麈录》一卷、《逌旃琐语》一卷、《长水日钞》一卷、《濯缨亭笔记》十卷,《闻雁斋笔谈》六卷,《说储》八卷《二集》八卷、《戒庵漫笔》八卷、《认字测》三卷、《吕氏笔弈》八卷、《清赏录》十二卷、《尧山堂外纪》一百卷、《纪录汇编》二百十六卷、《张氏藏书》四卷、《永嘉八面锋》十三卷、《纯正蒙求》三卷、《同姓名录》十二卷《补录》一卷、《别号录》九卷、《标题补注蒙求》三卷、《广群辅录》六卷、《同姓名录》八卷、《中朝故事》二卷、《南部新书》十卷、《孔氏谈苑》四卷、《铁围山丛谈》六卷、《国老谈苑》二卷、《北窗炙輠录》一卷、《桯史》十五卷、《耆旧续闻》十卷、《山居新语》四卷、《菽园杂记》十五卷、《前定录》一卷《续录》一卷、《唐阙史》二卷、《开天传信记》一卷、《陶朱新录》一卷、《方洲杂言》一卷、《双槐岁钞》十卷、《野记》四卷、《近峰闻略》八卷、《客座赘语》十卷、《谈纂》二卷、《前定录》二卷、《才鬼记》十六卷、《六语》三十卷、《罗湖野录》四卷、《阴符经解》一卷、《周易参同契发挥》三卷《释疑》一卷、《鹤林类集》无卷数等。

集部:《盈川集》十卷《附录》一卷、《李北海集》六卷《附录》一卷、《高常侍集》十卷、《华阳集》三卷附《顾非熊诗》一卷、《吕衡州集》十卷、《皇甫持正集》六卷、《李文公集》十八卷、《孙可之集》十卷、《皮子文薮》十卷、《河东集》

十五卷《附录》一卷、《镡津集》二十二卷、《苏学士集》十六卷、《苏魏公集》七十二卷、《邕州小集》一卷、《丹渊集》四十卷《拾遗》二卷《年谱》一卷《附录》二卷、《龙学文集》十六卷、《曲阜集》四卷、《宛邱集》七十六卷、《宝晋英光集》八卷、《西塘集》十卷、《龙云集》三十二卷、《刘给事集》五卷、《刘左史集》四卷、《忠肃集》三卷、《宗忠简集》八卷、《龟山集》四十二卷、《西渡集》二卷《补遗》一卷、《松隐文集》三十卷、《简斋集》十六卷、《北山小集》四十卷、《苕溪集》五十五卷、《陵阳集》四卷、《豫章文集》十七卷、《王著作集》八卷、《五峰集》五卷、《北山集》三十卷、《默堂集》二十二卷、《拙斋文集》二十卷、《燕堂诗稿》一卷、《文忠集》二百卷、《网山集》八卷、《格斋》四百六十一卷、《金陵百咏》一卷、《石屏集》六卷、《南轩集》四十四卷、《橘山》四百六十二卷、《华亭百咏》七卷、《梅山续稿》十七卷、《漫塘文集》三十六卷、《芳兰轩集》一卷、《二薇亭集》一卷、《西岩集》一卷、《清苑斋集》一卷、《龙洲集》十四卷《附录》二卷、《鹤山全集》一百九十卷、《铁庵集》三十七卷、《壶山》四百六十一卷、《默斋遗稿》二卷、《履斋遗集》四卷、《清正存稿》六卷附录一卷、《可斋杂稿》三十四卷《续稿》八卷《续稿后》十二卷、《玉楮集》八卷、《秋崖集》四十卷、《蒙川遗稿》四卷,《北涧集》十卷、《汶阳端平诗隽》四卷、《兰皋集》三卷、《嘉禾百咏》一卷、《柳塘外集》四卷、《四明文献集》五卷、《牟氏陵阳集》二十四卷、《潜斋文集》十一卷附《铁牛翁遗稿》一卷、《西湖百咏》二卷、《富山遗稿》十卷、《月洞吟》一卷、《存雅堂遗稿》五卷、《吾汶集》十卷、《在轩集》一卷、《九华诗集》一卷、《藏春集》六卷、《淮阳集》一卷附《诗余》一卷、《白云集》三卷、《野趣有声画》二卷、《桂隐文集》四卷《诗集》四卷、《玉斗山人集》三卷、《山村遗集》一卷、《湛渊集》一卷、《还山遗稿》二卷《附录》一卷、《存悔斋稿》一卷《补遗》一卷、《此山集》四卷、《霞外诗集》十卷、《定宇集》十六卷《别集》一卷、《艮斋诗集》十四卷、《梅花字字香前集》一卷《后集》一卷、《桧亭集》九卷、《黄文献集》十卷、《特制集》二十卷《附录》一卷、《圭塘小稿》十三卷《别集》二卷《续集》一卷《附录》一卷、《杏亭摘稿》一卷、《经济文集》六卷、《圭峰集》二卷、《梦亭集》五卷、《药房樵唱》三卷《附录》一卷、《梅花道人遗墨》二卷、《居竹轩集》四卷、《勾曲外史集》三卷《补遗》三卷《集外诗》一卷、《咏物诗》一卷、《林外野言》二卷、《傲轩吟稿》一卷、《北廓集》六卷《补遗》一卷、《玉笥集》十卷、《贞素斋集》八卷《附录》一卷《北庄遗稿》一卷、《石初集》十卷《附录》一卷、《山窗余稿》一卷、《梧溪集》七卷、《樵云独唱》六卷、《静思集》十卷、《滦京杂咏》一卷、《云阳集》十卷、《南湖集》七卷、《来鹤亭诗》八卷《补遗》一卷、《云松巢集》三卷、《环谷集》八卷、《夷白斋稿》三十五卷《外集》一卷、《可闲老人集》四卷、《说学斋稿》四卷、《云林集》二卷、《南村诗集》四卷、《望云集》五卷、《可传集》一卷、《支离子集》一卷、《精华录》八卷、《北山律式》二卷附《王炎诗》一卷《晁冲之诗》一卷、《陈文恭公集》

十三卷、《志道集》一卷、《别本缘督集》十二卷、《止斋论祖》五卷、《棠湖诗稿》一卷、《臞轩》四百六十二卷、《断肠集》二卷、《巽斋》四百六十一卷、《牧莱脞语》十二卷《二稿》八卷、《林屋山人集》一卷、《辉山存稿》一卷、《清江碧嶂集》一卷、《存复斋集》十卷、《书林外集》七卷、《黄杨集》三卷《补遗》一卷、《肃邕集》一卷、《拱和诗集》一卷、《兰雪集》一卷、《文斋文集》十一卷、《同文馆唱和诗》十卷、《赤城集》十八卷、《吴都文粹》九卷、《柴氏四隐集》三卷、《圭塘欸乃集》二卷、《玉山名胜集》八卷《外集》一卷、《风雅翼》十四卷、《中州名贤文表》三十卷、《经义模范》一卷、《宋艺圃集》二十二卷、《元艺圃集》四卷、《柳黄同声集》二卷、《梁园风雅》二十七卷、《砦溪诗话》十卷、《诗文轨范》二卷、《藕居士诗话》二卷、《尧山堂偶隽》七卷、《柳亭诗话》三十卷等。

二、汪如藻与《四库全书》

汪如藻，嘉兴桐乡人，乾隆四十年(1775)进士，入四库馆为总目协勘官。如藻是清初浙江藏书名家汪森四世孙，汪氏一门四代皆好藏书。乾隆三十八年(1773)《四库全书》开馆征书时，汪如藻献家藏裘杼楼等书籍271种。乾隆三十九年(1774)五月十四日，高宗谕旨曰："朝绅中黄登贤、纪昀、励守谦、汪如藻等，亦俱藏书旧家，并著每人赏给内府初印之《佩文韵府》各一部，俾亦珍为世宝，以示嘉奖。"①

《四库全书总目》著录汪如藻家藏本152种，2154卷。入存目55种。所著录之书，经史子部甚少，集部别集类极多，别集中宋集46种，元集20种，大多为《四库全书》正式收入之品，入存目者较少。其总集有《两宋名贤小集》三百八十卷。

附：《四库全书总目》著录汪如藻家藏本152种

经部：《尚书详解》五十卷、《尚书谱》五卷、《周礼集说》十卷、《周秦刻石释音》一卷、《诗韵辨略》二卷、《类音》八卷。

史部：《补后汉书年表》十卷、《班马异同评》三十五卷、《宋季三朝政要》六卷、《孤臣泣血录》一卷、《南渡录》二卷《窃愤录》一卷、《使金录》一卷、《庚申外史》二卷、《韩柳年谱》八卷、《草庐年谱》二卷《附录》二卷、《岳庙集》四卷、《历朝玓鉴》四卷、《乌台诗案》一卷、《断碑集》一卷、《高丽史》二卷、《吴越世家疑辨》一卷、《东京梦华录》十卷、《游城南记》一卷、《艮岳记》一卷、《志略》十六卷、《金陵梵刹志》五十三卷、《帝京景物略》八卷、《广志绎》五卷《杂志》一卷、《秘书监志》十一卷、《籀史》一卷、《经厂书目》一卷、《碑目》三卷、《金石表》一卷、《宋纪受终考》三卷。

子部：《印薮》六卷、《荔枝通谱》十六卷、《读书随记》一卷《续记》一卷

① (清)永瑢、纪昀等编纂：《四库全书总目》卷首，中华书局，1965年。

《剩语》一卷、《琳琅代醉编》四十卷、《艺圃蒐奇》十八卷《补缺》二卷、《敏求机要》十六卷、《经世编》十二卷、《杜韩集韵》三卷、《夷坚支志》五十卷、《谈薮》一卷、《养疴漫笔》一卷、《过庭纪余》三卷、《释氏稽古略》四卷。

集部:《沈下贤集》十二卷、《咏史诗》二卷、《浣花集》十卷《补遗》一卷、《春卿遗稿》一卷、《祖英集》二卷、《钱塘集》十四卷、《乐全集》四十卷《附录》一卷、《演山集》六十卷、《姑溪居士前集》五十卷《后集》二十卷、《乐静集》三十卷、《竹友集》十卷、《梁溪集》一百八十卷《附录》六卷、《筠溪集》二十四卷、《欧阳修撰集》七卷、《缙云文集》四卷、《夹漈遗稿》三卷、《海陵集》二十三卷《外集》一卷、《蠹斋铅刀编》三十二卷、《慈湖遗书》十八卷《续集》二卷、《野处类稿》二卷、《诚斋集》一百三十三卷、《北溪大全集》五十卷《外集》一卷、《方泉集》四卷、《白石诗集》一卷附《诗说》一卷、《平斋文集》三十二卷、《清献集》二十卷、《翠微南征录》十一卷、《安晚堂诗集》七卷、《方壶存稿》八卷、《后村集》五十卷、《芸隐横舟稿》一卷《芸隐仙游稿》一卷、《西塍集》一卷、《梅屋集》五卷、《勿斋集》二卷、《文信公集杜诗》四卷、《叠山集》五卷、《须溪四景诗集》四卷、《云泉诗》一卷、《覆瓿集》六卷、《秋堂集》三卷、《古梅吟稿》六卷、《柴岩诗选》三卷、《宁极斋稿》一卷附《慎独叟遗稿》一卷、《陵川集》三十九卷《附录》一卷、《屏岩小稿》一卷、《谷响集》三卷、《竹素山房诗集》三卷、《牧潜集》七卷、《芳谷集》二卷、《申斋集》十五卷、《文安集》十四卷、《所安遗集》一卷、《鲸背吟集》一卷、《五峰集》六卷、《午溪集》十卷、《友石山人遗稿》一卷、《龟巢集》十七卷、《复古诗集》六卷、《清江诗集》十卷《文集》三十一卷、《刘彦昺集》九卷、《草泽狂歌》五卷、《春草斋集》十卷《附录》一卷、《希淡园诗》三卷、《吕次儒集》一卷、《山谷刀笔》二十卷、《林泉结契》五卷、《延平文集》三卷《附录》二卷、《别本卢川归来集》六卷、《翦绡集》二卷、《水云村泯稿》二卷、《别本松雪斋集》二卷、《农务集》三卷、《王鲁公诗抄》一卷、《花溪集》二卷、《元释集》一卷、《林公辅集》三卷、《檗庵集》二卷、《石西集》八卷附《崇礼堂诗》一卷、《梧江杂咏》一卷、《松陵集》十卷、《唐四僧诗》六卷、《薛涛李冶诗集》二卷、《西昆酬唱集》二卷、《南岳酬唱集》一卷附录一卷、《回文类聚》四卷《补遗》一卷、《月泉吟社》一卷、《诗家鼎脔》二卷、《两宋名贤小集》三百八十卷、《忠义集》七卷、《大雅集》八卷、《风雅异》十四卷、《赠言小集》一卷、《后村诗话前集》二卷《后集》二卷《续集》四卷《新集》六卷、《修辞鉴衡》二卷、《天籁集》二卷、《风雅遗音》二卷、《蕉窗蒽隐词》一卷、《方壶词》三卷《水云词》一卷。

三、陆费墀与《四库全书》

陆费墀,嘉兴桐乡人,乾隆三十一年(1766)进士,选庶吉士,授编修。四库馆开,任总校官,文澜阁书入库,出力颇多,贡献较大。乾隆三十九年(1774)十月十三日高宗谕曰:"编修陆费墀承办《四库全书》,并《荟要》处缮录之事,一切综核稽查,颇能实心勤勉,且其学问亦优,加恩以翰林院侍读升用。"四十一年(1776),《四库全书》第一部告成,贮文渊阁,陆氏任文渊阁直阁事。四十七年(1782)兼任《四库全书》历代职官表总纂官。四十八年(1783),赴奉天负责《四库全书》入贮文溯阁。四十九年(1784)充《四库全书》馆副总裁官。次年赴热河负责文津阁《四库全书》入贮,又办理江浙三阁事宜。五十二年(1787)因乾隆抽查《四库全书》中有应毁未毁及校对讹误而被革职留任,赔办江浙三阁三部《四库全书》的全部制匣费用。后又因底本未移交明白而落职。次年,寓居西湖校文澜阁已到之书。又因查出"内廷四阁"所贮《四库全书》装函排架有错乱之帙,而罚赔缴经费银。迭经打击,忧愤交加,于乾隆五十五年(1790)抑郁而终。

陆费墀后半生几与《四库全书》相始终,在办理库书过程中,综核稽查,尽心尽力,在四库馆中17年,早到晚退,南来北往,寒暑未尝稍懈,实为四库馆中一大功臣,历史自有公论①。

至于上述各事之责,其责任首在撰修官及总纂官,而陆费墀为总校官,责任相对次之,却责罚最重,且四库馆中总校官仅一人,校对未精,又岂能全部责怪陆氏一人?可以认为陆氏获罪的真实原因是未能查出《四库全书》的应毁未毁之书及讹误之处,陆氏成为禁书政策的牺牲品。

陆费墀于修《四库全书》时献书若干种。《四库全书总目》著录陆费墀家藏本9种,111卷。其中经部4种,52卷;史部1种15卷;子部2种,2卷;集部2种,42卷。入存目有2种。

《四库全书总目》著录陆费墀家藏本9种

经部:《礼记大全》三十卷、《家礼》五卷《附录》一卷、《家礼仪节》八卷、《别本家礼仪节》八卷。

史部:《通鉴外纪》十卷《目录》五卷。

子部:《邓析子》一卷、《慎子》一卷。

集部:《庾开府集笺注》十卷、《东坡诗集注》三十二卷。

四、朱彝尊曝书亭与《四库全书》

朱彝尊,嘉兴秀水人,康熙十八年(1679)入选博学宏词科,任翰林院检讨,参与修撰《明史》。朱彝尊在世时,其藏书处为曝书亭,藏书达九万余卷,名闻海内。乾隆修《四库全书》时,颁上谕点名索取曝书亭朱氏遗藏。乾隆三十八年三月,其族孙朱休度曾经送过32种,四月又送曝书亭之书69种。但《四库全书总目》著

① 顾志兴:《文澜阁与四库全书》,杭州出版社,2004年10月。

录仅33种,不及其半,当时献书者主要是其孙子辈。故“浙江朱彝尊家曝书亭藏本”,非朱彝尊本人所献。

乾隆在主持编纂《四库全书》时,对朱彝尊的著作也表现出特殊的关心。在审阅四库馆所进朱彝尊《经义考》之后,认为此书“于历代说经诸书广搜博考,存佚可征,实有裨于经学”,因此“亲制诗篇,题识卷首”。

《四库全书总目》著录朱彝尊家藏本33种,380卷。2种无卷数。其中经部5种,69卷,1种无卷数;史部5种,53卷;子部13种,142卷;集部10种,142卷,1种无卷数。入存目28种。

附:《四库全书总目》著录朱彝尊家藏本

经部:《周易经传集解》三十六卷、《书传会选》六卷、《毛诗说序》六卷、《诗问》一卷、《春秋传》二十卷。

史部:《两朝宪章录》二十卷、《五代史补》五卷、《素王记事》无卷数、《存心录》十卷、《谥法通考》十八卷。

子部:《程子详本》二十卷、《圣贤语论》二卷、《安老怀幼书》四卷、《神应经》一卷、《惜阴录》十二卷、《瞿塘日录》十二卷、《雪庵清史》五卷、《学圃萱苏》六卷、《王制考》四卷、《含元斋别编》十卷、《事物考》八卷、《三体摭韵》十二卷、《名世类苑》四十六卷。

集部:《双溪集》八卷、《西墅集》十卷、《静观堂集》十四卷、《涂水集》八卷、《春谿诗集》四卷、《嵩阳集》无卷数、《快雪堂集》六十四卷、《海门先生集》十二卷、《丛桂轩集》二卷、《订补浯溪集》二集。

五、英廉与《四库全书》

英廉,原姓冯氏,冯铨之后裔。先世本嘉兴人,后徙辽东,入关隶内务府汉军镶黄旗籍。雍正十年(1732)举人,乾隆三十八年(1773)三月充四库全书处副总裁官。后以东阁大学士、刑部尚书、内务府总管并四库全书处正裁官。

乾隆中开四库馆,英廉进书甚多,《四库全书总目》著录其家藏本达45种,181卷。其中史部22种,31卷;子部23种,151卷;存目38种。经部、集部均无。《四库全书总目》著录的英廉藏书如下:

史部:《守汴日志》一卷、《谈往》一卷、《封长白山记》一卷、《扈从西巡日录》一卷、《使琉球记》一卷、《粤西偶记》一卷、《塞北小钞》一卷、《滇行纪程》一卷《续抄》一卷、《东还纪程》一卷《续抄》一卷、《金鳌退食笔记》二卷、《台湾纪略》一卷(林谦光撰)、《山东考古录》一卷、《京东考古录》一卷、《瓯江逸志》一卷、《粤述》一卷、《湖堧杂记》一卷、《台湾記略》一卷(李麟光撰)、《岭南杂记》二卷、《匡庐记游》二卷、《滇黔纪游》二卷、《峒谿纤志》三卷《志余》一卷、《安南记游》一卷、《读史吟评》一卷。

子部:《小儿卫生总微论方》二十卷、《妇人大全良方》二十四卷、《三因极一病证方论》十八卷、《儒门事亲》十五卷、《石室秘箓》六卷、《济阴纲目》十四卷、《保生碎事》一卷、《伤寒论条辨续注》十二卷、《琴谱合璧》十八卷、《救文格论》一卷《杂录》一卷、《言鲭》二卷、《天录识余》二卷、《冬夜笺记》一卷、《蚓庵琐语》一卷、《冥报录》二卷、《旷园杂志》二卷、《述异记》三卷、《果报见闻录》一卷、《信征录》一卷、《见闻录》一卷、《簪云楼杂记》一卷、《板桥杂记》三卷、《现果随录》一卷。

六、祝德麟与《四库全书》

祝德麟,嘉兴海宁人。乾隆二十八年(1763)进士,选庶吉士,授编修。四库开馆时为翰林院提调官,署翰林院编修。修《四库全书》时献书若干种。

《四库全书总目》著录祝德麟家藏本 2 种,12 卷,均入《集部·别集类存目二》。一为明祝淇撰《履坦幽怀集》二卷;一为明祝萃撰《虚斋先生遗集》十卷。

七、查莹与《四库全书》

查莹,嘉兴海宁人。乾隆三十一年(1766)进士,选庶吉士,授编修,入四库馆为武英殿提调官。修《四库全书》时献书若干种。

《四库全书总目》著录查莹家藏本仅 1 种 1 卷,入史部存目。此书是《读史图纂》一卷。

第四节　清代嘉兴书院及佛寺藏书

一、清代嘉兴府书院藏书

书院教育作为教育的一种形式,与官学(府、州、县官办学校)并行,多为私人创办。书院有讲学、祭祀、藏书三大功能,一般均有专门庋藏典籍等藏书阁、楼等。其藏书来源为皇帝赐书、地方官府购赠、社会人士捐赠及书院办学经费购藏等。

清代嘉兴书院出现繁荣局面,据顾志兴《浙江藏书史》记:鸳湖书院、魏塘书院、当湖书院、白社书院等均富藏书。

(一)鸳湖书院藏书

原址在嘉兴府学东。康熙五十五年(1716)知府吴咏芳创建。后楼三楹主祀陆陇其,傍列生徒住舍,置义田以为祭祀、修葺及师长脩金来源。乾隆、嘉庆、道光间多次重修。咸丰十年(1860)毁于兵火。同治三年(1864)布政司蒋益沣捐廉为倡,知府徐瑶光集资重建,并任山长。有院田611亩。光绪四年(1878)许瑶光修成《嘉兴府志》,遂将修志时所征集图书资料等移藏于鸳湖书院藏书处,并在书院刊刻《嘉兴府志》,其板亦藏书院,使之藏书有一定数量的增加。

(二)魏塘书院藏书

原址在嘉善魏塘镇东南隅大善坊。清乾隆二年(1737)知县张圣训捐俸禄购别墅重加修葺,创办魏塘书院。初建时院中设讲堂,旁构书屋,左为藏书楼、贮经史,规模较大。右有祠祀乡贤。所贮经史书籍数目不详。后嘉庆、道光多次重修,咸丰十年(1860)毁于兵火,同治二年(1863)知县傅斯怿购北城北亭坊旧宅,重建魏塘书院,悬匾"北亭讲舍",共有讲堂、书楼等屋三十二楹,所藏书籍书目不详。

(三)当湖书院藏书

原址在平湖当湖镇。清乾隆十五年(1750)知县阎铣迁崇文书院改置,监生张嵘捐资建。有讲舍三间,藏书室二间,书房一间及其他附属设施。嘉庆二十二年(1817),知县刘肇绅捐赠《大学衍义》、《四书大全》、《四书汇参》、《十三书注疏》、《佩文韵府》、《通考》、《通典》、《通志》八种图书等。

后历代重修,圮于光绪间。

(四)白社书院藏书

原址在桐乡屠甸镇。前身是宋末元初江南有名的书院——白莲书院,初建于元,后毁。清光绪五年(1879)镇绅毕士颖、陈鸿畴筹款复建于泾塘南岸,更名白社书院,有厢房、讲堂等,院后隙地备建藏书楼。1905年改办公立石泾两等小学堂。1912年更名为崇道小学,现为屠甸镇完全小学。

(五)瀛洲书院藏书

清光绪十八年(1892)知县吴佑孙及士绅朱之榛在平湖小湖墩建瀛洲书院,藏书甚丰。

此外,清代嘉兴各县较著名的书院尚有平湖九峰书院,海盐蔚文书院,桐乡崇文书院、分水书院、立志书院,海宁州(清时属杭州府)安澜书院、仰山书院等,皆有藏书。

除上述书院藏书外,平湖学宫至清同治时也藏宪颁书籍15种。光绪十四年(1888),教谕许仁杰有感于陆陇其遗书散佚逾半,遂留心收集,得书数十种,并借录副本,藏书平湖书局。

二、清代嘉兴佛寺藏书

清廷虽以儒家思想作为精神统治支柱,对佛教也积极保护和扶植。清康、雍、乾三帝尤为看重浙江佛教。清前期,大批佛寺在历经明末战火摧残后得以重建或修复。清代的寺院藏书也就更加普遍并蔚为大观,其中嘉兴的佛寺藏书位于浙江的前列。

(一)精严寺藏书

精严寺地处著名风景区南湖端,始建于东晋咸和元年(327),宋大中祥符年间赐额精严寺。其中藏经阁经历代兴毁,至光绪二十年(1894)重建,翁同龢特书"龙藏"二字,现保存完好。藏经阁藏有佛经1700余卷1万多册,堪为佛门至宝。

精严寺占地17余亩,在嘉兴市区54座寺宇中,与楞严寺并列首位,历代御赐匾额,收藏文物数百件。20世纪20年代,一代高僧、现代艺术泰斗弘一大师来精严寺藏经阁阅讲经,大多藏书签皆弘一手笔。

(二)惠云寺藏书

惠云寺,位于桐乡梧桐镇凤鸣路康泾塘东岸,始建于后周广顺二年(952),称凤鸣院。显德年间(954—960)改名惠云院。明洪武十三年(1380)僧旸谷宾重建。二十四年(1391)赐额为惠云寺。清康熙四十六年(1707),僧严洁以《华严经》名增建华严藏经阁。清光绪《桐乡县志·寺观》记云:"寺之古者,每有大藏,以为法宝。经论分十二部,凡五千四十八卷,亦犹吾儒之有十三经、二十一史,诸子百家也;特建藏阁以贮之,龙天供奉,焚香敬诵,以示庄严。"

清咸丰十年(1860)毁于战火,破寺残容一直延续至20世纪30年代。

(三)崇福寺藏书

崇福寺,俗称西寺。建于梁天监二年(503),初名常乐寺。殿宇众多,佛寺建筑具有较高的艺术水平和地方特色,历代有遗存文物。清代全盛期,曾复建藏经阁专藏秘典,藏有佛经5418卷。还藏有历代碑刻,有王厚之临《兰亭序帖》石刻、唐代《无着禅师赞宁碑记》、南宋陆竣《崇福寺田记》等,还藏有匾额如有赵孟頫书写"敕赐崇福禅寺"、明嘉靖间的"祝延对寿"等。

寺现仅存金刚殿,为县级重点文物保护单位。

第五节 清代嘉兴公共图书馆的创建

清代嘉兴府、嘉兴县、秀水县、嘉善县、海盐县、石门县(今并入桐乡)、平湖县、桐乡县等皆有府学或县学之设,均有一定数量的藏书,以供士子诵读。藏书处多称尊经阁,在各府县学内。清康熙二年(1663)石门县学教谕陈祖法曾建县学尊经阁,雍正六年(1728)石门知县李廷铸又加重修。

清末时,嘉兴就建有国内最早的公共图书馆:嘉郡图书馆和海宁州图书馆。中国早期的公共图书馆基本上有两种类型:一种是由官办或官绅合办的图书馆;

另一种是由新派人士创办的图书馆。嘉郡图书馆属于前者,而海宁州图书馆属于后者。

(一)嘉郡图书馆

清同治、光绪年间,嘉兴知府许瑶光主持编修《嘉兴府志》,集典籍以作修志资料。光绪四年(1878)《嘉兴府志》完成,许瑶光把这批典籍连同《嘉兴府志》书版一起存放于鸳湖书院。鉴于清廷要求各地建学堂和图书馆,光绪二十八年(1902),嘉兴府学改为嘉兴府中学堂,光绪三十年(1904),清南洋大臣、两广总督陶模之子陶葆霖(惺存)与前湖南永顺知府嘉兴人金蓉镜,在原鸳湖书院的基础上建立了嘉郡图书馆。嘉郡图书馆有嘉兴府图书馆的含义,因为嘉兴府又名嘉禾郡,下辖嘉兴、秀水、桐乡、崇德、海盐、平湖、嘉善七县,而图书馆馆藏又是以原嘉兴府留存的图书为基础。在创办嘉郡图书馆的过程中,陶葆霖、金蓉镜及嘉兴一府七县的士绅、藏书家纷纷捐书集款,甚至南浔的刘承幹也捐赠了图书。馆藏图书数量在2万册左右,都是线装图书。嘉郡图书馆借用了当时秀水中学堂的校舍,并由秀水中学堂总理沈进忠兼主馆务,聘谭新嘉编馆藏书目。此为嘉兴公共图书馆之始。

(二)海宁州图书馆

海宁州清代属杭州府辖,今属嘉兴市。光绪三十年(1904)约三月间,海宁籍士绅祝鼎、周承德等八人呈请,以盐官镇海神庙西偏屋水仙阁为馆址,拨安澜书院所藏经史及时务各书为基本藏书,建立公共图书馆。四月奉准,正式成立海宁州图书馆。其中经费主要来源,部分由米捐庙疏提成拨允,部分由私人捐助。发起人将家藏之书或捐或存入以充实藏书,其中邑人朱宗莱、居世昌赞助最力。先后任干事(馆长)的有祝鼎、居世昌、朱宗莱。海宁州创办时有《章程》四十四条。第一章总则之第一条明确规定,本馆“购置各种有用书籍,纵人观览借阅”,明确其为公共图书馆;其创办宗旨为“研究学问,淬砺智德”,补助教学之未及。创办时书籍有法学科、文学科、兵学科、理学科、医学科、农学科、工学科、商学科、杂著科等九科,此外有各种图表、标本,并有日报、旬报若干种,由此可见藏书已具一定规模。此为海宁图书馆之前身。

嘉郡图书馆、海宁州图书馆是嘉兴近代公共图书馆事业的开端。嘉郡图书馆成立后,主要从事藏书编目,但初始未向社会开放。至1915年改称嘉兴县图书馆,向社会开放,为嘉兴市图书馆之前身。

第四章　民国时期嘉兴藏书及其变革

第一节　民国时期嘉兴藏书的社会环境

一、科举制度的余绪及新式学堂创办

辛亥革命推翻了清王朝的统治，历代沿用的科举制度在民国时期业已废止，但科举制度影响尚存，封建士人阶层在社会各个方面依然直接或间接地发挥着重要作用。嘉兴历朝科举达人众多，人文荟萃，不乏藏书大家、名家，客观上形成了民国时期嘉兴藏书延续发展的基础。

明清是嘉兴科举制度下考取进士人数的高峰时期，这两个时期也是嘉兴藏书史的繁盛、鼎盛时期。清末随着封建科举制度的废除，嘉兴藏书家的两大主力封建官僚与封建士人也日益衰弱，但到民国时余绪仍在，藏书之风仍盛。其中有较多藏书家是清末的士人，如平湖的葛嗣浵、陆惟鍌是清末的廪贡生、廪生；金蓉镜是1889年进士，近代学者；海宁的张宗祥是1910年殿试一等，金兆蕃是1889年举人；海盐的张元济是1892年进士；嘉兴的沈曾桐、沈曾植兄弟是1886年、1880年进士，王甲荟是1889年举人。

甲午战争失败后，在战败的刺激和战后变法潮流的推动下，科举制度走向尾声，浙江的改良思想家汤震等人主张建立新式学校，培养各种新型人才。兴办新式学堂的活动在浙江形成风气，近代教育开始在浙江产生。各地的士绅们，均能“激于公义”，“慨然以兴学为已任”，“竞相就乡间创立学堂”①。1898年海宁富绅张正名为发展家乡农业，捐巨资购地筑圃，创办崇正讲舍，教授农业科技和时务课。嘉兴妇女王氏，“读报章，知欲保身家，必先合群；欲合群，首在办学”，于是将其丈夫的遗产良田200亩全部捐献给学务公所办学。且在给官府的禀文中表示：愿倾产助学，以求教育普及。海宁州在庚子至辛亥12年间兴办的50所中、小学

① （清）李圭修，许传霈等纂：《海宁州志稿》卷四“学校”，民国11年(1922)铅印本。

堂有45所是由地方士绅创办的[①]。在庚子年以前出现的嘉兴竹林启蒙书塾已是普通小学的雏形。新式学堂为嘉兴培养了大批人才，如海盐藏书家黄源、王邃常，平湖的葛昌楣、孙振麟，桐乡的陆费逵，海宁的陈乃乾、赵万里、蒋复璁、蒋鹏骞，嘉兴的李树滋、郑寿庄、朱彭寿等。与此同时，西学的传播使浙江人看到了西方的先进科学技术，一些得益于新学的人开始走出国门，到欧美国家及日本去留学，学成归来为国所用。海宁王国维、蒋寿篯，海盐朱希祖均是留学日本归来的学者。新式教育的兴起，人才的辈出，使得嘉兴藏书承清代藏书之余绪，有所发展，仍是中国藏书要地之一。

二、新兴出版业的兴起

嘉兴地处上海、杭州、苏州之间，距南京亦近。民国时期以上四地旧书肆林立，为江南主要古籍图书流通市场。上海是当时中国出版业最为发达的地区，全国的出版、印刷中心。有名的出版机构有商务印书馆、中华印书局和文通书局等。嘉兴广受四地影响，设立了大同书局、世界书局分销处、嘉华书店、洪宝书局、文化书局。其中大同书局专营石印、木刻本等古籍，书源来自上海；平湖有创于清末之盛文萃、绮春阁等书庄，这一时期除售书外，兼营木板印刷；海盐有翰墨林书店，兼营雕版刻书业务；海宁有文魁堂，永鸣、永社、大众、前进、竟新等书局。

嘉兴籍人士在出版业影响较大者，有清末加入商务印书馆并主持商务印书馆编辑大政的海盐藏书大家张元济；光绪末年进入商务印书馆编译所担任编辑，后于1912年创办中华书局的桐乡藏书家陆费逵；二三十年代编辑出版《共学社丛书》的海宁藏书家蒋百里；1916年进入商务印书馆，开始从事编辑出版工作的桐乡茅盾；1919年以后长期在商务印书馆开明书店担任编辑的平湖徐调孚；毕生从事新闻出版工作的桐乡金仲华等。

嘉兴私家刊印图书者亦不少，颇有影响的丛书有：1920年张祖廉辑，嘉善张氏排印本《娟镜楼丛刻》；1921年陈乃乾辑，海宁陈氏影印《百一庐金石丛书》；谈文灯辑，海盐谈氏排印本《武原先哲遗书初编》；1927年劳乃宣撰，桐乡卢氏刊印本《桐乡劳先生遗稿》；王国维撰，海宁王氏石印本《海宁王忠悫公遗书》；1935年谭新嘉辑，印本《嘉兴谭氏遗书》；1936年金蓉镜编，金兆蕃续成，刻印《槜李丛书》初集等。由海宁陈乃乾慎初堂刊印的图书有：清海盐吴东发撰《石鼓读》、陈乃乾辑《古佚小说丛刊初集》；陈乃乾辑《元四家集》，于1922年上海古书流通处据元刊本影印；海盐张元济编辑的《海盐张氏涉园丛刻续编》，于1928年由商务印书馆排印出版。私家编撰的单部著作，民国初期自行刻印仍多，后多为石印或排印，委托当地的印刷单位印行。从事书籍印刷的单位，在嘉兴有振兴社、振新

① 浙江省教育志编委会：《浙江教育志》，浙江大学出版社，2004年。

社、新泰印刷所、时代印务局，平湖有绮春阁、文洽斋，海盐有海盐印务局，有的还承印当地的报纸期刊。

民国时期全国藏书日益衰退，嘉兴世代藏书之家的藏书较之清代亦有所减少，但嘉兴藏书家数量和藏书量却比全国其他地区同时期得到迅速恢复和增加。嘉兴出版业是当时国内最繁荣的中心之一，兼之海宁人陈乃乾、陈立炎为上海著名书商，嘉兴籍张元济、陆费逵、蒋百里等藏书家在出版业影响较大，与嘉兴藏书家联系甚密，为嘉兴藏书家藏书创造了有利条件。故民国时期嘉兴仍然保持一批有影响的藏书楼及藏书家。

第二节　民国时期嘉兴藏书家及其藏书

清末民初由于战争频发，特别是太平军进入嘉兴地区后，私家藏书迭遭变故，但民国时期嘉兴藏书流风犹存，仍为浙江乃至全国藏书要地之一。主要藏书家及藏书楼有沈曾植的海日楼、沈曾桐的赖古堂、王荫嘉兄弟的二十八宿研斋、金蓉镜的香岩庵等；海宁王国维的观堂、张宗祥的铁如意馆、陈乃乾的共读楼、蒋学坚的平仲园等；海盐张元济的涵芬楼、朱希祖的郦亭；平湖葛嗣浵的传朴堂、孙秉之的雪映庐、陆惟鍌的求是斋、胡士莹的霜红簃等；嘉善张天方的奎公楼等，这些藏书家及藏书楼称誉江浙。这一时期嘉兴不少藏书家既继承古代藏书家的优良传统，又顺应时代潮流，为其后的公共图书馆事业作出了巨大贡献，张元济创办涵芬楼，并将其发展成颇具规模的公共图书馆——东方图书馆即是一例。

一、嘉兴藏书家及其藏书

（一）嘉兴藏书名家名楼

1．沈曾植海日楼藏书

沈曾植（1850—1922），字子培，号乙盦，别字乙庵，晚号寐叟、寐叟，别署持卿、逊斋、余翁、姚埭、癯禅等。沈曾植字号极多，据《清人室名别号索引》统计，有61个之多。

先世居盐官，嘉兴姚家埭人。近代学者、诗人、书法家。光绪六年（1880）进士，曾任刑部贵州司主事，迁员外郎，擢郎中等职。在刑部任职18年，充总理各国事务衙门章京。光绪二十一年，与康有为等开强学会于京师，主张维新。湖广总督张之洞聘主两湖书院讲席，后官江西广信（今上饶）知府，升安徽提学使、布政使、巡抚等。沈曾植在政治上属于洋务派，推崇“中学为体，西学为用”的主张。安徽任职期间，大力兴办实业，开设工厂。他支持康梁变法，但又认为其措施过于激进,结果招致维新派和顽固派的双方排斥,故仕途并不得意。清帝退位后,一直以遗民自居,奉宣统年号,闲居上海。

沈曾植是清末民初知名的学者、藏书家、诗人及书法家。治学严谨博大、兼综汉宋,尤深于史学掌故,先治古今律令书,后专治辽、金、元三史及西北舆地、南洋地理,开辟前人未窥的新领域,与李慈铭齐名,有“沈李”之称。1914年,浙江设通志局,续修《浙江通志》,被聘为总裁,后局裁,修志中辍。

(1)藏书活动

沈氏藏书始于30岁考中进士踏上仕途之际。起初因家境较贫,加之官俸微薄,虽嗜求古书,常因囊中羞涩,善本名画,多不敢问津,只是在价格较低廉的书画中披沙拣金。经多年艰辛搜罗,加之鉴别精当,与其他藏书大家相比,虽藏品不能以万计,但精品亦琳琅满目。

沈曾植的收藏可分典籍、碑帖和书画三部分。在皖五年归居时唯携十万卷书,曾得肖穆敬止斋藏书甚多。藏书多善本,手自批校,丹铅淋漓,收藏及学术价值都很高。据其书目,有宋元本及抄校本不少,清本以康乾间刻本为胜,自称有三十五箱近千种。包括清初精印本《桃花扇》、元板黑口本《尔雅注疏》、旧抄本《雅翼》、孙星衍抄校本《说文解字》、批校本顾氏《说文解字》,又有明刻草本《韵会》,明李叔渊弘治刻本《遗山先生文集》四十卷之后半部,明万历洗墨池刊《薛涛诗》,明何焯校本、蒋氏校本《陈后山集》、明初刻本《贾浪仙长江集》、《倪云林先生诗集》,明刻本《河岳英灵集》,严嵩刻《云台编》,宋松江钱希武刻《白石道人歌曲》,清汉阳关棠手稿本《师二宗斋读易札记》等善本书。

光绪末年至民国初年是沈曾植购置善本古籍最多的年份。据《海日楼题跋》收录书目,宋刻本四种,元刻本五种,此外明刻本、影宋本、名人题跋本也较多。沈曾植尤其喜爱黄庭坚的诗。晚年客居上海时,数年即收有黄庭坚诗文集九种版本,其中宋刻本三种,元刻本一种,明刻本四种,还有一种为日本活字印本,均为世间罕传的珍本,其中一些是清代翻刻的祖本,学术价值很高。

沈氏有《海日楼书目》一册,抄本。书名下注:“全目一至三十五号,乙丑(1925)沪寓抄。”并钤“慈护”印。是目依三十五箱著录,不分类,约千余种。又有《海日楼行笈书目》。

藏书处为海日楼,其他还有全拙庵、逊斋、潜究室、护德瓶斋等。

其藏书印甚丰,常用的有:“沈曾植印”、“乙庵”、“寐翁”、“东轩”、“癯禅”、“植”、“海日楼”、“寐叟”、“曾植”、“姚埭沈氏珍藏”、“沈印曾植”、“踵息轩印”、“子培甫”、“逊斋居士”、“象莲花未开形”、“知一念即无量劫”等。

关于沈曾植的藏书归属问题,在伦明《辛亥以来藏书纪事诗》中有“沈曾植”条,云“有《海日楼藏书目》,集中多题跋之作,曾影印手稿二册,首数篇即辨版之作。若《元朝秘史注》十五卷附《九十五功臣名》一卷。《蛮书校补》一卷,《岛夷志略笺》一卷,《蒙鞑备录》、《黑鞑事略》、《西游记》、《异域说》、《塞北纪程》、《近

沈曾植藏书印

疆西夷传》各一卷，皆由吾友张孟劬之校定。待刊尚有诗文稿、笔语、杂俎之类存于家，所藏书亦未散失。”可证1935年时其藏书尚存家中。

（2）碑帖及书画的收藏

沈曾植除收藏书籍外，还收藏碑帖、书画。据《海日楼题跋》所录，宋拓本有20余种，明拓本、名人题跋本也较多。最著名的有宋拓《淳化阁帖》，宋拓王羲之书《乐毅论》、《黄庭经》，王献之书《洛神赋》等，均为传世名帖。《淳化阁帖》是宋太宗淳化年间将秘阁所藏历代法书临摹刻石，然后拓成的法帖，共十卷，多为晋唐名家遗墨。清康熙时，刑部尚书、书画家张照就收藏有宋拓《淳化阁帖》。此帖在清末时被工部尚书吕海寰以600元购藏，时称宋拓第一。沈曾植藏的宋拓本，与此帖同源，且拓本时间尚在张照藏本之前，可见沈曾植帖学之精。

沈曾植对书画的收藏始于光绪末年，其中书多明清书画名家作品，如文徵明、董其昌、唐寅、陈洪绶、刘墉等。如民国5年（1916）购得董其昌书诗卷，视为珍宝。

沈曾植生前未将自己的全部藏书编写成书目，只是把为善本书、名画、名帖撰写的题跋辑成《寐叟题跋》二集行世，1926年影印手稿本，其中第一集为碑刻书画题跋，第二集有书籍题跋69篇。

（3）著述等身

沈曾植潜心于校勘考证，与湖州嘉业藏书楼主人刘承幹，著名藏书家、校勘学家傅增湘、缪荃孙、张钧衡等相友善，过从甚密，每有好书及学术心得，则互相交流。刘承幹藏书刻书，曾植为之鉴定版本，推荐刻印书稿，为所刻印书撰序跋，出力颇多。

作为大学者，沈氏生平著述繁富，著有《海日楼元秘史补注》十三卷、《元圣武亲征录校本》一卷、《岛夷志略广证》二卷、《寐叟乙卯稿》一卷、《海日楼诗》二卷、《曼陀罗呓词》一卷、《寐叟题跋》（后改《海日楼题跋》）二集、《蒙古源流笺证》八卷、《海日楼札丛》、《沈曾植文集》、《汉律辑补》、《晋书刑法志》、《元朝秘史笺注》十五卷、《西北舆地考》、《海日楼诗文集》等40余种。

纵观近代儒林，沈曾植称得上一位承前启后的大学者、藏书家，一位有着强烈的社会责任心的传统大儒，一位有着精深造诣和多方面艺术成就的文化名人。

沈曾植故居在嘉兴城内姚家埭，建筑至今保存完好。其墓在今嘉兴郊区马桥乡苲蔀村，为市级重点文物保护单位。其子沈慈护于20世纪50年代将嘉兴住宅捐献给政府，把其父所遗文物分别献给浙江省和嘉兴文物管理部门。

沈曾植铜像

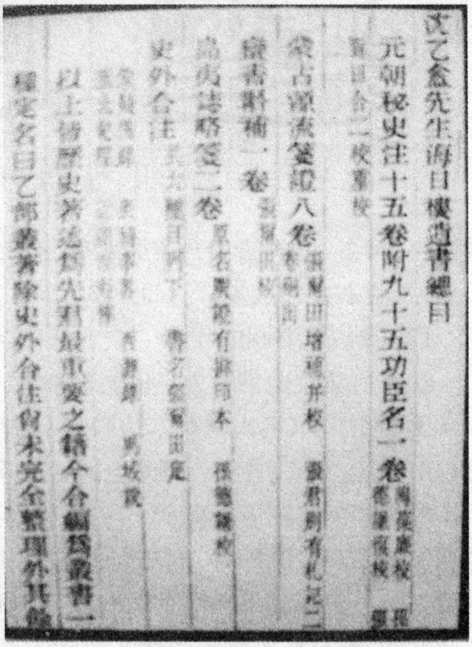

沈乙盦先生海日楼遗书总目

2. 王甲荣父子藏书

王甲荣(1850—1930)，原名后培，字部畇，一字步云，号次逸，晚号冰叟、冰镜老人，嘉兴人。近代诗人。光绪十五年(1889)举人，历任广西永淳、富川等县知县，兼署富川县学教谕、钟山理苗通判，候补直隶州知州，知府衔。《永淳县志》将其列入循吏传。晚年在嘉兴参与地方自治，讲授诗词古文。民国9年(1920)6月28日，王甲荣等士绅致电浙江督军，反对混战的军阀部队扰害嘉兴。民国13年(1924)2月平湖葛稚威创办尊古讲会，应聘讲学。

甲荣好藏书，藏书甚富，吴晗《江浙藏书家史略》称："藏书极富，至三万余卷及手稿一箧，惜庚子乱，尽毁于兵燹之中。"藏书处名为二欣室、斜桥老屋。

甲荣工书法，习钟王；博学，著述甚多。著有《二欣室文集》二卷、《二欣室诗集》八卷、《二欣室诗录》一卷、《二欣室随笔》若干卷、《二欣室骈文集》若干卷、《二欣室楹联偶存》一卷、《二欣室记事珠》一卷、《行政纪略》二卷、《庚子京畿见闻录》二卷、庚子前诗词稿若干卷等。尤工诗词，其诗词风格近似李商隐、陆游，所作《彩云曲》，反映庚子事变的惨痛史实，为近代诗歌的名篇。

王蘧常(1900—1989)，甲荣子。字瑗仲，号端六、明两，别号涤如、甪里翁、玉树堂主，晚号欣欣老人。嘉兴人。藏书家、书法文献家。少时受业于著名学者沈曾植，为沈晚年入室弟子。后就学于无锡国专，又问学于梁启超。历任无锡专门学校、上海光华大学、大夏大学、暨南大学、交通大学教授。新中国成立后任复旦大学教授。少攻诗词，后研究经、史、诸子之学，旁及谱牒之学。著述丰富，有《沈寐叟年谱》、《严几道年谱》、《诸子学派要诠》、《先秦诸子书答问》及诗文集《抗兵集》、《明雨庐诗文存》。另有《国耻诗话》、《明两庐题跋劫余录》、《章草十八帖》等。

王蘧常以书法著称于世，其章草书法别树一帜，特点是无一笔不具古人面目，无一笔不显自己的精神。作品曾先后到法国、日本展出。日本书法界则更称颂为"古有王羲之，今有王蘧常"，对他推崇备至。

藏书事迹未详，但伦明《辛亥以来藏书纪事诗》载其人，为一藏书家。

2002 年 11 月 19 日，王蘧常子女向嘉兴市政府捐赠第一批王蘧常遗物，共 19 箱。存放在现在的南湖纪念馆内。遗物包括王蘧常藏书 3039 册，其中一部分有王蘧常的眉批。还有王蘧常原书房的红木八仙桌、红木椅子四把、沙发、茶几、书橱、书桌以及文房用品、小摆设。谢稚柳画给王蘧常的《梅花图》、王蘧常自题"明两庐"匾额也在捐赠之列。

3．沈曾桐赖古堂藏书

沈曾桐(1853—1922)，曾植弟，字子封，又字同叔，号檗宦，嘉兴姚家埭人。光绪十二年(1886)进士，授编修，曾任湖北考官，1884 年入李鸿章幕，1889 年任广东布政使。助兄沈曾植创办强学会，组织维新团体。为官广东期间，于宣统元年(1909)，奏请在广雅书局旧址设立广东图书馆，拨款五万元兴建之；1910 年广东图书馆将广雅书局和广雅书院等部分藏书向市民开放；1912 年 6 月更名为广东图书馆，是为广东省立中山图书馆前身。

嗜好收藏，藏书甚富。伦明《辛亥以来藏书纪事诗》云：曾桐"亦好收藏，官粤东日，购南海孔氏书甚多，凡新抄本皆归之"。曾桐官广东学政时，值清末广州孔广陶三十三万卷堂书散，曾桐购孔氏遗书甚多，凡新抄本皆归之。三十三万卷堂为清末藏书名楼，所藏多宋元刻本，清殿本亦富。清光绪间杭州藏书家丁丙补抄文澜阁《四库全书》，曾向孔氏商借底本。后曾桐为总督张坚伯所劾，罢官而居京师。叶景葵《卷盦书跋·思益堂日札》云："庚辰(1940)初正，选购群碧楼书，得杨秋室手校抄本《鲒埼亭集》，内有沈子封先生签校，乃恍然悟此册亦先生手抄。……先生冲和笃实，博极群书，为光绪朝一朴学。生平不以著述标榜。其声闻亦为乃兄乙盦先生所掩。"

藏书处为赖古堂、广严精舍、醉六堂。

藏有旧抄本《陈仲遵校本〈河南邵氏闻见录〉跋》，傅增湘曾借此书校已藏明汲古阁本，发现此本较明沈夷初本、沈辨之本，清黄荛圃本、周季贶本、缪艺风本为佳胜，称赞此本"孤本秘笈，宁非宇宙之瑰宝乎"。沈曾桐又尝赠傅氏校宋本《元氏长庆集》。

傅增湘《藏园群书题记》述其藏书散佚："其后同叔殁，楹书星散，时时流落坊肆间,余频物色此书,竟渺不可得。今岁八月,有老媪持此诣文德坊中求售,人皆掉臂不屑一盼,余亟属韩估以善价收之。回忆一瓻雅故,忽忽已十五六年矣,展转迟回,竟入吾箧,读已见书,如逢故人,矧又为故人之遗籍乎?同叔闳识孤怀,高视一世,娴于朝章国故,雅善清谈。鼎革后屏居燕京,郁郁寡欢,视朋辈少所许可。藏书甚富,不轻以假人,顾独于余若有夙契,经岁往还,名抄秘校,常相论赏,频年传校之书殆百余卷。宋元古椠,或斥以易米,余为作缘者有宋拓《钟鼎款识》、宋大字本《中庸集注》、宋本《内简尺牍》,纸墨精好,世所希觏。余箧中有校宋本《元氏长庆集》,则公所辍赠者也。"殁后,某季子某设书店于后门大街,曰赖古堂,售所蓄,颇得善价,数年书尽,旋闭歇。

伦明《辛亥以来藏书纪事诗·沈曾桐》言其藏书与散书,诗云:

> 赖古堂中无雪客,太邱门内愧元方。
>
> 一官换的书归去,即是千金陆贾装。

4. 金蓉镜香岩庵藏书

金蓉镜(1856—1928),初名义田,字养寿,更名蓉镜,字阇伯,一字甸丞,一作殿丞,又字学范、潜父,号莘甫,又号香岩、潜庐、谦斋,自号滮湖遗老,别号敬持老人。秀水人。清光绪十五年(1889)进士,授工部主事,考取军机,改直隶州,后官湖南郴州、靖州直隶州知州,永州府知县等。蓉镜诗文皆渊雅,喜画山水。吴湖帆以金蓉镜、陈曾寿、夏敬观、宣古愚为近代四大文人画。他尝居上海周庆云晨风庐多年,相与考订文史。辛亥革命后归居嘉兴南湖畔,作画于鸳鸯湖高士祠,家居不入城市,日以丹黄为事。高士祠于民国4年(1915)由金蓉镜创建,在小盐仓桥南堍,祀宋元以来嘉兴历代先贤,如乡贤王衷、陶菊隐等人。他曾师事同里沈曾植,并助续修《浙江通志》,"田赋"一门即出其手,以《田赋略》私资刊行。

好藏书,藏书甚富,达数万卷。高士祠之香岩庵,为其藏书著述之所,有《书目》。

蓉镜不仅自己好藏书,还关心家乡公共图书馆事业的建设。光绪三十年(1904),与陶葆霖、沈进忠等发起捐书集款,筹办嘉郡图书馆。金蓉镜曾立下遗嘱,把在南湖盐仓桥南堍高士祠内的藏书捐献嘉兴图书馆。这批图书计1364部6268册,此外还有他的信札、手稿等。捐赠之书,不乏明版孤本、佳刻精抄。

蓉镜除藏书外,还喜刻书与著述,刻有《穆天子传》六卷、白纂修《靖州乡土志》四卷首一卷、自撰《郴游录》一卷、《郴州集》一卷、《潜庐文钞》二卷、《瘀气集》三卷、《诗集》四卷等,南京图书馆均有收藏。

著有《潜庐杂记》、《嘉禾杂事》、《禾录》、《谈屑》、《潜庐文存》、《滮湖遗老集》四卷、《续集》四卷、《郴游录》、《靖州乡土志》、《瘀气集》、《潜庵诗草》四卷、《檇李高逸传》、《香严庵杂稿》八种,重修《秀水县志》等。

金兆蕃(1867—1938),金蓉镜从弟。原名义襄,字篯孙,号药梦老人,别署安乐乡人,秀水人。清末移居平湖县。清光绪十五年(1889)举人,任内阁中书,曾著《各国订约始末记》，倾心于变法。后应清廷经济特科之选，为一时名流。曾任江苏度支公所莞榷科科长。辛亥革命后任北京政府财政部佥事。1915年任财政部会计司司长，次年改署财政部赋税司司长，并任财政善后委员会委员等。1919年，北洋政府设立清史馆修清史，参与纂修。浙江省编修《浙江通志》，部分稿件亦由其撰著。博学多闻，著有《安乐乡人诗》六卷、《药梦词》四卷。又熟悉满洲史事，撰有《建州事实》之作及文百余篇。与金蓉镜补刊《嘉禾徵献录》。

光绪年间，嘉兴藏书家、学者忻虞卿着手编纂收录嘉兴府属七县先贤著作的地方文献总集《槜李文系》，并已搜罗到较为丰富的著作，无奈年事已高，于是把此事托付给了葛嗣浵。葛嗣浵邀请儿女亲家，著名出版家、藏书大家张元济及金兆蕃共同主持此项工作，并由金兆蕃定稿，历时十数年，终于在1935年完成《槜李文系》的编纂，共八十卷，收录汉唐至清末2345位作者的4041篇文章，为保存嘉禾文献作出了巨大贡献。

5．祝廷锡知非楼藏书

祝廷锡(1864—?)，字心梅，号小雅、俟翁，晚号俟庐老人。出生海宁，侨居嘉兴新丰竹林30余年。幼年丧父兄，孀母孤子随舅迁徙竹林，仗其母戴氏夜以继日闭户纺织养家糊口。6岁时，经舅舅帮助去乡塾读书，15岁为钱庄学徒，23岁任出纳。早年受敖嘉熊影响，并1900年与敖嘉熊、唐纪勋等在嘉兴创办竹林启蒙书塾，推广新式教育，并在嘉兴加入竞争体育会，鼓吹宣传抵制美货。竹林启蒙书塾是嘉兴地区最早开设的新学堂，后改名为竹林初等小学、新丰区第一国民学校，是今嘉兴市竹林乡中心学校前身。并成立守约学会，订阅书报，研究西学。建立竹林学稼公社，试办新式农场，走改良道路，赞助和支持革命。在杭嘉湖一带颇负声誉。辛亥革命后，以藏书、读书、著述自娱。

祝氏一生省吃俭用，积资购书数万册，藏于知非楼(现嘉兴市竹林乡政府所在地)，其中也有不少为珍本秘籍。特别是所藏清刻本之中，多有精美绝伦之书，十分罕见。如知非楼所藏渔书楼刻《李长吉集》、清初刻《梅道人遗墨》、《王言远诗》、《白石诗钞》、《词钞》、《陶靖节诗集》等。其中《梅道人遗墨》一卷，清初刻。传世只有钞本，俱从此出。此秘册未见著录，原刻则绝罕传。此书7行，18字。白口，四周单边。版心上题“遗墨几”，记叶数也。前有同里后学萧林钱棻叙，次目录。后有附录，陈继儒梅花庵记，钱士升修梅花庵缘起，谢应祥修梅道人墓记，孙茂芝梅花墓考。钤有“知非楼藏书”、“小雅珍爱之籍”等诸印。

藏书印有“知非楼所藏书”、“小雅珍爱之籍”、“祝廷锡”、“曾为祝小雅阅”等。

祝氏以传布为已任，具有使一家之书为众人所用之观念，倡导藏书的开放流通，知非楼藏书，供时人阅读，传播新思想、新文化。惜现楼废书轶。

另有藏书之所名为俟庐，编有《俟庐藏书志》三十四卷《补遗》二卷，1951年夏，该手稿及其俟庐所剩藏书5000册3万卷一并由嘉兴图书馆古籍部收藏。

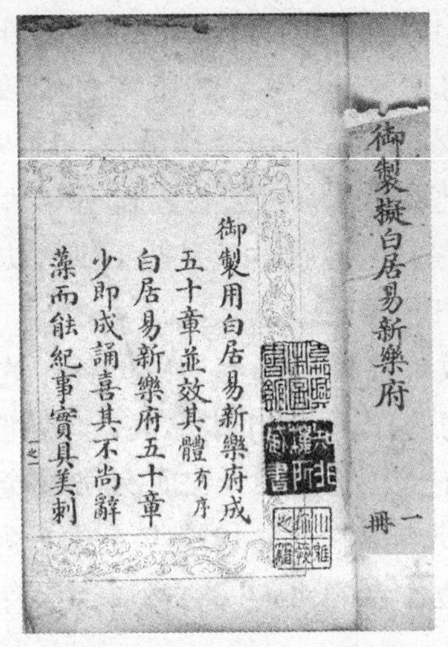
御製擬白居易新樂府　一冊

御製用白居易新樂府成五十章並效其體 有序

白居易新樂府五十章少即成誦喜其不尚辭藻而能紀事實具美刺

知非楼藏本《御制拟白居易新乐府》书影

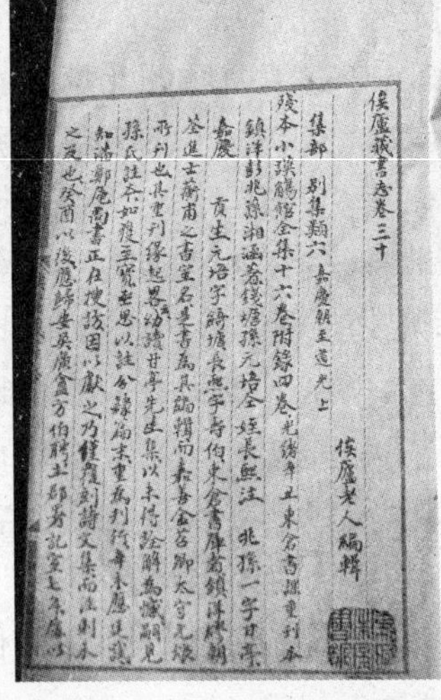
俟廬藏書志卷三十

俟廬老人編輯

集部　別集類六　嘉慶朝至道光上

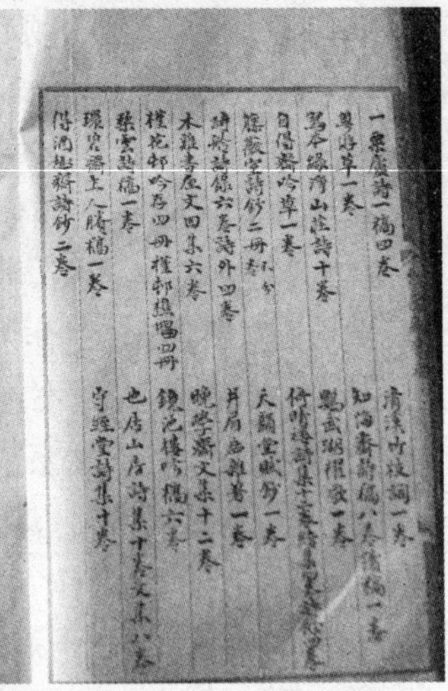

祝廷锡《俟庐藏书志》手稿

晚年勤于著述，著有《明诗综姓氏韵编》、《讷翁随笔》、《知非楼文稿》，均为稿本，现存嘉兴市图书馆。还编有《竹里诗萃续编》八卷、《祝氏史传汇编》、《知非楼杂缀》不分卷、《梅里志校勘记》二卷、《竹里诗萃续编》及《竹里八圩志》等近10种。其中《竹林八圩志》始撰于1920年至1932年，历经13年成书，共13万字，翔实记载竹林镇历史沿革以及社会、人文等状况，备受后人推重。

附：节选《俟庐藏书志》手稿收录部分图书书目

(1)节选收录的部分丛书

《汉魏丛书》六十二种二百八十五卷，《秘书》二十一种八十七卷佚一种，残本《正谊堂丛书》八种五十四卷，《乍川文献》六种二十三卷，《昭代丛书》二集五十卷补五卷，《戊集》二十三卷、《己集》十卷、《庚集》十五卷、《辛集》二十二卷、《壬集》十五卷、《癸集》十三卷，《奇晋斋丛书》残本十二种十三卷，残本《说郛续》十二种，《说铃》残本三种五卷、《平津馆丛书》三十一种二百四十二卷，《湖海楼丛书》十二种七百卷附三卷，《邵武涂氏丛书初刻》十四种八十三卷，《艺海珠麈》残本五十三种一百二十卷，《小石山房丛书》三十三种五十三卷，《华亭张刻丛书》残本八种十二卷，《武林掌故丛编》十种二十四卷，《西湖集览》二十五种四十二卷，残本《别下斋丛书》八种十九卷附二卷，《宜稼堂丛书》二种一百二十卷《札记》五卷残本，《海昌丛载》甲乙编四种十六卷，《海昌丛载》甲乙编四十一种二十五卷《甲编》十六种，《槜李遗书》二十五种八十三卷，残本《别下斋丛书》八种十九卷附二卷、《粤雅堂丛书》六十六种三百九十四卷，《榆园丛刻》十七种五十七卷、《海山仙馆丛书》四十六种四百二十卷，《清风室丛书》六种二十六卷，残本《古逸丛书》二种三卷、《进步丛刻》九十四种六百六十卷，《涵芬楼秘笈》七集三十五种一百二十卷附三卷。

《皇清经解》一百五十三种一千二百七十卷,《通志堂经解》八种一百一十五卷,残本《汉魏遗书钞》六十种八册,《金华丛书》,《吴万氏经学丛书》,《高密遗书》十种无卷数,《国粹丛书》十三种二百一十五卷内府一种不分卷,《国粹学报汇编》二十四种不分卷,《励学译社丛刻》六种九卷,《萃云阁丛刊》,《古今说部丛书》五集一百六十七种一百三十五卷不成卷九十四种不分卷二种,《古学汇刊》第一编十二种十二卷,《升庵》二十四种残本二十种四十卷,《孙文恭公遗书》六种附二种二十四卷,《李竹嬾先生说部》十种二十一卷,《亭林集》十种二十七卷,《船山丛书》五十六种二百八十九卷《校勘记》二卷,《周孟侯先生全集》七种三十五卷,《张杨园先生全集》四十六卷,残本《朱子杂著》五种七卷,残本《西河合集》四十九种一百四十三卷,《陆子全书》十八种一百三十卷,《鹿洲全书》九种四十四卷,《陆云士杂著》七种二十一卷,《汪龙庄先生遗书》七种十六卷,《别本汪龙先生遗书》三种九卷,《戴氏遗书》十四种六十卷又一种无卷数,《微波榭遗书》九种二十六卷,《微波榭算经》十种二十七卷,《自岳厂杂缀》等等。

(2)二十三卷、二十四卷藏书目录

卷二十三(上)收录图书目录:

《孝传》一卷,《新增说文韵府群玉》二十卷,《文选锦字》二十卷,残本《潜确类书》一百二十卷录四卷,《钦定佩文韵府》一百零六卷子卷二十四卷,《韵府拾遗》一百零六卷子卷六卷,《类书纂要》三十三卷,《日钞揽最》二十册,凭山阁汇辑《留青采珍集》前函十卷《后函》十卷,《广广事类赋》三十二卷,《历史感应统纪》四卷,《事类赋》三十卷,残本《山堂肆考》二百二十一卷,《五车韵瑞》一百六十卷,《御定渊鉴类函》四百五十卷目,《御定子史精华》一百六十卷,《格致镜原》一百卷,《广事类赋》四十卷,《乐府侍儿小名录》二卷,《山海经广注》十八卷图五卷,《山海经》十八卷,残本《酉阳杂俎》十一卷《续集》十卷,残本《水东日记》二十卷,写本《敬所笔记》一卷,《阅微草堂笔记》二十四卷,《熙朝新语》十六卷,《归田琐记》八卷,《灯窗琐话》一卷,《剑侠传》四卷像一卷,《冷斋夜话》十卷,《古今异苑别集》二卷,《物感》一卷,《南野堂笔记》十二卷,《啸亭杂录》十卷《续录》三卷,《苋园杂说》二卷,《印雪轩随笔》四卷,《对山书屋墨余录》十六卷,《春明客梦录》四卷,《复辟半月记》一卷,铅印《二十三子》三百三十二卷附三卷,《老子道德经》二卷《音义》一卷,《管子》二十四卷,《列子》八卷,《文中子中说》十卷,《鸡冠子》三卷,《孙子十家注》十三卷,《晏子春秋》七卷《音义》二卷《校勘记》二卷,《吕氏春秋》二十六卷,《胐盦客座谈话》二册,《庄子》二十卷,《荀子》二十卷,《韩非子》二十卷,《韩非子识误》三卷,《淮南子》二十一卷,《扬子法言》十三卷《音义》一卷,《墨子》十六卷,《孔子集语》十七卷,《贾子新书》十卷,《春秋繁露》十七卷,《黄帝内经》二十四卷,《素问遗篇》一卷,《云枢》十二卷,《竹书统笺》十二卷,《商君书》五卷,《文子缵义》十二卷,《尸子》二卷等。

卷二十三(下)收录图书目录:

局刻子书百家,光绪纪元湖北崇文书局开雕。

儒家类二十三种,魏王肃《孔子家语》十卷,宋薛据《孔子集语》二卷,周荀况《荀子》三卷,汉孔鲋《孔从子》二卷,汉陆贾《新语》二卷,汉刘向《新序》十卷,汉马融《忠经》一卷,汉贾谊《新书》十卷,汉桓宽《盐铁论》,周公孙龙《公孙龙子》一卷,周人《鬼谷子》一卷,楚人《鸡冠子》三卷,秦吕不韦《吕氏春秋》二十六卷,汉刘安《淮南子》二十一卷,梁元帝《金楼子》六卷,北齐刘昼《刘子》二卷,北齐颜之推《颜氏家训》二卷,汉蔡邕《独断》一卷,汉王充《论衡》三十卷,汉刘向《说苑》二十卷,汉扬雄《法言》一卷、《方言》十三卷,汉王符《潜夫论》十卷,汉荀悦《申鉴》十五卷,汉徐幹《申论》二卷,晋傅元《傅子》一卷,晋王通《文中子》一卷,唐林慎思《续孟子》二卷、《伸蒙子》三卷,唐张弧《素履子》三卷,汉班固《白虎通》四卷,汉应劭《风俗通》十卷,汉牟融《牟子》一卷,晋崔豹《古今注》三卷,宋黄晞《聱隅子》二卷,宋马永卿《懒真子》五卷,宋苏轼《广成子解》一卷,明庄之臣《叔苴子》八卷,明刘基《郁离子》一卷,明李梦阳《空同子》一卷,明王文禄《海沂子》五卷,宋胡宏《胡子知言》六卷,明薛瑄《薛子道论》三卷,明王崇广《梅樵子》一卷;兵家类十种,风后《握奇经》一卷,周太公望《六韬》三卷,周孙武《孙子》三卷,周吴起《吴子》二卷,齐司马穰苴《司马法》一卷,周尉僚《尉僚子》二卷,黄石公《素书》一卷。小说家杂事类三种,燕太子丹《燕丹子》三卷,唐无名氏《玉泉子》一卷,南唐刘崇远《金华子》二卷。小说家异闻类十三种,晋郭璞《山海经注》十八卷、《山海经图赞》一卷,明杨慎《山海经补注》一卷,汉东方朔《神异经》一卷、《海内子洲记》一卷,汉郭宪《洞冥记》四卷,汉诸葛亮《心书》一卷,宋何去非《何博士备论》二卷,宋李纲《李忠定辅政本末》一卷。法家类六种,齐管仲《管子》二十四卷,齐晏平仲《晏子春秋》六卷,秦商鞅《商子》五卷,周邓析《邓析子》一卷,周尸佼《尸子》二卷,周韩非《韩非子》十二卷。农家类一种,后魏贾思勰《齐民要术》十卷。术数类二种,汉扬雄《太元经》十卷,汉焦延寿《易林》四卷。杂家类二十八种,周鬻熊《鬻子》一卷,周计然《计倪子》一卷,齐陈仲子《于陵子》一卷,晋程本《子华子》二卷,宋墨翟《墨子》十六卷,周尹文《尹文子》一卷,周慎到《慎子》一卷,晋郭璞《穆天子传》六卷,秦王嘉《拾遗记》十卷,晋干宝《搜神记》二十卷,晋陶潜《搜神后记》十卷,晋张华《博物记》十卷,宋李石《续博物记》十卷,梁任昉《述异记》二卷。道家类十四种,汉张良《阴符经注》一卷,周尹喜《关尹子》一卷,晋王弼《老子道德经注》二卷,元吴澄《道德真经注》四卷,周庄周《庄子》三卷,明杨慎《庄子阙误》一卷,周列御寇《列子》二卷,晋葛洪《抱朴子》八卷,庚桑楚《亢仓子》一卷,唐张志和《元真子》一卷,唐无名氏《天隐子》一卷,唐无名氏《无能子》

三卷，明王文禄《胎息经》一卷，明无名氏《至游子》二卷。

卷二十四（上、下）收录图书目录：

《佛说四十二章经佛遗教经八大人觉经》三种合订，写本《佛说四十二章经》，写本《佛遗教经》，写本《八大人觉经》，《佛说梵网经》上下二卷，《大方广圆觉修多罗了义经》二卷，《妙法莲华经》附《音释》七卷，《地藏菩萨本愿经》三卷附《音释》，《地藏菩萨本愿经白话解释》，《金刚般若波罗蜜经》，写本《佛说四十二章经注》，写本《佛遗教经》《经注》一卷，《贤劫经》七卷，《大方广圆觉修多罗了义经》上下二卷，《地藏菩萨本愿经》三卷，影宋《地藏本愿经》三卷附《地藏灵验记》一卷，《地藏经》附《净土辑要》，写本《楞伽阿跋多罗宝经》二卷，《金刚般若波罗蜜经》附《金刚经证验》《金刚感应事迹》（永乐大典本），《金刚经般若波罗蜜经》一卷附《千手千眼观音菩萨大圆满无碍大悲心陀罗尼经》，《金刚经句解易知》二卷附《感应故事》一卷，《金刚经般若波罗蜜经注解》，《摩诃般若波罗蜜多心经注解》，《大方广如来不思议境界经》，《文殊师利所说摩诃般若波罗蜜经》，《药师琉璃如亲本愿功德经旁解》，《大方广佛华严经入不思义解脱境界普贤行愿品文殊普贤章》，《妙法莲华经安乐行品科注》，《维摩诘所说不可思议解脱经释》，《首楞严经索隐》十卷，《金刚般若波罗蜜经宗通》九卷，《般若波罗蜜多心经注解》，《金刚般若波罗蜜经校正》，《佛说月上女经》，《佛说孛经》，写本《维摩诘所说经》上中下三卷，《金光明最胜王经》十卷，《楞严集注》十卷附《楞严释题》二卷，残本《华严经疏演义钞》九卷，《佛说无量清净平等觉经》三卷，《佛说阿弥陀经要解》，《阿弥陀经白话解释》二卷附《修行方法》，《弥陀疏钞撷》，《净土五经》，《四分戒本》，《教观纲宗》一卷附《释义》一卷，《龙舒增广净土文》十二卷，《宝王三昧念佛直指》上下二卷，《无量寿经优婆提舍愿生偈注撷》，《观无量寿经妙宗钞》四卷，《佛说阿弥陁经要解》，写本《佛说阿弥陀经要解》，《西方发愿文简注》，《佛说大阿弥陀经》上下二卷附《经疏》一卷，《六祖大师法宝坛经》，《昆尼关要事义》，《教观纲宗释义纪》三卷附《始终心要》一卷《三千有门颂略解》一卷，《龙舒净土文》十二卷附《补遗》，《经中经文经徵义》三卷卷首一卷，《日诵经咒简易科仪》，《重订二课合解》七卷卷首一卷，《功德颂》一卷，《成唯识论》十卷，《二刻论合刻》二卷，《报恩论节本》二卷卷首一卷附一卷《经正民兴说》一卷，《报恩论》《节钞》《续钞》，《唯识方便谭第一编》，《龙居士语录》一卷《诗》二卷，《永嘉禅宗集》一卷，《高峰语录佛事要略》上下二卷，《师子林天如和尚语录》三卷，《观世音菩萨本迹感应颂》四卷，《金刚经》，增订《地藏菩萨本迹灵感录》，《华严原人论合解》二卷，《俱舍论颂疏》三十卷，《观所缘缘论贯释》，《简心十道疏解》，《指月录》二卷，《天目中峰和尚广录》三十卷，《天如和尚净土或问》一卷，《明正统石佛寺僧佛事稿》，《慈航老人竹间语》一卷，《晦翁禅师语录》一卷，《博山大师宗说等锡》

一卷,《百痴禅师住金粟语录》一卷,《嵩庵正禅师语录》二卷,《亮辰御禅师语录》二卷,《祖庭钳锤录》二卷附《宗门杂录》,《雨青禅师通玄语录》一卷,《淑安禅师语录》四卷,《天地玉芝和尚内集》二卷,《毘庐阁草唱》一卷,《龙湖语录》六卷,《月幽禅师语录》四卷,《黄波护法随缘》二卷,《旅庵禅师奏对录》一卷,《赤潭明珠禅师语录》四卷,《松隐老人集》上下二卷,《弁山百愚禅师语录》二卷,《雨青禅师源流颂》,《因是子静坐法续编》,《证性录》上下二卷附《圣宗颂》《释家颂》《文成会答问》,《增广印光法师文钞》四卷,《净土圣贤录初编》九卷《续编》四卷《三编》一卷《补遗》一卷,《历史感应统纪》四卷,《佛学》,《戒杀放生答问》,《佛学小辞典》,残本《云楼法师汇》二十九种附七种五十五卷,《梵网经心地品菩萨戒义疏发隐》三卷附一卷,《佛说阿弥陀经疏钞》四卷,《法界圣凡水陆胜会修齐仪轨》六卷,《正信录》上下二卷,《指月录》二十八卷,《募刻佛教全藏疏》,《素食主义》一卷,《观世音菩萨感应灵课》,《佛遗教经论疏节要》,《具戒便蒙》,《沙弥律义要略》,《禅关策进》,《缁门崇行录》,《瑜伽集要施食坛仪》,《皇明名僧辑要》,《自知录》二卷,《西方愿文解》,《竹窗随笔》《竹窗二笔》《竹窗三笔》三卷,《直道录》,《云楼大师遗稿》三卷附《补遗》一卷,《云楼纪事》一卷附《孝义无碍庵录》一卷,《沙弥比丘比丘尼戒录要》,《僧训日记》,《华严感应略记》附《华严六经处会品目总要之图》,《往生集》三卷附一卷,《武林西湖高僧事略》一卷《续》一卷,《楞严摸象记》,《戒杀放生文》一卷附刻一卷,《正讹集》,《云楼大师山房杂录》二卷,《云楼共住规约集》四卷,《云楼大师塔铭》一卷,《安士全书》十四种十四卷,《遇神记》,《欲海回狂集》三卷附《省庵颂》,《谛闲法师讲录》四种四卷,《大佛顶首楞严经序指味疏》,《妙法莲花经观世音菩萨普门品讲义》,《老子道德经》上下篇附《音义》,《列子》八卷,《庄子》十卷,《南华真经评注》九卷,《庄子口义》三十二卷《音释》一卷,《阴骘文广义节录》二卷附《了凡四训》,《万善先贤集》四卷附六种,《西归直指》四卷卷首一卷附《劝发菩提心》,《始终心要解略钞》,《省庵劝发菩提心文讲义录要》,《道德真经注释文》一卷,残本《石研斋列子》四卷,《南华真经影史》九卷,《老子鬳斋口义》二卷,《列子口义》八卷,《抱朴子内篇》四卷《外篇》四卷,旧写本《化书》六卷,《太上黄庭内景玉经》,《经黄庭内景五藏六府图说》,《阴骘文图证》二册,《汇纂功过格》十二卷首末二卷,《道书全集》一种五十七卷,《金丹大要》十卷,《周易参同契通真义》一卷,《诸真玄奥集成》七卷,《玄宗内典》十一卷,《谭子化书》六卷,《文子赞义》十二卷,《太上黄庭外景玉经》,《太上黄庭内景玉经》,《感应篇引经笺注》一卷,《太上感应篇注讲证案汇编》四卷,《同善录》十卷首末前后二卷,《金碧古文龙虎经注疏》三卷,《参同契分章注》二注,《群仙珠玉集》二卷,《阴符经三皇玉诀》三卷,《规中指南》二卷,《群仙要语》二卷,《中和集》二卷,《删补性命圭旨》五卷,《黄庭经解》一卷,《百字碑注》附《黄鹤赋》,《修真九要》一卷,《玉清金笥宝录》三卷,《修真传道集》三卷,《通关文》二卷,《金丹四百字解》,《西游原旨读法》二卷,《无根树解》一卷。

《补遗》上卷收录图书目录:

《中东战纪本末》八卷首末二卷《续编》四卷,《知新报》十三册,《新令学校管理法》,《小学教授法》,《二十四纪之家庭》,《实业教育》,《日本近世教育概览》,《商务官报》五册,《佛学半月刊》五册,《杨园菁华录》四卷,《教育世界》二册,《实用教育论》,《理科教授法》,《欧美教育观》,《外交报》七册,《预备立宪公会报》十一册,《劝戒近录》六卷,残本《李可丛书》十四种四十一卷,《周官指掌》五卷,《乐书要录》二卷,《乐府传声》二卷,《括地志》八卷,《旧唐书疑义》四卷,《两京新纪》一卷,《人海记》上下二卷,《干禄字书》一卷,《昆尼日用切要》,《渔洋山人精华录》十卷,《清异录》二卷,《琴瑟谱》一卷,《礼记天算释》一卷,《律吕新义》四卷《附录》一卷,《酌中志余》二卷,《记事约言》二卷,《李峤杂录》二卷,《明贤尺牍藏真》上中下三卷,《沙弥律仪要略》一卷,《梅花盦诗集》四卷,《李诗选》五卷,《风俗通义》十卷,《白虎通德论》二卷,《孔氏杂说》一卷,《杜工部集》二十卷,《武备辑要》六卷,《重学》二十卷,《光学》上下二卷附一卷,《防海新论》十六卷,《万言律雅》一卷,《颅顖经》二卷,《卫济宝书》二卷,《独断》一卷,《西京杂记》六卷,《瀛奎律髓》四十九卷,《几何原本》十五卷,《声学》八卷,《汽械发动》九卷附表一卷,《汽械新制》八卷,《代数杂题解法》十六卷,《当归草堂医学丛书》十种四十卷,《太医局诸科程文》九卷,《传信适用方》四卷,《产育宝庆集方》二卷,《产宝诸方》一卷,《瑞竹堂经验方》五卷,《绝妙好词笺》七卷《续钞》二卷,《苏诗续补遗》上下二卷,《乾隆苏州府志》八十卷佚七卷,《淞南诗钞合编》四卷末一卷,《杜工部集》二十卷附《杨园渊源录》四卷,《擬寒诗》一卷,《济生方》八卷,《急求仙方》六卷,《痎疟论疏》一卷,《字类标音》六卷附《补遗》一卷,《温彦博碑》,《松禅老人遗墨》二册,《梦春庐词》一卷,《早花集》一卷,《祝氏史传汇编》三卷附《补遗》,《光绪桐乡县志》二十四卷卷首四卷,《名山游访记》六卷,《瘫庵遗稿》一卷等。

《补遗》下卷收录部分图书目录:

写本《楞伽阿跋多罗宝经》二卷,《汉溪书法通解》八卷,《江阴销夏录》三卷,《皇朝舆地图》一卷,《皇朝舆地韵编》二卷,《三洲日记》八卷,《海昌胜迹志》八卷,《大方广佛华严经》六十卷,《中越交界百里方舆图》,《岙山至隘店隘图》,《上下冻土洲五里方图》附《说册》,《楞伽阿跋多罗宝经》四卷,《考订朱子世家》一卷,《历代地理志会释韵编》二十卷,《春秋左传杜注》三十卷卷首一卷,残本《史姓韵编》四十六卷,《欧阳文忠公文钞》三十三卷,《上思洲图》,《桂林省城图》,《越南全图》,《安东东京图》,《鸳湖小志》一卷,《知过轩随笔》一卷,《人间词乙稿》一卷,《柳亭诗话》一册,《谭友夏合集》二十三卷,《湘绮楼诗集》一册,《池北偶谈》二册,《寄园寄所寄》二册,《西青笔记》一册,《西青散记》四卷,《故宫殿本书库现存目》三册,《七修类稿》二册,《湘绮楼文集》一册,《袁中郎全集》二册,《文史通主》附《校雠通义》一册,《俞曲园笔记》二册,《史通削繁》一册,《清嘉录》一册等。

6. 胡小石愿夏庐藏书

胡小石(1888—1962),季石子。原名胡光炜,字小石,号倩伊,晚号子夏、沙公,嘉兴人,寓居金陵。文学家、书法家、藏书家。早年拜师沈曾植、李瑞清等人,后入两江师范学堂习生物学。曾任北京女子高师中文部主任,武昌高师、西北大学、东南大学、中央大学、金陵大学、南京大学、云南大学教授。新中国成立后,历任南京大学教授兼文学院院长、图书馆馆长等职。著有《中国文学史》、《书艺略论》,其著述被后人结集为《胡小石文集》。

对古文字、音韵、金石、诗歌等领域造诣颇深,收藏古今图籍甚多,藏书处为愿夏庐,藏书万卷,外人难以窥见其书。愿夏庐在抗战中被日寇炸毁,所幸藏书得以抢救,损失较小。去世前立下遗嘱,将所藏图书捐献于南京大学图书馆,所藏书画文物捐献给南京博物院。

7. 文献家王荫嘉兄弟藏书

王荫嘉(1892—1949),清代藏书家王祖询长子,王大隆兄。原名大森,字殷泉,号苍虬,别署百剑主人,秀水新塍人,寓居苏州。

大森、大隆兄弟均喜藏书。其先人王祖询好藏书,始收藏宋元精本30余种,并设藏书处,名为二十八宿研斋。因累世好书,乡邦遗迹收罗甚多。荫嘉博览群书,好金石考据、目录版本、钱币之学。曾协助其弟校注清叶昌炽《藏书纪事诗》。

藏书处为二十八宿研斋,以其藏有端砚一方,有二十八眼,称二十八宿研,故名其斋。

藏书印有"王荫嘉印"、"荫嘉"、"殷甲"、"王氏二十八宿砚斋秘籍之记"、"曾藏王氏二十八宿砚斋"、"变化气质陶冶精神"、"荫嘉藏泉"、"荫嘉手拓"等。

有《二十八宿研斋善本书目 · 吴中文献之属》稿本三册,1937年夏编,以应王謇之请,著录吴中文献数百种,录他人所写题记及序跋,颇可观。又有《二十八宿研斋珍藏书目》稿本一册不分卷。

王大隆(1901—1966),清代藏书家王祖询次子,荫嘉弟。更名欣夫,字补安。目录学家。新中国成立前供职于上海圣约翰大学,1952年调任复旦大学中文系教授。精目录、版本之学。平生治学服膺惠栋、钱大昕、王念孙、顾广圻。著有《万娱楼诗草》、《学礼斋文存》、《补三国兵志》、《管子校释》、《影刊元贞本论语注疏解经考证》、《四库全书总目提要补正》、《许庼学林》等,编有《文献学讲义》、《戊寅丛书》、《笺经堂遗集》、《蛾术轩箧存善本书录》二十七册(上海古籍出版社2002年出版)。

家学渊源，与父兄均喜藏书、刻书，积各种名家抄本达千余种，择其精华，编成《蛾术轩箧存善本书录》数十卷。藏书中名人稿本、抄本、批校本居多。大隆先生所藏极精富。观其《书录》著录，善本即约有1200种，所藏明清人稿本、抄稿本、新旧抄本、名人校录题跋本极富，稿本约600余种，抄稿本240余种，加上抄本、校本，占全部藏书之绝大部分。稿本有明朱大韶，清曹元弼、曹元忠、胡玉缙、陈倬、沈垚、姚椿、郑文焯、沈炳垣、沈炳巽、冯桂芬、张尔耆、顾广誉、林颐山、杨沂孙及苏州潘氏一门著述。自抄本及赵诒琛、曹氏兄弟抄本比比皆是。所藏大多得自赵氏天放楼、曹氏笺精室、贵池刘氏父子、独山莫氏、赵氏旧山楼、刘氏嘉业堂、丁氏嘉惠堂等。

藏书处为蛾术轩、学礼斋、抱蜀庐。

藏书印有“欣夫所置”、“欣夫所得”等。

王氏为现代目录学家，其《蛾术轩箧存善本书录》详各书著者之生平，及抄、校、刊刻、题识，评一书之得失，记流传之端绪及印记，录名家序跋题识，为近代学术价值极高之解题书目。踵缪荃孙之后，王氏学礼斋于1933年辑刻《荛圃藏书题识续录》四卷《杂著》一卷，1940年辑刻《荛圃藏书题识再续录》三卷，1935年辑刻顾广圻《思适斋书跋》四卷，1936年辑刻《思适斋集补遗》二卷。1929年撰《黄荛圃先生年谱补》，以补江标之作。辑《黄荛圃集》、《顾千里集》，刻成《黄顾遗书》。以上各书均有功于目录、版本、文献学之研究。其《藏书纪事诗补正》，补正叶氏原作，是正之处甚多，增补资料尤丰，可称完善叶氏杰作之功臣。又辑有惠栋《松崖读书记》，胡玉缙《四库全书总目提要补正》、《许庼学林》，谭莹《南海伍氏所刻书跋》等。1986年上海古籍出版社出版其《文献学讲义》，分为目录、版本、校雠三编。

王氏喜刻书，曹元忠、胡玉缙、陈倬俱以遗著刊刻相托。又尝与赵诒琛辑刻八种丛书：《甲戌丛编》、《乙亥丛编》、《丙子丛编》、《丁丑丛编》、《戊寅丛编》、《己卯丛编》、《庚辰丛编》、《辛巳丛编》等。八丛书共收书80种，为近代著名系列丛书，开创分年刻就一丛书之先例。伦明《辛亥以来藏书纪事诗》咏：

屡受大儒托遗稿，请刻名家著作书。

安得人人逢君子，流传孤本馈经畬。

王氏所藏宋元本数种，新中国成立前已售归北京图书馆。卒时，其夫人及子女将遗书捐复旦大学图书馆，现该馆存有五六百种。现王氏学生徐鹏存有王氏《蛾术轩箧存善本书录》稿本二十七巨册。

8. 藏书史研究者金步瀛

金步瀛(1898—1966)，一名金天游，字敏甫，一字仙裁，号孤鸿子，嘉兴芝堰乡桐山后村人。是现代图书馆学家、藏书史研究者。早年入浙江蚕业学校，1922年毕业后入上海国民大学。1929年供职于暨南大学、清华大学图书馆、浙江省立图书馆工作，抗日战争爆发后，转至浙江大学龙泉分校、英士大学图书馆任职。

1930年回浙江省立图书馆任采编部主任。新中国成立后,曾任浙江省政协委员。

毕生从事图书馆工作,现浙江图书馆古籍部所用的图书分类法乃为他所创制。先后著有《王云五中外图书统一分类法评》、《图书馆术语集》、《增订丛书子目索引》、《中国现代图书馆概说》、《现代图书馆编目法》、《天游图书分类法长编》、《普通图书馆图书分类表》、《金氏图书分类法》、《图书馆基本工作简本》等。

与杨立诚合编《中国藏书家考略》一书,收录自秦汉至清末藏书家741人,是民间出版的一部藏书家传记著作,也是我国第一部汇总历代藏书家的人名辞典,初版于1929年。

(二)嘉兴其他藏书家

郑寿庄(1875—1959),又名日章,号椿老,祖籍嘉兴新塍,民国11年(1922)迁居桐乡濮院镇。书画家,擅长书画、器物鉴定,喜藏书。曾被推为桐濮镇商会会长。新中国成立后,郑氏将多年收藏之珍贵书籍捐赠嘉兴图书馆。

忻宝华(约1882—1942),字虞卿,嘉兴梅里人。清末民初藏书家。生平喜聚书,藏书颇丰,藏书处为不暇懒斋,其中朱彝尊《腾笑集》八卷为罕见之本,后归傅增湘。有《不暇懒斋书目》。《铜井文房题跋·曝书亭集外稿跋》记有《忻宝华虞卿藏书目》,未见。

傅增湘《藏园群书题记》卷十七有其所藏初刻本朱彝尊《腾笑集》八卷,傅氏跋云:"余此帙获之嘉兴忻虞卿家。书友李宝泉南下访书,言其虞卿年逾六十,生平喜收书,于乡先辈撰述搜访尤勤,多得精钞秘校本,宝泉以三千金捆载以去。濒行,主人避面不出,诇之,则独坐空堂,向壁饮泣矣。若忻君者嗜书如命,宜其凄惶惜别,情不自禁矣。其后,宝泉载书北来,余略取畸零小帙。其余若全谢山五校《水经注》稿本、管芷湘手钞群书数十册,皆以归之天津图书馆。"又,光绪二十六年自跋《说钤》谓于书独抱"嗜痂之癖,斤斤焉日以网罗散失为事"。

藏书印有"宝华之印"、"嘉兴忻氏"、"虞卿手校"、"虞卿之印"、"忻氏宝华"、"梅溪忻氏不暇懒斋珍藏"、"嘉兴忻虞卿三十年精力所聚"等。

1936年浙江图书馆举办"文献展览会",展览社会各界人士收藏的地方文献,其中就有忻宝华、张元济等人编纂的《槜李文系》等。

李树滋(1892—1962),李子牧子,嘉兴人。名医。幼随父习医,弱冠即侍诊,人称小先生。家中藏书极富,得以博览古今名著,医学根底深厚。曾任嘉兴医师公会副干事长,热心于施药局义诊,每遇贫者就诊则代为购药,为民称颂。1953年积极筹建联合诊所,致力于中医事业之发展。

沈本千(1903—1991),原名炳铨,字本千,原籍嘉兴新塍人,居杭州缸儿巷。与丰子恺、潘天寿等结成桐荫画社,长于书画、篆刻与诗词、昆曲。35岁后专攻山水、墨梅。画室名留云阁、流云阁。曾为浙江省文史馆馆员、钱塘书画研究社副社长、西湖诗社名誉理事、弘一大师研究会顾问、中华诗词学会顾问。代表作《山居秋朝诗意图》、《渔舟唱晚图》、《弘一大师云游图》等。

喜藏书，藏书万卷，多明刻善本。

二、海宁藏书家及其藏书

（一）海宁藏书名家名楼

1. 王国维观堂藏书

王国维（1877—1927），字静安，一字伯隅，号观堂。海宁盐官人，居西门周家兜。清末诸生。中国历史学家、语言文字学家、文学家。1907年起，任清政府学部总务司行走、图书馆编译、名词馆协韵等职。他对中国戏曲史和词曲的研究非常深入，著有《曲录》、《宋元戏曲考》、《人间词话》等。辛亥革命爆发后，随罗振玉东渡日本，从事古代史料、古器物、古文字学、音韵学考订，尤致力于甲骨文、金文和汉晋简牍之考释。1916年，应上海著名犹太富商哈同之聘，回国到上海任仓圣明智大学教授，又应湖州藏书家蒋汝藻之请，为编《密韵楼书目》，并参与沈曾植主持的续修《浙江通志》。1922年受聘为北京大学国学门通讯导师。1923年，应召任清逊帝溥仪南书房行走。1925年受聘任清华研究院导师，是"五大导师"之一。1927年于北京颐和园投水自尽。王国维是举世闻名的史学、国学大师，中国新史学的开山鼻祖，中国新文学理论的先驱。作为我国近代著名的博学通儒，王氏功力之深、治学范围之广、对学术界影响之大，为近代以来所罕见。

以学术大师闻名于世的王国维，亦富藏书，多为研究学问所需之书。早年得罗振玉所赠国学书。据罗振玉《海宁王忠悫公传》称：两人相识之初，国维治古文辞，自以所学根柢未深，欲以江氏《国朝汉学师承记》入手求修学途径。罗氏以为需读顾亭林、戴震、程易畴、钱大昕、汪中、段玉裁及高邮二王书，因以家藏书赠之，后国维浸淫东西学术，罗乃劝其"专研国学而先于小学训诂植其基，并与论学术得失"。国维醉心国学，尽读罗氏所赠诸家之书，罗氏"复尽出大云书库藏书五十万卷，古器物铭识拓本数千通，古彝器及他古器物千余品，恣公搜讨"。辛亥革命后，王、罗同赴日本，王先罗三年归国，"予割藏书十分之一赠之"[①]。国维得罗振玉藏书其数不在少。又其友人费行简《观堂先生别传》谓其"束脩所入置书籍"，"博涉载籍，好古敏求"。

王国维精版本目录学，而且在版本、目录学上也卓然为一流大家，并作出了杰出的贡献。王国维的版本、目录学不同于旧学者那种收藏式的、古董式的、鉴赏式之学，而是随着他的学术研究的需要而生发，又随之流转而弥广，随之精进而弥深，随之逾积而逾厚，他不是只从文献记录的从版本到版本，从书目到书目，而是常据实物以及新出文物进行考证，屡见创获，造诣不凡。从早年研究诗词、古代戏曲等文献开始，他就已经注意到版本、目录研究与实践的关系。如1908年

① 闵尔昌纂录：《清代碑传全集・碑传集补》卷五三，上海古籍出版社，1987年影印本。

正月王国维以毛子晋刻本校《拜月亭记》并作跋,二月以鲍刻《蜕岩词》校旧抄本,三月又校《南唐二主词》等等。他在撰《宋元戏曲考》时就阅读过黄丕烈的旧藏元刊杂剧、明金陵唐氏世德堂刊杂剧等。在1908年校辑《唐五代二十家词》,并编成词集专题目录《词录》。又撰有《曲录》,为宋元杂剧之专题目录。

王国维的《汉书艺文志举例后序》一文对我国目录学的元典刘向《别录》、刘歆《七略》、《汉书·艺文志》有精到的见解。1922年先后撰有《两浙古刊本考》、《五代两宋监本考》两部版本学的专著,是王国维在版本、目录学上所作出的杰出贡献。《两浙古刊本考》中收录世有的传本以及见于记载的两浙古刊本,作有具体的叙录考证,还极其有价值地揭示出一个地区的刊书状况和历史。此书不仅对研究版本关系甚大,而且是我国第一部地区性的出版史专著。

王国维在版本目录学方面的重要贡献之一是花四年多心血为湖州藏书家蒋汝藻私家藏书编目,完成《传朴堂藏善本书志》(又称《密韵楼藏书志》、《传朴堂藏书志》,有台湾艺文印书馆影印密韵楼写本),共收录宋、元、明、清善本2700部,58768卷,其中宋版本189部,元版本128部,明版本1668部,抄本831部,稿本84部。此中经王国维校批并将校勘结果录入提要的书籍在百部以上。同时充分吸取前人的研究成果,共收录黄丕烈、顾千里、孙星衍、钱竹汀、朱竹垞、何义门、何小山、孙诒让、吴槎客、陈鳣等明清著名学者的序跋提要和校勘文字等483则,并参考和订补自宋以来各家官私书目共42种。在王国维的全部著作中,此编目的篇幅占有六分之一。与历代的私家书目相比,《传朴堂藏善本书志》也堪称鸿篇巨制,这是王国维研究版本目录学的代表作,享有很高的声誉。它的学术成就在于版本研究和书目订补,《传朴堂藏善本书志》在对前人书目的订补上作出了重大贡献。这些书目包括《千顷堂书目》、《四库全书总目》、《明史·艺文志》、《郡斋读书志》、《也是园书目》、《传是楼书目》、《南雍志·经籍考》、《皕宋楼书目》、《铁琴铜剑楼书目》、《天禄琳琅续目》等42种。其中对《千顷堂书目》、《明史·艺文志》的订补最多,成绩最突出。

王国维卒后,藏书部分归国家图书馆。大多经其手勘、题识,叙版本之源流,论学术之价值,详加考究。今知所藏有:唐写本《切韵残帙》三卷、《南唐二主词》一卷、《孔子家语》一卷、元刻本《杜氏通典详解》四十二卷、元刻本《题叶氏四爱堂诗》一卷、明抄本《水经注》四十卷、刘喜海稿本《金石苑》一百二十一卷、王国维自抄《輶轩使者绝代语别国方言疏证补残稿》一卷等①。

1936年杭州举办浙江省文献展览会,其弟国华(哲安)送展王氏手稿本《史籀篇疏证》等多种,为已刻之遗书本底稿,稿中增改处甚多,可概见其为学之一斑。伦明《辛亥以来藏书纪事诗》有咏王国维诗:

① 《观堂题跋选录》题记,见《文献》辑刊第九辑。

绝代峨眉王静安，赵商传业郑君门。

手中无限名山副，眼底无涯沧海观。

伦明《辛亥以来藏书纪事诗》注云："君读书最精细，凡过目者，多有精密校本，所纠讹文阐新义，多谛当。"身后遗著收为全集者有《王忠悫公遗书》、《王静安先生遗书》、《王观堂先生全集》等数种。其海宁盐官西门周家兜故居，1987 年修复开放，为浙江省重点文物保护单位。北京清华大学清华园有 1928 年所建之"海宁王静安先生纪念碑"。

王仲闻（1902—1969），王国维次子。字高明，号幼安、学初，以字行。古典文学家。家贫，中学未毕业即入上海邮局工作。承父藏书，业余利用家藏图书，潜心词学，与夏承焘、唐圭璋时相往来。建国后调任北京邮电部秘书处副处长，后下放为邮局营业员。1957 年被错划为右派，被迫退职。身处逆境，但治学不倦，熟悉古籍，尤精诗词、笔记及宋代风习文物，因有"宋朝人"之称。著有《南唐二主词校订》、《李清照集校注》等，尚有《读词识小》、《唐五代词新编》两部原稿，在"文化大革命"中损失。其中 20 多万字的《读词识小》为王仲闻精心之作，曾由钱钟书审稿，称之为"奇书"，不幸遭劫，闻者惜之。还校勘《诗人玉屑》，点校《渚山堂词话・词品》，校订《蕙风词话・人间词话》等。

2. 单丕不庵藏书

单丕（1878—1930），字不庵，又作不厂，又字诒孙，号伯宽、角优，以字行，曾用名恭修、常惺。海宁硖石人。学者、藏书家。清光绪二十七年（1901）补博士弟子员获第一。光绪三十二年（1906）应姐夫钱恂之邀去日本半年，帮钱恂翻译了不少日本政治学习书籍，期间结识章太炎。后任双山学堂堂长、教习。又先后任教于嘉兴秀州学堂、开智学堂、浙江第一师范、浙江省立二中等校。其得意弟子有著名学者、作家曹聚仁，著名画家、作家丰子恺等。1920 年应聘北京大学国文系讲师、教授，兼图书馆主任，时与鲁迅、张宗祥等校勘古籍。1925 年，任北京高等师范学校教授。1928 年，应蔡元培之邀，赴上海中央研究院襄理院事。单丕出生书香世家，父沅华、伯父棣华皆以治宋学闻名，丕继承家学，深研宋代理学，重考据，长训诂，曾重新校勘段玉裁《说文解字注》，著有《宋儒年谱》、《宋代哲学思想史》、《二程学说之异同》等，卒后北京大学曾设"单不厂教授遗著整理委员会"，为之整理编纂。单丕曾参与钱恂主持之文澜阁《四库全书》"乙卯补抄"。1927 年 5 月至次年 8 月任浙江图书馆国文部主任，管理文澜阁《四库全书》与善本书。生平喜好藏书，博览多闻，精考据之学，所藏之书多经亲手批校。

黄群（字溯初）刻《敬乡楼丛书》，曾向其借校所藏黄宗羲校残抄本《习学记言序目》。

卒后所遗藏书 8000 余册，多经朱墨点校，由浙江图书馆购藏。海宁故里家中，唯存《老子道德经校》、《刘安节刘安上许横塘三先生年谱》、《程伊川先生年谱》、《宋代浙江学者小传》、《二程学说》、《明清间三大儒》、《周孚沚先生年谱》、

《陈傅良先生年谱》等八种。1936年杭州举办浙江省文献展览会以《单不厂手稿八种》送展。

3. 张宗祥铁如意馆藏书

张宗祥(1882—1965),原名思曾,后敬慕文天祥之为人气节,改名宗祥,字阆声,晚号冷僧,别署铁如意馆主。海宁硖石人。张宗祥出身书香门第,年十七成诸生,光绪二十八年以廪贡生中乡试。和著名军事家蒋百里同被称为海宁文武两才子。光绪三十三年(1907)在浙江高等学堂、浙江两级师范学堂任教,与鲁迅等为同事。1911年赴京考职,获得殿试一等的佳绩,任大理院推事、清华学堂教职。辛亥革命后回到杭州,任教育司教育课课长,兼浙江高等学堂教员。南北和谈后应蔡元培之邀赴京,任教育部视学、佥事。1918年受傅增湘之嘱,兼任京师图书馆主任,在京师图书馆首先创建图书装订修补部门,为古籍的保藏做了许多卓有成效的工作,对全国图书馆起了示范作用。1922年他任浙江省教育厅长,倡议和主持补抄文澜阁《四库全书》,厥功至伟,抗战期间在重庆交通部和中国农业银行任职,兼任文澜阁《四库全书》保管委员会委员。抗战胜利后,他为文澜阁《四库全书》安全返回杭州做了许多工作。新中国成立后历任浙江图书馆馆长、西泠印社社长、浙江省文史馆副馆长、浙江省政协常委、民革浙江省委常委、中国美协浙江分会副主席等职。

(1)张宗祥的藏、抄、校书

张宗祥为浙江民国间藏书大家,所藏古籍及书画颇富,经史子集皆多入藏,对海宁一地乡邦文献搜录尤多,又喜抄书、精校勘。最喜抄罕秘之书,一日可写蝇头小楷24000字,70岁前曾经手抄古籍6000余卷,鲁迅先生戏称其为“打字机”。书法家沙孟海在1962年为其刻“手抄六千卷楼”玺印一方,称赞他在古籍整理方面的卓越贡献。《嘉兴市志》称其“生平抄书成癖,边抄边校,往往夜以继日;运笔如飞,一昼夜能抄二万四千字。一生抄校九千余卷,前无古人”。张宗祥《铁如意馆手钞书目录》自序云:“予自十二岁始出就外傅,读四子书,其时如饥者得食,不择精粗,以果腹为度。三十以后,方事雠校,与单君不庵、周君豫才、朱君蓬莱等从事古籍。自三十五岁起,赵慰仓同年喜搜孤本,傅沅叔先生富于庋藏,予亦乐此不疲,如入宝山,无所不爱,钞校诸书,恒至夜以继日。至五十七岁,抗战军兴,始不能每日钞校。入川之后,若断若续。六十三岁后,竟未钞一书。所钞之书有为亡弟麟书保存海上者,有为友人保存汉口者,有为身携入川者。胜利还都,在南京时,一度会集清点,计少三千九百余卷,如《太平御览》所存仅二千数百卷。本意欲钞八千卷,与丁氏八千卷楼相匹,今年将七十,恐此愿难尝。”1918年张宗祥据私藏宋刻本影写《纂图互注扬子法言》,此书从清廷内阁流出。该书自元至清未整理,《四库全书》也未收入,所以成了孤本。宗祥影抄了三份,一份补充京师图书馆藏,一份交商务印书馆准备刊印,一份自留。结果商务印书馆那份毁于日寇“一·二八”炮火。在京师图书馆任职期间,他发现馆藏有《易林》残本，该书历来认为是宋刊，绛云楼原有藏本，因楼被焚世人皆以为该书已无传本。张宗祥四处访求，得知蒋孟苹有汲古阁影写帙本，即借来为馆内残本影补缺卷，并自影一本。后几经证明，该书内容有引元人所辑之书，确定为元明之际而非宋刊本。另外，经他手抄之书，辑佚补缺的还有宋刘斧撰的《青琐高议》，《前集》《后集》各十卷，《别集》七卷，分三次才将该书配齐。

张氏抄书精湛，谢国祯于20世纪70年代末曾读浙图所藏铁如意馆张氏手抄本《鲁王案》一卷、《楚王案》一卷，在《浙江访书记·鲁王案跋》称其所抄书为"精采奕奕，手泽犹新，遥想謦欬，恍如昨日，不胜感慨系之"，为之倾倒。张氏在70岁以后直至生命终结仍在抄书不辍，所抄最后之书为《柳如是诗集》，终其身所抄书达9000卷。他在《八十书怀》诗中云："四五十年事钞校，每从长夜到天明。忘餐废饮妻孥笑，耐暑撑寒岁月更。窃写真同无赖贼，劫余剩得半边城。天怜手眼今如故，料是偿书债未清。"①

经张宗祥校勘的古籍有300多种，其中所抄校之书最精最巨者为《说郛》、《国榷》、《明文海》、《罪惟录》等，皆皇皇巨著。其中《说郛》一百卷，为元末陶宗仪所辑之笔记丛书，记载了汉魏至宋元若干笔记，其中每书略存梗概，不必求全，但遗文坠简，往往为学者所取资，陶宗仪生前未刊，明代以抄本流传。明末陶氏兄弟始刻于杭州，所录共1292种，所刻繁芜杂乱。宗祥先得明抄6种，最迟者为吴匏庵抄本，后得傅增湘双鉴楼所藏一种，经六年抄补校雠，始成全帙，使此书得以恢复原貌。民国间由上海商务印书馆付印，装锦箧四大函，四十六册，一时有洛阳纸贵，士林争购之誉。《国榷》一百零三卷，以丁氏八千卷楼本、蒋氏衍芬草堂本、卢氏抱经楼本互校，经其蝇头细字，夜以继日抄校，成为完整可读之书。《罪惟录》一百零二卷，为清代禁书。张氏抄校整理古籍，以整理此书贡献最大。周采泉《张宗祥先生传略》记云："此书在未整理前，被藏家故意涂抹者有之，被书贾割裂错乱者有之，以无前人著录可据，竟不知作者真实姓名。今乃于暗中摸索得之。"《罪惟录》一书湮没近三百年，经其手，一朝重见天日。又与鲁迅同校《嵇康集》十卷，最为精粹，一经印出，风行海内，成为世间善本。所校尚有《明文海》四百八十二卷、《春秋繁露》十七卷、《洛阳伽蓝记》等，均为难得。还校订了《吹剑录全编》，校录了《足本山海经图赞》、《校正三辅黄图》、《云谷杂记》等。

藏书处为铁如意馆。源于60年前，张宗祥先生购得一把铁如意，长69厘米，重2.15斤，原主是明崇祯年硖石举人周宗彝。清兵入关进硖石前，他设置关厢水栅以保里邑安宁，并与弟聚兵捍卫硖石，抵御清兵，他以铁如意为武器带领乡人一齐投入血战，后兵败，周氏一家全部殉难。张宗祥先生崇其英雄，敬其大义，千方百计觅得了周宗彝这柄散失在民间的铁如意，并名其藏书斋为铁如意馆。

藏书、抄书及书画印有："张宗祥印"、"铁如意馆"、"手抄六千八十卷楼"、

---

① 周采泉：《张宗祥先生传略》，载《文史博议》，广东人民出版社，1986年。

"冷僧"、"读书余兴"、"手抄千卷楼"、"海宁张氏藏书"、"冷僧抄书"、"著书不如抄书"、"冷僧抄书"、"阆声"、"冷生"、"笔耕"、"海宁张氏"、"冷僧珍赏"、"冷僧手抄之书"、"冷僧手景之书"、"冷僧抄书记"、"张仲子"、"支那志士张宗祥阅"，此外尚有"冷僧五十以后作"、"冷僧七十以后作"、"张宗祥冷僧八十三岁作"、"冷僧墨戏"、"冷僧书画"、"张氏阆声书画"、"张宗祥书画"、"海宁张宗祥八十岁后作"、"冷僧诗词"、"海宁张宗祥八十五岁后作"等，当为诗词书画作品钤记。晚年又有一印"老小孩子"。

张宗祥印

铁如意馆

手抄六千八十卷楼

张宗祥藏书印

其书目有《铁如意馆手钞书目录》一册，油印本，为手抄书籍之目录。又有《铁如意馆随笔》，虽非目录，所记亦多系抄校书籍之事。

1936 年杭州举办浙江省文献展览会，张宗祥送展的有清海宁周春著《古文尚书冤词补正》、清海宁周勋懋著《传经系表》各一卷，两书均为张氏手抄之本，又有清海宁陈鳣著《礼记参订》未刊稿（《海昌艺文志》失载），亦为张氏手抄之本。另有明戴琼辑《四明雅选》、明海宁祝萃著《虚斋先生遗集》等。

（2）张宗祥铁如意馆藏书的流布

张宗祥生前已将珍藏古籍 4048 册，拓片一箱和手抄书 240 种 2000 余卷等捐赠给浙江图书馆。1966 年"文革"间张氏寓中藏书被抄，后落实政策，长女张钰将家藏碑帖、字画 684 册，又 172 幅，手抄书 10 种和遗稿 56 册，捐赠浙江图书馆。又据何槐昌《浙江近现代藏书家小传》称："1987 年其长女钰，又将藏于上海的手稿、抄本百余册赠送浙江图书馆。"①

他热爱故乡，重视乡邦文献，海宁学者著作经他校订的有 500 多卷。1957 年将藏书 2000 余册，捐赠给海宁图书馆。而周采泉言之甚详，在《张宗祥先生传略》中云："所校钞之书，无一非稀世善木，或面临绝版之孤本，即通行本，经先生之悉心雠校，亦即可再版。这些书无一不是祖国珍贵的文化遗产，其实际价值，是无法用任何币值来衡量的。在他生前悉数捐献给浙江省图书馆，连同他平时心爱的文物、书画也毫无保留地捐赠给国家。正如他自已平时所说：'人为群众服务而来，不是为个人权利享受而来。'似乎他毕生校抄群籍，完全是为群众服务

① 浙江省政协文史资料委员会编：《史海钩沉》，浙江人民出版社，1999 年。

而做的，丝毫没有替自己打算过，守先待后，其贡献可谓大矣。目前浙江省图书馆馆藏，除文澜阁《四库全书》和宋元旧椠外，当以铁如意馆手抄各书，为全馆菁华所萃，足为湖山增色，而且历时愈久，这些手抄本将更受到后人的重视，可断言也。”

张宗祥善书画，其书法名著一时，为近代书法开山人物之一，其书法学李北海，兼融汉魏碑法，雄浑洒脱，一气呵成，流传颇广。印有《冷僧书画集》。亦爱好收藏古玩文物，精于鉴别，人称“识宝太师”，曾被聘为故宫博物院名誉委员。在杭州曾写成《玉杂说》一书，后编入《铁如意馆碎录》一书（共五卷），该书内有《说玉》、《说磁》等，张宗祥晚年，将生平收藏的古玩、瓷器、字画共400多件全部捐赠给国家，其中仅黄宾虹的画就有33幅，由当时的省文管会负责接收，又将生平收藏的刻章，内有齐白石、方介堪、韩登安、经子渊（其中经子渊刻章最多）等名人刻章，共127枚，全部捐赠给西泠印社。

作为学者型藏书家，张宗祥工诗能文，博学多才，治学严谨，著述甚富。著有《清代文学史》一卷、《论书绝句》、《铁如意馆随笔》、《医药浅说》、《本草简要方》八卷、《读书札记》四卷、《巴山夜雨录》、《中国戏曲琐谈》、《铁如意馆诗词草》、《地理学讲义》二册、《书法源流论》、《临池随笔》、《临症杂谈》、《卓文君》、《浣纱记》、《手抄六千卷楼随笔》、《清续文献通考·地理志》、《全宋诗话》一百卷、《本草经疏证》十二卷、《冷僧自编年谱》、《张宗祥常用印集》（手拓本），昆曲《十五贯》新中国成立后演出剧本亦由张宗祥改定。

张宗祥毕生致力于古籍校勘，共抄校古籍近万卷，主持、补抄文澜阁《四库全书》，使之与湖山并存，厥功甚伟。对我国民族文化事业竭尽心力，建树不朽功绩，深为世人称颂。张宗祥逝世后，党和政府十分关心宣传、保护和研究张宗祥多方面的学术成果。1989年海宁市人民政府把其故居列为重点文物保护单位，1993年在张宗祥故居建立张宗祥纪念馆和张宗祥书画院。

4.陈乃乾共读楼藏书

陈乃乾（1896—1971），名乾，字乃乾，以字行，海宁硖石人。现代藏书家、目录学家、编辑出版家。尝入苏州东吴大学就读。辛亥革命后移家上海，馆于藏书家徐乃昌积书斋。民国六、七年在上海协助陈立炎设古书流通处，1916年任上海进步书店编辑。1926年任大东书局编辑、发行所所长，兼任持志学院、国民大学教授。上海沦陷后，迫于生计，陈乃乾为友人经营书店业务，勤于笔耕，发表了许多版本目录学、历史掌故等方面的学术文章。抗战胜利后，任上海市通志馆及文献委员会编纂。建国后，任上海市社会文化事业管理处编纂。1956年调任北京古籍出版社编辑，后又任中华书局编辑。

（1）陈乃乾藏书

陈乃乾出身藏书世家，是清代藏书大家、学者陈鳣的后代。陈鳣有藏书楼向山阁，收藏丰富，后历经战火，旧日藏书荡然无存。到了他父亲一代，弃学从商，藏书已经很少。其所著《上海书林梦忆录》自云:"寒家自经太平天国战争之后,向山阁旧藏图书,荡然无存。故余髫年就傅时,家塾中仅经史读本数箧而已。追入苏州东吴大学,从黄摩西受国文课,日就图书馆借阅,于是益沉酣于书。假日则流连于玄妙观及大成坊巷诸书肆中,择其卷帙较少而价廉者购之。归里后,同里有父执徐蓉初者,力裕而嗜书,又有费景韩时馆南浔张家。余既与此二公交游,因得略识版本,遂觉前此所购尽为糟粕,而浸渐于旧椠名抄之癖矣。辛亥后移家上海,所见渐广。"

乃乾于民国间曾馆于上海徐乃昌积学斋,积学斋藏书至富,刊书亦多,仅以清人文集而论,缪荃孙艺风堂藏千种之多,自言与积学斋相比,则为小巫。王国维在《随庵勘书图》称积学斋所藏"石墨琅书共一龛",极言其富。乃乾得入斋中,尽情披览徐之藏书,又在徐家,遂得与海内藏书家往来,故陈乃乾《上海书林梦忆录》自称"三十年来几无日不与书友为伍,而江南藏书家之盛衰流转,亦历历在目"。故家藏书甚富。由沪迁京时,中华书局特包沪京列车专箱以供其载书北上。

陈乃乾嗜书如命,积至万卷,颇多善本。几十年间生活在古书堆中,他的藏书处初名慎初堂,后又更名共读楼。

编有《共读楼藏书年谱目录》及《慎初堂所藏书目》。

后因生活所迫,将珍藏多年的数十种古籍及《四部丛刊》、明初洪武刻本《明太祖集》、《宋元书式》、《盛明杂剧》、日文求堂版《牛郎织女传》等转让和出售。殁后,遗存之书皆为文史类,流落于燕市。谢国桢尝于中国书店获其手录严元照批校本《鲒埼亭集内外编》、朱书《杜溪先生文集》、冯登府《石经阁集》等,皆为难寻之本。

(2)陈乃乾在目录学、版本学方面的贡献

陈乃乾一生治学严谨,博学强记,在历史学、考古学、版本学、目录学、地方史志、文化掌故等学术领域都有很深的造诣。王謇《续补藏书纪事诗·陈乃乾》称:"海昌今有两学者,南辕北辙去家园。恂恂儒雅陈仲子,虎虎生气赵王孙。"有注云:"乃乾主持南洋中学图书馆,精目录、版本之学,更自设书肆以搜集之。先后影印《慎子》、《刘子》诸僻本,津津学者不浅。"王氏所言"两学者"指陈乃乾、赵万里。"恂恂儒雅陈仲子"指乃乾,王謇有注:"其为人也,和平中正,休休有容",可见其为人风致。

陈乃乾的学术贡献首先在于目录学方面。对传统的图书分类法进行了大胆的创新和科学的改革,如编撰的《南洋中学藏书目录》中,对传承了1600余年并被誉为经典的四部分类法进行了切合实际的改革。将图书分为周秦汉古籍、历史、政典、地方志乘、小学、金石书画书目、记述、天文算法、医药数术、佛学、类书、诗文、词曲小说、汇刻14大类,根据各类的不同内涵以及藏书的实际情况,又下设57个小类,其部次清晰,切合实际,分类体系为之一新,为以后图书分类和目录体系的建立和发展,起到了继往开来的作用,特别是对中小型图书馆的古籍分类工作具有实际的指导意义。

编印了《南洋中学珍本书录》，为以后编辑古籍版本目录和古籍著录奠定了一定基础。著有《中国最早的目录》、《目录学新格式草拟》、《分类方法》和《中国目录学的特质》等文章，在介绍、研究中国传统目录学的同时，还提出了自己的目录学思想。著名目录学家胡道静先生称道他精于目录之学，有北赵（万里）南陈（乃乾）之誉，是一位"隐于书贾"的学者。

除了目录学理论研究外，他还十分注重书目的编制工作。先后撰辑藏书目曰《共读楼藏年谱目录》一册，载年谱约700种；《慎初堂所藏书目》一卷，为书目类之书，共134种，590余本。并将编撰书目的触角伸向了社会。扬州测海楼，是当时江南著名的藏书楼，藏书2002种，计24万多卷，其中珍、善本古籍甚多。1931年其书悉数售予富晋书社，陈乃乾为之编撰《测海楼旧本书目》四卷，除著录书名、著者、出版者外，还详细记录了原书的行格、序跋、印章等。后来这批书在北京散出了许多，唯有《测海楼旧本书目》完整地记录了当时测海楼所藏古籍的全貌，并记录了大量的古籍版本，为古籍整理和研究工作留下了宝贵的资料。他编写的这几部藏书目录，都以精当著称，在史学研究中发挥着重要的学术参考作用。

此外编撰专题书目《廿四史注补表谱考证书籍简目》，为史学研究者提供了便利和捷径。

陈乃乾的学术贡献还在于版本学方面。在整理和编制《南洋中学珍本书录》时，一改传统古籍珍本的定义，将古籍珍本分为八种类型：一为抄本；二为名人手校、手跋本；三为明刻本；四为清刻本；五为明清官书；六为朱墨套印本；七为活字本；八为日本、高丽、安南古刻本。认为版本的属性是以学术价值为基本的判定标准，珍、善本不一定要是宋元的精刻本或名抄宝册，只要在学术上和版本上有校勘价值，是逸书或足本，就是好版本。对其所经眼的明、清刻本的版本情况进行了细致的比对和甄别，凡是珍本秘籍或他认为难得有用的本子，都千方百计地刊印发行。

在中国书店工作期间，陈乃乾得《经典集林》三十种，是书为孙冯翼辑刻《问经堂丛书》的一部分，没有传本，也许是因为刻印刊梓仅及百年之故，因而无人重视。然陈乃乾却独具慧眼，认为正是由于《经典集林》流传十分稀少，其名贵不让宋刻明椠，于是将它影印发行，以至于现在国家图书馆收藏的嘉庆原刻本《问经堂丛书》，都要用陈乃乾慎初堂影印本《经典集林》来补足。更值得一提的是，《经典集林》中辑录的古逸书极为精审，我们今天能够看到刘向、刘歆的《七略·别录》，正是从是书中辑录出来的。所以，乃乾先生所倡导的古籍珍本鉴定方法，不拘泥于传统，并对传统珍本的模糊概念进行了具体的描述和细化，可操作性较强，对于今后古籍珍、善本的界定理念和古籍校勘整理工作，无疑具有一定的指导意义。

5. 版本目录学家赵万里

赵万里(1905—1980),字斐云,别署芸庵、舜庵,海宁盐官人。我国著名古文献学家,版本学、目录学家。国学大师王国维的门生。万里学识渊博,精版本目录学,尤擅鉴别宋元版本。1921 年入东南大学,从吴梅研究词曲。1925 年,赵万里来到北京,拜著名学者王国维为师,在清华大学国学研究院任助教,从事版本目录学研究。他对王先生非常敬慕,王先生对这位高足也颇为赏识,师生情谊笃深。1927 年王国维逝世后,他悲痛异常并离开清华国学研究院到北京图书馆的前身北海图书馆(1928 年改名为国立北平图书馆,即今国家图书馆)工作。历任中文采访组组长、善本考订组组长、编纂委员、《国立北平图书馆馆刊》编辑、善本部主任,兼中央研究院历史语言所特约及通讯研究员,故宫博物院图书馆和文献馆专门委员,并在北京大学、清华大学、中法大学、辅仁大学、中国大学等校任教,讲授中国史料目录学、目录学、校勘学、版本学、中国雕版史、中国戏曲史、中国俗文学史、词史等课程。新中国成立后任该馆编纂委员、购书委员会委员、善本部主任,并兼故宫博物院图书馆、文献馆专门委员以及多所大学教授。后任研究员兼善本特藏部主任,中国图书馆学会名誉理事,全国古籍善本总书目编委会顾问。曾为北京市政协委员、第三届全国政协特邀代表、第三届全国人大代表,曾受到毛泽东主席和周恩来总理的接见。

(1)赵万里藏书

赵万里嗜书是从中学时代开始的,1921 年考入东南大学中文系后,常将零用钱节省下来用于购买图书,买来的图书,堆满了卧室。并将书整理与分类,卧室就是小书库,所以亦富藏书。后来所藏多王国维手校本之过录本,伦明《辛亥以来藏书纪事诗》王国维条附赵万里注云:"海宁赵斐云万里,亲炙静安久,凡静安手校本,多迻录存副。"

在北京图书馆(今国家图书馆)工作长达 50 多年,赵先生在古籍的寻访、编研、修复和人才培养等方面贡献卓著。正如周叔弢先生所云:"斐云版本目录之学,既博且精,当代一人,当之无愧。我独重视斐云关于北京图书馆善本书库之建立和发展,厥功甚伟。库中之书,绝大部分是斐云亲自采访和收集,可以说无斐云即无北图善本书库,不为过誉。斐云在地下室中,一桌一椅未移寸步,几十年如一日,忠于书库,真不可及,其爱书之笃,不亚其访书之勤。"①其访书,名家书肆、城镇乡村无所不至,用力甚勤。凡遇未见过之书,必随手记其行款、序跋、刻工、藏印、纸墨特点,有时甚至抄书。曾发表《群经眼书录》和《海源阁遗书经眼录》。据冀淑英先生回忆,现存赵先生旧稿《群书经眼录》中,还有内阁大库书经眼录、昭仁殿景阳宫藏书经眼录以及上海涵芬楼、南京国学图书馆、浙江省立图书馆、平湖葛氏、吴县百嘉堂,及零散宋元明清写、刻、抄本经眼录若干篇。例如

① 冀淑英:《冀淑英文集》,北京图书馆出版社,2004 年。

唐写本《太上洞玄灵宝无量度人上品妙经》(道经)残卷:"前缺数行,行十七字。乌木轴。纸润墨鲜,和谷秀洁博士在上海见到的唐会昌三年苏州虎丘山藏写本《出三藏记集录》近似。字体厚重,朱丝栏,又和北宋海盐金粟山大藏经,有相似的地方。这是晚唐江南写经独特风格,和敦煌写经迥不相同。卷后题记四行:……(略)明蓝格抄本《录鬼簿》辑录元代杂剧散曲作家一百余人,各附小传及作品简目,原为宁波天一阁旧藏。"[①]1931 年夏与郑振铎等访天一阁,此行虽未登阁,然在藏书家孙祥熊家发现天一阁流出之明蓝格抄本钟嗣成原本《录鬼簿》和贾仲名《续录鬼簿》,大喜过望。与马廉(隅卿)、郑振铎三人,以二日一夜之力,合抄一部副本。赵万里于 1933 年与马廉等于 7 月 25 日登天一阁,整理阁书,于次年撰《重整范氏天一阁藏书记略》(发表于《国立图书馆馆刊》第八卷第一期),为民国间有关天一阁情况的重要报道,引起藏书界的关注。

20 世纪上半叶,官府藏书由于战乱和内盗流失不少,许多私家旧藏也因家道中落、战乱频繁、子孙不肖、贼佣偷盗或不慎失火而纷纷散出、频频易手。国内藏家大换手的同时,国外势力也迅速加入了收购行列。皕宋楼藏书东售事件后,为免文献继续外流,当时的教育部、中英庚款董事会、中华文化教育基金会等组织大力支持北京图书馆收购古籍。秉国家之力,集爱国学者、藏家甚至书贾的支持,郑龙(郑振铎)赵虎(赵万里)一南一北,收回了不少古籍珍品。1948 年北平解放前夕,国民党当局蓄谋将北图珍藏善本运走。他为此日夜不安,竭尽心力,设法拖延,终于使国民党当局这一图谋未能得逞,为国家保住了这批国宝。

新中国成立后,赵先生仍惦念那些下落不明的古籍名抄,不畏舟车劳顿,数次南下寻访。足迹遍及大江南北,搜集了不少宋元旧本和明清罕见善本。如 1949 年北京解放不久,华北人民政府将八路军战士抢救下来的山西赵城广胜寺所藏金刻藏经 4300 多卷送到北京,移交北京图书馆保藏。赵万里亲自撰写说明,举办"赵城金藏"书展,重新装裱整修,使这部卷帙浩繁的金代藏经得以装修复原,延年长存。再如 1963 年,有位流寓于澳门的藏书家要把他的藏书出售。当时国外很多书商都争着要买。文化部得知此事后立即请赵万里先生前往澳门鉴定,将这批书籍及时购回。其中有宋刻本八种,元刻本七种,黄丕烈校跋书八种,还有鲍廷博、陈鳣校本和明代的铜活字印本,使这批珍本书籍免于流佚国外。此后,经他调查并鉴定由港澳收回的珍本古籍还有好几批。另外征集到许多珍本书和名家手稿,如王国维、梁启超、吴晗等人的手稿,吴梅收藏并校跋的古典戏曲等。

新中国成立后,由于还有许多重要的文献下落不明,赵先生撰写了《古刻名钞待访记》一文,详细列出了应该重点寻访的古代文献资料及线索,提请各地文物工作者普查文物时留心搜集。例如《孟子注》是南宋中期蜀刻本,它和故宫天

① 虞坤林:《赵万里先生活动简表》,《出版史料》2006 年第 1 期。

禄琳琅的《礼记注》、上海图书馆的《春秋经传集解》残本、日本静嘉堂文库的《周礼注》(秋官二卷)残本,行款版式相同,当是同时同地所刻,前人所称"蜀大字本",就是指此等书。这本《孟子注》据说原为一奉系政客所有,后来转赠给张作霖,九一八事变后,遂告失踪。1950年夏,赵先生与高熙曾到天津,经人介绍认识了翁氏藏书的传人翁之熹,并居翁家半月,遴选藏书,昼夜不息。所选善本2413册,由翁之熹悉数捐献国家,入藏国家图书馆。20世纪40年代翁氏后人翁兴庆到美国留学,为避战乱,将一批珍贵书籍字画带到了美国。在美国的翁氏菁华被傅熹年发现后,引起学界震动。2000年,上海图书馆以450万美元的高价收购了这批书。至此翁氏藏书基本归入国家。

(2)赵万里编目辑佚复活史料

北海图书馆1926年3月成立,赵万里1928年到馆后即着手编撰《馆藏善本书提要》,1933年主编的《北平图书馆善本书目》(四卷)出版。该书目习惯上被称为"甲库书目",收入宋元明的刻本书和明清的抄本书。除从内阁大库接收的外,还有一部分是图书馆成立后买进的书。买进图书中有一部分较有名的是由端方介绍收来的,有归安姚觐元和南陵徐乃昌的藏书。这本书目的重要价值在于,它还是国家图书馆馆藏善本图书的一个重要的"账本"。1933年、1935—1937年,奉国民党教育部命令,北图善本三次南运①,部分寄存美国国会图书馆,后返还到台北"中央图书馆"寄存的多取自"甲库书目"。抗战胜利后,北京大学复原,聘请赵万里指导整编李盛铎藏书。整编李氏藏书历时三年,制作书目卡片既枯燥又繁琐,但赵万里要求很高,所录必详。1956年《北京大学图书馆藏李氏书目》出版,三册,收录古籍9087部,58385册,凡李校跋过的都一一注明。除了上述两个较大规模的编目工作外,对公私藏家的珍品基本上随见随记。发表的书目有《刘申叔(师培)先生著述目录》(1928)、《贵阳陈氏书目》(1929)、《徐氏家藏书目》(1929—1930)等。

赵万里除编目外,辑校成果颇丰,如《校辑宋金元人词》七十三卷,共收词人70家,词1500余首。材料之多,为前人所不及,而方法和体例之谨严周密,尤为人所称道。如《元一统志》,原名《大元大一统志》,是元官修地理总志。成书于元成宗大德七年(1303)。按建置沿革、坊郭乡镇、里至、山川、土产、风俗形胜、古迹、宦迹、人物和仙释等目记述。明以后《元一统志》久无全本。赵万里以《元史·地理志》为纲,据《永乐大典》,将元刻残帙、常熟瞿本、吴县袁本与群书所引,汇集为一书,上下两册。始于1944年,成书于1965年。北京在辽代称"析津",元熊梦祥著《析津志》是专门记述北京历史、地理的最早的一部志书,失传于明代。北图辑录《析津志》始于20世纪30年代中期。因清点核对《文津阁四库全书》时,发现《四库全书》中若干种《永乐大典》辑本与当时馆存的《永乐大典》原

① 北京图书馆业务研究委员会:《北京图书馆馆史资料汇编》,书目文献出版社,1992年。

本有出入,故善本组根据陈恩惠的建议,将《永乐大典》辑本的补遗工作列入工作计划,由时任组长的赵万里主持,馆方拨款支持。前后六载,共辑佚文、佚书200多种,其中包括《析津志》辑稿。

另外,由他主持编纂的《中国版刻图录》是一部系统地反映中国雕版印刷成就的大型书影图谱工具书。《中国版刻图录》收历代善本书影和重要版画550种,图724幅,分为三个部分:一、刻版,收唐、五代、宋金、元、明、清刻版书影460种,图598幅;二、活字版,收明、清两代活字版书影40种,图50幅;三、版画,收宋元明清版画50种,图76幅。对每种书的版刻特点、版本鉴定的依据、源流、补版先后等都有说明。赵万里在序言中详述了中国版刻的发展历程,是我国版本学研究中里程碑式的作品。

赵万里博闻强记,著述甚丰,主要有《王静安著述目录》、《馆藏善本书提要》、《馆藏永乐大典提要》、《汉魏南北朝墓志集释》,主编有《海宁王静安先生遗书》、《校辑宋金元人词》、《北平图书馆善本书目》、《汉魏南北朝墓志集释》、《薛仁贵征辽事略》、《元一统志》和《陈书异文考》等著作,编有《词概》、《中国金石学》、《中国古代版本史》等讲义,发表论文百余篇。

6. 海宁硖石蒋氏家族藏书

蒋学坚(1845—1934),蒋楷孙,仁荣子。字子贞,号铁云,又号怀亭,晚号南石老人,海宁硖石人。清末民初学者、诗人、藏书家。光绪十二年(1886)岁贡生。就职海宁县训导。从师海盐张铭斋(鼎),学业精进,善行楷,工辞章、训诂、经史、诸子百家,尤邃于乡邦掌故。其时家道中落,乃以授徒为业。晚年信佛,有出世脱俗思想。光绪六年(1880)应知州李圭之聘,与朱昌燕等同修《海宁州志》。

自其祖、父累代藏书,所藏元刊朱淑贞《断肠集》,为道古楼故物,卷末有黄丕烈跋。

藏书处为平仲园,又曰息喧草堂。有《平仲园图书目》。

藏书印有"子贞"、"平仲园珍藏之印"等。

主修有《海宁硖石蒋氏支谱》,光绪年间自刻本,谱中载有藏书大家蒋光煦与别下斋、蒋光焴与衍芬草堂的藏书源流等珍贵史料。

著有《怀亭诗话》四卷、《怀亭杂著》、《鹃湖百咏》一卷、《诵芬录》、《香苏词》三卷、《东麓访砖诗册》、《忻氏十三世家谱》等。《怀亭诗录》、《怀亭词录》已梓行,余稿均未刊。还撰《海昌著录续考》六卷,又续辑管庭芬《海昌艺文志》,所辑书还有《海昌文系》三十二卷、《硖石诗续抄》,又为梅里忻氏辑《槜李续文集》一百卷。

蒋寿篯(1881—1961),光煦曾孙,方夔长子。原名清徵,字曼龄,号迈伦,海宁硖石人。近代诗人。日本早稻田大学毕业,1911年清部试给法政科举人衔。幼承家学,工诗,精篆籀,兼长行草。著有《中国历代货币考》、《心斋斋诗文稿》、《心斋斋杂俎》等。

曾任硖石区立图书馆馆长、海宁县参事、宁波交涉使署秘书、会稽道尹署科长等职。喜藏书,藏书处为心斋斋。

蒋复璁(1898—1990),光煦曾孙,方夔子。字美如,号慰堂,别号未唐,海宁硖石人。现代著名图书馆学家、藏书家。1917年考入北京大学文预科,1919年入本科攻读哲学。1920年梁启超与蒋百里创办读书俱乐部(后改为松坡图书馆),蒋复璁受命协助做德文图书编目工作,1922年任松坡图书馆编辑,半工半读;参加北京图书馆协会,被推荐为书记。1926年北京图书馆建成,任该馆编纂,负责中文图书编目,并开始发表图书馆学论文。1930年赴德留学,研习哲学同时攻读图书馆学,在德国普鲁士邦立图书馆任客座馆员两年余,并毕业于柏林大学图书馆研究院。1932年回国。1933年任国立中央图书馆筹备处主任,1940年被任命为首任馆长。为抢救沦陷区及日军从香港劫走的珍贵古籍作出重要贡献。

曾任台湾"中央图书馆"馆长、台北故宫博物院院长,期间兼任文化大学、辅仁大学等校教授,台湾"中央研究院"院士、台湾总统府国策顾问、国民党中央评议委员等职。于1965年呈请台湾当局向美国国会图书馆索回前北平图书馆寄存该馆的善本书102箱。汇编《珍帚斋文集五卷》,计13000余字。

书室名曰珍帚斋,著有《徐志摩全集》、《蒋百里先生全集》。

蒋钦顼(1872—1926),蒋光焴孙,蒋佐尧子。原名锦襄,字谨旃,号蠡坞,又号仰蟾。清末民初学者、藏书家。因家学渊博,少以文名。工书法,出入颜真卿、苏轼之间。通医术,颇受乡里尊敬。遗有《蠡坞诗文残稿》。

承祖业,好藏书,编有《盐官蒋氏衍芬草堂藏书目》三册,共67箱。

蒋鉴周(1879—1945),光焴孙,望曾子。字藻新,海宁硖石人。承祖业,富藏书。为保存蒋光焴十万藏书,不惜重金,将所藏书以蒋百里家属名义安全运抵上海,由其子蒋鹏骞传承。

蒋述彭(1885—1935),光焴孙。字铿又,号吕厂,海宁硖石人。清藏书家。闭门读书,不应科举。工行楷,尤精小楷,书法秀逸。喜录前贤掌故及未刻书,数十年无寒暑。先世富藏书,珍护备至,辑有《衍芬草堂藏书目录》,并曾助其从兄谨旃修辑《硖石蒋氏支谱》。

衍芬草堂藏书第六代,也即最后一代传人中代表人物为蒋鹏骞、蒋鹭涛昆季。

蒋鹏骞(1899—1951),蒋光焴曾孙,蒋望曾孙,蒋鉴周子。字霞举,号可隐,硖石人。著名藏书家。鹏骞与弟鹭涛继承祖业,为避战乱,保藏书籍,历尽艰辛。藏书楼为衍芬草堂、西涧草堂。为蒋氏藏书楼最后一代主人。

蒋鹭涛(生卒年未详),蒋光焴曾孙。汇集家藏图籍,悉数捐献与浙江省文物管理委员会。据蒋启霆《西涧草堂藏书纪略》:"吾先人嗜书之笃,守护之力,有非寻常储藏家所能逮也。迨夫雄师南下,全国解放,神州复苏,海内底定,我人民政府为维护文物,深入民间,采集古今载籍,时赵万里、宋云彬诸先生,与予家夙为姻好，屡劝吾父叔辈将藏书捐献国家。吾父暨诸叔慨然允之。乃由鹭涛从叔汇集家藏图集，悉数捐献与浙江省文物管理委员会。”①

1951 年 5 月间，时任文化部文物局局长的郑振铎先生在致浙江省文教厅和浙江图书馆领导的信中两次指示，“硖石蒋家书，请和文管会邵裴子先生一商，须迅即派人去为要”；“蒋四房（指蒋光焴）的藏书，善本极多，亦应集中代为保管”②。后经北京图书馆（今国家图书馆）古籍专家赵万里、浙江文史专家宋云彬与蒋鹏骞先生商洽，蒋鹏骞代表蒋氏后人将衍芬草堂所有藏书，全部无偿捐献给国家。西涧草堂和衍芬草堂的藏书一分为三：宋元版归贮于北京图书馆（今国家图书馆），明版归贮于浙江图书馆，清版归贮于上海图书馆。

（二）海宁其他藏书家

邹安（1864—1940），存淦子。字寿祺，一字景叔，号适庐，海昌（今海宁）人，居杭州。清末民初大收藏家。博览古器，考订精详。善书法，写金文极为古拙。曾任上海仓圣明智大学教授，著有《周金文存》、《艺术类征》、《草隶存》等。

承父志，亦好藏书，多古籍碑帖收藏，尝得徐荆二王玺，因名其藏书处曰双王玺斋。后再得厉王之玺，又更名为三王玺斋。

费寅（1866—1933），张宗祥姑夫。字景韩，号復斋，又号自怡居士，海宁硖石人。清末民初诗人、藏书家。光绪二十八年（1902）举人，授嘉兴教谕。后曾任浙江图书馆编辑，著有《復斋先生遗集》四卷（卷一《经说》、卷二《杂著》、卷三《梦禅随笔》、卷四《诗作》），张宗祥序。又有《敬修堂历著书目考》。编有《朱衎庐旧藏钞本书目》。

辛亥革命后，归居硖石下东街，究心版本，雠校甚精。开设书肆于硖石镇，收罗古书，遇善本即介绍于各地图书馆。建藏书室名自怡斋于硖石镇下东街。藏书四五千册，乡邦文献居多。

藏书印有“自怡斋图书”、“复斋校读古籍印记”、“自怡斋”等，编有《自怡斋残书目》。

徐光济（1866—1935），志摩伯父。字蓉初，一字申如，号寅庵、徐五，海宁硖石人。清末民初藏书家。世代经商，家道富裕，至其父徐星匏时，家富藏书，多古籍善本。星匏善书法，工小楷，日可写万余字，曾为蒋光煦别下斋缮写善本书及稀见之书五六十种。与陈乃乾、杨复等版本学家往来密切。

至蓉初时，除喜藏书外，又雅好金石书画，且收集更甚。清末民初正值历史变革之际，私家藏书多有散佚，他则广为搜罗，如吴骞拜经楼、陈鳣向山阁旧藏流散之时，得以收藏部分。黄裳曾在《春夜随笔・记徐绍樵》中，称其紫来阁藏书大多清刻本，几乎每册都有吴骞、陈鳣的收藏印记、手迹，这批硖石所出之书，还有

① 蒋启霆：《西涧草堂藏书纪略》，见《浙江文史集粹》，浙江人民出版社，1996 年。

② 李性忠：《郑振铎先生的三封佚信》，《中国图书馆学报》1994 年第 5 期。

宋书棚本王建诗和闵刻附图本曲本。又得《朱衎庐相佐考证题跋》,藏书多达数千册,分装八箱二柜。编有《汲修斋丛书》。

藏书处曰紫来阁、用拙斋、汲修斋等。

藏书印有"得此书贵能读若徒藏不如卖"、"谷水紫来阁徐氏印"、"蓉卿"、"紫硖"、"徐五"、"臣光济印"、"东海"、"海昌徐氏用拙斋印"、"延年"、"南湖徐氏藏本"、"用拙斋珍藏"、"安雅珍藏"、"南湖徐氏精本"、"谷水徐氏藏本"、"用拙斋印"、"谷水紫来阁徐氏印"、"海昌徐氏用拙斋之印"、"海昌古夹谷徐氏用拙斋收藏"等。

其藏书约在1949年前后散失。

管元耀(1876—1940),字慎之,号振志,海宁路仲人。藏书家。他曾参与《海宁州志稿》之编纂,并将无法收入州志稿之史料,汇编成《海昌观》一百七十八卷,弥足珍贵。著有《渟溪备考》(稿本现藏于海宁图书馆)。

元耀叔曾祖即清学者管庭芬,受家学影响,博览群书,素好搜辑传记志乘,又钟情湖光山色之游,每到一处,凡属名胜古迹,均要探幽究底,一一记之。日积月累,案头资料充盈,数载寒暑,三易其稿,终于编纂成《海昌胜迹志》一书。是书为我们提供了极富地方特色的历史资料和民间逸闻。

好藏书,尤留意于乡邦文献。他在《海昌胜迹志》自序中云:"仆幼而失学,长更荒落,惟喜浏览,不厌摭录……"管氏曾言,流传海宁方志,他家皆有收藏。管氏又喜抄书,20世纪初海宁州立图书馆成立之际,曾觅得大批海宁方志,托其代抄,也为自己抄写一部。抗日战争前夕,沪杭等地旧书店有其手抄书出售。

藏书处为静得楼。

藏书印有"海宁管氏静得楼印"、"管元耀印"等。

张兆镛(1879—1948),张宗祥侄子。字漱泉,号警须老人,海宁硖石人。清末民初书法家。清末诸生。工书法,真、草、隶、篆各体皆擅。行楷近黄山谷,石鼓似王福厂,尤以铁线篆著名。与程宗伊、李叔秉齐名,被尊为硖石三书家。亦工小学,能治印。

好藏书,亦富藏书,喜收藏乡邦文献。藏书处为六有斋。

朱宗莱(1881—1919),字蓬仙,一字布宣,海宁盐官人。教育家、图书馆学家。家学渊源,祖、父都是儒学官。清光绪二十六年(1900),赴日留学,不久因父丧回国。回国后从事教育事业,筹建海宁州中学堂、正蒙女子学堂等。光绪三十年(1904)与祝学豫等人组建"海宁州教育会",旨在振兴地方教育事业。又在居其昌等人赞助下,创办了海宁州图书馆,藏书来源于他的私藏和安澜书院旧藏,又购置多种书籍,供人观览借用。不久复往日本早稻田大学研习文科,并在此加入了孙中山领导的同盟会。归国后,兼任海宁州图书馆馆长,在馆内附设金石保存处。1923年刊印有《海宁县公立图书馆书目》。

民国初年任浙江省立二中国文教师,同张宗祥、鲁迅、单不厂等从事古籍校雠。1915年执教北京大学，教授文字学。

张惠衣(1898—1960)，名任政，号苇依，字惠衣，以字行，海宁硖石人。现代学者，藏书家。毕业于北京大学，历任光华大学、大夏大学、无锡国学专修学校、浙江大学教授，浙江博物馆馆长，浙江省文物管理委员会常委等职。

精考古，喜收藏，搜罗古籍勤奋，其收藏的陈玉蟾《凤求凰曲》，乃为海内孤本，有戏剧学者吴梅及卢前的跋尾。

藏书处为灵璅阁。

藏书印有"灵璅阁"、"张惠衣"、"惠衣"、"灵璅阁主"、"我本淮王旧鸡犬"等。

尝检纳兰性德《通志堂集》以下书72种，辑成《纳兰容若年谱》。检张岱《陶庵梦忆》以下书数十种，阅历朝文献，博采旁搜，辑成《金陵大报恩寺塔志》十卷，较为详尽地收录有史以来散见于历朝正史逸志、诗词曲赋中有关大报恩寺塔的记载。后人所引用的有关大报恩寺塔史料多源于此，是研究历代塔、楼、碑等建筑的重要史料。曾辑集部笔记中所载非诗人诗作近千首编为《冰玉集》，后增辑为《历代平民诗选》、《灵璅阁诗选》等。

钱镜塘(1907—1983)，名德鑫，字镜塘，号鹃湖渔隐，晚号菊隐老人，以字行，海宁硖石人。西泠印社社员，著名鉴赏家、收藏家。自幼得其祖父钱笠群、其父钱鸿遇先生的家学熏陶，擅画、治印，爱好诗词、戏曲，精考证、鉴定。20岁以后，钱镜塘寓居上海，开始收藏历代金石书画，独资经营书画，掌握了古代书画鉴别能力，曾多次举办书画展销。与沪上另一位大画家、大收藏家吴湖帆并誉为"鉴定双璧"。

富于收藏，收藏室名数青草堂。经他手收藏过的历代书画文物计有5万余件，其中尤以五代徐熙《雪竹图》、董源《山水图》最为珍贵，其次宋代范宽《晚景图》、清代任伯年《群仙祝寿图》也属人间珍品。

鉴藏印有"海昌"、"钱镜塘印"、"数青草堂"、"海昌文献"、"吴越世家"、"海昌钱镜塘珍藏乡贤遗迹记"、"钱镜塘卅年精力所聚"、"海昌钱氏数青草堂珍藏金石书画印"、"钱镜塘收藏印"等。

从1956年起，钱静塘曾先后将珍贵书画文献、印章计3900余件，捐献给上海博物馆、浙江省博物馆、广东省博物馆、南京博物馆、西泠印社以及嘉兴、海宁、海盐等地的收藏机构，数量之多、质量之精，实属罕见，时人以项墨林、安岐周比之。如1958年，捐赠给家乡海宁的书画精品中，有海宁明清乡贤名士如陈奕禧、查升、查继佐、蒋光熙、王国维等的墨宝，也有近代海派林琴南、吴琴木等人的山水作品。

陈立炎(生卒年未详)，名琰，字立炎，以字行，号信平，海宁人，寓居杭州。民国初，在上海经营古籍书业之著名书贾，藏书、刻书家。

陈立炎初设六艺书局于交通路，翌年又设古今图书馆。为人有胆识，善结交。上海书业公会成立，多赖其匡助。抱经庐卢氏藏书散出，价2万元以上，应者寥寥，陈立炎得沈知方、魏炳荣之助，毅然购归，遂于三马路惠福里设古书流通处。立架数十,无一为道光以后之物,明刻名抄,目眩神迷,如堕万宝山中。后古书流通处迁麦家园,再迁广西路小花园,前后数年,规模阔大,俨然为同业巨擘,散归之书如百川归海。艺风堂缪氏、嘉定廖寿丰之书,皆归之。30年来,大江以南言版本者,书肆以古书流通处为第一,藏书售出者以抱经楼为第一。流通处末年以存书悉售中国书店,价仅万元,其中有《明人碑传集》四十巨集、宋刻《北磵文集》三卷。曾刻《宋八家集》、影印毛抄《宋六十家集》、《知不足斋丛书》,曹寅《楝亭十二种》、《金石丛书》等。

三、平湖藏书家及其藏书

(一)平湖藏书名家名楼

1. 葛嗣浵藏书

(1)扩增传朴堂藏书楼

葛嗣浵(1867—1935),金烺季子。字稚威,又字词蔚、思椿,号竹林。平湖人。教育家、藏书大家。后成为其儿女亲家和藏书至友的张元济(菊生),就是其“同试郡城”的少年同学。光绪甲午(1894)优贡,官工部主事,后改法部主事。庚子事变前,遵其岳丈徐用仪先生命①,弃官南旋,继承父兄遗志,藏书办学,称于时。著有《水西吟舫诗钞》八卷。

传朴堂藏书楼乃葛金烺手创,嗣浵继承其业,以毕生之力,苦心经营。而他购书之勤,胜于父兄。近到苏州、杭州,远至东北、陕西,每至一地,皆满载而归。日积月累,藏书充盈,使藏书从10余万卷增至40余万卷。其中宋版善本及海内孤本多达4000余种,尤以方志蔚为壮观,为海内罕见。

因藏书甚富,葛氏原先的书屋不敷使用,光绪二十五年(1899),在平湖城中宅第旁建起一座藏书楼,取名为守先阁,并请张元济先生题额。张题额同时,还撰有《为平湖葛氏守先阁题额识语》一则,叙述从传朴堂至守先阁的经过:“毓珊姻丈劬学嗜书,官京曹时,与哲嗣云威部郎网罗群籍藏弆之,富甲于一郡。稚威亲家仰承先恩,思有以光大之,光绪岁已亥,乃建斯阁。移书庋其中,名曰‘守先’,所以凿楹之训也。越三十余年,积书逾四十万卷。稚翁复与犹子荫梧学部编订藏目,将一行世,兼示后人,洵可美已。稚翁命阁榜,谨志数言,以志钦仰。”②

包括守先阁书楼和爱日吟庐书画楼两部分的传朴堂,藏书可与天一阁、嘉业堂等藏书楼媲美。据复旦大学文史专家王欣夫先生称:“葛氏之藏足与韩氏金釜山房、钱氏味梦轩、胡氏小重山馆同传不朽矣。”③有《传朴堂书目》二十卷。在葛

① 徐用仪,海盐人。曾任清兵部尚书、军机大臣兼总理衙门大臣。八国联军入侵时,被慈禧冤杀。昭雪后,在杭州建三忠祠。三忠指徐用仪、许景澄、袁昶三人。

② 张元济:《张元济诗文》,商务印书馆,1986年。

③ 葛昌杈:《葛嗣浵先生传略》,见《平湖文史资料》第七辑,内部发行,1997年。

金烺所编《爱日吟庐书画录》的基础上，嗣溮在名画家陆廉夫襄助下，续编《爱日吟庐书画别录》四卷、《补续》一卷。另辑《平湖葛毓珊先生小影题咏》一册影印本，由张元济先生作序，沈曾植、金兆蕃等知名文士数十人题咏，均按原笔印出，现均藏于国家图书馆。

嗣溮承其祖及父辈传朴堂藏书，逐日增益。吴梅尝于 1936 年季冬出示明屠纬真隆校刊，明朱权撰《荆钗记》二卷，为传朴堂旧物，三世宝藏。叶景葵于 1937 年正月借其所藏《姑山遗稿》抄补缺页。

（2）传朴堂藏书楼方志、书画专题收藏

清代至民国以来，许多藏书家都以宋元版书为自己收藏目标，而传朴堂两代主人却自有见解，另辟蹊径，苦心经营数十载，呈现出别具一格的特色，使葛嗣溮的传朴堂与天一阁范氏所藏相骖靳。所藏古籍善本 40 万卷，其中宋代善本、孤本多达 4000 余种。此外明刊及抄、校、稿本数量更多，其中最有特点的是乡邦文献，既精且多。而所集全国各地历代方志 3400 余种，蔚为巨观，尤为其特色。张元济先生评价说："传朴堂藏书之富，骎骎乎为浙西之冠。"①此外，还集藏有清代历科科举试卷数千种。

葛嗣溮喜集方志，蔚成大观，与张元济主持的商务印书馆涵芬楼彼此假借，互相抄藏，持续日久。如涵芬楼所藏《平湖县志》仅有乾隆间高、王二本及光绪初彭润章新修本，而葛氏独有嘉庆十年（1805）路錞续修本；"路志"十分珍罕，其价值胜过普通宋元版书。又如葛氏代涵芬楼收得志书六种，张复函致谢并谓："闻新得《天门县志》，代为欣喜，敝处所抄一部卷端并无草议十条，尚未检《章氏遗书》，如已有之，当钞录补入，否则亦拟乞借之。"②再如涵芬楼藏《盐邑艺文续编》有缺帙，张元济见其所收明人诗作众多，但不知何人所辑集，传朴堂藏本恰为全本，乃一代宗师胡震亨（孝辕）所辑，并借予涵芬楼抄录二册缺本。另外，还有平湖地方文献及清代历科朱卷数千种，并耗资千金为胡昌基收集清初至嘉庆间嘉兴先哲 1900 余家诗稿，辑成《续槜李诗系》并刊印行世。

除方志为传朴堂藏书一大特色外，书画作品之宏富为其另一特色：上至宋元明历代名家书画，下至当代任伯年、陆廉夫、吴昌硕等名家手迹，琳琅满目。最初葛金烺收入"红顶商人"胡雪岩散出的一批书画，打下收藏基础。葛嗣溮交友颇广，继续广征博收，藏品日益丰富。宋元以下名家书画，亦自 166 轴扩增至 376 轴。民国以来名家如陆廉夫、吴昌硕、张大千、吴湖帆等作品尚未计入。至如所藏米芾山水卷、范宽《晚景图》及张灵《灵芝秀石图》均属稀世珍品。所藏平湖地方文献及清代历次朱卷③亦多。

---

①　葛贤鏏：《平湖传朴堂集藏始末》，见《平湖文史丛谈》，人民出版社，2005 年。

②　张树年：《张元济年谱》，商务印书馆，1991 年。

③　朱卷：专供阅卷官看的红色试卷，科举乡会试后由誊录人用朱笔抄成，称朱卷。

传朴堂藏印也十分著名:1925 年,葛嗣浵之子葛昌楹、葛昌枌从传朴堂所藏明清名家刻印 2000 方中选其精华 400 方钤辑拓成为《传朴堂藏印菁华》印谱十二卷,有童大年题签,吴昌硕题扉为"传朴堂印谱",罗振玉序,昌楹自序,虽只是一家之藏,却已大致反映了明清篆刻艺术的轨迹。此印谱近年有上海书店出版社影印本,集数印于一面,合为一册,有潘德熙先生新序,可一睹之葛氏藏印概貌。

(3)葛氏家族乡邦文献的辑集

20 世纪 30 年代初,文史专家谢国桢曾参观过葛氏藏书后说,传朴堂有许多种善本,如宋版《范文正公别集》、《干禄字书》、残本《会稽志》和精刻本的丛书,其中最精的要算乡邦文献了,如《李屡园文集》、朱为弼《茶坪诗集》等书,收集不下百种。

《当湖文系》为邑人平湖进士藏书家朱壬林所辑,子寿熊为校刻补辑,共二十四卷,得文百余家,录文五百余首。葛金烺撰写的作者姓名小传列于卷首。

平湖旧有《采芹录》,是平湖历代秀才的名录,传抄凡数本。葛金烺借得抄本,参校汇录成篇。葛嗣浵继父遗志,增抄至光绪三十一年(1905)罢科举止。乃刻印《平湖采芹录》三册传世,此书平湖市图书馆有藏本。

清初,沈季友曾收集嘉兴府所属七县(嘉兴、秀水、嘉善、海盐、平湖、桐乡、石门)自汉至清初之先哲诗稿,辑成《槜李诗系》,被收入《四库全书》。民国初,胡昌基又收集自清初至嘉庆的先哲诗稿 1900 余篇,辑成《续槜李诗系》四十卷。胡氏萃毕生之力成此一书,藏弆于家,未能行世,中更兵火,幸未损伤。葛嗣浵得其稿本,为保存嘉郡先哲文墨,不惜耗资千金,独力承担,终于使《续槜李诗系》刊行问世。

此后,清末藏书家、学者忻虞卿又将嘉郡先哲所作文章,搜集辑成《槜李文系》四十卷,"告之"葛先生,"颇欲集资为之刊印"。然如此巨作,刊印绝非易事。到 1921 年嗣浵与张元济、金兆蕃协作,将光绪至宣统初年的先哲文墨一并收集进去,使《文系》更加圆满,并为此公开征文稿。据张人凤《槜李文系续辑始末》记载:他们"多方探访稀世刊本"、"从商务书馆汪诒年处借得残本七册",得知"明王文禄辑有《海盐文献》,闻秀水高小学校有一部,便请王甲荣设法往借"、"请人全部抄录"。由此足见编此《文系》工程之巨。经过一年多征得 1000 余篇文稿,由葛、张审稿,金定稿。这部涉及嘉郡自汉唐以至清末宣统的先人文墨《槜李文系续辑》,是一部八十卷的巨帙,仅目录就有四册之多,共收作者 2354 人,文 4041 篇,500 万文字,集七县两千多年乡土文献于一书,比忻氏原稿增加了一倍,张元济亲笔抄录了《槜李文系》目录四册,成为研究七县历史上各个时期的政治、社会、文化等史料价值颇高的乡邦文献。因刊印需四五千金,加之时局艰难,故稿成未刊。1935 年春,葛先生去世前半年,将原稿交时任嘉兴图书馆馆长陆仲襄保存。陆仲襄进行了仔细的复校,并写了校后记,与图书馆员王仲欣木一起用纸捻装订成 78 册。此稿本历经周折,现存上海图书馆。2005 年 3 月 1 日,《槜李文系续编》稿本经复制后得以回归嘉兴市图书馆。

(4)传朴堂的私藏公用

葛氏对于其所收藏的一些珍本,并非秘不示人,而是乐于传播。其所藏《嘉禾征献录》,由金兆藩刻入《槜李丛书》;所藏沈凤举《今古舆地图》、张咏霓《四明丛书》、彭贻孙《茗斋集》等均由张元济参补辑入《四部丛刊三编》,吴骞《唐开成石经考异》、朱桂孙和稻孙《竹坨府君行述》、卢生甫《东湖乘》,均由王欣夫辑入其《纪年丛编》。收集方志并非出于狭隘的个人占有之目的,而是着眼乡邦文献的整体收藏,体现其宽广的胸怀。平湖陆惟鍌在编撰《平湖经籍志》时,亦大量使用葛氏传朴堂藏书。

葛氏还是商务印书馆《四部丛刊》(张元济主编)的发起人之一。该书初编有两种书以葛氏传朴堂藏本为底本影印:其一是《说苑》二十卷,汉刘向撰,明抄本;其二是《欧阳行周文集》十卷,唐欧阳詹撰,明正德刻本。"一·二八"后,商务印书馆及东方图书馆被毁,仍主持古籍编印的张元济深感工作之艰难。葛嗣浵经常伸出援助之手。商务印书馆编辑《丛书集成初编》时,通过张元济向传朴堂借抄《艺海珠尘》、《滂喜斋丛书》、《功顺堂丛书》、《天壤阁丛书》等有关序文和缺书,撰成《丛书集成总目提要》。正如王欣夫先生所说:"其于秘籍遗稿不自矜惜,以传播为乐。"由于葛氏与张元济的亲密关系,故有些孤本便经商务刻印、刊行于世。可见传朴堂藏书楼在我国文化史上确曾作过一定的贡献。

传朴堂藏书,常供人查阅、抄录。据浙江美术学院教授、书画家陆维钊先生回忆:"葛氏长我七岁,青年时代即彼此交好,葛氏为人豪爽,愿意翻出藏书、藏品供友人观赏。惟其祖传规矩,可以在其舍抄录,而不肯让人借回家去。家中书房极宽敞,四周均有桌椅可供人书写。其交好者,甚至供午膳。由仆人端至书房,任客自食,主人并不相陪。"当年陆维钊先生离家在外,每次归平湖,必到葛家一会。杭州大学教授胡士莹先生早年在稚川中学任国文教员期间,也曾大量阅读传朴堂藏书,为其日后学术研究打下坚实的基础。

葛嗣浵虽经历过科举,但在清末维新风潮影响下,他率先在家乡创办起一所新式学堂——稚川学校。校址在平湖城中明珂里住宅旁,与传朴堂藏书楼相毗邻。葛自任校长,先小学,后扩至中学,学生最多时有几百人。学校经费均由葛氏承担,稚川学校历40余年,享誉平湖、嘉兴乃至全浙江。

(5)葛氏之子印学集藏

葛氏家族在印学上的贡献,主要是明清名家刻印的集藏和印谱的编印。传朴堂藏印曾被篆刻界誉为"一时之最",这一集藏的主人便是葛嗣浵次子葛昌楹。

葛昌楹(1893—1963),嗣浵次子,字书徵、书珍,号竺年、竺道人、老竺、竺叟、梦厂、稚川后人,别署晏庐、望莽。书法家、篆刻家。为西泠印社早期社员。早年就读于稚川学校,毕业于苏州东吴大学。幼受家庭熏陶,醉心书画金石篆刻,工书法,偶作山水,渊雅有士气。藏弆古印为一时之最,尤以明清印章收藏称道于印林。承袭其祖及父辈爱日吟庐藏书外,还有以成室、舞鹤轩、五玺阁、玩鹤听鹂之楼等,藏书画、印章。

葛昌楹少嗜印章,遇佳石辄致之归,闻有能印者,无远近必求之刻。在搜罗历代名人印章中,富收藏,精鉴别,极具慧眼。青年时代的葛昌楹,对“晚清四大家”(吴让之、赵之谦、吴昌硕、胡镢)的作品更情有独钟。根据戴山青等编的《吴昌硕印影》,在甲寅(1914 年)至庚申(1920 年)七年间,吴昌硕为昌楹、昌枌两兄弟刻印达 50 方之多,尚未包括为葛昌楹长子维坪所刻“葛维坪印”、为堂兄葛昌楣所刻“葛昌楣”、为外祖父徐用仪所刻“徐用仪印”等印章。此外葛昌楹在 1943 年之前搜购及受人馈赠的缶老所刻印章有 17 方,其中:“西泠印社中人”是石潜、丁仁于丁巳春仲(1917 年 2 月)请缶老刻“持赠书徵”;“癖于斯”(朱文)是陆廉夫壬子(1912 年)“游当湖,下榻传朴堂,商订《爱日吟庐书画录》,岁暮归去,出此赠别”。吴昌硕为葛氏所刻“传朴堂”、“竺道人”、“晏庐”、“书徵”、“书徵氏”、“书徵金石寿”、“葛昌楹印”、“当湖葛楹书徵”、“舞鹤轩”、“葛枌”、“绳道人”、“樾荫草庐”等印章,率皆精品。缶老为他人制印如此之多,如此精到,葛昌楹可谓国人中第一人也。

昌楹一生以集藏金石、辑梓印谱为情志,为保存金石,研究印学不遗余力。积数十年精力,刻意征求,上至宋元明三朝犀玉象牙玺印,下至现代各名家篆刻印章,积数千钮,选其精品,辑成印谱六种,其中四种被收入《中国美术辞典·印谱著录》。他的印谱被国内篆刻界公认为有较高艺术价值和学术价值,在印学史上占有不可替代的重要地位。他辑梓的印谱分别被收藏于杭州西泠印社、上海朵云轩书画社。昌楹所作印谱作品见下表:

印谱名称	成书年代	简　述	备注
《晏庐印集》	1915 年辑成的稿本	集归安吴俊卿①、嘉兴胡鑁②、苏州王大炘③、钱塘钟以敬④、山泽吴隐⑤、杭州叶为铭⑥、苏州徐新周⑦、崇明童大年⑧八大家刻印,分八卷,有高密郑文焯、临桂周颐序,此谱共装 30 部,分赠同好。	惜此稿本未刊印,于日寇侵华时毁于兵火。

① 吴昌硕(1844—1927),近代书画家、篆刻家。初名俊,后改俊卿,字昌硕,西泠印社社长。

② 胡鑁(1840—1910),清篆刻家。

③ 王大炘(1869—1924),近代篆刻家。字冠山,号冰铁,与吴昌硕(苦铁)、钱厓(瘦铁)并称“江南三铁”。

④ 钟以敬(1866—1916),近代篆刻家。

⑤ 吴隐(1869—1922),近代篆刻家,西泠印社创始人之一。

⑥ 叶为铭(1867—1948),近代篆刻家,西泠印社创始人之一。

⑦ 徐新周(1853—1925),近代篆刻家。

⑧ 童大年(1874—1955),现代篆刻家。

（续表）

印谱名称	成书年代	简　述	备注
《传朴堂藏印菁华》	始辑于民国5年丙辰，至民国14年乙丑拓印成书。	昌楹刊行的第一部印谱，他在精研篆刻的起源、形式、文字、印钮、印材和如何鉴别、欣赏金石篆刻艺术的广博知识的基础上，从家藏印玺2000钮中，选出明、清精品400方，又请吴昌硕、罗叔蕴、郑大崔鉴定，最后定稿成此谱。收作者124家，分十二卷；用乾隆古墨、漳州印泥，精工摹拓；有童大年题签，吴昌硕所题扉页，嘉兴金蓉镜、上虞罗振玉作序和昌楹自序。1999年，上海书店出版社出版此谱影印本。集数印于一面，合为一册，有潘德熙新序。	每页一印，下拓侧款，卷端钤有朱印，成书25部。
《宋元明犀象玺印留真》	民国14年拓印成书	由宋、元、明三朝犀玺5方，玺印149方，象牙印4方，补以九仓及新获华亭张氏天瓶斋、吴门徐氏观自得斋的宋、明犀象3石2钮等，辑为十二卷，有余杭诸德彝序，昌楹自跋。	是一部艺术价值较高的印谱。
《吴赵印存》	民国20年辑拓	辑录昌楹珍藏的清代著名篆刻家吴熙载、赵之谦二人晚年自用之印，是精品中之神髓，其中吴氏七卷、赵氏三卷，共十卷。有昌楹自记，卷端附仪征张丙炎师慎轩印存跋。有遂翁题序，初拓本十册。民国23年（1934）重辑，重辑本有六册，增昌楹自序。此谱收印颇精，两家晚年之自用印大多在内。	每页两印，下载墨拓印面及侧款。
《明、清名人刻印汇存》	民国23年成书	是昌楹与胡淦二家所藏明、清各家刻印辑成，上启文徵明、文彭父子，下至晚清吴昌硕、赵叔儒，汇集明清216位印人700多钮刻印精品。此书也仅辑拓21部。王福庵篆书签，赵时棡题扉页，罗振玉、高野侯、丁辅之作序，辑者自跋，附目次，作者216人。1991年上海古籍出版社影印本，精装二册。2000年该社又按原样影印线装复制本。	每部十二册，每页一至二印，印面除朱钤外，益以墨拓，有侧款。

（续表）

印谱名称	成书年代	简 述	备注
《宝穰室燹余印存》	辑于民国25年	民国25年得篁里张叔未藏印，辑拓此谱。但未及装订，即遭日军侵华之劫，未能面世，散页亦失。	
《丁丑劫余印存》	民国28年拓为此谱	这部印谱是与篆刻界好友丁辅之、高络园、俞序文，集四家所藏明、清各家刻印辑录而成，每部四函，共二十册，有王禔篆扉页、高野侯序。卷首有目次，全书辑录印玺近2000方，刻者273人，均附小传。 1986年上海书店出版社影印本，精装二册，韩天衡先生新序；1999年该社又按原样影印线装复制本，有叶潞渊、韩天衡两先生新序。	每页一至二印，附拓侧款，每部记有："浙西丁、高、葛、俞四家藏印集拓廿又一部已卯春成书"21字。所收宏富，选择谨严，为近代著名巨谱。
《邓印存真》	民国33年存书	昌楹集自藏及假于友人陈式金（寄舫）后人所藏之邓石如刻印共15钮辑拓而成。因内有两面或多面印，故共有印面21方，分装成两册。钤拓极精，为研究邓印之最佳资料。	印面除朱钤外，又加墨拓。

葛昌楹于20世纪50年代初，将传朴堂藏印中的一部分陆续让与无锡华笃安。华笃安后将这批印章捐献给上海博物馆。传朴堂藏印中可称精品的那一部分，如文彭的“琴罢倚松玩鹤”，何震的“听鹂深处”，邓石如的“江流有声断岸千尺”，归昌世的“负雅志于高云”，程邃的“竹篱茅舍”，傅山的“韩岩私印”，吴晋的“陶庵”，丁敬的“曹焜之印”、“愿保兹善千载为常”、蒋仁的“廉”，黄易的“茶熟香温且自看”，奚冈的“白栗山樵”、“秋声馆主”等43方珍品，则于1962年夏捐献给了西泠印社。这批珍品名印现已成为该社的镇社之宝。

1989年3月，葛昌楹之夫人冯梦苏女士，遵夫遗愿，又将珍藏多年的葛昌楹自用印10方如“葛昌楹”、“书徵”、“书徵金石寿”、“竺道人”等捐献给西泠印社，同时捐赠吴昌硕先生所刻田黄名号章八方及钟以敬的“鸣珂里氏”、叶潞渊“玩鹤听鹂之楼”各一方，《邓印存真》二册。这批珍品名印现也成为该社的镇社之宝。

葛昌楹在集藏明清名家篆刻的同时，也注意集藏这些名家的书画作品。民国13年（1924），葛昌楹、葛昌枌两人还辑印过一部《传朴堂印人书画集》，由上海慎修社出版发行。其中有：王时敏隶书诗翰轴、山水扇面，蒋山堂、汪启淑行书诗翰轴，高凤翰隶书诗翰轴，翁方纲真书联，邓石如草书诗翰轴，钱几山墨竹轴，奚铁生、孙古云荷花轴，赵次闲佛像轴，吴让之枇杷轴等。

（6）传朴堂藏书及书画之归属

葛氏藏书一般均称毁于抗战之初,其实并非全毁。有部分善本流入大汉奸陈群泽存书库。陈群靠巨资也靠劫掠,在南京、上海等地聚集大量藏书。1934 年编了本《南京泽存书库图书目录》,许多善本古籍标明旧藏之所,内就有注明"传朴堂葛氏旧藏"之书。泽存书库藏书抗战胜利后为中央图书馆所收。还有少量为其家人携出,1984 年,葛氏后人葛维钧(字耀飞)、莫挹清夫妇将收藏的数十件书画捐赠平湖市博物馆,其中一件为清代画家吴滔所作水墨山水屏,此画恰恰是《爱日吟庐书画续录》所著录的最后一件藏品。

葛氏藏书中的"路志"——嘉庆十年(1805)路鋅续修《平湖县志》,此书今藏上海图书馆。另有一幅传朴堂藏画《路令送朱椒堂北上图》,抗战胜利后为葛昌楹偶得。"路令"即续修《平湖县志》的县令路鋅。葛曾请张元济鉴赏并题词,张睹画感慨万千,题七绝诗二首。其一曰:

志乘流传今仅存,画图渲染更加新。
天教传朴传双璧,故辟桃源好避秦。①

传朴堂存世前后有近半个世纪,从葛嗣浵建守先阁始也有 39 年历史,藏书 40 万卷,"骎骎乎为浙西之冠"。旅居苏州的平湖籍藏书家屈爔(1880—1963),1931 年曾应葛嗣浵邀请,为传朴堂藏书编目。据屈氏回忆录《望绝自纪》记:葛家藏书精华有四:一是"地志收藏最富";二是"平邑先哲遗书,秘本稿本往往有之";三是"明人集部最为完备";四是"丛书大者小者种类至夥",此目并未刊印。传朴堂藏书曾编有《平湖葛氏书目》及《守先阁藏书目》,但仅有写本,均未经刊印。所藏书画,葛金烺曾著录为《爱日吟庐书画录》八卷,《续录》四卷,于宣统二年(1910)付梓开雕,1914 年成书。

葛昌楣(1886—1964),金烺孙,嗣潆子。字咏莪,号荫梧、雍吾,别署韬华,平湖人。诗人、篆刻家、藏书家。为南社社友。宣统元年(1909)优贡,官民政部七品小京官,以郎中改学部。工书法、喜篆刻、爱鉴藏。著有《蘼芜纪闻》、《橅六朝碑碣》等。

承其祖及父辈传朴堂藏书外,还有弢华馆、辛夷花馆等藏书处。好藏书,逐日增益。如藏有明屠纬真隆校刊明朱权撰《荆钗记》二卷,吴梅在《吴梅戏曲题跋・古本荆钗记》中云:"三世宝藏,为之钦仰不已。"还藏有朝鲜李朝诗人尹善道《孤山遗稿》。

缪荃孙《艺风堂文别存・辛壬稿》卷二《平湖葛氏书目序》记云:"创建书楼,榜以守先,汇累世之藏约过十万之数,与犹子咏峨学部逐日增益,同志雠校。"

葛氏之藏书处守先阁已毁于日军入侵时,大部分书画也被毁,尚有少部分藏品存世。

近年来爱日吟庐藏画在各地艺术品拍卖会上时有现身,如:香港佳士得

① 张元济:《张元济诗文》,商务印书馆,1986 年。

“2001年秋季拍卖会·中国书画专场”中有一拍品张灵《灵芝秀石图》，上有徐乾学、查士标、刘蓉峰及葛金烺的收藏印记，此图著录于《爱日吟庐书画续录》卷二。北京荣宝斋2006年秋季大型艺术品拍卖会有一幅石涛的《独树老夫家图》，此画右上角作隶书“独树老夫家”五字，落款“大涤子极写于耕心草堂”，有爱日吟庐的鉴藏印。2007年春季艺术品拍卖会上有一件拍品号为0330号的作品，是唐寅的《秋山行旅图》，也曾是爱日吟庐的藏品。拍品“备注”曰：“陆恢题签：明唐子畏秋山行旅绢本精品，壬子秋爱日吟庐入录……平湖葛氏为浙江三大藏书家之一，与宁波天一阁范氏，南浔嘉业堂刘氏齐名。”从上数例可知，传朴堂集藏虽遭劫难，但留存于世也有不少。

2. 陆惟鍌求实斋藏书

陆惟鍌（1888—1945），字清澄，又字清臣，原籍河南夏邑，徙平湖。清末民初学者、藏书家。光绪年间诸生，17岁考中秀才。后入上海英语书院学习英语三年，结业回平湖，设私塾授徒。课余，常至葛氏守先阁藏书楼博览群书，对平湖乡邦文献和历代乡贤遗著无比向往，萌发系统收集整理平湖历代先贤遗著的愿望。于嘉兴南湖之湄创建木业公会。编纂《槜李文系编目》（稿本）一册。著有《平湖经籍志拾遗》、《丁丑十月记》、《海上避难记》，惜未出版，书稿在几经动乱中散佚。

曾在杭州经商，期间虽营货殖而不废学，酷好藏书，常在暇日盘桓于杭州书肆间，遇佳椠名抄，不惜以重金易归，摩挲终日不释手，尤一意搜求乡贤遗著。最著名者如屠勋、屠应竣父子《太和堂诗文集》、《兰晖堂诗文集》两集，沈懋孝的《长水文集》，刘廷元的《宋名臣言行略》、《明名臣言行略》，王路的《花史左编》，诸明刊罕睹之本，都是他在北京书坊中觅得而不惜重金购归。十余年来，所至恒以征访乡献为职志，积卷盈架，实驾诸家而上之，乃筑屋藏书，称求是斋，为近代继葛氏守先阁藏书巨擘之后的藏书名家。

日寇侵华，携眷避居上海。书画珍籍，仓促不及携带。稍事安定后，归检藏书将其中三分之一秘密运出。

《平湖经籍志》是陆惟鍌先生毕生心血的结晶，是乡邦文献中的一朵奇葩。全书收录自三国至清末作者1108家，著作2625种，较之光绪《平湖县志·经籍门》收录多一倍以上，网罗散佚，阐幽发微，可见一斑。其中三国至元代作者19人，著作65种；明代229人，著作652种；清代824人，著作1825种；民国时期36人，著作83种。全书约80万字。卷首有金兆蕃、王大隆两序和编者自序，卷末有胡士莹跋。全书三十六卷，卷一为三国至元代，卷二至卷八为明代，卷九至卷三十二为清代，卷三十三为寓贤，卷三十四为官师，三十五为方外，卷三十六为闺秀，《续录》一卷为民国期间在世者。

从《平湖经籍志》中，可窥见平湖自古以来文化发展的轨迹，有助于后人研究平湖政治、经济、文化、社会发展的历史进程，为后人留下一笔宝贵的文化遗产。

清史馆总纂金兆蕃评其为“能举其乡先辈著述，甄其篇第，揭其概要，通考经籍，勒成一书，他日后学者将有所凭藉景仰，紬绎光大”。秀水王大隆则赞为“搜集之富，考订之详，精核美备，与孙、项、胡之书相颉颃”（按：温州孙诒让、台州项元勋、金华胡宗懋）。

在编纂《平湖经籍志》过程中，惟鋆先生考证周密，搜集各种著作2000余种，其中有519种原刊或稿本收藏在他的求是斋中。

除藏书外，亦好书画收藏，其藏品部分现收藏于平湖市博物馆，其中以扇页数量尤多。

3. 胡士莹霜红簃藏书

胡士莹（1901—1979），字宛春，平湖人。幼承家学，10岁以前即背诵“四书”如流。少时即喜古典诗词，15岁所写诗词已能惊动老辈，被誉为“小诗人”。1920年考入南京高等师范（次年改名东南大学）。曾任在平湖的诒谷学堂和稚川中学、南京私立东方公学、扬州中学及嘉兴中学等校教员。抗日战争后，曾在上海暨南大学、复旦大学、圣约翰大学、光华大学、上海临时大学等校兼课，抗日胜利后任之江大学文学院教授。新中国成立后任浙江师范学院、杭州大学教授，中国社科院研究员。因仰慕明末清初学者傅山的为人及书法风格，以其著《霜红龛集》取书斋名为“霜红簃”。

胡士莹在故乡时常登平湖葛氏藏书楼。从青年时期起，博览群书，并开始藏书。研究目录学、版本学，所藏大量小说、戏曲以及其他通俗文学资料。他每天用行楷抄书，多的时候每天要抄一万字，同时校书。嗜书如癖，每赴市必至书肆或冷摊探求，不惜重金购置，故所藏小说、戏曲、弹词、宝卷及乡邦文献之富，在国内私家藏书中是很突出的，有宋版、明版、清版，皆用原配之红木书橱庋藏，颇精美，其中有不少珍本甚至孤本。特别是话本和拟话本搜罗宏富，共著录70余种之多。如宋元话本《裴秀娘夜游西湖记》出自明万历间余象斗编的《万锦情林》，是从日本帝国大学研究所拍照下来的。新发现前人未加著录的有明抄本《壶中天》，清刊本《美人鱼》、《跨天虹》、《别有香》、《跻春台》等种。抄本有宋元话本《王魁》、《钱塘梦》、《绿珠坠楼记》等，这些抄本都是从国内罕见的传奇文集里抄录下来的。明话本《李亚仙记》、《张于湖误宿女贞观》、《杜丽娘慕色还魂》三种都作了附录，并查考书目著录，寻搜渊源。《负情侬传》，是明话本小说中最优秀作品之一的《杜十娘怒沉百宝箱》的蓝本，国内研究者长期求之不得，胡士莹却能从罕见的明刊本宋懋澄（幼清）的《九籥集》卷五抄录下来，实在难能可贵。

1936年杭州举办浙江省文献展览会，胡氏送展之书有其收藏之旧抄稿本及自抄本多种：明平湖赵汉《渐斋诗草》二册，旧有嘉靖刻本，传世罕见，为士莹手抄之本。清平湖蒋元《辟毛先声》四卷二册，传抄稿本，清光绪《嘉兴府志》称此书未刊已佚，胡士莹据平湖葛氏传朴堂本抄藏。清仁和谭献《复堂未刊诗》一册，抄本。清嘉兴钱仪吉《北郭集》四卷二册，抄稿本，此本为士莹从钱仪吉族裔钱振声楷写本抄录。清钱仪吉《飏山楼初集》六卷一册，传抄稿本(《初集》为十六卷，胡士莹所藏为残本)，计文53篇，记事稿已刻者10篇，余43篇均未刊，殊可珍也①。清嘉兴钱仪吉《澄观集》四卷二册，抄本。清平湖彭玉嵌《铿尔词》二卷一册。《铿尔词》原稿为虹屏手写，藏平湖葛氏传朴堂，士莹据传朴堂本传录。清平湖陆野《旷庵词》一册，抄稿本。清平湖陈朗《青柯馆词》三卷一册，抄稿本。清嘉兴钱豫章《钱农部年谱》与一册，此为钱豫章自编年谱，原有刊本，而传世极罕，钱氏后人亦未庋藏，展出本为士莹1934年所录副本。清平湖陆烜《梦影词》三卷一册，抄本。等等。胡氏送展之书多嘉兴、平湖人著述，为乡邦文献，除收藏之旧抄本、稿本外，亦多胡氏自抄之本。

可惜其藏书在“文革”中损失巨大，所剩3000多册，现已由其家属遵照他的遗愿，全部捐献给了浙江大学。

胡氏除藏书外，还是我国著名的小说戏曲专家及书法家、画家。尤精于话本小说，还兼擅诗词、书法。大学时代就撰有《集玉谿生诗二十首》等。1919至1929年间填词84首，集成《霜红词》。1934年辑《霜红词续编》，未及刊行，词稿散失殆尽。书法作品曾在北京、上海、杭州等地多次展出，被誉为“杰出书家”。在治学方面以话本小说的成就最大，其代表作《话本小说概论》，赵景深在序中赞许为“精心结撰的、论断比较恰当的、内容丰富的、总结性的著作”，还说是一部“研究话本的百科全书”。此书出版后，受到了海内外的普遍重视和好评，香港《大公报》称“本书题名为‘概论’，实际上它又是话本的簿录和提要，是一部很完整的专科工具书，可与鲁迅先生《中国小说史略》同为传世之作”。还说“这部书在中国小说史中应属于‘别史’，以它自成一系统，在小说史里是能独树一帜的”。

另著有《弹词宝卷书目》、《紫钗记校注》、《宛春杂著》、《牧羊记校注》等。其所编著的《弹词宝卷书目》，收录郑振铎《西谛所藏弹词目录》、凌景埏《弹词宝卷书目》及编者所藏弹词目录325种，收录编者及郑振铎和其他人所藏宝卷目录224种，是最完备的弹词、宝卷曲本目录汇编，出版后引起了国内外专家的注意，并已由海外学者列为中国文学研究的重要专题书目，是历来此类书目中较完备的一种。校注清杨潮观《吟风阁杂剧》，此书据乾隆刊本，校以写韵楼本，收短剧30个，注释详明，阐发精当，为迄今杨潮观杂剧最好的注本。

胡士莹集学者、诗人、艺术家、藏书家于一生，曾任浙江省文史馆馆长的王镳曾作挽联称其：

书其可传，独创鸿纲评话本；

病不废学，犹裁素绢写兰亭。

4. 孙振麟雪映庐藏书

---

① 《文澜学报》第2卷第3—4期，“浙江省文献展览会专号”，浙江省立图书馆编辑，1937年6月30日出版。

孙振麟(1903—1952),孙从说[①]十一世孙,字秉之,号涤斋,别号雪映庐主,平湖县城阴阳弄人。民国著名的藏书家。寓沪经商,因而有所积蓄,为以后搜购古籍打下基础。秉之天赋聪颖,自幼酷爱读书,曾根据其父愿望修家谱。在搜集资料、撰写文章、编排整理、誊清缮写等方面得到了岳父和夫人的尽心指导和帮助,因此,修谱进展顺利,数年后就刊印成册,名为《孙氏家乘》,并分送各地图书馆。

修谱为他的藏书创造了有利条件。为了使家谱材料充实,多方悉心搜集古籍,广交文友。并委托平湖旧书商项受田等人代觅各种文献典籍,还发信给杭嘉湖、苏锡常等地的书店,委托他们代为收购有关平湖的文献资料和平湖籍作者的书稿、作品等物,每有所获,除立即付款外,必表示感谢。自己有暇就到上海福州路、河南路一带书店浏览,见有乡邦文献,不惜倾囊购之以归。

藏书甚富,藏书处为雪映庐,含义是借古代孙康映雪读书后来成名的古典鞭策和勉励自己。

编有《雪映庐藏书书目》。

经过十多年苦心搜集,到抗日战争爆发前夕,已有乡邦文献书籍八大橱。这个书橱是请人定做的,高1.8米,阔0.9米,上下分6格,用厚板隔成,装有橱门,便于保存书籍。据不完全统计,藏书5000余册。其中不少是明清的刻本刊本,有些还是孤本,极有保存价值。历代《平湖县志》有几十本,搜罗殆遍,其中有康熙时的朱志、乾隆时的张志和嘉庆时的路志等。邹璟的《乍浦备志》有几种版本。还有李确(天植)所著《山房日录》手稿十余册,弥足珍贵。其他有明贺灿然的《漫录评正》、沈懋孝的《选钞》稿本、马维铭的《广文选》二十五卷和《诗选》六卷、薛振猷的《易经宝藏》六卷、陆上澜的《芳洲诗文集》二十卷;清陆棻的《雅坪词谱》三卷、卢生甫的《杜诗说》三十六卷、冯幼茗的《香草楼诗集》九卷、马承昭的《当湖外志》八卷和《续当湖外志》八卷等。后曾将其中的珍贵古籍赠给平湖图书馆。

除了商务工作外,孙振麟将所剩闲暇都用来搜集乡邦文献及古籍,组织抄写等,忙碌非常,乐在其中。惜英年早逝,年仅49岁。他逝世后,夫人顾赞玉为了更好地保存雪映庐藏书,避免因家庭情况变化造成损失,就于当年(1952)将藏书慷慨捐赠给几家图书馆。其中,给上海市文物管理委员会4048册,后转上海市图书馆;给浙江省图书馆147册;给省立嘉兴图书馆一批,数目不详[②]。其中地方志2000多种,由上海图书馆收藏,编有目录。

2009年8月17日,孙振麟的后代孙德芳、孙德庄向嘉兴市博物馆捐赠了一批孙秉之生前的遗物。包括有40岁肖像画和山水作品的翻拍照六张、《当湖孙童子志传石刻》一本、《顾赞玉同志捐赠平湖文献图书清册》一本,以及孙秉之生

① 孙从说,字质生。清书画家。能诗文,以书画双绝名著一时。

② 《平湖文史资料第七辑》,平湖市印刷工贸实业公司,1997年8月,内部刊物。

前收藏清单、相关信札、手稿、复印件等,共计17件。

(二)平湖其他藏书家

屈爔(1881—1963),字伯刚,号是闲,又号弹山,晚年自署屈疆。平湖人,寓居苏州。诗人、藏书家。光绪年间诸生,早年留学日本早稻田大学,归国后授举人衔。后执教于圣约翰大学等校,任商务印书馆旧书股主任及馆外编辑。性喜购书、藏书,曾得外祖父潘霹(蔚如)批校精本一批。日军攻陷苏州,以所藏精本十余箧寄于王謇澥粟楼,其中多有清末名人投赠诗词、手札及墨迹。抗战胜利后,构屋于黄壤头,收还其书。后尝设肆于京师曰穆斋,于苏州卧龙街设双百楼,皆为收书,得精本甚多。1931年曾应葛嗣浵邀请,为传朴堂藏书编目。尝手校《水经注》、《老子》甚精,底本为涵芬楼《四部丛刊》,后售归振华女学图书馆。所藏有抄稿本《三国志续考证》一卷,所校《金石文字记》六卷,临何焯、顾广圻校本《金石录》三十卷。

藏书印曰"屈氏藏书"、"是闲手校"、"屈爔之印"、"伯刚"、"屈爔"等。

还著有《弹山诗稿》、《自治外蒙古》1册、《望绝自记》等。

四、海盐藏书家及其藏书

(一)海盐藏书名家名楼

1. 涉园主人张元济藏书

清代海盐张氏为藏书、刻书名家,其藏书、刻书历史源远流长。清末民初之际最著名的出版家、藏书大家张元济,即是海盐涉园创建人张惟赤九世孙。

张元济藏书家族世系

九世祖张惟赤(1615—1676)——八世祖张皓(1640—1709)——七世祖张芳湄(1665—1730)——六世祖张宗松(1690—1760)——五世祖张询(1728—1758)——高祖张万选(1750—1819)——曾祖张锡纯(1779—1841)——祖父张应辰(1805—1863)——父亲张森玉(1842—1881)——张元济(1867—1959)

张元济(1867—1959),原名元奇,字筱斋,号菊生,海盐人。出身于书香门第、藏书世家,是我国藏书史上少见的家藏逾十代的嘉兴海盐藏书、刻书名家张氏家族的传人,涉园创建人张惟赤的九世孙。光绪十年(1884)入县学为生员,清光绪十五年(1889)中举,十八年(1892)中壬辰科二甲进士,授翰林院庶吉士,散馆改任刑部主事,后官总理各国事务衙门章京。光绪二十四年参加维新运动,戊戌变法失败后革职永不叙用,遂离京到沪任南洋公学译书院院长。光绪二十八年(1902),张元济受商务印书馆总经理夏瑞芳之请进入商务印书馆,主持商务编译出版工作,先后任商务印书馆编译所所长、监理、董事长等职。1948年4月任中央研究院院士。1949年出席中国人民政治协商会议,新中国成立后当选为第

一、第二届全国人大代表，历任华东军政会委员、上海市文史馆馆长。

张元济是近代著名出版家、校勘家和藏书大家，一生致力于文化事业，被誉为商务之魂，中国近、现代出版业的先驱者；在近代文献的搜集、保存、传播等方面影响卓著，被学界誉为近代有魄力、有远见的藏书家。特别是20世纪30年代创办东亚最大的图书馆——涵芬楼、东方图书馆及合众图书馆，成为中国近代图书馆事业的开拓者之一。

(1)张元济的私藏——涉园藏书

张元济出生于读书和藏书世家，涉园一名起自明末他的十世祖张奇龄的书斋命名，九世祖张惟赤将涉园扩建成海盐当地的林泉胜地，并着意搜藏图籍。绵延数代，到乾嘉之际张元济六世祖张宗松一辈时，藏书之富达到巅峰，除公有的涉园旧藏外，兄弟有六人以藏书著名，张宗松之清绮斋尤著名，宗松所藏书有万册，宋元刊本有50部、抄本290部。与当时江南藏书名家黄丕烈、吴骞、鲍廷博齐名。

张氏一门藏书至嘉庆、道光间散失殆尽，至元济时，只继承了涉园之名，而无涉园之图书。张父森玉称："自更洪、杨之役，名园废圮，图籍亦散佚罄尽，而先世所刻书，更无片板存焉！"[①]后来收藏的每部书，都是张元济一手获得的。

张元济继先世之志，致力于藏书，收藏的古本秘籍不少，尤其嗜好宋本，故其藏书亦颇多善本。由于他从未为自已涉园中的宋本汇编目录，因此，除刻入《四部丛刊》、《续古逸丛书》等部分外，难以确知他究竟收藏有多少部宋本书。"目前，台湾所藏已知曾经张元济旧藏的宋本，是'中央图书馆'的写本《宋太宗实录》、黄庭坚的《山谷琴趣》、欧阳修的《醉翁琴趣》、杜预的《春秋经传集解》、权德舆的《权载之文集》等几部，数目虽不多，却每部都是连城珍贵。"[②]

张元济喜藏宋本的同时，尤致力于搜罗张氏先世旧藏，凡获悉南北书肆出现钤有"涉园"印记的图书，便不惜高价购回，日积月累竟陆续收回善本52部之多。这些重返涉园的书中，最早可溯至他的八世祖张皓旧藏。1936年杭州举办浙江省文献展览会，送展的原为张氏涉园旧藏，有唐卢纶《唐卢户部诗集》十卷二册，明抄本；唐代莫休符《桂林风土记》一卷一册，明抄本；宋长乐陈樵纂《负喧野录》二卷一册，明抄本；参展时均标明"藏张菊生家"、"海盐张菊生藏"。

张元济也喜刻张氏一门著述。清宣统三年(1909)刊印《海盐张氏涉园丛刊》，收其先人张维赤《入告编》三卷、《遗编》一卷、《退思轩诗集》一卷，张晧《赋闲楼诗集》一卷，张芳湄《箕谷诗选》一卷，张宗松《扪腹斋诗抄》四卷、《诗余》二卷，张宗橚《藕村词存》一卷，张鹤征《涉园题咏》一卷等。1928年又辑刊《海盐张氏涉园丛刊》续编，收张伯魁《寄吾庐初稿选抄》四卷，张赐采《竺岩诗存》一卷，

① 顾志兴：《浙江藏书史》，杭州出版社，2006年。

② 苏精：《近代藏书三十家》(增订本)，中华书局，2009年6月第2版。

张廷栋《牛农草舍诗选》四卷,张铁华《西泠鸿爪》一卷及自辑之《张氏艺文》一卷、《涉园题咏续编》二卷《补遗》一卷附《涉园修禊集》一卷,自此张氏先人之著述称全。

张元济因爱家而爱乡,数十年中搜罗海盐及嘉兴府地方文献极多。1936 年杭州举办浙江省文献展览会,张元济所送展之书有清嘉兴李澧《意香阁诗词草》二册,为李氏后人抄稿本,有“此书誓不借友,藏之以待族中有利者选刻”字样。又有清秀水朱耒《童初公遗稿》一册,为嘉庆间抄稿本。清海盐黄仙岺《岺山堂壬戌诗》一册,为黄之哲嗣隆桢等录抄本。此外有明海盐彭孙贻选《明诗五言律》一册,手稿本。清嘉善魏允札《魏东斋先生残稿》一册,抄稿本。清海盐董湖《红豆诗人诗抄》二册,抄本。

抗战时与叶景葵等人在上海创办合众图书馆,为率先提倡,将所藏嘉兴乡文献全部捐入图书馆,包括三部分:嘉兴先贤遗著 476 部,1822 册;海盐先贤遗著 355 部,1115 册;涉园先世著述刊印及旧藏 104 部 856 册及石墨图卷各一;共计 935 部 3793 册。合众图书馆编成《海盐张氏涉园藏书目录》,叶景葵在序文中以为张氏所藏之书,实为一部嘉兴艺文志。

(2)张元济公藏——涵芬楼、东方图书馆及合众图书馆藏书

涵芬楼是商务印书馆上海时期的藏书楼。1903 年,张元济应邀出任商务印书馆编译所所长,由于编辑工作的需要,张元济于 1904 年主持创立编译所资料室。1909 年扩大规模,改名为涵芬楼,取含善本书香、知识芬芳之意,并以所藏善本古籍与方志享誉学术界。是时开始大量购进古籍,其标志为经蔡元培介绍购入的绍兴徐树兰之镕经铸史斋的 50 余橱古籍大宗藏书。在此后的 20 余年间,涵芬楼在张元济的主持下又先后三次收进大宗藏书:一是太仓顾氏谀闻斋藏书;二是乌程蒋氏密韵楼藏书;三是扬州何氏藏书万余册,涵芬楼可谓得珍本无数。此外,涵芬楼还购进了著名私家藏书长洲蒋氏秦汉十印斋藏书、广东丰顺丁日昌持静斋和清宗室盛昱意园的部分藏书、缪荃孙艺风堂部分善本书、端方之匋斋藏书。还有张元济屡次从北京书肆购回及在上海陆续收得书。其中盛氏意园藏书中有影宋抄《事实类苑》、《公孙谈圃》,影元抄足本《元秘史》,明复本《宣和遗事》,嘉靖本《长安志》等;太仓顾氏腴闻斋藏书中,颇多著名藏书家黄荛圃和汪阆源家的故物,价值很高。涵芬楼成为当时富甲一方、称盛一时的著名藏书楼。到 1924 年,涵芬楼藏有 37000 卷善本书和珍贵抄本,其中包括 12 卷濒于失传的《永乐大典》。

到民国 20 年(1931)时,涵芬楼(即东方图书馆的善本部)共藏 3745 种、35083 册善本,其中宋版 129 部、元版 179 种。

张元济还致力于地方志的收藏,认为:“地方志虽不在善本之列,然其珍贵之

记述，恐有比善本犹重者。”[①]收集地方志始于1915年。清末，地方志尚不为一般藏书家所重视，而日本外务省在北平设立的东方文化总委员会名下的东方文化图书馆，专门收罗我国地方志。为了便于商务印书馆编辑各种专科辞典，更为了制止帝国主义对我国方志的掠夺，张元济着力收集地方志。不仅在上海广泛收购，而且还通过各地商务分馆，辗转收集所在地及邻近府县的志书。还把涵芬楼和东方图书馆所缺200种方志目录寄给在北京清史馆工作的科举同年金兆蕃，金兆蕃为他找到其中62种，即请人抄录后存入涵芬楼。张元济收藏的地方志不仅在数量上为国内外之最，而且有许多是海内孤本，如明万历年本《吴县志》五十四卷、《荆州府志》五卷、《旌德县志》十卷、《临江府志》十四卷、《黄冈县志》十卷、《大昌县志》六卷、《建阳县志》八卷、《南皮县志》十七卷、《宝鸡县志》三卷等。还有仅存的抄本和稿本，如李钟峨的《通江县志》、张凤孙的《泰宁县志》、魏蚌的《长泰县志》、周隽的《信宜县志》、宋锦的《崖州志》、胡勋裕的《始兴县志》、周叙彝的《巡南县志》、孔尚标的《同官县志》、端方的《砖坪厅志》、武全文的《崇信县志》、德俊的《两当县志》、杨镳的《复州乡土志》等。还有仅美国国会图书馆收藏的罗定权的《资县志》、国家图书馆所藏尚缺卷五的苏佳嗣《长沙府志》和中国社会科学院图书馆所藏尚缺一至四卷的呈麟《南溪县志》全本。涵芬楼的方志成为东方图书馆的重要收藏，到1926年东方图书馆开放时，方志一门，已有2100余种。至1931年收藏地方志共计2641部、25682册，其中元明刊本141种，所记的地域则遍及22个行省和边远地区，是当时国内收藏地方志的最多最全藏书楼。当时全国府、厅、州、县志共有2081种，而东方图书馆就收藏1753种，占全国应有方志总数的84%，国内外图书馆无与匹敌。20世纪20年代有些地方修订地方志时，要找旧版地方志参考，大都到东方图书馆借抄。

张元济极其重视民族文化遗产和世界各国的名著的搜集。在收藏和抢救古籍、方志的同时，把收书的范围扩大到欧美名家撰述和著名外文报刊。据茅盾回忆，在1918年左右，商务编译所图书馆已经有不少英文名著，如《人人文库》、《新时代丛书》等。这些丛书收罗了很多西方资产阶级的政治、经济、哲学、文学名著，还收罗了不少著名的外文报刊，如荷兰的《通报》、英国亚洲文会的《学报》、创刊长达100余年的德国《李比希化学杂志》都有全套收藏。除书、报、杂志外，涵芬楼还收藏了5000张照片、地图、图表和绘画。在收藏的图片中，有张元济从罗马带回的梵蒂冈宫所藏明末唐王太后、王后、太子及司礼监皈依天主教、上教皇书的影片，还有王云五从欧洲购回的15世纪前所印西洋古籍多卷。这些海外文献大都是张元济在欧美考察时所搜集的，这些文献至今仍然具有重要的文献价值。

经过张元济二十多年来的不懈搜求，涵芬楼藏书已是群书充积，而罕见之本

① 张元济：《张元济诗文》，商务印书馆，1986年。

亦日有增益。为使涵芬楼馆藏公诸社会,嘉惠士林。张元济在1921年纪念商务印书馆创立25周年时,提议把涵芬楼改组成公共图书馆,将涵芬楼藏书移入,又增添报刊、商务版图书等阅览室,定名为东方图书馆。于1926年5月2日,值商务印书馆建馆30周年之际,正式开馆对公众开放,起到了开启民智的作用。

东方图书馆当时是国内最大的私立图书馆,东方图书馆内藏书数量最多的是普通中文书籍;此外还有善本书和地方志、外文书8万册、图表照片及报纸杂志。据《东方图书馆概况》记载,馆中共有藏书33万余册,中外杂志900多种,中外报刊45种,地图约2000余幅,各种照片约2万余张。此后,又陆续搜集了一大批图书珍籍和中外报刊,充实馆藏。至1931年,东方图书馆已是藏书50万册和收藏图片、照片5万余幅,最终藏书达463000余册,图片、照片5万余幅,其中善本书经鉴定和整理的3756种,35083册,加上当时尚未鉴别整理的扬州何氏悔余庵4万册中的善本,善本书的总数达5万册。其中海内孤本、精品约500余种5000余册,元明刊本141种,孤本205种。汇集了宋本129种25114册,元本179种3124册,明本1419种15833册,清代精刻138种3037册。此外还有抄本460种7712册,名人批校本288种2128册,稿本71种35册。计经部354种2973册,史部1117种11820册,子部1000种9555册,集部1274种10735册。其中宋本包括宋赵安仁所刊校的《庄子》,宋刊元明递修的王充《论衡》,宋景祐刊《汉书》、宋刊《六臣注文选》、宋黄善夫刊《史记》、宋庆元刊《春秋左传正义》、抚州本《春秋公羊传解诂》等,虽不能及陆心源之皕宋楼,但也大大超过了黄丕烈之百宋一廛所藏。还有明洪武刊西域海达儿等的《译天文书》、明刊本《累害篇》、明嘉靖重写《永乐大典》有《水经注》等。地方志共计2641种25682册,其中元本2种,明本139种。这些藏书是张元济集几十年的功力和心血而致,此图书馆书籍之多曾一度超过北平图书馆,成为中国最大图书馆。

可是,1932年日本发动淞沪事变,轰炸上海闸北,整个商务印书馆厂区,连同东方图书馆藏书,即刻化为灰烬。幸亏在敌机轰炸之前,已有500多种善本书抢先运到租界内的金城银行保险库。

事变发生前,张元济已于1927年起,陆续将珍本移藏公共租界的金城银行保险库中。共计547部,5300余册,其中宋版93部,元版89部,明刊本156部,抄校本192部,稿本17部。涵芬楼被毁不久,张元济即就这部分存书编写《涵芬楼烬余书录》。《涵芬楼烬余书录》自序记云:这些书均"曾入于著名藏家,如鄞县范氏天一阁、昆山徐氏之传是楼、常熟毛氏之汲古阁、钱氏之述古堂、张氏之爱日精庐、秀水朱氏之曝书亭、歙县鲍氏之知不足斋、吴县黄氏之士礼居、长洲汪氏之艺芸书舍及泰兴延令季氏者,不可胜计。印记累累,其流传固有绪也"。又经何焯、卢文弨、钱大昕、孔继涵、孙星衍、陈鳣、顾广圻、王念孙、黄丕烈、陈奂等人"所勘定者尤多,丹黄错杂,析录正谬,前贤手泽,历久如新,是则至可贵者也"。

1933年商务印书馆成立了东方图书馆复兴委员会,张元济被推为主席。商务印书馆决定每年拨出大约45000元公积金作为复兴东方图书馆的固定基金，张元济个人捐款1万元。在张元济和商务同仁及社会各界的大力支持下，东方图书馆重庆分馆1944年夏对社会开放。

1939年，在民族危难之际，以保存国故、维护文化命脉为己任的张元济、叶景葵等联合创办合众图书馆，集纳江南一带众多名家的藏书，其创立宗旨，要必致力于民族文献之绝续存亡，以挽救书厄，把合众图书馆建成一个收藏人文科学书籍的"专门国学之图书馆"。张元济将旧嘉兴府先哲遗著476部1822册；海盐先哲遗著355部1115册；张氏先世著述及刊印评校藏书104部856册及石墨图卷各一全部捐献给合众图书馆，这些地方文献对研究社会文化发展极具史料价值。在新中国成立前合众图书馆没有正式对外开放，但它的读者遍及全国。他们或来馆阅览，或驰书以询。著名学者如地质学家章鸿钊；文学家冒广生、郭绍虞、钱钟书；历史学家周谷城、周予同、顾颉刚、郑振铎等都曾到馆查过资料。有些学者不方便来馆，就通过写信的方式查阅资料，如陈垣、陈寅恪、王重民等。也有一些大学生慕名来此研究或写论文。当时共编成馆藏目录三种，还油印目录八种，其他的有四、五种，张元济为这些目录题签，有的还写了题跋。到1953年1月时，张元济闻知合众图书馆经费短缺，无力收购图书时，慨然决定将原存放于东方图书馆的书籍、日记及信件等托商务印书馆移存合众图书馆，为之尽了自己最后的心力。

1953年6月18日，经张元济、陈叔通倡议，董事会会议决定将合众图书馆捐献上海市人民政府，经张元济亲自核定的《捐献书》中阐明了捐献的原因："我馆创设虽已有十余年的历史，也得若干藏书家的热心捐助，但在反动政府时期处处碰到阻碍，以致不易发展。新中国成立后，我政府……对于民族文化遗产尤搜罗不遗余力。我馆欣逢盛世，思贡献出一份力量，故由董事会议决，捐献上海人民政府，可作有计划发展。"政府接受了捐献，为之更名为上海市历史文献图书馆，1958年并入上海图书馆。合众图书馆的已有藏书，成为上海图书馆古籍收藏的基础。

(3)张元济校印善本古籍的杰出贡献

张元济不仅以藏书著名，而且校印善本古籍突出，其校印古籍的目的是抢救文化遗产，以免亡佚；解决学者求书之难，满足阅读需求；汇集善本，弥补清代朴学家未成之业①，协助民国以来的学术研究。先后辑校印行的成套古书有《涵芬楼秘籍》十集、《四部丛刊》三编、《续古逸丛书》、《道藏》、《续道藏》，以及百衲本《二十四史》等，其中尤以《四部丛刊》和《二十四史》的印行，是张元济最杰出的成就。

《四部丛刊》从1919年起，以涵芬楼藏书为基础，纠合借印25位著名公私收

---

① 顾廷龙：《顾廷龙文集》552页，《回忆张菊生先生二三事》。

藏家的善本，就经史子集四部中切合实用的书，选择最精良的版本，以影印存真的方式广为流传，并借以保存古书。《四部丛刊》初编在1922年出版，收书323种，装成2100册；《续编》和《三编》相继在1934年、1935年出版，共收书154种，装成1000册；《四编》虽已辑成，却因抗战缘故只印行两种。

《四部丛刊》与《永乐大典》、《古今图书集成》、《四库全书》，同被认为是明代以后600年来纂辑文献的四大书①。但《四部丛书》除了规模庞大之外，张元济更是辨析版本、校勘异同、考证真伪，这与他深厚而精湛博通的学养功夫分不开的。许多书后都附有他的跋文或校勘记，同时在编印过程中或再版重印时，如发现一书有更好的版本，即予增补或调换，需要毁弃原版重制也在所不惜，因此这部丛刊颇受读者欢迎，初编计划发行的1500部，在出版前已经预约只剩10部，以后除再版外，在台湾又经影印，但内容和版式都已更易。

百衲本《二十四史》是张元济向国内及日本的公私藏家商借，其中有15种宋本、6种原本，"遵古影制"的气势似乎不可一世。其实有些古本漫漶垢蔽，不堪卒读，尤其是自《宋书》至《周书》的所谓宋蜀本"眉山七史"为甚，影摄后的底版非经过繁复费事的描润手续不可，张元济订下严格精密的程序，毫不放松的要求工作人员照办，因此从1930年开始，直至1937年才完成出版，装订成820册。读者见到的是描润后字迹清朗的影印本，但如和原本两相对照，任谁都惊诧于不能兼容的存真与描润两者，竟能达到"矛盾统一"的地步，这也只有张元济的热忱和他主持下的商务印书馆才能如此对人对己②。

张元济在辑印的同时，就每一史的版本异同写有要旨跋文，并逐页逐行读校和笔记，1938年印行的《校史随笔》，其实还不到全部校勘记原稿的十分之一。傅增湘推崇他的成就，足与清代著名的史学家王鸣盛、钱大昕先后辉映，张元济的校印工作正如王鸣盛自为期许的："予任其劳，而使人受其逸；予居其难，而使人乐其易。"③

张元济先生的一生在编辑、出版、版本校勘、访书、购书、藏书以及教育等诸多领域都有建树，其藏书等活动虽只占他的诸多建树中的一部分，但在保存文化典籍、流传祖国的文化遗产方面作出了杰出的贡献，是嘉兴乃至中国藏书家的杰出代表，是嘉兴人民的骄傲和光荣，人民是不会忘记这位藏书家的。1985年，海盐县人民政府决定建立张元济图书馆，时任中共中央政治局常委陈云题写了"张元济图书馆"馆名，来永久纪念这位为藏书、出版及教育事业贡献一生的嘉兴藏书大家。

2. 朱希祖郦亭藏书

① 郑鹤声、郑鹤春：《中国文献学概要》，上海商务印书馆，1930年。

② 苏精：《近代藏书三十家》（增订本），中华书局，2009年。

③ 张元济：《校史随笔》（傅增湘：《序》），上海古籍出版社，1998年。

朱希祖(1879—1944),字逷先、逖先,海盐长木桥(今富亭乡)上水村人。藏书家、史学家。出生于书香世家,高叔祖虹昉公,嘉庆辛酉进士,授翰林院编修,曾叔祖朱昌颐,道光丙戌状元,授翰林院修撰。明清两代,朱家共有进士13人,翰林1人,状元1人。儿时由父亲自课读,17岁入县学,光绪三十一年(1905)考取浙江省官费留学日本,进早稻田大学研究历史,又从章太炎受《说文》音韵,毕业后回浙执教杭州两级师范学堂、嘉兴浙江第二中学国文。辛亥革命时被推为海盐县民政长、知事,1912年3月改任浙江省教育司第三科科长。1913年应聘北京大学教授兼清史馆纂修;1917年起担任北大史学系主任,1927年改任清华大学及辅仁大学教授,发起成立中国史学会,1929年重任北大史学系主任,1932年任广东中山大学教授兼文史研究所主任及广东通志馆纂修,1934年应聘南京中央大学史学系主任,兼中央古物保管委员会委员。1940年任国史馆总干事、国民党政府考试院考选委员等职。

1944年逝世,8月8日中央图书馆举行公祭,国民政府发布《褒扬朱逖先先生令》,称其“持躬清峻,学术淹博”、“生平颛研历史,旁搜远绍,考证精勤。著述留传,成就甚伟”;蒋中正颁挽词“渊衰硕学”;吴敬恒撰挽联“人间失先生从此南明无史,天上为言疑古仍未统一读音”;于右任撰联“稽古证今东汉儒林兼许郑,传薪革命西王封号比汪吴”;张继撰挽联“国失黎洲兼季野,谁来东观续班书”;中国史学会常务理事顾颉刚暨全体会员等恭撰祭文,奠祭于灵前,对其一生行实高度评价。

(1)朱希祖私藏

朱希祖藏书当始于日本求学的时期,1913年进入北大后开始全力聚书。与他熟识的伦明记述他搜罗的殷切之情:“海盐朱逷先希祖购书力最豪,遇当意者不吝值,尝岁晚携巨金周历书店,左右采掇,悉付以现;又尝欲以值付书店,俟取偿于书,故君所得多佳本,自大图书馆以至私家无能与君争者。”①1913年仅据朱希祖当年的《日记》②,2月份即先后购得《白孔六帖》、《古今钱略》、明吴管校刊《水经注》、《蜀石经》双钩本、《华山碑碣石颂》双钩本、仿宋本《锦绣万花谷》残本、顾千里校刊明吴元恭本《尔雅》、江都沈龄撰《续方言疏证》、明吴管刊《洛阳伽蓝记》、蒋刻陆游《南唐书》、武英殿聚珍版《文苑英华辨证》、桐城吴汝纶写定本石印《尚书》、陈逢衡补注《穆天子传》、扬州汪氏仿宋绍熙本《公羊传注》、滂喜斋刻《古泉丛话》、瞿云叔校《穆天子传》三种、《易林》、《古今人表》、谢启昆《西魏书》、庄刻《淮南子》、莫友芝原刊《宋元旧本经眼录》、朱右曾《汲冢纪年存真》、经训堂本《山海经》、《道德经考异》、《三辅黄图》、晋太康三年《地记》、《晋书地道记》、《晋书·地理志》、《新补正文字辨证》、《音同义异辨》、《说文解字旧音》、

① 伦明:《辛亥以来藏书纪事诗》(二),《正风》半月刊,第22期,1935年11月,101页。

② 该日记未刊,现藏国家图书馆。

《夏小正考》、《吕氏春秋》、福礼本《周礼》、明刊本韩道昭《五音集韵》、王绍兰《说文段注订补》、张子简先生刊袖珍本《正续畴人传》、王先谦《荀子集解》、邵氏原刻《尔雅正义》、苗夔《说文声读表》、李文田注《撼龙经注》、《说文部首韵言》、明刻周伯琦《说文字源》、《精刻四书正义》、《瞿忠宣公集》、残本《朱笥河文集》、明刻本《说文解字》、海源阁《助词辨略》、《小腆纪传》五十六卷、《补遗》五卷、仿宋本盛宏之《荆州记》、吴昌莹《经词衍释》、同治修蒋氏合刻《南唐书》(马、陆二书均全)、盱眙吴增仅《三国郡县表》、一隅草堂初印本《汗简》、淮南局刻《说文校诠》、宜稼堂丛书本萧常《续汉书》、《剡源集》、《清容居士集》、明南监余直丁等校刊本《梁书》、殿版仿宋本《左传》、宋版郑康成《周易注》(疑元版)、宋版《春秋集传大全》(内缺一册,无刊刻年月)、宋版贾昌朝《群音辨》(存五卷,抄二卷)、《郘亭知见传本书目》、康刻《玉海》并附刻十三种、问经堂辑本《本草经》、明《九边论》、武英殿聚珍版《五代史纂误》等,共642册。

1921年7月13日,吴虞还专门在马幼渔的陪同下到希祖家参观藏书,观所藏之书,有《士礼居丛书》原本宋本《文选》一部,高士奇顺治三年刻本《清律》,袁廷梼据惠定宇、钱竹汀校《说文》手校本,明秦藩本《史记》,明袁氏原刻本《世说新语》,明本《相台五经》,吴山尊原刻《韩非》、《晏子》等诸书①。

希祖对难以购买的古籍,有时请人抄录或自己亲手抄录,如1913年2月25日,从法政学校邵伯炯先生处借得《半岩庐所见书目》抄录;1932年10月8日,在南京参观龙蟠里国学图书馆,选稀见善本书《石匮书后集》、《大明宝通义》、《皇明末造录》、《闽幕纪略》、《安南弃守本末》等五种抄录。后在该馆抄录清人补屈翁山《四朝成仁录》三卷。此外,南明何吾驺的《元气堂诗集》、何巩道(何吾驺子)的《越巢诗集》、何栻(何吾驺孙)的《南塘诗钞》是从广州黄慈博家抄录;屈大均的《翁山文外逸文》是从广州藏书家徐信符家抄录;《陈函辉死节传》、清武进钱人麟编《东林别乘》是从广州罗原觉家抄录;苏国祐《易箦遗言》、朝鲜人郑乔之《南朝纲目》是从广州黄佛颐家抄录。此文只举朱希祖抄书之事几例。

从1913年开始,朱希祖南北奔走,东西驱驰,节衣缩食,以求善本,加之"好书何必惜兼金","勿吝千金名马至"的豪爽作风,至1932年他离开北京南下广州时,其藏书已蔚为大观。现存朱希祖手稿中有其在北京大学期间记录的《集南明人年谱》和1932年记录的《水经注目录》、《古钱目录》、《钱书目录》三种,将之与朱偰《郦亭藏书目录》对比,已占《郦目》的七成。1932年《遏先笔记》中称经多方罗致所得清代贰臣诗文集共7人541卷,并录有人名、书名,与《郦目》对照,后者在相应类目中全部收入较前者只多出一人。从这些数字可以看出,朱希祖在北京这段时间至少已拥有了三分之二的藏书。

苏精在《近代藏书三十家》中记载,1933年日军攻占热河,朱令在北平的家人

① 朱元曙:《朱希祖的郦亭藏书》,见《藏书家》第13辑,齐鲁书社,2008年。

将藏书邮寄广州,“半年中共邮寄760余包善本”,仅善本书就如此之多,其他书可想而知。周作人在《北大旧感录》中谈到他时曾说:朱氏“对于此道很是精明,听见人说珍本旧抄,便揎袖攘臂,连说‘吾要’,连书业专门的人也有时弄不过他”。如1933年,朱希祖在广东中山大学任教,北京的书贾得到一部《明末忠烈纪事》,立即邮寄给他。后来,朱希祖为这部书作跋,称“以重价购之”,可见当时出钱不菲。这样一来,许多私人藏书家,乃至大图书馆都无法与之竞争。现存朱希祖书跋大多作于20年代和30年代早期,1937年朱随中央大学西迁重庆后,便不再有书跋,据此可以推断由于战乱或是经济上的原因,朱希祖在此之后已很少或停止购藏古籍了。

据《嘉兴市志》本传称:“生平酷爱藏书,多达二十五万册,其中明清珍刻、宋季野史、南明野史、地方志乘之善本甚多。”又勤于搜集海盐地方文献、乡贤遗著,藏有海内孤本清康熙《海盐县志》等。希祖精于目录、版本、校勘之学,特别是对南明史的研究,以及南明史籍的收藏特多,达700余种,有全国公私第一的称号,80年代台湾学者苏精著书更将他列为近代藏书三十家之一。

所藏方志亦多,仅次于南明史,其余稿本、抄本亦兼而有之。

1936年杭州举办浙江省文献展览会,朱希祖送展之书有清平湖钱骙撰、爱新觉罗仲谦之《甲申传信录考证》十卷八册,为爱新觉罗仲谦手稿本;明山阴张岱《石匮书》六十三卷八册,此为后集传抄本,希祖尚有此书正集二百二十卷原稿,是书因在北平未参展。此外尚有清江抱生辑《甲申朝小记》初、二、三、四编四十卷,为旧抄本;清鄞县万斯同《明史稿·南明列传》二十卷八册,为希祖从万氏《明史稿》辑出抄本等,所展皆为朱氏所藏南明史料,体现了郦亭藏书特色。

藏书处为郦亭。1923年购得明抄宋本《水经注》四十卷,二十册,明白棉纸本,此书后经王国维鉴定认为系自宋本抄出,而宋本现存均已残缺不全。王国维先生为此书作跋文,摘录如下:“明抄本《水经注》四十卷,海盐朱逷先教授。每半叶11行,行20字。与江安傅氏所藏宋刊残本、孙潜夫所校明柳大中抄本、袁寿皆所校明景宋抄本行款并同。取宋刊残本校此本,凡佳处误处与字之别构,一一相同。又取《永乐大典》本、孙潜夫校本、袁寿皆所校明景宋抄本校之,亦十同八九。盖即从宋刊本抄出也。今宋刊本仅存十一卷有奇,《永乐大典》本存二十卷,孙潜夫、袁寿皆校本存十五卷,余如柳大中本、归熙甫本、赵清常本、陆孟凫、钱遵王、顾抱冲诸家所藏旧抄本,均已不可踪迹;而此本独首尾完具,今日郦书旧本,不得不推此为第一矣。”①朱希祖将此书视为拱璧,当做镇室之宝,又因该书为北魏郦道元所著,故以郦亭名其藏书之处。1932年5月16日又请了章太炎先生书匾,并作跋。跋文如下:“明写《水经注》四十卷,余弟子朱希祖逖先得之。其与宋刊符合之迹,海宁王静安论之详矣。近世赵全戴诸公分析纲领,或以大书变为子

① 朱元曙:《朱希祖的郦亭藏书》,见《藏书家》第13辑,齐鲁书社,2008年。

注,郦书自此易读。然谓其本实然盖近武断,不窥旧写而局于诸家定本,犹以韵谱为说文也。此本以白绵纸书,书中常字不改写作尝,知嘉靖万历间人为之,卷帙完具,无有阙挩,于今尤难。乃遬先其家之箧笥,使子子孙孙永用焉。民国廿一年五月章炳麟识。"是书新中国成立后由希祖子朱偰捐赠给北京图书馆(今国家图书馆)。

有《海盐朱氏癸丑七月迁京书目》四册,稿本,分为经、史、子、集及丛书五部。《读书题识》一卷,为其所作书籍题跋。《郦亭藏书题跋记》四卷及《明季史籍题跋》六卷,补王国维《曲录》之作《续曲录》等。又有《补梁书艺文志》四卷、《宋代官私书目考》二卷、《版本目录学论丛》不分卷等目录学著作。

藏书印有"郦亭"、"朱希祖印"、"遬先读过"等。

现存南京图书馆的《郦亭藏书目录》是朱希祖去世后(1944),其子朱偰所编,该书共四册,使用的是南图的绿格稿纸,线装,封面题"郦亭藏书目录",首页钤"郦亭"朱印。该印为阴文,是1964年金陵篆刻名家钱瘦竹先生所刻。其抄录字体与朱希祖遗稿中的《先君文存》相同,是朱偰于20世纪60年代初在南京图书馆工作时亲手编制的。朱偰所编的目录对朱希祖遗存的一些分类书目、题跋及版本说明几乎未加改动。此《郦亭藏书目录》虽不是遬先先生所亲编,但其可信度不容置疑。

(2)朱希祖公藏

朱希祖为著名史学家,尤以治晚明史见长。因其治学重视网罗史料,故很重视公藏,不论人在何处,必致力于当地古物、史迹或文献的整理维护,不遗余力地为之奔波。明清内阁文库所藏书籍、档案甚丰,均系珍贵资料。民国初年,清廷内阁的大量档案流出,1921年接收档案的历史博物馆准备将部分档案运往造纸厂,罗振玉得知后抢先收购了其中一部分归为己有,残存博物馆尚有1500余麻袋,经朱希祖牵头,北大教授向教育部力争,这批档案始拨归北京大学。

1924年朱希祖又在北京汇记书店购入清升平署戏曲抄本约700种及档案577册,其中多明清刻本罕见之品。据郑伟章《文献家通考》引《国立北平图书馆馆务报告》(1932年至1933年6月)言:有"明刻《祝发记》、《红梅记》、《白蛇记》、《绾春园》、《南北乐府时调青昆》等。还有明抄《乐府群珠》一帙,纯收元明人小令套数,与《太平乐府》有同等价值,为明季周天球藏书,至可宝也"。"近百年来戏曲之流变、名伶之递代,以及宫廷起居、朝贺封册、婚丧大典,皆可于此征之"[①],对研究清代戏曲史有极其重要的价值。由于朱希祖在整理后感到与其志趣"颇不相涉",便廉价出让给北平图书馆,公之于世,让有志于戏曲史的人进行研究。任北大教授时,曾在友人处看见一部《皇明经世文编》。此书共有500多卷,是一部鸿篇巨制。由于编者为明末抗清名士陈子龙,清代将这部书列为禁

① 朱希祖:《整理升平署档案记》,载《朱氏文存》朱偰抄本。

书，故流传极少，近代各家藏书目录中均未收入，几近失传。这部书不仅对于收藏，而且对于明代历史、文学的研究都极有价值。朱希祖将这部书推荐给北大，是难能可贵的。

1931 年前后，听说西北地区发现约百册西夏文佛经，有流出国外之虞，即通过中央古物保管会和地方当局，促成北平图书馆购藏①。并在抗战中倡设国家总档案库，进行国史馆筹备工作，体现了作为史学家的朱希祖不同于一般藏书家的收藏态度和对国家民族历史文化的责任感。

（3）朱希祖藏书之特色及价值

朱希祖藏书最主要特色，是关于南明的历史②。朱希祖“始留意于晚明史籍”，并以南明史为研究方向，是在日本留学时受章太炎的影响。至 1932 年郦亭所藏的南明史籍，论质量与他对于南明史的研究一样，被公认为名列全国公私第一。

朱希祖史部藏书的另一个特色是方志。自 1923 年开始搜集，其数量达到 1700 余种，在全部的郦亭藏书中，重要性仅次于南明史籍。据朱士嘉《中国地方志联合目录》称，朱希祖所藏地方志 1618 种，另有古志、市镇志 100 余种，与当时刘承幹、葛词蔚等方志收藏大家齐名。有稀见方志 11 种，其中海内孤本有 4 种，即嘉靖《嘉定县志》、崇祯《玉田识略》、康熙《海盐县志》（稿本）和康熙《萧山县志》。朱氏方志入藏南京图书馆时，为南京图书馆填补了诸多种类上的空白。

朱希祖于 1942 年编纂《海盐朱氏地方志目录》，未刊，其子朱偰先生有增补，原稿存南京图书馆。

从《郦亭藏书目录》可知郦亭藏书分经、史、子、集四类，收书 5000 余种；其中史部藏书最多，明清两代史籍占三分之二，其史部藏书 2841 种，再加地方志中的史部，藏书达 4000 种左右，所以明、清史籍是朱希祖史部藏书的重点。史籍有正史、野史、笔记杂著、人物传记、年谱等等。史部共有明代刻本（少量的抄本、稿本）300 余种，清初顺康时期刻本 100 余种。集部共 1809 种，其中明清两代别集有 1351 种，约占 70%，其中清代列入禁书的 99 种；经、子部 462 种，其数量远逊于史、集部；从上述四类中辑出的海盐地方文献，有 1700 余种。郦亭藏书总数应当在 6000 多种。从书目总体上看，经、子二部收书数量较少，但注重版本的收藏；史、集二部收书量大，注重种类的收藏。

在明清史籍中，南明部分最引人注目，朱希祖对南明史籍的收藏曾有“全国公私第一”之称。到 1932 年已搜求南明史料约 200 多种，南明人文集约 156 种，笔记杂著约数十种。共收入野史、杂著 400 余种，南明人年谱 46 种，加上集部的南明人别集 300 种以及方志、政书等类中的包含南明资料的史籍，其种数应大大

① 《朱希祖先生文集》第二册《西夏史籍考》，977—1000 页。

② 明代亡后其残余势力在南方建立的政权，有弘光、隆武、绍武、永历、定武等政权，均为清朝所灭。

超过朱自称的700种,总数当近1000种。谢国桢《增订晚明史籍考》,是他走访全国公私藏家后编定的晚明史籍知见书目,其中收录郦亭藏书比例高达80%,且不乏孤本或稀见本,如清道光年间海盐的李聿求所著的《鲁之春秋》。此书为是南明鲁史中的"最佳之作",流传至今只有稿本和抄本两部。谢国桢称其在走访南北公私藏家后并未见有抄本,故朱氏所藏稿本是学界至今能见到的唯一本子。如1923年朱氏购得康熙抄本万斯同《明史稿》残本一百七十九卷,而国家图书馆藏有抄本万斯同《明史稿》二百八十三卷,系乾隆抄本,两相对校,"馆本"改窜之迹甚多,可见康熙抄本版本价值之高。

由于南明史籍中有大量的抗清活动史料和南明人传记,遭清代禁毁之厄,故流传下来极少,具有极高的史料价值和版本价值。郦亭所藏南明史籍的特点是稀见本多、禁书多。稀见本如所藏自焚殉国的南明礼部尚书吴钟峦所著《十愿斋全集》,该书为康熙初年刻本,共六种:《霞丹自述》一卷、《大学衍注》一卷《遗集》五卷、《文集》六卷、《易说》一卷、《易笺》一卷。此书在清代已难觅,博学如全望祖也未能见其全貌。据《中国古籍善本书目》记载,此书全国只朱希祖郦亭藏有一部,可见其珍贵。

禁书中载有大量的明末抗清活动和人物传记,具有极高的史料价值。又因被销毁导致流传稀少,还具有珍贵的版本价值。民国初年,禁网不存,民间潜藏的各种禁书开始流传,郦亭共收有明清禁书99种,均为原刻或传抄本。其中有在广州购得的南明张家玉《名山集》一书,系南明永历刻本,其中载有隆武朝敕书34道。隆武朝为南明史研究中最缺乏史料的时期,这部书无疑为研究者提供了可靠而又宝贵的原始资料。1930年前后购得张岱《石匮书》二百二十一卷,1932年又在南京江苏省立国学图书馆抄得《石匮书后集》六十三卷,使之终成完璧。《石匮书后集》虽非原稿,但亦从原稿所出,为南明人列传,对于弘光朝及鲁监国事,所述尤为详赡,是难得的南明史料。此外朱希祖收藏南明史籍中《经国雄略》、《时务榷书》等书,均为弘光刻本。由于弘光朝只存在了一年,地域也只局限于东南,又遭清数百年封禁,因此流传至今的弘光朝刻书当属凤毛麟角,因而版本价值极高,是不可多得的史料珍品。

另外有稀有之本及禁书:

1927年购得孙承泽撰《山书》十八卷,系康熙抄本,有朱彝尊印及秀水朱氏潜采堂印,且载于《潜采堂书目》。此书所记系明崇祯元年至十七年三月大事,乾隆时知不足斋鲍氏有一抄本进呈四库,《浙江采进书目》载之,后入《全毁书目》,故《四库全书》不载此书,传本恐甚少矣①。据希祖孙元曙云,此书后来"文革"中抄家时不知所终,"文革"后《文物》杂志曾登载启事,寻找此书,各大拍卖会上亦未见此书踪迹。

---

① 引《朱希祖致张元济书札》,分别载于上海图书馆历史文献研究所《历史文献》第七、八、九辑。

南明陈济生所选的十卷本《启祯两朝遗诗》,乾隆时列入《禁毁书目》,故流传绝少,直到20世纪20年代才渐见传本,但皆残缺,如藏书家傅增湘仅藏三册,上海南洋中学图书馆仅藏四册,只有武进陶氏始得全部十卷。朱氏所藏《启祯两朝遗诗》,为海宁吴骞旧藏,虽有缺页,但所缺内容及诗人小传,皆由管廷芬手写补足。武进陶氏藏本后归北平图书馆,希祖持所藏管廷芬补足本与陶氏藏书相校,管氏补足本所录之诗及传,皆多于陶氏藏本,所以希祖所藏《启祯两朝遗诗》为最全之本,且书中有许多管氏补注的事迹、增补的遗诗,还有吴骞的朱笔加注,使得该书弥足珍贵。

屈大均(翁山)的著作,是南明史籍中关于南明史料最多的著述,希祖除藏《四朝成仁录》、《永历遗臣录》外,还先后收有各种版本的屈翁山的"诗外""文外""逸文",如康熙刻本《翁山文钞》(翁山晚年手定本,十之八为《翁山文外》所无)、康熙刻本《翁山诗外》(凌凤翔补刻本)、康熙刻本《翁山诗外》(残本)、国学扶轮社本《翁山诗外》、康熙刻小字本《翁山诗集》、乾隆癸酉翻刻本《翁山诗略》等,而南明史籍中"文外""诗外"尤为史料所萃,朱氏所藏史料价值之高可见一斑。希祖先生据此等资料,著有《屈翁山著述考》、《屈翁山年谱》、《屈翁山传》及多篇题跋。

朱希祖史籍藏书中还有许多富有史料价值或版本价值的典籍,如1922年1月购得早已失传的旧抄本《鸭江行部志》,书前有清宗室盛昱私印。《鸭江行部志》为金人王寂所撰,王寂时为提点辽东路刑狱,巡按各部,记其所事,故名"行部志",为日记体,共两部,即《辽东行部志》和《鸭江行部志》。此二书于金上京、东京、北京三路地理,颇多异闻,可以补正《金史·地理志》。此二书在金元之际似有刻本,后入《永乐大典》,现在所见的二书即从《永乐大典》录出,后又入清内府,但未刊于《聚珍版丛书》,也未收入《四库全书》,《永乐大典》又早已散佚。《辽东行部志》为缪荃孙所得,后由缪氏刊行,希祖拟仿缪氏旧例,刊行《鸭江行部志》,以广其传。1923年购得明张之象覆宋本《史通》,《史通》传世版本颇多,而张之象本则是其中最好的版本,那时张本《史通》书肆已居奇,士人竞购,价值百金,版本价值极高。1925年购得《明熹宗实录》,系顺治年间抄本,缺失之处,全用当年邸抄补齐,是全国迄今为止最全的一部《明熹宗实录》,其史料价值自不待言。

所藏的《山书》、《鸭江行部志》、宋本《周礼》、明抄本《水经注》均为海内孤本。

南明善本史籍除以上所举外,详见其《明季史料题跋》、《海盐朱氏地方志目录》。

相对从史料价值考虑的史集二部,朱希祖所藏经、子二部则是纯粹着眼于版本收藏价值。462种中善本书有156种,其中宋版书14种。

经部宋版书6种:王朋甫刻《宋浙本尚书孔安国传(附释文)》以及《周易》、

《毛诗》、《尚书》、《尔雅》、《春秋左传》等①。1933 年 5 月 31 日购于广州的《宋浙本尚书孔安国传(附释文)》是公认的该书最好的版本,该书避讳至"慎"字止,知为南宋孝宗乾道、淳熙间刻本,释文颇完备,胜于其他单注本,且为各藏书家所未尝著录者。此书前有明柳堉印,在清则曾藏南京张氏,有"白门张氏藏书"及"曾藏白门张氏古照堂"二印,末有"吴越王孙"及"白门钱德默经眼"二印,则知又藏于杭州钱氏,此书为浙刻。此书被认为是朱氏藏书中最有价值的,现藏台北"国立中央图书馆"。其他五部《郦亭藏书目录》中只说是宋版,未说明刻版年代。

子部宋版 8 种:南朝齐梁释僧祐撰《弘明集》(卷十)、唐释道宣撰《广弘明集》(卷一)、宋居士沮渠京声译《佛说谏王经》、唐玄奘译《如来示教胜军王经》、唐义净译《佛为胜光天子说王法经》、北魏菩提流支译《大方等修多罗王经》、天台智者大师说《金刚般若波罗蜜经疏》、唐玄奘译辩机撰《大唐西域记》序及卷一。均为南宋《碛砂藏》本,刻于南宋理宗淳祐年间。碛砂藏是平江碛砂(今吴县)延圣禅院自南宋至元代 90 余年时间刻印的大藏经,是至今唯一一部保存完整的宋元刻大藏经。

子部明刻本有 142 种,注重明刻中名家刻本、初印本及影宋仿宋本,如明末清初毛氏汲古阁刻《说文解字》红印本,全套明崇祯永怀堂刻十三经古注本,吴勉学校刻本,樊川别业刻六子本等都是明版中人所共知的名刻佳椠,至于各种明翻宋仿宋本则比比皆是②。

朱希祖所藏书目的主要还是明清史料,他多有藏书题跋,题跋中于版本、校勘着力甚勤,亦反映了朱希祖藏书家兼史学家之特点。

(4)朱希祖藏书散佚

其藏书散佚,台湾苏精先生所写《朱希祖郦亭》叙述甚详:1933 年日军进关,平津震动,朱氏已在中山大学就职,乃收 760 余种善本邮寄广州,1937 年移书至皖南徽州。战争爆发后,匆忙将 60 大箱善本及方志辗转运至休宁县隆阜。1941 年太平洋战争爆发,朱氏又从北平存书中运出 26 箱善本。1943 年,拟建郦亭图书馆使其藏书永久保存,并以助天下读书人,因病逝而未果。抗日战争前夕,朱氏将藏书由南京运至屯溪凹下戴东藏书楼保管,共有 80 多个木箱,分装十辆大卡车。抗战胜利后,往屯溪取回。新中国成立后这些藏书均由朱希祖之子朱偰捐赠给国家图书馆。据其孙朱元曙《朱希祖的郦亭藏书》一文所叙,其藏书去向大致分为三处。

一是北京图书馆(今国家图书馆)。1950 年 10 月 21 日由柳亚子先生出面,与其子朱偰商议,希望能将朱氏所藏南明史料捐献国家,朱偰慨然允之,将家中所藏南明史料中最珍贵的部分,亲手装为五大箱,交与柳亚子。1954 年 4 月,北

① 朱偰:《天风海涛楼藏书题跋》,未刊,原稿存南京图书馆。
② 朱元曙:《朱希祖的郦亭藏书》,见《藏书家》第 13 辑,齐鲁书社,2008 年。

京图书馆成立海内著名作家手稿部，向朱偰征求朱希祖遗稿，朱偰毅然将全部手稿献出，仅保存日记数十册及郦亭诗稿原稿数十页，以作家人纪念。1956年文化部副部长郑振铎和国家文物局局长王冶秋出面协商，又将朱希祖所藏明抄宋本《水经注》、旧抄本《鸭江行部志》、宋本《周礼》等善本捐与国家。1953年留藏于北京的数十万册善本书，仅以一毛钱一本的价格出让给北京图书馆，共4万余册。

二是南京图书馆。除上述所记外，1965年，将数万册藏书全部捐赠南京图书馆，同时捐献的还有大量的朱希祖研究手稿和日记，得到中共江苏省委的表彰。谢国桢《江浙访书记·江浙访书观感》云："'文化大革命'以后，明清史学家、藏书大家朱希祖先生所藏研究明清史，尤其是南明史的重要史籍、文集，也归到该馆中收藏。……还有明清时代未刻过的诗文集，朱希祖所藏研究明末清初的史乘，像明张岱《石匮书》前后集，为凤禧堂稿本，陈再生《启祯遗诗选》，吴钟峦《十愿斋集》（清康熙初刻本），彭孙贻《流寇志》等，均为研究明史及明末清初历史和明末农民起义的最重要资料。"

三是毁于抗日战争时期及"文革"时期。1937年抗战爆发后留在南京十余箱普通书籍及部分善本书，均毁于战火。1965年朱偰将所剩郦亭全部藏书捐给南京，"文革"前，南图尚未立即全部运走。1966年"文革"爆发，后被南京图书馆和南京工学院"红卫兵"焚烧了部分。

另外，台湾亦有朱氏部分藏书。《尚书孔传附释义》，是希祖十分喜爱之书，购自1935年5月31日，朱氏得书后曾作长跋《宋浙本尚书孔传附释文跋》，详细考证版本源流，末云：

> 《尚书释义》自宋开宝中妄改后，已乏善本，况今又无完善朱本，卢文弨《经典释文考证》皆据通志堂刻本，谬误甚多，今此本释文，较他本为完善，足资校勘，则此书更不容蔑视矣。余莅广州，顺德某氏出鬻此书，反复浏览，弥觉珍贵，虽间有虫残，无伤大体。前有明柳堉印，在清则曾藏南京张氏，有"白门张氏藏书"及"曾藏白门张氏古照堂"二印，末有"吴越王孙"及"白门钱德默经眼"二印，则知又藏于杭州钱氏。此书本为浙刻，余又浙人，故不惜以巨资购之。①

此书现藏台北"中央图书馆"，据苏精言："到中央图书馆收入前又增加'张珩'、'蒋祖诒'、'穀孙'、'希逸'、'宝绛阁藏书记'、'任邱王文进字晋卿藏'等印。"其递藏情况不可考。

朱希祖一生著述甚丰，而对南明史的研究尤为精深，其著述有《明季史籍题跋》六卷、《南明广州殉国诸王考》、《明海盐小瀛洲诗社考》、《南明之国本与政权》、《晚明史籍考》等；还著有《中国文字学》、《中国史要略》、《中国文学史论丛》

① 原载渝版《图书月刊》第二卷第一期，收入《文史大家朱希祖》。

十二种、《六朝陵墓调查报告书》(合著)、《伪楚录辑补》六卷、《中国史学通论》二卷、《伪齐录校补》、《汲冢书考》五卷、《后魏赐姓源流考》、《海盐文献源流》、《中国最初经略台湾考》、《萧梁旧史考》、《屈大均传》、《明广东东林党传》、《补梁书艺文志》四卷等;未刊著述有《郦亭文集》四卷、《郦亭诗集》二卷、《赵明诚年谱》二卷、《太平天国史事论丛》八种、《郦亭藏书题跋记》四卷、《宋代官私书目考》二卷、《宋代金石书目考》、《版本目录学论丛》、《战国史年表》八卷、《史学丛考》六种、《杨么事迹考证》二卷等。

1944 年逝世时,沙文若(孟海)挽联中云:“集七百余种南明轶著,拟纂专书,以我为季野乡人,相见屡欷歔,九徙流离难卒业。”顾颉刚有挽诗:“万卷藏书任取资,焚膏矻矻是生涯。”盖皆为写实之词。

3. 藏书家黄源

黄源(1905—2003),名启元,字河清,海盐武原镇人,其父在本县西塘桥镇当小学教员,黄源在西塘桥小学读完初小,到县城南塘高小、蔚文高小求学,1920 年毕业。旋求学于嘉兴秀州中学,后转学至上虞春晖中学,得夏丏尊、匡互生、朱自清等名师教导。1925 年,到上海立达学园读书,1927 年 10 月鲁迅到上海后,在劳动大学和达学园演讲期间,黄源都被指定为鲁迅演讲作记录,从此与鲁迅结下不解之缘。20 世纪 20 年代末黄源在上海从事进步文学活动,跻身左翼文坛。1931 年,为上海新生命书店编辑《世界新文艺名著译丛》。1933 年进入《文学》杂志社担任编校,1934 年 8 月兼《译文》杂志及《译文丛书》编辑。他在鲁迅的直接指导下编辑《译文》月刊,后任主编,在鲁迅身边直接参与了反对文化“围剿”的斗争,为 20 世纪 30 年代以上海为中心的左翼文化的蓬勃发展作出了贡献。

1937 年抗日战争爆发,曾辗转于鄂、湘、桂等省进行抗日救亡的宣传。1938 年年底在安徽参加新四军,1939 年加入中国共产党。先后编辑《抗敌》杂志、主编《抗敌报》及报告文学集《新四军一日》。1941 年皖南事变中突围抵达江苏盐城,任鲁迅艺术学院华中分院教导主任、华中局机关报《江淮报》副总编辑。1943 年调任浙东行政公署文教处处长、浙东区党委宣传部副部长、鲁迅学院院长。抗日战争胜利后曾任华中文化协会主任。解放战争期间,曾任华东大学文学院院长。1949 年上海解放,任军管会文艺处副处长。1950 年为华东军政委员会文化部副部长。1953 年任华东局宣传部文艺处处长。1955 年调浙江,曾任省委宣传部副部长、省文化局局长、省文联主席、中国作家协会浙江分会主席、鲁迅研究会顾问、茅盾学会副会长。晚年任浙江省文联名誉主席。1929 年开始发表作品。1949 年加入中国作家协会。

译著《屠格涅夫生平及其作品》、《世界童话文学研究》、《结婚的破产》、《1902 年级》、《将军死在床上》、《屠格涅夫代表作》、《高尔基代表作》、《三人》、《日本现代短篇小说译丛》,著有专著《忆念鲁迅论述》、《在鲁迅身边》、《鲁迅书简追忆》,主持改编昆剧《十五贯》(合作)等。出版《黄源回忆录》、《鲁迅致黄源信手迹及注释》、《黄源影集》。《忆念鲁迅先生》获 1984 年浙江省社会科学优秀成果一等奖，并于 1995 年获鲁迅文学艺术突出成就奖、1998 年获中国翻译荣誉奖，2002 年获浙江省有突出贡献老作家奖。

喜聚书，藏书数万册。1996 年向家乡海盐图书馆赠书 15000 册和鲁迅致黄源的 38 封书信等一批珍贵的历史资料、照片以及黄源手稿等。海盐县委、县政府对此十分重视，为了宣传这位杰出译著家及藏书家的光辉业绩，海盐县委、县政府于 1997 年拨款筹建黄源藏书楼，1998 年 10 月竣工，1999 年落成开放。藏书楼建筑面积 560 平方米，系江南民居风格，坐北朝南，黑瓦粉墙，纯净朴素；外围白色罩墙，花木繁荫，环境清幽，是一个读书写作的理想场所。1999 年 4 月 28 日，这座巍然屹立于南北湖湖畔，由原全国人大常委会副委员长叶飞题额，以黄源名字命名的藏书楼正式开馆。藏书楼共有两层。底楼展出黄源先生参加新四军和革命文化活动时的许多手迹、照片、实物、证件。文物中有 1950 年 4 月毛泽东签发的中央政府任命他为华东文化部副部长的任命书；1995 年 4 月，国务院总理周恩来签发任命他为浙江省文化局局长的任命书；中国作家协会名誉副主席的证书等。藏书楼二楼，展出了黄源捐赠给故乡的近一万册图书。其中最珍贵的是鲁迅先生送给黄源的一套日文签名本，系俄国著名作家陀思妥耶夫斯基全集。还有一部跟随黄源多年、1946 年版我国最早发行的《毛泽东选集》。另有一只横式书架，那是他离开上海投身抗日前线时，请巴金代为保管放在上海文化出版社内的。后来，他们的联系中断，直到 1949 年 5 月上海解放，巴金将两个书架连同书籍原封不动地还给了他。黄源先生亲自出席了揭幕仪式。他感谢家乡人民为他在风景秀丽的南北湖，建造了这么好的藏书楼，并说："回顾我的生活道路，在文艺上，选择了鲁迅，跟着茅盾，两位都是浙江人，也是新文化的奠基人。抗战开始，我跟着中国共产党、新四军走抗日的道路。94 年的人生经历证明，我所选择的道路是正确的道路。"

2002 年，96 岁高龄的黄源给海盐县党政领导写了一封情真意切的长信。信中写道：

海盐是我祖辈生息繁衍的地方，有我童年的欢乐和青年时代的浪漫。那一方水土哺育了我，使我从一个少不更事的顽童成长为一名坚强的战士，我是从那里走上求索真理的漫漫人生道路的，更因为家乡的各届领导乡亲对我的厚爱和关怀。现在我即将完成我的历史使命，走到了生命的尽头。叶落归根，我盼望去世后能回到故乡，在我的藏书楼内，与我毕业创作、阅读、收藏的书籍为伴，在茫茫的书海中重新聆听我挚爱的导师鲁迅先生的教诲，与我的文学良师益友共同探讨革命文学的理论和实践，一起观赏南北湖的美丽风光。

2003 年 1 月，黄源去世，按其生前遗愿，骨灰安葬在南北湖畔的黄源藏书楼院内。2005 年 5 月，黄源藏书楼经重新布展后开放。

（二）海盐其他藏书家

朱彭寿（1869—1950），字小汀，或作筱汀，号述龕，又号述叟、寿鑫斋主人，海盐人。近代藏书家。光绪戊戌（1898）进士。曾任职典礼院直学士、练兵处文案委员、陆军部右丞、陆军部左丞。北洋政府时任湖南长沙关监督、湖北宜昌关监督等。入民国息影旧都，居西总布胡同十九号朱宅，著书自娱。应徐世昌之聘，总纂《清儒学案》；著有《旧典备征》五卷、《国朝人物考略》三十二卷、《皇清纪年五表》三十二卷、《古今人生日考》十二卷、《三国人生卒年月表》二卷、《述庵诗草》六卷、《古近缄范》八卷、《安乐康平室随笔》六卷、《寿鑫斋丛记》六种。

好藏书，梅里忻氏不暇懒斋藏书散出，彭寿收购所得皆善本。藏书多至数十万卷。考订成书数十种，刊印有《旧典备征》五卷、《安乐康平室随笔》六卷，其余已刻未刻的有21种213卷。

藏书处为寿鑫斋、安乐康平室，有《寿鑫斋书目》一册，分为明版、钦定诸书、丛书、清刻善本各书、集部等类。

藏书印有"海盐朱氏寿鑫斋藏书印"、"武原朱彭寿印"、"筱汀一字述龕"等。

1934夏，寿鑫斋藏书散出，售燕京大学图书馆，传录得藏目一卷。燕京大学图书馆亦尝选收朱氏所藏清人集部若干种。时值章钰古稀诞辰，朱氏即举所藏有与章氏同姓氏者所刻书为赠。

陈筱宝（1872—1937），又名云龙，号丽生，海盐人，寓居上海。妇科名医，陈盘根、陈大年父。世医陈耀宗孙，秉承家学，故深明医理。

平生藏书甚富，诊余披览甚勤。著有《医事散记》四卷，惜毁于日寇烽火。

朱瑞（1883—1916），字介人，海盐武原镇人。3岁丧父，赖母抚育。自幼好学，18岁肄业于秀水中学堂，19岁为秀才。后投族人朱福诜，得其援引，毕业于南洋陆师学堂。历任浙江督练公所参谋处差遣、浙江第二标执事官，协同标一统蒋尊簋创设弁目学堂。期间与秋瑾等来往，先后加入光复会和同盟会。宣统元年（1909）去安徽任督练公所参谋处提调兼测绘学堂监督。翌年回浙江，任新军步队营管带，后任代理标统。参加杭州光复之役，率部攻占军械局。任浙军援苏支队司令，参加南京光复之役，建有功绩。民国元年（1912）历任师长、军长、浙江都督兼浙江省民政长，授兴武将军。1915年因拥戴袁世凯"洪宪皇帝"登基，被封为一等侯。1916年8月病故于天津，时年34岁，归葬于澉浦邵湾（今六里乡）。

朱瑞虽系军人，但因其自幼饱读诗书，通文史，喜蓄书。尤其雅收古椠名帖。发迹后，辄轻车简从，赴杭州清河坊文元堂访书。其时店肆主人杨耀松则尽力为之搜觅珍本古籍，所获颇多。所藏丛书称多，亦多名人集部书，而多为普通版本。其购书轶事，据杭州松泉阁书肆主人王松泉云：文元堂书肆主人杨耀松每有佳本，即命内弟朱华运载都督府供选择。朱瑞若不在，则由其秘书陈天翰代为选购。因送书次数多，朱瑞与朱华熟识，待之如友，常留之共食。某日运书至朱瑞公馆，朱华途中遇雨而衣履尽湿。朱瑞见状即命人取衣为之更换。朱华惶不敢受,朱瑞遂言:清朝已推翻,如今民国了,主张人人平等,不必自卑。

朱瑞著有《浙江朱都督政书初稿》。朱瑞卒后,其藏书由家属出售,遂四散。

妻张维(1878—1956),曾于光绪三十四(1908)创办海盐县第一所女校。

谈麟祥(1887—1939),字文灯,号梦石,海盐武原人。清末举人,曾师金山高燮,为南社社员。书法家,精书法,尤工小楷。受张元济请编辑《檇李文系》。

一生嗜学不辍,家富藏书,藏书处为桂影轩。

著有《海盐诗话》二卷、《文章津筏》、《武原先哲遗著初编》、《海盐先哲遗著存目初稿》、《圣师录补》、《桂影轩丛刊》、《梦庵三梦录》、《梦石未定稿》二卷、《八法丛谈》、《谈氏家乘》;作有《梦庐寻梦图》。

五、桐乡藏书家及其藏书

劳乃宣(1843—1921),字季瑄,号玉初,别署矩斋,晚号韧叟。桐乡人,出生于广平府(今河北永年)。先世本山东崂山人,祖父寓居苏州时入籍浙江桐乡。近代藏书家、音韵学家。清同治十年(1871)进士,任直隶地方知县,升任两江总督衙门幕僚,清末任京师大学堂总监督和学部副大臣。入民国后,思想保守,张勋复辟时出任法部尚书。

劳乃宣从政20余年,所至重农兴学,开发民智。在吴桥任上,购书万卷,供邑人阅览,又广设里塾,召民于农闲入学;居涞水时,创私塾,教村民子弟;回桐乡后,亦曾主讲桐溪书院。乃宣主张文学改革,重视语音之统一,提倡简字(以拼音字母拼写之汉字),编辑简字书籍,创办简字学堂于金陵,又设简字研究会,办简易识字学塾、简字讲习所等。其简字法,多为1913年读音统一会制订注音字母时所采用。乃宣崇信程朱理学,笃学博览,兼及近代科学、中外时事,著书数十万言,被目为通儒。

重视图书馆建设,1914年与德国人尉礼贤在山东尊孔文社内建立藏书楼,是为山东青岛第一座图书馆。楼内广收古籍,同时也收藏中外现代图书、外文图书以德文为多。

撰有《青岛尊孔文社藏书楼记》。爱新觉罗·溥伟为该藏书楼题写匾额。藏书分类仿美杜威"十进分类法",加以修订改编而成,读者多为尊孔文社的社友和礼贤书院师生。1937年尊孔文社解散,藏书归于礼贤中学。

劳乃宣还长期从事古代数学研究,著有《古筹算考释》、《筹算浅释》、《垛积筹法》等数学书7种,《合声简字谱》、《简字丛录》、《简字全谱》等简字书籍五种;另有《等韵一得》、《遗安录》等。其著述后人辑为《桐乡劳先生遗稿》,《韧叟自订年谱》列于卷首。

沈鸣谦(1876—1934),字听蕉,桐乡乌镇人。清廪生,茅盾曾受业于其门下。

生平慷慨,博览群书,藏书颇丰。主要致力于收集乌镇乡邦文献。为卢学溥重修《乌青镇志》提供资料，不遗余力。

董祥晋(1897—1970)，字吉甫，号巽观，桐乡濮院人。藏书家。早年投笔从戎，任国民革命军总司令部副官处文书股中尉股员，后任安徽省财政厅主任秘书等职。新中国成立后，帮助嘉兴图书馆整理和搜集古籍，撰写文史资料，多有贡献。

精研文史，对整理地方文献中太平天国史料和近代地方史颇有成就。董氏好藏书，藏书亦多，后来部分藏书捐赠给嘉兴图书馆。

其诗词富才气，亦工书法，著有《小说作法》、《辛亥革命在嘉兴》、《春雨斋词稿》等，编撰有《嘉兴乡土史》、《可爱的故乡》等。遗稿有《垂柳馆笔谭》、《嘉兴地方史料》等。

徐安(生卒年未详)，字晓霞，号懋斋，桐乡人。清末民初古文字学者、收藏家。主要致力于古器物、古文字之学，可谓知所先务矣。其所藏古印数超过黄宾虹，后多归故宫博物院。1924年辑成《桐乡徐氏集古印谱》四册，海宁王国维为之序；又辑有《名人遗印》二册。

沈光莹(生卒年未详)，字听笙，海盐人。清末民初藏书家。辛亥革命以后，慨古籍之就湮灭汇辑丛残，汇编成《静园丛书十种》十九卷，褚德彝为之序。

六、嘉善藏书家及其藏书

胡兆焕(1880—1955)，字梦朱，号蒙子，西塘人。清末民初教育家，南社社员。光绪二十五年(1899)中秀才，后入上海师范学堂、江苏省立法政专科学校学习。先后任江苏金山师范讲习所所长、浙江省立中学学监、上海浦东中学学监、嘉善县立初级中学首任校长、浙江省教育厅秘书、浙江大学文秘股主任、宁波中学教务主任等职。后受聘为嘉善县修志馆馆长，浙江省文史馆馆员。

生平好藏书，藏书2万册，多佛经及佛学书籍，1962年被家人出售。书斋兼藏书室名为听涛轩。

张天方(1887—1966)，名凤，字天方，以字行，嘉善魏塘镇人。出身书香世家，祖父张少泉是当地知名的读书人，是私塾教师，父亲张奎公学问很高，也在当地私塾教书，不幸早逝。12岁跟舅父读于柳氏私塾，与柳亚子同窗，极为投契。17岁中秀才，19岁考入上海震旦学院预科，学法文。假期回乡，印发《嘉善月刊》，鼓吹革命。与乡里进步青年集会演说，捣毁神像，名震全县。清宣统三年(1911)任教上海徐汇公学，嘉善典业、明新、女高等小学。次年任女子高等小学校长，创办嘉善第一份报纸《善报》。宣传民主思想，抨击社会弊端。

1911年，武昌起义成功，遂从戎上海李燮和部。在中国公学晤章太炎等人，入光复会。受光复会指派，和葛敬恩等与嘉善知县袁庆萱谈判，使之接受共和。是日，天方将书有“光复”二字的旗帜，插上东城门，并四处张贴标语，宣告嘉善光复。1917 年,就聘浙江第一师范任教。在此期间,写了许多新诗。浙江省教育厅厅长马叙伦赏识其才华,批准公费留学法国。1922 年,入巴黎大学研究院。1924 年,获博士学位。同年,出版法文译作《孔雀东南飞》、《中国诗坛近况》。这是《孔雀东南飞》第一次被译成法文并在法国出版,对于法国文学界了解中国文学,是一件开天辟地的大事。1926 年回国后历任国立暨南大学教授、教务长、社会历史系主任、文学院代院长兼图书馆主任等职。在执教同时,撰写并出版了《汉晋西陲木简汇编》,是一本极有价值的书籍。此书由文史大家叶恭绰和张天方自己作序,国学大师王国维、罗振玉等赞助,国民党元老于右任负责推销。此书印刷精美,装帧考究,深受学术界、考古界、文学界、书法界人士的欢迎。1933 年,在上海内山书店结识鲁迅,两次陪同鲁迅到暨南大学秋野文艺社讲学。因反对征收教授所得税及支持儿子张鼎参加革命,被蓝衣社列入黑名单,于 1936 年被迫离职。1939 年,任天目书院院长。教学之余,广泛搜集民间医药秘方;对天目山区进行考古考察;为抗日阵亡将士撰写祭文及墓志铭;组织天目印社;主编《文史半月刊》,编成《天目诗集》;主办文物展览室等;在《天目人报》等报刊上发表诗歌和文章。1942 年被推为浙江省临时参议会参议员。抗战胜利后,返回嘉善,为抗日阵亡将士纪念塔撰写了《嘉善抗战阵亡将士纪念碑铭》。后参加县临时参议会。不久,应聘去上海工业专科学校任教。新中国成立后,当选为嘉善县各界人民代表大会常务委员会委员,出任县劳军分会会长、杭州大学教授。此外,还于 1951 年帮助嘉兴图书馆整理古籍。1960 年被聘为浙江省文史馆馆员,研究古文字,对《张凤字典》进行了修订和补充。

天方熟悉历史,对古文物有特殊的爱好,精鉴赏,收藏甚丰。在上海教书时,常光顾古玩市场,收藏甲骨、古钱、青铜器、玉器等古董,收藏类别及品种很多,对甲骨文和竹木简研究有极深的造诣。对甲骨文的研究有“南张”之誉。所藏 50 余块甲骨,全是真品,天方给自己收藏室取名为真不好斋,意为东西不一定好,但一定是真的,可见其不凡眼光。著有《甲骨刻辞考异补释》。天方曾收藏许多名贵古砖,如“天墨砖砚”、“南中古砖”、“川汉古砖”、“钱纹砖”等,对古砖上的图文也颇有研究。他把所藏古砖上的图文拓成条幅,边上书以释文,聊以自赏,风雅极致。

天方一生喜爱藏书,收藏乡邦文献尤多,藏书达数万卷,文物、字画等亦多。因父亲在其童年对他进行传统文化的启蒙,故取斋名为奎公楼,并刻有一枚藏书章,以纪念父亲对他的教诲。

1936 年杭州举办浙江文献展览会,天方送展明嘉善周鼎《土苴集》二卷一册,据介绍,是书“末有张天方过录孙毓修民国戊午年跋,知先生曾据明刻本校印也。然涵芬楼秘笈本及其半,此为全豹,可贵矣”。又有清嘉兴张廷济《清仪阁诗钞》一册,抄稿本,有天方手记。清秀水朱彝尊《食宪谱》二册,旧抄本等多种。

天方先生收藏之散佚,在他 54 岁生日家书中记载:“少时所藏古钱(刀币、五铢为多)古印(秦汉玺印至清名人印)古镜(汉魏六朝唐宋)之室,名曰好富贵美人室。城池失陷时,新建奎公书楼内,楹书三万六千册,狼藉不可响迩。训字太君古库物内,空无一物。所藏殷商甲骨三百余片。石器数十事。三代铜器有铭者五六事,无字者十余事。矢镞数千。铜兵器,车马饰,工具,杂器不计。汉晋木简幸已出版,底本已毁。汉封泥三百余事。北朝铜石造像五六事。唐人写经两卷有零。碑板、字帖、砚石十百千计。以及埃及甲虫印五十余事。土木俑五十余事。小古件五十余事。罗马古物四五事等。卅年积蓄,一日沦亡。又汉晋砖,清仪阁藏砖五六十事。杭州包家山张夫人砖志。苏州匠门(苏州无匠门,但有相门。匠、相在吴语中音近。匠,实为相——编者)外晋稿葬砖,物重难移,一一椎碎,最为不解。闻敌人初到时,按时按日派定三人,每日上下午到家搜罗,计及六日之久,后为土匪所劫。数世衣箧细软,全丧。”①可见藏品一斑。

以上藏品在日军占领时毁于一旦,为此他几乎精神失常。经过抗战及后期一段时间的再收藏,到新中国成立前夕又积累了不少。1966 年家属遵其遗志,将大部藏书捐赠给浙江图书馆,文物、字画捐赠给省博物馆。1980 年其女秉承其遗愿,将一批家藏文物书籍献给省图书馆、省博物馆和嘉善县文化馆。

江树棻(1892—1962),字雪塍,号勖庵,又号桐村雪子、越来病叟,西塘人,南社社员。工书法,善诗词,能篆刻。创办西塘私立国民昭华高等女校。集 30 余人成立胥社,任会长,并出刊《文选》、《词选》、《诗选》三辑。又与当地书画友人发起成立平川金石书画研究社,为会长。被聘为嘉善县修志馆编纂。辑有《大事记》(上),著有《舍北草堂诗》、《三两窠斋词》、《闻樨馆杂缀》等。

潜心收藏古籍、书画,藏书 4000 余册,多集部和清初刻本。书斋兼藏书处为舍北草堂。

七、民国嘉兴万卷藏书家

民国时期嘉兴藏书流风犹存,仍为浙江乃至全国藏书要地之一,由于嘉兴历朝科举达人众多,文人荟萃,不乏藏书大家、名家。以下是清代嘉兴有文献可考的收藏万册及万卷以上的藏书家。

陈乃乾,《海宁图书馆志》称:“赴京就职之际,贮运藏书专包车厢一节。”又“陈乃乾嗜书如命,积至万卷,颇多善本。”

葛嗣浵,《为平湖葛氏守先阁题额识语》曰:“越三十年,积书四十万卷。”

黄源,捐献平湖图书馆藏书 15000 册。

金蓉镜,《嘉兴市志》称:“清末倦官归来,惟积书数万卷。”后将藏书 1364 部

① 政协嘉善县文史委员会编:《文史大家张天方》,见《嘉善县文史资料》第十八辑,浙江摄影出版社,2005 年。

6228册及信札、手稿等捐献给嘉兴图书馆。

单丕,《中国省市图书馆概况》曰:“浙江馆购单氏书九千九百二十一册。”

沈曾植,《艺林散叶》曰:“家有海日楼,屋数间,纵横皆书架。”

王甲荣,吴晗《江浙藏书家史略》称:“藏书极富,至三万余卷及手稿一箧。”

王国维,《碑传集三编》卷三十一曰:“罗振玉割藏书十分之一赠之。”(注:罗氏所藏15万册)

徐光济,《海宁藏书文化研究》称:“藏书多达数千册,藏书逾万卷。”

张元济,《涉园图咏跋》曰:“搜罗禾郡及盐邑文献又创涵芬楼东方图书馆。”(注:仅地方志有2万多册)

张天方,《嘉善县文史资料》第十八辑记:“藏书达数万卷。”

祝廷锡,《南湖文史》2005年第一辑记:“筑有知非楼,藏书三万卷。”

朱新建,《郑振铎先生的三封佚信》曰:“家藏书约万册,捐献江浙图书馆。”

朱希祖,《嘉兴市志》本传称:“生平酷爱藏书,多达二十五万册。”

八、民国嘉兴藏书家藏书目录及题跋

陈乃乾,《南洋中学藏书目录》、《共读楼藏年谱目录》、《慎初堂所藏书目》、《测海楼旧本书目》。

费寅,《自怡斋残书目》、《朱衎庐旧藏钞本书目》(民国间铅印本)。

胡士莹,《弹词宝卷书目》(中华书局上海编辑所,1957年)。

蒋学坚,《平仲园书目》。蒋钦顼,《盐官蒋氏衍芬草堂藏书目》。

孙振麟,《雪映庐藏书书目》。

沈曾植,《海日楼书目》(抄本),《海日楼行笈书目》(见《两浙著述考》下)。

王国维,为罗振玉藏书编《罗氏藏书目录》四卷、《雪堂藏宋元旧刊善本书目》三卷(《罗振玉收藏整理古代文献国籍记略》记);《庚辛之间读书记》、《曲录》六卷(以上两种收入《海宁王静安先生遗书》)。

王大隆,《蛾术轩箧存善本书录》二十七册,清抄稿本。《荛圃藏书题识续录》四卷、《荛圃藏书题识再续录》三卷、《思适斋书跋》四卷(《文献家通考》记)。

王荫嘉,《二十八宿研斋珍藏书目》稿本一册不分卷(《文献家通考》记)。

忻宝华,《忻宝华虞卿藏书目》(见《铜井文房·题跋曝书亭集外稿跋》)。

赵万里,主编《北平图书馆善本书目》四卷。

张元济,《宝礼堂宋本书录》(潘宗周藏,1936年潘氏印本),《涵芬楼烬余书录》(商务印书馆,1951年),《涉园序跋集录》(张元济撰,顾廷龙编,上海古典文学出版社,1957年)。《海盐张氏涉园藏书目录》(1946年合众图书馆印)。

张宗祥,《铁如意馆手钞书目录》(《民国人物大辞典》记)。

祝廷锡,《俟庐藏书志》(稿本,现存嘉兴市图书馆)。

朱希祖,《读书题跋》一卷(《北京图书馆普通古籍总目·目录门》著录),《海盐朱氏癸丑七月迁京书目》(1913 年朱氏抄本),《郦亭藏书题跋记》四卷(《近代藏书三十家》记),《明季史籍题跋》六卷(《近代藏书三十家》记),《郦亭方志目录》(《近代藏书三十家》记)。

朱宗莱,主编《海宁县公立图书馆书目》。

第三节　民国时期嘉兴藏书家与文澜阁《四库全书》补抄

《四库全书》编成后缮写七部,分藏北四阁和南三阁,北四阁为北京紫禁城皇宫文渊阁、京郊圆明园文源阁、奉天故宫(今沈阳)文溯阁、承德避暑山庄文津阁,合称“内廷四阁”或称“北四阁”。南三阁即扬州的文汇阁、镇江的文宗阁和杭州的文澜阁。文澜阁于乾隆四十七年(1782)在杭州孤山圣因寺动工修建,次年秋天完工。给文澜阁颁发藏书是从乾隆五十二年(1787)开始,到嘉庆初年结束,共颁发给文澜阁“书三万五千九百九十册,为匣六千一百九十”。全部用太白连史纸抄写,朱丝栏,附插图,版框高 208 毫米,宽 140 毫米,尺幅比“北四阁”略小。排架庋藏仿照文渊阁成例,按照经、史、子、集分类。“经部葵绿绢面,史部红绢面,子部白绢面,集部黑灰绢面”。

文澜阁藏书开始由浙江盐运使掌管,设有监理、编校、典守、司事等职,承担这些工作的大多是著名的学者,如陆费墀(桐乡藏书家)、程次白、陈其泰等人。太平天国时期,文宗、文汇两阁均遭损毁,1860 年和 1861 年太平军两次攻占杭州,文澜阁在战争中毁损殆尽,藏书也大量流失,后来经过杭州藏书家丁丙、丁申兄弟等人寻访搜集,保存了 8300 余册。光绪六年(1880),经浙江巡抚谭钟麟提倡,文澜阁得以重建。建成后,保存下来的 8389 册残本从尊经阁运回到文澜阁。接着丁氏兄弟和当地士绅开始了一场大规模的补抄工作,到光绪十四年(1888),共计补抄阙书 2174 种,阙卷 891 种;到 1898 年为止,又补抄了 38 种。这时文澜阁《四库全书》已经达到 3434 种,34769 册,和原来的数目已经相差不多了。但因不能直接向北方三阁(均为朝廷禁地)补抄,而文汇、文宗已毁,所以只能据传世的刻本或抄本收集补抄,因此丁氏抄本因当时的环境所限存在良莠不齐的情况。1915 年,浙江图书馆馆长钱恂在京杭两地聘请人员依据文津阁本又补抄 250 种,由于 1915 年是乙卯年,所以这次补抄被称为“乙卯补抄”。通过这次补抄,使文澜阁《四库全书》达到 3684 种。

1922 年,张宗祥任浙江省教育厅厅长后,《四库全书》尚未抄竣,他日系于心,遂决定补抄库书。1923 年出面组织文澜阁《四库全书》补抄工作,请堵福诜(申甫)担任监理,主要依据浙江图书馆馆藏善本和文津阁《四库全书》,分京杭两地进行补抄,浙图和文津阁本不全时,又借用民间精刻本进行抄校,抄写工作非常细致。由堵申甫赴北京京师图书馆抄写,并一一安排妥帖。如请在北京教育部任职的吴雪川主持北京的一切事宜,要求抄书字体必须认真选择,校对必须两道,且要在册后盖章负责,装订厂家必须要可靠。此次补抄,其板式、行款以及装订均按照京师图书馆本,与原书无异。经过两年多的抄录,到 1926 年得以完毕。共补抄阙书 211 种 4497 卷 2046 册。后又派人将丁抄四库 213 种 5660 卷 2251 册送北京重校,重抄 577 页,耗资 16600 余元,使江南有了一部完整的《四库全书》。张宗祥主持的文澜阁《四库全书》的补抄始于 1923 年,按夏历干支计年为癸亥年,故史称"癸亥补抄"。

"癸亥补抄"分两地进行,少数缺书利用浙江图书馆馆藏善本补抄,大部分则在北京京师图书馆利用文津阁本补抄,其抄书经费全由浙江籍人士募集,未动用公家一纸、一笔,纯属民间行为。其方式为:非本省人就是富可敌国也不募;本省九府属每府皆能有人捐助最好;每一股以 500 元为定额,如果财力不足可以几个人拼成一股,不成股的不募。按此法,很快就募集到了经费,当时浙江籍人士张元济、沈冕士、周庆云等人慷慨捐资,浙江省督办和省长均有捐款支持,共襄此举。

正是由于这次补抄全用浙江籍人士捐资,才为抗战胜利后文澜阁《四库全书》安然返回杭州埋下伏笔。从 1937 年 7 月起,为了躲避抗日战争的烽火,浙江图书馆馆长陈训慈下令将文澜阁《四库全书》分装 140 箱,连同浙图其他善本 228 箱迁至贵州,在贵阳流寓多年。1944 年,国民政府教育部部长张道藩命令将文澜阁《四库全书》搬迁到重庆青木关。1945 年 2 月,文澜阁《四库全书》保管委员会成立,张宗祥为委员之一。1946 年国民政府当局意欲将文澜阁《四库全书》搬往南京,张宗祥和陈训慈、竺可桢等人据理力争,以该书补抄时全用浙籍人士募捐之资,未用政府一笔一纸的理由相抗争,几经周折,文澜阁《四库全书》在南方六省颠沛流离了整整九年之后终于回到杭州,藏于钱恂馆长和张宗祥当年争取来的红楼内。现在文澜阁《四库全书》作为浙图的镇馆之宝,向广大读者展示其丰厚的内涵。

单丕曾参与钱恂主持之文澜阁《四库全书》"乙卯补抄"。民国 16 年(1927) 5 月至次年 8 月任浙江图书馆国文部主任,管理文澜阁《四库全书》与善本书。

文澜阁《四库全书》是"南三阁"的唯一幸存者,经过多次补抄的这部《四库全书》中很大一部分的内容质量远远高于原写本。补抄时依据的许多版本是没有经过抽、删、改的精善本。而且它也和现存的文渊阁本、文津阁本、文溯阁本不同(七阁所藏《四库全书》本来就并不完全相同),而是有自己的特色和价值。而张宗祥一生对文澜阁《四库全书》的补抄和保护之功也将永不磨灭。

文澜阁《四库全书》补抄,从"丁丙补抄"海宁蒋氏别下斋提供善本,到"乙卯补抄”单丕参与主持，至张宗祥主持“癸亥补抄”及张元济的鼎力相助，嘉兴藏书家在保护文澜阁库书这一国宝方面作出重要贡献，他们的功绩永为后世怀念。

第四节　民国时期嘉兴公共图书馆

嘉兴私家藏书在宋代已发轫，到明清之际，藏书楼大增，成为我国私家藏书最发达的地区之一。此外，书院藏书和寺庙藏书也有相当规模。鸦片战争以后，西方文化在嘉兴较早得到传播。这些因素使嘉兴成为全国近代图书馆的发祥地之一①。

光绪三十年（1904）创办的嘉郡图书馆和海宁图书馆是我国最早称“图书馆”的少数几个图书馆之一。辛亥革命后，嘉兴及所属各县公共图书馆事业发展较快，影响较大。1913 年创办的海宁硖石通俗图书馆，是浙江省最早的乡镇图书馆。1915 年嘉郡图书馆与海宁州图书馆分别改名为嘉兴县、海宁县公立图书馆，时已颇具规模，向社会开放。1917—1928 年，平湖、海盐、崇德（今桐乡）、嘉善等县先后建立了公立通俗图书馆。嘉属各县的一些乡镇，如嘉兴新塍、嘉善西塘、海宁丁桥等一些乡镇等也建立了公立通俗图书馆，崇德的二区、五区等建立了区立图书馆，图书馆事业得到普遍发展，各馆图书来源主要是地方藏书家捐赠和政府拨款购书。嘉属各县图书馆的建立，一种是由地方著名人士募捐发起后得到政府的承认，如嘉兴、海宁；另一种是一开始就有由官府创办，如平湖、崇德等。1928—1930 年，各县图书馆先后并入新成立的民众教育馆，称图书部。嘉兴、海宁、海盐三县的图书馆又在 1931 年恢复独立建制。抗日战争前夕，嘉兴县公立图书馆藏书已达 5 万册以上，分设典藏、编校、指导等七部。海宁县公立图书馆藏书也有 2 万多册。

1930 年 6 月，嘉属各县公共图书馆和部分学校图书馆成立了浙江第二学区图书馆协会，这是浙江省最早出现的地区性图书馆协作组织。协会开展正常的协作与学术活动，每 6 个月举行一次全体大会，3 个月举行一次执监会。会议轮流到各县召开，通过的各项议案涉及藏书建设、图书分类、馆际互借、业务指导与培训和要求制订有关地方性图书馆法规等，并出版会刊。

1936 年举办浙江省文献展览会，送陈展品的多为大型图书馆如浙江图书馆、北平图书馆、江苏国学图书馆、山东图书馆，以及国内外享有盛誉的浙江著名藏书楼，如湖州嘉业堂、温州玉海楼、杭州九峰旧庐等。在县级图书馆送陈展品中，

---

① 本节参考《浙江省图书馆志》、《嘉兴市志》、《海宁市志》、《平湖市志》、《海盐县志》、《嘉善县志》、《桐乡县志》及《浙江藏书史》等。

今嘉兴地区的嘉兴、海宁、嘉善三图书馆,可称翘楚,可见该地藏书文化底蕴之深厚。

1937年日军侵华时,今嘉兴所属各县的图书遭受空前劫难,设施和藏书毁损严重。海盐图书馆毁于日军炮火,嘉善、海宁、平湖、崇德图书馆(部)被迫停止活动,图书大多散佚。嘉兴县立图书馆一批珍贵图书被日伪盗劫。日军侵占海宁后2万余册古籍遭劫,散失殆尽。嘉兴、海宁、嘉善三馆在浙江省文献展览会所展出之珍本古籍,当亦尽为劫灰。故日军侵浙期间,中华典籍文化遭劫至深至重。

抗战胜利后,各县图书馆都未能得到恢复,直至1949年5月,嘉属各县相继解放,年底各县成立了人民文化馆,内设图书室。

一、嘉兴市图书馆[①]

嘉兴市图书馆的前身为清末成立的嘉郡图书馆。辛亥革命后的1915年1月,地方学界呈官方批准在嘉郡图书馆的基础上创办嘉兴公立图书馆,1916年,著名学者陆仲襄(祖穀)出任馆长,图书馆订立章程,对外开放借阅。嘉郡图书馆成立以来,图书馆一直没有自己的馆舍,先是借用秀水中学堂校舍,而后又借用省立嘉兴二中(原嘉兴府中学堂)的督导处作馆舍。但从嘉郡图书馆创办起,陶葆霖等人就开始谋划建造馆舍。嘉兴士绅为建图书馆舍捐了一笔钱,存放在秀水劝学所。1921年,身兼嘉兴教育会长的陆仲襄馆长开始筹划建设馆舍。1927年在道前街原宏文馆旧址,开工兴建图书馆舍,1928年建成西洋式二层楼房一座,造价约15000元,成为浙江省当时馆舍设备比较精良的图书馆。1929年春开馆,陆仲襄任嘉兴省立图书馆馆长。

在1928年至1930年期间,图书馆接收了两批图书。一批由前嘉兴知府许瑶光的孙子许贯三先生把湖南善化老家的原许瑶光藏书赠送给嘉兴图书馆,这批书籍有12000册左右。另一批是图书馆创始人之一金蓉镜之高士祠藏书。金蓉镜1929年去世,此前立下遗嘱,把在南湖盐仓桥堍高士祠内的藏书捐献嘉兴图书馆。这批图书计1364部6228册,此外还有他的信札、手稿等。此外还收藏光绪《嘉兴府志》雕版和《泺源问答》等书雕版。

1930年5月,嘉兴民教馆成立,图书馆并入民教馆称图书部。由于当时图书馆已有很高的社会地位,陆仲襄又是县教育会长,对图书馆并入民教馆,社会人士十分不满。因此,不到一年时间,于1931年3月图书馆恢复独立,称嘉兴县立图书馆,而通俗图书则由民教馆负责。

恢复独立建置的嘉兴县立图书馆,主要收藏线装书和地方文献。根据1932

① 1953年4月,省立嘉兴图书馆改为嘉兴市图书馆。

年的统计,嘉兴县立图书馆藏书达40674册,其中旧籍3124种37642册,新学图书319种865册,杂志120种2167册。这些图书概不外借,一律公开阅览。平均每天约40人来馆阅览,每月接受各种咨询约30起。图书馆设立征集部、编校部、指导部、典藏部、文牍部、庶务部、会计部等七个部门。这些工作都由陆仲襄馆长、馆员仲欣木两人兼理。到了1936年,嘉兴县立图书馆馆藏图书达到51203册,全年经费1264元。

嘉兴县立图书馆庋藏古籍颇多,名声亦著。1936年,图书馆举办了"文献展览会",展览社会各界人士收藏的地方文献、金石书画数百件。其中沈梓的《避寇日记》,以及张元济、忻宝华等人编纂的《槜李文系》都在这次文献展览会中展出。而后又挑选部分展品,参加1936年杭州举办浙江省文献展览会,因送展珍藏颇多,引起与会人士关注。嘉兴县立图书馆送展的古籍今知有:

明嘉兴李日华《李太仆佚著未刻稿三种》抄稿本,明秀水黄洪宪《碧山学士集未刻稿》传抄本,明嘉兴黄承元《河漕道考》传抄本,明嘉兴徐石麟《官爵志》抄本,明秀水卜大有《皇明续纪》明万历间活字本,明秀水冯梦祯《快雪堂集》明万历刻本等。

清嘉兴冯登府《石经阁日钞》手稿本,清嘉兴姚应龙《云吟老人醒世编》手稿本,清秀水金蓉镜《滮湖遗老稿》手稿本和《香严(岩)庵杂记》稿本,清嘉兴吴受福《老芥土苴》稿本,清嘉兴《柳东先生诗剩稿》稿本,清秀水庄仲方《映雪楼古文练要》稿本,清嘉兴忻宝华编修《槜李诗系》原手稿本,清秀水朱昆田《三体摭韵》抄稿本,清秀水张雍敬《西术推步法例》抄稿本,清嘉兴章溥《绿净山庄诗》抄稿本,清嘉兴沈传弓著《朗山遗稿》传抄本,清嘉兴王昙《烟霞万古楼诗未刻佚稿》抄稿本,清秀水黄涛《赋日堂诗稿》抄本,清秀水杨廷璧等《鸳湖唱和集》传抄本,清嘉兴周篔、嘉善柯崇朴同辑《乐章考索未刻稿》旧抄本,清平湖陆奎勋《陆堂诗学》抄本,清平湖陆奎勋《春秋义存录》传抄本,清嘉兴顾仲清辑《历代画家姓氏韵编》抄本,清姚梦坡《朱墨批注四书便蒙》清自怡堂刊本,清项月舟《朱墨批点四书合讲》清刊本,清吴兹《朱墨校隶释隶续》清乾隆刊本,清仁和王言原著、吴介兹朱墨校《金石萃编补略》,宋汤阴岳珂原著、清吴介兹朱墨校《玉楮诗稿》,清平湖沈季友辑《槜李文系》清刻本等。内容多为嘉兴一地乡邦文献。

1937年抗日战争爆发,嘉兴沦陷,馆舍被日军占领,图书馆迁往塔弄。日军占领嘉兴前,馆长陆祖穀将馆内珍贵图书分装六大箱移往馆员仲欣木家乡濮院隐藏,1940年秋被日伪全数盗劫,计损失图书280部3517册。其中元刻1部29册;明刻177部2759册;稿本22种377册;抄本38种122册。日军占领嘉兴后,把图书馆舍作为宣抚班办事处,图书馆被迫迁往塔弄西侧,馆藏的《嘉兴府志》书版也在这期间损失。

1945年抗战胜利,图书馆从塔弄迁往附近的原秀水县学明伦堂,县立图书馆重新恢复。但因馆舍被县政府作办公用房,致图书馆几经迁移,且经费无着,几任馆长均无法开展工作而相继辞职。

1949 年 5 月,嘉兴解放。嘉兴地区专员公署文教科即着手恢复图书馆。1950 年初由省文教局批准建立浙江省立嘉兴图书馆。藏书是原嘉兴县立图书馆的 4 万多册古旧书和嘉兴人民文化馆移交的 1000 册新书。浙江省立嘉兴图书馆成立后,社会各界人士踊跃捐赠图书。孙顾赞玉捐献了雪映庐旧藏《槜李诗系》等善本;郑之章捐献了几百种古籍;沈梓的后人沈访石番捐献了《避寇日记》、《养倔斋笔记》稿本;沈慈护、劳善文捐献了沈曾植的奏折、杂件;倪禹功捐献了《至元嘉禾志》抄本等等。此外,嘉兴社会各界还捐献了家具以及其他钱物。嘉兴图书馆还先后接收了原精严寺弘一大师李叔同整理过的乾隆版大藏经(龙藏)和竹林祝廷锡知非楼之藏书,佛学大师范古农的佛学期刊和《碛砂藏》。

二、海宁县立图书馆

光绪三十年(1904)四月,祝鼎、周承德等 8 人联名呈请,以盐官海神庙西偏屋水仙阁为馆址,拨安澜书院旧藏经史时务各书为基础书籍,建立公共图书馆,海宁州图书馆获准成立。发起人各将家藏新旧版本书籍或捐或寄存以充实馆藏,并延聘主藏一人专司收发、整理、检点书籍之职。其间,邑人居世昌、朱宗莱赞助最力。捐款用于订购日报、旬报和各类新书。馆中书籍分九科,法学科、文学科、兵学科、理学科、医学科、农学科、工学科、商学科、杂著科等。阅书凭阅书证券,借书除凭借书证券外还须暂纳与书价相等之信据银(还书时如数归还)。凡借书本城每次不过 2 本,5 日内归还;外镇每次不过 3 本,7 日内归还。

1915 年以原州图书馆为基础,改海宁州图书馆为海宁县公立图书馆,馆长朱宗莱。馆舍在马公祠,馆内附设金石保存处。旧学宫(即孔庙和儒学署)以及安澜书院藏书移作馆藏,有私人著作未印行者,有时也商请馆藏之。有捐书入馆者,填发证书并于书目内记明原捐人姓名以志高谊。1918 年,县立公共图书馆内增设通俗图书部。1919 年,县公立图书馆购进《清经解》等大部头书及乡先贤著作若干,又出资请邑人管元耀手抄《海昌胜览》、《宁志备考》、《海昌外志》、《海昌分区都庄册》、《浙江江海塘工程全图》和《宁志余闻》等地方文献,请朱子勤手拓全县碑碣石刻,列入馆内附设的金石保存处的《金石拓本目录》。1921 年,县立图书馆刊印《海宁县公立图书馆书目》,内附设章程规则与碑目。

1923 年,海宁县立图书馆分保存与观览两大类。馆藏书 2000 余种,1 万余册。海内秘籍孤本及旧刊精抄为保存类,计 654 种,4479 册;其余为观览类,计 1500 余种 5869 册。乡先贤所刊善本丛书如吴骞的《拜经楼丛书》、蒋光煦的《别下斋丛书》及钱保塘的《清风室文集》等均藏有原刻。《清经解》、《九通》及《二十四史》木刻本齐备。金石拓片有 252 种 726 张。附设的通俗图书馆的新版政治、文艺诸类书籍和报刊则另成系统,不计在内。借书凭借书折,收取保证金 2 元。

每次不过4本,借期不过15日。

1930年5月,县立民众教育馆成立,将县公立图书馆藏书全部并入,设立图书部。1931年12月,浙江省教育厅复令图书馆单独设置,名海宁县县立图书馆。1932年,县立图书馆藏书分古籍与新文化书籍两大部分。古籍以四部法分类,新文化书籍则以王云五氏分类法类分。县立图书藏有古籍2万余册,新文化书籍2000余册。另有碑帖804张26册,石碑39块。阅报经签名即可,阅书凭阅览券。借书须缴与书价相等之保证金(经殷实商铺及机关作保,可酌免),每次不过2种,每种不过5册。借期一星期,续借亦不得超过一星期。凡孤本、公共参考书、最新报刊及新书未登记者则概不出借。县立图书馆和县民众教育馆合办巡回文库至各区,并以流动书车分列通俗书籍至闹市供民众阅览。同年建立了儿童读书会,会员20余人。

1936年海宁县公立图书馆送浙江省文献展览会展出的古籍数量甚多,今知有:

明蔡完《海宁县志》明抄本,明海宁董志稷《海昌安国寺志》,明海宁苏平《雪溪雪唱集》传抄本,明海宁董穀《碧里后集》抄本、《彩丝贯明珠秋檠录》刻本,明海宁陈之遴《浮云集》传抄本,明海宁查继佐《东山钓业》抄本,明海宁许令瑜《容庵存稿》抄本,明海宁朱一是《为可堂文集》传抄本,明海宁许相卿《云村先生文集》明嘉靖刻本,明海盐胡震亨编《续文选》明嘉靖刻本等,其中明钱塘胡文焕刊《格致丛书》本,系王国维购自日本京都冷摊。

清海宁蒋学勤《辛庐语录》、《曳尾涂中》手稿本,清海宁管庭芬《滧阴志略》传稿本,清海宁邹存淦《修川小志》传抄本,清海宁释达受《白马神庙小志》抄稿本,清海宁曹步垣《书仓编》抄稿本,清海宁查慎行、查嗣瑮《二查尺牍》抄稿本,清海宁张均《守素斋诗钞》传抄稿本,清海宁陆槭《蜜香楼集》精抄稿本,清海宁倪祖喜《居易斋初步草》抄本,清海宁朱至《庚庚石室近稿》抄稿本,清海宁张骏《琴畅轩百花诗》抄稿本,清海宁曹宗载《南湖避暑录》抄本,清海宁孙清《韈线集》抄稿本,清海宁朱二铭《朱鲤舫诗》抄稿本,清海宁蒋元樾《艮庐吟稿》抄稿本,清海宁周嘉穀《蕉雨轩遗稿》抄本,清海宁张兆棻《五十学诗斋初稿》传抄本,清海宁陈琪卿《陈琪卿散体文》传抄本,清海宁女史朱逵《慈云阁诗存》(附《陈筠斋诗》)抄本,清海宁周春、吴骞、陈鳣等《沈蘧翁寿杯歌》抄本,清海宁陈訏《勾股述》传抄本等。

抗战爆发后,馆藏毁于日军炮火,藏书散轶无存。抗战胜利后,县民众教育馆重新成立时,仅有《四库珍本》20余册,其余藏书下落不明。

海宁县立图书馆基层网点情况。1913年海宁硖石建立浙江省最早的区乡级通俗图书馆,馆址在硖石镇下东街广善堂内,该馆藏书以双山讲舍图书为基础,加以各界捐献,最多时达3万册以上。1932年,海宁全县除县城盐官的县立图书馆外,盐官镇另有民众教育馆图书馆,硖石镇第二区民众教育馆图书馆,袁花第三区民众教育馆图书馆，长安镇第四区民众教育馆图书馆，斜桥第五区民众教育馆图书馆。1935年，硖石镇与盐官镇又分别有省立图书馆第二、第三流通图书部之设。

三、嘉善县立图书馆

1928年4月，嘉善县公立通俗图书馆成立，馆址在原城隍庙内。1931年改为嘉善县立图书馆。1933年春，西塘镇私立同化图书馆成立。1933年8月，嘉善县立图书馆在西塘增设分馆。县立图书馆到抗日战争前夕，藏书近2万册。嘉善县立图书馆所藏古籍亦多，1935至1936年曾在馆内举办过画展和文献展，并从中选出精品，送浙江省文献展览会参展。所送展古籍今知有：

元嘉善吴镇《梅花庵稿》抄本。

明嘉善丁宾《丁清惠公遗集》旧抄本，明嘉善沈瑶《爱莲堂诗草》旧抄本，明嘉善施椅《书龛集》旧抄本，明吴施浚《期颐堂诗》抄本，明嘉善姚公绶《毅庵集选》明嘉靖刊本，明嘉善姚惟旬、姚惟芹、姚惟诚《观颐摘稿·东斋稿略》明嘉靖刻本等。

清佚名《江志采访稿》稿本，清嘉善顾秉坚《经济类苑》稿本，清嘉兴蒋大本《家编百则》稿本，清嘉善屠钫《丈量形术全书》稿本，清嘉善顾景康《话雨斋诗稿》稿本，清嘉善陈又锷《卧庐二集》稿本，清嘉善倪镛《装聋作哑道人小草》稿本，清嘉善奚大绶《红豆山庄诗集》稿本，清嘉善杨寿崧《海瀛桑榆剩录》稿本、《托盘和草》稿本，清嘉善陈荣科《雪庄集》稿本，清嘉善孙□□《善根堂诗草》稿本，清嘉善郁鼎钟《小题襟四十律》稿本，清嘉善朱锡秬《知非室诗余》稿本，清嘉善汪埰壛《飞云阁印赏》稿本，清嘉善许汝玉、朱吟涛《晦香诗草》抄本，清嘉善陆撷湘《吟香室诗》抄稿本，清嘉善魏正锜《梧下先生诗钞》稿本，清嘉善李祖桐《琴轩诗草》抄稿本，清嘉善许冠瀛《蹉跎子诗稿》抄稿本，清嘉善许王勋《兰墅诗稿》抄稿本，清嘉善谢雍泰《劫余吟草》抄稿本，清嘉善陆壬林《逸明鸟诗稿》，清嘉善陈岚《武塘古迹百咏》抄稿本，清嘉善柯汝锷《瓮天录》抄本，清海宁查亦照、清嘉善吴炳《查炳塘自述·惜阴主人自序略》抄本，清嘉善孙之桂《忠义传》传抄本，清嘉善赵文彪《赵氏洪杨时日记》传抄本，清嘉善黄中杰《嘉善地略》抄本，清嘉善曹庭栋《魏塘纪胜》抄本，清嘉善顾功枚《深柳居诗草》门人张墉手录本，清平湖陆奎勋《陆堂诗集·陆堂文集》传抄本、清嘉善朱桂《风雨庐诗草》旧抄本，清嘉善倪以埴《银藤馆遗诗》，清嘉善顾澧《研悦斋诗钞》（残本，存下卷）抄本，清嘉善卢国型《枕流阁吟草》抄本，清嘉善郁鼎钟《心香阁存稿》抄本，清嘉善朱光烊《红柿叶馆诗草》抄本，清嘉善浦燧英《渔隐吟草·望云楼词·诗词草续编》抄本，清嘉善谢玉树《梅窝吟草》抄本，清嘉善陆烜《煮琼花馆诗草附诗余》抄本，清嘉善钱召棠《无毁我室诗钞》抄本，清嘉善徐振燕《泽畔行吟》抄本，清嘉善袁玉溪《愚庐遗稿》传抄本,清嘉善郁洪谟《乙元新咏》抄本,清嘉善顾如金《忆存草·蠹余》抄本,清嘉善徐涵《平川棹歌》抄本,清嘉善周尔垲、谢墉《柳絮词·乡味杂咏合钞》抄本,清嘉善张尚白、李万秋《扑草遗稿·桃花馆诗草合订》抄本,清嘉善许翔唐、程表《伴华小草》抄本,清嘉善女史王桂《伴蛩吟》抄本,清嘉善孙石香辑《燕兜孙氏一家诗》抄本,清嘉善朱莲烛《椒衍堂倡和诗》抄本,清姜宸英等《北山草堂唱和集》,清嘉善曹骏良《盘子唱和集》抄元嘉善吴镇《梅花道人词》,等。

抗日战争爆发后,嘉善沦陷,县立图书馆于1937年10月停办,馆藏书籍散失殆尽。抗战胜利后,1946年私立同化图书馆恢复,1947年8月嘉善县立图书馆筹备处成立,次年5月由县民众教育馆接办。1949年12月,建立县人民文化馆,设有图书阅览室。

四、海盐县立图书馆

1918年10月海盐通俗图书馆成立,是县内公共图书馆之始,馆址在武原镇广福桥弄吴宅(今广福桥南堍)。1929年11月,海盐县立民众教育馆成立,将县公立图书馆藏书全部并入,设立图书部。1931年8月,建立海盐县立图书馆,馆址在城隍庙内(今新桥南路朝阳东路口),隶属县政府教育局。有外借部和成人、儿童阅览室,兼管收藏地方文物。1936年有藏书27000册。通过募捐、集资1400余元,购得上海商务印书馆影印的《四库全书》珍本、《古今图书集成》、《四部丛刊》(续编)、《百衲本廿四史》、《万有文库》等。搜集乡贤先哲著作书目1000余种。辟金石保存室,用以搜集、保藏各种碑石。每周开放42小时。每月借阅人数平均110次、160册次。图书馆在沈荡镇试办实验流通巡回文库,每周单日下午1—3时,由管理人员背负书箱、手摇铜铃,在街坊茶楼酒肆巡回递送。该镇民众不劳一步、不费一钱,即可借得欲读之书,深受欢迎。平均每次借阅人数44人。并推行读书会,有会员180余人,以儿童最为活跃,共160人,曾举办各种展览会。1937年,县立图书馆毁于日军炮火。

1949年底设立县文化馆图书室,藏书主要依靠捐助,计3000多册。1949年底,在澉浦、西塘各办起一个图书阅览室,私人捐赠书报,义务管理。

五、桐乡县立图书馆

桐乡县原为崇德、桐乡两县,两县1958年11月合并为桐乡县。

(一)崇德图书馆

1922年,崇德县建立通俗图书馆,藏书有《四部丛刊》、《四部备要》、《万有文库》等。1926年,崇德成立县立通俗图书馆。1928年通俗图书馆和阅报社合并,改称县立通俗教育馆。1928年4月,成立民众教育馆,设图书部。馆址设在崇福镇西寺前。1933年民众教育馆图书部藏书达8175册。1937年，日军入侵，崇德县立民众教育馆撤至芝村。抗日战争期间，图书大多散失。1945年8月，崇德县立民众教育馆恢复，馆址设于崇福镇崇福寺（西寺）内。设图书部，但图书甚少，仅为1321册。至1948年底，图书部藏书为1554册。

1928年10月，崇德第三区区立通俗图书馆建立，有图书3500册。1932年1月，崇德第五区通俗图书馆建立，馆址在崇德县灵安集镇西市，图书2368册。1932年，崇德县设立第三区民众教育馆，馆址设在石门镇棉纱弄。1937年，日军入侵，崇德第三区区立通俗图书馆撤至八泉乡西圣埭。旋即停止活动。1940年3月，崇德民众教育馆在抗日游击区洲泉镇一度建立图书馆，不久因遭日军“扫荡”而解体。

（二）桐乡图书馆

桐乡县1929年建立通俗图书馆，藏有《四部丛刊》、《四部备要》、《万有文库》等。1930年11月通俗图书馆改称县立民众教育馆，设图书部。馆址在梧桐镇公园内。至1933年，图书部藏书达6019册。1937年，日军入侵，桐乡县立民众教育馆撤至南日晖桥。抗日战争期间，图书大多散失。1945年8月，桐乡县立民众教育馆恢复，馆址设于梧桐镇公园内，设图书部，但图书甚少。至1948年底，图书部藏书为2549册。1947年10月，桐乡县青镇建立新乌青图书馆，藏书甚少，仅有少数杂志报纸。

新中国成立后，崇德、桐乡分别成立人民文化馆，均设图书室。

六、平湖县立图书馆

清光绪三十四年（1908），钟埭创设段野阅报社。宣统二年（1910）县城设立东林阅报社。1917年，平湖县立通俗图书馆成立。1921年后，相继成立民智（在县城）、乍浦、芦川、新溪、钟溪阅报社。1930年并入县立民众教育馆，辟为图书部，藏书2654册。1933年全县共有阅报社40个，其中城区14个，乍浦8个，新埭区和新仓区各9个。抗日战争期间活动停止。抗战胜利后恢复县民众教育馆及图书部，至新中国成立前夕，图书部增辟儿童图书室。

新中国成立后，成立县文化馆，设图书室。

第五章　嘉兴藏书家藏书之特点及贡献

嘉兴地区的藏书发轫于宋代，自宋至清末民初藏书家藏书代有传承，名家名楼享誉华夏。历史上涌现出众多藏书大家、名家及进士藏书家，嘉兴历史上有据可考的藏书家共551人，其中宋9人、元7人、明118人、清357人、民国60人；嘉兴藏书家中进士藏书家共占114人，其中宋3人、明37人、清68人、清末进士在民国仍有藏书活动者6人。嘉兴地区藏书活动的繁盛对于近代公共图书馆的兴起产生了积极的作用，早在1904年，嘉兴地区就出现了我国最早的近代公共图书馆——嘉郡图书馆、海宁州图书馆，成为我国近代公共图书馆最重要的发祥地之一。

嘉兴藏书发轫于宋，延续于元，繁荣于明，鼎盛于清，余绪影响及于民国，泽被当今。藏书家所表现出的特点也为我国藏书文化史留下了浓墨重彩的一笔。

第一节　嘉兴藏书家藏书特点

一、宋元嘉兴藏书家藏书特点

宋元两代嘉兴藏书家的特点主要在于其藏书观念，崇尚以藏书教育子孙、留传子孙，并且以藏书惠及乡里，鼓励子孙和乡里子弟“守儒为准，守身为本”。北宋海盐藏书家卫公佑，藏书数千卷，并延师捐地办学，以教子弟；嘉兴华亭人卫公佐，藏书甚富，时邑中未设学堂，其捐地为学舍，行义相助。《雍正浙江通志》记载，元代海宁藏书家马宣教“与黄冈马氏兄弟并以赀甲一郡，复起楼聚书万卷，延徐一夔、贝琼诸名儒，教其子弟，并同贾氏义塾云”。元代海宁人贾执中，筑书塾，蓄书万余卷，延名师以教子孙及乡里子弟，将私家藏书用于兴办乡里教育。宋元两代嘉兴藏书家的藏书观念促成了藏书社会价值的增大，促进了这一时期嘉兴文化教育事业的发展。

宋代和元代的嘉兴藏书家还各有其特点。

由于宋都南迁，始成京畿之地的嘉兴官宦士人骤增，科举热潮兴起，因此藏书需求日趋增长，激发了嘉兴藏书事业的发轫，产生了不少著名的官宦、进士学者藏书家。官宦藏书家有嘉兴人赵衮、卫湜，秀水人闻人滋，嘉兴知府岳飞孙岳珂，以及隐居平湖的赵孟坚等。其中卫湜为南宋庆元进士，闻人滋为隆兴初进士，赵孟坚为宋宝庆二年进士。

元代推行民族歧视政策，在其统治的大部分时期内废除科举，堵塞了士人通过科举为官之路，使诸多士人对仕途发展丧失信心，从而淡泊名利，以藏书、读书、著书来逃避对名利的追逐，求得精神上的解脱。嘉兴海宁人张雨不仅藏书，而且著述颇富。平湖藏书家张纮，筑南村书堆为诵读藏书之所，藏书甚富。《浙江省图书馆志》称"嘉兴藏书以陈世隆所藏秘本为最"，箧中携秘书数十种，馆于嘉兴陶氏。

二、明代嘉兴藏书家藏书特点

嘉兴藏书家及藏书活动至明代进入大发展时期，藏书家数量之多，在全国名列前茅。从王公贵族到布衣百姓，从官场人物到山林隐逸，皆以藏书为尚。明初出现了不少藏书名家，明中叶藏书家更是数量众多，万历以后，藏书家有增无减，藏书长盛不衰。明代的嘉兴藏书家众多，遍及各个阶层。有专业藏书家项元汴，有官宦藏书家郑晓、冯梦祯，有学者藏书家高承埏、胡震亨、李日华，还有布衣藏书家姚士粦。特别是出现了众多的进士藏书家，项笃寿是其中杰出者。这些藏书家收藏书籍各有其目的。官僚、地主们视藏书为风尚，展示高雅，藏书极尚宋椠；学者本着实用主义，藏书是为了学习与研究，藏书的质量较高；一般的读书人收藏书籍是作为求取功名富贵的阶梯，而进士藏书家大多数是集官僚、学者、读书人为一身的藏书名家。仅明代嘉兴藏书家就有118人之多，其中进士藏书家37人。这时期嘉兴地区可谓藏书家辈出，藏书事业已进入兴盛时期。

明代嘉兴藏书家藏书规模超过前代，藏书的规模空前，数量巨大，种类浩繁，也超越了同时代的官藏。这固然与整个社会藏书的增加有关，但更是嘉兴众多藏书家辛勤劳作、孜孜以求的结果。明代以前，藏书达万卷者寥寥无几，而明朝一代，嘉兴藏书家中有文献可考的万卷藏书家达18人之多。项元汴、项笃寿、胡震亨、高承埏等万卷藏书家，不仅藏书量巨大而且收藏范围甚广，各有收藏重点和特色。其中项元汴在明代浙江私人藏书家中堪与宁波范钦天一阁相匹敌，被后世同称"巨擘"，其藏书处天籁阁，海内珍异十九多归之，所收藏的历代书画及其他物品之精、之富独步天下。

明代嘉兴藏书家极为重视藏书传承和利用。藏书大家胡震亨在继承家族藏书的基础上继续收集，扩建好古堂，藏书达万册以上，而且多秘册异书。秀水藏书家沈启源、冯梦祯、黄洪宪都是三代藏书，秀水包柽芳、海宁许相卿、嘉善姚绶等都是四代藏书且著述甚丰，为后世留下了宝贵的文化遗产。这一时期嘉兴藏书家主张藏以致用，把藏书同学术研究、刻书活动结合起来，扩大了书籍的流传范围。嘉兴藏书家殷仲春所撰《医藏书目》,是已知最早的医籍专科目录,一直为后世研究者所推崇。海盐藏书家编就的《唐音统签》是《全唐诗》的底本,中国古代私人纂辑的最大的唐五代诗歌总集,为传承祖国文学的瑰宝——唐诗作出了巨大贡献。

明代嘉兴藏书家及其藏书的大不幸在于遭遇了明末战争浩劫,整个嘉兴地区宋元版书籍损失巨大。如项元汴的大量藏书、藏画在顺治二年(1645)清兵进入嘉兴之际,尽为千夫长汪六水掠去,时距项元汴之死仅70余年。

三、清代嘉兴藏书家藏书特点

清代是嘉兴藏书事业的繁盛期,有据可考的藏书家有357人。其中进士藏书家有68人,女性藏书家7人。此期藏书家藏书中不乏宋元精椠,多藏秘籍善本,对《四库全书》的私家献书在全国首屈一指。而且,对近代公共图书馆作出了积极贡献,在我国藏书文化史上占有辉煌的一页。

学者型藏书家众多,是清代嘉兴藏书家的一个重要特点。《清代朴学大师列传》①一书由支伟成撰写于民国初年,出版前曾经章太炎加以校订,极具参考价值。此书列出了经学、小学、史学、目录学等方面的著名学者。其中"皖派经学家列传第六"列有海宁周春,"小学家列传第十二"列有海宁许梿,"史学家列传第十四"列有海宁陈鳣,嘉兴钱仪吉、钱泰吉,"校勘目录学家列传第十九"列有嘉兴朱彝尊、钱泰吉,桐乡鲍廷博,海宁吴骞、陈鳣等。蔡冠洛《清代700名人传》所列"学术"类名人中,"理学"有吕留良、"朴学"有钱仪吉等;"艺术"类之文学有朱彝尊、查慎行。这些著名学者均是享誉东南,甚至名震华夏的藏书家。

抄录典籍勤勉执著,是清代嘉兴藏书家的另一特点。古代版刻技术发明之前,藏书家致书全靠自已手抄或雇人代抄,虽然后来版刻流行,因流通渠道所限,欲得其秘本、善本,仍多为抄而藏之。清代嘉兴私人藏书家抄书可谓勤勉,执著,以至嗜之成癖。

乾嘉间藏书家鲍廷博抄书声名甚著,除广为收购外,尤为着力抄录当时两浙藏书名家名楼的珍本异籍。其著名的知不足斋藏书,多从杭州汪氏振绮堂、赵氏二林小山堂、吴氏瓶花斋、孙氏寿松堂及慈溪郑氏二老阁和金氏桐花阁等名楼借抄。

道咸间藏书大家吴骞自述"闻人有异书,则必展转借录",自比"衔姜之鼠",每得奇书,连夜由子侄辈分抄或自抄,所居必彻夜灯火通明,夜以继日,故拜经楼所藏之书,自抄本较多。与同时之陈鳣、鲍廷博、黄丕烈等皆有互相抄书之约。

咸丰间海宁藏书家管庭芳日以抄书为事,《花近楼丛书》多为其手录,又抄

① 支伟成:《清代朴学大师列传》,岳麓书社,1998年。

《待清书屋杂抄》538 种，所抄之《清绮斋藏书目》得孙诒让激赏，称“书即珍秘，又出海宁管芷湘手抄，故甚爱之”[①]。此书今藏国家图书馆，列为善本。

重收宋元旧本精本，是清代嘉兴藏书家的又一特点。宋元版旧本以接近历史原貌，加以印刷精美，讹字少，历为藏书家所重。至明末，由于战争的破坏，藏书已是凤毛麟角，十分珍贵，清代宋元旧版更是稀少，因此许多藏书家从治学、版本升值、刻书等方面考虑，都潜心于宋元旧本的收藏。而学者居多的清代嘉兴藏书家们对宋元旧本的收藏之风更加突出。

清初曹溶多藏宋元旧本，据王士祯《池北偶谈》称：“曹侍郎秋岳，好收集宋元人文集、尝见其《静惕堂书目》所载宋集，自柳开《河东集》以下凡一百八十家，元集耶律楚材《湛然集》以下，凡一百十五家。”

清初海宁藏书家马思赞收集宋刻元椠不遗余力，管庭芬在《海昌艺文志》中评论说：马氏“所居道古楼，插架悉宋元旧本，为东南藏书之冠”。

与马氏齐名的是同时期同乡藏书家查慎行。康熙曾书“敬业堂”额以赐。又管庭芬《拜经楼藏书题跋记》跋曰：“国初吾邑东南藏书家，首推道古楼马氏、得树楼查氏。盖两家插架，多宋刻元钞，而于甲乙两部，积有异本，其珍守已逾数世，不仅为充栋也。”慎行藏书有宋本《新唐书纠谬》，后入清廷禁中，元本《吕氏春秋》、宋本《双峰集》等流入同郡吴骞拜经楼。

乾嘉时海宁的吴骞、陈鳣皆以藏宋元版书而闻名于时。吴骞所藏宋元版书由《拜经楼藏书题跋记》可见一斑：宋本 21 种、元本 14 种，蒙古中统本《史记》、元抄本《方叔渊稿》等。所藏抄本宋“临安三志”为人称绝。辟有千元十驾室，专藏千种元版旧本及宋抄本。在《拜经楼藏书题跋记》五卷中收有吴氏为 321 种善本书写的题跋，其中有 45 种系宋元刻本，150 多种宋元旧抄本、抄本及影宋抄本。陈鳣向山阁藏书的特色是多宋元刊本及罕见之本。据《经籍跋文》记载，仅经部书中，向山阁就藏有宋元刊本及罕见秘本近 20 种，据《简庄文钞续编》记载，向山阁藏宋本、旧抄本等善本多种。据《简庄缀文》卷三记载，其所藏宋、元刊本及影宋抄本、旧抄本等 10 多种。

李富孙在《涉闻梓旧序》中称：清道咸间海宁蒋光煦“自十龄即喜购书，迄今十年，积有数万卷，其中宋元旧钞精本，并世所罕见者”。所藏宋本《晋书》亦精绝，为邵懿辰、钱泰吉所推重。与光煦同时之马瀛以藏有宋本《汉书》、《晋书》知名，有《吟香仙馆藏书目》著录近千种，其中宋周淙《乾道临安志》三卷、施谔《咸淳祐临安志》六卷、潜说友《咸淳临安志》九十五卷，皆世间孤本。

既藏尤读且世衍书香，也是清代嘉兴藏书家的重要特点。他们为读书而藏书，因藏书而利读书，由读书而丰富藏书，世代传承，鸿儒辈出。

被康熙帝列为“唐宋以来巨族，江南有数人家”，并赐“澹远堂”、“敬业堂”、

① 郑伟章：《文献家通考》管庭芳条，中华书局，1997 年。

“嘉瑞堂”匾额的海宁查家，一朝之中就出了10名进士，3人相继授翰林编修，所谓“一朝十进士，兄弟三翰林”，极尽荣耀，这与查家世代藏书密切相关。这一时期查家以藏书著称者有查继佐、查升、查嗣庭、查嗣瑮及查慎行。其中，查慎行为康熙四十三年进士（1703），授编修，贮书万卷，坐卧其中。著有《敬业堂诗集》五十卷，又《续集》六卷，收诗作5100余首，另著有《周易玩辞集解》、《苏诗补注》、《经史正讹》、《黔中风土记》、《庐山征游》等，总为《敬业堂集》一百五十卷，其中《慎旃集》成为中国古代诗史上填补空白的杰作。

与查慎行同时期的海宁陈家，“一门三宰相，六部五尚书”，簪缨科第之盛，于百年来海内数第一，这亦与其注重藏书、读书密不可分。陈论、陈邦彦均为藏书家，乾嘉时更有中国藏书史上闻名海内的藏书家、精通文字训诂校勘的学者陈鳣。其藏书处称向山阁，著有《经籍跋文》、《诗人考》、《石经说》、《读唐书》、《埤仓拾存》、《声类拾存》、《恒言广证》、《对策》、《新阪士风》、《恒言广记》、《简庄缀文》、《简庄文钞》、《简庄文钞续编》、《简庄疏记》、《河庄诗钞》、《两汉金石记》、《松砚斋随笔》等，且有诗集行世。清代经学家、训诂学家阮元在《定香亭笔谈》中称他于经史百家靡不综览，“浙西诸生中经学最深者也”。吴衡照在《海昌诗淑》中说他“尤深于许郑之学，同时推为汉学领袖”。

在藏书史上与陈鳣称为双子星座的同乡好友吴骞，一生不慕荣华，仅仅是一贡生，而穷毕生精力于藏书、校书、读书及著述。最值得称道的是其大量的传世著作，包括《拜经楼诗集》、《续集》和《再续编》、《万花渔唱》、《拜经楼诗话》、《愚谷文存》、《拜经楼书目》和《兔床山人藏书目录》等。陈鳣对吴骞的学术成就非常佩服，在为吴氏《愚谷文存》所写序中云：“吴槎客先生，品甚高，谊甚古，而学甚富，著述等身。不屑为流俗之文，夙共当世贤士大夫相往还，与之上下议论，晚年益深造自得，远近学者宗之。”吴骞所作藏书题跋甚多，后其子寿旸加以汇集并加按语，成《拜经楼题跋记》五卷附录一卷。此书辑吴氏宋元刻本、抄本以及名人校本、稿本等善本题跋321篇，历述作者生平、版本行款、抄校流传过程，为清代著名目录学著作。蒋光煦对此书评价甚高，以为“实胜《读书敏求记》”。其千元十驾室专贮宋元善本，藏书十万卷，名震海内，三世守护，百年不散。

海盐张氏家族为藏书、刻书及出版世家，源远流长，逾十代。清初涉园创建人张惟赤与朱彝尊之潜采堂、杭州赵氏“二林”小山堂齐名，到四世张宗松及张宗柟、张载华、张柯等发扬光大，以藏书、刻书名播江浙，到清末民初之际，九世孙张元济时，以藏、刻、著、出版及教育集大成者而名震华夏。

四、民国嘉兴藏书家藏书特点

民国时期嘉兴藏书家藏书特点体现在三个方面。

首先，延续了清代嘉兴学者藏书家众多的特点。民国时期嘉兴的葛嗣浵、张宗祥、张元济、沈曾桐、王国维、朱希祖，均为享誉华夏的学者和藏书家。随着封建科举制度的废除，前代藏书家的两大主力封建官僚与封建士人也日益衰弱。然而，不少嘉兴藏书名家名楼在清代业已享誉华夏，民国时期虽已废除科举制度，但余绪尚存。这一时期嘉兴藏书家中有一些本就是清末士人：平湖葛嗣浵、陆惟鋆是清末的廪贡生、廪生，金蓉镜是清末进士；海宁张宗祥是清末殿试一等，王国维为清末诸生，金兆蕃是清末举人；海盐张元济是清末进士；嘉兴沈曾桐、沈曾植兄弟是清末进士，王甲荣是清末举人。在前代藏书事业余绪影响下，这一时期又涌现出不少闻名遐迩的学者藏书家，史学家、藏书大家朱希祖就是其中之一。

其次，地方文献专题收藏丰富。民国平湖藏书大家葛嗣浵传朴堂所藏古籍善本40余万卷中，乡邦文献既精且多，所集全国各地历代方志3400余种。嘉兴海盐藏书大家、刻书名家张元济慧眼独具，认为“地方志虽不在善本之列，然其间珍贵之记述，恐比善本犹重者”①。对于当时不为一般藏书家所重视的地方文献情有独钟，搜集了各地各个时期的地方志，计2641种，品种数占全国总数的84%。其中不乏海内孤本，张元济涵芬楼因此成为当时收藏地方志文献最多最全的藏书楼。

另外，借助新兴出版业丰富藏书。民国时期，上海、杭州、苏州及南京旧书市肆林立，为江南主要古籍图书流通市场。上海还是当时中国出版业最为发达的地区，全国的出版、印刷中心。嘉兴地处这四地之间，且相距甚近，交通方便，藏书业广受影响，设立了大同书局、世界书局分销处，嘉华书店，洪宝书局，文化书局。当时的著名出版机构中不乏嘉兴藏书家。海盐藏书大家张元济在商务印书馆编译所担任编辑，桐乡藏书家陆费逵则是中华书局的创始人。民国时期全国藏书，尤其是私家藏书日益衰退，嘉兴藏书家及其藏书较之清代亦有所减少，但与全国其他地区相比，藏书事业依然处于前列，这与嘉兴藏书家适应和介入新兴出版业密不可分。

第二节　嘉兴藏书家对纸本文化传承的杰出贡献

浙江嘉兴地区藏书家藏书因不乏宋元精椠，多藏秘籍善本，清政府成立四库全书馆编纂《四库全书》，诏求天下遗书，嘉兴藏书家献书最多，及其对近代公共图书馆的积极影响等原因，在我国藏书文化史上占有辉煌的一页。他们殚精竭虑，代代相传，搜存珍本；广征博引，参互校雠，补阙订讹，完善藏书，惠及后学；效法古贤，治

① 王绍曾：《近代出版家张元济》，商务印书馆，1984年。

学立说,继往开来,光大藏书,对祖国传统文化的传承作出了杰出贡献。

一、藏家辈出　典藏卓著

李万健在《中国著名藏书家传略·前言》中指出:“藏书家最突出的贡献,是保存流传下来的大量珍贵典籍。”为了递藏典籍,嘉兴藏书家节衣缩食,多方筹款,可谓殚精竭虑。海宁藏书家张宗祥传承二丁、钱恂,恢复文澜阁全部库书就是一例。清末丁申、丁丙兄弟在战乱烽火中奋不顾身抢救出大量文澜阁《四库全书》并补抄库书,其中丁丙“祭告备礼”,从嘉兴海宁蒋氏借其所刻《别下斋丛书》、《涉闻旧梓》等丛书。二丁之后,钱恂继之,完成“乙卯补抄”。张宗祥主持的“癸亥补抄”始于1923年,完成于1926年。至此,文澜阁库书得以恢复全貌,这实在是藏书史上的一座丰碑。

为了搜存典籍,嘉兴不乏世代私家藏书名家,海盐张氏便是其中一例。清康熙嘉兴海盐张惟赤创藏书楼——涉园,一直延续至清末九世孙张元济,其私家藏书不乏珍本、善本、抄本和孤本,名播江浙。张元济的六世祖张宗松曾得华山马氏元大德间刊《王荆文公诗》李雁笺注五十卷本,于清乾隆六年(1741)复刻行世,此为海盐张氏涉园所刊书中之珍本,《四库全书总目》称此书“原本流传绝少,故近代藏书家俱不著录,海盐张宗松得元人椠本,始为校刊”。后张元济从杨惺吾处得到朝鲜活字本的过录本,又购著名藏书家季沧苇家藏元刊本,及日本长尾雨山《日本宫内省图书寮》的写真版,借印刘承幹嘉业堂所藏更早的宋本(残本),最后参酌诸本加以影印。张元济先生不胜感慨地说:“夫以一书之微,阅数百年将就湮没,随人起而绵续之,而又故留其缺憾,待百数十年后,乃假其子孙之手,使其先代所引为缺憾,而一一弥之。其书欲亡,而卒不亡,是岂得谓造物之无意耶!抑亦血脉相承,虽更历数世,苟精神有所诉合,而古昔之人,与生存者固隐隐相通之道也。”①此书从乾隆六年(1741)张宗松的涉园初刻,到张元济于民国11年(1922)增补魏鹤山原序等重新影印,张氏数代藏书家辗转递藏,历时181年。

明末清初嘉兴海盐藏书大家胡震亨对于唐诗的传播功不可没。唐诗自宋至清以来有诸多专集,而汇辑一代之诗成编者仅《全唐诗》。而对《全唐诗》的编选发挥了至关重要作用的正是胡氏所编的《唐音统签》。《全唐诗》的编纂以《唐音统签》为稿本,再增益内府藏本汇集而成。在保存宋诗方面,清嘉兴藏书大家曹溶发挥了非凡作用。《两宋名贤小集》三百三十八卷,旧称陈思辑60余家,陈世隆补辑140余家,但后来稿本散佚,正是曹溶加以补缀成书。

无论是恢复文澜阁库书的关键作用,保存和完善《王荆文公诗》李雁笺注多种版本的累世艰辛,还是对《全唐诗》、宋诗汇集流传的不懈努力,均反映出清至

① 张元济:《涉园序跋集录·王荆文公诗》,古籍文学出版社,1957年。

民国初期嘉兴私家藏书家在丰富珍贵典籍方面的卓著功勋。

二、潜心校勘　补阙订讹

校勘又称“校雠”、“校订”。汉代目录学家刘向在《别录》中说：“一人读书，校其上下得谬误，为校；一人持本，一人读书，若怨家相对，为雠。”即是说一种书籍，用不同版本和有关资料相互核对，比勘其文字篇章的异同，以订正错误。清代嘉兴藏书大家朱彝尊、鲍廷博、吴骞都是中国私家藏书家中校勘古籍贡献卓著的典型代表。

清初著名学者嘉兴秀水藏书大家朱彝尊，每抄成一本书都仔仔细细详加校正，对不同版本的书更是一字不苟，他编的《明诗综》一书刻成后，亲自审校两遍，又把书稿分发众人校对，并且承诺，不论是谁，每挑出一错字，就“赏给百钱”，足见其校勘之认真。

乾嘉时嘉兴桐乡藏书大家鲍廷博精校雠，人言其校勘秘籍，即使夜晚入睡，再思后即起校而改之，“夜凡三四起不厌”①。《知不足斋丛书·凡例》中自云：“是编每刻一书，必广借诸藏书家善本，参互校雠。遇有互异处，择善者从之。”

嘉道咸间嘉兴海宁吴骞的校勘称名于世。吴骞为清代著名校勘目录学家，每得一书就写题跋，辨误析疑，详记著者生平和书版行款、传抄过程、流传授受源流、抄书岁月及藏书印记等。藏书大家陈鳣在《何庄诗钞》中称他“人生不用觅封侯，但问奇书且校雠”。《题兔床先生拜经楼》中“一楼灯火夜雠书”的赞语，是他勤奋校勘的真实写照。管庭芳跋《拜经楼藏书题跋记》时说：“先生博综好古，纂述宏富。值马氏、查氏遗书散布人间，先生偶得其残帙，流连景慕，每系跋语以寄其概，追后搜讨益勤。兼于吴门、武林诸藏书家互相抄校，并与同邑周松霭大令、陈简庄征君，赏奇析疑，获一秘册，则共为题识，歌诗以纪其事。”清代闻名天下的藏书大家黄丕烈也曾评说：海宁吴槎客（即吴骞）先生藏书甚富，考校尤精，每过吴郡，必承枉访并出一二古书相质。支伟成在《清代朴学大师列传·校勘目录学家第十九》对其评价甚高，认为吴骞“校勘精审，襄其题跋成《藏书记》五卷，多资考订，在钱尊王、吴尺凫上”。吴骞考校古书的文字结晶为《拜经楼藏书题跋记》，篇什虽仅 321 篇，但因其渊博的学识和高明的见解成为一部学术价值极高的古籍导读书目。

嘉兴钱泰吉尤以校雠之精而名闻全国藏书界。道光十七年（1837）曾抄校文澜阁库书。为校荀悦《汉纪》，传抄文澜阁本王益之《西汉年纪》，用以校勘各本（《曝书杂记》卷上）。道光二十一年（1841）借文澜阁本《史记正义》与明震泽王廷喆本《史记正义》参校校勘（《甘泉乡人稿》卷五）。光绪《嘉兴县志》称其藏书

① 徐康：《前尘梦影录》卷下，中国美术学院出版社，2003 年。

数十椟，大半丹铅点勘，于四库名籍几遍，《汉书》、《后汉书》、《元文类》尤为其精校之本。为校《史记评林》一百三十卷所校之本有中统本、游明本、震泽王氏本、汪谅本、明南雍本、明正德慎独斋本、叶石君树廉校王本、秦藩本、汲古阁本、清武英殿本、清文澜阁本等11种本子，有道光辛丑、壬寅、戊申历次手记，用朱、紫、黄、墨诸色笔校，所校世称善本。曾国藩《钱君墓表》称泰吉"自中年即好校古书，假人善本，及先辈评点之册，写而注之眉端，如《史记》、前后《汉书》、《晋书》、《集韵》、《元文类》及《礼记集说》等编，皆勘校数周，一字之舛，旁求众证"。

正所谓精校出善本，不少名满华夏的善本典籍之字里行间，都浸透着朱彝尊、吴骞、鲍廷博，及钱泰吉等嘉兴藏书家的心血。

三、辑刻秘籍　以广其传

清代嘉学者型的藏书家居多，他们有一个共同点是醉心于刻书，一遇善本、佳本或罕见之书，不欲自珍，往往刻之以广其传，惠及后学。他们刻印的古籍大多校勘精审，刻印精良，有较高的学术价值和使用价值。

嘉兴桐乡藏书家吕留良，顺治十七年（1660）选刻已作三十篇，定名《惭书》。康熙八年（1669）邀大学者张履祥等刻印程朱理学论著，收先儒遗著数十种行世，所刻古籍颇仿宋刻，甚得清初诗坛领袖王士祯赞赏。乾嘉道咸间，嘉兴平湖陆烜以为刻书"诚大公无私心"，辑唐至明名家杂录、诗话、游记等刻成《奇晋斋丛书》十六种，此书有乾隆三十四年（1769）平湖陆氏刊本。

嘉兴海宁大学者、藏书大家吴骞《拜经楼丛书》以精校古书辑刻而成，《国山碑考》、《桃溪客语》、《阳羡名陶录》、《谗书》、《谢宣城集》、《陶靖节先生诗》、《谢宣城诗集》、《拙政园诗集》、《玉窗遗稿》、《愚谷文存》、《拜经楼诗集》皆在其中，还包括摹宋何秘监画陶渊明小像，明人所摹《历代名贤像》一幅及从宋刻别本摹《陶渊明墓山图》，都是价值颇高的善本古籍，为清刻本中之精品，为学者所珍，历来评价甚高，刘承幹称其"多稀见之本"。

乾嘉年间嘉兴桐乡藏书大家鲍廷博在辑刻和传播古籍方面更是作出了巨大贡献。所刻《知不足斋丛书》前后经历50年，共30集，每集8册，共240册，收入书籍207种781卷，不但聚数百种珍本秘籍于一书，而且集传统刻书的优秀方法于一身，是清朝最著名、影响最大的私刻丛书之一，堪称丛书之典范。鲍氏为刊刻此丛书，耗尽了一生精力和全部财产。他设法搜罗精选了许多世所罕见的善本及流失于海外的佚书秘籍，使之得以承传，补充修订和校正了许多有价值的古籍残书和劣板书，使之由残编断简成为完璧，或去伪存真，恢复原貌。因其识鉴高明，精加评点，使湮没已久的善本引起读者注目，焕发光彩。此书剞劂之完善、装帧之精美，在当时诸多丛书中公认最佳，比著名的清初常熟人毛晋汲古阁藏书刻本有过之无不及。该丛书影响甚大，后人有《续知不足斋丛书》、《仿知不足斋丛书》、《后知不足斋丛书》继之。鲍氏所刻不仅《知不足斋丛书》，今人皆知的《聊斋志异》正是由鲍廷博于乾隆三十一年(1766)刊刻才得以广为流传的。现存科学院图书馆的《鲍刻六种》两函十四册，有《曲洧旧闻》十卷，《五经算术》两卷，《蛮书》十卷，《金石史》二卷，《唐阙史》二卷，《云谷杂志》五卷。卢文弨《徵刻古今名人著作疏》评论鲍廷博刻书说："吾友鲍君以文者，生而笃好书籍，于人世一切富贵利达之外，复不私以为枕秘，而欲公之。晨书暝写，句核字雠，乃始付之梓人氏。"清末洋务派首领张之洞也对鲍氏大加赞赏："如歙之鲍(廷博)，吴之黄(丕烈)，南海之伍(崇曜)，金山之钱(熙辅)，可决其五百年中，必不泯灭。"可见对鲍廷博评价之高。嘉庆皇帝于十八年元月二十五日发布谕旨："鲍廷博年逾八旬，好古绩学、老而不倦，著加恩赏给举人，俾其世衍书香，广刊秘籍，亦艺林之胜事也。"

晚清张之洞《劝刻书说》提倡的刻书利他惠人的高尚境界，在清至民国时期嘉兴藏书家身上得到了充分体现，这些藏书家辑刻的不少典籍已成海内外著名图书馆的珍藏。

四、著书立说　继往开来

藏书而读书，读书而治学，治学进而著书，是传统藏书家追求的大境界，清至民国时期嘉兴藏书家就是杰出代表。

清初嘉兴朱彝尊作为诗人，浙西词派创始人，开创清代隶书之风气的书法家、学者、藏书家，不仅购书、藏书、读书、校书、抄书、刻书，而且治学大成，著述等身。康熙二年(1662)至十五年(1676)间完成第一部词集《静志居琴趣》、第二部诗集《江湖载酒集》、诗文集《竹垞文类》等，康熙十六年辑成词学理论著作《词综》三十四卷，康熙十七年完成第三部词集《蕃锦集》，康熙三十一年编诗词集《腾笑集》。康熙三十八年完成经学巨著《经义考》三百卷，曾受到康熙帝亲赐"研经博物"四字匾额，后乾隆帝又在御题诗注中称赞该书"自汉迄今，说经诸书存亡可考，文献足征。编辑之勤、考据之审、网罗之富，实有裨于经学"。康熙四十一年完成《明诗综》一百卷。此外尚有《日下旧闻》四十二卷，《五代史补注》、《瀛洲道古录》等史地著作。康熙四十八年(1709)将平生所作诗文合编为《曝书亭集》，连同所附《叶儿乐府》共计81卷，这一年与世长辞，寿年也恰是81岁。故乡嘉兴王店镇至今依然保有曝书亭遗址，《南湖晚报》专设"曝书亭"版栏一目，供人阅读。

与朱氏同时期的海宁藏书家查慎行，著有《敬业堂诗集》五十八集，收入诗作5100余首，另著有《周易玩辞集解》、《苏诗补注》、《经史正讹》、《黔中风土记》、《庐山征游》等，总为《敬业堂集》一百五十卷，其中《慎旃集》成为中国古代诗史上填补空白的杰作。

乾嘉时闻名天下，精通文字训诂校勘的藏书大家海宁陈鳣著有《经籍跋文》、《诗人考》、《石经说》、《读唐书》、《埤仓拾存》、《声类拾存》、《恒言广证》、《对策》、《新阪士风》、《恒言广记》、《简庄缀文》、《简庄文钞》、《简庄文钞续编》、《简庄疏记》、《河庄诗钞》、《两汉金石记》、《松砚斋随笔》等，且有诗集行世。清代经学家、训诂学家阮元在《定香亭笔谈》中称他“于经史百家靡不综览”，“浙西诸生中经学最深者也”。吴衡照在《海昌诗淑》说他“尤深于许郑之学，同时推为汉学领袖”。

陈鳣同乡好友吴骞，一生不慕荣华，而穷毕生精力于藏书、校书、读书、著述。最值得称道的是其大量传世著作，包括《拜经楼诗集》、《续集》和《再续编》，《万花渔唱》，《拜经楼诗话》，《愚谷文存》，《拜经楼书目》，《兔床山人藏书目录》等。吴骞所作藏书题跋甚多，后其子寿旸加以汇集并加接语，成《拜经楼题跋记》五卷《附录》一卷。为清代著名目录学著作。

清末民初嘉兴海宁王国维以学术大师闻名于世，其研究门类涉及哲学、美学、文学、戏曲史、文字学，致力于甲骨文、金文、简牍、碑版之考释。其著作甚丰，其中 43 种收入《海宁王静安先生遗书》，另有考证文章编入《观堂集林》。王国维先生亦精版本目录之学，撰有《两浙古刊本考》、《五代两宋监本考》、《传书堂藏善本书志》（有台湾艺文印书馆影印密韵楼写本）等。

嘉兴作为历史悠久的文化之邦，藏书历史源远流长，延绵不断，藏书家辈出，成就卓著。特别是明清至民初嘉兴藏书大家、藏书名家林立，其搜存、校勘、辑刻、著述质量之精，数量之多，门类之繁，涵盖时空范围之广，均属罕见，为传承优秀传统文化作出了不可磨灭的贡献。嘉兴地区的藏书家在文化史上的影响不仅仅局限于浙江地区，而是全国性甚至是世界性的。

附:嘉兴历代藏书家人数一览表

时期	嘉兴辖区	藏书家人数	进士藏书家人数	嘉兴地区藏书家人数
宋代	嘉兴(秀水)	5	2	9人(其中进士3人)
	海盐	2		
	海宁	1		
	平湖	1	1	
元代	海宁	3		7人
	嘉兴	2		
	平湖	1		
	嘉善	1		
明代	嘉兴(秀水)	58	21	118人(其中进士37人)
	海盐	27	9	
	平湖	13	3	
	海宁	10	3	
	嘉善	6	1	
	桐乡	4		
清代	海宁	108	23	357人(其中进士68人,女性7人)
	嘉兴(秀水)	88	13	
	桐乡	50	14	
	海盐	47	3	
	平湖	33	8	
	嘉善	24	7	
	女性藏书家	7		
民国	海宁	23		60人(其中进士6人①)
	嘉兴	15	3	
	海盐	7	2	
	平湖	7		
	桐乡	5	1	
	嘉善	3		
宋代至民国时期	嘉兴	168	39	168人(其中进士39人)
	海宁	145	26	145人(其中进士26人)
	海盐	83	14	83人(其中进士14人)
	桐乡	59	15	59人(其中进士15人)
	平湖	55	12	55人(其中进士12人)
	嘉善	34	8	34人(其中进士9人)
	女性藏书家	7		7人
总计		551	114	551人(其中进士114人,女性7人)

① 6名进士系指其主要藏书活动在民国时期的清末进士。

参考文献

一 著作

[1]郑鹤声、郑鹤春:《中国文献学概要》,上海商务印书馆,1930 年。
[2]吴骞:《拜经楼藏书题跋记》,《丛书集成》初编本,商务印书馆,1935—1937 年。
[3]梁启超:《饮冰室文集》,中华书局,1936 年。
[4]张元济:《涵芬楼烬余书录》,上海商务印书馆,1951 年。
[5]张元济:《涉园序跋集录》,北京古典文学出版社,1957 年。
[6]叶德辉:《书林清话》,北京古籍出版社,1957 年。
[7]孙殿起辑:《清代禁书知见录》,上海商务印书馆,1957 年。
[8]王国维:《观堂集林》,中华书局,1959 年。
[9]永瑢 、纪昀等编纂:《四库全书总目》,中华书局,1965 年。
[10]《明太宗实录》,中国台北"中央研究院"历史语言研究所,1966 年。
[11]张廷玉等:《明史》,中华书局,1974 年。
[12]宋濂等:《元史》,中华书局,1976 年。
[13]黄佐:《南雍志》,中国台北伟文图书出版社,1976 年。
[14]朱希祖:《朱希祖先生文集》,台北九思出版公司,1979 年。
[15]吴晗:《江浙藏书家史略》,中华书局,1981 年。
[16]傅增湘:《藏园群书经眼录》,中华书局,1983 年。
[17]杜信孚:《明代版刻综录》,江苏广陵古籍刻印社,1983 年。
[18]沈鲤:《亦玉堂稿》,影印文渊阁《四库全书》,台湾商务印书馆,1983 年。
[19]陈高:《不系舟渔集》, 影印文渊阁《四库全书》,台湾商务印书馆,1983 年。
[20]张之洞撰,范希曾补正:《书目答问补正》,上海古籍出版社,1983 年。
[21]郑银淑:《项元汴之书画收藏与艺术》,台北文史哲出版社,1984 年。
[22]钱曾:《读书敏求记》,书目文献出版社,1984 年。
[23]王绍曾:《近代出版家张元济》,商务印书馆,1984 年。
[24]宋慈抱著,项士元审定:《两浙著述考》,浙江人民出版社,1985 年。
[25]钱林辑:《文献征存录》,台北文海出版社,1986 年。
[26]郑伟章、李万健:《中国著名藏书家传略》,书目文献出版社,1986 年。
[27]周采泉:《文史博议》,广东人民出版社,1986 年。

[28]张元济:《张元济诗文》,商务印书馆,1986 年。
[29]顾志兴:《浙江藏书家藏书楼》,浙江人民出版社,1987 年。
[30]缪荃荪:《清代碑传全集·续碑传集》,上海古籍出版社,1987 年影印本。
[31]闵尔昌:《清代碑传全集·碑传集补》,上海古籍出版社,1987 年影印本。
[32]杨立诚、金步瀛合编,俞运之校補:《中国藏书家考略》,上海古籍出版社,1987 年。
[33]盛枫辑:《嘉禾徵献录》,江苏广陵古籍刻印社出版,1989 年影印本。
[34]叶昌炽:《藏书纪事诗》(附《补正》,王欣夫、徐鹏补正),上海古籍出版社,1989 年。
[35]黄丕烈:《士礼居藏书题跋记》,书目文献出版社,1989 年。
[36]傅增湘:《藏园群书题记》,上海古籍出版社,1989 年。
[37]李玉安、陈传艺:《中国藏书家辞典》,湖北教育出版社,1989 年。
[38]陆心源:《皕宋楼藏书志》,中华书局,1990 年。
[39]杨潜:《绍熙云间志》(宋元方志丛刊本),中华书局,1990 年。
[40]伦明:《辛亥以来藏书纪事诗》,上海古籍出版社,1990 年。
[41]麦群忠、朱育培:《中国图书馆界名人辞典》,沈阳出版社,1991 年。
[42]张树年:《张元济年谱》,上海商务印书馆,1991 年。
[43]任松如:《四库全书答问》,天津市古籍书店,1991 年。
[44]吕祖谦:《宋文鉴》,中华书局,1992 年。
[45]海盐县志编纂委会:《海盐县志》,浙江人民出版社 1992 年。
[46]通元镇志编纂组:《通元镇志》,上海人民出版社,1993 年。
[47]平湖县志编纂委会:《平湖市志》,上海人民出版社,1993 年。
[48]钱仪吉:《碑传集》,中华书局,1993 年标点本。
[49]顾廷龙:《浙江省图书馆志》,中国书籍出版社,1994 年。
[50]海宁市志编纂委会:《海宁市志》,汉语大词典出版社,1995 年。
[51]嘉善县志编纂委会:《嘉善县志》,上海三联书店,1995 年。
[52]王宝平:《中国馆藏和刻本汉籍书目》,杭州大学出版社,1995 年。
[53]弘治《嘉兴府志》(四库全书存目丛书),齐鲁书社,1995 年。
[54]嘉靖《嘉兴府图记》(四库全书存目丛书),齐鲁书社,1995 年。
[55]桐乡县志编纂委会:《桐乡县志》上海书店出版社,1996 年。
[56]邓之诚:《古董琐记》,上海书店出版社,1996 年影印本。
[57]嘉兴市志编纂委员会:《嘉兴市志》,中国书籍出版社,1997 年。
[58]袁咏秋、曾季光:《中国历代图书著录文选》,北京大学出版社,1997 年。
[59]徐雁、王燕均:《中国历代藏书论著读本》,四川大学出版社,1997 年。
[60]陈祖法:《古处斋集》,《四库禁毁书丛刊》本,北京出版社,1997 年影印清康熙刻本。

[61]吕留良:《吕晚村先生家训真迹》,《四库禁毁书丛刊》本,北京出版社,1997年影印清康熙刻本。
[62]钱泰吉:《曝书杂记》,辽宁教育出版社,1998年。
[63]支伟成:《清代朴学大师列传》,岳麓书社,1998年。
[64]张元济:《校史随笔》,上海古籍出版社,1998年。
[65]瞿冕良:《中国古籍版刻辞典》,齐鲁出版社,1999年。
[66]郑伟章:《文献家通考》卷十六,中华书局,1999年。
[67]陈从周:《梓室余墨》,生活·读书·新知三联书店,1999年。
[68]黄建国、高跃新:《中国古代藏书楼研究》,中华书局,1999年。
[69]黄丕烈:《荛圃藏书题识》,上海远东出版社,1999年。
[70]中国第一档案馆编:《纂修四库全书档案》,上海古籍出版社,1999年。
[71]嘉兴市文化志编纂委员会:《嘉兴市文化志》,杭州出版社,2000年。
[72]林申清:《明清著名藏书家·藏书印》,北京图书馆出版社,2000年。
[73]陈鳣:《经籍跋文》,《国家图书馆藏古籍题跋丛刊》本,北京图书馆出版社,2000年。
[74]雍正《浙江通志》,中华书局,2001年。
[75]嘉兴市教育志编委会:《嘉兴市教育志》,浙江大学出版社,2001年。
[76]梁启超:《论中国学术思想变迁之大势》,上海古籍出版社,2001年。
[77]黄庭坚:《黄庭坚全集》,四川大学出版社,2001年。
[78]任继愈:《中国藏书楼》,辽宁人民出版社,2001年。
[79]傅璇琮、谢灼华:《中国藏书通史》,宁波出版社,2001年。
[80]范凤书:《中国私家藏书史》,大象出版社,2001年。
[81]姚淦铭:《王国维文献学研究》,江苏古籍出版社,2001年。
[82]姚明达:《中国目录学史》,上海古籍出版社,2002年。
[83]顾廷龙:《顾廷龙文集》,上海科学技术文献出版社,2002年。
[84]陈从周:《书带集》,生活·读书·新知三联书店,2002年。
[85]吴骞:《拜经楼诗集》,《续修四庫全书》本,上海古籍出版社,2002年。
[86]柳和城:《话说文化世家海宁蒋氏》,上海人民出版社,2002年。
[87]朱偰:《文史大家朱希祖》,上海学林出版社,2002年。
[88]黄裳:《中国版本文化丛书·清刻本》,江苏古籍出版社,2002年。
[89]王桂平:《中国版本文化丛书·家刻本》,江苏古籍出版社,2002年。
[90]徐康撰,孙迎春校点:《前尘梦影录》,中国美术学院出版社,2003年。
[91]卞僧慧:《吕留良年谱长编》,中华书局,2003年。
[92] 张继学:《出版巨擘——张元济》,浙江人民出版社,2003年。
[93]李焘:《续资治通鉴长编》,中华书局,2004年。
[94]海宁图书馆:《海宁藏书文化研究》,西泠印社出版社,2004年。

[95]浙江省教育志编纂委员会:《浙江省教育志》,浙江大学出版社,2004年。
[96]顾志兴:《文澜阁与四库全书》,杭州出版社,2004年。
[97]冀淑英:《冀淑英文集》,北京图书馆出版社,2004年。
[98]谢国桢:《江浙访书记》,上海书店出版社,2004年。
[99]金普森、陈剩勇:《浙江通史》,浙江人民出版社,2005年。
[100]唐翰题:《安雅楼藏书目录》,《中国著名藏书家书目汇刊·近代卷》,商务印书馆,2005年。
[101]叶建华:《浙江通史》第八卷,清代卷(上),浙江人民出版社,2005年。
[102]傅逅勒:《嘉兴历代人物考略》,香港天马出版有限公司,2005年。
[103]彭百川:《太平治迹统类》,商务印书馆影印国家图书馆藏文津阁《四库全书》本,2005年。
[104]项穆:《书法雅言》,商务印书馆影印国家图书馆藏文津阁《四库全书》本,2005年。
[105]黄燕生:《中国艺术品投资与鉴宝丛书·古籍善本》,中国水利水电出版社,2005年。
[106]顾志兴:《浙江藏书史》,杭州出版社,2006年。
[107]洪永铿、贾文胜、赖燕波等:《海宁查氏家族文化研究》,浙江大学出版社,2006年。
[108]浙江省出版志编纂委员会:《浙江省出版志》2007年。
[109]吴寿旸:《拜经楼藏书题跋记》,《中国历代书目题跋丛书》,上海籍出版社,2007年。
[110]章钰:《读书敏求记校证》,《中国历代书目题跋丛书》,上海古籍出版社,2007年。
[111]郑伟章:《书林丛考》,岳麓书社,2008年。
[112]沈炳忠:《影响中国的海宁人》,浙江人民出版社,2008年。
[113]吴定中:《金粟寺史料五种》,上海古籍出版社,2008年。
[114]王桂平:《清代江南藏书家刻书研究》,凤凰出版社,2008年。
[115]《世家大族》课题组:《[金平湖]下的世家大族》,中国文史出版社,2008年。
[116]苏精:《近代藏书三十家》(增订本),中华书局,2009年。
[117]刘大军、喻爽爽:《中国私家藏书》(上),贵州人民出版社,2009年。
[118]李云:《中国私家藏书》(下),贵州人民出版社,2009年。

二　刻、抄、稿本

[1]刘应钶、沈尧中修纂:《万历嘉兴府志》,明万历刻本。
[2]柯崇朴:《振雅堂稿》,清康熙二十五年刻本。
[3]朱彝尊:《曝书亭集》,清康熙五十三年朱彝尊刻本。

[4]曹溶:《静惕堂尺牍》,清康熙揖峰亭刻本。
[5]吴寿照,吴寿旸:《吴兔床行述》,清嘉庆间刻本。
[6]李赓云:《当湖五事纪略》,清道光元年刻本。
[7]蒋光煦:《东湖丛记》,清咸丰六年海宁蒋氏别下斋刻本。
[8]王彬修、徐用仪纂:光绪《海盐县志》,清光绪三年蔚文书院刻本。
[9]许瑶光等修,吴仰贤等纂:光绪《嘉兴府志》,清光绪五年刊本。
[10]余丽元:光绪《石门县志》,清光绪五年刻本。
[11]孙福清校刊:《槜李遗书》,清光绪六年孙氏望云仙馆刊本。
[12]彭润章等:光绪《平湖县志》,清光绪十二年刻本。
[13]严辰纂:光绪《桐乡县志》,清光绪十三年刻本。
[14]陈鳣:《河庄诗钞》,《题兔床先生拜经楼》,清光绪十四年刻本。
[15]朱壬林辑:《当湖文系初编》,清光绪十五年刊本。
[16]江峰青等修,顾福仁等纂:光绪《嘉善县志》,清光绪十八年刊本。
[17]朱彝尊:《经义考》,清光绪二十八年刻本。
[18]赵惟瑜修,石中玉等纂:光绪《嘉兴县志》,清光绪三十四年刻本。
[19]丁申:《武林藏书录》,清光绪刻本。
[20]陈敬璋:《查他山先生年谱》,民国2年(1913)《嘉业堂丛书》本。
[21]孙从添:《藏书纪要》,民国3年(1914)上海扫叶山房刊本。
[22]张鉴:《冬青馆甲集》,民国4年(1915)嘉业堂刊本。
[23]管庭芬:《海昌艺文志》,民国10年(1921)铅印本。
[24]李圭修、许传霈等纂:《海宁州志稿》,民国11年(1922)铅印本。
[25]蒋学坚:《硖石蒋氏支谱》,民国18年(1929)铅印本。
[26]李富孙:《校经庼题跋》,西泠印社,民国铅印本。
[27]郁逢庆:《书画题跋记》,清抄本。
[28]项元汴:《续书画题跋记》,清抄本。
[29]吴骞:《拜经楼书目》,清抄本。
[30]管庭芬:《别下斋书画录》序,清校抄本。
[31]朱希祖:《整理升平署档案记》,载《朱氏文存》朱偰抄本。
[32]祝廷锡:《俟庐藏书志》,清末民初手稿本。
[33]金蓉镜等纂修:民国《重修秀水县志稿》,民国9年(1920)稿本。
[34]项乃斌纂修:《嘉禾项氏清芬录》,稿本。
[35]倪禹功:《嘉秀藏家集录》,稿本。

三　内部发行图书

[1]陈士杰:《松江县志序》,1989年内部印刷。
[2]《平湖文史资料》第七辑,平湖市印刷工贸实业公司,1997年内部发行。

[3]《嘉禾春秋》,嘉兴日报印刷厂,1998 年内部发行。
[4]《嘉禾春秋》(四),嘉兴日报印刷厂,2001 年内部发行。
[5]《南湖文史》第一辑,2005 年内部发行。
[6]《南湖文史》第二辑,2005 年内部发行。

四　期刊、资料汇编、论文集

[1]浙江省立图书馆:《文澜学报》第二卷,第三、四合刊《浙江省文献展览会专号》,1937 年。
[2]北京图书馆《文献》丛刊编辑部:《文献》辑刊第九辑,书目文献出版社,1981 年。
[3]北京图书馆业务研究委员会:《北京图书馆馆史资料汇编》,书目文献出版社,1992 年。
[4]《文史》第四十辑,中华书局,1994 年。
[5]浙江政协文史资料委员会:《浙江文史集粹》,浙江人民出版社,1996 年。
[6]仲伟行等编著:《铁琴铜剑楼研究文献集》,上海古籍出版社,1997 年。
[7]浙江省政协文史资料委员会:《史海钩沉》,浙江人民出版社,1999 年。
[8]王翠兰整理:《历史文献》第七、八、九辑,上海图书馆历史文献研究所、上海古籍研究所,2004 年。
[9]政协嘉善县文史委员会:《文史大家张天方》,浙江摄影出版社,2005 年。
[10]平湖市史志办公室:《平湖文史丛谈》,人民日报出版社,2005 年。
[11]海盐县政协文史资料委员会、张元济图书馆:《出版大家张元济》,学林出版社,2006 年。
[12]宫晓卫、韦力:《藏书家》第十三辑,齐鲁书社,2008 年。

后 记

发轫于两宋的嘉兴藏书,兴盛于明代,至清代达到繁盛,民国时期余绪仍在,在全国具有重要影响。嘉兴藏书史在中国藏书史上占有重要的一席之地。从现今全国各大图书馆馆藏中,不难感悟嘉兴历代藏书家辛勤的藏书活动,可贵的爱书、读书、护书精神,卓著的藏书成就。这一切无不给我以深深的震撼,以致使我萌生探究和展示这段历史的想法。

在将这一想法付诸行动,并完成书稿的过程中,金步瀛、杨立诚《中国藏书家考略》,吴晗《江浙藏书家史略》,傅璇琮、谢灼华《中国藏书通史》,郑伟章《文献家通考》,郑伟章、李万健《中国著名藏书家传略》,徐雁、王燕均《中国历史藏书论著读本》,顾志兴《浙江藏书史》,范凤书《中国私家藏书史》等,都给了我诸多启发。

本书撰写过程中,我国著名的图书馆史学家、目录学家、武汉大学谢灼华教授在百忙之中给予了悉心指导并欣然为本书作序,中国阅读学研究会会长南京大学徐雁教授,嘉兴地方文化史研究专家、嘉兴市政协文教卫体委员会副主任、文联副主席崔泉森以及嘉兴学院图书馆馆长凤元杰教授等专家学者给予了热心指导和帮助,嘉兴市图书馆古籍地方文献部吴美娟主任提供了部分原始资料,嘉兴市社会科学院文化研究所副所长方复祥教授提出了良好建议,在此表示由衷的感谢。本书部分引用和借鉴了学界专家学者的研究成果,在此一并表示谢忱。还要感谢为本书出版进行了详审精确编辑工作的国家图书馆出版社孙彦编审。

本书系笔者个人之作,不足之处,恳请专家学者、同仁和广大读者不吝赐教。

陈心蓉

2010 年 3 月于嘉兴学院